Silben im Oleander, Wort im Akaziengrün
Zum literarischen Italienbild Ingeborg Bachmanns

Ariane Huml

Silben im Oleander, Wort im Akaziengrün

Zum literarischen Italienbild Ingeborg Bachmanns

WALLSTEIN VERLAG

Für
Anna Winterberg
Hans Werner Henze

Zur Erinnerung an meine Großmutter Berta Krabbe (1910-1993)

… Unbegangen sind die Wege auf der Steilwand des Himmels …

Ingeborg Bachmann

Beweis zu nichts

[…] Vom Lot abwärts geführt,
nicht in die Richtung des Himmels, fördern wir
Dinge zutage, in denen Vernichtung wohnt und Kraft,
uns zu zerstreuen. Dies ist alles ein Beweis
zu nichts und von niemand verlangt. […]

Ingeborg Bachmann

Inhaltsverzeichnis

1. Einleitung 9
Zum Zusammenhang von Literatur und Ritual am Beispiel des Italienbildes im Werk von Ingeborg Bachmann 9
Zum Begriff des rituellen Schreibens bei Ingeborg Bachmann 15
Zur ›Kunst der Vertikale‹ am Beispiel Italien 17
Zur Tradition der literarischen Italienbeschreibung seit Goethe .. 21
Zur Theorie des Ritualbegriffs in der Literatur 26

2. Rezeption und Forschungsstand 29

3. Biographisches 42

4. »Man müsste mit tausend Griffeln schreiben, was soll hier eine Feder« – Das Italienerlebnis Johann Wolfgang von Goethes und seine schriftstellerische Verarbeitung . 53

Die Italienreise des Vaters: Johann Caspar Goethe (1740-1741) 55
Auf der Flucht zu sich selbst: Goethes Weg nach Italien 57
Zwischen Welt- und Selbstschöpfung: Rom 60
Exkurs: »Ich aber bin nach Rom gereist, um ein echter Deutscher zu werden.« Herder und Goethe im Streit um einen Mythos 62
Der neue Blick auf das Selbst: Der Künstler im Spiegel der Welt des Südens 68
Das ›Gespenst der Lust‹: Die Bändigung der Angst- und Lusträume in der Phantasie 71
Die lange Reise zum inneren Süden 77
Zur Poetik des Körper-Raumes: Die Nord-Süd-Tangente des Schreibens 84
Die Mühen der Wiedergeburt 89
Literarische Bezüge: Johann Wolfgang von Goethe und Ingeborg Bachmann 92

5. »Lasst uns eine Reise tun.« Auf Spurensuche in Ingeborg
   Bachmanns »erstgeborenem Land« 96

Der Aufbruch in den Süden – ›Ausfahrt‹ 98
»Einmal muß das Fest ja kommen« – ›Lieder von einer Insel‹ 103
Die Phantasie von der Insel am anderen Ufer – ›Die Zikaden‹ 118
Erinnerung im ›Aufriß der Vertikale‹: Die Kunst der Verwandlung . . 122
Zur Zeitlosigkeit der Inselbilder und zum Ritual ihrer Wiederauferstehung in der Sprache: die ›Kunst der Vertikale‹ 129
Der Traum vom Süden: Die Verlockung zur Kunst als Sehnsucht nach dem anderen Leben (›Ein Geschäft mit Träumen‹) 135

6. »Fluchtpunkte oder Schwerpunkte« – Ein lyrisches Ich
   im Süden 145

Grenzerfahrungen zwischen Wasser und Land auf der Suche nach dem »immerwiederkehrenden Sonnenufer« 149
Der Makrokosmos Welt im Mikrokosmos Dichtung 154
›Nach vielen Jahren‹ – eine erste poetische Bilanz 158
Der Verlust einer Traumwelt im Schreiben 176

7. Standorte und Blickwinkel. Da »war ich zum Schauen
   erwacht« – Ingeborg Bachmanns neuer Blick auf Italien
   (›Das erstgeborene Land‹; ›Lieder auf der Flucht‹) 180

»Da fiel kein Traum herab« – ›Das erstgeborene Land‹ 182
Das Italienbild als die Wiederherstellung einer verlorenen Ganzheit in der Kunst 188
Exkurs: ›Den Stein ins Rollen bringen.‹ Paul Celan und Ingeborg Bachmann – Ein literarischer Dialog 192
Schreiben gegen den Tod: Die ›Kunst der Vertikale‹ 196
›Lieder auf der Flucht‹: Die Sprache der Musik als Überwindung des ›Todes‹ in der Schrift 201

8. *Was ich in Rom sah und hörte* – Zum Ritual einer künstlerischen Ausschweifung 210

Rom – Oberirdisch 217
  Rom oder Die Brücke zu einer anderen Welt. Der Tiber und seine Insel 217
  Rom: Das Maß aller Dinge – Auf dem Petersplatz 220

Vatermord im Palazzo Cenci. 229
Ideologischer Mord als ritueller Mord: ein Streifzug durch das
römische Ghetto 231
Auf dem Campo de' Fiori: Ketzertum und Widerstand – einst und
heute 237
Zu Besuch in einer römischen Bar: eine literarische Bestands-
aufnahme 240
Im Zentrum der Macht: Vom Kapitol zum Forum Romanum . . 241
Der Himmel über Rom – Kontinuität und Wandel am Beispiel der
römischen Peripherie 244
Die Verwandlung unter der römischen Sonne 248
Das Ritual der Benennung: Zum Verhältnis von Zeichen und
Bezeichnetem in Rom 251
Rom: eine Formel für die Welt (der Buchstaben) 259
Aufbruch und Abschied in Rom als ewiger Kreislauf von Wieder-
geburt und Tod 261
Das rituelle Opfer: Die Wiederkehr der alten Götter Roms an der
Fontana di Trevi 264

Rom – Unterirdisch 266

Unter Tage in Rom: Die »Flamme der Sinnbilder« 266
Schlaf und Vergessen in Rom: ›Wenn einem Hören und Sehen
vergeht‹ 268
Rom: Die Stadt der Toten aus der Sicht einer (Über-)Lebenden . . 273
Der Augenblick der Erkenntnis 277

9. *An die Sonne* – Berufung zur Kunst: Leben und Schreiben als rituelle Handlung 279

Vorbemerkung 280

Zur Forschung 283

Vorgehensweise 290

Die rituelle Kraft der Anbetung oder die Kraft der Schönheit . . . 291
Vom Werk der Sonne zum Kunstwerk 295
Erste Verdunklung 297
(Selbst-)Erkenntnis unter der Sonne 298
Erfüllung »unter der Sonne« oder im Zentrum der Kunst 301
Luftbilder des Südens: der dichterische Prozeß als Abbild der Welt 301
Die Lehre als Sinn des Rituals 305
Vom gefährlichen Blick über die Grenzen der Welt: Vom paradie-
sischen Sehen zur Hölle der Erkenntnis 306
Der rituelle Klagegesang 309
Die Sonne als Symbol der Dichtkunst bei Goethe und Bachmann . . 311

10. Jenseits der Grenze: Der Blick zurück auf die Heimat
im Norden – Österreich 318

Die »Augen an dem Sonnenspeicher Erde verbrannt« – Der Tod in
Arkadien (Enigma) 320
Die Ausdehnung in der Schrift: Aufbruch zu neuen Horizonten . . . 326
Die Metapher der letzten Grenze: »Todesarten« (›Der Fall Franza‹) . . 328
Das Rätsel der Auferstehung: Die Vertreibung aus dem Paradies . . . 334
Von der Helle zur Hölle – Auf der Suche nach dem Ursprung der
Dinge (›Malina‹) 340

11. Zusammenfassung 345

12. Literaturverzeichnis 354
Primärliteratur 354
Sekundärliteratur 359

Danksagung 375

1. Einleitung

Zum Zusammenhang von Literatur und Ritual am Beispiel des Italienbildes im Werk von Ingeborg Bachmann

> Wenn wir aufhören zu reden und übergehen zu den Gesten, die uns immer gelingen, setzt für mich, an Stelle der Gefühle, ein Ritual ein, kein leerer Ablauf, keine belanglose Wiederholung, sondern als neu erfüllter Inbegriff feierlicher Formeln, mit der einzigen Andacht, deren ich wirklich fähig bin.[1]
>
> Ingeborg Bachmann

Ingeborg Bachmann wollte »Formeln«[2] finden für die Welt, in der sie lebte und arbeitete. Darum schrieb sie. Als »poetische Beschwörung, [...], Sprachzauber und Naturmagie«[3] bezeichnete die Kritik den Sprachstil ihrer Lyrik und Prosa, wenn auch der überschwengliche Tenor der Aufnahme ihres Werkes nach der Veröffentlichung ihres ersten Romans *Malina*, dem Beginn des *Todesarten*-Zyklus, bis auf wenige enthusiastische und einige wohlwollende Stimmen verklungen war. Dennoch sind solche Begriffe von Anfang an Worte der Kritik wie der Anerkennung für ihr Werk gewesen.

Leben und Schreiben waren bei Ingeborg Bachmann natürlich nicht das gleiche[4]: dennoch erfuhren diese beiden Momente im Laufe ihres Lebens eine immer stärkere Annäherung und in bestimmten Lebensabschnitten wurden sie zeitweise sogar nahezu ›deckungsgleich‹[5]. Am 2. Mai 1972, also gegen Ende ihres Lebens, sagte sie in einer Rede zur Verleihung des Anton-Wildgans-Preises:

> [...] denn eine Stunde wie diese hat absolut nichts zu tun mit allen meinen andren Stunden, meine Existenz ist eine andere, ich existiere nur wenn ich schreibe, ich bin nichts, wenn ich nicht schreibe, ich bin mir selbst vollkommen fremd, aus mir herausgefallen, wenn ich nicht schreibe. Wenn ich aber schreibe, dann sehen Sie mich nicht, es sieht mich

---

1 Bachmann: *Malina*. In: Gesammelte Werke (GW). Bd. I-IV. Hg. v. Christine Koschel, Inge von Weidenbaum und Clemens Münster. München, Zürich 1978. Sonderausgabe 1982. Hier zitiert nach: GW. Bd. III. S. 48.
2 Dies.: *Wir müssen wahre Sätze finden. Gespräche und Interviews*. Hg. von Christine Koschel und Inge von Weidenbaum. München ³1991. S. 13. Siehe auch dies.: *Was ich in Rom sah und hörte*. In: GW. Bd. IV. S. 32.
3 In diesem Sinne beispielsweise Peter Beicken: *Ingeborg Bachmann*. München 1992. S. 21.
4 Zur berechtigten Kritik an der rein biographischen Lesart ihres Werkes siehe Irmela von der Lühe: »Schreiben und Leben. Der Fall Ingeborg Bachmann.« In: Inge Stephan, Sigrid Weigel (Hg.): *Literatur im historischen Prozeß*. Berlin 1984. S. 43-53.
5 Bachmann: *Wir müssen wahre Sätze finden. Gespräche und Interviews*. A.a.O. S. 114.

niemand dabei. [...] Es ist eine seltsame, absonderliche Art zu existieren, asozial, einsam, verdammt, es ist etwas verdammt daran, und nur das Veröffentlichte, die Bücher, werden sozial, assoziierbar, finden einen Weg zu einem Du, mit der verzweifelt gesuchten und manchmal gewonnenen Wirklichkeit. [...] Wer einen dazu zwingt? Niemand natürlich. Es ist ein Zwang, eine Obsession, eine Verdammnis, eine Strafe.[6]

Schreiben als »Zwang, als Obsession, als Verdammnis« aufzufassen, diese Ansicht hatte sie nicht immer vertreten. Im Spätsommer 1953 war Ingeborg Bachmann noch voller Hoffnung auf einen Neuanfang nach Italien übergesiedelt. »Gelungene« Gedichte zu schreiben bedeutete für sie zu der Zeit, den Eingang in ein lange gesuchtes Mysterium zu finden: »Denn wenn ich an die merkwürdige Beziehung zwischen zeitgebundenen Motiven, zeitgebundenen Sprachmitteln und dem absoluten Charakter eines Gedichts – sagen wir eines gelungenen Gedichts – denke, so scheint mir hier ein ›Mysterium‹ zu liegen«[7]. Aber das war nicht das einzige Ziel ihrer Übersiedlung nach Italien. Sie wollte endlich die Provinz hinter sich lassen und das entwickeln, was sie »Weltgefühl«[8] nannte. Sie wollte sich in eine Tradition einordnen, die sie zunächst als »europäische«[9] erkannte, die sie zugleich aber über die österreichische Tradition des literarischen Schreibens stellen sollte. Denn Ingeborg Bachmann glaubte zu dieser Zeit schon, »daß alle provinziellen und regionalistischen literarischen Produkte zum Tod verurteilt sind und sein werden.«[10] Aus diesem Grund suchte sie die »Begegnungen mit der Wirklichkeit, mit Orten, Ländern und Menschen«[11] zu forcieren, in dem Bewußtsein, daß diese veränderte Welt auch in ihrem Schreiben ihren Niederschlag finden würde, wenn auch »in verwandelter Form« und oft erst »nach Jahren«.[12]

In diesem Sinne bot die Stadt Rom genau das, was Ingeborg Bachmann suchte; den Anknüpfungspunkt an eine längst vorhandene literarische Tradition, die eigentlich deutscher Natur war: die ›Italienreise‹.[13] Denn im Bewußtsein ihrer österreichischen Herkunft gab es für österreichische Schriftsteller, so jedenfalls sah es Ingeborg Bachmann, sprachlich gesehen, doch nur

---

6 Bachmann: [*Rede zur Verleihung des Anton-Wildgans-Preises*]. In: GW. Bd. IV. S. 294 f.
7 Dies.: *Wir müssen wahre Sätze finden. Gespräche und Interviews.* A.a.O. S. 11. Der Abschnitt referiert das Interview mit einem unbekannten Interviewpartner zu Beginn des Jahres 1955.
8 Ebd. S. 12.
9 Ebd.
10 Ebd.
11 Ebd.
12 Ebd.
13 Zur Geschichte der Italienreisen deutscher und englischer Literaten im 17. und 18. Jahrhundert siehe Ludwig Schudt: *Italienreisen im 17. und 18. Jahrhundert.* Wien, München 1959. S. 63 ff. und S. 77 ff.

wieder die »deutsche Literatur«[14], die die Richtung in Zeiten des Umbruchs vorgab. Italien war für Bachmann aufgrund ihrer engen Freundschaft zu Hans Werner Henze, also zunächst aus privaten Gründen, zur Wahlheimat geworden. In politischer Hinsicht bot das Land die Möglichkeit, zumindest der deutsch-österreichischen Prägung des Faschismus den Rücken zukehren zu können. Aber Italien bot noch eine ganz andere, ungeahnte Möglichkeit: die Chance, sich künstlerisch und menschlich in eine andere Welt zu versetzen, die tatsächlich »Altes« mit »Neuem« verband. In Italien waren die Erfahrung über die Sinne sowie deren künstlerische Verarbeitung seit jeher von großer Bedeutung gewesen. Hier konnte Ingeborg Bachmann versuchen, den künstlerischen Anspruch zu verwirklichen, der ihr in einer vom Zweiten Weltkrieg noch tief gezeichneten Welt vorschwebte:

> In dem Wunsch, etwas Musterhaftes an einen Ursprung zurückzuverlegen, versteckt sich jedoch der Wunsch, etwas nach vorn aufzurichten, ein Ungemessenes mehr als ein Maß, das bei aller Annäherung nicht zu erreichen sein wird. [...] Die Griechen Goethes können als eine Chiffre verstanden werden.[15]

Die ›Neuvermessung‹ der Welt nach dem Zweiten Weltkrieg geschah bei Ingeborg Bachmann über die Sinne und den Verstand, und so ist es auch kein Zufall, daß das Motiv der Augen in den Texten, in denen sie sich explizit mit Italien und ihren dort gewonnenen Eindrücken auseinandergesetzt hat, eine zentrale Rolle einnimmt. Schon zu Beginn ihres Lebens in Rom wird das an der Betonung des Motivs der Augen und des Sehens[16] in seinen verschiedensten Variationen deutlich. Bachmann erklärt 1955:

> Ursprünglich kam ich mit dem Gedanken nach Rom, hier zwei Monate zu bleiben und es mir »anzusehen«. Inzwischen ist ein Jahr draus geworden, »gesehen« habe ich bei weitem noch nicht alles; aber ich habe hier zu leben angefangen und fürchte beinahe, hier so rasch nicht wieder loszukommen. Am meisten fesselt mich vielleicht die große Vitalität Roms, die das Alte mit dem Neuen auf eine so unbegreifliche Weise zu verbinden versteht. Der wirkliche Grund für das Bleiben ist natürlich nicht zu erklären. Liebe zu einer Stadt und zu ihren Menschen ist eben Liebe. Ich

---

14 Bachmann: *Wir müssen wahre Sätze finden. Gespräche und Interviews.* A.a.O. S. 12.
15 Dies.: *Frankfurter Vorlesungen. Probleme zeitgenössischer Dichtung.* In: GW. Bd. IV. S. 265.
16 Zur Bedeutung des Sehens in Literatur und Philosophie seit der Antike siehe Jürgen Manthey: *Wenn Blicke zeugen könnten. Eine psychohistorische Studie über das Sehen in Literatur und Philosophie.* München, Wien 1983; Thomas Kleinspehn: *Der flüchtige Blick. Sehen und Identität in der Kultur der Neuzeit.* Reinbek bei Hamburg 1989.

glaube, ich würde auch hierbleiben, wenn die Stadt einen schlechten Einfluß auf meine Arbeit hätte. Nun stellte aber zu meinen Glück unlängst ein deutscher Kritiker einen positiven Stilwandel seit meinem Italienaufenthalt fest. Er schrieb, die neuen Gedichte wären sinnlicher, unmittelbarer und kräftiger geworden, und ich bin geneigt, ihm recht zu geben. [Einen] Beitrag für die [Zeitschrift] Akzente habe ich schon beendet. Er erscheint dieser Tage, ist aber keine Erzählung, sondern ein formal etwas seltsames Gebilde, für das ich keinen Namen weiß. Es heißt: »Was ich in Rom sah und hörte«, handelt sich aber nicht um eine Rom-Impression oder die berüchtigte Wiedergabe der Rom-Eindrücke. Ich habe versucht, nur die »Formeln« für die Stadt aufzusuchen, ihre Essenz, wie sie sich in bestimmten Momenten ganz konkret zeigt.[17]

Diese Formelhaftigkeit aber ist eines der herausragendsten Merkmale der Lyrik und großer Teile der Prosa Ingeborg Bachmanns. Besonders gut läßt sich die formelhafte Schreibweise an zwei Texten, einem Gedicht und einem Essay, untersuchen: anhand der Hymne *An die Sonne*, vermutlich eines der bekanntesten Gedichte der Autorin, das gleichzeitig eine Hymne an die Schönheit und die Liebe wie eine Elegie über den Verlust dieser für eine Künstlerin lebenswichtigen Elemente und Grundfesten ihres Schaffens darstellt. Darüber hinaus aber ist das Gedicht eine Art ›Werkbeschreibung‹ in der Kunst, d.h. der künstlerische Schaffensprozeß läßt sich, so meine ich, parallel zum Zyklus der Sonne nachvollziehen. Die Sonne wird dabei zum Spiegelbild bzw. zur Projektionsfläche des kreativen Potentials der Dichterin und ist Bild wie Abbild des künstlerischen Prozesses der Weltbeschreibung und Selbsterkenntnis.

Aber nicht nur die »Sonne« als Zentrum der Himmelsmächte stellt eines der Hauptmotive des Italienbildes in der Kunst dar. Auch die künstlerische Auseinandersetzung mit Rom, als Zentrum des antiken Weltreiches, das sich zur modernen Weltstadt mit einem alten Kern gewandelt hat, bildet einen Strang des tradierten Italienbildes bis in die heutige Zeit hinein. Ingeborg Bachmann hat diese Tradition in ihrem Essay *Was ich in Rom sah und hörte* aufgenommen und poetisch gestaltet. Dieser Essay ist der zweite zentrale Text, der hier eingehend untersucht werden soll.

Rom bietet dem Künstler eine Welt der Kunst mit fiktiven oder realitätsnahen Darstellungen einer Welt en miniature, der es trotz Kriegen, Verwüstungen, Krankheiten und Verfall gelungen ist, den Wandel der Zeit und der Welt in sich aufzunehmen und für sich positiv zu gestalten und zu überwinden. Es scheint einen besonderen Reiz auf die Künstler und Künstlerinnen aller Zeiten ausgeübt zu haben, sich über diese Metropole des exemplarischen Wandels, des Verfalls und seiner »Wiederauferstehung« in Kunst und

---

17 Bachmann: *Wir müssen wahre Sätze finden. Gespräche und Interviews.* A.a.O. S. 12 f.

Literatur zu äußern.[18] In diese Tradition stellt sich auch Ingeborg Bachmann mit ihrem Rom-Text: Sie versucht, die übereinandergelagerten Zeitschichten und ihre menschlichen wie historisch-politischen Hintergründe schreibend aufzufächern und in einem poetischen Kurztext neu gestaltet zusammenzufassen. Der sehr dichte Text offenbart nicht nur ihren Blick auf Rom und versucht, neue Formeln für das Überlieferte zu finden, sondern zeigt auch, wie sie sich selbst bewußt in eine Künstler-Tradition einordnet. Als wenn Folie über Folie liegt, die der Betrachter zur Hand nehmen und durchblättern, durchgehen oder durchlesen kann, entsteht bei der ›Nachlese‹ und Neudeutung aus den vielen verschiedenen Facetten von gegenwärtigem, historischem und fiktivem Bildmaterial der Stadt und ihrer Menschen ein ganzes und neues Bild der römischen Welt, das zugleich die verschiedenen Stationen eines wachsenden Erkenntnisprozesses des beschreibenden Ichs der Autorin mit der (römischen) Welt widerspiegelt.

Schon Mitte des 16. Jahrhunderts schrieb der französische Dichter und Theoretiker der Pléiade, Joachim Du Bellay (1522-1560), über Rom und forderte die Wiedererweckung des Geistes der Antike und dessen elementarer Kraft und seiner Prinzipien in der Kunst. Er verlangte damit aber gleichzeitig die Erneuerung der französischen Literatur nach lateinischem Vorbild und die Neuorientierung an der sich darauf aufbauenden italienischen Renaissanceliteratur. Bei aller Anlehnung an die Welt Roms hat er es nie an einem kritischen Blick hinter die Kulissen der römischen Pracht fehlen lassen. In einem seiner Römischen Sonette heißt es:»[...] Bedenkt, seht ihr die Felder von Ruinen, / Was neidische Jahrhunderte zernagt, / Da heute noch den Meistern unverzagt / Fragmente ohne Zahl als Vorbild dienen [...].«[19] Die fragmentarische Welt der Antike, ihre Kunst und Kultur, erhält bei Bellay Vorbildcharakter für die großen Künstler aller Zeiten.

Auch Ingeborg Bachmann vertrat die Auffassung, daß man die Sprache und damit die Welt der in ihr verfaßten Bilder als individuell gefärbte Abbilder der Welt wiedererwecken und, in neue Bilder gefaßt, überschreiten muß, da die Welt zu Beginn ihres Lebens in Italien besonders nach dem

---

18 Siehe zum Beispiel die Zusammenstellung von Johannes Mahr (Hg.): *Rom. Die gelobte Stadt. Texte aus fünf Jahrhunderten.* Stuttgart 1996. Dieses Buch bietet eine repräsentative Auswahl von Texten und Gedichten einer großen Anzahl deutschsprachiger und ausländischer Künstler, die sich seit dem 14. Jahrhundert bis heute über Rom geschrieben haben. Um einen Einblick in die Unmenge der literarischen Texte von Schriftstellern und Schriftstellerinnen zu gewinnen, die über ganz Italien, aber auch über ausgewählte Orte wie besonders Rom geschrieben haben, siehe Doris Maurer und Arnold E. Maurer: *Literarischer Führer durch Italien.* Frankfurt a. M. 1988.
19 Joachim Du Bellay: *Die römischen Sonette.* Hrsg., übers. u. eingel. von Ernst Deger. München 1976. S. 75.

»Kahlschlag« des Zweiten Weltkrieges in ihre Einzelteile zerbrochen sei. Schreiben hieß für Ingeborg Bachmann, die Welt in der Überschreitung der alten, zerbrochenen Bilder zu einem neuen, weiterentwickelten Bild von Welt zusammenzufügen. Indem sie in ihren *Frankfurter Vorlesungen* über den Chandos-Brief von Hofmannsthal referiert und aus ihm die wichtigsten Stellen zitiert, überdenkt sie noch einmal den Zusammenhang von Erfahrung, Wirklichkeit, Sprache und Literatur nach 1945:

> Es heißt immer, die Dinge lägen in der Luft. Ich glaube nicht, daß sie einfach in der Luft liegen, daß jeder sie greifen und in Besitz nehmen kann. Denn eine neue Erfahrung wird *gemacht* und nicht aus der Luft geholt. Aus der Luft oder bei den anderen holen sie sich nur diejenigen, die selber keine Erfahrung gemacht haben. Und ich glaube, daß, wo diese immer neuen, keinem erspart bleibenden Wozu- und Warum fragen und alle Fragen, die sich daran schließen (und die Schuldfragen, wenn Sie wollen), nicht erhoben werden, daß, wo kein Verdacht und somit keine wirkliche Problematik in dem Produzierenden selbst vorliegt, keine neue Dichtung entsteht. Es mag paradox klingen, weil vorher vom Verstummen und Schweigen die Rede war als Folge der Not des Schriftstellers mit sich und der Wirklichkeit – einer Not, die heute nur andere Formen angenommen hat. Religiöse und metaphysische Konflikte sind abgelöst worden durch soziale, mitmenschliche und politische. Und sie alle münden für den Schriftsteller in den Konflikt mit der Sprache.[20]

Diesen Konflikt mit der Sprache, der sich immer wieder an der Auseinandersetzung mit einer in sich zerstörten, unvollkommenen und rudimentären Welt entzündete, hat Ingeborg Bachmann über ihr Schreiben ausgetragen. Rom wurde der exemplarische Ort, der es der Schriftstellerin erlaubte, im Prozeß des Schreibens und in der Verbindung von Erfahrung und ästhetischer Verarbeitung eine neue Welt aus einer alten Welt zu (re-)konstruieren, persönliche, historische wie anthropologische Elemente in ihr Werk aufzunehmen und sie »unter einem Ritual« wieder »lebendig zu machen«, d. h. eine fragmentarische und zerstörte Welt aus ihren Ruinen in der Phantasie wiederauferstehen zu lassen, sie in Dichtung zu verwandeln, die ihrerseits aber wiederum auf die Wirklichkeit und die Verwandlung der eigenen Zeit und Lebenswelt abzielte.

Im Kampf um das gezielte Wort versuchte sie in einer auch im literarischen Bereich durch den Krieg und die darauffolgende Desorientierung geprägten Welt als Schriftstellerin einen Weg der Verständigung zu finden, der herausführte aus den lähmenden Streitgesprächen

---

20 Bachmann: *Frankfurter Vorlesungen. Probleme zeitgenössischer Dichtung.* In: GW. Bd. IV. S. 190 ff. (Kurs. Herv. v. I. Bachmann).

zwischen der engagierten Literatur und dem l'art pour l'art, diesmal als direkte Folge der politischen Katastrophe in Deutschland und der damit verbundenen Katastrophen in den heimgesuchten Nachbarländern, genährt von der Ahnung neuer künftiger Katastrophen. [...] Warum schreiben? Wozu? [...] Der Fragwürdigkeit der dichterischen Existenz steht nun zum ersten Mal eine Unsicherheit der gesamten Verhältnisse gegenüber. Die Realitäten von Raum und Zeit sind aufgelöst, die Wirklichkeit harrt ständig einer neuen Definition [...].[21]

Um diese Definition von ›Welt‹ zu finden, war Ingeborg Bachmann nach Italien aufgebrochen. Es ist deshalb nicht verwunderlich, wenn sie sich aus dieser Situation des Neuanfangs an einer alten Künstlertradition orientierte: Sie beschritt zunächst deren vorgegebenen Wege (Orte, Kunstwerke, Zeichen etc.), kontrastierte sie aber im Verlauf ihres Lebens in Italien mit der eigenen Erfahrung und steigerte sie im (Be-)Schreiben dieser »Erfahrungswelt« bis ins Utopische, ja bis in die gänzliche Umkehrung der tradierten Bilder. Insofern setzte Ingeborg Bachmann die Tradition der Italienreise nicht nur fort, sondern füllte sie mit neuen Inhalten. Was zu Anfang nur ein kurzer Aufenthalt sein sollte, wurde ihr Lebensmittelpunkt. Rom war, wenn auch mit einigen Unterbrechungen, ihr Lebens- und Schreibort geworden, wobei die erste Phase ihres Italienaufenthaltes (Ischia und Neapel inbegriffen) von 1953 bis 1956 dauerte, eine zweite Phase von 1958 bis 1962 anzusetzen ist, in der sie aufgrund ihrer Beziehung zu Max Frisch zwischen Rom und Zürich hin- und herpendelte, während die endgültige Übersiedlung nach Rom nach verschiedenen Wohnortwechseln aus beruflichen Gründen (München und Berlin) im Jahr 1965 erfolgte.

Zum Begriff des rituellen Schreibens bei Ingeborg Bachmann

Im Zentrum dieser Untersuchung steht der Zusammenhang von säkularisiertem, künstlerischem Ritual und seiner Darstellung in der Literatur am Beispiel des Italienbildes von Ingeborg Bachmann.[22] Die Kategorie des Rituals hat die Dichterin selbst für das Schreiben und den Umgang mit der Sprache gewählt und den rituellen Umgang mit ihr eingefordert. Im Ritual sah sie die einzige Möglichkeit, der Sprache wieder den Stellenwert zukommen zu lassen, der ihr im Bezug auf eine sich immer mehr zersplitternde

---

21 Bachmann: *Frankfurter Vorlesungen. Probleme zeitgenössischer Dichtung.* In: GW. Bd. IV S. 186 u. S. 188.
22 Hierbei stütze ich mich im wesentlichen auf die Untersuchung von Wolfgang Braungart: *Ritual und Literatur*. Tübingen 1996, der den Zusammenhang von Ritualisierung und literarischem Schreiben an verschiedenen Textbeispielen unterschiedlicher Epochen und Gattungen herausgearbeitet hat.

Lebenswelt des Menschen angemessen schien. Insofern ist die poetische Rede und die Neuschöpfung von Sprache bei Bachmann immer ein Ordnen von Welt und damit auch Lebensbewältigung.

Die Arbeit selbst ordnet ja mit jedem Satz, jedes Zusammentreten von Worten, von Szenen ordnet etwas. Selbst wenn Unordnung gezeigt wird oder gezeigt werden will. Schreiben ist Ordnen, und die Komponenten, die ordnen, entspringen einem Prozeß, in dem die Subjekt-Objekt-Beziehung, die Beziehung Individuum-Gesellschaft immer wieder Erschütterungen ausgesetzt ist.[23]

Diese Ordnung von Welt im Schreiben herzustellen, kann unter einem »Ritual« stattfinden, das die Begegnung mit der Wirklichkeit voraussetzt und sie nicht im Schreiben einfach vorwegnimmt oder übergeht: Bachmann kommt es auf die *Begegnung*, auf den *Austausch* von *Sprache* und *Wirklichkeit*[24] an, denn nur so läßt sich ihrer Ansicht nach ›Welt‹ im Symbolisierungsprozeß des Schreibens herstellen.

Mit einer neuen Sprache wird der Wirklichkeit immer dort begegnet, wo ein moralischer, erkenntnishafter Ruck geschieht, und nicht, wo man versucht, die Sprache an sich neu zu machen, als könnte die Sprache selber die Erkenntnis eintreiben und die Erfahrung kundtun, die man nie gehabt hat. Wo nur mit ihr hantiert wird, damit sie sich neuartig anfühlt, rächt sie sich bald und entlarvt die Absicht.[25]

Der folgende Satz Ingeborg Bachmanns ist sehr bekannt und oft zitiert worden: »Eine neue Sprache muß eine neue Gangart haben, und diese Gangart hat sie nur, wenn sie ein neuer Geist bewohnt.«[26] Bisher noch nicht untersucht wurde aber in der Forschung das Verfahren, wie die Dichterin dieses Ziel im Hinblick auf den Italienmythos zu erreichen glaubte, wenn sie für sich als Schriftstellerin forderte:

> [Der Schriftsteller] muß im Rahmen der ihm gezogenen Grenzen *ihre Zeichen fixieren* und *sie unter einem Ritual wieder lebendig machen*, ihr eine Gangart geben, die sie sonst nirgends erhält außer *im sprachlichen Kunstwerk*. Da mag sie uns freilich erlauben, auf ihre Schönheit zu achten, Schönheit zu empfinden, aber sie gehorcht einer Veränderung, die weder zuerst noch zuletzt ästhetische Befriedigung will, sondern neue Fassungs-

---

23 Bachmann: *Wir müssen wahre Sätze finden. Gespräche und Interviews.* A.a.O. S. 49.
24 Die kursiven Hervorhebungen im Text in der gesamten Arbeit sind, sofern nicht anders angegeben, von mir. Auch die Zitate sind alle laut angegebenem Original abgedruckt.
25 Dies.: *Frankfurter Vorlesungen. Probleme zeitgenössischer Dichtung.* In: GW. Bd. IV. S. 192.
26 Ebd.

kraft. [...] eine[r] Stoßkraft für ein Denken, das zuerst noch nicht um die Richtung besorgt ist, ein[em] Denken, das Erkenntnis will und mit der Sprache und durch Sprache hindurch etwas erreichen will. Nennen wir es vorläufig: Realität.[27]

Diese Konzeption von Sprache, die auf die Veränderung der Wirklichkeit abzielt, indem sie vorhandene Zeichen (Schrift, Bild, Architektur, Orte, Menschen etc.) wahrnimmt, ›liest‹, interpretiert und für die Neudeutung der eigenen Wirklichkeit im Prozeß des Schreibens wiederauferstehen läßt, ist das Prinzip, das auch hinter der Konstituierung des Italienbildes Ingeborg Bachmanns steht. Sie selbst hat diese Vorgehensweise als »Ritual« benannt, das seinen Ausdruck im »sprachlichen Kunstwerk« findet, also zur Neudeutung von Welt ästhetischer Umsetzung bedarf. In dieser Untersuchung soll diesem zentralen Anspruch ihres Schreibens nachgegangen und gezeigt werden, wie die ästhetische Umsetzung von Weltwahrnehmung und Weltdeutung am Beispiel Italiens stattfindet.

Zur ›Kunst der Vertikale‹ am Beispiel Italien

Ingeborg Bachmann spricht immer wieder von der Richtung, in die die sprachlichen Zeichen eines Dichters weisen müssen, um »die Welt zu definieren«. Mit der Betonung auf die Richtung ist ein weiteres zentrales Prinzip der Dichtung Bachmanns genannt, das in engem Zusammenhang mit dem rituellen Charakter ihres Schreibens steht und das ich in Anlehnung an ihre Frankfurter Vorlesungen ›Kunst der Vertikale‹ nenne. Diese ›Kunst der Vertikale‹ kann als das richtungsweisende Prinzip ihrer künstlerischen Arbeit in der Neudeutung der Zeichen der Vergangenheit angesehen werden.

Es gibt in der Kunst keinen Fortschritt in der Horizontale, sondern nur das immer neue Aufreißen einer Vertikale. Nur die Mittel und Techniken in der Kunst machen den Eindruck, als handelte es sich um Fortschritt. Was aber möglich ist, in der Tat, ist Veränderung. Und die verändernde Wirkung, die von neuen Werken ausgeht, erzieht uns zu neuer Wahrnehmung, neuem Gefühl, neuem Bewußtsein.[28]

Ingeborg Bachmann wollte die Welt im Prozeß des Schreibens neu definieren, um sie in »der Ahnung neuer künftiger Katastrophen«[29] verändern. Gleichzeitig war sie sich bewußt, daß eine veränderte Wahrnehmung der

---

27 Bachmann: *Frankfurter Vorlesungen. Probleme zeitgenössischer Dichtung.* In: GW. Bd. IV. S. 192 f. (Kurs. Hervorhebungen v. d. Verf.)
28 Dies.: *Frankfurter Vorlesungen. Probleme zeitgenössischer Dichtung.* In: GW. Bd. IV. S. 195.
29 Ebd. S. 186.

Menschen und ein damit einhergehendes »neues Bewußtsein« nicht außerhalb des eigenen Zeitgeschehens erreicht werden. Folglich konnte man sich ihrer Meinung nach als Schriftstellerin in der Mitte des zwanzigsten Jahrhunderts auch nicht an »die Ideenwelt der Klassik [...] klammern«, wie sie es formulierte, sondern diese nur als Gedankenplateau, als Stützpfeiler, als »Chiffre« benutzen, von der aus man einen eigenen Weg der Darstellung der Probleme seiner Zeit in der Kunst zu finden hatte.[30] Die Auseinandersetzung mit Italien als Modell von Welt und Wahrnehmung in der Kunst war insofern kein Rückschritt, keine Flucht in überkommene Traditionen, sondern der Versuch, in der Rückbesinnung und in der Auseinandersetzung mit alten Zeichen einen neuen Weg in der Kunst der Moderne zu beschreiten; eine Kunst, die sich sehr wohl an der Vergangenheit zu orientieren wußte, diese aber im Blick auf eine Neuordnung der Zukunft im Sinne einer Veränderung und Verbesserung der Wirklichkeit überschreiben bzw. überschreiten wollte. Insofern boten Rom und die italienische Welt die Möglichkeit zur künstlerischen und menschlichen Neuorientierung und Entfaltung an, die notwendig war, um neue, »zeitlose« Bilder eines »vergänglichen Denkens« von der Welt im Schreiben zu entwerfen. Ein Leben als Künstlerin in Rom gab ihr die Möglichkeit, den Fortschritt in der Kunst im ›Aufriß‹ einer Vertikale‹ zu wagen, denn:

> Wo nichts mehr zu verbessern, nichts mehr neu zu sehen, zu denken, nichts mehr zu korrigieren ist, nichts mehr zu erfinden und zu entwerfen, ist die Welt tot.[31]
>
> Mit einem Bild kann ich es Ihnen vielleicht erklären [...]. Man sagt, Bernini habe den Kolonnaden von St. Peter den Umriß von zwei Armen gegeben, welche die Menschheit umfassen. In anderen Großstädten Europas oder Amerikas vereinsamt man leicht. Zur Faszination Roms gehört, für mich jedenfalls die Tatsache, daß es mir als letzte unter den mir bekannten Großstädten erscheint, wo man ein geistiges Heimatgefühl haben kann. Vielleicht als einer der letzten Orte, wo man – wie soll ich es ausdrücken – aufgefangen wird. Rom ist wie die Kolonnaden eine offene Stadt, und sie übt wohl doch eine besondere Kraft aus, mit diesen ineinandergeschlungenen Bildern vergangener Zeiten. Darin liegt vielleicht eine Botschaft, die Botschaft einer auch utopischen Stadt. Rom wirkt nicht nur durch das Bestehende; es wirkt auch durch die in seinem vielschichtigen Dasein bestehenden Möglichkeiten.[32]

---

30 Bachmann: *Frankfurter Vorlesungen. Probleme zeitgenössischer Dichtung.* In: GW. Bd. IV. S. 195.
31 Dies.: *Wir müssen wahre Sätze finden. Gespräche und Interviews.* A.a.O. S. 63. (Interview mit Josef-Hermann Sauter vom 15. September 1965.)
32 Ebd. S. 23. (Gespräch mit Gustav René Hocke vom 24. Januar 1957.)

In der Nachkriegszeit, in der jeder engagierte Schriftsteller für sich und seine Arbeit eine Antwort auf den Satz Adornos, man könne nach Auschwitz keine Gedichte mehr schreiben, zu finden hatte[33], fragte auch Bachmann nach einer neuen Richtung des Denkens und Schreibens, die immer wieder auf die Veränderung der Wirklichkeit abzielte.

In vielen ihrer Texte läßt sich eine spezifische Ausrichtung des Blickes feststellen. Dieser poetologische Blick, wie ich ihn hier nennen möchte, beschreibt auf einem imaginären Koordinatensystem, das aus einer horizontalen und einer vertikalen Linie besteht, die Welt vor allem anhand einer vertikalen Linie. Diese bildet sozusagen das Raster, an dem der Blick der Dichterin zur Beschreibung von Welt ausgerichtet war. Es handelt sich um ein grundlegendes poetisches Prinzip zur Aufschlüsselung von Welt als Rasterdarstellung entlang einer vertikalen Linie, die entweder, was häufiger vorkommt, von oben nach unten oder in umgekehrter Richtung von unten nach oben an der Textebene ablesbar verläuft und als Beschreibungsrichtung nicht nur in der Lyrik, sondern auch in der Prosa von Ingeborg Bachmann nachzuweisen ist.

Im Mittelpunkt dieser Untersuchung werden besonders Bachmanns Rom-Text *Was ich in Rom sah und hörte* sowie die Hymne *An die Sonne* stehen. Erkenntnisleitend ist dabei die Verbindung von Ritual und Literatur in den Italientexten der Autorin, die in diesen besonders offensichtlich zutage tritt. Als zentrales Verfahren ihres rituellen Schreibens läßt sich das Prinzip der ›Kunst der Vertikale‹ feststellen: Indem Bachmann in ihrem rituellen Schreiben vertikale Schnitte bei der Betrachtung der südlichen Welt anlegte, machte sie Vergangenheit und Gegenwart transparent und ermöglichte es dem literarischen Subjekt auf diese Weise, sich in eine (literarische) Tradition einzuordnen.

Unter den genannten Gesichtspunkten wird gleichzeitig eine dem Werk Ingeborg Bachmanns innewohnende zyklische Struktur nachvollzogen, die sich, was das Italienbild betrifft, besonders in der Lyrik nachweisen läßt. Zyklizität ist einer der zentralen Aspekte des Rituals.[34] Dabei spannt sich der

---

33 Siehe auch eines der letzten Interviews, die Ingeborg Bachmann im Mai 1973 während ihrer Polen-Reise und ihrer Fahrt nach Auschwitz Karol Sauerland gab: »Darüber zu sprechen ist am Schwersten. [...] Ich habe Dokumentationen gelesen ... und ich habe hier, wo ich zum ersten Mal in Polen bin, jeden Tag Angstträume und Alpträume. Denn es ist etwas anderes, wenn man eine Dokumentation über Auschwitz oder Birkenau liest ... Ich habe gebeten, daß wir dorthin fahren. Dort zu sein, ist etwas anderes, als darüber zu lesen. Ich habe eine große Bibliothek mit Dokumentationen, auch über Warschau. Ich weiß überhaupt nicht, wie man damit leben kann. [...] Es gibt da nichts zu sagen. *Es ist wirklich, es macht einen sprachlos.*« In: Bachmann: *Wir müssen wahre Sätze finden. Gespräche und Interviews.* A.a.O. S. 142. (Kursive Hervorhebungen von mir.)
34 Siehe Braungart: Ritual und Literatur. A.a.O. S. 183-186.

Bogen ihrer in Gedichten, Hörspielen und Prosatexten verarbeiteten Italienerfahrungen von der *Ausfahrt*[35] hin zu einem »immerwiederkehrenden Sonnenufer«[36] als Bild für den Aufbruch, über die Ankunft und den Beginn eines neuen Lebens nach der Überwindung einer symbolischen Todesgefahr im *erstgeborene[n] Land*[37]. Die zyklisch auftretenden Bildelemente über die Beschreibung des Südens verlaufen weiter über die fiktive Schilderung des Erlebens eines neuen Alltags als Fest und als Reinigungsritual zur Befreiung von alter Schuld in den *Liedern von einer Insel*[38], halten in dem Gedicht *Nach vielen Jahren*[39] in einem ersten künstlerischen Resümee inne, münden dann in die Auseinandersetzung mit dem symbolischen Tod und der symbolischen Wiederauferstehung in der Schrift in den *Liedern auf der Flucht*[40], bis hin zu der Auflösung des Mysteriums ›Wort‹ in der Negation der Bilder des Südens, ausgedrückt in dem Gedicht *Enigma*: »Nichts mehr wird kommen. / [...] Aber auch Sommer und weiterhin, was so gute Namen / wie sommerlich hat – / es wird nichts mehr kommen.«[41]

Der Zyklus der Bildelemente des Südens ist damit unterbrochen bzw. zu einem ersten Ende gekommen. Parallel dazu tauchen die Bilder von der verheißungsvollen Phantasie des Südens in den beiden Hörspielen *Die Zikaden* und *Ein Geschäft mit Träumen* auf, die daher in die Analyse einbezogen werden. Am Schluß der Arbeit steht die Auseinandersetzung mit der Negation der in früheren Texten (Gedichten und Hörspielen) positiv besetzten Italienbilder, die in Teilen des *Todesartenzyklus*, nämlich in dem Roman *Malina* und dem Romanfragment *Der Fall Franza*, ins Negative verkehrt werden. Dabei läßt sich feststellen, daß Ingeborg Bachmann einzelne Ausschnitte aus früheren Gedichten in ihre späteren Prosatexte eingebaut hat, sich also selbst zitiert, die alten Bilder aber mit neuer Bedeutung belegt.

Mit der Negation der Bilder des Südens ist die für die Autorin bittere Erkenntnis verknüpft, daß auch das Paradies des Südens vor allem auf einer inneren Vorstellungswelt beruht, die sich im Vergleich mit der sich im Laufe der Zeit stark verändernden Lebensrealität der Dichterin über die Jahre hin nicht halten ließ, was wiederum eine deutliche und ablesbare Rückwirkung

---

35   Bachmann: *Ausfahrt*. In: GW. Bd. I. S. 28 f.
36   Ebd. S. 29.
37   Dies.: *Das erstgeborene Land*. In: GW. Bd. I. S.119 f. Da das Gedicht erst 1956 entstanden ist, wird es an späterer Stelle in der Arbeit unter dem Aspekt des ›Neuen Sehens‹ und der ›Wiedergeburt‹ besprochen.
38   Dies.: *Lieder von einer Insel*. In: GW. Bd. I. S. 121-124.
39   Dies.: *Nach vielen Jahren*. In: GW. Bd. I. S. 132.
40   Ebd. S. 138-147.
41   Dies.: *Enigma*. In: GW. Bd. I. S. 171. Das Gedicht ist den Herausgeberinnen der Werkausgabe zufolge vermutlich zwischen 1966 und 1967 entstanden. *Enigma* ist das letzte von Ingeborg Bachmann veröffentlichte Gedicht, und nicht, wie oft angenommen, das Gedicht *Keine Delikatessen*. In: GW. Bd. I. S. 172-173.

auf ihr Werk hatte. Die poetischen Bilder des Südens, des Lichts und der (geistigen) Helle wandeln sich in der zweiten Lebenshälfte Bachmanns zu Bildern der Hölle. Dabei symbolisiert der Fall vom Licht ins Dunkel aber gleichzeitig auch den schöpferischen Weg der Dichterin, der sich inhaltlich an der zunehmenden Auseinandersetzung mit den dunklen Bereichen des Lebens, mit dem Tod in allen seinen Facetten wie lebensgeschichtlich am stetigen Rückzug aus der Öffentlichkeit Roms ablesen läßt. Das Leben in Rom wurde Ingeborg Bachmann, die die Stadt bis dahin als ihre ›geistige Heimat‹ angesehen hatte, zum Gefängnis; im Schreiben erfolgte eine Hinwendung zu Todesbildern und der Darstellung der ›menschlichen‹ Hölle auf Erden.

Zur Tradition der literarischen Italienbeschreibung seit Goethe

Die literarische Italienreise ist im besonderen ohne die traditionsbildende Italienbeschreibung Goethes kaum denkbar. Bereits in jungen Jahren hatte sich Ingeborg Bachmann mit Goethe als literarischem Vorbild beschäftigt. Laut eigenen Aussagen verstand Bachmann die Klassik und damit auch die ›klassische Italienreise‹ Goethes als »Chiffre«[42], um sich und ihr Schreiben auf dieser Folie weiterzuentwickeln. Da sich im Hinblick auf Orte und Umstände der Italienerfahrung und ihrer Verarbeitung einige Parallelen biographischer, motivischer wie ästhetischer Art ergeben, wird die Arbeit zunächst auf das Umfeld der *Italienischen Reise*[43] Johann Wolfgang von Goethes ausführlicher eingehen, um den literatur- und kulturhistorischen Hintergrund aufzuzeigen, vor dem die Dichterin sich bewegte. Goethe war von der Möglichkeit fasziniert gewesen, die vielen Schichten der römischen Welt mit einem sondierenden Blick wahrnehmen und sich und seine künstlerische Arbeit in der Auseinandersetzung mit ihnen im ganzheitlichen Sinn weiterbilden zu können:

[…] denn wie man einen See immer tiefer findet, je weiter man hineingeht, so geht es mir mit der Betrachtung dieser Stadt. Man kann das Gegenwärtige nicht ohne das Vergangene erkennen, und die Vergleichung von beiden erfordert […] Zeit und Ruhe. […] Man mag zu Gunsten der schriftlichen und mündlichen Überlieferung sagen, was man will, in den wenigsten Fällen ist sie hinreichend, denn den eigentlichen Charakter irgendeines Wesens kann sie doch nicht mitteilen, selbst nicht in geistigen Dingen. Hat man aber erst einen sichern Blick getan, dann mag man gerne lesen und hören, denn das schließt sich an an den lebendigen

---

42 Bachmann: *Frankfurter Vorlesungen. Probleme zeitgenössischer Dichtung.* In: GW. Bd. IV. S. 294 f.
43 Johann Wolfgang von Goethe: *Italienische Reise.* In: *Goethes Werke.* Hamburger Ausgabe. Hg. von Herbert v. Einem. Bd. XI. München [8]1974.

Eindruck; nun kann man denken und beurteilen. [...] [Ich] werde mich auch hier finden lernen.[44]

Goethe kam es auf die Verbindung von sinnlicher Erfahrung und künstlerischer Beurteilung und Umsetzung an. Wie später Bachmann war auch er davon überzeugt, daß sich die Gegenwart der Menschen nicht ohne tiefere historische Einblicke verstehen ließ. Er faßte die Stadt Rom daher als beispielhaften Fall für das Studium menschlicher, historisch-politischer und vor allem auch verschiedener künstlerischer Entwicklungen und Konflikte auf. Dabei spielt bei Goethe ebenso wie bei Bachmann die Erkenntnis der Zusammenhänge von Welt über das Auge, der geschulte, fragende, systematisierende Blick eine elementare Rolle, die das prinzipielle Verstehen für den Künstler überhaupt erst möglich werden läßt. Erst dann oder währenddessen erfolgte die erneute Auseinandersetzung auf geistiger bzw. literarischer, textueller Ebene mit dem zu erfassenden Stoff. Das »sprachliche Kunstwerk«[45], wie Bachmann es genannt hat, ist auch bei Goethe Träger einer doppelten Funktion: Es stellt einerseits die Verarbeitung der neu gewonnenen Eindrücke in Italien (Rom) dar, andererseits läßt sich an ihm das künstlerische und menschliche Selbstverständnis, die veränderte Selbstwahrnehmung, die durch die neuen Erfahrungen gewonnen wurde, ablesen. Wirklichkeitserfahrung, Schreibprozeß und künstlerische Identitätsentwicklung stehen, was das ›Ritual der Italienreise‹ betrifft, spätestens seit Goethes Aufenthalt in Italien in engem Zusammenhang miteinander. Er betonte nicht von ungefähr immer wieder:

> ich tue nur die Augen auf und seh' und geh' und komme wieder [...] derselbe Boden, derselbe Berg, ja oft dieselbe Säule und Mauer [...] seit dem funfzehnten Jahrhundert bis auf unsere Tage haben sich treffliche Künstler und Gelehrte mit diesen Gegenständen ihr ganzes Leben durch beschäftigt. [...] Man müßte mit tausend Griffeln schreiben, was soll hier eine Feder![46]

Neben italienreisenden Künstlern gab es vor Ingeborg Bachmann natürlich auch Künstlerinnen und bildungsbeflissene Frauen, die in der Nachfolge Goethes die Reise nach Rom in der Hoffnung auf seelische und geistig-schöpferische Erneuerung und Anregung angetreten haben. Besonders bekannt geworden sind für die Zeit vom späten 18. bis zur Mitte des 19. Jahrhunderts Henriette Herz[47], Fanny Lewald[48], Dorothea Mendels-

---

44 Goethe: *Italienische Reise*. A.a.O. S. 155; S. 157f. u. S. 145.
45 Bachmann: *Frankfurter Vorlesungen. Probleme zeitgenössischer Dichtung*. In: GW. Bd. IV. S.192.
46 Goethe.: *Italienische Reise*. A.a.O. S. 123 f.
47 Rainer Schmitz (Hg.): *Henriette Herz in Erinnerungen, Briefen und Zeugnissen*. Leipzig, Weimar 1984; Hans Landsberg (Hg.): *Henriette Herz. Ihr Leben und ihre Zeit*. Weimar 1913.
48 Fanny Lewald: *Ein Winter in Rom*. Berlin 1869; dies.: *Italienisches Bilderbuch*. Hg. von

sohn[49], Caroline von Humboldt[50], die Komponistin Fanny Mendelssohn[51], Elisa von der Recke[52] und Friederike Brun[53]. Sie alle haben ihre Erfahrungen literarisch oder musikalisch gestaltet oder zumindest in zahlreichen Briefen festgehalten.[54] Bei den meisten der genannten Künstlerinnen steht eine umfassendere Untersuchung ihrer künstlerischen Werke bezüglich ihres Italienbildes noch aus. Noch seltener sind die wissenschaftlichen Studien über deutschsprachige italienreisende Schriftstellerinnen für die Jahrhundertwende [zu nennen sind hier beispielsweise Malwida von Meysenburg (1816-1903)[55]

Thomas Erler. Berlin 1874. Neuauflage Berlin 1973; dies.: *Meine Lebensgeschichte.* Frankfurt a. M. 1980; dies.: *Römisches Tagebuch 1845-1846.* Hg. von Heinrich Spiero. Leipzig 1927.

49 Heinrich Finke (Hg.): *Briefwechsel Friedrich und Dorothea Schlegels 1818-1820 während Dorotheas Aufenthalt in Rom.* Kempten 1923; Carola Stern: *»Ich möchte mir Flügel wünschen.« Das Leben der Dorothea Schlegel.* Reinbek bei Hamburg 1993.

50 Ilse Foerst-Crato (Hg.): *Frauen zur Goethezeit. Ein Briefwechsel. Caroline von Humboldt. Friederike Brun. Briefe aus dem Reichsarchiv Kopenhagen und dem Archiv Schloß Tegel.* Berlin, Düsseldorf 1975.

51 Fanny Mendelssohn: *Italienisches Tagebuch.* Hg. von Eva Weissweiler. Hamburg, Zürich 1993. Siehe auch Françoise Tillard: *Die verkannte Schwester. Die späte Entdeckung der Komponistin Fanny Mendelssohn-Bartholdy.* München 1994; Nannette Renner: *Fanny Mendelssohn-Bartholdy – Komponistin im Schatten des berühmten Bruders.* Freiburg: PH Wiss. Arb. 1995.

52 Elisa von der Recke, geborene Reichsgräfin von Medem: *Tagebuch einer Reise durch einen Theil Deutschlands und durch Italien in den Jahren 1804-1806.* Hg. von Hofrath Böttiger. Bd. 1-4. Berlin 1815.

53 Friederike Brun: *Römisches Leben.* Erster und zweiter Theil. Leipzig 1833; dies.: *Tagebuch über Rom.* Zürich 1800; dies.: *Gedichte.* Hg. v. Friedrich Matthisson. Zürich 1803; dies.: *Briefe aus Rom, geschrieben in den Jahren 1808, 1809 und 1810.* Dresden 1816; dies.: *Sitten- und Landschaftsstudien von Neapel und seinen Umgebungen in Briefen und Zuschriften entworfen in den Jahren 1809-1810 nebst späteren Zusätzen von Friederike Brun geb. Münter.* Leipzig 1818.

54 Speziell für das 18. Jahrhundert siehe Wolfgang Griep, Annegret Pelz: *Frauen reisen. Ein bibliographisches Verzeichnis deutschsprachiger Frauenreisen. 1700 bis 1810.* A.a.O. Vgl. auch Peter J. Brenner: *Der Reisebericht in der deutschen Literatur. Ein Forschungsüberblick als Vorstudie zu einer Gattungsgeschichte.* Tübingen 1990. Uta Treder (Hg.): *Die Liebesreise oder der Mythos des süßen Wassers. Ausländerinnen im Italien des 19. Jahrhunderts.* A.a.O.; Brunhilde Wehinger: »Reisen und Schreiben. Weibliche Grenzüberschreitungen in Reiseberichten des 19. Jahrhunderts.« In: *Romanische Zeitschrift für Literaturgeschichte* 3/4 (1986). S. 360-380; Elke Frederiksen: »Der Blick in die Ferne. Zur Reiseliteratur von Frauen.«; Annegret Pelz: *Reisen durch die eigene Fremde. Reiseliteratur von Frauen als autogeographische Schriften.* A.a.O.; Gabriele Freiin von König-Warthausen: *Deutsche Frauen in Italien. Briefe und Bekenntnisse aus drei Jahrhunderten.* Wien 1942. Weitere Titel zum Thema Reiseliteratur von Frauen sowie spezielle Literaturangaben zu den einzelnen Autorinnen siehe in den Anmerkungen und im Literaturverzeichnis.

55 Malwida von Meysenburg: *Memoiren einer Idealistin.* Hg. v. Renate Wiggershaus. Frankfurt a. M. 1985. Siehe dazu auch Wulf Wülfing: »On Travel Literature by Women in the Nineteenth Century. Malwida von Meysenburg.« In: Ruth Ellen B. Joeres, Mary Jo Maynes (Hg.): *German women in the eighteenth and nineteenth centuries.* Minnesota 1986. S. 289-204.

oder Isolde Kurz (1853-1944)[56]]. Ebenso gering ist die Ausbeute für das 20. Jahrhundert, was aber nicht heißen soll, daß der Zug der italienreisenden Schriftstellerinnen im Laufe des 19. und 20. Jahrhunderts abgenommen hätte.[57]

Sie alle haben aber eines gemeinsam: Alle haben sie das ›Ritual der Reise nach Italien‹ vollzogen, wenn auch im 18. und 19. Jahrhundert viele von ihnen in erster Linie im Kontext ihrer gesellschaftlichen Stellung als Gattin, Freundin oder aus gesundheitlichen Gründen nach Italien gereist sind, wobei sie Erholung, Kunstgenuß und das Erlebnis der landschaftlichen Schönheiten Italiens miteinander zu verbinden wußten. Dabei stand die eigene künstlerische Arbeit und Ausbeute bei der Reise nicht immer im Vordergrund. Insofern dominiert in diesen beiden Jahrhunderten bei vielen weiblichen Reisenden auch der soziale Aspekt des Rituals. Oft haben die Frauen dieser Zeit erst im Nachhinein mit der Herausgabe ihrer Briefe und Tagebücher begonnen oder haben in fiktiver Ausgestaltung ein Resümee ihrer Italienerfahrungen gezogen. Viele von ihnen orientierten sich immer wieder betont an Goethes Italienischer Reise und suchten die gleichen Orte wie ihr großes Vorbild auf, um ihre dort gesammelten Eindrücke und Empfindungen mit den seinen zu vergleichen.[58] Friederike Brun spielte sogar explizit auf Goethes Italienlied *Mignon*[59] an, indem sie ein formal analoges wie inhaltlich am Vorbild ausgerichtetes Gedicht mit dem Titel *Trostlied für die Opfer des Geistes der Zeit*[60] schrieb.

---

56 Isolde Kurz: *Italienische Erzählungen.* Stuttgart 1947; dies.: *Florentiner Novellen.* Stuttgart, Berlin 1890; dies.: *Deutsche und Italiener. Ein Vortrag von Isolde Kurz.* Stuttgart und Berlin 1919.
57 Eine differenzierte Untersuchung der verschiedenen Werke der einzelnen Künstlerinnen, was ihr Italienbild betrifft, liegt jedoch noch nicht vor. In der Betrachtung der deutschsprachigen wissenschaftlichen Literatur zum Thema finden meist nur die ganz bekannten Autorinnen wie Marie-Luise Kaschnitz oder Ingeborg Bachmann – und oft nicht einmal die – kurze Erwähnung. Siehe u. a. Marie Luise Kaschnitz: *Engelsbrücke.* München [6]1985; dies.: *Meine acht römischen Wohnungen.* In: *Westermanns Monatshefte* 104 (1963). S. 67-79. Siehe in diesem Zusammenhang den Aufsatz von Sabine Kienlechner: »Über Archäologie und Grundbesitz. Beobachtungen zum topographischen Schreiben bei Marie Luise Kaschnitz.« In: Uwe Schweikert (Hg.): *Marie Luise Kaschnitz.* Frankfurt a. M. 1984. S. 43-57. Und: Gunter E. Grimm, Ursula Breymeyer, Walter Erhart (Hg.): »*Ein Gefühl von freierem Leben«. Deutsche Dichter in Italien.* A.a.O. S. 273 ff. Ingeborg Bachmann erhält in dieser Darstellung nicht einmal als eine in Italien lebende und schreibende Gegenwartsautorin ein eigenes Kapitel.
58 Vgl. dazu Sigrid Lange: »Italienreisen. Paradigmen in der Kunst des Symbolisierens aus der Sicht Louise von Göchhausens und Henriette von Egloffsteins«. In: Dies.: *Spiegelgeschichten. Geschlechter und Poetiken in der Frauenliteratur um 1800.* Frankfurt a. M. 1995. S. 21-41.
59 Johann Wolfgang von Goethe: *Mignon.* In: *Goethes Werke.* Hamburger Ausgabe. Bd. II. *Wilhelm Meisters Lehrjahre.* Hg. v. Erich Trunz. München [9]1977. S. 145.
60 Friederike Brun: *Gedichte.* A.a.O. S. 196 f.

Auf der Ebene der realen Italienerfahrung wie in den verschiedenen Texten lassen sich bei genauer Analyse in verschiedenster Form literarische ›Spurenelemente‹ des berühmten Vorgängers aus Deutschland finden. Diesen in der vorliegenden Arbeit ausführlich nachzugehen, ist jedoch nicht möglich, da ich mich auf eine genaue, exemplarische Analyse der Texte Ingeborg Bachmanns konzentrieren will. Wichtig zu wissen ist jedoch, daß Ingeborg Bachmann sich als ›reisende Frau und Schriftstellerin‹ ebenfalls in einer weiblichen Tradition bewegte, die sich u. a. von Goethes Reiseschilderungen über Italien hatte inspirieren lassen. Die Magie und der Zauber der italienischen Landschaft, ihrer Städte, Menschen und Kunst hatte auch für die weibliche, schöpferische Phantasie eine anregende Wirkung, wie am folgenden Textausschnitt der Dichterin Friederike Brun anläßlich ihrer Reise durch den Süden Italiens deutlich wird:

> Wir Weiber systematisieren selten, aber haben wir mal so ein Ding hervorgebracht, ach, dann liegt es uns am Herzen, mehr als Euch! Nicht allein die Schöpfung des Vulkans, sondern in einer seltenen Eintrachtsstunde durch die Wirkung des Graziengürtels, auf süße Bitte der mächtigeren Zauberin, glaube ich dies zauberisch schöne Ländchen hervorgebracht. – Sie wollte, und es stieg plötzlich aus dem Schooße der Fluthen in seiner Schönheit empor, die Schauer der alten, düstern Meerbusen mit allem Reize Andyomenens erfüllend. – Also Glück auf! Lieber Bergmann zur Wanderung in die vulkanische Mine![61]

Wenn an dieser Stelle mit der »vulkanischen Mine« auch der Krater des Vesuv-Kegels bei Neapel gemeint ist, so läßt sich festhalten, wie stark der Wunsch der Künstlerinnen zwischen dem 18. und 20. Jahrhundert war, das Land Italien und seine verheißungsvolle Welt kennenzulernen und die Erfahrungen künstlerisch gestaltet an andere, kommende Italienreisende weiterzugeben.

»Daß sich jeder Maler mit in sein Bild malt, wird mir immer klarer; ich meine sein inneres Wesen [...]«[62], schrieb Caroline von Humboldt an Friederike Brun von Rom aus nach Kopenhagen, am Weihnachtsfest des Jahres 1817. Das Italienbild jeder Künstlergeneration gibt immer auch das Bild ihrer Zeit wieder, ist Weltbild wie Selbstbild zugleich. Wenn auch die Formen der literarischen Verarbeitungen sehr unterschiedlich ausfallen können, so ist vielen von ihnen doch die eine Erfahrung und damit ein Thema und die

---

61 Friederike Brun: *Sitten- und Landschaftsstudien von Neapel und seinen Umgebungen in Briefen und Zuschriften entworfen in den Jahren 1809-1810 nebst späteren Zusätzen von Friederike Brun geb. Münter.* A.a.O. S. 146. (Orthographie lt. Original).
62 Aus einem Brief »von der verstorbenen Baronin von Humboldt, geborene von Dacheröden; Rom, den 24. Dezember 1817.« In: Brun: *Römisches Leben.* Zweiter Theil. A.a.O. S. 325 f.

motivische Umsetzung bestimmter, sich wiederholender Bilder aus diesem Erfahrungsraum (zum Beispiel »Sonne«, »Meer«, »Schiffe«, »Strand«, »Zitronen«, »Orangen«, »Rom«, bestimmte Plätze, die Auseinandersetzung mit italienischen Bau- und Kunstwerken etc.) gemeinsam; nämlich die reale wie ästhetische Wiederholung der Reise nach Italien. Sie gibt dem Künstler die Möglichkeit, in Abgrenzung von oder in Anlehnung an tradierte/n Bilder/n seine Sicht der Welt und seiner Zeit, sowie die Sicht auf sein künstlerisches und menschliches Selbst neu zu definieren. Alte Formen und Inhalte des Italienbildes können überschrieben, umgeschrieben, neu geschrieben oder in ihr Gegenteil verkehrt werden. Das Ritual bleibt dem Vollzug nach prinzipiell dasselbe, auch wenn sich die schriftlich fixierte Form der literarischen Äußerungen inhaltlich wie stilistisch veränderlich zeigt.

Zur Theorie des Ritualbegriffs in der Literatur

Wolfgang Braungart versucht in seiner Arbeit mit dem Titel *Ritual und Literatur*[63] nachzuweisen, wie eng der Zusammenhang vom symbolischen Stellenwert menschlicher Rituale und ihrer ästhetischen Umsetzung in der Kunst ist. Seine zentrale These lautet:

> Ritual wie Literatur sind symbolische Bedeutungsanordnungen. An Ritual und Literatur erfahren wir, daß Ordnung – semantisch wie ästhetisch – möglich ist. In der Anwendung der Kategorie des Rituals auf die Literatur läßt sich dies diskutieren [...]. Literatur weist in ihrer Produktion und Rezeption, ihrer ästhetischen Form, ihrer Struktur, ihrem Inhalt und ihrer thematischen Bezugnahme, ihrer sozialen Einbindung, ihrer sozialen Inszenierung und ihrer sozialen Organisation Bezüge zum Ritual auf. Sie selbst kann als Ritual inszeniert und praktiziert werden. Form ist beim Ritual wie beim Kunstwerk Bewältigung.[64]

---

63 Braungart: *Ritual und Literatur.* A.a.O.
64 Ders.: *Ritual und Literatur.* A.a.O. S. 17. Was den Aspekt der Bewältigung von seelisch bedrohlichen Erfahrungen (wie tiefe Desorientierung, Chaos, Kriegserlebnisse, menschlicher Verlust etc.) und deren Verarbeitung über die Ausgestaltung eines südlichen Paradieses (Italien) in der Kunst betrifft, werde ich an entsprechender Stelle die theoretischen Überlegungen Thomas Auchters heranziehen, der in seinem Aufsatz *Die Suche nach dem Vorgestern – Trauer und Kreativität* davon ausgeht, daß der Prozeß des Schreibens und der des Trauerns über seelisches Leid und die im Leben erlittenen Verluste, zusammenfallen und die sprichwörtlichen Trümmer des Lebens über die schöpferische Gestaltung im Kunstwerk zu einer neuen Ganzheit zusammengefügt werden. Das trifft, von wenigen Relativierungen abgesehen, auch auf das Italienbild Bachmanns nach den Erfahrungen des Zweiten Weltkrieges und der Nachkriegszeit zu. Siehe Thomas Auchter: »Die Suche nach dem Vorgestern – Trauer und Kreativität.« In: Hartmut Kraft (Hg.): *Psychoanalyse, Kunst und Kreativität heute: die Entwicklung der analytischen Kunstpsychologie seit Freud.* Köln 1984. S. 206-233.

Vor diesem Hintergrund erscheint die Italienreise zumindest seit Goethes *Italienischer Reise* als ein fester Bestandteil eines gesellschaftlichen Rituals, eines tradierten Künstler-Rituals, das die Züge eines Initiationsritus aufweist, bei dem der Künstler (›Initiant‹) einer mehr oder weniger festgelegten Route auf seiner Italienreise zu folgen hat. Er muß, will er zu der ›bekannten‹ Gruppe der italienreisenden Künstler gehören, die vor Ort gemachten Erfahrungen und Eindrücke schriftlich oder im Bild festhalten und ästhetisch gestalten.

Rituale sind notwendige Formen symbolischer Bewältigung, symbolischer Selbstdarstellung und Selbstinterpretation einer sozialen Gruppe oder Gesellschaft.

Wenn das aber so ist, dann liegt die Folgerung nahe, daß auch kulturelle Äußerungen wie Literatur und Kunst als symbolische Selbstinterpretationen eines Individuums in der Gesellschaft einen engen Bezug zum Ritual aufweisen. [...] Für Rituale selbst gilt: Sie sind ohne Einbeziehung besonderer ästhetischer Elemente nicht denkbar. Das Ritual braucht notwendig die ästhetische, für viele Rituale darf man sagen, die künstlerische Ausgestaltung. Das Ritual kann bis heute für die verschiedenen Künste eine produktive Herausforderung sein.[65]

Ingeborg Bachmann, die ihr Schreiben als Verlebendigung der Welt der Zeichen in der Interpretation der Zeichen der Welt (vorhandene Bauwerke, Kunstwerke, reale Orte, Plätze, Menschen, aber natürlich auch die verschiedenen Werke der Literatur) verstanden hat, hat selbst auf diese Sichtweise von Weltdeutung und Schrift auf der Basis eines ritualisierten Umgangs mit der Sprache zurückgegriffen. Daher werden die theoretischen Ergebnisse aus Braungarts Studie hier zur Analyse der poetischen Texte Bachmanns an gegebener Stelle hinzugezogen.

Ein Ritual besteht aus zwei Aspekten: dem Handlungsaspekt, der eng an den Erfahrungsraum geknüpft ist, an dem es vollzogen wird (in diesem Fall das Land Italien und seine Hauptstadt Rom), und dem künstlerischen Aspekt[66], der »ästhetische, künstlerische Ausgestaltung« im Sinne eines vollzogenen Rituals verlangt. Insofern trifft das eine auf das Leben, das andere auf das Schreiben Ingeborg Bachmanns zu.[67] Am Italienbild der Autorin läßt sich anhand einzelner ausgewählter Textbeispiele ein säkularisiertes Ritual,

---

65 Braungart: *Ritual und Literatur*. A.a.O. S. 24 f.
66 Der künstlerische Aspekt läßt sich noch in weitere Teilaspekte gliedern, die aber zwecks der Übersichtlichkeit erst am literarischen Beispiel innerhalb der einzelnen Kapitel erläutert werden sollen.
67 Dieses zugrundeliegende Prinzip trifft im übrigen auch auf das Schreiben vieler anderer Künstler und Künstlerinnen zu, deren Italienbild in diesem Zusammenhang wegen des Umfangs der Arbeit jedoch nicht eingehender analysiert werden kann.

das im Rahmen einer alten Künstler-Tradition vollzogen wird, als symbolische Handlung auf textueller Ebene verstehen, beobachten und analysieren. Dabei sind, was die ästhetische Ausgestaltung des Rituals angeht, der Aspekt der Form wie der der Auswahl und des Umgangs mit den Bildern zu Italien bzw. dem phantasierten Raum des Südens zu berücksichtigen.

Für die Gruppe der Künstler stellt die Reise oder der Aufenthalt in Italien nach dem Vorbild der Adligen und später der Kaufleute seit der Grand Tour[68], spätestens aber seit Goethes *Italienischer Reise* ein Initiationsritual dar, das die künstlerische Selbstentfaltung und Identitätsbildung anhand klassischer Vorbilder aus der Antike geschult wissen will, aber auch einen Schwerpunkt auf die sinnliche Erfahrung vor Ort setzt. Genauso gab und gibt es eine ganze Reihe von Künstlern, die diese ›klassische‹ Schulung aus eben denselben Gründen ablehnen und ihre Ablehnung oder Kritik am ›traditionellen Italienbild‹ ihrerseits wieder schriftlich fixieren und damit noch in der Negation das ›Bild‹ fortschreiben. Goethes Reiseerfahrungen und schriftstellerische Verarbeitung seiner Zeit in Italien sind deshalb nicht von ungefähr unzählige Male kopiert (oder im Anschluß verworfen) worden, mit dem einen Ziel, eine ebenso ›klassische Wiedergeburt‹ im ganzheitlichen Sinne (Körper, Geist, Seele) zu erfahren und dieses Ergebnis bzw. den Weg dorthin in Etappen künstlerisch zu gestalten. Diese ästhetische Gestaltung aber bedeutete das Eintreten in eine Traditionslinie der Literatur.

Den Umgang mit dieser Tradition anhand ausgewählter Beispiele von Texten unterschiedlicher Gattungen (Lyrik, Hörspiel, Prosa) am Werk von Ingeborg Bachmann zu verfolgen und die ästhetischen Mittel und das Wesen von Bachmanns Italien-Ritual, aus dem Facetten ihres Italienbildes resultieren, zu analysieren, ist Ziel dieser Arbeit.

Dabei ist nicht nur der Wiederholungsaspekt auf der Handlungsebene konstitutiv für das ›Ritual der Reise nach Italien‹, sondern auch und im besonderen dessen ästhetische Verarbeitung im Schreiben auf der inhaltlichen wie auf der formalen Ebene. Die Formelhaftigkeit wie die Feierlichkeit des poetischen Sprechens in der Struktur der Wiederholung ästhetischer Strukturen wie bestimmter tradierter Bildern von Italien, die bei Ingeborg Bachmann in ihrer Lyrik und auch in Teilen der Prosa offenkundig ist, zeigen, daß »das Ritual [...] selbst ›der Ort des Wissens‹ über das Ritual ist.«[69]

---

68 Siehe dazu Albert Meier: »Von der enzyklopädischen Studienreise zur ästhetischen Bildungsreise. Italienreisen im 18. Jahrhundert.« In: Peter J. Brenner: *Der Reisebericht.* A.a.O. S. 284-305. Siehe auch: Wolfgang Griep (Hg.): *Sehen und Beschreiben. Europäische Reisen im 18. und frühen 19. Jahrhundert.* Heide in Holstein 1991; ders., Hans-Wolf Jäger (Hg.): *Reise und soziale Realität am Ende des 18. Jahrhunderts.* Heidelberg 1983.
69 Braungart: *Ritual und Literatur.* A.a.O. S. 130. Das Binnenzitat stammt von Jan Assmann: *Das kulturelle Gedächtnis. Schrift, Erinnerung und politische Identität in den frühen Hochkulturen.* München 1992. S. 87.

2. Rezeption und Forschungsstand

Ingeborg Bachmann gehört zu den wenigen Autorinnen, die bereits zu Lebzeiten bekannt und berühmt, ja geradezu in den »Klassikerhimmel«[1] erhoben wurden – zumindest als Lyrikerin und Hörspielautorin. Ihr früher Ruhm gründete sich auf ihre Lyrik und auf ihre Hörspiele, begleitet wurde ihre Entwicklung zur »Nachkriegsklassikerin« von einem besonders lebhaften Interesse an ihrem Leben. Allerdings war der Kult um ihre Person häufig von misogynen und polemisierenden Untertönen begleitet.

Ausgangspunkt ihrer Entwicklung zur (skandalumwitterten) Lyrik-Diva war der *Spiegel*-Artikel »Bachmann. Stenogramm der Zeit« aus dem Jahr 1954.[2] Der Artikel begründete zwar die Popularität der Dichterin in einer breiteren Öffentlichkeit, wirkte sich gleichzeitig aber verhängnisvoll und beschränkend auf die Rezeption ihres Werkes aus. Besonders zwei Aspekte der Stilisierung prägten ihr Bild in der literarischen Öffentlichkeit und in der literaturwissenschaftlichen Forschung nachhaltig: Zum einen erfuhr Bachmann eine Stilisierung zur Klassikerin der Lyrik (und damit auch eine Beschränkung auf diese Gattung), zum anderen begründete der *Spiegel*-Artikel den Personenmythos Ingeborg Bachmann.[3]

Ingeborg Bachmann wurde in den sechziger Jahren primär als Lyrikerin rezipiert, ja Marcel Reich-Ranicki ging sogar so weit, ihr ein »vornehmlich lyrisches Talent«[4] zuzugestehen. Damit einher ging die Einschätzung ihrer Gedichte als Ausdruck von weiblicher Innerlichkeit und Subjektivität, der politische Anspruch ihres Werkes wurde dagegen häufig übersehen.

Das Erscheinen ihres ersten Prosa-Bandes *Das dreißigste Jahr* (1961) war von vehementer Kritik und Ablehnung begleitet, die Vorwürfe waren auch in den folgenden Jahren teilweise hochgradig übersteigert und emotional aufgeladen: die Dichterin habe ihr eigentliches Metier (Lyrik) verlassen und sich auf ein ihr fremdes Gebiet (Prosa) begeben, auf dem sie notwendigerweise scheitern müsse.

Nach Gottfried Benn steht es einem Lyriker wohl an, von Zeit zu Zeit die Neuorientierung am nichtlyrischen Werk zu wagen ... Das hat Ingeborg Bachmann, wie es ihr gutes Recht ist, getan. Aber war es notwendig, uns,

---

1 Kurt Bartsch: *Ingeborg Bachmann*. Stuttgart 1988. S. 15.
2 »Bachmann. Stenogramm der Zeit.« In: *Der Spiegel* 34 (1954). S. 28.
3 Siehe hierzu Constanze Hotz: »*Die Bachmann*«. *Das Image der Dichterin im journalistischen Diskurs*. Konstanz 1990.
4 Marcel Reich-Ranicki: »Anmerkungen zur Lyrik und Prosa der Ingeborg Bachmann.« In: Ders.: *Deutsche Literatur in West und Ost. Prosa seit 1945*. München ²1966. S. 185-199, hier: S. 193.

und das heißt: eine mit gutem Grund noch immer verehrungsbereite literarische Öffentlichkeit daran teilnehmen zu lassen?[5]

Marcel Reich-Ranicki konnte in der Prosaautorin Bachmann sogar nur die »gefallene Lyrikerin«[6] erkennen. Die Mythisierungen von Person und Werk Ingeborg Bachmanns fanden einen letzten Höhepunkt mit dem Tod der Dichterin: über die Ursachen ihres Unfalltodes wurde lange spekuliert, in einigen Nachrufen wurde auf eine mehrfach als geschmacklos bewertete Weise die Feuermetaphorik im Werk Bachmanns untersucht und in Bezug zu ihrem Sterben gesetzt – die Dichterin erscheint so als die konsequente Vollstreckerin ihres Werkes.[7]

Erst Ende der siebziger Jahre wird Bachmanns Prosa populärer: zum einen wird sie als Vorläuferin der entstehenden Frauenliteratur verstanden und rezipiert, zum anderen führte die in dieser Zeit neue Betonung von Subjektivität und Innerlichkeit, die sich auch in der Fülle von autobiographischen Texten zeigt, zu einem neuen Verständnis ihres Prosawerkes, insbesondere des *Todesarten*-Zyklus.

Zunehmend begann nun auch die sich formierende junge Generation von Autorinnen, sich produktiv mit dem Werk Ingeborg Bachmanns auseinanderzusetzen, so besonders Christa Wolf und Karin Struck.[8]

Die Linien und Tendenzen der wissenschaftlichen Forschung zu Ingeborg Bachmann verlaufen in vielen Punkten parallel zur Rezeption in der literarischen Öffentlichkeit. Die »ältere Generation« der bereits mit dem Beginn der sechziger Jahre einsetzenden Forschung beschäftigte sich primär mit der Lyrik Ingeborg Bachmanns, bis in die späten siebziger Jahre überwiegen Forschungsbeiträge mit werkimmanenter oder sprachphilosophischer Ausrichtung. Ein weiterer Schwerpunkt der Bachmann-Forschung bestand in der Untersuchung breiterer Werkausschnitte, die eine Problemkonstante im Gesamtwerk zentral setzte. Sehr gelungen ist in dieser Hinsicht besonders Peter Fehls Untersuchung, die das Problem der Sprache im Werk Bachmanns im Spannungsverhältnis zwischen »Sprachskepsis« und »Sprachhoffnung« sieht. Fehl ergänzt seine Gedichtanalysen durch den Einbezug von Ingeborg Bachmanns Dissertation über Martin Heidegger.[9]

---

5 Günther Blöcker: »Auf der Suche nach dem Vater.« In: *Merkur* 4 (1971). S. 398. Blöcker bezieht sich hier auf den 1971 erschienenen Roman *Malina*.
6 Marcel Reich-Ranicki: »Am liebsten beim Friseur. Ingeborg Bachmanns neuer Erzählungsband *Simultan*.« In: *Die Zeit* vom 29.9.1972, Beilage. S. 8.
7 Beispielhaft bei Günter Grass: »Todesarten«. In: *Die Zeit* vom 26.10.1973. S. 31.
8 Christa Wolf: *Die zumutbare Wahrheit. Prosa der Ingeborg Bachmann*. In: *Lesen und Schreiben. Neue Sammlung. Essays, Aufsätze, Reden.* Neuwied 1972. S. 172-185. Karin Struck: *Lieben*. Frankfurt a. M. 1977.
9 Peter Fehl: *Sprachskepsis und Sprachhoffnung im Werk Ingeborg Bachmanns*. Mainz 1970.

Die utopische Dimension der Bachmannschen Sprache arbeitet Theo Mechtenberg in seiner Dissertation *Utopie als ästhetische Kategorie* heraus.[10] Mechtenberg entwickelt im ersten Teil seiner Untersuchung den Utopiebegriff Ingeborg Bachmanns in Anlehnung an Bloch, daneben sieht er die Dichterin in der Tradition von Nietzsche, Benn und Baudelaire »im Zeichen der Mystik der Worte«[11]. Im zweiten Teil seiner Arbeit überträgt er seine Ergebnisse auf einige exemplarische Gedichte Bachmanns, wobei die Interpretationen zum Teil nicht sehr gründlich sind.[12] Die vorliegende Arbeit versucht, die etwas vage Charakterisierung der Dichtung Bachmanns »im Zeichen der Mystik der Worte« genauer herauszuarbeiten und an einzelnen Ausschnitten aus ihrem Werk zu analysieren, was besonders auf der Basis der Forschung zu *Ritual und Literatur*[13] möglich ist. Vor dem Hintergrund der Ritualforschung erhalten das »sprachmagische«[14] Schreiben Bachmanns und die an den Prosatexten oft kritisierte »Tendenz zu Lyrismen«[15] ihren ganz eigenen Sinn. Das lyrische / magische Sprechen erscheint so nicht mehr als unbeabsichtigter Ausdruck von Innerlichkeit, sondern als bewußt gestaltete Schreibstrategie, die dem rituellen Charakter der Sprache, insbesondere der Italien-Texte, Rechnung trägt bzw. diesen erst hervorbringt.

Es gibt zahlreiche Versuche, die Lyrik Ingeborg Bachmanns in einem komplexeren Zusammenhang zu deuten.[16] Hier ist besonders die Darstellung Uta Maria Oelmanns hervorzuheben.[17] Oelmann untersucht gründlich und textnah einzelne Gedichte Bachmanns auf ihren impliziten poetologischen Gehalt und rundet ihre Ergebnisse ab, indem sie explizite poetologische Äußerungen Ingeborg Bachmanns einbezieht.

Die Erzählprosa Ingeborg Bachmanns war zunächst weniger Gegenstand der Forschung, was zum einen sicher mit der Mißachtung der Prosaautorin Bachmann als »gefallene Lyrikerin«[18] zusammenhängt, zum ande-

---

10 Theo Mechtenberg: *Utopie als ästhetische Kategorie. Eine Untersuchung der Lyrik Ingeborg Bachmanns.* Stuttgart 1978.
11 Ebd. S. 31.
12 Ebenfalls eine etwas oberflächliche Deutung des Utopie-Begriffs Bachmanns bei Albrecht Hohlschuh: *Utopismus im Werk Ingeborg Bachmanns. Eine thematische Untersuchung.* Princeton 1964.
13 Wolfgang Braungart: *Ritual und Literatur.* A.a.O.
14 Kurt Bartsch: *Ingeborg Bachmann.* A.a.O. S. 48.
15 Ebd. S. 12.
16 Beispielsweise Ulrich Thiem: *Die Bildsprache der Lyrik Ingeborg Bachmanns.* Köln 1972; Anna Britta Blau: *Stil und Abweichungen. Einige syntaktisch-stilistische Merkmale in den Dichtungen D. v. Liliencrons, G. Trakls und I. Bachmanns.* Uppsala 1978. Blau untersucht das Werk Bachmanns mit linguistischen Methoden, wobei sich der Beitrag leider in einer Fülle von Einzelbeobachtungen erschöpft, eine zusammenfassende Deutung der Ergebnisse fehlt.
17 Uta Maria Oelmann: *Deutsche poetologische Lyrik nach 1945: Ingeborg Bachmann, Günter Eich, Paul Celan.* Stuttgart 1980.
18 Marcel Reich-Ranicki: »Am liebsten beim Friseur.« A.a.O.

ren aber wahrscheinlich auch in der Komplexität der Werke selbst begründet liegt. Zunächst wurde die Prosa Bachmanns meist in Untersuchungen behandelt, die verschiedene Ausschnitte ihres Werkes unter einem thematischen Schwerpunkt versammelten, so daß zwangsläufig die Frage nach dem inhaltlichen und motivischen Zusammenhang von Lyrik und Prosa im Vordergrund stand. Der Prosa wurde zunächst kaum eine Eigenstellung zugemessen.[19] Eine Wende in der Analyse der Prosawerke leitete Beate A. Schulz' Untersuchung zur *Struktur- und Motivanalyse ausgewählter Prosa von Ingeborg Bachmann* ein.[20] Schulz bietet in Einzelanalysen einen Überblick über die Prosatexte Bachmanns, wobei sie versucht, leitmotivische Strukturen und Entwicklungsstufen herauszustellen.

Der Roman *Malina* ist, anders als die übrige Erzählprosa Bachmanns, bereits Mitte der siebziger Jahre Gegenstand wissenschaftlicher Untersuchungen geworden. Als eine der ersten genaueren Untersuchungen ist hier die von Ellen Summerfield zu nennen.[21] Summerfield interpretiert die Dreierkonstellation Ich / Malina / Ivan als reales und geistiges Dreieck, d. h. sie begreift die drei Figuren als Abspaltungen einer übergeordneten Erzählerinstanz.

Bis Ende der siebziger Jahre, so kann man zusammenfassen, dominierte in der Forschung das Interesse an der Lyrikerin Bachmann. Daneben, und auch darin folgt die Forschung der Rezeption, läßt sich eine starke Tendenz zu einer autobiographischen Lesart ihres Werkes feststellen. In der letzten Konsequenz erscheint die Dichterin bei manchen Autoren als eine Art Marionette ihres Werkes. Bezeichnend ist hier die Einschätzung Jurgensens: »Wie keine andere Autorin der jüngsten deutschen Literatur hat sie ihr eigenes Ich poetisiert; ihr Leben war eine rollenhafte Verwirklichung des dichterischen Werkes.«[22]

---

19 Eine Ausnahme bildet hier Peter Fehl: *Sprachskepsis und Sprachhoffnung im Werk Ingeborg Bachmanns*. A.a.O.
20 Beate A. Schulz: *Struktur- und Motivanalyse ausgewählter Prosa von Ingeborg Bachmann*. Univ. of Maryland 1979.
21 Ellen Summerfield: *Die Auflösung der Figur in Ingeborg Bachmanns Roman* Malina. Univ. of Connecticut 1975.
22 Manfred Jurgensen. *Ingeborg Bachmann. Die neue Sprache*. Bern, Frankfurt a. M., New York 1981. S. 9. In diese Richtung geht auch der bereits genannte Nachruf von Günter Grass. Diese Tendenzen werden aus feministischer Perspektive eindeutig kritisiert bei Irmela von der Lühe: »Ich ohne Gewähr«: Ingeborg Bachmanns Frankfurter Vorlesungen zur Poetik. In: Dies. (Hg.): *Entwürfe von Frauen in der Literatur des 20. Jahrhunderts*. Berlin 1982. S. 106-131; dies.: »Schreiben und Leben. Der Fall Ingeborg Bachmann«. In: Inge Stephan; Sigrid Weigel (Hg.): *Literatur im historischen Prozeß*. Neue Folge 11. Feministische Literaturwissenschaft. Dokumentation der Tagung in Hamburg vom Mai 1983. Berlin 1984. (Argument-Sonderband 120). S. 43-53.

Solche gewagten (Über-)Interpretationen erinnern daran, bei Verbindungen zwischen Leben und Werk vorsichtig zu verfahren und das Problem der (auto)biographischen Stilisierung zum ›Gesamtkunstwerk‹ Ingeborg Bachmann mitzureflektieren. Selbstverständlich ist es aber bei dem Thema der vorliegenden Arbeit zum Italienbild Ingeborg Bachmanns unumgänglich, daß biographische Aspekte in die Untersuchung einbezogen werden: die in Italien entstandene Dichtung, als Reiseliteratur im weitesten Sinne, ist natürlich immer auch ein Spiegel der Italien-Erfahrung der Dichterin Bachmann. Daneben wird aber besonderer Wert auf die Betonung des Kunst-Charakters dieser mit Italien befaßten Texte und Gedichte gelegt. Die Analyse formaler, inhaltlicher und motivgeschichtlicher Traditionen, in denen Bachmann sich bewegt, dokumentiert eindeutig, daß die Werke den Bereich des Autobiographischen bei weitem überschreiten. Diese Problematisierung der Verbindung von Leben und Werk soll im folgenden stets bedacht werden.

Neue Impulse gab der Bachmann-Forschung das Erscheinen der ersten Gesamtausgabe ihrer Werke.[23] Hans Höller formulierte 1982 explizit *Vorschläge zu einer neuen Lektüre des Werks*.[24] Besonders Höller ist es zu verdanken, daß der Aspekt der Historizität des Bachmannschen Werkes in das Bewußtsein der Forschung gerückt wurde: er begriff das Werk Bachmanns als Ausdruck und Reflex ihrer historischen Situation, v.a. der Erfahrung von Faschismus und Krieg, und räumte so mit dem Mythos der zeitlosen und apolitischen Bachmann auf.[25]

Daneben bekam die Bachmann-Forschung mit Beginn der achtziger Jahre wesentliche Impulse durch die sich entwickelnde feministische Literaturwissenschaft. Initiierend wirkte hier sicher der von Sigrid Weigel redaktionell betreute Band *Text + Kritik*, der programmatisch versuchte, eine »andere Ingeborg Bachmann« zu entdecken.[26] Mit den neuen theoretischen Prämis-

---

23 Ingeborg Bachmann: *Gesammelte Werke*. Bd. I.-IV. A.a.O. – 1995 erschien neben der ersten Gesamtausgabe der Herausgeberinnen Christine Koschel, Inge von Weidenbaum und Clemens Münster aus dem Jahr 1978 die erste kritische Ausgabe des *Todesarten-Zyklus*: Ingeborg Bachmann: *Todesarten-Projekt. Kritische Ausgabe*. 5 Bde. Unter Leitung von Robert Pichl. Hg. v. Monika Albrecht und Dirk Göttsche. München, Zürich 1995. Auf die Forschungsergebnisse, die auf dieser neuen Ausgabe basieren, darf man gespannt sein.

24 Hans Höller: Vorwort zu: *Der dunkle Schatten, dem ich schon seit Anfang folge. Ingeborg Bachmann – Vorschläge zu einer neuen Lektüre ihres Werkes*. Hg. von Hans Höller. Wien, München 1982. S. 9-15.

25 Wegweisend ist Hans Höllers Gesamtdarstellung: *Ingeborg Bachmann. Das Werk. Von den frühesten Gedichten bis zum Todesarten-Zyklus*. Frankfurt a. M. 1987. Ich werde auf Höllers Darstellung in den einzelnen Abschnitten meiner Interpretation wiederholt verweisen.

26 Heinz Ludwig Arnold (Hg.): *Text+Kritik. Sonderband Ingeborg Bachmann*. Gastredaktion: Sigrid Weigel. München 1984. S. 5 f.

sen rückten nun insbesondere die späteren Prosawerke ins Zentrum des Interesses, der *Todesarten*-Zyklus und der Erzählband *Simultan*. Die neuen Impulse wirkten aber im Gegenzug auch auf die literaturwissenschaftliche Untersuchung der Lyrik zurück: die Tendenz der älteren Forschung, die Lyrik auf einen geschichtsfreien, der ›reinen Schönheit‹ ergebenen Bereich festzuschreiben, wurde mit der neueren Forschung eindeutig beendet.[27]

Das Interesse der feministischen und poststrukturalistischen Forschung zu Ingeborg Bachmann konzentriert sich vorwiegend auf den Roman *Malina* und auf den *Todesarten*-Zyklus.[28] Die Untersuchungen kreisen schwerpunktmäßig um den Zusammenhang von Sprache / Schrift und weiblicher Identität in der patriarchalischen Kultur, wobei besonders die Verknüpfung von Erzählen, Erinnerung und Identität analysiert wird. Erinnerung wird dabei zunehmend als Strukturmerkmal und Movens des Schreibens verstanden, so beispielsweise bei Andrea Stoll.[29] Das Motiv des Erinnerns und der Umgang mit Geschichte wird auch in der vorliegenden Arbeit immer wieder genauer benannt und eingeordnet, besteht doch ein wesentliches Charakteristikum des literarischen Rituals gerade in der Verlebendigung tradierter Zeichen, also in der Erinnerung an historisch Gewordenes.

Im Umgang mit dem Spätwerk Bachmanns läßt sich also ein bedeutender Wandel mit dem Beginn der achtziger Jahre ausmachen: wurden die späteren Prosawerke in den siebziger Jahren als Ausdruck (weiblicher) Innerlichkeit angesehen, so wurden sie in den achtziger Jahren von der feministischen Literaturwissenschaft zunehmend, im Banne der Losung »das Private ist politisch«, als exemplarisches Protokoll der ›Todesarten‹ des Weiblichen gelesen. Diese Betonung der Zerstörung der weiblichen Sprache und Iden-

---

27 Hier sind besonders folgende Untersuchungen zu nennen: Theo Mechtenberg: *Utopie als ästhetische Kategorie. Eine Untersuchung der Lyrik Ingeborg Bachmanns.* A.a.O.; Hans Höller: *Ingeborg Bachmann. Das Werk. Von den frühesten Gedichten bis zum Todesarten-Zyklus.* A.a.O.; Susanne Bothner: *Ingeborg Bachmann: Der janusköpfige Tod. Versuch der literaturpsychologischen Deutung eines Grenzgebietes der Lyrik unter Einbeziehung des Nachlasses.* Frankfurt a. M., Bern, New York 1986.
28 Als Überblick vgl. dazu Sara Lennox: »The Feminist Reception of Ingeborg Bachmann.« In: *Women in German Yearbook 8.* Hg. von Jeanette Clausen und Sara Friedrichsmeyer. Univ. of Nebraska Press 1993. S. 73-111. Wichtige Untersuchungen aus diesem Bereich sind besonders Gabriele Bail: *Weibliche Identität. Ingeborg Bachmanns Malina.* Göttingen 1984; Christa Gürtler: *Schreiben Frauen anders? Untersuchungen zu Ingeborg Bachmann und Barbara Frischmuth.* Stuttgart 1993; Bärbel Thau: *Gesellschaftsbild und Utopie im Spätwerk Ingeborg Bachmanns. Untersuchungen zum* Todesarten-Zyklus *und zu* Simultan. Frankfurt a. M. 1986; Rita Morrien: *Weibliches Textbegehren bei Marlen Haushofer, Ingeborg Bachmann und Unica Zürn.* Würzburg 1996.
29 Andrea Stoll: *Ingeborg Bachmanns ›Malina‹.* Frankfurt a. M. 1992. Und dies.: *Erinnerung als ästhetische Kategorie des Widerstands im Werk Ingeborg Bachmanns.* Frankfurt a. M., Bern, New York 1991.

tität durch die patriarchalische Kultur ist auch in der aktuellen Forschung noch zentral, wobei inzwischen vor dem Hintergrund neuerer (konstruktivistischer) Theorien auch die Kategorien Geschlecht und Sprache als solche problematisiert werden.

Nach diesem allgemeinen Überblick über die Bachmann-Rezeption und die Forschung möchte ich nun noch einzelne Titel aus der Forschung besprechen, die für meine spezielle Fragestellung relevant sind:

Das Thema Ingeborg Bachmann und Italien hat in der Forschung bisher noch keine umfassende Darstellung gefunden. Einzelne Untersuchungen beschäftigen sich mit der Rezeption Bachmanns in Italien[30], auf die ich im folgenden kurz eingehen möchte, und mit den Ungaretti-Übersetzungen Bachmanns.[31]

Laut Maria Chiara Mocali[32] wurde das literarische Werk von Ingeborg Bachmann in Italien erst einige Zeit nach seiner Entstehung rezipiert. Nach den Erfahrungen des zweiten Weltkrieges war die literarische Szene im Italien der fünfziger Jahre vor allem an realistischen Erzähltexten interessiert, wie sie der literarischen Strömung des Neorealismus entsprachen. Impulse aus dem deutschen Sprachgebiet kamen zunächst hauptsächlich aus der Philosophie. In der Zeitschrift *Le Botteghe Oscure*[33], herausgegeben von der mit Ingeborg Bachmann befreundeten römischen Prinzessin Marguerite Caetani, erschienen unter Mitarbeit von Giorgio Bassani einige Gedichte Bachmanns, allerdings in der Originalfassung und ohne eine nähere Einleitung, so daß keine breitere Öffentlichkeit damit erreicht wurde. Doch im selben Jahr 1957 erschienen kurz darauf erste Übersetzungen von einzelnen Gedichten Ingeborg Bachmanns in der italienischen Zeitschrift *Il Verri*[34], wobei das Gedicht *Alle Tage* zu einem der »beliebtesten« Gedichte der italienischen Leserschaft zählte, »wie die zahlreichen Übersetzungen beweisen«[35]. »Diese erste Bachmann-Rezeption ist durch den empfänglichsten und sensibelsten Teil der literarischen Welt, nämlich durch Intellektuelle gekennzeichnet, die selber Schriftsteller waren und die neuere deutsche Lyrik mit

---

30 Maria Chiara Mocali: »Die Bachmann-Rezeption in der italienischen Literaturwissenschaft und Literatur«. In: *Ingeborg Bachmann – Neue Beiträge zu ihrem Werk*. Internationales Symposium Münster 1991. Hg. v. Dirk Göttsche und Hubert Ohl. Würzburg 1993. S. 25-36.
31 Werner Menapace: *Die Ungaretti-Übertragungen Ingeborg Bachmanns und Paul Celans*. Innsbruck 1980.
32 Mocali: »Die Bachmann-Rezeption in der italienischen Literaturwissenschaft und Literatur«. A.a.O.
33 Marguerite Caetani (Hg.) unter Mitarbeit v. Giogio Bassani:[ohne Titel] In: *Le Botteghe Oscure* 19 (1957). S. 445-448.
34 Siehe *Il Verri* 4 (1957). S. 64-92
35 Mocali: »Die Bachmann-Rezeption in der italienischen Literaturwissenschaft und Literatur«. A.a.O. S. 26.

Interesse betrachteten«[36]. Der erste Bachmann-Übersetzer, Balestrini, gehörte zur neoavantgardistischen »Gruppe 63«, Gilda Musa, eine Dichterin, die der Neoavantgarde nahestand, und Bonaventura Tecchi folgten. Bemerkenswerterweise lag das Interesse der Übersetzer, nach den von ihnen verfaßten Einleitungen zu den Übersetzungen zu urteilen, vor allem auf zwei Punkten: auf der »*unromantischen, unidyllischen Darstellung des Südens*« und auf einer »wenn auch noch nicht scharfen Wahrnehmung einer für Italien neuen Einstellung zum Engagement, die durch ihre Unmittelbarkeit eine harte, unerbittliche Anklage gegen die zeitgenössischen Umstände ausdrückt.«[37] Von da an erschienen Veröffentlichungen von Ingeborg Bachmann in italienischer Übersetzung in den renommiertesten Zeitschriften Italiens, so in *Tempo Presente* von Ignazio Silone und Adolfo Chiaramonte und in *L'Europa Letteraria, Artistica* und *Cinematografica*. 1963 erschien Ingeborg Bachmanns erster Erzählband *Das dreißigste Jahr* in italienischer Übersetzung. Der Wandel im Werk der Dichterin, weg von der Lyrik hin zur Prosa, wurde vom Fachpublikum des Landes positiv aufgenommen – ganz im Gegensatz zur Rezeption im deutschsprachigen Raum. Nach und nach fand, auch über direkte Kontakte zwischen Ingeborg Bachmann und führenden literarischen Kreisen in Italien, ein immer stärkerer Austausch zwischen der deutschsprachigen und der italienischen Literaturszene statt. Man übersetzte sich gegenseitig in die Sprache des jeweils anderen Landes. Bekanntschaften und Freundschaften schlossen sich an, so mit Giuseppe Ungaretti, dessen Gedichte Ingeborg Bachmann 1961 ins Deutsche übertrug[38], mit Giorgio Manganelli, Alberto Moravia, Elsa Morante, Pier Paulo Pasolini, Gian Giacomo Feltrinelli, Roberto Calasso und Fleur Jaeggy. Der mailändische Verleger Feltrinelli wurde zu einem der Förderer und Vermittler der deutschen Literatur in Italien. Allerdings erfolgte erst 1978 die erste vollständige Übersetzung der Gedichte Bachmanns ins Italienische. Der Beginn der Übersetzung ihres Prosawerkes durch den Adelphi-Verlag fällt ebenfalls in diesen Zeitraum. Trotz aller Bemühungen von verschiedenster Seite war das Werk Ingeborg Bachmanns bis zu Beginn der siebziger Jahre nur einem relativ kleinen und

---

36 Mocali: »Die Bachmann-Rezeption in der italienischen Literaturwissenschaft und Literatur«. A.a.O. S. 26.
37 Ebd. (Kurs. Herv. v. d. Verf.).
38 Giuseppe Ungaretti. *Gedichte*. Italienisch und Deutsch. Übertragung und Nachwort von Ingeborg Bachmann. Frankfurt a. M. 1961 (Vgl. zu der Qualität der Übersetzungen den Aufsatz von Bernhard Böschenstein: »Exterritorial. Anmerkungen zu Ingeborg Bachmanns deutschem Ungaretti. Mit einem Anhang über Paul Celans Übertragung des Spätwerks.« In: *Zur Geschichtlichkeit der Moderne. Der Begriff der literarischen Moderne in Theorie und Deutung*. Ulrich Fülleborn zum 60. Geburtstag. Hg. v. Theo Elm und Gerd Hemmerich. München 1982. S. 307-322. Siehe auch die verschiedenen Rezensionen zu der Übersetzung Bachmanns: In: Michael Matthias Schardt (Hg.): *Über Ingeborg Bachmann: Rezensionen – Porträts – Würdigungen. (1952-1992)*. A.a.O. S. 362-367.

intellektuellen Leserkreis bekannt, was sich auch nicht wesentlich durch das Erscheinen des Romans *Malina* im Jahre 1973 bei Adelphi änderte. Erst durch die italienische Studenten- bzw. Frauenbewegung Mitte der siebziger Jahre nahm die Rezeption und damit die Diskussion der Inhalte des Romans zu. Man war interessiert an der Darstellung »aktueller Themen wie der Entfremdung, dem gespaltenen Leben« und dem auch in der italienischen »Gesellschaft bestehenden ›privaten‹ Faschismus.«[39] In den achtziger Jahren verstärkte sich das Interesse am Werk Bachmanns von seiten der italienischen Frauenbewegung durch den Frauenverlag »Edizioni delle donne« noch einmal merklich durch die Übersetzung der Rede Bachmanns *Ein Ort für Zufälle*, die sie zur Verleihung des Georg-Büchner-Preises gehalten hatte. Die Übersetzung der Rede erschien in der engagierten und bekannten Frauenzeitschrift *L'orsaminore* und führte zur Bildung verschiedener Frauenlesegruppen, deren Lektüreerfahrungen sich wiederum in dem 1986 erscheinenden Band *Letture di Ingeborg Bachmann*[40] niederschlugen. Bis Mitte der achtziger Jahre nahm der Verlag Adelphi die Übersetzung des Bachmannschen Prosawerkes durch die Übersetzerin Magda Olivetti vor; die Erzählung *Drei Wege zum See* (*Tre sentieri per il lago*) und *Der Fall Franza* (*Il caso Franza*) werden damit zum ersten Mal in italienischer Sprache veröffentlicht. Eben in diesem Zeitraum fand auch ein Wechsel im Rezeptionsverhalten der italienischen Germanistik statt, die nun zunehmend auch die deutschsprachige Sekundärliteratur in ihren Forschungen berücksichtigte. Germanisten wie etwa Claudio Magris betonten darin noch einmal »die österreichische Zugehörigkeit Bachmanns« und sahen »in der Schriftstellerin eine Hinterbliebene des alten Habsburgischen Österreichs, [...] jener ›Wiege des abendländischen Schiffbruches und Heimat der Heimatlosen, der modernen Individuen, die zwischen Sein und Erscheinen gespalten sind‹.«[41]

In der Forschung ist das Thema ›Ingeborg Bachmann und Italien‹ bisher lediglich unter einer primär biographisch orientierten Perspektive behandelt worden; die Frage nach dem »Italienerlebnis« und den möglichen Auswirkungen auf ihr Werk ist dagegen bislang unberücksichtigt geblieben.[42] Eine einzige Untersuchung, eine in Italien entstandene Magisterarbeit, verspricht

---

39 Mocali: »Die Bachmann-Rezeption in der italienischen Literaturwissenschaft und Literatur«. A.a.O. S. 31.
40 Il Gruppo La Luna (Hg.): *Letture di Ingeborg Bachmann*. Torino 1986.
41 Mocali: »Die Bachmann-Rezeption in der italienischen Literaturwissenschaft und Literatur«. A.a.O. S. 33. Siehe auch von Erica Tunner: »Von der Unvermeidbarkeit des Schiffbruchs.« In: *Kein objektives Urteil – Nur ein Lebendiges. Texte zum Werk von Ingeborg Bachmann*. A.a.O. S. 417-431.
42 An Gesamtdarstellungen, die sich in einzelnen Kapiteln mit Ingeborg Bachmanns Aufenthalt in Italien beschäftigen, sind besonders hervorzuheben: Kurt Bartsch: *Ingeborg Bachmann*. A.a.O.; Andreas Hapkemeyer: *Ingeborg Bachmann. Entwicklungstendenzen in Leben und Werk*. Wien 1990; Peter Beicken. *Ingeborg Bachmann*. München ²1992. Sowie neu erschienen von Stefanie Golisch: *Ingeborg Bachmann zur*

zwar eine genauere Analyse des »Italienerlebnis[ses] in der Dichtung von Ingeborg Bachmann«[43], bleibt aber dennoch weitgehend der rein biographischen Perspektive verhaftet.

Eine im September 1994 erschiene Ausgabe der Zeitschrift *du*[44] befaßt sich ausschließlich mit verschiedenen Aspekten zu Person und Werk Ingeborg Bachmanns, so auch mit dem Aufenthalt der Autorin in Italien aus der Perspektive ihres damaligen Umfeldes; allerdings ist diese »Rekonstruktion 21 Jahre nach dem Tod Ingeborg Bachmanns weit entfernt von Wissenschaft, dafür, hoffentlich, nahe beim Leser«[45], wie der Chefredakteur Dieter Bachmann es selbst formuliert.

Lediglich ein kürzlich erschienener Artikel von Sigrid Weigel[46] geht auf einen Rom-Text Ingeborg Bachmanns ein, und zwar auf ihren Essay *Was ich in Rom sah und hörte*. Weigel untersucht hier primär ein neu aufgefundenes Gedicht von Gershom Scholem, das dieser der Dichterin »nach ihrem Besuch im Ghetto von Rom«[47] widmete, und begreift es in weiten Teilen als Antwort Scholems auf den Essay Bachmanns.

Es gibt also in der gesamten umfangreichen Bachmann-Forschung bisher keine Untersuchung, die sich mit dem Thema Ingeborg Bachmann und Italien ausführlich und mehr als rein biographisch beschäftigt. Diese Lücke soll mit der vorliegenden Arbeit geschlossen werden, indem Ingeborg Bachmanns »Italienerlebnis« in den literarhistorischen Kontext der Italienreisen, besonders am Beispiel von Goethes *Italienischer Reise,* eingeordnet wird und die Italienbilder der Autorin darüber hinaus unter dem Aspekt des Rituals neu erschlossen werden sollen.[48]

Da die Forschungsliteratur zu Goethes *Italienischer Reise* und zur Tradition der Italienreisen sehr umfangreich ist, werde ich im folgenden nur die

---

    Einführung. Hamburg 1997. Von derselben Verfasserin stammt ein längerer Aufsatz zum Thema, der allerdings erst nach der Fertigstellung der vorliegenden Arbeit erschienen ist. Daher wird an dieser Stelle nur auf ihn hingewiesen. Dies.: »Fremdheit als Herausforderung. Ingeborg Bachmann in Italien«. In: Studi Italo-Tedeschi 18 (1998). S. 375-489.

43 Konrad Rabensteiner: *Das Italienerlebnis in der Dichtung von Ingeborg Bachmann*. Università degli Studi di Padova. Facoltà di Lettere e Filosofia. Corso di Laurea in Lettere. Anno Accademico 1975-76. Biblioteca Universitaria Padova.

44 »Ingeborg Bachmann. Das Lächeln der Sphinx.« *du. Die Zeitschrift der Kultur* 9 (1994).

45 Ebd. S. 15.

46 Sigrid Weigel: »Der Abend aller Tage.« In: *Die Zeit.* Nr. 26 v. 21.6.1996. S. 48.

47 So der bei Weigel zitierte Text der Widmung Gershom Scholems an Ingeborg Bachmann.

48 Eine Sammlung von Bachmanns Rundfunkreportagen aus Rom mit dem Titel *Ingeborg Bachmann. Römische Reportagen. Eine Wiederentdeckung.* Hg. und mit einem Nachwort versehen v. Jörg-Dieter Kogel. München 1998, ist ebenfalls erst nach der Drucklegung der Arbeit erschienen. Die darin abgedruckten Beiträge Bachmanns für die »Westdeutsche Allgemeine Zeitung« hat die Verfasserin allerdings schon für diese

Titel nennen, die für diese Arbeit relevant gewesen sind.[49] Die Aufsatzsammlung von Italo Michele Battafarano bietet einen Überblick über die Entwicklung des Italienbildes in der deutschen Literatur und enthält verschiedene Spezialbeiträge zum Thema Italienreisen und zum Italienbild des 18. und 19. Jahrhunderts.[50] Grundlegend sind weiterhin Jörn Göres' Untersuchung über *Goethe in Italien* und Albert Meiers Aufsatz über *Goethes Italienische Reise und der Mythos Siziliens*[51]. Auf zwei Aufsätze, die im Zusammenhang meiner Arbeit wichtig sind, möchte ich hier besonders hinweisen, da sie sich mit der Todesmotivik und den Diskrepanzen in der Struktur von Goethes *Italienischer Reise* beschäftigen: Zum einen ist dies der Aufsatz von Helmut Pfotenhauer zum Thema *Der schöne Tod. Über einige Schatten in Goethes Italienbild*[52], der nicht die Wiedergeburt, sondern die verdrängten Momente in Goethes *Italienischer Reise* untersucht und die Darstellung seines Verhältnisses zum »Tod in Arkadien«[53] näher beleuchtet. Zum anderen ist der Aufsatz von Peter Boerner[54] zu nennen. Boerner bietet auch einen knappen Abriß über die Forschung zu Goethes *Italienischer Reise*. Er stellt fest, daß zwar in der Forschung eine ganze Reihe von Aufsätzen und Teildarstellungen zu Goethes Italienbild existieren, aber »in der Tat so wenige Ansätze zu einer umfassenden Behandlung« vorhanden sind, daß sogar von einem »Mangel an Gesamtinterpretationen«[55] zu sprechen ist.

Arbeit im Dortmunder Institut für Zeitungsforschung eingesehen. Sie finden in Kapitel 6 jedoch nur kurze Erwähnung, da ihre Existenz lediglich belegt, wie vielfältig auch die publizistischen Fähigkeiten Bachmanns waren.

49 Einen knappen Forschungsüberblick bietet Peter Boerner: »Italienische Reise (1816-29).« In: *Goethes Erzählwerk. Interpretationen.* Hg. von Paul Michael Lützeler und James E. McLeod. Stuttgart 1985. S. 345-361. Siehe auch den neu erschienene Untersuchung von Alfred Behrmann: *Das Tramontane oder Die Reise nach dem gelobten Lande. Deutsche Schriftsteller in Italien 1755-1808.* Heidelberg 1996.

50 Italo Michele Battafarano (Hg.): *Italienische Reise. Reisen nach Italien.* Luigi Reverdito editore. Gardolo di Trento. (Apollo. Studi e testi di germanistica e comp. 2.) – Vgl. auch ders.: *L'Italia irreale. Antropologia e paessagio peninsulare nella cultura tedesca (1649-1879).* Trento 1991. (Dip. Di Storia. Testi e Ricerche 8).

51 Jörn Göres: *Goethe in Italien.* Eine Ausstellung des Goethe-Museums Düsseldorf. Mainz 1986 und: Albert Meier (Hg.): *Un paese indicibilmente bello. Il viaggio in Italia di Goethe e il mito della Sicilia / Ein unsäglich schönes Land. Goethes Italienische Reise und der Mythos Syziliens.* Palermo 1987.

52 Helmut Pfotenhauer: »Der schöne Tod. Über einige Schatten in Goethes Italienbild.« In: *Jahrbuch des Freien Deutschen Hochstifts* 49 (1987). S. 134-157.

53 Hier verweise ich im übrigen auf den grundlegenden Aufsatz von Erwin Panofsky: »Et in Arcadia ego. Poussin und die Tradition des Elegischen.« In: *Sinn und Deutung in der bildenden Kunst.* Köln 1978. S. 351-377.

54 Peter Boerner: »Italienische Reise (1816-29).« In: *Goethes Erzählwerk. Interpretationen.* Hrsg. von Paul Michael Lützeler und James E. McLeod. A.a.O. Boerner geht hier auch näher auf die Bedeutung des Vulkans bei Goethe ein.

55 Ebd. S. 349. Neu erschienen sind vor kurzem noch zwei Publikationen zu Goethes *Italienischer Reise*, die ich der Vollständigkeit halber noch erwähnen möchte. Es

Allgemeine Darstellungen zum Italienbild in der deutschen Literatur gibt es ebenfalls in großer Zahl, weshalb hier nur die genannt werden, die für diese Arbeit von näherem Interesse gewesen sind.[56] Hier ist besonders die fundierte Untersuchung von Gunter E. Grimm, Ursula Breymeyer und Walter Erhart über *Deutsche Dichter in Italien*[57] zu nennen, die allerdings nur wenige italienreisende Schriftstellerinnen erwähnt, lediglich Marie Luise Kaschnitz wird ausführlicher in einem eigenen Kapitel behandelt. Daneben ist besonders der grundlegende Aufsatz von Walter Emrich über *Das Bild Italiens in der deutschen Dichtung*[58] hervorzuheben. Emrich bietet ebenfalls einen sehr guten Überblick über die Entwicklung des Italienbildes in der deutschen Literatur vom Mittelalter bis zur Gegenwart. Zur literarischen Gattung des Reiseberichts ist die Aufsatzsammlung von Peter J. Brenner besonders zu erwähnen, vor allem die Beiträge von Brenner über *Die Erfahrung der Fremde* und von Albert Meier zum Thema *Von der enzyklopädischen Studienreise zur ästhetischen Bildungsreise*.[59] Zuletzt möchte ich hier noch die Arbeit von Stefan Oswald über *Italienbilder* hervorheben.[60] Oswald bietet einen fundierten Einblick in die wichtigsten literarischen Italienreisen um 1800 und in die Forschung zum Thema.

Die meisten bisher genannten Forschungsbeiträge zum Thema Italienreisen beschäftigen sich kaum mit den Texten italienreisender Autorinnen. Diese Lücke wurde und wird in den letzten Jahren zunehmend durch die

---

handelt sich um eine zweibändige Publikation anläßlich der Eröffnung der ›Casa di Goethe‹ in Rom. Der erste Essay-Band beschäftigt sich mit dem Einfluß der Italienreise auf Goethes Werk und untersucht die Rezeptionsgeschichte wie die Geschichte des Hauses, in dem Goethe die beiden Jahre in Rom verbrachte. Der zweite Band besteht aus dem Ausstellungskatalog und folgt der Gliederung der Eröffnungsausstellung. Außerdem enthält er biographische Dokumente, Zeichnungen und Gemälde Goethes und seiner Zeitgenossen, wie Arbeiten zum Thema zeitgenössischer Künstler. *»... endlich in dieser Hauptstadt angelangt!« Goethe in Rom*. Hg. von Konrad Scheurmann u. Ursula Bongaerts-Schomer. Bd. 1: Essays. Bd. 2: Katalog. Mainz 1997. Siehe auch Karl Maurer: *Goethe und die romanische Welt. Studien zur Goethezeit und ihrer europäischen Vorgeschichte*. Paderborn, München, Wien, Zürich 1997. Speziell zur *Italienischen Reise* siehe ebd. S. 16-24.

56 Als Überblick über Linien und Tendenzen der Forschung vgl. Peter J. Brenner: *Der Reisebericht in der deutschen Literatur. Ein Forschungsüberblick als Vorstudie zu einer Gattungsgeschichte*. Tübingen 1990.

57 Gunter E. Grimm, Ursula Breymeyer, Walter Erhart: *Ein Gefühl von einem freieren Leben. Deutsche Dichter in Italien*. Stuttgart 1990. Siehe auch die umfangreiche Sammlung von literarischen Primärtexten über Italien von Gunter Grimm: *Italien-Dichtung. Erzählungen und Gedichte*. 2 Bde. Stuttgart 1988.

58 Walter Emrich: »Das Bild Italiens in der deutschen Dichtung.« In: Ders.: *Geist und Widergeist. Wahrheit und Lüge in der Literatur*. Frankfurt a. M. 1965. S. 258-285.

59 Peter J. Brenner: *Der Reisebericht. Die Entwicklung einer Gattung in der deutschen Literatur*. Frankfurt a. M. 1989.

60 Stefan Oswald: *Italienbilder. Beiträge zur Wandlung der deutschen Italienauffassung 1770-1840*. Heidelberg 1985.

sich entwickelnde Frauenreise-Forschung geschlossen. Einen Überblick für das 18. Jahrhundert bietet hier die sehr ausführliche Bibliographie von Annegret Pelz und Wolfgang Griep.[61] Annegret Pelz hat sich in verschiedenen Arbeiten mit dem Thema Frauenreisen beschäftigt und die Forschung hier sicher vorangebracht und angeregt. Ihre Dissertation *Reisen durch die eigene Fremde*[62] beschäftigt sich mit den besonderen Erscheinungsformen weiblichen Reisens und weiblicher Reiseberichte, die nach Regionen geordnet sind. Pelz macht in ihrer Arbeit zwar eine Fülle von Material in innovativer Weise zugänglich, teilweise ist ihre Darstellung aber zu wenig sorgfältig. Fundierter und gründlicher recherchiert ist dagegen der Aufsatz von Elke Frederiksen *Der Blick in die Ferne*.[63] Neben diesen allgemeineren Überblicksdarstellungen zum Thema Frauenreisen gibt es speziell zum Italienbild einzelner italienreisender Schriftstellerinnen die breite und übersichtliche Darstellung von Uta Treder über *Ausländerinnen im Italien des 19. Jahrhunderts*[64].

Weitere neuere Forschungsbeiträge zum Werk Ingeborg Bachmanns, die für meine Arbeit Anregungen geboten haben, werden hier nicht mehr im einzelnen genannt, sondern sind in den einzelnen Abschnitten kenntlich gemacht.

---

61 Annegret Pelz und Wolfgang Griep: *Frauenreisen 1700-1810. Eine kommentierte Bibliographie*. Bremen 1995.
62 Annegret Pelz: *Reisen durch die eigene Fremde. Reiseliteratur von Frauen als autogeographische Schriften*. Köln, Weimar, Wien 1993. Vgl. auch dies.: »Reisen Frauen anders? Von Entdeckerinnen und reisenden Frauenzimmern.« In: Hermann Bausinger u. a. (Hg.): *Reisekultur 1648-1848*. München 1991. S. 121-124.
63 Elke Frederiksen: »Der Blick in die Ferne. Zur Reiseliteratur von Frauen.« In: Hiltrud Gnüg und Renate Möhrmann: *Schreibende Frauen. Frauen-Literatur-Geschichte*. Frankfurt a. M. 1989. S. 104-122.
64 Uta Treder (Hg.): *Die Liebesreise oder Der Mythos des süßen Wassers. Ausländerinnen im Italien des 19. Jahrhunderts*. Bremen 1988.

3. Biographisches

> Wir, befaßt mit der Sprache, haben erfahren, was Sprachlosigkeit und Stummheit sind – unsere, wenn man so will, reinsten Zustände! – Und sind aus dem Niemandsland wiedergekehrt mit der Sprache, die wir fortsetzen werden, solang Leben unsere Fortsetzung ist.[1]

Ingeborg Bachmann und Italien – ein Thema, das sich bis in die Kindheit der Autorin zurückverfolgen läßt. Schon ihr Vater, Matthias Bachmann, war »als jüngerer Mensch mit dem Rucksack nach Italien gegangen, drei Jahre lang, um Italienisch zu lernen, und in Italien zu leben.«[2] Auch ihre Eltern kannten also die Sehnsucht nach dem Süden, nach dem helleren Licht, dem Blau des Meeres, nach einer leichteren Lebensform zwischen Trümmern antiker Ruinen, Sonne und Musik. Italien war auch für sie bereits in jeder Hinsicht ein Anziehungspunkt mit Tradition. Die Hochzeitsreise von Olga und Matthias Bachmann führte per Fahrrad nach Venedig.[3]

Für die siebenundzwanzigjährige Schriftstellerin, die ihre Heimat Österreich bereits im Jahre 1953 verließ und nach den Schrecken des Zweiten Weltkrieges einen neuen Anfang in Italien suchte, bedeutete das Land im Süden zweierlei: Heimatverlust auf der einen Seite, denn sie verließ Österreich, von wenigen Besuchen abgesehen, für immer. Eine Rückkehr in ihr Geburtsland zog sie erst in ihrem letzten Lebensjahr 1973 ernsthaft in Erwägung. Italien bedeutete für sie auf der anderen Seite aber auch Heimatgewinn und die Chance eines Neuanfangs, denn erst in ihrem selbstgewählten Rückzugsort konnte sich Ingeborg Bachmann mit den erlittenen Verletzungen schreibend auseinandersetzen und ihren Blick schärfen für das, was sie als »Mordschauplätze der Welt«[4] bezeichnete und wogegen sie ihr Leben lang anschrieb. In Italien fand sie, wie einer ihrer Protagonisten, zunächst »Schutz in der Schönheit [...], im Anschauen«[5]. So schrieb Ingeborg Bachmann in ihrer 1961 veröffentlichten Erzählung *Das dreißigste Jahr*:

> Wie schön! Das ist schön, schön, es ist schön. Laß es immer so schön sein und mich meinetwegen verderben für das Schöne und was ich meine damit, für Schönheit, für dieses »Mehr als ...«, für dieses Gelungensein.

---

[1] Bachmann: *Musik und Dichtung*. In: GW. Bd. IV. S. 60.
[2] Aus einem Interview der Verfasserin mit dem Komponisten Hans Werner Henze vom 5.6.93 in Marino bei Rom.
[3] Aus einem Interview der Verfasserin mit der Journalistin und Buchautorin Toni Kienlechner, die Ingeborg Bachmann in Rom im Sommer 1955 über das Ehepaar Kaschnitz kennengelernt hatte und die über viele Jahre mit der Dichterin befreundet gewesen war. (Bracciano bei Rom vom 2.6.93).
[4] Dies.: *Malina*. In: GW. Bd. III. S. 276.
[5] Dies.: *Das dreißigste Jahr*. In: GW. Bd. II. S. 118 f.

Ich wüßte kein Paradies, in das ich, nach dem, was war, hinein möchte. Aber da ist mein Paradies, wo das Schöne ist.[6]

Die Sehnsucht nach Italien, die im Werk Ingeborg Bachmanns stets eng verknüpft ist mit der Sehnsucht nach Schönheit, nach Verzauberung durch ästhetischen Genuß in der Kunst, begleitete die Dichterin durch ihr ganzes Leben. Auch nach längeren Auslandsaufenthalten und verschiedenen Wohnortwechseln (München, Berlin, Zürich) ist sie immer wieder nach Italien zurückgekehrt. Die Rückkehr in die ›klassische‹ Wiege der europäischen Kulturgeschichte bedeutete für sie gleichzeitig eine Hinwendung zu den Fragen des Anfangs und des Ursprungs menschlicher Kultur und Natur. Je näher und genauer sie die römische Welt kennenlernte, um so kritischer und illusionsloser blickte sie zeitweise auf die Welt des Südens.

»Schwer zu sehen ist, was unter der Erde liegt: Wasserstätten und Todesstätten«[7], schreibt Bachmann in ihrem Essay über Rom, in dem sie die Stadt am Tiber in ihren verschiedenartigsten Facetten und »Lichteinfällen« einfängt.

»Und sie lebte vielleicht nur, wenn sie zu weit ging, sich heraustraute und über ihre Grenze ging«[8], heißt es an anderer Stelle in der späteren Erzählung *Simultan*, die ebenfalls im südlichsten Zipfel der italienischen Halbinsel spielt. Die Ambivalenz zwischen Licht und Schatten, »Wasserstätten und Todesstätten«, Nord und Süd, Grenzerfahrungen und Grenzüberschreitungen hat sie in ihrem Werk eingefangen; die Beschreibung dieser im eigenen Leben erfahrenen Ambivalenzen schlägt sich auf vielfältige Weise in ihrem Werk nieder. Ingeborg Bachmanns Werk selbst läßt sich als eine fortlaufende Grenzbeschreibung lesen[9], auch was das Italienbild der Dichterin betrifft. Sie hat im Schreiben, im Ringen um ihre eigene Sprache, die Linien, um die es ihr ging, markiert.[10] »Mein Vorhaben – Ankommen«[11], schreibt sie an anderer Stelle. – Diese Grenzverläufe, die auch als ästhetische Zeichensetzungen oder poetische Markierungslinien zwischen Nord und Süd, Licht und Schatten, Innen und Außen, Ankunft und Abschied, zwischen Heimat- (Österreich), Welt- und Italienbetrachtung zu verstehen sind und deren

6 Bachmann: *Das dreißigste Jahr*. In: GW. Bd. II. S. 118 f.
7 Dies.: *Was ich in Rom sah und hörte*. In: GW. Bd. IV. S. 33.
8 Dies.: *Simultan*. In: GW. Bd. II. S. 306.
9 Siehe dazu auch Hermann Weber: *An der Grenze der Sprache: Religiöse Dimension der Sprache und biblisch-christliche Metaphorik im Werk Ingeborg Bachmanns*. Essen 1986. Für die späte Prosa siehe auch den Aufsatz von Robert Pichl: »Flucht, Grenzüberschreitung und Landnahme als Schlüsselmotive in Ingeborg Bachmanns später Prosa«. In: *Sprachkunst* XVI (1985). S. 221-230. Und Andreas Hapkemeyer: »Ingeborg Bachmann. Die Grenzthematik und die Funktion des slawischen Elements in ihrem Werk«. In: *Acta Neophilologica* 17 (1984). S. 45-49.
10 Bachmann: *Simultan*. In: GW. Bd. II. S. 302 f.
11 Dies.: *Das dreißigste Jahr*. In: GW. Bd. II. S. 120.

tradierte, begriffliche Neuordnung und individuelle Neudeutung im Schreiben fester Bestandteil des ›Rituals der Reise nach Italien‹ sind, sollen im folgenden näher untersucht werden. Es soll das »Netz« der Zeichen als Speichermedium von Erfahrung und Erinnerung betrachtet werden, welches Ingeborg Bachmann unter dem südlichen Himmel ausgeworfen hat:

> Die Fähigkeit, sich zu erinnern. [...] an alle Orte, die er eingenommen hat in den Jahren. Er wirft das Netz Erinnerung aus, wirft es über sich und zieht sich selbst, Erbeuter und Beute in einem, über die Zeitschwelle, die Ortschwelle, um zu sehen, wer er war und was er geworden war.[12]

In ihrem kurzen Essay *Biographisches* schreibt Bachmann über sich selbst, ihre Sprache und Italien:

> So ist nahe der Grenze noch einmal die Grenze: die Grenze der Sprache – und ich war hüben und drüben zu Hause, mit den Geschichten von guten und bösen Geistern zweier und dreier Länder; denn über den Bergen, eine Wegstunde weit, liegt schon Italien. [...] Immer waren es Meere, Sand und Schiffe, von denen ich träumte, aber dann kam der Krieg und schob in die traumverhangene, phantastische Welt die wirkliche, in der man nicht zu träumen, sondern sich zu entscheiden hat.[13]

Ingeborg Bachmann hatte sich vor ihrem dreißigsten Jahr bereits für ein Leben in Italien entschieden, auch wenn die zwanzig im Süden verbrachten Jahre, je prominenter die Dichterin wurde, immer wieder durch längere Auslandsaufenthalte unterbrochen worden waren. Hier nur kurz einige wenige wichtige Stationen, Begegnungen und Ereignisse:
Im Jahr 1953 zieht Ingeborg Bachmann zunächst zu dem Komponisten Hans Werner Henze nach Forio auf die Insel Ischia. Mit Henze verbindet sie seit ihrer Lesung bei der Gruppe 47 im Jahr 1952 in Niendorf eine jahrzehntelange Freundschaft und Arbeitsgemeinschaft, die bis zu ihrem Tod im Jahr 1973 andauern wird. Hans Werner Henze wird außer Paul Celan und Max Frisch einer ihrer engsten und vertrautesten Freunde, der als Künstler zugleich ihre Arbeit und ihr Denken stark beeinflußt.[14] Ein Jahr später, 1954, erfolgt ein gemeinsamer Umzug nach Neapel, eine Zeit, die die Dichterin in ihrem Gedichtzyklus *Lieder auf der Flucht*[15] literarisch verewigt hat.

---

12 Bachmann: *Das dreißigste Jahr*. In: GW. Bd. II. S. 94.
13 Dies: *Biographisches*. In: GW. Bd. IV. S. 301 f.
14 Gemeinsam erarbeiteten Hans Werner Henze und Ingeborg Bachmann eine ganze Reihe von Werken. Zu genaueren Hintergründen der gemeinsamen Arbeit und Freundschaft siehe auch Hans Werner Henze: *Reiselieder mit böhmischen Quinten. Autobiographische Mitteilungen 1926-1995*. Frankfurt a. M. 1996.
15 Bachmann: *Lieder auf der Flucht*. In: GW. Bd. I. S. 138 ff.

»Ich bin unschuldig und gefangen / im unterworfenen Neapel, / [...] Und wo du aufprallst, sind die alten Orte, / und jedem Ort gibst du drei Tropfen Blut. [...]«[16] Schon hier zeigt sich, daß eine ›Flucht‹ in den Süden, soweit sie überhaupt intendiert gewesen war, nicht gelingen konnte, noch sollte, denn den »alten Orten« im Innern der Seele ließ sich nicht durch äußerliche Veränderungen entkommen. Kurz darauf, noch im selben Jahr, bezieht Ingeborg Bachmann erstmals eine eigene Wohnung im Zentrum Roms, im Palazzo Ossoli an der Piazza della Quercia Nr. 1. Hans Werner Henze bleibt in Neapel zurück, auch wenn die beiden weiterhin künstlerisch zusammenarbeiten.

Im Jahr 1955 verläßt Bachmann Rom, um auf Einladung des späteren amerikanischen Außenministers Henry Kissinger an der »Harvard University Summer School of Arts and Sciences and of Education« in Cambridge, Massachusetts, teilzunehmen. 1955 bis 1957 pendelt sie zwischen New York, Rom und zeitweilig auch Paris, wo sie sich näher mit Paul Celan anfreundet, hin und her.[17] Nur ein Jahr später, im Jahr 1958, verschiebt sich ihr Lebens- und Arbeitsschwerpunkt, teils aus beruflichen Gründen – Ingeborg Bachmann arbeitet von 1957 bis 1958 als Dramaturgin beim Bayerischen Fernsehen in München –, teils aufgrund ihrer Beziehung zu Max Frisch, nach München und Zürich.[18] Rom bleibt aber weiterhin ihre Wahlheimat im Hintergrund, ihr Rückzugsort für alle Fälle des Lebens.

Max Frisch wird, was Italien betrifft, neben Hans Werner Henze und dem eher im Hintergrund gebliebenen Paul Celan[19], die dritte wichtige künstlerische und menschliche Bezugsperson für Ingeborg Bachmann. Doch schon im Jahr 1958 kehrt sie nach den ersten schwerwiegenden Differenzen mit Frisch von München aus zunächst nach Rom zurück. Noch im selben Jahr versuchen beide erneut, ihrer Liebesbeziehung eine neue Chance zu geben, indem sie zwei Wohnungen in Zürich mieten, um so ihrer schriftstellerischen Arbeit und der dafür erforderlichen Ruhe und Distanz genügend

16 Bachmann: *Lieder auf der Flucht.* In: GW. Bd. I. S. 140 u. S. 145.
17 Zur poetischen wie persönlichen Freundschaft zwischen Ingeborg Bachmann und Paul Celan siehe Ulrich Ott; Friedrich Pfäfflin (Hg.): »*Fremde Nähe*«. *Celan als Übersetzer. Eine Ausstellung des Deutschen Literaturarchivs Marbach in Verbindung mit dem Präsidialdepartement der Stadt Zürich.* Marbach am Neckar 1997. S. 32, S. 71 ff. S. 477, S. 482 ff. S. 490 u. 493, S. 566. Und Bernhard Böschenstein; Sigrid Weigel (Hg.): *Ingeborg Bachmann und Paul Celan. Poetische Korrespondenzen.* Frankfurt a. M. 1997.
18 Siehe hierzu die Arbeit von Monika Albrecht: »*Die andere Seite*«. *Zur Bedeutung von Werk und Person von Max Frisch in Ingeborg Bachmanns* »*Todesarten*«. Würzburg 1989.
19 Siehe Marlies Janz: »Haltlosigkeiten: Paul Celan und Ingeborg Bachmann«. In: Jochen Hörisch, Hubert Winkels (Hg.). *Das schnelle Altern der neuesten Literatur.* Düsseldorf 1985. S. 31-39. Und Kurt Oppens: »Gesang und Magie im Zeitalter des Steins. Zur Dichtung Ingeborg Bachmanns und Paul Celans«. In: *Merkur* 180 (1963). S. 175-193.

Raum zu verschaffen. Aber auch dieser zweite Versuch auf deutschsprachigem Boden scheitert und nach verschiedentlichen Auseinandersetzungen nehmen sich Ingeborg Bachmann und Max Frisch im Jahr 1960 in der Via Giulia 102 schließlich ihre erste gemeinsame römische Wohnung.

Für Max Frisch, der über diese Zeit ausführlich in seinem 1975 erschienenen Roman *Montauk*[20] Auskunft gibt, wird die gemeinsame Stadt im Süden nie zu einer echten Heimat werden. Das Zusammenleben mit Ingeborg Bachmann, die im Jahr zuvor seinen Heiratsantrag mit der kritischen Frage abgelehnt hatte, was er, Max Frisch, ein halbes Jahr nach der Scheidung seiner bürgerlichen Ehe denn unter ›Ehe‹ verstünde, beschreibt Frisch so:

> Später (d. i. 1959/60) ziehen wir zusammen nach Rom, Via Giulia, 102, wo es lärmig ist. Ihr Rom. Das Gerücht unserer Verehelichung geistert durch die Zeitungen mit Angabe einer italienischen Kapelle, die ich nie gesehen habe. Glaubt man ihr die Freiheit nicht? Als Gäste, bei Freunden, ihren oder meinen, bekommen wir fraglos ein Zimmer zusammen, wir sind ein Paar, eine Art von Paar, es ist kaum noch zu verheimlichen.[21]

Eine Begegnung mit Peter Huchel in einem römischen Restaurant zeigt dennoch, wie konsequent Ingeborg Bachmann versuchte, gerade auch im fernen Rom ihr Privatleben und ihr öffentliches Auftreten als Dichterin getrennt zu halten.

> In einem italienischen Restaurant kommt ein Deutscher an unseren Tisch, ich sehe eine Begrüßung voll Freude über den Zufall dieser Begegnung und höre eine halbe Stunde lang zu; sie stellt mich nicht vor und ich stelle mich nicht vor, weil ich weiß, daß sie es nicht möchte, und er, Peter Huchel, wagt sich auch nicht vorzustellen, obschon er mich erkannt hat. Manchmal ist es komisch. Als ich sie in Neapel besuche, zeigt sie das Haus nicht, wo sie wohnt, und nicht einmal die Straße; das verstehe ich. Sie hat eine große Scheu davor, daß Menschen, denen sie nahesteht, einander begegnen. Sie möchte nicht, daß ich je zu einer Tagung der Gruppe 47 erscheine; das bleibt ihre Domäne. Sie hat mehrere Domänen. Dann und wann verdrießt mich ihre Geheimnistuerei. Was fürchtet sie?[22]

Ingeborg Bachmann achtete zeit ihres Lebens sehr auf Diskretion. Daher waren viele ihrer Freunde entsetzt über die Veröffentlichung des Buches *Montauk*[23] von Max Frisch im Jahr 1975, knapp zwei Jahre nach dem Tod der Dichterin. Frisch, der Mensch, der die Dichterin nach Aussage ihrer römi-

---

20 Max Frisch: *Montauk*. Frankfurt a. M. 1975.
21 Ebd. S. 146 u. 147.
22 Ebd. S. 147. Ingeborg Bachmann wohnte in dieser Zeit gemeinsam mit Hans Werner Henze in Neapel.
23 Ebd.

schen Freunde in jenen Jahren in Rom am meisten beeinflußt hatte[24], brach damit ein Versprechen, das beide sich zu Beginn ihrer Freundschaft und Liebesbeziehung gegeben hatten, den anderen niemals als ›Rohmaterial‹ für das eigene Schreiben zu benutzen.

Obwohl auch ihre lebenslange persönliche Beziehung zu Hans Werner Henze in der Zeit ihres Zusammenlebens mit Max Frisch eine deutliche Abkühlung erfahren hatte, arbeitete sie wieder verstärkt mit ihrem Weggenossen und »Inselgefährten« von Ischia und Neapel zusammen. Am 8. Juni 1960 wurde bereits die Ballettpantomime *Der Idiot* mit einer neuen Textfassung von Ingeborg Bachmann in Berlin aufgeführt.

Die Dichterin arbeitete seit 1958 auch an einem Libretto zu Hans Werner Henzes Oper *Der Prinz von Homburg*, die am 22. Mai 1960, nur vier Monate nach *Der Idiot*, in der Staatsoper Hamburg uraufgeführt wurde.

Im Juni 1961 erscheint Ingeborg Bachmanns erster Erzählband *Das dreißigste Jahr* mit einigen Erzählungen, die in Italien spielen oder sich mit der italienischen Bildwelt beschäftigen. Ingeborg Bachmann erhält hierfür noch im Oktober desselben Jahres den Literaturpreis des Verbandes der deutschen Kritiker in Berlin. Zudem wird sie außerordentliches Mitglied der Westberliner Akademie der Künste.

Es ist ein steiler Aufstieg, den Ingeborg Bachmann angetreten hatte, und auch wenn es im darauffolgenden Jahr vorübergehend still um die Dichterin wird, so hatte sich zunächst doch eine ihrer Fiktionen fast erfüllt:

Als mein Name zum erstenmal in den Zeitungen genannt wurde, war ich glücklicher als je zuvor in meinem Leben, und ich beschloß [in Rom – Anm. d. Verf.] zu bleiben. Ich hätte jetzt jederzeit ans Meer fahren können, doch dazu kam es nicht mehr, denn ich hatte immer neue Versprechungen einzulösen, die ich gegeben hatte, immer neue Aufgaben zu erfüllen, die ich übernommen hatte, mich immer neu zu bestätigen, da man nun einmal mich bestätigt hatte.[25]

Mit dem Ruhm als Preisträgerin der Gruppe 47 war Ingeborg Bachmann als die österreichische Nachkriegsdichterin endlich anerkannt worden. Von Anfang an jedoch erntete sie auch harsche Kritik für ihre Gedichte und Erzählungen, die stets eng verknüpft wurde mit der Persönlichkeit der Lyrikerin. Ingeborg Bachmann erfuhr höchstes Lob genauso wie frauenfeindliche, polemische Kritik. So heißt es in einem für die Kritik aus dieser Zeit typischen *Spiegel*-Artikel »Stenogramm der Zeit« vom 18. August 1954, nicht ganz ein Jahr, nachdem sie in Italien ansässig geworden war, und sich der Ruf

---

24 Siehe die von mir geführten Interviews mit Toni Kienlechner in Bracciano bei Rom vom 2.6.93 und mit Hans Werner Henze in Marino bei Rom vom 5.6.93, beide unveröffentlicht.
25 Bachmann: *Auch ich habe in Arkadien gelebt*. In: GW. Bd. II. S. 39.

Ingeborg Bachmanns als bedeutende Lyrikerin auch über die Grenzen Italiens hinaus in Europa verfestigte:

> [...] Die derart gefeierten Dichtungen sind wenig später veröffentlicht worden, in schmalem, trauerschwarz lackiertem Bändchen [...] – ›ein schönes Mädchen, flirrend in der Bescheidenheit dessen, der noch nicht lange schreibt, spricht darin seltsam abstrakt.‹ [...] Ist das Poesie? Es klingt beinahe nach lyrisch verbrämter Philosophie. Und tatsächlich ist Inge Bachmann philosophisch belastet. 1950 machte sie in Wien ihren Doktor über ein so verzweifelt anspruchsvolles Thema wie »Die kritische Aufnahme der Existentialphilosophie Martin Heideggers«. [...] *Das ist Stenogramm der Zeit* im greifbar sinnlichen Bild. Die junge Bachmann hat das visuelle Erlebnis des Südens gehabt wie Generationen von Künstlern vor ihr, und sie ist bei aller Tortur des Denkens in ihrem Gefühl einfältig genug geblieben, um im Angesicht Roms zum konkreten Bild zu kommen. [...]26

Schon frühzeitig wird also deutlich, daß auch ihr steiler Aufstieg als Lyrikerin seinen Preis hatte, worüber die Dichterin Bachmann bereits vor ihrem Umzug nach Italien in dem kurzen Erzähltext *Auch ich habe in Arkadien gelebt* nachgedacht hat.27 Ingeborg Bachmann formuliert hier die Erkennt-

---

26 In: *Der Spiegel* 34 (1954). S. 27. Der Artikel ist gespickt mit polemischen Bemerkungen über die junge Autorin. Schon hier zeigt sich, exemplarisch für die nachfolgende Aufnahme und Kritik ihres Werkes, die enge Verknüpfung bis hin zur Gleichsetzung von Leben und Schreiben der Dichterin. Vgl. dazu Irmela von der Lühe: »Schreiben und Leben. Der Fall Ingeborg Bachmann«. A.a.O. S. 43-53. Siehe auch den Schluß den Spiegel-Artikels: »Solch traurig schönen Bildern und Stimmungen des Untergehens gibt sich die junge deutsche Lyrik hin, in einer Stadt, wo das ›Sterben in Schönheit‹ schon eine poetische Tradition hat. [...] Der Dichter-Graf August von Platen, der selber den Tod im Süden fand, hat die unheimliche Sehnsucht zum Marmorgrab in die todestrunkenen Verse gebracht: ›Wer die Schönheit angeschaut mit Augen / ist dem Tode schon anheim gegeben.‹ Ingeborg Bachmann zählt diese Verse zu den von ihr favorisierten.« Vgl. auch die Arbeit von Constanze Hotz: »*Die Bachmann*«. *Das Image der Dichterin: Ingeborg Bachmann im journalistischen Diskurs.* A.a.O. S. 34-69.

27 Vgl. hierzu die Aussage Bachmanns in einem Interview mit Gerda Bödefeld vom 24. September 1971. Auf die Frage, »Und wie leicht fällt Ihnen das Formulieren dessen, was sich auf sie zubewegt?«, antwortet sie: »Aber schauen sie [...], auch bei Tänzern glauben Sie, jemand schweben zu sehen, und merken nichts von der Muskelarbeit, der ungeheuren Anstrengung. Ich habe einmal der Margot Fonteyn nach einem Ballett aus der Nähe gesehen, diesen Körper, der doch beim Tanzen kaum vorhanden ist, die schwebt doch Zentimeter über den Erdboden, und ich war furchtbar erschrocken und mir über den Preis klar, den jemand für das Zaubern und Bezaubern zu bezahlen hat ...« Bachmann: *Wir müssen wahre Sätze finden*. A.a.O. S. 115. Schon an diesem kurzen Zitat wird deutlich, wie sehr Ingeborg Bachmann künstlerische Arbeit (hier ›Tanz‹) als menschliche Ausdrucksform in die Nähe von körperlicher oder geistiger ›Zauberei‹, Magie und Ritual rückt.

nis, daß der Weg des Erfolgs und der Weg zurück in die Heimat nur über die Ferne, den Auszug in die Fremde führt. Der Tod in Arkadien[28] hatte bereits seinen Einzug in das »Nebelland«[29] (als Bild für die österreichische Heimat) Ingeborg Bachmanns gehalten, bevor sie das »erstgeborene Land« Italien zum ersten Mal betrat. In der oben genannten Erzählung heißt es dazu:

> Hier werde ich manchmal um das Geheimnis meines Erfolges befragt, und ich könnte euch sagen, daß es mir gelänge, bis ans Meer zu kommen und allen Straßen und allen Wassern meinen Namen einzuschreiben, wenn mir die Hoffnung bliebe, daß ich am Ende der Tage heimkehren könnte und die staunenden Hirten, die Hügel und Bäche meiner Heimat den Besitz begriffen und würdigten, den ich erworben habe. Aber die Währung zwischen hier und dort ist noch immer eine andere, und führe ich zurück, so käme ich nicht reicher heim, als ich fortzog, nur ein wenig älter und müder, und ich hätte vielleicht nicht mehr das Herz, mich zu bescheiden.[30]

Der Wunsch, »allen Straßen und allen Wassern meinen Namen ein[zu]-schreiben, wenn mir die Hoffnung bliebe, daß ich am Ende der Tage heimkehren könnte«, drückt beispielhaft die in Ingeborg Bachmanns Werk bestehenden Ambivalenzen zwischen der Sehnsucht nach der Fremde und dem Wunsch nach ›würdiger‹ Rückkehr in die Heimat aus. Zeitlebens versuchte sie, bildlich gesprochen, »ans Meer zu kommen«, d. h. den Wandel des Lebens (»Meer«) mit ihrer Dichtung zu vereinen, schöpferisch tätig zu sein und sich schreibend, in eine Tradition »einschreibend«, den Weg als anerkannte Dichterin zurück zur Heimat zu bahnen. Dieser Weg führte sie vor allem in den letzten Lebensjahren im Prozeß des Schreibens auch tatsächlich innerlich zurück zur eigenen Herkunft, zu Österreich und immer wieder hin zur Vergewisserung ihrer eigenen Identität in der Dichtung. Ausgestattet war Ingeborg Bachmann jedoch auch zu Anfang schon mit dem Wissen, daß dieser Weg nur über die Erfahrung der Fremde führt, über den Auszug aus dem »goldenen Land der Kindheit«.[31]

---

28 Zum Motiv ›Arkadien‹ in der Literatur siehe einführend den Artikel von Elisabeth Frenzel: »Arkadien«. In: Dies.: *Motive der Weltliteratur. Ein Lexikon dichtungsgeschichtlicher Längsschnitte.* Stuttgart ²1980. S. 27-37. Vgl. auch Erwin Panofsky: »›Et in Arcadia ego‹. Poussin und die Tradition des Elegischen.« In: *Sinn und Deutung in der bildenden Kunst.* A.a.O. S. 351-377. Zum Auszug in die Fremde, ins ›gelobte Land‹ Italien, an den die Übersiedlung in manchen Teile erinnert, vgl. auch Hermann Weber: *An der Grenze der Sprache. Religiöse Dimension der Sprache und biblisch-christliche Metaphorik im Werk Ingeborg Bachmanns.* A.a.O.
29 Vgl. hierzu die Gedichte *Nebelland* und *Brief in zwei Fassungen* von Ingeborg Bachmann. In: GW. Bd. I. S. 105 f. u. S. 126 f.
30 Dies.: *Auch ich habe in Arkadien gelebt.* In: GW II. S. 39 u. 40.
31 Siehe Thomas Auchter: »Die Suche nach dem Vorgestern – Trauer und Kreativität. A.a.O. S. 227. Anm. 8. – Das Land Italien läßt sich vor dem Hintergrund von

> Vielleicht kann ich mich einmal erkennen,
> eine Taube einen rollenden Stein ...
> Ein Wort nur fehlt! Wie soll ich mich nennen,
> ohne in anderer Sprache zu sein.[32]

Während sich in der Lyrik Ingeborg Bachmanns die Motive des Lebens und des Todes in der literarischen Darstellung des Südens zunächst die Waage halten, kippt das in der Literatur dargestellte Gleichgewicht, das sich für Ingeborg Bachmann in einem wiedergewonnenen »geistigen und physischen Heimatgefühl«[33] in Italien niedergeschlagen hatte, zusehends. Nach der Trennung von Max Frisch im Frühjahr 1963 setzt ein auch an ihrem Werk ablesbarer zunehmender Desillusionierungsprozeß ein.

Die Jahre 1962 und 1963 bleiben für die Öffentlichkeit weitgehend im Dunkeln. Ingeborg Bachmann erkrankt nach der Trennung von Max Frisch schwer und verbringt die darauffolgende Zeit in verschiedenen Krankenhäusern in Berlin und Baden-Baden.

1965 siedelt sie nach verschiedenen längeren Auslandsaufenthalten dann endgültig nach Rom über. In ihrer Erzählung *Das dreißigste Jahr* schreibt sie:

> Er muß die Koffer packen, sein Zimmer, seine Umgebung, seine Vergangenheit kündigen. Er muß nicht nur verreisen, sondern weggehen. Er muß frei sein in diesem Jahr, alles aufgeben, den Ort, die vier Wände und die Menschen wechseln. Er muß die alten Rechnungen begleichen, sich abmelden bei einem Gönner, bei der Polizei und der Stammtischrunde. Damit er alles los und ledig wird. Er muß nach Rom gehen, dorthin zurück, wo er am freiesten war, wo er vor Jahren sein Erwachen, das Erwachen seiner Augen, seiner Freude, seiner Maßstäbe und seiner Moral erlebt hat.[34]

In diesem Zitat werden wichtige Punkte für das spezifische Italienerlebnis Ingeborg Bachmanns angesprochen. Es sind jedoch gleichzeitig auch Fakto-

---

Auchters Überlegungen als symbolischer Repräsentant desjenigen Ortes der Kindheit begreifen, der den Wunsch und die Sehnsucht nach der Wiederherstellung der verlorenen Ganzheit darstellt. Das Schreiben über diesen Ort läßt sich nach seiner Theorie als Versuch verstehen, diese Ganzheit wenigstens in der Phantasie durch die Schaffung von ganzheitlichen, ›immerwährenden‹ Objekten in der Kunst im fortgesetzten Prozeß des Schreibens zu gestalten, um damit wenigstens für den Moment die verlorene Ganzheit im künstlerischen Objekt wiederherzustellen. (Ebd. S. 209. S. 212, S. 216 ff.). Auchter setzt dabei den Prozeß des Trauerns um verlorene Illusionen zur Wiederherstellung und Wiedergewinnung der Realität strukturell dem kreativen Prozeß des Schreibens gleich, was eine aufschlußreiche Neudeutung vieler Passagen des Werkes, speziell auch des Italienbildes von Ingeborg Bachmann, zuläßt.

32 Bachmann: *Wie soll ich mich nennen*. In: GW. I. S. 20.
33 Dies.: *Zugegeben*. In: GW. Bd. IV. S. 337.
34 Dies.: *Das dreißigste Jahr*. In: GW II. S. 96 u. 97.

ren, die stellvertretend für viele literarische Verarbeitungen der Italienreisen früherer und nachfolgender Künstlerinnen und Künstler stehen. Ingeborg Bachmann beschreibt das für die meisten Künstler in ihren Schilderungen typische Erweckungserlebnis oder wenigstens die allgemein übliche Erwartungshaltung, die sich während einer Italienfahrt eines Künstlers seit dem Erscheinen von Goethes *Italienischer Reise* einstellte; eine Haltung, die in der Literatur bis heute oft beschrieben und verbunden wird mit einem Gefühl von neugewonnener Freiheit, einem neuen Blick auf die Welt und der dadurch ausgelösten Empfindung von Freude, neuer Lebensintensität und künstlerischer Schaffenskraft. Oft wird es dem Künstler gerade erst durch den Aufenthalt in Italien möglich – sofern er sich nicht, wie beispielsweise Johann Gottfried Herder[35] oder in neuerer Zeit Rolf Dieter Brinkmann[36] zutiefst enttäuscht und desillusioniert von der Kehrseite des Mythos Italien, den das Land bei aller Wertschätzung seiner Kunst, Schönheit und der Sinnlichkeit des südlichen Lebensstils ja durchaus hat, abwendet –, neue Wertmaßstäbe und künstlerische wie ethische Grundsätze für sein weiteres Leben und Schaffen herauszubilden. Der Weg nach Italien auf den Spuren einer Künstler-Tradition ermöglicht dem aufgeschlossenen Reisenden, so wird in vielen Schilderungen deutlich, eine ›zweite Geburt‹, eine menschliche und psychische Wiedergeburt, wie wir sie bereits aus Goethes *Italienischer Reise* kennen.

Denn es geht, man darf wohl sagen, ein neues Leben an, wenn man das Ganze mit Augen sieht, das man teilweise in- und auswendig kennt. Alle Träume meiner Jugend seh' ich nun lebendig; [...][37]

Nicht immer erfolgt auf die »Flucht nach Italien« allerdings ein derart klassisches Wiedergeburtserlebnis, wie wir es in paradigmatischer Weise aus Goethes Reiseschilderungen kennen. Ingeborg Bachmann beschreibt im Gegensatz zu ihm als erstes die Begegnung mit dem Tod im ›erstgeborenen Land‹[38], den das lyrische Ich im folgenden zunächst zu überwinden hat, bevor ihm der ›Zufall Leben‹ begegnet. Zwischen diesen beiden Polen, dem Tod als letzter Grenze des Selbst und dem ›Zufall Leben‹, bewegt sich fortan die Italienwahrnehmung Ingeborg Bachmanns. Indem auch Ingeborg Bach-

---

35 Johann Gottfried Herder: *Italienische Reise. Briefe und Tagebuchauszüge 1788-1789.* Hg. von Albert Meier und Heide Hollmer. München 1988. Siehe auch Yoichiro Shimada: »›Ich bin nicht G.‹ Herders Italienreise als Pendant zu Goethes ›Italienischer Reise‹«. In: Eijirō Iwasaki (Hg.): *Begegnung mit dem »Fremden«. Grenzen – Traditionen – Vergleiche.* Akten des VIII. Internationalen Germanisten-Kongresses. Tokyo 1990. München 1991. S. 43-49.
36 Rolf Dieter Brinkmann: *Rom, Blicke.* Reinbek bei Hamburg 1979.
37 Goethe: *Italienische Reise.* A.a.O. S. 119. – Vgl. Zitat Ingeborg Bachmanns von Anmerkung 13.
38 Bachmann: *Das erstgeborene Land.* In: GW. Bd. I. S. 120.

mann tradierte Bilder in einer für sie spezifischen Zeit und einem spezifischen Raum, dem Süden, im eigenen Schreiben wiederbelebte und für das eigene Zeit- und Weltverständnis umsetzte, wie ich im Rückgriff auf Goethes Italienbild zeigen werde, folgte die Dichterin mit ihrem künstlerischen Anspruch, dem »Ritual, die tradierten Zeichen der Zeit wieder lebendig zu machen«[39] und ihnen auf diese Weise eine »neue Fassungskraft im sprachlichen Kunstwerk«[40] zu geben, einem anderen, ebenso alten und oft begangenen Weg der Kunst: *dem Ritual der Reise nach Italien.*

---

39 Bachmann: *Frankfurter Vorlesungen.* In: GW. Bd. IV. S. 192.
40 Ebd.

4. »Man müsste mit tausend Griffeln schreiben, was soll hier eine Feder«[1] – Das Italienerlebnis Johann Wolfgang von Goethes und seine schriftstellerische Verarbeitung

Eine Betrachtung der schriftstellerischen Gestaltung von Italienerlebnissen und deren Umsetzung in literarische Bilder ist nicht denkbar ohne die seit Ende des 18. Jahrhunderts richtungsweisende Beschreibung des Landes, seiner Kunst, seiner Geschichte und seiner Menschen, wie sie uns mit Goethes *Italienischer Reise* vorliegt.

Kein deutschsprachiger Schriftsteller, der sich nach Italien begab, kam umhin, sich mit Goethes Text und Reisebericht in irgendeiner Form, ob bewußt oder unbewußt, auseinanderzusetzen. Goethes erster Italienaufenthalt im Jahr 1786 und sein zweiter römischer Aufenthalt in den beiden darauffolgenden Jahren 1787 und 1788, seine dort gemachten Erlebnisse und Erfahrungen schrieb er erst sehr viel später, dreißig Jahre nach seinem Aufenthalt, in seiner *Italienischen Reise* nieder. Goethe prägte die Bilder und Sichtweisen, die bald darauf nicht nur jeder ihm auf den Spuren folgende Schriftsteller ›im Reisegepäck trug‹, sondern die spätestens zu Beginn des 19. Jahrhunderts auch jeder gewöhnliche Italienreisende verinnerlicht hatte und die selbst heute noch, am Ende des 20. Jahrhunderts, maßgeblich das Italienbild der Deutschen beeinflussen, trotz vieler Veränderungen des Landes, seiner Menschen und Bauwerke im Laufe der Zeit.

Goethes *Italienische Reise* diente sozusagen als Raster für die eigene Fremd- und Selbstwahrnehmung, südwärts auf das Fremde, nordwärts auf die eigene Heimat gerichtet.

Über seine Ankunft in Rom am 1. November 1786 schreibt Goethe später:

Nun bin ich hier und ruhig und, wie es scheint, auf mein ganzes Leben beruhigt. Denn es geht, man darf wohl sagen, ein neues Leben an, wenn man das Ganze mit Augen sieht, das man teilweise in- und auswendig kennt[2]. Alle Träume meiner Jugend seh ich nun lebendig; die ersten Kupferbilder, deren ich mich erinnere (mein Vater hatte die Prospekte von Rom in einem Vorsaale aufgehängt), seh' ich nun die Wahrheit, und alles, was ich an Gemälden und Zeichnungen, Kupfern und Holzschnitten in Gips und Kork schon lange gekannt, steht nun beisammen vor mir; wohin ich gehe, finde ich eine Bekanntschaft in einer neuen Welt; es ist alles, wie ich's mir dachte, und alles neu. Ebenso kann ich von meinen

---

1 Goethe: *Italienische Reise*. A.a.O. S. 124.
2 Vgl. die Italienreise des Vaters Johann Caspar Goethe: *Viaggio in Italia*. 2 vol. Roma 1932-33.

Beobachtungen, von meinen Ideen sagen. Ich habe keinen ganz neuen Gedanken gehabt, nichts ganz fremd gefunden, aber die alten sind so bestimmt, so lebendig, so zusammenhängend geworden, daß sie für neu gelten können. [...] Wie moralisch heilsam ist es mir dann auch, unter einem ganz sinnlichen Volke zu leben, über das so viel Redens und Schreibens ist, das jeder Fremde nach dem Maßstabe beurteilt, den er mitbringt.[3]

In diesem Zitat werden bereits viele der Themen angesprochen, die von großer Bedeutung für die menschliche und künstlerische Entwicklung Goethes werden sollten, die aber auch für die ihm nachfolgenden Künstler, sei es in Anlehnung an oder in Abgrenzung von ihm, wegweisend wurden.

Zunächst reiste Goethe selbst in den Fußstapfen anderer, früherer Italienreisender und benutzte zur eigenen Reiseplanung und Information verschiedene bekannte Reiseführer der Zeit, u. a. den Italienführer des Hamburgers Johann Jakob Volkmann, der eine dreibändige Reisebeschreibung Italiens verfaßt hatte[4], die zur damaligen Zeit unter Italienreisenden weit verbreitet war.[5]

Dieser Reiseführer diente gleichzeitig als kommunikatives Bindeglied zwischen ihm und den Daheimgebliebenen, besonders für die zurückgelassene Charlotte von Stein, mit der er unter der Angabe der jeweiligen Seitenzahlen aus dem *Volkmann* korrespondierte. Goethes Flucht von Karlsbad nach Italien im Jahre 1786 hatte verschiedene Gründe: Auf der einen Seite versuchte er eine räumliche Distanz zwischen Charlotte von Stein und sich zu bringen, um so der für ihn unglücklich verlaufenden Liebesbeziehung zu entkommen. Auf der anderen Seite war er der Geschäfte als Minister für Berg- und Wegebau überdrüssig geworden[6], und sah in der lange gewünschten Italienreise die Möglichkeit sich allen Verpflichtungen und privaten Problemen zu entziehen. Endlich konnte er also den schon von Kindesbeinen an gehegten Traum in die Tat umsetzen: eine Reise in den Fußstapfen des Vaters nach Italien. »Was laß ich nicht alles rechts und links liegen, um den einen Gedanken auszuführen, der fast zu alt in meiner Seele geworden ist.«[7]

3   Goethe: *Italienische Reise*. A.a.O. S. 119.
4   Johann Jakob Volkmann: *Historisch-kritische Nachrichten von Italien, welche eine genaue Beschreibung dieses Landes, der Sitten und Gebräuche, der Regierungsform, Handlung, Oekonomie, des Zustandes der Wissenschaften, und insonderheit der Werke der Kunst nebst einer Beurtheilung derselben enthalten. Aus den neuesten französischen und englischen Reisebeschreibungen und aus eignen Anmerkungen zusammengetragen.* 3 Bde. Leipzig 1770/1771.
5   Siehe Goethe: *Italienische Reise*. A.a.O. S. 566. Anm. 27. Sprengel bezeichnet den »Volkmann« sogar als »eine Art Vorläufer des Baedeker.«
6   Genauere Hintergründe zur Flucht Goethes aus Weimar siehe Richard Friedenthal: *Goethe. Sein Leben und seine Zeit.* München, Zürich [19]1995. S. 249 ff.
7   Goethe: *Italienische Reise*. A.a.O. S. 12.

Die Italienreise des Vaters: Johann Caspar Goethe (1740-1741)

Goethes Vater, der kaiserliche Rat Johann Caspar Goethe, hatte im Jahr 1740 eine Italienreise unternommen, die noch eng an die adlige Kavalierstour des 17. Jahrhunderts angelehnt war; eine Reise, die ihn auf seiner acht Monate andauernden »Grand Tour« durch alle wichtigen Städte des Landes führte.[8] Die übliche Reiseroute verlief seit der frühen Neuzeit mehr oder weniger festgelegt mit folgendem Streckenverlauf:

Man begann die Reise möglichst während der Karnevalszeit in Venedig, fuhr, ritt oder lief dann weiter über Bologna an die Adriaküste nach Rimini, Ancona oder Loreto. Von dort aus ging es zunächst weiter nach Rom und nach einem längeren Aufenthalt, der oft mehrere Monate, in einigen Fällen sogar Jahre dauern konnte, begab man sich zuletzt nach Neapel, dem südlichsten Punkt der Reise. Auf dem Rückweg besuchte man erneut, am besten um die Osterzeit, Rom, und besichtigte zum Schluß, meist zu Beginn des Sommers, die Städte der Toskana und Norditaliens.[9] Zwar hatte sich bis zum Beginn des 18. Jahrhunderts die Reiseklientel sehr verändert, und die jungen adligen Kavaliere waren von reichen, geschäftstüchtigen, bildungshungrigen und reiselustigen Bürgern verschiedenen Alters abgelöst worden, was einherging mit einer Rückbesinnung auf die früheren Ziele einer solchen Grand Tour: Die Reise als Verbindung von Studien- und Geschäftsreise zum Kennenlernen und Studium fremder Sitten, Kunst und Kultur erhält neues Gewicht und löst die studienbegleitende Bildungsreise ab, die die jungen Adligen an die Höfe von ganz Europa geführt hatte. Mit zunehmender gesellschaftlicher Verbürgerlichung verkürzte sich im Laufe der Zeit aber nicht nur die Reisedauer, es verkleinerte sich auch die weit ausgedehnte Reiseroute über die europäischen Höfe um ein vielfaches. Da Italien jedoch aufgrund seiner antiken und christlichen Traditionen von alters her eines der zentralen Reiseziele für Europäer wie für außereuropäische Reisende gewesen war, seien es Handelsreisende und Kaufleute in der Antike, Soldaten, Weltenbummler oder aus allen Teilen der Erde verschleppte Sklaven während der römischen Expansion, so wurden seit der Ausbreitung des Christentums auch sehr viele religiös ausgerichtete Pilgerreisen aus aller Welt nach Rom unternommen. Die Reisenden konzentrierten sich daher nach wie vor auf Italien, denn nur hier ließen sich die verschiedensten Bildungsinteressen und Reisemotivationen an einem Ort zusammenfassen, ob sie nun politischer,

---

8 Siehe hierzu: Erwin Koppen: »Kritische Marginalien. Der italienische Reisebericht des Kaiserlichen Rats Johann Caspar Goethe – und was aus ihm wurde«. In: *Arcadia* 24 (1989). S. 191-198.
9 Vgl. hierzu Albert Meier: »Von der enzyklopädischen Studienreise zur ästhetischen Bildungsreise. Italienreisen im 18. Jahrhundert«. In: *Der Reisebericht*. Hg. v. Peter J. Brenner. A.a.O. S. 284 f.

wirtschaftlicher, kultureller, religiöser, kunsthistorischer, gesellschaftlicher, naturkundlicher oder einfach touristischer Natur waren.

Johann Caspar Goethe (1710-1782) gehörte ebenfalls zu jenen frühaufklärerischen Bildungsreisenden, welchen eigenständige Wissensaneignung und die umfassende Erweiterung ihres geistigen und moralischen sowie kulturellen Horizonts sehr am Herzen lagen. Goethes Vater, Doktor beider Rechte, selbst Sohn eines aufstrebenden, reichen Frankfurter Damenschneiders und Gastwirts, reiste von 1739-1741 zur beruflichen wie zur allgemein geistigen und intellektuellen Weiter- und Fortbildung als erstes nach Bayern, wo er mit einer Arbeit am Reichstag seine »Grand Tour« begann, dann weiter nach Österreich, zum Reichshofrat in Wien, zur Vervollkommnung seiner juristischen Praxis. Erst danach brach er nach Italien auf, wo er am 30. Dezember 1739 eintraf und im folgenden acht Monate lang alle wichtigen Städte und Sehenswürdigkeiten des Landes besuchte. Im Jahre 1740 fuhr er schließlich per Schiff von Genua nach Marseille, studierte ab Januar 1741 eine kurze Zeit an der Universität in Straßburg, um dann im Sommer 1741 in seine Heimatstadt Frankfurt zurückzukehren.[10]

Auch Johann Caspar Goethe schrieb, wie es sein Sohn später tun sollte, die Eindrücke und Erfahrungen seiner ›italienischen Reise‹ erst fünfundzwanzig Jahre später nieder.[11] Das umfangreiche Manuskript, das fast tausend Seiten umfaßte, war in italienischer Sprache gehalten.[12]

10 Vgl. Koppen: »Kritische Marginalien. Der italienische Reisebericht des Kaiserlichen Rats Johann Caspar Goethe – und was aus ihm wurde«. In: *Arcadia* 24 (1989). S. 191-198.
11 Goethe veröffentlichte ab Oktober 1788 zwar sog. »Auszüge aus einem Reisejournal« (Ergebnisse der Italien-Reise) im *Teutschen Merkur* und schrieb bis 1790 die *Römischen Elegien*; ab 1790 entstehen die *Venetianischen Epigramme* (Ders.: *Italienische Reise*. A.a.O. S. 557), die z. T. gegen die französische Revolution gerichtet sind. Aber erst siebenundzwanzig Jahre später, ab 1813-1816 und im Jahr 1819 entsteht in fortgesetzter Arbeit die *Italienische Reise*, bzw. zwischen 1828-1829 der *Zweite römische Aufenthalt*, der im Diktat an seinen Sekretär Eckermann als Abschluß der *Italienischen Reise* von Goethe verfaßt wurde (Ebd. S. 553 f.).
12 Vgl. Johann Caspar Goethe: *Viaggio in* (sic!) *Italia (1740)*. Prima edizione, a cura e con introduzione di Arturo Farinelli, per incarico della Reale Accademia d'Italia, Roma (Reale Accademia d'Italia) 1932/33. Vol. Primo. Testo, CXVII-441. Vol. Secondo: Epigrafie e iscrizioni, note illustrative e rettifiche, indici 522 S. – Nähere Erläuterungen zu den verschiedenen Ausgaben und Übersetzungen des Italienberichtes von Johann Caspar Goethe in: Erwin Koppen: *Der italienische Reisebericht des Kaiserlichen Rats Johann Caspar Goethe – und was aus ihm wurde. Kritische Marginalien zu: Johann Caspar Goethe: Reise durch Italien im Jahre 1740* (Viaggio per l'Italia). Hg. von der Deutsch-Italienischen Vereinigung. Frankfurt a. M., München 1986. Der Reisebericht wurde erstmals im Jahr 1932/33 unter dem faschistischen Régime des Duce Mussolini in Italien herausgegeben, um damit die kulturpolitische Nähe zum damaligen Hitlerdeutschland zu demonstrieren. Die Originalwidmung zur ersten Ausgabe (Vol. I) lautete: »Alla città di Francoforte / La Reale Accademia d'Italia / offre l'opera dissepolta / del padre di Goethe / plandendo di suoi grandi cittadini / vissuti con fiamme d'amore per l'Italia.«

Es handelte sich bei der Reise von Johann Caspar Goethe also um eine ausgesprochen traditionelle frühaufklärerische Studienreise, deren oberstes Ziel es war, »Faktenwissen« und Geschäftserfahrungen über ein anderes bzw. in einem anderen, dem Reisenden fremden Land zu sammeln. Danach war es, wie bei Johann Caspar Goethe geschehen, in der ersten Hälfte des 18. Jahrhunderts noch üblich, die in Italien gemachten Erfahrungen grundsätzlich analog zu Deutschland zu betrachten, zu beschreiben und moralisch zu bewerten[13] und das Erlebte und erarbeitete Wissen an die zu Hause Gebliebenen in schriftlicher Form – zum Teil in fiktiven Briefen – weiterzugeben. Dagegen trieben den Sohn neben den zuvor genannten enzyklopädischen Interessen im Unterschied zum Vater vor allem innere Beweggründe zu einer Reise nach Italien.

Auf der Flucht zu sich selbst: Goethes Weg nach Italien

Für Johann Wolfgang von Goethe war die Reise nach Italien nicht nur eine Flucht vor »[…] allen Unbilden, die ich unter dem einundfünfzigsten Grade erlitten, daß ich Hoffnungen hatte, unter dem achtundvierzigsten ein wahres Gosen zu betreten«[14], sondern mehr noch, es war für ihn eine Reise zurück in die Kindheit, zurück zu den Wurzeln seiner Herkunft. Italien stand für Goethe deutlich in kulturellem Gegensatz zu den noch an den Ideen der Grand Tour ausgerichteten, erst im Nachhinein schriftlich fixierten Erfahrungen des Vaters und wurde von ihm komplementär zu Deutschland gesehen. Italien avancierte bei Goethe zum Ort der Selbstfindung[15], der inneren, der seelischen und geistigen Erneuerung und wurde zu *dem* Ort seiner künstlerischen Geburt.

Ich spreche an dieser Stelle bewußt von dem Terminus ›Geburt‹ und verwende nicht den von Goethe selbst verwendeten, sprichwörtlich gewordenen Begriff »Wiedergeburt«, da Goethe Karlsbad im Oktober 1786 als Maler unter dem Pseudonym *Jean Philipp Möller* verließ und als Dichter Johann Wolfgang Goethe nach Deutschland zurückkehrte. Goethe traf im November 1786 in Rom ein, wo er zunächst in der Via del Corso 20 bei dem befreundeten Maler Johann Heinrich Wilhelm Tischbein zu Gast war, der bei einem römischen Kutscherehepaar zur Untermiete wohnte.[16] Über

---

13 Albert Meier: »Von der enzyklopädischen Studienreise zur ästhetischen Bildungsreise. Italienreisen im 18. Jahrhundert«. In: *Der Reisebericht*. Hg. von Peter J. Brenner. A.a.O. S. 288 f.
14 Goethe: *Italienische Reise*. A.a.O. S. 18.
15 Albert Meier: »Von der enzyklopädischen Studienreise zur ästhetischen Bildungsreise. Italienreisen im 18. Jahrhundert«. In: *Der Reisebericht*. Hg. von Peter J. Brenner. A.a.O. S. 294 f.
16 Gunter Grimm, Ursula Breymayer, Walter Erhart (Hg.): *Ein Gefühl von freierem Leben: Deutsche Dichter in Italien*. A.a.O. S. 66 f.

Tischbein lernte Goethe im Laufe seines ersten Rom-Aufenthalts die übrigen in Rom ansässigen deutschen Künstler und Gelehrten kennen. Die gesellschaftliche Einführung in eine bereits bestehende Gruppe Gleichgesinnter aus dem eigenen Land oder Kulturkreis ist die bis zum heutigen Tage typische Aneignungsweise des fremden Landes. Sie ist der Ausdruck des sozialen Aspekts des ›Rituals der Reise nach Italien‹.

Goethe traf auf die auch schon zur damaligen Zeit sehr angesehene Malerin Angelika Kauffmann, die Maler Friedrich Bury und Johann Georg Schütz, den Bildhauer Alexander Trippel, den Schweizer Maler und Kunstgelehrten Johann Heinrich Meyer, den Zeichner und Kupferstecher Heinrich Lips und im Dezember desselben Jahres den Schriftsteller Karl Philipp Moritz, mit dem Goethe eine enge Freundschaft verband und der selber im Jahr 1792/93 einen dreibändigen Bericht über seine Italienerlebnisse verfaßte.[17]

Beliebte Treffpunkte der Künstler im Rom des 18. Jahrhunderts waren nicht nur das Café Grecco in der Via Condotti nahe der spanischen Treppe, wo auch die Dichter Keats und Shelley sowie der englische Dichter Lord Byron, den Goethe sehr verehrte, Unterkunft während ihres römischen Aufenthalts gefunden hatten. Man traf sich zudem ganz nach Art der deutsch-französischen Salonkultur privat im Hause des Archäologen und Kunstsammlers Johann Friedrich Reiffenstein in Frascati, einem kleinen Ort am Meer in der Nähe von Rom. Bei Reiffenstein diskutierten die in Rom ansässigen Künstler um Goethe die damals neuesten Kunsttheorien und besprachen und kritisierten gemeinsam vor allem die Zeichnungen, die sie tagsüber in und um Rom angefertigt hatten.

Zum damaligen Zeitpunkt war es Goethe noch unklar, welchem künstlerischen Weg er den Vorrang geben würde, ob der Malerei oder der Dichtkunst.[18] In Rom sowie während seines gesamten Italienaufenthaltes bildete sich bei ihm nicht nur ein ›neues Sehen‹ heraus und die Fähigkeit, mit bloßem Auge und der Phantasie auf dem Papier ›dichterisch‹ zu zeichnen,

---

17 Siehe Karl Philipp Moritz: *Reisen eines Deutschen in Italien in den Jahren 1786-1788.* 3 Bde. Berlin 1792/93. – Karl Philipp Moritz (1756-93) kommt im Zusammenhang mit Goethe und der Herausbildung der klassischen Ästhetik eine bedeutende Rolle zu (Vgl. hierzu auch seine Schrift: *Über die bildende Nachahmung des Schönen* von 1788.). Wie Goethe hatte er von seinen beruflichen Verpflichtungen abgesehen und war nach Italien abgereist, um einem in seinen Augen unlösbaren Liebeskonflikt zu entgehen. Wie eng die Verbindung von Goethe und Karl Philipp Moritz gewesen ist, wird an einem Zitat aus einem Brief Goethes an Charlotte von Stein vom 14. Dezember 1786 deutlich: Goethe nennt ihn »einen jüngeren Bruder von mir, von derselben Art, nur da vom Schicksal verwahrlost und beschädigt, wo ich begünstigt und vorgezogen bin.« Goethe: *Italienische Reise.* A.a.O. S. 596. – Siehe auch Karl Philipp Moritz: *Italien und Deutschland. In Rücksicht auf Sitten, Gebräuche, Literatur und Kunst.* Hg. von Karl Philipp Moritz und Aloys Hirt. 6 Hefte. Berlin 1789-93.

18 Grimm u. a.: *Ein Gefühl von freierem Leben: Deutsche Dichter in Italien.* A.a.O. S. 70.

wie es viele der künstlerischen Selbstaussagen in dieser Zeit deutlich machen[19] – er übertrug darüber hinaus die in der Malerei erlernten Prinzipien auf sein dichterisches Schaffen. Diese Entwicklung charakterisierte er im Nachhinein selbst folgendermaßen:

> Täglich wird's mir deutlicher, daß ich eigentlich zur Dichtkunst geboren bin und daß ich die nächsten zehen Jahre, die ich höchstens noch arbeiten darf, dieses Talent exkolieren und noch etwas Gutes machen sollte, da mir das Feuer der Jugend manches ohne großes Studium gelingen ließ. Von meinem längeren Aufenthalt in Rom werde ich den Vorteil haben, daß ich auf das Ausüben der bildenden Kunst Verzicht tue.[20]

Auch Goethe hatte sich, wie zuvor sein Vater, der einschlägigen Reiseführer seiner Zeit bedient und sich mit Hilfe ihrer Informationen durch Italien bewegt und über dessen Kunstschätze informiert, um sich an ihnen zu formen und zu bilden[21], aber auch zunehmend abzugrenzen. Doch wußte er für sich selbst in der Auseinandersetzung mit Italien ein neues Kapitel seiner eigenen seelisch-geistigen und künstlerischen Entwicklung und infolgedessen auch eine neue Richtung in der Geschichte der Italienreisen einzuleiten. Nicht nur die Schulung seines Beobachtungsgeistes und seines künstlerischen Scharfsinnes schildert er häufig und in vielen Variationen. Goethe

---

19 Ebd. S. 94. Siehe Goethe: *Italienische Reise.* A.a.O. S. 124.
20 Brief Goethes vom 22. Februar 1788. Ebd. S. 482. Vgl. Goethes erste Italienreise: »Rom, den 7. November 1786. Nun bin ich sieben Tage hier, und nach und nach tritt in meiner Seele der allgemeine Begriff dieser Stadt hervor. Wir gehn fleißig hin und wider, ich mache mir die Pläne des alten und neuen Roms bekannt, betrachte die Ruinen, die Gebäude, besuche die ein oder andere Villa, die größten Merkwürdigkeiten werden ganz langsam behandelt, ich tue nur die Augen auf und seh' und geh' und komme wieder, denn man kann sich nur in Rom auf Rom vorbereiten.« Ebd. S. 123. – Siehe auch Goethes Brief vom 10. November 1786. Ebd. S. 127. – Und ders.: Brief vom 6.2.1788. Ebd. S. 481.
21 Ebd. S. 35. Johann Jakob Ferber: *Briefe aus Wälschland über natürliche Merkwürdigkeiten dieses Landes an den Herausgeber derselben Ignaz von Born.* Prag 1773. Belsazer Hacquet: *Physikalisch-politische Reise auf die Dinarischen, Julischen, Kärtner, Rätischen und Nordischen Alpen.* o. O. 1785. Johann Jakob Volkmann: *Historisch-kritische Nachrichten von Italien, welche eine genaue Beschreibung dieses Landes, der Sitten und Gebräuche, der Regierungsform, Handlung, Oekonomie, des Zustandes der Wissenschaften, und insonderheit der Werke der Kunst nebst einer Beurtheilung derselben enthalten. Aus den neuesten französischen und englischen Reisebeschreibungen und aus eignen Anmerkungen zusammengetragen.* 3 Bde. A.a.O. Johann Hermann von Riedesel: *Reise durch Sizilien und Großgriechenland.* Einführung und Anmerkungen von Arthur Schulz. Berlin 1965. (Die Reise selbst fand 1771 statt.) Johann Joachim Winckelmann: *Geschichte der Kunst des Altertums nebst einer Auswahl seiner kleineren Schriften.* Mit einer Biographie Winckelmanns und einer Einleitung versehen von Julius Lessing. Berlin 1870. Andrea Palladio: *Die vier Bücher zur Architektur.* Nach der Ausgabe Venedig 1570. *I quattro Libri dell' Architettura.* Aus dem Italienischen übertragen und herausgegeben von Andreas Beyer und Ulrich Schütte. Zürich, München ³1988.

überträgt die Prinzipien der in der Malerei erlernten Techniken auf seine Dichtkunst und betont in der Beschreibung Italiens vor allem seine *Idee* von der Neuschöpfung der (sprachlichen) Bilder über die individuellen Sinne seiner Wahrnehmung, seines beurteilenden Auges und Geistes. Der Ausdruck seiner ästhetischen Selbstfindung, »In Rom habe ich mich zuerst selbst gefunden, ich bin zuerst übereinstimmend mit mir selbst glücklich und vernünftig geworden«[22], wird von Goethe zum Programm der Selbstschöpfung erhoben. Das aber entspricht in weiten Teilen dem zweiten Aspekt des Rituals, der subjektive Erfahrung und künstlerische Gestaltung in der Formung von künstlerischer Identität vereint. Damit wird der Bereich der rein subjektiven oder aber enzyklopädischen Anschauung und Verarbeitung von Italiens Kunst, Natur, Menschenbild und Landschaft bei weitem überschritten: Die Betonung der Entwicklung des individuellen Selbst des Dichters nimmt in Goethes *Italienischer Reise* erstmals besonderen Raum ein und läßt damit alles bis dahin zu Italien Geschriebene hinter sich.

> Doch das ist mein Trost, alles das ist gewiß schon gedruckt. In unseren statistischen Zeiten braucht man sich um diese Dinge wenig zu bekümmern, ein anderer hat schon die Sorge übernommen, mir ist nur jetzt um die sinnlichen Eindrücke zu thun, die mir kein Buch und kein Bild geben, daß ich wieder Interesse an der Welt nehme und daß ich meinen Beobachtungsgeist versuche, und auch sehe, wie weit es mit meinen Wissenschaften und Kenntnissen geht, ob und wie mein Auge licht, rein und hell ist, […] wie viel ich in der Geschwindigkeit fassen kann und ob die Falten, die sich in mein Gemüth geschlagen und gedrückt wieder auszutilgen sind.[23]

Zwischen Welt- und Selbstschöpfung: Rom

Rom: der Ort der Selbsttherapie, der Selbstschöpfung. – Wenn Goethe im folgenden schreibt: »Zu meiner Weltschöpfung habe ich manches erobert«[24] und über die Begriffsentwicklung im Verhältnis zur fremden Welt und den darin enthaltenen Erfahrungen und Daseinsmöglichkeiten sagt: »Es spricht eben alles zu mir und zeigt sich mir an […] es bestimmt sich nur alles mehr, es entwickelt sich und wächst mir entgegen«[25], so wird deutlich, wie vom Standpunkt des Beobachters aus sich die Perspektive der Objektbetrachtung

---

22 Goethe: *Italienische Reise*. A.a.O. S. 530. Siehe auch Goethe: »Nach und nach find ich mich!« In: Ders.: *Tagebuch der Italienischen Reise. Reise 1786. Notizen und Briefe aus Italien.* Hg. und erläutert von Christoph Michel. Frankfurt a. M. ¹1976. S. 57.
23 Goethe: *Italienische Reise*. A.a.O. S. 38 f. u. S. 24.
24 Ders.: *Tagebuch der Italienische Reise 1786. Notizen und Briefe aus Italien*. Mit Skizzen und Zeichnungen des Autors. A.a.O. S. 24.
25 Ebd. S. 42 und S. 87.

und Beschreibung verkehrt: Nicht der Dichter Goethe spricht über die Dinge und sagt etwas über sie aus, sondern im umgekehrten Sinne sprechen die Dinge zu ihm, entwickeln sich auf ihn zu[26] und werden in der kreativen künstlerischen Auseinandersetzung mit ihm Teil seines neuen Selbst.[27] In erster Linie sagen die beschriebenen Dinge etwas über Goethes eigenen seelisch-geistigen Entwicklungsstand aus, über seine spezifische Art von Fremd- und Selbstwahrnehmung. Und erst sekundär läßt sich das Beschriebene als Aussage über das reale erfahrbare Italien der damaligen Zeit verstehen.

Aus der Reise in die Fremde wird mit Goethes neue Maßstäbe setzender Italienreise nunmehr eine Reise in das eigene Ich des Betrachters, ein bahnbrechendes Muster einer Reise- und Wahrnehmungsform für alle nach ihm kommenden Generationen von Künstlern und solchen, die es gerne werden wollten: ein Bildungs- und Selbstbildungs-Konzept, das unzählige Nachahmer in künstlerischen und bürgerlichen Kreisen, bei Schriftstellern und Bildungsreisenden gefunden hat, die sich von Italien zunächst alle dieselbe ästhetisch anregende und regenerierende Wirkung auf ihr seelisches und geistiges Leben erhofften, wie sie in Goethes *Italienischer Reise* dargestellt und propagiert wurde. Ob dieselbe Wirkung allerdings bei allen Italienfahrern und -fahrerinnen in solcher Weise eintrat[28], ist und bleibt fraglich. Es ist vielmehr das Phantasma Italien, der ›geistige‹ Ort, der die Suche nach dem Paradies auf Erden auslöst und zum Aufbruch treibt.

Das Konzept von individueller, ästhetischer Ich-Erfahrung in der Fremde und der damit einhergehenden Veränderung des Selbst in der Auseinandersetzung mit den Gegebenheiten eines unbekannten, nur aus (väterlichen) Erzählungen, Bildern und Beschreibungen erahnten und im voraus erdachten Raumes, im Querschnitt durch die Jahrhunderte von der Antike über das frühe Christentum bis hin zum Mittelalter, der Neuzeit und der jeweiligen

---

26 Vgl. Bachmann: *Wir müssen wahre Sätze finden.* A.a.O. S. 114. Auch Ingeborg Bachmann sprach davon, daß die Bilder sich auf *sie* zubewegen und nicht sie bewußt die Bilder aufsucht. Erst danach erfolgt der Schritt der Fixierung und Umarbeitung der Bilder im Proß des Schreibens.
27 Vgl. hierzu Grimm u. a.: *Ein Gefühl von freierem Leben: Deutsche Dichter in Italien.* A.a.O. S. 86 f.
28 Vgl. etwa die Italienschilderungen von Herder, Lessing, Grillparzer oder in neuester Zeit bei Rolf Dieter Brinkmann. – Johann Gottfried Herder: *Italienische Reise, Briefe und Tagebuchaufzeichnungen 1788-1789.* Hg. und kommentiert und mit einem Nachwort versehen von Albert Meier und Heide Hollmer. A.a.O. – *Gotthold Ephraim Lessings sämtliche Schriften. Tagebuch der italienischen Reise.* Bd. 16 (1902) Hg. von Karl Lachmann. Leipzig ³1886-1924. S. 256-288. – Franz Grillparzer: *Tagebuch auf der Reise nach Italien.* In: *Sämtliche Werke.* Bd. 4. Hg. von Peter Frank und Karl Pörnbacher. München 1960. S. 275-349. – Rolf Dieter Brinkmann: *Rom, Blicke.* A.a.O. Siehe auch Wolfgang Adam: »Arkadien als Vorhölle. Die Destruktion des traditionellen Italienbildes in Rolf Dieter Brinkmanns *Rom, Blicke*«. In: *Euphorion* 83 (1989). S. 226 ff.

Gegenwart des Reisenden, ermöglicht die ›schichtweise‹ Auseinandersetzung mit der Eigenwahrnehmung des Reisenden in einer selbstgewählten Zeitspanne und einem selbstgewählten Raum. Das aber deutet zugleich den ersten einschneidenden Wandel in der Wahrnehmung des Selbst im 18. Jahrhundert an, der mit zudem mit einer veränderten Fremdwahrnehmung einherging.[29]

Grimm sieht in Goethes Italienbild sogar eine »epochale Antwort« auf die Probleme des Zeitalters der Aufklärung:

> In der Moderne wird das Individuum aus seinen sozialen und ideologischen Bindungen zunehmend herausgelöst, erkauft diese Freisetzung jedoch mit Orientierungsverlusten und Unsicherheiten, die dem soeben »aufgeklärten« Menschen schon wieder bedrohlich werden. Goethe und die zumeist mit dem Ende der italienischen Reise datierte Weimarer Klassik antworten darauf mit der Idee des großen Individuums, das seine äußerlich nicht mehr verfügbare Erziehung durch innere Bildung mehr als wettmacht – eine Idee, der als intellektuelles Programm freilich ebenfalls nur ein befristetes Dasein beschieden war.[30]

Obwohl ähnliche Strukturen (Orientierungsverluste, soziale, ideologische und daraus resultierende innere, seelische Konflikte) nach dem Zweiten Weltkrieg ebenfalls Auslöser zu einem erneuten Aufbruch in die Fremde wurden, trat zum Aspekt der inneren Bildung der ganzheitliche Begriff vom Menschen als Einheit von Seele, Körper und Verstand noch einmal verstärkend hinzu.

Exkurs: »Ich aber bin nach Rom gereist, um ein echter Deutscher zu werden.«[31]
Herder und Goethe im Streit um einen Mythos

Gerade aus dem Briefwechsel zwischen Goethe und Herder läßt sich ersehen, wie unterschiedlich die entsprechende Italienerfahrung des jeweiligen Reisenden und die Auseinandersetzung mit Goethes Italienbild vom damaligen Zeitpunkt an sein konnte. So schreibt Herder in einem Brief vom 27. Dezember 1788 an Johann Wolfgang von Goethe:

> Ich fürchte, ich fürchte, Du taugst nicht mehr für Deutschland; ich aber bin nach Rom gereist, um ein echter Deutscher zu werden, u. wenn ich

---

29 Siehe dazu Tzvetan Todorov: *Die Eroberung Amerikas. Das Problem des Anderen.* Frankfurt a. M. 1985.
30 Grimm u. a.: *Ein Gefühl von freierem Leben: Deutsche Dichter in Italien.* A.a.O. S. 92.
31 Ders.: *Ein Gefühl von freierem Leben: Deutsche Dichter in Italien.* A.a.O. S. 315.

könnte, würde ich eine neue Irruption germanischer Völker in dies Land, zumal nach Rom veranlassen. Die Italiener sollten mir dienen, u. in Rom wollte ich insonderheit werben.[32]

In Herders Darstellung seiner »Deutschwerdung« in Italien ist das entstehende nationale Bewußtsein eng verknüpft mit nationalem ›Chauvinismus‹[33] und unterschwelliger Italienverachtung[34]. Goethe hatte mit seinem Italienaufenthalt dagegen ganz andere Erwartungen verbunden. Er hoffte, nach den Erlebnissen der Weimarer Jahre vor allem sich selbst wieder näher zu kom-

32 Grimm: – Siehe auch Johann Gottfried Herder: *Italienische Reise, Briefe und Tagebuchaufzeichnungen 1788-1789. Hg.* und kommentiert und mit einem Nachwort versehen von Albert Meier und Heide Hollmer. A.a.O. – Vgl. Grimm u. a.: *Ein Gefühl von freierem Leben: Deutsche Dichter in Italien.* A.a.O. S. 100: Herder, der knapp zwei Monate nach Goethes Rückkehr aus Rom zu einer fast einjährigen Italienreise aufbrach, erlebte im »Land seiner Träume« nichts als Enttäuschungen und Unmut wegen des für ihn angeblich zu freizügigen und sinnlichen Lebens unter dem italienischen Volk. Caroline von Herder (geb. Flachsland), die eifersüchtig von zu Hause aus die Reise ihres Gatten »brieflich« verfolgte, hatte sicherlich nicht geringen Anteil daran, daß sich Herders Sinnlichkeit nicht an einer Goetheschen Faustina oder »schönen Mailänderin« ergötzen konnte, sondern sich sein ästhetisch-sinnlicher Erfahrungsbereich rein auf das genaueste Betrachten und Beschreiben von Skulpturen beschränkte. Im akribischen Abbilden des betrachteten Kunstwerks blieb Herder nichts anderes übrig, als seine sexuell geleitete Schaulust auf geistig-poetische Weise zu sublimieren. Wenn Herder über seine römischen Erfahrungen verallgemeinernd schreibt: »Wenn mich etwas in Rom tröstet, sinds die Statuen und Köpfe« (Grimm u. a.: *Ein Gefühl von freierem Leben: Deutsche Dichter in Italien.* A.a.O. S. 100 – Herder: *Italienische Reise, Briefe und Tagebuchaufzeichnungen 1788-1789.* A.a.O. S. 360.), so lautet eine genauere Beschreibung der hellenistischen Venus von Clementitia über zwei Seiten beispielsweise so: »Von hinten zeigt sich der schöne Hintere, ohne das, was unter ihm ist […]. Zur linken Seite sieht man die schöne Krümmung und Hebung ihres Leibes, die linke Brust unter dem linken Arm, mit dem Ellbogen vorwärts, die vortrefflich reiche linke Hüfte, auf der sie sitzt mit allem schönen Reichtum der Weiche der untern Seite, die stehende Wade, das untergeschlagne rechte Bein und die Finger der vorgebognen rechten Hand, dies ist wohl die ahndungsreichste, wollüstigste Seite.« (Herder: *Italienische Reise, Briefe und Tagebuchaufzeichnungen 1788-1789.* A.a.O. S. 584. – Grimm u. a.: *Ein Gefühl von freierem Leben: Deutsche Dichter in Italien.* A.a.O. S. 101.). Der Bildungseffekt unter Erweiterung der analytischen Formperspektive sei dahingestellt, das humanistische Bildungsziel aber war für Herder wie immer erreicht, denn: »Ich lernt' an Eurem Knie, an eurem Busen, / Nichts als – Humanität, erhabne Musen.« (Herder: *Italienische Reise, Briefe und Tagebuchaufzeichnungen 1788-1789.* A.a.O. S. 381. – Grimm u. a.: *Ein Gefühl von freierem Leben: Deutsche Dichter in Italien.* A.a.O. S. 101.).

33 In Zusammenhang mit dem Begriff Nationalismus versteht man unter »Chauvinismus« eine Form des exzessiven Nationalismus militaristischer Prägung bzw. eine extrem patriotische, nationale Haltung, wobei die zweite Begriffsbestimmung auf Herders Haltung in jener Zeit seiner Italienreise durchaus zutrifft.

34 Vgl. hierzu auch das Kapitel »Der Nationalismus als Intimität: Von Herder zu den Romantikern« von Julia Kristeva, die relativierend hinzufügt, daß Herder ansonsten »meist auf ein Gleichgewicht zwischen dem »Eigenen« und dem »Fremden« bedacht [war].« Julia Kristeva: *Fremde sind wir uns selbst.* Frankfurt a. M. ¹1990. S. 195.

men und mit Hilfe von ästhetischen und historischen Strategien seine persönliche momentane Krise zu bewältigen[35]. Er beabsichtigte, »auf dieser Reise […] mein Gemüth über die schönen Künste [zu] beruhigen, ihr Bild mir recht in die Seele [zu] prägen und zum stillen Genuß [zu] bewahren«[36]. Italien bildet bei Goethe ein Konglomerat aus ästhetischem Kunstgenuß, historischer Wissensvervollkommnung, systematischer Begriffsbildung und einem betont wichtigen Procedere der Selbsterfahrung und Selbstbildung über die Sinne, das erst im Nachhinein durch seine redaktionelle Bearbeitung der schon während der Reise entstandenen Aufzeichnungen in die Form einer im Schreibprozeß inszenierten ›Selbstheilungsgeschichte‹ gebracht wurde. Seine *Italienische Reise* beschreibt eine Selbstwerdung, die den künstlerischen Entwicklungs- und Werdegang eines Menschen betont und nicht die Frage der Identität über die nationale Zugehörigkeit klären will. Die unterschiedliche Sicht Herders und Goethes auf das ihnen fremde Land Italien offenbart den Beginn eines Konflikts, der den Bruch zwischen Goethe und Herder im Spiegel von Italiens Kunst, Kultur und Sitten nur noch deutlicher werden ließ. Bei Herder steht vorrangig die Selbstdefinition über die nationale Identität in negativer Abgrenzung zu einer kulturell und normativ andersgearteten Gesellschaft im Vordergrund, deren eigene nationale Identität im Unterschied zu dem »Deutschtum germanischer Herkunft«, das Herder als aufgeklärter Humanist in seinem Brief an Goethe propagiert, für diesen nicht bestehen bleiben kann, sondern dem traditionellen und bekannten Wertesystem der eigenen kulturellen Wurzel, hier dem Germanentum und seinen absolut gesetzten Werten, unterworfen werden muß.[37]

Der Begriff des Nationalen ist bei Herder in dieser Zeit weder biologisch (Herder lehnte den Begriff der »menschlichen Rassen« ab) noch wissenschaftlich, noch als rein politische Idee zu verstehen.[38] Es geht Herder vor allem um das moralische Wesen und Selbstverständnis eines Staates und seiner Bürger, das ihre Haltung zur übrigen Welt bestimmen sollte. Herders

---

35 Vgl. Grimm u. a.: *Ein Gefühl von freierem Leben: Deutsche Dichter in Italien.* A.a.O. S. 88. – Siehe auch Goethe: »Es liegt in meiner Natur, das Große und Schöne willig und mit Freuden zu verehren, und diese Anlage an so herrlichen Gegenständen Tag für Tag, Stunde für Stunde auszubilden ist das Seligste aller Gefühle. […] In ewigem Nebel und Trübe ist es uns einerlei, ob es Tag oder Nacht ist; denn wieviel Zeit können wir uns unter freiem Himmel wahrhaft ergehen und ergötzen?« In: Ders.: *Italienische Reise.* A.a.O. S. 44.
36 Goethe: *Tagebuch der italienischen Reise 1786.* A.a.O. S. 119.
37 Vgl. Julia Kristeva, die eine Form der Identitätsbildung beschreibt, die durch die Unterwerfung des Fremden, des ›Anderen in mir‹, entsteht. In: *Fremde sind wir uns selbst.* A.a.O. S. 193-202.
38 Ebd. S. 192 f. Hiernach wird der Begriff »Nation« tatsächlich erst mit dem Zusammenbruch des Heiligen Römischen Reiches deutscher Nation im Jahre 1806 im rein politischen Sinne verstanden. – Hier scheint Herder gewisse Tendenzen der späteren Romantiker, vor allem um Clemens Brentano, vorwegzunehmen, die im Zuge der

Begriff vom »Volksgeist«[39], der am Beginn des 19. Jahrhunderts eine Art kulturellen Nationalismus begründete, basierte auf dem Gedanken einer »ursprünglichen Nationalsprache«, die gegen äußere Einflüsse zwar nicht hermetisch abgeriegelt ist, aber da sie bei ihm als kleinste Einheit der nationalen Identität fungiert, doch gegen fremde Einflüsse geschützt werden muß. Nach Herder darf diese Nationalsprache nur auf der Basis der auf einer tiefgreifenden humanistischen Bildung gegründeten Adaption des fremden Gedankenguts durch adäquate Übersetzungen in die deutsche Sprache, und damit in die deutsche Kultur, um Begrifflichkeiten aus dem klassischen oder christlichen Kanon und nicht um andere geistige Zusammenhänge erweitert werden. Wenn Kristeva über Herder schreibt, »das Nationale gründet sich mithin auf eine erweiterte Übersetzbarkeit, die mit der Idee der Bildung, verstanden zunächst als Bildungsprozeß einer nationalen Sprache, verschmilzt«[40], wird deutlich, wie sehr Herder im Vergleich zu Goethe noch im Sinne eines frühaufklärerischen Bildungsreisenden mit seinen Italienerfahrungen und seinem an diesen humanistisch-nationalen Idealen gemessenen Italienbild im ständigen Vergleich zu seinem positiv besetzten Deutschlandbild verfahren ist. Nationale Sprache und Bildung hängen bei Herder eng zusammen und gehen, zumindest was sein Italienbild betrifft, mit einem überhöhten Selbstverständnis als Angehöriger der »Deutschen Nation« einher. Der Brief an Goethe stellt nur ein Beispiel dafür dar, wie die Vereinnahmung und Einverleibung des Fremden zunächst in schriftlicher Form gestaltet und in einem zweiten Schritt in Form von Besetzung und Herabsetzung des Anderen erweitert werden kann, eine Haltung, die in einem letzten Schritt in die Zerstörung des Anderen münden kann.[41]

Herder war sich dabei der Zwiespältigkeit seiner Aussagen über die Gleichsetzung von Sprache, Bildung und nationaler Identität durchaus bewußt.[42] Er kritisierte in den *Briefen zu Beförderung der Humanität* (sic!) genau das überhebliche Verhalten der deutschen Reisenden gegenüber dem Fremden, das er selbst zuvor in seinem persönlichen Brief an Goethe hatte verlauten lassen.

Befreiungskriege, nach 1806 bzw. 1815, zunehmend nationalistischer und antisemitisch eingestellt waren. Vgl. hierzu: Gerhard Oestreich: *Verfassungsgeschichte vom Ende des Mittelalters bis zum Ende des alten Reiches*. München [7]1990. Und Heinz Duchardt: *Deutsche Verfassungsgeschichte 1495-1806*. Stuttgart, Berlin, Köln 1991.
39 Vgl. Kristeva: *Fremde sind wir uns selbst*. A.a.O. S. 192.
40 Ebd. S. 193.
41 Siehe Zitat zu Anm. 32.: Herder in einem Brief an Goethe 27. Dezember 1788. – Zumindest in diesem Brief Herders könnte man von einer Form der ›kulturellen Okkupation‹ sprechen, wobei diese Haltung nicht im allgemeinen auf Herders Umgang mit fremdem Gedanken- und Kulturgut zutrifft. Vgl. hierzu Kristeva: *Fremde sind wir uns selbst*. A.a.O. S. 195.
42 Vgl. ebd. S. 195 f.

Wie in aller Welt kamen die Deutschen, denen sonst das Lob männlicher Bescheidenheit gebührte, zu diesem eklen Selbstlob? Wie kamen sie, denen sonst kalte Billigkeit in Schätzung fremder Verdienste zu eigen war, zu einer unwilligen, groben Verachtung andrer und zwar der Nation, die sie nachahmten, von denen sie borgten?[43]

Vielleicht war dies eine Mahnung des Philosophen an seine eigene Adresse, die den üblichen menschlichen Zwiespalt zwischen moralischem Anspruch und realem Vorgehen nur zu deutlich zeigt. Die Verknüpfung von nationaler und kultureller Identität hat, wie man weiß, in den folgenden Jahrhunderten eine grausame Umdeutung aus ihrem spezifisch kulturellen Kontext in eine rassistisch-nationalistische Ideologie der Auslöschung alles Nicht-Deutschen erfahren.[44]

Goethe stand mit seinem zu seiner Zeit schon ›klassisch‹ gewordenen Selbsterfahrungs- und Selbstbildungskonzept seiner Italienreise den Romantikern in der Betrachtung und Aneignung seiner Erlebnisse in und mit der Fremde näher als beispielsweise Herder, obwohl er seinen Reisebericht bewußt als Gegenstück zu den Italiendarstellungen der Romantiker konzipiert hatte[45].

Während die Romantiker von der Frakturierung des Ichs ausgingen und versuchten, in Märchen-, Traum- oder Wahnwelten das Fremde oder Andersartige im eigenen Ich aufzuspüren und über die identifikatorische Ein-

---

43 Herder: *Briefe zu Beförderung der Humanität*. In: *Werke in zwei Bänden*. Bd. 2. München 1953. S. 539. (Titel laut Original.)
44 Vgl. hierzu: Victor Klemperer: *LTI. – Lingua Tertii Imperii –*. *Notizbuch eines Philologen*. Leipzig ¹⁴1996. »›Deutsch oder nichtdeutsch, das hat mit allem zu tun, das allein ist das Wesentliche, und sehen Sie, das habe ich, das haben wir alle vom Führer gelernt oder neu gelernt, nachdem wir es vergessen hatten. Er hat uns nach Hause zurückgeführt!‹ [...] – ›Und wie vereint sich damit, was Sie an Humanität bei Lessing finden und all den andern, über die Sie Seminararbeiten schreiben ließen? [...] Und was ist das Wesentliche?‹ – ›Ich habe es Ihnen ja schon gesagt: daß wir nach Hause, nach Hause gekommen sind! Und das müssen Sie fühlen, und dem Gefühl müssen Sie sich überlassen, und die Größe des Führers muß Ihnen immer gegenwärtig sein, und nicht die Unzuträglichkeit, die Sie selbst im Augenblick erleiden ... Und unsere Klassiker? Ich glaube gar nicht, daß sie ihm widersprechen, man muß sie nur richtig lesen, Herder z. B. – aber wenn auch – sie hätten sich bestimmt überzeugen lassen!«« Ebd. S. 113 f. – Dieses Gespräch, das im Jahr 1933 an der Technischen Hochschule in Dresden stattfand, zeigt die Vereinnahmung der deutschen Klassiker, insbesondere Herders, für das nationalsozialistische Gedankengut.
45 Vgl. dazu Stefan Oswald: *Italienbilder: Beitrag zur Wandlung der deutschen Italienauffassung 1770-1840*. A.a.O. S. 98. Goethes *Italienische Reise* bildet laut Oswald »das literarische Gegenstück zur theoretischen Abrechnung, die Goethe unter dem Titel *Neu-deutsche religiös-patriotische Kunst* annähernd gleichzeitig veröffentlichte. Es war dies der Aufsatz, ›der zwischen ihm und den Romantikern das Tischtuch zerschnitt. [...] Beide Schriften muß man zusammen sehen.‹ [1] In diesem Sinne wurde die *Italienische Reise* auch von den Angegriffenen verstanden. [...] Das Ergebnis war die ›autobiographische Inszenierung des ›Weimarer Bildungsprogramms‹.‹ [2] [...] Idee

fühlung in das Andere und Fremde dieses als einen noch unentdeckten Teil des eigenen Selbst wahrzunehmen[46], war Goethes Subjektkonzeption ganz auf die Beobachtung und Strukturierung, auf die gesamte Ausbildung seines »Ich« und die Darbietung des Reichtums seines Könnens in dessen verschiedensten Facetten hin ausgerichtet. Seine Subjektkonzeption war damit auf eine ganzheitliche und im Vergleich zu den Romantikern einheitliche Vorstellung des Menschen angelegt.

»Der vollendete Mensch muß gleichsam zugleich an mehreren Orten und in mehreren Menschen leben«, schrieb Novalis in seinen *Neuen Fragmenten*[47]. Goethe dagegen wählte einen Ort – Italien – zu seinem Ort und erkor sein Ich zum Schauplatz der Vollendung seiner Vorstellung von einer gelungenen dichterischen und menschlichen Schöpfung. Inkognito (Goethe reiste zunächst unter dem Pseudonym »Filippo Miller, tedesco, pittore«[48]), wie er zunächst nach Italien gereist war, probierte er zwar Tag für Tag verschiedene Rollen in der Anonymität des italienischen Volkes aus und war meist nach der jeweiligen Landessitte gekleidet, was aus den Aufzeichnungen seines italienischen Tagebuches hervorgeht.[49] Doch blieb er bzw. stilisierte er sich zuletzt immer zu dem, was er war oder sein wollte: In erster Linie ein Dichter

---

und Wirklichkeit [verschmolzen] untrennbar ineinander, da den Zeitgenossen jede Kenntnis der tatsächlichen Italienerfahrungen Goethes fehlte. ›Was die Botschaft war, wurde Biographie‹ [3].« (Binnenzitate: [1] aus: Herbert von Einem. In: Goethe: *Werke*. Hamburger Ausgabe Bd. 11. S. 577.-[2] Klaus H. Kiefer: *Wiedergeburt und Neues Leben. Aspekte des Strukturwandels in Goethes Italienischer Reise.* Bonn 1978. S. 394. – [3] Klaus. H. Kiefer: A.a.O.)

46 Siehe Julia Kristeva: *Fremde sind wir uns selbst.* A.a.O. S. 197.
47 Novalis: *Neue Fragmente.* Nr. 146. In: *Werke und Briefe.* München 1962. S. 435.
48 So lautet seine Eintragung noch während seines zweiten Rom-Aufenthaltes im Gemeindebuch von S. Maria del Popolo. In: Goethe: *Italienische Reise.* A.a.O. S. 525 f. Es handelt sich bei Goethes Rollenspiel jedoch um eine Art von bewußter Maskerade, um im Ausland einmal die ihm zuletzt in seiner Heimat beträchtlich lästig gewordenen Standesgrenzen umgehen zu können und so Freiheiten und Einblicke zu genießen, die er sonst auf italienischem Boden möglicherweise nicht gehabt hätte. Auch gibt der Dichter seine Art von »Verkleidung« recht schnell auf, wenn es um die Teilnahme am geselligen Leben der oberen Schichten geht. Vgl. ebd. S. 526.
49 Goethe: *Tagebuch der italienischen Reise 1786. Notizen und Briefe aus Italien.* A.a.O. Vgl. hierzu Stefan Oswald: *Italienbilder: Beiträge zur Wandlung der deutschen Italienauffassung 1770-1840.* A.a.O. S. 92. »Ich sah mir ab, wie sich ein gewisser Mittelstand hier trägt und ich ließ mich völlig so kleiden. Ich habe einen unsäglichen Spaß daran. […] Nun mach ich ihnen auch noch ihre Manieren nach. Sie schleudern z.e. alle im Gehn mit den Armen. Leute von gewissen Stande nur mit dem rechten weil sie den Degen tragen und also die Linke stille zu halten gewohnt sind, andre mit beiden Armen. […] Nun ist's mir ein Spaß sie mit den Strümpfen irre zu machen [Goethe trug anstatt der seidenen leinene Unterstrümpfe, die wiederum nicht zu seiner mittelständischen Kleidung gehörten – Anm. d. Verf.], nach denen sie mich unmöglich für einen Gentleman halten können. […] Sie haben gewisse Lieblingsgesten, die ich mir merken will und überhaupt üb' ich mich sie nachzumachen und will euch in dieser Art Geschichten erzählen, wenn ich zurückkomme …«

und erst in zweiter Linie ein Mensch, denn: »Mir ist so ein armer Narr von Künstler unendlich rührend, weil es im Grunde auch mein Schicksal ist, nur daß ich mir ein klein wenig besser zu helfen weiß.«[50]

Der neue Blick auf das Selbst:
Der Künstler im Spiegel der Welt des Südens

Wie ich in der Einleitung im Rückgriff auf die Thesen von Wolfgang Braungart über den engen Zusammenhang von Ritual und Literatur bereits dargelegt habe, läßt sich die Italienreise als eine Form »symbolischer Bewältigung, symbolischer Selbstdarstellung und Selbstinterpretation einer sozialen Gruppe oder Gesellschaft«[51] lesen. Hier sind es in erster Linie die deutschsprachigen Künstler und Intellektuellen, die wie Goethe in der Beschreibung ihrer Italienreise in der Literatur und in der bildenden Kunst individuelle »symbolische Selbstinterpretationen«[52] innerhalb ihrer eigenen Gesellschaftsschicht im Blick auf die Heimat vorgenommen haben. Das Dichterporträt Goethes beispielsweise, das von seinem römischen Zimmergenossen Tischbein gemalt wurde, ist eine der am häufigsten angefertigten Reproduktionen von Goethe und wohl bei weitem die noch heute bekannteste.

Rom, den 29. Dezember 1786.

In diesem Künstlerwesen lebt man wie in einem Spiegelzimmer, wo man auch wider Willen sich selbst und andere oft wiederholt sieht. Ich bemerkte wohl, daß Tischbein mich öfters aufmerksam betrachtete, und nun zeigt sich's, daß er mein Porträt zu malen gedenkt. Sein Entwurf ist fertig, er hat die Leinwand schon aufgespannt. Ich soll in Lebensgröße als Reisender, in einen weißen Mantel gehüllt, in freier Luft auf einem umgestürzten Obelisken sitzend, vorgestellt werden, die tief im Hintergrunde liegenden Ruinen der Campagna di Roma überschauend. Es gibt ein schönes Bild, nur zu groß für unsere nordischen Wohnungen. Ich werde wohl wieder dort unterkriechen, das Porträt aber wird keinen Platz finden.[53]

Viele der lebendigen Beschreibungen sind der späteren redaktionellen Umarbeitung für die *Italienische Reise* zum Opfer gefallen[54], in der er zunehmend seine persönliche Situation, die problematische Beziehung zu Charlotte von

50 Goethe: *Italienische Reise.* A.a.O. S. 98.
51 Braungart: *Ritual und Literatur.* A.a.O. S. 24.
52 Ebd.
53 Goethe: *Italienische Reise.* A.a.O. S. 144. (Zitat lt. Original).
54 Vgl. Stefan Oswald: *Italienbilder: Beiträge zur Wandlung der deutschen Italienauffassung 1770-1840.* A.a.O. S. 93 ff.

Stein und seine Unzufriedenheit mit seiner Tätigkeit in Weimar ausblendete und auf ein für die Öffentlichkeit stringentes Selbstbildnis hin retuschierte. Hervor trat ein stilisiertes, von allen Ungereimtheiten befreites Goethe-Bild, eine literarisch gestaltete Figur des Künstlers, Forschers und Wissenschaftlers Goethe, dessen Italienerfahrungen durch verschiedene literarische Gestaltungsmittel wie die der Raffung, Tilgung, der veränderten Anordnung und Vorausdeutung[55] zu einem von seinem Ende und Ergebnis her gestalteten Italienbericht verarbeitet wurden.

Die von Skepsis und Selbstzweifeln begleitete Suche wird durch die Gewißheit ersetzt, das Ziel tritt an die Stelle des Weges! Während der Goethe der italienischen Zeit sucht, ohne noch zu wissen, was er findet, stellt sich für den Protagonisten der Italienischen Reise die Situation umgekehrt dar, er findet genau das, was er sucht. [...] Das Ergebnis war »die autobiographische Inszenierung des ›Weimarer Bildungsprogramms‹«.[56]

Während die vorherrschende Kategorie der Betrachtung in der Zeit des ersten Italienischen Aufenthalts (1786/87) die des »Neuen Sehens«[57], der subjektiven Betrachtung und der mit der wachsenden Erkenntnis und Einsicht in die Zusammenhänge der Dinge erweiterten Fähigkeit zur Urteilskraft darstellt – eine Sichtweise der Dinge, die stark von seinem geübten malerischen Auge geleitet wird[58] – ist der zweite Teil seiner Italienreise, der

---

55 Oswald: *Italienbilder*. A.a.O. S. 97.
56 Ebd. S. 98. (Binnenzitat: Klaus H. Kiefer: *Wiedergeburt und Neues Leben. Aspekte des Strukturwandels in Goethes Italienischer Reise.* A.a.O. S. 394.)
57 Siehe Goethe: *Italienische Reise.* A.a.O. S. 127. Hierin heißt es:»Ich lebe nun hier [in Rom] mit einer Klarheit und Ruhe, von der ich lange kein Gefühl hatte. Meine Übung, alle Dinge, wie sie sind, zu sehen und abzulesen, meine Treue, das Auge licht sein zu lassen, meine völlige Entäußerung von aller Prätention kommen mir einmal wieder recht zustatten und machen mich im stillen höchst glücklich. Alle Tage ein neuer merkwürdiger Gegenstand, täglich frische, große, seltsame Bilder und ein Ganzes, das man sich lange denkt und träumt, nie mit der Einbildungskraft erreicht.« Die Bedeutung des »Sehens« und der »Augen« spielt bei Ingeborg Bachmanns Rom-Betrachtung ebenfalls eine sehr große Rolle. (Siehe Bachmann: *Was ich in Rom sah und hörte.* In: GW. Bd. IV. S. 29-34.).
58 Siehe Goethe: *Italienische Reise.* A.a.O. S. 196. »Neapel, zum 17. März. Wenn ich Worte schreiben will, so stehen mir immer Bilder vor Augen des fruchtbaren Landes, des freien Meeres, der duftigen Inseln, des rauchenden Berges [...] Ich habe viel gesehen und noch mehr gedacht: die Welt eröffnet sich mehr und mehr, auch alles, was ich schon lange weiß, wird mir erst eigen. Welch ein früh wissendes und spät übendes Geschöpf ist doch der Mensch!« Goethe stellt im ersten Bericht seiner *Italienischen Reise* ausführlich und betont den Entwicklungsprozeß, den Erkenntnisgewinn und die Veränderungen dar, die er an eigenem Leib und Seele in Italien erfahren hatte. – Siehe auch ebd. S. 197. »Was mir immer sagte, ist eingetroffen: daß ich so manche Phänomene der Natur und manche Verworrenheiten der Meinungen erst in diesem Lande verstehen und entwickeln lerne. Ich fasse von allen Seiten zusammen und bringe viel zurück, auch gewiß viel Vaterlandsliebe und Freude am Leben mit wenigen Freunden.«

Zweite römische Aufenthalt (Juni 1787-April 1788) geprägt von der Darstellung seines Verzichts auf die praktische Ausübung der Malerei, sowie von der Erkenntnis und Anerkennung der eigenen Fähigkeiten, aber auch von deren Grenzen.[59] Der ästhetische Genuß von Kunstwerken tritt mehr und mehr hinter Goethes naturwissenschaftlichen Interessen zurück, und obwohl bei Goethe das Subjekt immer noch Träger und Organisator der (Italien-)Erfahrungen ist, tritt doch das Motiv des Verzichts und der Selbstbescheidung nun verstärkt in den Vordergrund.[60]

> Ich will auch nicht mehr ruhen, bis mir nichts mehr Wort und Tradition, sondern lebendiger Begriff ist. Von Jugend auf war dieses mein Trieb und meine Plage, jetzt, da das Alter kommt, will ich wenigstens das Erreichbare erreichen und das Tunliche tun, da ich so lange verdient und unverdient das Schicksal des Sisyphos und Tantalus erduldet habe.[61]

Goethe hatte mit seinem Italienaufenthalt sein vordringlichstes Ziel erreicht: Er hatte, so stellt er es für den Leser jedenfalls dar, offenbar wieder zu sich selbst gefunden, hatte gerade in der Fremde als Fremder gelernt, sich sein Urteil neu zu bilden, zu beobachten, zu beschreiben und zu kategorisieren und über die vertiefte Einsicht in ein fremdes Land, seine Menschen und seine Kultur einen neuen und tiefgehenden Einblick in das eigene Ich gewonnen. In Italien hatte er vermittels der persönlichen Erfahrung seine Welterkenntnis mit seiner Ich-Erkenntnis verknüpft, ohne sich diesmal den »Spott« der Weimarer Gesellschaft wegen seiner vielfältigen Forschungsinteressen einzuhandeln.[62] Er hatte nicht nur gelernt, sich eigene Begriffe von den Dingen zu machen und sich in den verschiedensten Bereichen von Kunst und Leben ganzheitlich zu bilden. Goethe hatte überdies laut eigener Einschätzung wieder ›festen Boden unter den Füßen gewonnen‹. Mit dem

---

59 Vgl. Stefan Oswald: *Italienbilder: Beiträge zur Wandlung der deutschen Italienauffassung 1770-1840.* A.a.O. S. 98 ff.
60 So stellt Goethe ebenfalls fest, daß er »neuerdings nur die Sachen und nicht wie sonst bei und mit den Sachen sehe, was nicht da ist.« (hier zitiert nach Oswald: *Italienbilder: Beiträge zur Wandlung der deutschen Italienauffassung 1770-1840.* A.a.O. S. 100.)
61 Ebd.
62 Goethe: *Italienische Reise.* A.a.O. S. 145. »Den 2. Januar 1787. Man mag zugunsten einer schriftlichen und mündlichen Überlieferung sagen, was man will, in den wenigsten Fällen ist sie hinreichend, denn den eigentlichen Charakter irgendeines Wesens kann sie doch nicht mitteilen, selbst nicht in geistigen Dingen. Hat man aber erst einen sichern Blick getan, dann mag man gerne lesen und hören, denn man schließt sich an an den lebendigen Eindruck. Nun kann man denken und beurteilen. Ihr habt mich oft ausgespottet und zurückziehen wollen, wenn ich Steine, Kräuter und Tiere mit besonderer Neigung aus gewissen entschiedenen Gesichtspunkten betrachte: Nun richte ich meine Aufmerksamkeit auf den Baumeister, Bildhauer und Maler und werde mich auch hier finden lernen.«

Erkenntnisprozeß war für ihn ein tiefgreifender persönlicher Reifungsprozeß einhergegangen.[63]

Das ›Gespenst der Lust‹: Die Bändigung der Angst- und Lusträume in der Phantasie

Goethe schreibt am 25. Januar 1787:

Ja, meine Existenz hat einen Ballast bekommen, der ihr die gehörige Schwere gibt, ich fürchte mich nun nicht mehr vor den Gespenstern, die so oft mit mir spielten.[64]

Das Vertreiben von »Gespenstern«, die erlösende Befreiung von belastenden und drückenden Erfahrungen und Seelenzuständen, die der italienreisende Goethe in seiner »dunklen, nordischen Heimat« gemacht hatte, hatte auch

---

63 Vgl. ders.: *Italienische Reise*. A.a.O. S. 140. »Rom, den 13. Dezember (1787). […] man hat außer Rom keinen Begriff, wie man hier geschult wird. Man muß sozusagen wiedergeboren werden, und man sieht auf seine vorigen Begriffe wie auf Kinderschuhe zurück. Der gemeinste Mensch wird hier zu etwas, wenigstens gewinnt er einen ungemeinen Begriff.« Siehe auch den Brief v. 20. Dezember (1787). Ebd. S. 141. Aus Goethes Rückblick auf seine Kinderschuhe, auf die rückwirkende Betrachtung seiner Kindheit und seines früheren Erlebens, Werdens und Wirkens, aus der das Hoffen auf eine moralische und sittliche Erneuerung entspringt, wird im Rahmen seines künstlerischen und menschlichen Subjektwerdungsprozesses während seines Italienaufenthaltes noch genauer einzugehen sein. Erst in den Fußstapfen des Vaters, dem den Traum von der Reise nach Italien schon frühzeitig durch Erzählungen und Kupferbilder (vgl. ebd. S. 119) in seinem Sohn angelegt hatte, überwindet Johann Wolfgang Goethe den Vater in sich und lernt gleichzeitig auf eine ihm neue Art und Weise, sich eigene Begriffe von den Dingen und Menschen zu schaffen und mit eigenen Inhalten zu füllen. »Mir ists wie einem Kinde, das erst wieder leben lernen muß.« (In: Ders.: *Tagebuch der italienischen Reise 1786. Notizen und Briefe aus Italien*. A.a.O. S. 42. – Vgl. hierzu auch Kurt Robert Eissler: *Goethe. Eine psychoanalytische Studie. 1775-1786*. In Verbindung mit Wolfram Mauser und Johannes Cremerius. Hg. von Rüdiger Scholz. Basel, Frankfurt a. M. Bd. 1. 1983. (übersetzt von Peter Fischer). Bd. 2. 1985. (übersetzt v. Rüdiger Scholz). – Wie sehr diese Reise mit Goethes frühesten Erlebnissen aus seiner Kindheit verknüpft ist, wird auch an folgender Aussage deutlich: »Wenn mein Entzücken hierüber (gemeint ist hier der Süden – Anm. d. Verf.) jemand vernähme, der im Süden wohnte, von Süden herkäme, er würde mich für sehr kindisch halten. Ach, was ich hier anschicke, habe ich lange gewußt, so lange, als ich unter einem bösen Himmel dulde, und jetzt mag ich gern diese Freude als Ausnahme fühlen, die wir als eine ewige Naturnotwendigkeit immerfort genießen sollten (Goethe: *Italienische Reise*. A.a.O. S. 25). […] Gott sei Dank, wie mir alles wieder lieb wird, was mir von Jugend an wert war! Wie glücklich befinde ich mich, daß ich den alten Schriftstellern wieder näherzutreten wage!« Siehe ebd. S. 92 f. An dieser Stelle wird noch einmal die enge, für das ›Ritual der Reise nach Italien‹ typische Verbindung von Wirklichkeitserfahrung über die eigenen Sinne und tradierter ›Erfahrung‹ deutlich.

64 Goethe: *Italienische Reise*. A.a.O. S. 157.

schon der Vater, Johann Caspar Goethe, auf seiner Italienreise erlebt und als Glückserfahrung in der Rückerinnerung an das im Süden Gesehene und Erlebte im Kreise seiner Familie in Frankfurt an seinen Sohn zum Trost und Ziel für schwere Zeiten weitergegeben. Der »nordische Bär«[65], wie sich der Dichter Goethe selbst einmal bezeichnete, der während seines zwei Jahre andauernden Italienaufenthaltes auf den Spuren seines Vaters insgesamt dreimal den Vesuv bestiegen hatte, war nicht nur dem tosenden und glühenden Erdinnern mit dem Blick in den Vesuvkegel ein Stück näher gekommen und hatte die Gewalt und die Kraft der innersten Erdnatur endlich mit eigenen Augen erlebt; er war vor allem auch sich selbst und seinen Phantasie-, Angst- und »Lusträumen«[66] mit jeder neuen »Besteigung« weiter zu Leibe gerückt und hatte Stück für Stück den kreativen Umgang mit seiner beim Anblick solcher Naturerscheinungen entfesselten Triebstruktur kennengelernt. Das ›Ritual der Reise nach Italien‹ läßt sich an vielen Stellen, so auch hier, als symbolische ›Reise‹ in das eigene Innere lesen, das es auf der Reise zu entdecken gilt, mit dem aber auch umzugehen zu lernen ist. Eine Form der Kanalisierung der menschlichen Triebe auf der Suche nach einer »verloren geglaubten Ganzheit«[67], die eine Aufbruchsmotivation zur ›Weiterreise‹ (versteht man die ›Italienreise‹ als symbolische Form der Lebensreise) darstellt, war und ist das Schreiben, die Gestaltung des inneren wie äußeren Erlebens in der Literatur in Form des Reiseberichts oder der Reiseerzählung. So schließt der Initiationsritus der Italienreise neben dem Bildungsaspekt spätestens seit Goethe auch den Umgang mit der Sinnlichkeit und die Beherrschung der Triebe mit ein. Die Ausgestaltung dieser Phantasien war ebenfalls ein zentraler Punkt von Goethes Italienbeschreibung.

Der Dichter fühlte sich nach dem Vordringen in den Süden Italiens, nach seiner mehrfachen Vesuvbesteigung als symbolischer Angst- und Todesüberwindung, nun fähiger als zuvor, den »Vulkan« seiner Eindrücke zu kanalisieren, seine Leidenschaften im Sinne seines reisenden Vorbilds, des Vaters, zu beherrschen und seine positiven wie negativen Triebkräfte in künstlerische, sein Selbstwertgefühl steigernde Bahnen zu lenken.[68] Am 27. Februar 1787, nur einen Monat später, schreibt er von Neapel aus:

65 Goethe: *Tagebuch der italienischen Reise 1786. Notizen und Briefe aus Italien.* A.a.O. S. 42.
66 Ders.: »Man sage, erzähle, male, was man will, hier ist mehr als alles. Die Ufer, Buchten und Busen des Meeres, der Vesuv, die Stadt, die Vorstädte, die Kastelle, die Lusträume! –« In: Ders.: *Italienische Reise.* A.a.O. S. 174. Vgl. die Beschreibung der zweiten und dritten Vesuv-Besteigung. Ebd. S. 180-183 und S. 201 f.
67 Siehe Auchter: »Die Suche nach dem Vorgestern – Trauer und Kreativität«. A.a.O. S. 209 ff.
68 Siehe hierzu Annegret Pelz: »Neapel erscheint als ein Ort, aus dem der Orient, d. h. die konkrete raumgegenständliche Leiblichkeit nie ganz verdrängt wurde. Neapel und seine Umgebung ist eine ›fremde Welt‹, die […] bereits ›nach Asien und Afrika‹ deutet. […] Für [die] meisten Reisenden des ausgehenden 18. Jahrhunderts bildete

Ich verzieh es allen, die in Neapel von Sinnen kommen, und erinnerte mich mit Rührung meines Vaters, der einen unauslöschlichen Eindruck besonders von denen Gegenständen, die ich heute zum ersten Mal sah, erhalten hatte. Und wie man sagt, daß einer dem ein Gespenst erschienen, nicht wieder froh wird, so konnte man umgekehrt von ihm sagen, daß er nie ganz unglücklich werden konnte, weil er sich immer wieder nach Neapel dachte. Ich bin nun nach meiner Art ganz stille und mach nur, wenn's zu gar zu toll wird, große, große Augen.[69]

Goethe hatte, verfolgt man seine Schilderungen der *Italienischen Reise*, nach einer schweren inneren Krise und in der beängstigenden, entgrenzenden Erfahrung von tiefer Sinnlosigkeit im Verlaufe seiner Reise und in der Rückerinnerung an den Vater gelernt, seiner selbst und seiner inneren Gespenstern ›Herr‹ zu werden.

Interessant ist im Zusammenhang mit dem Ritual der Italienreise und dem Thema Angstbewältigung in Form von künstlerischer Verarbeitung, das man auch als sprachmagisches Dichten im Zeichen des Rituals bezeichnen könnte[70], an dieser Stelle auch ein Vergleich mit Goethes Gedicht *Der Zauberlehrling*:

Hat der alte Hexenmeister / Sich doch einmal wegbegeben! / Und nun sollen seine Geister / Auch nach meinem Willen leben. / Seine Wort‹ und Werke / Merkt ich und den Brauch, / Und mit Geistesstärke / Tu ich

---

Neapel das südlichste Ziel und den Wendepunkt der Italienreise, an dem Europa endete.« In: Dies.: *Reisen durch die eigene Fremde. Reiseliteratur von Frauen als autogeographische Schriften.* A.a.O. S. 135. Goethe reiste von Neapel aus allerdings noch weiter in den Süden, nach Sizilien, was für seinen unersättlichen Wissensdurst spricht.
69 Goethe: *Italienische Reise.* A.a.O. S. 174.
70 Vgl. hierzu Braungart, der schreibt, daß bei rituellen Texten »die Magie das Gewünschte durch den magischen Akt herbeiführen will, die Religion es dagegen erfleht und bittet. Die religiöse Haltung akzeptiert damit ihre Abhängigkeit vom Heiligen. Ästhetisch gesehen aber verfahren beide Haltungen sprachmagisch: *Sie verfahren so, als ließe sich durch das besondere Sprechen eine bestimmte Wirkung erzielen. So auch die Literatur.* [...] Literatur kann ähnliche Funktionen wie das Ritual, nicht nur religiöse, übernehmen, *weil beide durch ihre ästhetischen und semantischen Wiederholungsstrukturen dem menschlichen Bedürfnis nach Bestätigung und Ordnungserfahrung entgegenkommen.*« Braungart: *Ritual und Literatur.* A.a.O. S. 175 f. u. S. 183. (Kurs. Herv. v. d. Verf.). Goethes Gedicht *Der Zauberlehrling* stellt so gesehen die Schnittstelle zwischen Magie und Religion dar, da der ›Zauberlehrling‹ nach dem mißglückten eigenen Versuch, die Geister über »das Wort« zu beherrschen, die Hilfe des »Herr[n] und Meister[s]« doch noch einmal erbittet und ihn damit erneut an die Stelle ›des Heiligen‹ zurückversetzt. Wichtig ist in diesem Zusammenhang jedoch vor allem die Feststellung, daß lyrisches Sprechen in diesem Beispiel so verfährt und strukturiert ist, als ob der Sprecher bzw. Schreibende durch den stark geformten Inhalt tatsächlich etwas erreichen könne, nämlich letztlich die (Selbst-)Beherrschung der (inneren) Geister durch »das Wort«.

Wunder auch. / [...] Ach, ich merk es! Wehe! Wehe! / Hab ich doch das Wort vergessen! – Ach, das Wort, worauf am Ende / Er das wird, was er gewesen / [...] Herr und Meister! hör mich rufen! – / Ach, da kommt der Meister! / Herr, die Not ist groß! / Die ich rief, die Geister, / Werd ich nun nicht los. [...]⁷¹

In diesem Gedicht hat sich der ›geistige‹ Vater wegbegeben, und die Gespenster, von denen Goethe in Italien Befreiung sucht, überfallen den jungen Zauberlehrling, der das Wort noch nicht beherrscht und der der Geister und des durch sie ausgelösten Chaos auch nach mehreren Versuchen nicht Herr wird, da er *das Wort* vergessen hat. – Das Gedicht läßt sich in diesem Zusammenhang als die Geschichte einer mißglückten Triebkanalisierung verstehen, in der der Initiant zwar schon die Kraft des Wortes erkannt hat, es aber noch nicht dementsprechend zu verwenden weiß. Das Chaos gewinnt in der Abwesenheit des »Vaters und Meisters« noch die Oberhand über die Dinge und damit über das Selbst, das dabei fast zu ertrinken droht. »Soll das ganze Haus ersaufen? [...] Welch entsetzliches Gewässer!«⁷² Im Gedicht ist es zu diesem Zeitpunkt nur der Rückkehr des Meisters zu verdanken, daß der Spuk ein Ende findet, denn nur er allein kann die außer Kontrolle geratenen Kräfte in die Schranken weisen. Eine ähnlich angstbesetzte Phantasie stellt auch Goethes Gedicht Erlkönig dar, in dem ebenfalls das Kräftespiel zwischen Vater und Sohn, Phantasie und Realität in der Spiegelung mit der nächtlichen Natur und den in den Augen des Kindes darin existierenden gespenstischen Erscheinungen dargestellt wird. Die Angst vor dem eigenen Begehren wird dabei in einem in sich gespaltenen Vaterbild vom »guten« und »bösen« Vater ausphantasiert:

»Mein Sohn, was birgst du so bang dein Gesicht?« / »Siehst, Vater, du den Erlkönig nicht? / Den Erlkönig mit Kron und Schweif?« / »Mein Sohn, es ist ein Nebelstreif.« / [...] Mein Vater, mein Vater, und siehst du nicht dort / Erlkönigs Töchter am düstern Ort?« / »Mein Sohn, mein Sohn, ich seh es genau: / Es scheinen die alten Weiden so grau.« / [...] »Ich liebe dich, mich reizt deine schöne Gestalt; / und bist du nicht willig, so brauch ich Gewalt.« / »Mein Vater, mein Vater, jetzt faßt er mich an! / Erlkönig hat mir ein Leids getan! [...]«⁷³

Im *Erlkönig* bietet der Vater dem Körper des kleinen Sohnes auf dem Rücken des Pferdes zwar Halt und Schutz, doch kann er auch in dieser Situation der ins grenzenlose schießenden Phantasie des Kindes keinen Einhalt mehr

---

71 Goethe: *Der Zauberlehrling.* In: *Goethes Werke.* Hamburger Ausgabe. Bd. I. *Gedichte und Epen.* Hg. v. Erich Trunz. München ¹¹1978. S. 279.
72 Ders.: *Der Zauberlehrling.* A.a.O. S. 279.
73 Ders.: *Der Erlkönig.* A.a.O. S. 155.

gebieten, keine Grenze setzen. Das Kind in seinen Armen stirbt vor Angst. Deutlich spricht zudem die Angst des Kindes vor sexuellem Begehren, dem eigenen wie dem des anderen Geschlechts, aus dem Gedicht, hier verkörpert durch die Töchter des Erlkönigs: »Meine Töchter sollen dich warten schön [...]«[74], das sogar bis zur Ausgestaltung einer Mißbrauchsphantasie durch den ›bösen Vater‹, einer Vergewaltigungszene durch den Erlkönig selbst als dem männlichen Prinzip reicht, so daß am Schluß des Gedichts sich der ›gute Vater‹ entsprechend der gesellschaftlich erwartbaren Sanktionierung von pädophilen Phantasien vor der negativ besetzten Vaterfigur der »nächtlichen Phantasie«, dem »Erlkönig«, zu fürchten beginnt.

Erst in Italien gelingt es Goethe also, mit und durch seine menschliche und künstlerische Italienerfahrung der Gespenster in seinem Inneren Herr zu werden, sich vom liebenden, aber letztlich nicht schützenden Vater zu befreien, die böse Vater-Imago zu überwinden und zu einer eigenen Sprache und Haltung im Umgang mit den lebenswichtigen und lebensbestimmenden Fragen von Sexualität und Identität als Mann, Mensch und Künstler zu finden.[75]

Selbst im Italienlied *Mignon* findet sich die Vater-Sohn-Struktur noch einmal wieder:

[...] Und Marmorbilder stehn und sehn mich an: / Was hat man dir, du armes Kind, getan?/ Kennst du es wohl? / Dahin! Dahin / Möcht ich mit dir, o mein Beschützer, ziehn. / [...][76]

Erneut erfolgt im Rückgriff auf die Natur die Bearbeitung der Bilder der Angst: ein Weg durch den Nebel, die Drachenbrut in der Höhle, einstürzen-

---

74 Goethe: *Erlkönig.* A.a.O. S. 155
75 Vgl. hierzu den allerdings äußerst platten, voyeuristischen Aufsatz zum Thema »Goethe und die Liebe« von Werner Ross: »Liebeserfüllung. Goethe, die Römerin Faustina und Wielands Horaz«. In: *Arcadia* 24 (1989). S. 148-156. – Der Aufsatz weist zwar viel Detailwissen auf, bewegt sich jedoch, auch rein sprachlich gesehen, beständig unter der Gürtellinie. Daß das Thema Goethe, die Liebe und Italien auch in den neunziger Jahren unseres Jahrhunderts von der Presse noch genauestens verfolgt wird, belegt der Artikel von Roberto Zapperi: »Hier traf ich die Römerin. Alles erfunden? Welche Osteria und welche Frau Goethe zu den Elegien inspirierten«. In: *Frankfurter Allgemeine Zeitung.* Nr. 42 v. 19. Februar 1994. Und: Roberto Zapperi: »Allerliebst mitunter und gefällig. Goethes italienische Studien in Liebesangelegenheiten«. In: *Frankfurter Allgemeine Zeitung.* Nr. 223 v. 25.09.1993. Die Auseinandersetzung mit den verschiedenen guten und bösen Vaterbildern innerhalb der Gesellschaft findet auch bei Ingeborg Bachmann im übrigen erst in der Fremde, in Italien, im Schreiben statt (siehe *Todesarten*-Zyklus). Italien stellt so gesehen einen Schutzraum für die künstlerische Phantasie dar und bietet im Vollzug des Rituals die Möglichkeit der Bewältigung bestimmter überindividueller Problemkonstanten im Prozeß der künstlerischen Verarbeitung.
76 Goethe: *Mignon.* A.a.O. S. 145.

de Felsen und die über ihm zusammenschlagende Flut. Der symbolische Vater ist wie zuvor in den beiden Balladen *Erlkönig* und *Der Zauberlehrling* auf dem Weg in die (un-)bekannte Fremde (Italien) dabei: »Kennst du ihn wohl? / Dahin! Dahin / Geht unser Weg! o Vater laß uns ziehn!«[77] Diesmal ist der auf dem Papier ausgetragene Kampf um Leben und Sprache im Rahmen eines sozial-ästhetischen Rituals erfolgreich, die Initiation des Probanden im Wort ist geglückt. Der imaginäre Berg ist überwunden, ein »Wolkensteg« gefunden, die Drachen der Angst sind besiegt. Eigentlich müßte die erste Strophe des Gedichts *Mignon* so gesehen die letzte sein, denn der Weg des Vaters und des Kindes müßte eigentlich über den Weg durch die unbekannte Fremde (Bergwelt; Alpen) in die bekannte Fremde (Italien) führen und nicht umgekehrt:

> Kennst du das Land, wo die Zitronen blühn,
> Im dunkeln Laub die Goldorangen glühn,
> Ein sanfter Wind vom blauen Himmel weht,
> Die Myrte still und hoch der Lorbeer steht,
> Kennst du es wohl?
>   Dahin! Dahin
> Möchte ich mit dir, o mein Geliebter, ziehn.[78]

Liest man das Lied *Mignon* im Kontext der *Italienischen Reise*, so kann die Vater-Stelle erst ›vor Ort‹, im paradiesischen Italien, dem Land der Sehnsucht, durch den Geliebten ersetzt werden. Der Sinn des Rituals als vollgültige Eingliederung in die Gesellschaft und Überwindung der kindlichen Angstphantasien im Ringen um die eigene körperliche, seelisch-geistige und im Falle Goethes künstlerische Selbstwerdung ist nach dieser Lesart stellvertretend im Wort gelungen: Handlungsaspekt, Angstbewältigung wie künstlerische Gestaltung fallen im Italienbild dieses Goethe-Gedichtes in eins zusammen.

Auch in der *Italienischen Reise* ist die Rückerinnerung an den ›italienischen‹ Vater zunächst hilfreich (vgl. den Brief vom 27. Februar 1787), nach der mehrfachen Besteigung des Vesuvs jedoch nicht mehr nötig und kann insofern als psychisch überwunden gelten. In der Vesuv-Besteigung vom 2. März 1787 heißt es:

> Den 2. März bestieg ich den Vesuv, obgleich bei trübem Wetter und umwölktem Gipfel. [...] ich wollte nach dem Krater gehn. Wir waren ungefähr funfzig Schritte in den Dampf hinein, als er so stark wurde, daß ich kaum meine Schuhe sehen konnte. [...] der Führer war mir auch verschwunden, die Tritte auf den ausgeworfenen Lavabröckchen unsicher,

---

77 Goethe: *Mignon*. A.a.O. S. 145.
78 Ebd.

ich fand für gut, umzukehren und mir den Blick für einen heitern Tag und verminderten Rauch zu sparen. [...] Übrigens war der Berg ganz still.[79] Goethe hatte, hier fiktiv ausgestaltet, führerlos, d. h. auch vaterlos, seine Angst bezwungen, hatte ohne Begleitung den Berg bestiegen, hatte jedoch auch selbst die Grenze seines Unternehmens erkannt. Eine zwanglose Umkehr und das Verschieben des Unternehmens auf bessere Tage war möglich. Der Berg war still: »Vedi Napoli e poi morire!«[80] In der symbolischen Selbstinterpretation des Dichters in Form der *Italienischen Reise* war für Goethe der erhoffte menschliche wie künstlerische Reifungsprozeß im Rahmen seiner Italienreise gelungen.

Die lange Reise zum inneren Süden

Italien war und ist beides: ein Ort der dichterischen Phantasie wie eine geographische Bezeichnung für ein südliches Land auf der topographischen Karte Europas. Das Italienbild ist, wie ich gezeigt habe, immer Fremdbild und Selbstbild zugleich.

Das Ritual der Italienreise hat, was sich ebenfalls festhalten läßt, eine symbolische Bedeutung für den Reisenden. Man könnte die Italienreise Goethes auch mit einem paradigmatischen Ausschnitt aus der ›Lebensreise‹ eines Menschen vergleichen. Hier erlebt er exemplarisch alle Hoffnungen, alles Glück auf Erden, aber auch nicht verarbeiteter Schmerz oder Formen der Angst überfallen ihn während der Reise, die es – in seinem Fall im Schreiben (oder Zeichnen) – zu bewältigen gilt.

Die kulturanthropologische Ritualforschung [...] hat zeigen können, daß Rituale in allen Kulturen eine entscheidende Bedeutung als Regelung *und* symbolische Bewältigung vor allem von latent krisenhaften und eine soziale Gruppe oder Gesellschaft gefährdenden Schwellen-, Übergangs- und Grenzsituationen haben. Rituale regeln solche Situationen nicht nur. Sie erklären sie auch darstellend. So helfen sie uns, solche Situationen und Erfahrungen – Leid, Schmerz, Tod, [Angst] – auszuhalten. [...] Rituale können das, weil sie deutlich und bestimmt sind, nicht vieldeutig und offen. [...] Was aber macht die Literatur für die Bewältigung solcher Grenz- und Übergangssituationen geeignet? Das, was sie mit dem Ritual gemeinsam hat und von anderer Rede unterscheidet: daß sie in ihrer und wegen ihrer besonderen ästhetischen Form und Struktur als sinnhafte, herausgehobene und bestimmte Rede erscheint. [...] Wir sterben im Vollzug der Lektüre einen symbolischen Tod, dem Initianten (sic!) im

---

79 Goethe: *Italienische Reise*. A.a.O. S. 176 f.
80 Ebd. S. 177.

Initiationsritual, der einen symbolischen Tod stirbt, um dann neu geboren zu werden, nicht ganz unähnlich.[81]

Insofern ist die Italienreise eine symbolische Reise für den Reisenden wie für den Leser selbst. Das macht gerade auch ihren Reiz aus: Im Lesen vollzieht der Leser die Reise nach, kann sie aber auch unterbrechen, als Buch weglegen, neu beginnen, in der Mitte zusteigen oder nur streckenweise mitreisen. Die Italienreise verspricht seit Goethes Ausgestaltung seiner Erlebnisse in der Literatur dem nachvollziehenden Reisenden, ob in der Literatur oder in der Realität, eine »Wiedergeburt«. Und der Leser ist enttäuscht, wie Herder, wenn sie ausbleibt. Bei Goethe wie bei Bachmann läßt sich zeigen, daß die Reise bzw. die Aufbruchsmotivation zum Italienaufenthalt in schwierigen lebensgeschichtlichen Situationen stattgefunden hat. Gleichzeitig bezeugt das Italienbild beider die literarisch gestaltete Auseinandersetzung mit den grundlegenden menschlichen Themen wie Tod, Angstüberwindung, Lebenszugewandheit und Liebe als den Versuch, auf realer wie fiktiver Ebene eine menschliche, seelische und künstlerische »Wieder«- bzw. »Neugeburt« zu inszenieren und darüber hinaus ein neues Welt- und Selbstverständnis durch die stellvertretende Neuordnung von Text-Welten zu schaffen.

Was Goethe betrifft, so war ihm das ›Schauen‹, so berichtet er es jedenfalls von seiner Reise in den Süden, über die Angst hinaus gelungen. In der Bewältigung seiner auf die italienische Natur und Lebenswelt projizierten Ängste war es ihm mit der realen wie fiktiv gestalteten Reise gelungen, eine in seiner Phantasie errichtete Grenze zum Tod zu ziehen, auch wenn vom Tod direkt nur selten in seiner *Italienischen Reise* die Rede ist.[82] Goethe zielte aber mit seiner Reise von Beginn an auf eine menschliche und künstlerische »Wiedergeburt«, also mußte er auch zuvor etwas äußerlich wie innerlich hinter sich gelassen haben (Weimar, Charlotte von Stein etc.). »Gewiß«, schreibt er, »es wäre besser, ich käme gar nicht wieder, wenn ich nicht wiedergeboren zurückkommen kann.«[83]

Goethe kam es auf die sinnliche und moralische Erneuerung als Künstler und Mensch im Spiegel der italienischen Kultur und Natur an. Die Initiation im Wort als ästhetisch fixierte und damit im Kontext seiner Leser gesellschaftlich relevante und deutbare Zeichen des Rituals sind an der *Italienischen Reise* noch heute ablesbar. Goethes »zweite Geburt«[84] in Italien vollzieht vor den Augen des Lesers die Metamorphose vom Menschen zum

---

81 Braungart: *Ritual und Literatur*. A.a.O. S. 34 f.
82 Siehe hierzu: Helmut Pfotenhauer: »Der schöne Tod. Über einige Schatten in Goethes Italienbild«. In: *Jahrbuch des Freien Deutschen Hochstifts* 49 (1987). A.a.O. S. 134-157.
83 Goethe: *Italienische Reise*. A.a.O. S. 203.
84 Ebd. S. 139.

Dichter Johann Wolfgang von Goethe. An Rom knüpft sich nicht nur die Geschichte der Welt, sondern auch die Geschichte Goethes[85] und vieler anderer Künstler an. »Überhaupt ist mit dem neuen Leben, das einem nachdenkenden Menschen die Betrachtung eines neuen Landes gewährt, nichts zu vergleichen. Ob ich gleich noch immer derselbe bin, so mein ich, bis auf innerste Knochenmark verändert zu sein.«[86]
Goethe hatte im Schreiben, für andere somit nachvollziehbar, zu formulieren versucht, welche Kraft für ihn noch im Nachhinein in der Erinnerung, im schreibenden Erinnern, lag, denn er verfaßte die *Italienische Reise*, die in manchen Briefauszügen, wie beispielsweise im obigen Zitat, so unmittelbar wirkt, wie schon sein Vater es getan hatte, aus der Erinnerung heraus.[87] Je weiter der Dichter in den Süden vordrang und die Grenze seiner Reise zeitlich wie räumlich nach hinten verschob, wurde auch das Leben der Menschen, auf die er traf, immer weniger von deren eigenen Gesetzen, sondern von denen der Natur bestimmt. Licht, Sonne, Schatten, Hitze, Wind und die Farbe und Bewegung des Meeres wurden bestimmende Elemente seiner Sprache, der Dichtung. Als Betrachtender wurde er immer mehr eins mit der ihn umgebenden Natur und seine bekannten Denk- und Gefühlsstrukturen verschoben und verformten sich mit dem Licht, lösten sich auf und setzten sich wieder neu und anders zusammen.[88] Er betrat mit den in der seelischen und geistigen Verschmelzung und Grenzauflösung erfahrenen Außenräumen der italienischen Landschaft Räume seines Innern, von denen er in seiner alten Heimat nur träumen konnte und von denen er höchstens eine leise Ahnung aus Erzählungen, Literatur und Bildern gehabt hatte. Die entscheidende Grenze zwischen Realität und Phantasie wird in italienischem Licht aufgehoben.[89] Ingeborg Bachmann beschreibt an zentraler Stelle diese Grenzverschiebung unter südlichem Himmel und ihre Auswirkung auf die künstlerische Produktivität und Gefühlswelt im Italien des zwanzigsten Jahrhunderts in ihrer Hymne *An die Sonne* folgendermaßen: »[…] Ohne die Sonne nimmt auch die Kunst wieder den Schleier /, […] Schönes Licht /, […] Daß ich wieder sehe und daß ich dich wiederseh! […]«[90], während Johann Wolfgang von Goethe kaum zwei Jahrhunderte zuvor jegliche Schatten und Verdunklungen seines Italienbildes beklagte: »Verdeckt mir doch nicht die Sonne höherer Kunst und reiner Menschheit«[91].

85 Goethe: *Italienische Reise*. A.a.O. S. 139.
86 Ebd. S. 138.
87 Siehe das Nachwort von Peter Sprengel: »Die Werkausgabe als Reiseziel«. Ebd. S.528 ff.
88 Goethe: *Italienische Reise*. A.a.O. S. 184 f.
89 Ebd. S. 179.
90 Bachmann: *An die Sonne*. In: GW. Bd. I. S. 136.
91 Goethe: *Italienische Reise*. A.a.O. S. 146.

Das südliche Licht läßt dabei in einem Brennglas Angst und Unsicherheit, aber auch Überschreitung hin zu innerer Kraft und Stärke, die in künstlerische Produktivkraft münden, erfahrbar werden; Zusammenhänge, die rein vom Verstand, wie Goethe es beschreibt, nicht mehr kontrolliert werden können. Ich muß schreiben, ohne zu denken, damit ich nur schreibe [...].
Wer hat es nicht erfahren, daß die flüchtige Lesung eines Buches, das ihn unwiderstehlich fortriß, auf sein ganzes Leben den größten Einfluß hatte und schon die Wirkung entschied, zu der Wiederlesen und ernstliches Betrachten kaum mehr in der Folge hinzutun konnte. [...] Und so wird man zwischen Natur- und Völkerereignissen hin und wider getrieben. Man wünscht zu denken und fühlt sich dazu zu ungeschickt. Indessen lebt der Lebendige lustig fort, woran wir es denn auch nicht fehlen ließen. Gebildete Personen, der Welt und ihrem Wesen angehörend, aber auch, durch ernstes Geschick gewarnt, zu Betrachtungen aufgelegt. Unbegrenzter Blick über Land, Meer und Himmel [...].[92]

Je weiter Goethe in den Süden des fremden Landes, im übertragenen Sinne aber auch in den ›Süden seiner Selbst‹, in ihm noch unbekannte oder wenig bekannte Gebiete seiner Seele vordringt, kann er die Dramatik der eigenen Gefährdung in der »Fremde« und ihre mutige Bewältigung in Form von der Beschwichtigung der zu Hause verbliebenen Freunde gar nicht genug betonen:

Neapel, den 3. März. Daß kein Neapolitaner von seiner Stadt weichen will, daß ihre Dichter von der Glückseligkeit der hiesigen Lage in gewaltigen Hyperbeln singen, ist ihnen nicht zu verdenken, und wenn auch noch ein paar Vesuve in der Nachbarschaft stünden. Man mag sich hier in Rom gar nicht zurückerinnern; gegen die hiesige freie Lage kommt einem die Hauptstadt im Tibergrunde wie ein altes, übelplaciertes Kloster vor. [...] Hier schick' ich einige gedrängte Blätter von dem Einstande, den ich hier gegeben. Auch ein an der Ecke angeschmauchtes Kuvert eures letzten Briefes zum Zeugnis, daß er mit mir auf dem Vesuv gewesen. Doch muß ich euch nicht, weder im Traume, noch im Wachen, von Gefahr umgeben erscheinen; seid versichert, da, wo ich gehe, ist nicht mehr Gefahr als auf der Chaussee nach Belvedere. Die Erde ist überall des Herrn! [...] Ich suche keine Abenteuer aus Vorwitz noch Sonderbarkeit, aber weil ich meist klar bin und dem Gegenstand bald seine Eigentümlichkeit abgewinne, so kann ich mehr tun und wagen als ein anderer. [...] Wie in Rom alles höchst ernsthaft ist, so treibt sich hier alles lustig und wohlgemut. [...] Es übernimmt einen wirklich das Gefühl von der Unendlichkeit des Raums. So zu träumen ist dennoch der Mühe wert.[93]

92 Goethe: *Italienische Reise*. A.a.O. S. 170 u. S. 176.
93 Ebd. S. 177 f.

Goethe empfindet sich trotz der in ihm durch den Anblick der Landschaft und seiner Menschen ausgelösten Gefühle von Verschmelzung und Grenzenlosigkeit als Herr der Lage, er bleibt stets das ordnende und erkennende Subjekt der Handlung, das über den Dingen steht und sich im Beschreibungs- und Erkenntnisprozeß die Dinge auf seine ganz eigene Weise zunutze macht, indem er versucht, die eigene Erfahrung und das Gesehene in einem großen, allumfassenden System von Welt- und Icherkenntnis in seine Objektwelt einzuordnen.[94]

Neu an seiner Beschreibung Italiens ist der ständige Rückbezug des Gesehenen und der neu gewonnenen Erkenntnisse auf sein Ich als Erweiterung seines künstlerischen und ordnenden Selbst, eine Idee, die über frühere bildungsbürgerliche Ansprüche und im weitesten Sinne auch über ›touristische‹ Aspekte weit hinausgeht. Schon in Rom und mehr noch in Pompeji und Herculaneum wird Goethe, wie später auch Bachmann, deutlich, wie stark die Jahrtausende an einem Ort ineinandergreifen können. Das Alte muß nicht unbedingt vergangener sein als das Neue.

Wenn man so eine Existenz ansieht, die zweitausend Jahre und darüber alt ist, durch den Wechsel der Zeiten so mannigfaltig und vom Grund aus verändert und doch noch derselbe Boden, derselbe Berg, ja oft dieselbe Säule und Mauer, und im Volke noch die Spuren des alten Charakters, so wird man ein Mitgenosse der großen Ratschlüsse des Schicksals, und so wird es dem Betrachter von Anfang an schwer, zu entwickeln, wie Rom auf Rom folgt, und nicht allein das neue auf das alte, sondern die verschiedenen Epochen des alten und neuen selbst aufeinander. [...]

Und dieses Ungeheure wirkt ganz ruhig auf uns ein, wenn wir in Rom hin und her eilen, um zu den höchsten Gegenständen zu gelangen. Anderer Orten muß man das Bedeutende aufsuchen, hier werden wir davon überdrängt und überfüllt. Wo man geht und steht, zeigt sich ein landschaftliches Bild aller Art und Weise, Paläste und Ruinen, Gärten und Wildnis, Fernen und Engen, Häuschen, Ställe, Triumphbögen und Säulen, oft alles zusammen so nah, daß es auf ein Blatt gebracht werden könnte. Man müßte mit tausend Griffeln schreiben, was soll hier eine Feder![95]

Altes und Neues können in Rom und im übrigen Italien nebeneinander bestehen, sich gegenseitig formen, verdrängen, dann wieder überlagern und

---

94 Siehe Goethes zahlreiche naturwissenschaftliche, geologische, botanische (die Entdeckung der Urpflanze auf Sizilien), wetterkundliche, soziologische, volkskundliche, literatur- und theaterwissenschaftliche Studien. Zur Urpflanze siehe Annika Waenerberg: *Urpflanze und Ornament: pflanzenmorphologische Anregungen in der Kunsttheorie und Kunst von Goethe bis zum Jugendstil.* Helsinki 1992.
95 Goethe: *Italienische Reise.* A.a.O. S. 123 f.

immer aufs Neue sich selbst und den Betrachter verändern.[96] So wie der Kunstliebhaber Schicht um Schicht mit seinem Blick freilegt und über die Reste antiker Ruinen und Bauwerke am Leben vergangener Jahrhunderte teilhat, »ein Mitgenosse der großen Ratschlüsse des Schicksals«[97] wird, wie Goethe es in seiner *Italienischen Reise* formuliert, so begreift auch der italienreisende Künstler folgender Generationen sein Leben oft erst in der Spiegelung und Beschäftigung, in der vertieften Auseinandersetzung mit der Kunst und Kultur vergangener Epochen und historischer Ereignisse als Teil des ganzen Universums. Das eigene Schicksal relativiert sich, und so mancher Künstler wurde sich im Angesicht des Unvergänglichen selbst ein Stück weit seiner eigenen Vergänglichkeit, aber auch der möglichen Unvergänglichkeit seiner Gedanken bewußt, sofern er/sie sich in die Tradition der italienischen Kunst- und Kulturbetrachtung mit Hilfe der eigenen Kunstproduktion einzuschreiben verstand. »Wer sich abmüht, die Erde aufzukratzen, findet den [Kummer] der andern darunter«[98], und lernt, »[…] daß es in der Welt mehr Zeit als Verstand gibt, aber daß uns die Augen zum Sehen gegeben sind«[99], konstatierte Ingeborg Bachmann in ihrem 1955 entstandenen Essay mit dem Titel *Was ich in Rom sah und hörte.*

Bemerkenswerterweise läßt sich bei vielen italienreisenden Schriftstellerinnen und Schriftstellern das Begreifen der eigenen Seele als eine Art ›Schichtenmodell‹[100] in der Auseinandersetzung mit einem Überangebot an Kunst- und Kulturgütern aus allen Zeiten verstehen, eine Tatsache, die sicherlich eine besondere Anziehungskraft auf jeden Italienbesucher ausgeübt hat. Die Form der ›offenen Geschichtlichkeit‹, die der Künstler in Italien auf Schritt und Tritt vorfindet, fordert jedoch nicht nur die Auseinandersetzung mit der persönlichen Geschichte des Reisenden, sondern bildet die Brücke zum Verständnis von kollektiver Geschichte und Politik durch die verschiedenen Zeiten hindurch.[101]

Das Schöne und das Schreckliche liegen am realen geographischen Ort wie in der Landschaft der Seele dicht beieinander und können bei durch-

---

96 Vgl. die Aussage Bachmanns über Rom, die eine ähnliche Feststellung trifft. Siehe Ingeborg Bachmann: [*Ferragosto*] *Entwürfe.* In: GW. Bd. IV. S. 337.
97 Goethe: *Italienische Reise.* A.a.O. S. 123 f.
98 Bachmann: *Was ich in Rom sah und hörte.* In: GW. Bd. IV. S. 34.
99 Ebd.
100 Siehe auch Sigmund Freud, der in seinem kulturphilosophischen Essay *Das Unbehagen in der Kultur* die verschiedenen Schichten der Ewigen Stadt Rom mit denen der menschlichen Seele vergleicht. Alle Entwicklungsphasen der historischen Stadt wie der gewordenen menschlichen Seele seien in sich noch vorhanden, so daß das Vergangene das Gegenwärtige wie die Zukunft stets mit beeinflußt. Sigmund Freud: »Das Unbehagen in der Kultur«. In: Ders.: *Abriß der Psychoanalyse. Das Unbehagen in der Kultur.* Frankfurt a. M. 1974. S. 68 ff.
101 Siehe Bachmann: [*Ferragosto*] *Entwürfe.* In: GW. Bd. IV. S. 337.

reisenden Fremden, wie Goethe es bereits in seinen Betrachtungen auf dem Vesuv-Gipfel festgestellt hatte, anders als bei den an das Zusammentreffen von Extremen gewöhnten Einheimischen, die gesamten bis dahin fest geglaubten menschlichen Denk- und Gefühlsstrukturen auflösen und revidieren, in ihrer Gegenüberstellung jedoch auf diese Weise auch einen Ausgleich schaffen. Auf die Landschaft und die Menschen projizierte Strukturen von Gut und Böse, ›Gott und Satan‹, vereinen sich in der seelischen »Empfindung« und heben einander, bis zum Gefühl der Gleichgültigkeit gegenüber allen äußeren, verwirrenden Einflüssen, auf:

[…] doch konnte ich es empfinden, wie sinnenverwirrend ein ungeheurer Gegensatz sich erweise. Das Schreckliche zum Schönen, das Schöne zum Schrecklichen, beides hebt einander auf und bringt eine gleichgültige Empfindung hervor. Gewiß wäre der Neapolitaner ein anderer Mensch, wenn er sich nicht zwischen Gott und Satan eingeklemmt fühlte.[102]

So entstehen für den Dichter während der Reise in der eigenen, gerade ein Stück weit wieder sicher und stabiler geglaubten Identität bei jedem weiteren Schritt in die südliche Fremde oft unvermittelt und wiederholt kaum wahrnehmbare Risse im Innern des Reisenden, die bisweilen ungeahnte seelische (Un-)tiefen aufbrechen lassen. Im März 1787 schreibt Goethe von seiner Reise aus Neapel nach Hause:

Reisen lern' ich wohl auf dieser Reise, ob ich leben lerne, weiß ich nicht. Die Menschen, die es zu verstehen scheinen, sind in Art und Weise zu sehr von mir verschieden, als das ich auf dieses Talent sollte Anspruch machen können. […] Wenn man sich einmal in die Welt macht und sich mit der Welt einläßt, so mag man sich ja hüten, daß man nicht entrückt oder wohl gar verrückt wird. Zu keiner weiteren Silbe bin ich fähig.[103]

Sein auf dem Vesuv-Gipfel angestellter Vergleich hebt diesen Zusammenhang noch einmal hervor: Je mehr es unter der oberflächlich schon erkalteten Außenhaut brodelt, desto eher können sich ›eruptionsartig klaffende Abgründe auftun‹, die aber inmitten der italienischen Landschaft und mit Hilfe der italienischen Kultur und Lebensweise in den Augen Goethes auskuriert, d.h. auf landesübliche Weise ›behandelt‹ und ›geheilt‹ werden können.[104]

Das Thema der Heilung der Seele durch eine relativierende Betrachtung des Weltgeschehens, durch das Erlernen von Geduld und südlichem Frohsinn, faßte Ingeborg Bachmann später unter dem Stichwort »Pazienza«[105]

---

102 Goethe: *Italienische Reise*. A.a.O. S. 202.
103 Ebd. S. 209.
104 Ebd. S. 201 f.
105 Bachmann: *Zugegeben*. In: GW. Bd. IV. S. 341.

zusammen. In der *Italienischen Reise* Goethes stellt diesen Sachverhalt eine Nachbarin, genannt das »Prinzeßchen«, dar, indem sie zu dem Dichter sagt:

> »Sehen Sie nur einmal, wie schön Neapel ist; die Menschen leben seit so vielen Jahren sorglos und vergnügt, und wenn von Zeit zu Zeit mal einer gehängt wird, so geht alles Übrige seinen herrlichen Gang«. Sie tat mir hierauf den Vorschlag, ich solle nach Sorrent gehen, wo sie ein großes Gut habe, ihr Haushofmeister werde mich mit den besten Fischen und dem köstlichsten Milchkalbfleisch (mungana) herausfüttern. Die Bergluft und die himmlische Aussicht sollten mich von aller Philosophie kurieren, dann wollte sie selbst kommen, und von den sämtlichen Runzeln, die ich ohnehin zu früh einreißen lasse, solle keine Spur übrigbleiben, wir wollten zusammen ein recht lustiges Leben führen.[106]

Zur Poetik des Körper-Raumes: Die Nord-Süd-Tangente des Schreibens

Die Lehre als der Sinn des Rituals[107] ist in der Italienischen Reise seit Goethe vorgegeben: das Ziel besteht darin, Lebenslust, Frohsinn, Geduld und Gelassenheit zu erlernen, was die allgemein menschlichen Probleme betrifft. Je weiter der Reisende in den Süden Italiens vordringt, um so offensichtlicher und selbstverständlicher erscheinen diese Einstellungen als grundsätzliche Haltung dem Leben gegenüber.[108] Im Umgang mit den alltäglichen Problemen scheint das Leben im Süden auf den ersten Blick ideenreicher und leichter von der Hand zu gehen, als es in den nördlichen Kulturen der Fall zu sein scheint. Das läßt den ernsthaften und eher zu Schwermut neigenden ›Nordmenschen‹, so Goethe, bis zu einem gewissen Grade von seinem südlichen ›Vorbild‹ lernen. Die »deutsche Sinnenart« des Dichters kommt diesem Lernprozeß auf seine Weise sogar entgegen, wobei der Lebensgenuß des Südländers hier zeitweise über dem verstandesmäßig erlernten Willen des ›Fortkommens‹ des Nordländers steht; aktiver Lerneifer und Handlungswille stehen dem eher passiven Genießen gegenüber und suchen nach einem Ausgleich:

> Der Ort inspiriert Nachlässigkeit und gemächlich Leben [...] Triebe mich nicht deutsche Sinnenart und das Verlangen, mehr zu lernen und zu tun als zu genießen, so sollte ich in dieser Schule des leichten und lustigen Lebens noch einige Zeit verweilen und mehr zu profitieren suchen. Es ist

---

106 Goethe: *Italienische Reise*. A.a.O. S. 191.
107 Siehe Braungart: *Ritual und Literatur*. A.a.O. S. 129 u. S. 133.
108 Siehe auch die Zeitschrift *Italia bella. Ein Jahrestagebuch*. In: *du* 6 (1995). Hier der Artikel von Theodor Wieser: »Aufregung als Lebenselexier«. A.a.O. S. 19 ff.

hier gar ein vergnüglich sein, wenn man sich nur ein klein wenig einrichten könnte. Die Lage der Stadt [Neapel – Anm. d. Verf.], die Milde des Klimas kann nie genug gerühmt werden [...].[109]

Wie sehr körperliche Erfahrung, äußerliche, d. h. räumliche Grenzüberschreitung und die Erweiterung des inneren, geistig-sinnlichen Erfahrungsbereiches bei Goethe zusammenhängen, wird an folgendem Zitat deutlich. Dabei treiben die Neugier des Sehen-Wollens, die ›Schaulust‹ und die auf diese Weise gesteigerte und erweiterte Sinneserfahrung parallel zur Erweiterung des geographischen Raumes im Süden gleichzeitig den Erkenntnisgewinn voran, wie sie darüber hinaus die künstlerische Phantasie des Dichters deutlich anzuregen scheinen. Hier trifft man auf ein Phänomen des Südens, das, ästhetisch gestaltet, auch im Werk Ingeborg Bachmanns, zum Beispiel in der Hymne *An die Sonne*, zu finden ist.[110]

> Und nun nach allem diesem und hundertfältigem Genuß locken mich die Sirenen jenseits des Meeres, und wenn der Wind gut ist, geh' ich mit diesem Briefe zugleich ab, er nordwärts, ich südwärts. Des Menschen Sinn ist unbändig, ich besonders bedarf der Weite gar sehr. Nicht sowohl das Beharren als ein schnelles Auffassen muß jetzt mein Augenmerk sein. Hab' ich einem Gegenstande nur die Spitze des Fingers abgewonnen, so kann ich mir die ganze Hand durch Hören und Denken wohl zueignen.[111]

Während das Schreiben bei Goethe auf den Norden abzielt, bleibt der Körper auf den Süden ausgerichtet. Indem der Körper Außenräume durchschreitet, »südwärts« gerichtet ist, durchmißt der Dichter im Schreiben Innenräume, die in Sprache und Schreibhaltung in den Norden weisen, also der alten Heimat zugewandt sind und doch durch die Außenräume Grenzverschiebungen, d. h. Erweiterungen erfahren. Der Kunstsinn, in der Verarbeitung der Erfahrungen die Kunst selbst und damit das Selbst des Künstlers, erweitern sich.

Wenn der Phänomenologe Gaston Bachelard in seinem Werk über die *Poetik des Raumes*[112] sein Forschungsfeld als »Topophilie« bezeichnet, die er als Untersuchung der Bilder des glücklichen Raumes versteht, welche gegen

---

109 Goethe: *Italienische Reise*. A.a.O. S. 203.
110 Siehe Bachmann: *An die Sonne*. In: GW. Bd. I. S. 137: »[...] Schönes Blau, in dem die Pfauen spazieren und sich verneigen, / Blau der Fernen, der Zonen des Glücks mit den / Wettern für mein Gefühl, / Blauer Zufall am Horizont! und meine begeisterten / Augen / Weiten sich wieder und brennen sich / wund. [...]. – Vgl. dazu Goethe: *Italienische Reise*. A.a.O. S. 213. »Was ferner eine allerliebste Wirkung hervorbrachte, war das junge Grün zierlicher Bäume [...]. Ein klarer Duft blaute alle Schatten. [...] wo hätten wir einen gleichen Standpunkt, einen so glücklichen Augenblick so bald wieder hoffen können!«
111 Goethe: *Italienische Reise*. A.a.O. S. 203.
112 Gaston Bachelard: *Poetik des Raumes*. Frankfurt a. M. 1987. S. 25 f.

die Bilder des »apokalyptischen Raumes« abzugrenzen sind, wird verständlich, wie beeinflussend und »inspirierend« der Aufenthaltsort des Körpers für den künstlerischen Geist sein kann. Die positiv konnotierten Bilder des Südens in der Kunst hängen eng mit der positiven seelischen und körperlichen Erfahrung im südlichen Raum zusammen. Bachelard, der der psychoanalytischen Literaturbetrachung eine Art »Topoanalyse« voranstellt, um »das systematische psychologische Studium [des] inneren Lebens«[113] über die Orts- und Raumbeschreibung eines Dichters klarer eingrenzen zu können, verbindet in seiner Methode dabei die Zeit- und Raumanalyse in der Kunst und hofft, in der Betrachtung der künstlerischen Darstellung dieser beiden Faktoren darüber hinaus auch den künstlerischen Selbstaussagen auf diese Weise einen Schritt näher kommen zu können. »In seinen tausend Honigwaben speichert der Raum verdichtete Zeit. Dazu ist der Raum da.«[114] Raum- und Zeitbeschreibungen in der Kunst sind so gesehen Speichermedien der Erinnerung und Erfahrung in ihren jeweiligen ästhetischen Fixierungen, die bei der Analyse helfen können, Fremd- wie Selbsterfahrung eines Künstlers zu entschlüsseln.

Im Spannungsfeld von sprachlichem Zeugnis aus fremder und eigener Feder, dem betrachteten oder gemalten Bildnis, beim Anblick einer Skulptur oder Architektur im Zusammenklang mit erlebtem Sein in Zeit und Raum kann infolgedessen tatsächlich ein neues künstlerisches Werk aus der Phantasie des Künstlers heraus geschaffen werden. Das Thema der »Inspiration« über das ›Lesen‹ von räumlichen Körpern als Zeichen gespeicherter, vergangener Erfahrungen, die in der Begegnung neu zu deuten sind und künstlerisch neu interpretiert und gestaltet werden können, ist ein Eckpfeiler der Italienbetrachtung seit Goethe. Der äußere Raum bietet nicht nur vielfältige Überschreitungsmöglichkeiten des Erlebbaren für den Geist und den Körper durch die Zeiten hindurch, wie es in Italien aufgrund seiner Dichte und Häufigkeit von künstlerischen sakralen und profanen Zeugnissen durch die Jahrhunderte möglich war und ist; er läßt in der geistigen Auseinandersetzung mit dem Erfahrenen, Betrachteten oder Gelesenen im Geiste des Dichters ein neues Bild, *sein* individuelles Italienbild, entstehen, das wiederum als Folie für nach ihm kommende Künstler und deren Italienbilder dienen kann. Insofern werden mit jedem neuen Schritt in ein unbekanntes Land über die Raumerfahrung immer auch neue »Sprachräume« aufgetan, erobert und in Besitz genommen. »In Rom sah ich, daß alles einen Namen hat und man die Dinge kennen muß. [...] Ich sah, daß wer ›Rom‹ sagt, noch die Welt nennt und der Schlüssel der Kraft vier Buchstaben sind. S.P.Q.R.«[115] Die

---

113 Bachelard: *Poetik des Raumes*. A.a.O. S. 35.
114 Ebd.
115 Bachmann: *Was ich in Rom sah und hörte*. In: GW. Bd. IV. S. 32.

Zeichen speichern individuelle Raum- und Zeiterfahrungen und bewahren sie im Kunstwerk für kommende Zeiten und Generationen auf. »Wer die Formel hat, kann die Bücher zuschlagen«[116], stellte Ingeborg Bachmann in Rom fest. Oder aber der Romreisende kann neue Bücher schreiben. Erst die Schaffung eines eigenen Italienbildes in der Kunst befreit den Künstler oder die Künstlerin von der Folie, der ›Deutungsmacht‹ seiner Vorgänger und macht vor dem Hintergrund eines tradierten Systems von bestimmten poetischen Bildern und südlichen Metaphern seine persönliche künstlerische Prägung erkennbar. Dieser zyklische Ablauf aber stellt eines der wichtigsten, wiederholbaren Prinzipien des ›Rituals der Reise nach Italien‹ dar.

In jedem Fall wird also über den Vollzug des Rituals Altes geortet und geordnet und Platz für Neues geschaffen.[117] »Italien« ist hier nur eine literarische Formel, die für Kontinuität bürgt und doch die Veränderung des Raumes, der Zeit(en), der Betrachtung und Sichtweisen des Selbst und des Fremden einschließt. In vermittelter Form gilt für den Künstler im Nachvollzug des Rituals dasselbe wie für den Rezipienten des Ausgesagten, den Italienreisenden im Kopf, den Leser, der wiederum zum Schreibenden werden kann und in der Geschichte der Italienreisen auch oft zu diesem wurde.[118]

Die von der Auseinandersetzung mit italienischer Kunst und Lebensart ausgehende ganzheitliche Erfahrung spürte auch Goethe noch Jahrzehnte nach seiner Begegnung mit Italien im Schreiben in sich selbst auf.[119] So wie Goethe Italien zunächst für seine deutschen Freunde zu Hause und im Laufe der Zeit für eine ungenannte Leserschaft in schriftlicher Form wiederaufleben ließ, so ließ er als erstes seine Zeitgenossen durch das Beschreiben Italiens in Form von Briefen an der Erfahrung von Andersartigkeit und Fremde teilhaben. Er vermittelte seinen Lesern dennoch von Anfang an in schriftlicher Form die Nähe zum italienischen Sinnes- und Geistesleben, das er in Bildern von Ganzheit, Fülle und eigenem Erfülltsein schilderte. Ob für den Dichter oder für seine späteren Rezipienten, die phantasierte und die tatsächliche Wirkung des Geschriebenen können sich durchaus gleichen:

---

116 Bachmann: *Was ich in Rom sah und hörte*. In: GW. Bd. IV. S. 32.
117 Siehe Bachmann: »Eine neue Sprache muß eine neue Gangart haben, und diese Gangart hat sie nur, wenn ein neuer Geist sie bewohnt.« In: GW. Bd. IV. S. 192. Vgl. hierzu Bachelard: *Poetik des Raumes*. A.a.O. S. 14. »Es (das Gedicht) wird ein neues Sein in unserer Sprache, es drückt uns aus, indem es uns zu dem macht, was es ausdrückt, anders gesagt; es ist zugleich das Werden eines Ausdrucks und ein Werden unseres Seins. Hier schafft der Ausdruck Sein.«
118 Siehe hierzu Annegret Pelz: »Reisen im eigenen Interieur«. In: *Reisen durch die eigene Fremde. Reiseliteratur von Frauen als autogeographische Schriften.* A.a.O. S. 46 ff.
119 Vgl. »*In uns selbst liegt Italien*«: *Die Kunst der Deutsch-Römer.* Hg. von Christoph Heilmann. Katalog zur Ausstellung im Haus der Kunst in München vom 12. Dezember 1987-21. Februar 1988. München 1987.

Ein großer Vers kann einen großen Einfluß auf die Seele haben. Er weckt verwischte Bilder. Und gleichzeitig sanktioniert er die Unvorhersehbarkeit der Sprache. Die Sprache unvorhersehbar machen – ist das nicht eine Erziehung zur Freiheit? [...] Aber die zeitgenössische Dichtung hat die Freiheit in den Sprachkörper selbst verlegt. Die Dichtung erscheint nunmehr als ein Phänomen der Freiheit.[120]

Einen Schritt über die äußeren und inneren Grenzen des Subjekts hinaus in imaginierte oder reale Räume von erhoffter Freiheit an Seele, Körper und Geist, an ›befreiter‹ Sprache inmitten einer für den Menschen durch den fortschreitenden sozialen und technischen Wandel immer schwerer verständlichen Welt kommt einem (Selbst-)Schöpfungsakt im künstlerischen wie im seelischen Bereich gleich[121]. Die Erweiterung der Sinne fungiert als Erweiterung des Selbst. Der Blick auf die Fremde, auf das oder den vermeintlich anderen, schärft im Gegenzug den Blick für das eigene Selbst, wenn auch nicht jede/r von Goethes erklärten oder heimlichen Epigonen aus einem Teil eines Objekts »durch Hören und Denken«[122] gleich ein Ganzes mit Hilfe seiner kreativen Phantasie erzeugen kann. Schon zu Beginn seiner *Italienischen Reise* schrieb Goethe:

> Gott sei Dank, wie mir alles wieder lieb wird, was mir von Jugend auf wert war! Wie glücklich befinde ich mich, daß ich den alten Schriftstellern wieder näherzutreten wage! Denn jetzt darf ich es sagen, darf meine Krankheit und Torheit bekennen. Schon einige Jahre her durft' ich keinen lateinischen Autor mehr ansehen, nichts betrachten, was mir ein Bild Italiens erneute. Geschah es zufällig, so erduldete ich die entsetzlichsten Schmerzen. [...] Hätte ich nicht den Entschluß gefaßt, den ich jetzt ausführe, so wär ich rein zugrunde gegangen: zu einer solchen Reife war die Begierde, diese Gegenstände mit Augen zu sehen, in mein Gemüt gestiegen.[123]

Die (un-)bekannte Fremde ›Italien‹ war dem Dichter über Bilder und Literatur der antiken Schriftsteller schon lange vertraut und früh ein Teil seines Selbst geworden. Auch wenn ihm »das Neue unendlich viel zu schaffen«[124] machte, so hatte er doch bereits ein vorgeformtes und ausgeprägtes Bild von dem, was ihn in Italien erwartete – war es doch nicht, »als wenn ich die Sachen zum ersten Mal sähe, sondern als ob ich sie wiedersähe«[125]. Goethes

---

120 Bachelard: *Poetik des Raumes*. A.a.O. S. 17. – Vgl. dazu Hilde Domin: *Das Gedicht als Augenblick von Freiheit. Frankfurter Poetik-Vorlesungen.* München 1988.
121 Bachelard: *Poetik des Raumes*. A.a.O. S. 17, 20 u. 21.
122 Siehe Goethe: *Italienische Reise*. A.a.O. S. 203.
123 Ebd. S. 93.
124 Ebd. S. 92.
125 Ebd. S. 93.

»Wiedergeburt« ist bereits zu Beginn der Reise auch als solche eingeleitet worden. Italien als gewissermaßen ›bekannte Fremde‹ läßt sich so gesehen als ein Bindeglied zwischen Heimat und Fremde begreifen. Das Zusammentreffen von Bekanntem und Fremden ist aber konstitutiv für das Italienbild deutschsprachiger Künstler seit Goethe. Denn, was die Form des ›Rituals der Reise nach Italien‹ betrifft, so

> behält [sie] ihre Überzeugungskraft auf Dauer nur, wenn die Bedeutung des Rituals noch von der Ritualgemeinschaft getragen wird. Für die integrative, gemeinschaftsbildende Funktion des Rituals ist seine Ästhetik und sein gemeinschaftlicher Vollzug oder zumindest – bei individualisierten Ritualen – sein sozial möglicher und kollektiv gebilligter bzw. kollektiv für sinnvoll erachteter Vollzug entscheidend.[126]

Gerade deshalb kommt der Verschriftlichung von individuellen Erfahrungen und Eindrücken während eines Italienaufenthaltes auch eine derart hohe Bedeutung bei. »Könnte ich nur den Freunden einen Hauch dieser leichten Existenz hinübersenden!«[127] Mit seiner *Italienischen Reise* ist Goethe die Prägung des Italienbildes des Nordens weit über einen »Hauch« hinaus bis in das zwanzigste Jahrhundert hinein gelungen.

Die Mühen der Wiedergeburt

> Gewiß, es wäre besser, ich käme gar nicht wieder, wenn ich nicht wiedergeboren zurückkommen kann.[128]

Das eindringliche Studium und das Betrachten der verschiedenen historischen Schichten Roms in der Verknüpfung mit der Lebensgeschichte ihrer Bewohner, trug, wie bereits mehrfach betont, auch zur Veränderung von Goethes eigenem Ich entscheidend bei.

Kehr' ich nun ich mich selbst zurück, wie man doch so gern tut bei jeder Gelegenheit, so entdecke ich ein Gefühl, das mich unendlich freut, ja, das ich sogar auszusprechen wage. Wer sich mit Ernst hier umsieht und Augen hat zu sehen, muß solid werden, er muß einen Begriff von Solidität fassen, der ihm nie so lebendig ward. Der Geist wird zur Tüchtigkeit gestempelt, gelangt zu einem Ernst ohne Trockenheit, zu einem gesetzten Wesen mit Freude. Mir wenigstens ist es, als wenn ich die Dinge dieser Welt nie so

---

126 Braungart: *Ritual und Literatur.* A.a.O. S. 136.
127 Goethe: *Italienische Reise.* A.a.O. S. 92.
128 Ebd. S. 203.

richtig geschätzt hätte als hier. Ich freue mich der gesegneten Freuden auf mein ganz Leben. Und so laßt mich aufraffen, wie es kommen will, die Ordnung wird sich geben. Ich bin nicht hier, um nach meiner Art zu genießen; befleißigen will ich mich der großen Gegenstände, lernen und mich ausbilden, ehe ich vierzig Jahre alt werde.[129]

Goethe zieht Allgemeingültiges aus der Betrachtung des Einzelnen und verknüpft das menschliche Schicksal mit seinen vor Ort gemachten Erfahrungen, mit dem historisch bedeutsamen Schicksal Roms und dem seit seiner Kindheit angesammelten Wissen über die fremde Stadt und das Land im Süden. Im Nachhinein wird das eigene Schicksal in der Phantasie eng mit der wechselvollen und der glorreichen Geschichte der Stadt verknüpft, gleichzeitig aber erfordert die Auseinandersetzung mit Rom die Relativierung der eigenen, bescheidenen menschlichen Maßstäbe im Spiegel der dort versammelten Größe und Ewigkeit.

Rom, den 25. Januar 1787. [...] denn wie man die See immer tiefer findet, je weiter man hineingeht, so geht es auch mir in Betrachtung dieser Stadt. Man kann das Gegenwärtige nicht ohne das Vergangene erkennen, und die Vergleichung von beiden erfordert mehr Zeit und Ruhe. Schon die Lage dieser Hauptstadt der Welt führt uns auf ihre Erbauung zurück. [...][130]

Über weite Strecken der *Italienischen Reise* verbindet der Dichter die Betrachtung der Stadt Rom mit der Suche nach dem eigenen Selbst: »[...] nun richte ich meine Aufmerksamkeit auf den Baumeister, Bildhauer und Maler und werde mich auch hier finden lernen«[131], um auf diese Weise am Aufbau seiner neuen Ich-Identität bewußt teilzuhaben. Goethe leugnet jedoch nicht die Mühen und Anstrengungen, die ihn dieser Selbstbildungs- und Ichfindungsprozeß gekostet hat. Sie sind Teil des Reifungsprozesses:

Den 20. Dezember.

Und doch ist alles mehr Mühe und Sorge als Genuß. Die Wiedergeburt, die mich von innen heraus umarbeitet, wirkt immer fort. Ich dachte wohl, hier was Rechts zu lernen; daß ich aber so weit in die Schule zurückgehen, daß ich so viel verlernen, ja durchaus umlernen müßte, dachte ich nicht. Nun bin ich aber einmal überzeugt und habe mich ganz hingegeben, und je mehr ich mich selbst verleugnen muß, desto mehr freut es mich. Ich bin wie ein Baumeister, der einen Turm aufführen wollte und ein schlechtes Fundament gelegt hatte; er wird es noch beizeiten gewahr und bricht gern

---

129 Goethe: *Italienische Reise*. A.a.O. S. 127.
130 Ebd. S. 155.
131 Ebd.

wieder ab, was er schon aus der Erde gebracht hat, seinen Grundriß sucht er zu erweitern, zu veredeln, sich seines Grundes mehr zu versichern und freut sich schon im voraus der gewissern Festigkeit des künftigen Baues. Gebe der Himmel, daß bei meiner Rückkehr auch die moralischen Folgen an mir zu fühlen sein möchten, die mir das Leben in einer weitern Welt gebracht hat. Ja, es ist zugleich mit dem Kunstsinn der sittliche, welcher große Erneuerung leidet.[132]

Und so feiert Goethe diesen inneren Umbau in der ›Hauptstadt der Welt‹ noch Jahrzehnte später als gelungenen Aufbau seines künstlerischen und »sittlich-sinnlichen« Selbst von Grund auf als »Wiedergeburt«, als »zweiten Geburtstag«, als einen Akt der künstlerischen und ganzheitlichen Selbstzeugung in Form einer künstlerischen Selbstinszenierung, die er in der *Italienischen Reise* für sein späteres Publikum beschrieben hat. Seine Reise in den geographischen wie inneren Süden wurde in dieser besonderen Verknüpfung von Welt- und Lebensreise von weitreichender, paradigmatischer Bedeutung für die moderne Reisekultur und -literatur überhaupt, was sich besonders an dem wiederholten Nachvollzug seiner Italienreise auf realer Ebene und rezeptionsgeschichtlich wie in der schriftlichen Tradierung anderer, an Goethe ausgerichteter Italienreisen verfolgen läßt.[133] So erhofften sich nachfolgende Künstler-Generationen, die sich auf Goethes Spuren bewegten, mit *ihrer* italienischen Reise ebenfalls innerlich erneuert und erlöst von den »Verdunklungen« und Sorgen ihres alten Lebens in die nördliche Heimat zurückzukehren, ganz im Sinne von Goethes Resümee:

[…] denn an diesen Ort knüpft sich die ganze Geschichte der Welt an, und ich zähle einen zweiten Geburtstag, eine wahre Wiedergeburt, von dem Tage, da ich Rom betrat.[134]

Ob ein solches Unterfangen Goethes zahlreichen Nachfolgern und Spurensuchern tatsächlich gelungen ist, läßt sich an den daraufhin zahlreich erscheinenden Italienreisen ablesen, die jede Künstlerin und jeder Künstler, die oder der etwas auf sich, sein Schreiben und seine Bildung hielt, im folgenden unternahm oder am heimischen Schreibtisch ersann, viele, ohne je selbst in Italien gewesen zu sein.[135]

132 Goethe: *Italienische Reise*. A.a.O. S. 141 u. 142.
133 Siehe auch Karl Heinz Hahn (Hg.): »Goethe in Italien. Erfahrung und Wirkung.« Weimarer wissenschaftliche Konferenz der Goethe-Gesellschaft 1987. In: *Goethe-Jahrbuch* 105 (1988). S. 11-23. Und S. 391-409.
134 Goethe: *Italienische Reise*. A.a.O. S. 139.
135 Hier ist grundsätzlich zwischen rein fiktionaler und non-fiktionaler Reiseliteratur zu unterscheiden. So war beispielsweise Joseph von Eichendorff nie in Italien, schrieb aber in seiner Erzählung *Aus dem Leben eines Taugenichts* ausführlich darüber. Vgl. auch das dämonisierte Italienbild, das die Romantiker entwarfen. In: Silvia Cresti

Literarische Bezüge:
Johann Wolfgang von Goethe und Ingeborg Bachmann

Ingeborg Bachmann hatte sich in ihren Jugendjahren intensiv mit Goethes Werk und seiner Person beschäftigt, wovon zwei Gedichte zeugen: bei dem einen handelt es sich um eine *Faust*-Nachdichtung aus dem Jahr 1942 mit dem Titel *Zwei Seelen wohnen, ach! In meiner Brust* mit dem etwas überhöhten Anfangsvers, »Oh, dieser Erde köstlich Leben«[136]. Das andere Gedicht aus demselben Jahr war Goethe explizit gewidmet. Es handelt sich um Verse, in welchen nach Kurt Bartsch »der Dichterfürst ins Übermenschliche erhoben«[137] wird. Auch wenn diese beiden Gedichte noch aus den Anfangsjahren stammen, so zeigt sich an ihrer Existenz doch, wie intensiv die Auseinandersetzung mit Goethe in ihren jungen Jahren gewesen war. Spuren dieser Faszination finden sich später, wenn auch bereits in kritischer Weise, in den Frankfurter Poetik-Vorlesungen aus dem Jahr 1959/60 wieder. Aus diesem Grund ist die Untersuchung von Bachmanns poetischem Italienbild im (Rück-)Blick auf Goethes *Italienische Reise* im Kontext ihrer Italienbetrachtung und ihrer Auseinandersetzung mit klassischen Vorbildern im Rahmen ihrer Auffassung vom rituellen Schreiben als Vergegenwärtigung und Neudeutung tradierter Zeichen in der Forschung dringend nachzuholen. Schon früh läßt sich Ingeborg Bachmanns Schreiben und ihre Art, »geschichtliche Erfahrung, [...] häufig in Naturbilder gefaßt, ›in die Landschaft hinaus-[zu]projizier[en]‹, [als] Ursache von negativem Wirklichkeitserleben, tiefen Bewußtseinskrisen, Orientierungslosigkeit, Isolation, Entfremdung und Todesangst«[138] verstehen. Insofern ist die Aufnahme eines tradierten Künstler-Rituals auf den Spuren Goethes in Zeiten gravierender gesellschaftlicher und persönlicher Umbrüche, wie sie die Zeit der frühen fünfziger Jahre für Ingeborg Bachmann darstellten, nicht verwunderlich. Doch schon lange vor

---

»Das Italienbild der Spätromantik: Exil, Fremde und Heimat in *Aus dem Leben eines Taugenichts* von Joseph von Eichendorff«. In: *Germania-Romania. Berliner Beiträge zur neueren deutschen Literaturgeschichte*. Hg. von Giulia Cantarutti u. Hans Schuhmacher. Bd. 14. Frankfurt a. M., Bern, New York 1990. S. 125. Siehe auch Stefan Oswald: *Italienbilder. Beiträge zur Wandlung der deutschen Italienauffassung 1770-1840*. A.a.O. Und: Paul Requadt: *Die Bildersprache der deutschen Italiendichtung: Von Goethe bis Benn*. Bern, München 1962. Ludwig Schudt: *Italienreisen im 17. und 18. Jahrhundert*. A.a.O. Conrad Wiedemann (Hg.): *Rom – Paris – London. Deutsche Künstler und Schriftsteller in europäischen Metropolen*. Stuttgart 1988.

136 Beide Gedichte befinden sich im Nachlaß der Dichterin in der Wiener Nationalbibliothek unter der Nachlaßnummer NN, 5391, 5391 a, 5393 und NN, 5388.
137 Bartsch: *Ingeborg Bachmann*. A.a.O. S. 37.
138 Ebd. S. 41. Das Binnenzitat stammt von Hans Höller: *Ingeborg Bachmann. Das Werk. Von den frühesten Gedichten bis zum »Todesarten«-Zyklus*. A.a.O. S. 174.

den fünfziger Jahren war Italien ein sehr beliebtes Reiseziel[139], an dem nicht nur viele deutsche Reisende, sondern vor allem auch die junge intellektuelle Elite die jüngste Vergangenheit in kritischer Distanz zu den verbliebenen, verborgenen faschistischen Strukturen ihrer deutschsprachigen Heimatländer Abstand nehmen und die vielfach politisch-ideologisch noch ungeklärten Verhältnisse im Schritt über die Grenze des Heimatlandes in Richtung Süden innerlich wie äußerlich hinter sich lassen konnte.

So lesen sich die beiden Anfangsstrophen des 1953 entstandenen Gedichts *Salz und Brot*[140], die im Kontext von Bachmanns Übersiedlung zu ihrem engen Freund Hans Werner Henze auf die Insel Ischia stehen, als lyrische Darstellung einer rituellen Handlung, die den Brauch des Überreichens von Brot und Salz zur Begrüßung aufnimmt und somit einen verheißungsvollen Neuanfang im südlichen ›Exil‹ (»Meer«, »Kakteen«, »Vulkan«) verspricht:

> Salz und Brot
> Nun schickt der Wind die Schienen voraus,
> wir werden folgen in langsamen Zügen
> und diese Inseln bewohnen,
> Vertrauen gegen Vertrauen.
>
> In die Hand meines ältesten Freundes leg ich
> mein Amt zurück; [...]
> So nehm ich vom Salz,
> wenn uns das Meer übersteigt,
> und kehre zurück
> und legs auf die Schwelle
> und trete ins Haus.
>
> Wir teilen [...]
> ein Brot, eine Schuld und ein Haus.[141]

---

139 Siehe dazu auch die Arbeit von Johannes Graf: *»Die notwendige Reise«. Reisen und Reiseliteratur junger Autoren während des Nationalsozialismus.* Stuttgart 1955. Graf schreibt hierin über die Italiensehnsucht der deutschsprachigen Literaten während des Zweiten Weltkrieges. So war die ›Flucht‹ nach Italien der Deutschen und Österreicher natürlich auch in diesen Jahren nicht unterbrochen worden, sondern Italien war als das Land der inneren Emigration auch unter dem Duce Mussolini beliebter denn je. Siehe ebd. S. 125 ff. Zur Italiensehnsucht der Deutschen in den fünfziger und sechziger Jahren siehe den Katalog der Ausstellung *Wenn bei Capri die rote Sonne ... . Die Italiensehnsucht der Deutschen im 20. Jahrhundert.* [Ausstellung des Badischen Landesmuseums, Karlsruhe, v. 31. Mai bis 14. September 1997.]. Hg. v. Harald Siebenmorgen. Karlsruhe 1997.
140 Bachmann: *Salz und Brot.* In: GW. Bd. I. S. 57 f.
141 Ebd.

Das ›Ritual der Reise nach Italien‹ vollzieht sich in Ingeborg Bachmanns Werk in einem Zyklus von Texten[142], der häufig, nicht immer, auch parallel zu lebensgeschichtlichen Ereignissen in der schreibenden Verarbeitung gelesen werden kann. Der bewußte Vollzug eines Rituals hat gleichzeitig eine reinigende, katalytische Funktion, welche schon in dem eben ausschnittweise zitierten Gedicht kurz angesprochen (»das Meer«, das »uns übersteigt«, reinigt auch) wird: die Übersiedlung auf eine Inselgruppe wird beschrieben und mit ihr der Auftakt zu einem neuen Leben, im Bewußtsein, eine »Schuld« mit sich zu tragen, die zu »teilen« ist. Der Aufbruch in ein neues Leben wird ästhetisch über die Beschreibung eines alten, glückbringenden Rituals inszeniert. Die Bewältigung der »Schuldfragen« steht allerdings in diesem frühen Gedicht Bachmanns noch aus.

Die vorliegende Arbeit vollzieht nun selbst ein Ritual in der interpretierenden Analyse des Italienbilds im Werk von Ingeborg Bachmann unter den Gesichtspunkten des rituellen Schreibens und des poetischen Verfahrens der ›Kunst der Vertikale‹ der Autorin.

Gedeutet wird, [...] was sich, wie man nicht zufällig sagt, nicht von selbst versteht. [...] Sprachliche Rituale und einzelne sprachliche Elemente in Ritualen sind – wie alle sprachlichen Äußerungen – besonders einer distanzierenden, reflexiven Auslegung zugänglich. Versprachlichung ist »Entbilderung« [1] in einem ganz konkreten Sinn, und die Rede vom sprachlichen Bild ist eben eine Metapher, die verrät, was die Sprache nicht ist und nicht hat. [...] Nun ist der »verstehende Vollzug des Rituals«[2] überhaupt eine moderne Tendenz. Verstehen ist aber nicht prinzipiell destruktiv. Zum Ritualbewußtsein als Bewußtsein vom Vollzug einer besonderen Handlung, das das Ritual mitkonstituiert, gehört ja gerade,

---

142 Kurt Bartsch weist ebenfalls auf die enge thematische Verbindung der frühen, aber auch späteren Gedichte hin, die sich mit Italien und südlichen Bildelementen befassen, ohne diese Bezüge aber im einzelnen näher auszuführen. Dabei betont auch er, daß »die helle mediterrane Landschaft, die [...] als möglicher utopischer Gegenort erscheint, [...] von der Verheerung der Welt gefährdet [ist].« Ders.: *Ingeborg Bachmann.* A.a.O. S. 71. Wenn Bartsch des weiteren bemerkt: »Man sollte sich hüten, Bachmanns Werke autobiographisch zu lesen. Aber immer wieder geben gerade Reisen bzw. Aufenthalte an fremden Orten den Anstoß für die Dichtungen« (Ebd. S. 179.), so ist das richtig. An manchen Stellen sind die biographischen Parallelen zum Werk jedoch so offensichtlich, daß sie meiner Auffassung nach nicht aus der verständlichen Befürchtung heraus, falsche Zuschreibungen vorzunehmen, vorenthalten werden dürfen. Da die Verfasserin während der Erarbeitung der vorliegenden Dissertation mehrmals die in Rom und Umgebung lebenden ehemaligen Freunde und Bezugspersonen der Dichterin zum Gespräch über Ingeborg Bachmanns Leben und Werk bezüglich ihres Italienbildes aufgesucht hat, werden biographische Hintergrundinformationen an geeigneter Stelle dennoch hinzugezogen, besonders, da die Arbeit über das ›Ritual der Italienreise‹ auch den sozialen Aspekt in seiner ästhetischen Verarbeitung untersucht.

daß sein Sinn verstanden wird. Wenn der Sinn des Rituals nicht mehr einfach gegeben und unmittelbar verstanden wird, muß er einsichtig gemacht und begründet werden. Dann kann sich das Geheimnis des Rituals, das auch an das Ritual bindet, auflösen.[143]

---

143 Braungart: *Ritual und Literatur*. A.a.O. S. 132 f. Die beiden Binnenzitate stammen von [1] Norbert Bolz: *Eine kurze Geschichte des Scheins*. München 1991. S. 31. Und [2] Ingwer Paul: *Rituelle Kommunikation. Sprachliche Verfahren zur Konstitution ritueller Bedeutung und zur Organisation des Rituals*. Tübingen 1990. S. 298.

5. »Lasst uns eine Reise tun.«[1]
Auf Spurensuche in Ingeborg Bachmanns »erstgeborenem Land«[2]

> Die Welt ist weit und die Wege von Land zu Land,
> und der Orte sind viele, ich habe alle gekannt,/ [...]
> Und der Mund der Welt war weit und voll Stimmen an meinem Ohr
> und schrieb, noch des Nachts, die Gesänge der Vielfalt vor./[...]
> Noch bin ich mit jeder Ferne verkettet [...][3]

Ingeborg Bachmann war bereits zu Anfang ihres Schreibens auf ihre Weise »mit der Ferne verkettet«. Das Zitat, das diesem Kapitel als Motto vorangestellt ist, stammt aus dem Jahr 1952 und gehört in den Gedichtzyklus *Ausfahrt*.[4] Schon in den frühen fünfziger Jahren fällt Bachmanns zyklisches Kompositionsprinzip[5] auf, das sich auf thematischer Ebene in der Zusammenstellung bestimmter, in den Augen Bachmanns einander zugehöriger Gedichte widerspiegelt, sich aber auch inhaltlich in der Wiederholung bestimmter poetischer Bilder des Südens (»Augen«, »Licht«, »Feuer«, »Meer«, »Strand«, »Schiffe« etc.) wie auf formaler Ebene in der wiederholten Verwendung von bestimmten Stilmitteln auszeichnet. Braungart schreibt zum Prinzip der Wiederholung, das ich als grundlegend auch für die ästhetische Gestaltung von Bachmanns Italienbild betrachte:

> Wiederholung und Rhythmisierung können dazu verleiten, sich der Ordnung des Rituals wie der Literatur zu überlassen. [...] Wiederholung und Variation sind zugleich auf allen Ebenen der Literatur ein grundlegendes Muster des literaturhistorischen Prozesses. [...] Ebenso sind ästhetische Strukturen vor allem Wiederholungsstrukturen. »Irgendein Prinzip der

---

1 Bachmann: *Herbstmanöver.* In: GW. Bd. I. S. 36.
2 Dies.: *Das erstgeborene Land.* In: GW. Bd. I. S. 119 f.
3 Dies.: *[Die Welt ist weit]* In: GW. Bd. I. Ebd. S. 22.
4 Hierzu zählen die Gedichte *Vom Lande steigt Rauch auf* [damals noch ohne Titel, in der Werkausgabe heißt es *Ausfahrt*]; *Die Welt ist weit* [ohne Titel]; *Abschied von England*; *Paris* und *Wie Orpheus spiel ich* [ohne Titel]. Alle in dies.: GW. Bd. I. S. 28; S. 22; S. 30; S. 33 und S. 32. S. a. ebd. S. 638.
5 Siehe auch die Arbeiten von Susanne Greuner: *Schmerzton. Musik in der Schreibweise von Ingeborg Bachmann und Anne Duden.* Hamburg, Berlin 1990; Hartmut Spiesecke: *Ein Wohlklang schmilzt das Eis. Ingeborg Bachmanns musikalische Poetik.* Berlin 1993. Beide Arbeiten versuchen über die Analyse der musikalischen Strukturen der zyklischen Schreibweise Bachmanns in ihrem Gesamtwerk näherzukommen. In der vorliegenden Arbeit wird dieses Strukturprinzip von Bachmanns Dichtung jedoch als Teil eines ästhetischen Rituals begriffen und daher auch als solches im Blick auf die verschiedenen Wiederholungsstrukturen stofflicher, motivischer, thematischer, rhythmischer und syntaktischer Art anhand ausgewählter Texte bezüglich ihres Italienbildes untersucht.

Wiederkehr scheint allen Kunstwerken grundsätzlich zu eigen. »Alliteration, Assonanz, Reim, Anapher, Epipher, Parallelismus, Metrisierung, Wiederholungen von Vers- und Strophenformen, Asyndeton, Polysyndeton: auf der lautlichen, rhythmischen und syntaktischen Ebene zeichnen sich ästhetische Texte durch Wiederholungsstrukturen aus. [...] Wiederholungen sind auch auf der Ebene der Handlungsmuster und der Bedeutung wichtig (stoffliche, motivische, thematische Wiederholungen).[6]

Da ich die Analyse der beiden Interpretationen, des Essays *Was ich in Rom sah und hörte* und der Hymne *An die Sonne*, in meiner Arbeit zentral gesetzt habe, um auf inhaltlicher wie formaler Ebene stellvertretend auch für andere Texte im Werk der Dichterin den engen symbolischen Bedeutungszusammenhang zwischen dem ›Ritual der Italienreise‹ und seiner ästhetischen Verarbeitung aufzuzeigen, konzentriere ich mich ansonsten in den einzelnen Kapiteln vor allem auf die inhaltlichen Aspekte und Elemente des Italienbildes der Dichterin anhand einzelner Gedichte (*Ausfahrt, Lieder von einer Insel, Nach vielen Jahren, Das erstgeborene Land*, ausschnittweise *Lieder auf der Flucht* und *Enigma*), die ich aufgrund der zentralen Setzung der beiden o. g. Texte nicht durchgängig, d. h. nur in Bezug auf Bachmanns motivisches Italienbild interpretieren werde. Außerdem werde ich Auszüge aus den beiden Hörspielen, *Die Zikaden* und *Ein Geschäft mit Träumen*, auf diesen Bildkomplex hin untersuchen. Nach der zentralen Analyse der beiden Haupttexte wende ich mich in der Untersuchung der Negation der Bilder des Südens zu, die in den literarischen Texten Bachmanns in aller Radikalität erst in den späteren Gedichten sowie in Auszügen des *Todesarten*-Zyklus auftauchen. Doch zunächst wird das Motiv des Aufbruchs, das einem symbolischen Aufbruch zu »neuen Ufern« und einem Neuanfang im Leben gleichkommt, in dem Gedicht *Ausfahrt* analysiert. Danach untersuche ich die Bedeutung des Fests als rituelle Handlung in dem Gedichtzyklus *Lieder von einer Insel*.

Ingeborg Bachmann hatte sich 1953 über die italienische Grenze »gerettet« und war zunächst auf die Insel Ischia zu Hans Werner Henze gezogen, den sie kurz zuvor auf einer Tagung der Gruppe 47 auf Schloß Berlepsch bei Kassel kennengelernt hatte. Hans Werner Henze schildert seinen ersten Eindruck von Ingeborg Bachmann so: »Das war ein überwältigender Eindruck. Die Qualität, das Niveau, die Inhalte, der Ernst, die Heiligkeit, die Feierlichkeit, die da drin war [...] es hat einen enormen Eindruck auf alle ihre Kollegen, sicherlich auch auf mich gemacht.«[7] Der junge Komponist

---

6   Braungart: *Ritual und Literatur.* A.a.O. S. 138 u. S. 168. Das Binnenzitat stammt von Northrop Freye: *Analyse der Ritualkritik.* Stuttgart 1964. S. 80.
7   Interview der Verfasserin mit dem Komponisten Hans Werner Henze in Marino bei Rom vom 5. Juni 1993. Unveröffentlicht.

und die ebenso junge Autorin freunden sich schnell an, und nach einem Besuch bei Henze in München erzählt dieser ihr von seinem Vorhaben, dauerhaft nach Italien überzusiedeln. Im Sommer 1953 setzen beide ihren Plan in die Tat um – Hans Werner Henze erhält von seinem Verlag »Schott und Söhne« einen regelmäßigen Vorschuß, unter der Bedingung, nicht mehr am Theater zu arbeiten und nur noch zu komponieren – und Ingeborg Bachmann folgt Hans Werner Henze kurze Zeit später nach *Forio* auf *Ischia*, wo beide jeweils ein kleines Häuschen mieten. So weit kurz zum biographischen Hintergrund der ersten Zeit von Bachmanns Aufenthalt in Italien.

Der Aufbruch in den Süden (›Ausfahrt‹)

Das 1952 erstmals veröffentlichte Gedicht *Ausfahrt*[8] thematisiert in eindringlichen poetischen Bildern den Aufbruch zu neuen Ufern und die Gefahren, die dem lyrischen Du auf einer solchen Schiffspassage drohen. Das bewohnte Land wird schon in der ersten Strophe in sich schnell vergrößernder Entfernung zurückgelassen, wenn auch zur eigenen Sicherheit die »kleine Fischerhütte« so lange wie möglich im Blick behalten wird. In der Dunkelheit der hereinbrechenden Nacht erscheint in der zweiten Strophe das befahrene »Wasser«, das Meer, »dunkel«, »tausendäugig«, die Ängste des lyrischen Du werden in das Wasser hineinprojiziert und es erscheint die personifizierte Angst in der Gestalt eines bedrohlichen Meeresungeheuers, das die Ausfahrt des Du genau und bis zur Ankunft am anderen Ufer beobachten wird. Es »schlägt die Wimper von weißer Gischt auf, / um dich anzusehen, groß und lang, / dreißig Tage lang.« Es ist klar, daß es sich um eine lange, gefahrvolle Überfahrt zu neuen Ufern handelt, von der aber zu der Zeit direkt, außer der Nennung des Meeresungeheuers, noch keine Rede ist.[9] Das »Schiff«, auf dem die Überfahrt vorgenommen wird, hat anscheinend Mühe, gegen die Wellen anzukommen. Es »stampft hart« (möglicherweise ein Dampfschiff, dessen Motor die Geräusche und Vibrationen an Deck erzeugt) und wird in dem Gedicht personifiziert dargestellt: es »tut einen unsicheren Schritt« (3,2) auf dem Wasser, es scheint zu schwanken und wird durch die Wellen hin- und hergeworfen. Aber das Du versucht sich durch den ›Schlingerkurs‹ des

---

8   Bachmann: *Ausfahrt*. In: GW. Bd. I. S. 28 f. Erstveröffentlichung ohne Titel in: *Stimmen der Gegenwart* 2 (1952). S. 48 f.
9   Eine frühe Fassung des Gedichts, die sich im Privatbesitz von Frau Mi Demmer in Wien befindet, nennt in der zweiten Strophe noch »Poseidons Reich«, das »tausendäugig« das Du mit seinen Blicken verfolgt. Hier heißt es noch: »Das dunkle Wasser durchblutet Poseidons / Reich, tausendäugig, und schlägt die / Wimper von weißer Gischt auf, Dich / anzusehen, groß und lang, dreissig / Tage lang.« Bachmann: [*Ohne Titel*]. In: GW. Bd. I. S. 644.

Schiffes nicht aus der Ruhe bringen zu lassen; in der Befehlsform redet es auf sich ein und zwingt sich selbst zur Ruhe: »[...] steh ruhig auf Deck« (3,3). In einem vielleicht kurzen, aber ruhigen Augenblick wird das Leben der Fischer imaginiert, die nach der nächtlichen Ausfahrt bereits an Land angekommen sind; es könnte aber auch die Beschreibung des Lebens der Matrosen auf dem Schiff während der Überfahrt sein:

> An den Tischen essen sie jetzt
> den geräucherten Fisch;
> dann werden die Männer hinknien
> und die Netze flicken, aber nachts wird geschlafen,
> eine Stunde oder zwei Stunden,
> und ihre Hände werden weich sein,
> frei von Salz und Öl,
> weich wie das Brot des Traumes,
> von dem sie brechen. (4. Str.)

Es wird ein weltliches »Abendmahl« der Seeleute geschildert: sie »essen geräucherten Fisch«, das Tier, das dem Element des Wassers, dem »Ungeheuren« zugehörig ist, es auf seine Weise auch beherrscht und doch an der Luft dem Menschen in dessen Händen hilflos ausgeliefert ist. Gleichzeitig stellt der »Fisch« das Symbol des christlichen Glaubens dar und unwillkürlich »knien die Männer [nach getanem Mahl] hin.« Doch sie beten nicht, vollziehen aus Dankbarkeit für ihr »Mahl« keine rituelle Handlung im religiösen Sinn, sondern vollbringen das, was an Bord getan werden muß: Sie »flicken die Netze.« Der Schlaf der Matrosen ist kurz, »eine oder zwei Stunden« und ihre Hände sind in dieser Zeit rein, »werden weich [...], [be]frei[t] von Salz und Öl«. Erst im »Traum brechen« sie das »Brot« als Zeichen der Versöhnung und des Friedens untereinander, denn nur im Zustand des Schlafes und des Traumes sind sie von ihrem harten, arbeitsreichen Dasein auf Deck befreit und sind wirklich zur Geste des Miteinander-Teilens fähig. Der Zustand des Traumes läßt die Körpergrenzen und die der Phantasie verschwimmen: »[...] ihre Hände *w*erden *w*eich [...], / [...]*w*eich *w*ie das Brot des Traumes [...]«. Die Alliterationen der einzelnen Verse unterstützen auf formale Weise den beschriebenen Vorgang der Auflösung von Raum und Zeit während der Nacht.

Doch schon in der fünften Strophe ist die nächtliche Ruhe an Bord dahin. Der Wind frischt auf und es kündigt sich ein Sturm an, der das Du an Deck in erneute Unruhe und Angst versetzt. Die Verbindung über die »Augen« ist zum zurückgelassenen Land noch gegeben und der (ebenfalls personifizierte) »Baum« am für den Blick verschwindenden Ufer ›hebt noch trotzig den Arm‹: »einen hat ihm der Wind schon abgeschlagen / – und du denkst: wie lange noch, / wie lange noch / wird das krumme Holz den Wettern standhalten?« (5, 4-9) Doch die Bedrohung an Land ist auch auf hoher See gegeben. Das Land, von dem das Schiff aus in See gestochen ist, ist nun nicht »mehr zu sehen«. Das Du glaubt nun, ohne festen Punkt an Land, seinen letzten Halt zu verlieren. Es kämpft in der Phantasie auf der Suche nach einem sicheren Ort gegen die Angst an, was für den Moment, da kein Halt auf See zu finden ist, in Selbstvorwürfen endet: »Du hättest dich mit einer Hand in die Sandbank krallen / oder mit einer Locke an die Klippe heften sollen.« (5, 11-12)

In der sechsten Strophe geraten die Meeresgötter, »die ›Ungeheuer des Meers«, in Aufruhr; die ruhigen Tage an Bord werden im nächtlichen Sturm zunichte gemacht. In den Wellen des aufgewühlten Meeres ist das »Blut« der ›zerschlagenen Tage‹ (ein mögliches Bild für die auf dem Schiff vergangene Zeit) zu sehen (»eine rote Spur bleibt im Wasser«; 6, 3-4), und einen Moment lang scheint es, als ob das Schiff bei dem Unwetter Schiffbruch erlitten hat: das beobachtende und gleichzeitig in die Situation involvierte Du sinkt in einen tiefen, fast ohnmächtigen Schlaf (6, 4-6).[10] Doch mit einem Mal scheint die zuvor noch ausweglose und gefahrvolle Situation verändert:

Da ist etwas mit den Tauen geschehen,
man ruft dich, und du bist froh,
daß man dich braucht:
Das Beste ist die Arbeit auf den Schiffen
die weithin fahren,
das Tauknüpfen, das Wasserschöpfen,
das Wändedichten und das Hüten der Fracht.
Das Beste ist, müde zu werden und am Abend
hinzufallen. *Das Beste ist*, am Morgen,
mit dem *ersten Licht, hell zu werden,*
gegen den *unverrückbaren Himmel* zu stehen,
der *ungangbaren Wasser nicht zu achten*
und *das Schiff über die Wellen zu heben,*
auf das immerwiederkehrende Sonnenufer zu. (7. Str.; Kurs. Herv. v. d. Verf.)

10 Auch hier ist noch einmal darauf hinzuweisen, daß die sechste Strophe ursprünglich mit verschiedenen Meeresgottheiten aus der griechischen Sagenwelt bevölkert war. Die sechste Strophe lautet in der bereits erwähnten früheren Fassung (siehe Bachmann: [*Ohne Titel*]. In: GW. Bd. I. S. 642): »In die Muscheln blasend, begleiten die Ungeheuer des Meers / Nereus Töchter über die Wellen. Sie reiten und schlagen / mit blanken Säbeln die Tage in Stücke, / eine rote Spur bleibt im Wasser, / dort legt dich der Schlaf hin, zwischen Proteus und Glaukos, / der S̶i̶r̶e̶n̶e̶n̶ Najaden kalter Strahl trifft deine Brust. / Und dir schwinden die Sinne [...]« So treten in der frühen Fassung des Gedichts nicht nur der göttliche Meeresgreis Nereus, Sohn des Pontos (›Meer‹) und der Erdmutter Gäa auf, dessen fünfzig, nach der griechischen Mythologie hilfreichen und anmutigen Töchter, die Nereiden, alle im Gefolge Poseidons das Meer

»Das Beste ist«: im wiederholten Ausruf dieses Parallelismus ist die Einsicht des Du in die Notwendigkeit der »Arbeit auf den Schiffen« gegeben: Es ist die Lehre, die das Du aus dem Ritual der Überfahrt zieht. Das ›Schiff, das weithin fährt‹, als Bild für die Lebensreise, die es mit der *Ausfahrt* angetreten hat, ist nur in der Verbindung mit der kontinuierlichen Arbeit an Bord zu denken. Insofern ist das »Netze flicken« der Matrosen eine fortgesetzte Arbeit am Selbst und dient zur Selbsterhaltung auf der Fahrt über das unwägbare Meer (des Lebens). So gesehen kann man das »Netze flicken« im Sinne des ›*Über*setzens‹ der Bilder von einem zu einem anderen Ufer und damit in ein neues, unbekanntes Land (›Text‹) auch als ein Symbol für den dichterischen Übersetzungsprozeß verstehen, der von reiner Wirklichkeitserfahrung abstrahiert und diese in symbolische Zeichen zur Selbsterhaltung des Du (Ich) und zur Neudeutung von Welt *übersetzt*, ein Prozeß, der während der Fahrt als Lebensreise eines dichterischen Ichs (in diesem Gedicht in der zweiten Person Singular) kontinuierlich stattzufinden hat, will dieses literarische Subjekt das »immerwiederkehrende Sonnenufer« erreichen.

Die mediterranen Bilder der »Sonne« (Hoffnungsbild; Kraftpotential), des ›Meeres‹ (als mögliches Bild für die Bedrohung des Du wie in der Überwindung derselben ein Zeichen der Reinigung), »das Schiff« (›Lebensschiff‹)[11], »der Fisch« (als christliches Symbol, Überwindung des Todes, Auf-

bewohnen, sondern auch Proteus, der Meeresgott mit den prophetischen Gaben, der sich in vielerlei Gestalt verwandeln kann, und Glaukos, der weissagende Meeresdämon, der teilweise in Gestalt eines Fisches über Glück und Unglück der Schiffer bestimmt. Proteus und Glaukos bewachen den Schlaf des Du im Meer. Erst die Najaden, die eigentlich Nymphen in Flußgewässern sind, machen das Du mit ihrem kalten Wasser bewußtlos. Da die Handschrift Bachmanns im vierten Vers der sechsten Strophe nicht eindeutig zu entziffern ist, könnte es sich bei ›Glaukos‹ auch um die weibliche Variante, das Wort ›Glaukas‹, d. h. Glauke handeln. Dann würde sich das schlafende Du zwischen einem verwandlungsfähigen, weissagenden Meeresgott und einer Anspielung entweder auf Glauke (bei Homer), dem Epitheton des Meeres oder auf Glauke aus Chios handeln, die berühmte Sängerin, Kitharaspielerin, Dichterin und Komponistin lasziver Trinklieder zur Zeit des Ptolemaios Philadelphos gewesen sein soll. Zu den verschiedenen Bedeutungsvarianten des Namens ›Glauke‹ siehe den Artikel von Konrat Ziegler: »Glauke«. In: *Der Kleine Pauly. Lexikon der Antike.* München 1979. S. 808 f.

[11] »Bei den Mittelmeervölkern der Antike beherrscht die maritime und nautische Symbolik den Sprachschatz vieler Bereiche des öffentlichen und privaten Lebens. In der Jenseitsvorstellung der Griechen führt Charon die Toten auf einem Schiff zum Reich des Todes. Der Zusammenhang zwischen Unterwelt und Meer führt zur Vorstellung des Meeres als Tummelplatz der Dämonen. Platon [...] spricht von der Lebensfahrt des Menschen über das Meer der Welt.« (Ulrike Weber: »Schiff«. In: *Lexikon der christlichen Ikonographie.* Hg. von Engelbert Kirschbaum. Bd. 4. Freiburg 1972. Spalte 61-67, hier: Sp. 62.) In der christlichen Ikonographie wird die Bedeutung des Schiffs als Lebensschiff erweitert und umgedeutet. Das Schiff wird zum Bild für Ecclesia, zum »Schiff der Kirche«: Es steht nunmehr für Erlösung und für die Überwindung des Bösen, das durch die archaischen Kräfte des Meeres repräsentiert wird.

erstehungszeichen), der Vorgang des *Netze-flickens* als Zeichen für den schriftstellerischen Übersetzungsprozeß, »Salz«, »Brot« und »Öl« (rituelle Objekte zur Begrüßung, zur Segnung und zur Salbung, Zeichen des Friedens, des Glücks und der Heiligung), das »helle Licht« als Bild für den Zustand der inneren Klarheit und Hoffnung, der »unverrückbare Himmel« als Zeichen der Kontinuität trotz des Wandels der Welt wie zuletzt das »immerwiederkehrende Sonnenufer« als Symbol der bis ins Utopische reichende Formen der menschlichen Hoffnung sind von Ingeborg Bachmann häufig verwendete Bilder zur Beschreibung des Südens wie zur Standortbeschreibung des literarischen Subjekts, seiner Wünsche, Ängste und Träume am Beginn seiner Zeit in der neu zu entdeckenden Welt des Südens. Diese poetischen Bilder durchziehen das gesamte Werk und tauchen in verschiedenen Konstellationen immer wieder zur Beschreibung und Deutung der Welt des Südens, und damit eng verbunden zur inneren Welt des Ichs (oder: Du), auf. Das »Auge« ist dabei das Bindeglied dieser Subjekt-Objekt-Konstellation und stellt die Brücke zwischen Ich (Du) und Welt dar. An ihm und seiner »Öffnung« oder »Abkehr« läßt sich auch die momentane Haltung des literarischen Subjekts zur Welt ablesen. Das »Auge« und die Art und Weise der Schilderung des »Sehens« macht gleichzeitig den Erkenntnisprozeß des Subjekts deutlich, den es in Auseinandersetzung mit der Fremde durchläuft. Die »Heiligkeit« und »Feierlichkeit« des poetischen Sprechens von Ingeborg Bachmann, wie es Hans Werner Henze anfänglich bezeichnet hat[12], sind

---

12   Christa Wolf bemerkt in ihrem Aufsatz *Die zumutbare Wahrheit. Zur Prosa der Ingeborg Bachmann* über Bachmanns Art und Weise, die Welt in ihrer eigenen Sprache neu zu benennen und damit neu zu deuten, ähnliches wie Hans Werner Henze. Im Versuch, sich die Welt über die Sprache anzueignen, bedeutet Bachmanns Vorgehensweise in der engen Verknüpfung zwischen Erfahrung, Denken und Dichtung in den Augen Christa Wolfs: »Eine Souveränität wiederzugewinnen, die durch Unterwerfung verloren gegangen war. Ihrer Herr zu werden durch Benennung. Den Zauber des genauen, sinnlichen Wortes wieder […] zu probieren – ob es denn wirklich noch die Kraft hat, zu binden und zu lösen. […] [Sie] zieht immer neue Nahrung aus der Entfremdung der realen Vorgänge, die sie beobachtet. Der Kreis ist geschlossen. Ingeborg Bachmann, sehr bewußt in der Tradition, in der sie steht, des Problemkreises, aus dem sie schöpfen kann und an den sie so gebunden ist, ist von ihrer Erfahrung so glaubhaft, so ursprünglich und auf eigenen Weise betroffen, daß der Eindruck des Epigonalen nicht aufkommen kann. Sie spielt nicht mit der Verzweiflung, Bedrohtheit und Verstörung. Sie ist verzweifelt, ist bedroht und verstört und wünscht daher wirklich, gerettet zu werden. Die Zeichen, die sie gibt – Klopfzeichen, Ausbruchsversuche – sind echt. Die Anstrengungen, die sie unternimmt, sind schonungslos, auch gegen sich selbst.« Christa Wolf: »Die zumutbare Wahrheit. Prosa der Ingeborg Bachmann.« In: Dies.: *Lesen und Schreiben. Neue Sammlung. Essays, Aufsätze, Reden.* A.a.O. S. 172-185, hier: S. 175 u. S. 179 f. Christa Wolf beschreibt hier den rituellen, zyklischen Charakter des Schreibens von Ingeborg Bachmann in Zusammenhang mit dem Einfluß der Wirklichkeitserfahrung auf die Dichtung der Autorin. Auch sie betont die Fähigkeit zum sprachmagischen Schreiben Bachmanns.

ebenso wie die Bilder der südlichen Raumes, Zeichen der rituellen Auffassung Bachmanns vom Schreiben als Neudeutung tradierter Zeichen eines literarischen Subjekts, wie wir sie im Vollzug des ›Rituals der Reise nach Italien‹ wiederholt vorfinden.

»Einmal muß das Fest ja kommen« – ›Lieder von einer Insel‹[13]

> Frau Bachmann kam zum Fest des heiligen Sankt Vitus auf die Insel. Es muß ungefähr der 20. August gewesen sein. [...] In ihrem Gedichtzyklus ›Lieder von einer Insel‹ beschreibt sie das Fest. [...] ›Einmal muß das Fest ja kommen‹ ist das Zitat von meiner Haushälterin Lucia [...].[14]

Dieses Fest zu Ehren des Heiligen San Vito ist das wichtigste Fest der Stadt Forio. Drei Tage lang wird gefeiert, gebetet und getanzt, und zum Höhepunkt des Festes fährt eine Statue des Heiligen hinaus auf das Meer und segnet symbolisch das Wasser und das Land, die Fische und die Fischer bei ihrer Arbeit. Die Zeremonie trägt Züge eines heidnischen Festes. Obwohl es sich um einen katholischen Heiligen handelt, erinnert das Ritual an den Umgang der alten Griechen mit ihren Göttern, so berichtet es jedenfalls Hans Werner Henze. Ingeborg Bachmann war voller Erwartungen auf die Insel gekommen und dachte zu Anfang fälschlicherweise, das Fest auf der Insel sei der typische mediterrane Alltag und würde demnach »ewig« dauern: »Ewig und drei Tage.«[15]

Auf der fiktiven Ebene beschreibt Ingeborg Bachmann ihre Erinnerungen und Eindrücke von der Ankunft auf der Insel in ihrem Liederzyklus *Lieder von einer Insel*, zu dem Hans Werner Henze zehn Jahre später, im Jahr 1964, eine Chorphantasie komponiert, die am 23. Januar 1967 zur Einhundertjahrfeier der Firma Rosenthal in Selb uraufgeführt wird.[16]

Lieder von einer Insel

Schattenfrüchte fallen von den Wänden,　　　　　　　　　　1　A
Mondlicht tüncht das Haus, und Asche
erkalteter Krater trägt der Meerwind herein.

---

13 Bachmann: *Lieder von einer Insel*. In: GW. Bd. I. S. 121-124.
14 Aus dem Interview mit Hans Werner Henze in Marino bei Rom vom 5. Juni 1993.
15 Aus dem Interview mit Hans Werner Henze in Marino bei Rom vom 5. Juni 1993.
16 Bachmann: Anmerkungen der Herausgeberinnen zu dem Gedichtzyklus *Lieder von einer Insel*. In: GW. Bd. I. S. 652.

In den Umarmungen schöner Knaben
schlafen die Küsten,
dein Fleisch besinnt sich auf meins,
es war mir schon zugetan,
als sich die Schiffe vom Land lösten und Kreuze
mit unserer sterblichen Last
Mastendienst taten.

Nun sind die Richtstätten leer,
sie suchen und finden uns nicht.

*

B 1 Wenn du auferstehst,
wenn ich aufersteh,
ist kein Stein vor dem Tor,
liegt kein Boot auf dem Meer.

5 Morgen rollen die Fässer
sonntäglichen Wellen entgegen,
wir kommen auf gesalbten
Sohlen zum Strand, waschen
die Trauben und stampfen
10 die Ernte zu Wein,
morgen am Strand.

Wenn du auferstehst,
wenn ich aufersteh,
hängt der Henker am Tor,
15 sinkt der Hammer ins Meer.

*

C 1 Einmal muß das Fest ja kommen!
Heiliger Antonius, der du gelitten hast,
heiliger Leonhard, der du gelitten hast,
heiliger Vitus, der du gelitten hast.

5 Platz unsren Bitten, Platz den Betern,
Platz der Musik und der Freude!
Wir haben Einfalt gelernt,
wir singen im Chor der Zikaden,
wir essen und trinken,

die mageren Katzen
streichen um unseren Tisch,
bis die Abendmesse beginnt,
halt ich dich an der Hand
mit den Augen,
und ein ruhiges mutiges Herz
opfert dir seine Wünsche.

Honig und Nüsse den Kindern,
volle Netze den Fischern,
Fruchtbarkeit den Gärten,
Mond dem Vulkan, Mond dem Vulkan!

Unsre Funken setzten über die Grenzen,
über die Nacht schlugen Raketen
ein Rad, auf dunklen Flößen
entfernt sich die Prozession und räumt
der Vorwelt die Zeit ein,
den schleichenden Echsen,
der schlemmenden Pflanze,
dem fiebernden Fisch,
den Orgien des Winds und der Lust
des Bergs, wo ein frommer
Stern sich verirrt, ihm auf die Brust
schlägt und zerstäubt.

Jetzt seid standhaft, törichte Heilige,
sagt dem Festland, daß die Krater nicht ruhn!
Heiliger Rochus, der du gelitten hast,
der du gelitten hast, heiliger Franz.

*

Wenn einer fortgeht, muß er den Hut
mit den Muscheln, die er sommerüber
gesammelt hat, ins Meer werfen
und fahren mit wehendem Haar,
er muß den Tisch, den er seiner Liebe
deckte, ins Meer stürzen,
er muß den Rest des Weins,
der im Glas blieb, ins Meer schütten,
er muß den Fischen sein Brot geben
und einen Tropfen Blut ins Meer mischen,

15   er muß sein Messer gut in die Wellen treiben
        und seinen Schuh versenken,
        Herz, Anker und Kreuz,
        und fahren mit wehendem Haar!
        Dann wird er wiederkommen.
        Wann?
        Frag nicht.

                        *

E   1   Es ist Feuer unter der Erde,
        und das Feuer ist rein.

        Es ist Feuer unter der Erde
        und flüssiger Stein.

5   Es ist ein Strom unter der Erde,
        der strömt in uns ein.

        Es ist ein Strom unter der Erde,
        der sengt das Gebein.

        Es kommt ein großes Feuer,
10   es kommt ein Strom über die Erde.

        Wir werden Zeugen sein.[17]

In diesem 1954 entstandenen Gedichtzyklus werden für das Italienbild Ingeborg Bachmanns zentrale Motive und Themenkomplexe angesprochen. Zunächst fällt auf, daß der Zyklus aus fünf (bis auf die letzte) reimlosen Einheiten besteht, wobei der erste und zweite Teil (A/B) aus drei Strophen, der dritte (C) aus fünf, der vierte (D) aus einer einzigen und der fünfte (E) aus sechs ›Strophen‹, d. h. aus fünf zweizeiligen und einem einzeiligen Vers besteht. Eine gewisse Regelmäßigkeit des Strophenbaus findet sich vor allem in den ersten drei Einheiten und im letzten, fünften Teil des Gedichtzyklus.

In der ersten Strophe zeigt sich die für die Beschreibung des Südens typische Licht- und Schatten-Metaphorik; den Hell-Dunkel-Metaphern

---

17 Bachmann: *Lieder von einer Insel*. In: GW. Bd. I. S. 121-124. (Kurs. Herv. in den Gedichtauszügen im Verlauf der Interpretation v. d. Verf. Aufgrund der Länge des Zyklus hier durchgehende Verszählung pro Einheit, sonst Verszählung pro Strophe.)

(»Schattenfrüchte«; »Mondlicht«) werden Bildern verschiedener Aggregatzustände der Materie (»Asche erkalteter Krater«), aus der die Insel, um die es hier geht, entstanden ist, gegenübergestellt. Die Faszination für poetische Bilder aus dem Bereich des Vulkanismus ist nicht nur Goethe, sondern auch Ingeborg Bachmann zu eigen. Temperatur, Licht und Luftbeschaffenheit und die verschiedenen Aggregatzustände der Elemente bestimmen den Beginn des Gedichts und bilden den Rahmen für die folgenden Beschreibungen der verschiedenen Facetten des Lebens auf der Insel. Den Höhepunkt des Gedichtzyklus (Teil C) bildet die Beschreibung des Festes zu Ehren des Inselheiligen San Vito, wobei sich Bilder der Ankunft des Ichs auf der Insel, Bilder der Erinnerung an die ›Flucht‹ vor den Verfolgern der Vergangenheit und die der Festvorbereitungen (Teil A u. Teil B) vermischen. Teil D beschäftigt sich mit den Reflexionen des lyrischen Ichs während oder nach dem Fest. Das Ich reflektiert über die Bedingungen, unter denen ein Auszug aus der Heimat und eine mögliche Rückkehr vorgenommen werden kann, die jedoch durch die Verwendung der dritten Person Singular, »er«, ganz allgemein gehalten sind und erst in Verbindung mit dem Modalverb »müssen« den Charakter einer zu befolgenden Regel erhalten. Teil E, der letzte Abschnitt des Zyklus wendet sich wieder dem Bild des vulkanischen Feuers zu, diesmal ist es jedoch nicht »erkaltet«, wie in der ersten Strophe von Teil A, sondern erscheint in seiner flüssigen Form, der heißen Lava. Dabei kommt dem lyrischen Ich, das nach dem Fest jetzt Teil der Inselgemeinschaft ist, mit den anderen Inselbewohnern die ›Zeugenschaft‹ des Weltgeschehens zu, dessen Gang sich im Kleinen bereits auf der Insel abzeichnet.

In Teil A werden nach der nächtlichen Beschreibung der Insel in der ersten Strophe Bilder der körperlichen wie seelischen Liebe beschrieben, die ein Grund für die Überfahrt des lyrischen Ichs zu der Insel gewesen sein können (A, 2,4-7). Erinnerungen an mythologische Bilder der Vergangenheit werden wach gerufen und fließen in eins zusammen mit den Gegenwartseindrücken, indem die dichterische Phantasie mit einem Blick das bunte Treiben entlang der Küste einfängt. So besteht die zweite Strophe des ersten Teils auch nur aus einem einzigen Satz, der sich über alle sieben Verse hinzieht. »In den Umarmungen schöner Knaben / schlafen die Küsten, / dein Fleisch besinnt sich auf meins, / es war mir schon zugetan, / als sich die Schiffe vom Land lösten [...]«: Der sinnliche Erfahrungsraum wird in Schlaf-, Traum- und Erinnerungsbildern festgehalten (A 2,4-6). Archaische Bilder einer vergangenen Welt tauchen auf, die Vision von der »Umarmung durch schöne Knaben« wird beschrieben, ein Bild, das auf die griechische Knabenliebe zurückgehen könnte, hier aber die ›Besinnung‹ auf die Liebe der Gegenwart herbeiführt. Die Anwesenheit eines Du wird benannt, das dem lyrischen Ich schon »zugetan« war, »als sich die Schiffe von Land lösten und Kreuze / mit unserer sterblichen Last / Mastendienst taten« (A 2,7-10). Das lyrische Ich und das Du kannten sich also schon vor der Überfahrt und erscheinen einander in dieser Formulierung auf gewisse Weise vorbestimmt.[18] In visionären Bildern lösen sich vor dem inneren Auge die »Schiffe vom Land«, ein Aufbruch bei noch lebendigem Leib im Zeichen des ›Kreuzes‹, was die Sterblichkeit alles Menschlichen betont und zugleich in die Richtung der ›Ewigkeit‹ weist, die auf der Insel als Anklang auf biblische Paradiesvorstellungen in Harmonie mit allen dort lebenden Wesen herrscht. Die Auflösung einer bestimmbaren Zeit-Raum-Einheit lädt den Lesenden auf eine Reise durch die Jahrhunderte ein: von Bildern antiker Anklänge (›schöne Knaben‹) über das Mittelalter (›Kreuzfahrt‹; ›Kreuzzüge‹) hin zur Gegenwart (»Nun sind die Richtstätten [...]; A 3,11). Die »sterbliche Last« tut ihren letzten Dienst auf See. Die Wortverbindung von »Kreuz«, »sterblicher Last« und »Mastendienst« eröffnet gleichzeitig den gedanklichen Bezugsrahmen zu Golgatha und der Hinrichtung Jesu Christi (A 2,8-10). Doch die »Richtstätten« sind jetzt »leer«, die Bildwelt der heidnischen und christlichen Antike als Bewältigungsstrategie und momentanen Schutz vor den viel bedrängenderen und bedrohlicheren Bildern der Gegenwart kann verlassen werden. Die Flucht vor den Henkern der Gegenwart ist mit der Überfahrt zur Insel geglückt. Der Rückzugsort fernab vom Festland scheint ein gutes Versteck vor den nicht näher benannten Verfolgern zu sein: »sie suchen und finden uns nicht« (A 3,11-12). Der Körper als Liebesobjekt und der bedrohte, todgeweihte Körper stehen sich auf der (Lebens-)reise zu der Insel stets gegenüber und gehören seit der *Ausfahrt* (vgl. Str. 6 des gleichnamigen Gedichts in der vorangegangenen Interpretation) zusammen. Die Flucht unter dem Zeichen des Kreuzes in der Hoffnung auf Auferstehung, auf christliche Erlösung, wird einmal in biblischen Bildern (1)[19], dann parallel dazu in südlicher, italienischer Bildlichkeit (2) beschworen: »Wenn du auferstehst, / wenn ich aufsteh / ist kein Stein vor dem Tor (1), / liegt kein Boot auf dem Meer (2).« (B 1,1-4) Der Süden wird hier zum Ort der (christlichen) Verheißung des Friedens und der Harmonie von Körper und Seele, in dem eine Flucht vor etwaigen Verfolgern, die die »Richtstätten« von einst bedienten, nicht mehr nötig ist. Die Insel erlaubt die Auferstehung der Körper wie der tradierten Bilder, die sich aus antiken und christlichen Quellen speisen. Bacchantische Bilder, Bilder der Weinernte aus Zeiten der Glückseligkeit rücken nun in den

---

18 Den Aspekt der Vorherbestimmtheit der Liebenden betonten, in Anlehnung auch an Märchenmotive, besonders die Romantiker in ihrer Liebeskonzeption. Die Vorstellung war aber auch Ingeborg Bachmann zu eigen. Siehe dazu *Die Geheimnisse der Prinzessin von Kagran*. In: *Malina*. GW. Bd. III. S.68.

19 Vgl. hierzu Marie-Luise Habbel: *»Diese Wüste hat sich einer vorbehalten«. Biblisch-christliche Motive, Figuren und Sprachstrukturen im literarischen Werk Ingeborg Bachmanns*. Altenberge 1992; Hermann Weber: *An der Grenze der Sprache: Religiöse Dimension der Sprache und biblisch-christliche Metaphorik im Werk Ingeborg Bachmanns*. Essen 1986.

Mittelpunkt des Geschehens (B 2,5-11): die diesjährige Ernte wird am Strand eingefahren, nicht in den Bergen, wie eigentlich bei der Traubenernte üblich. Es ist von »sonntäglichen Wellen« die Rede und von »gesalbten Sohlen«. Im Rahmen eines Reinigungsritual zur Befreiung von alter Schuld wie zur Befreiung des Körpers und im übertragenen Sinn der Seele vom ›schmutzigen Geschäft‹ des Alltags erscheint die Szene der ›Fußwaschung‹ bei der Traubenernte (B 2,7-9), die nur sehr entfernt an ihren biblischen Vorläufer erinnert, da auf der Insel jeder der Anwesenden für seine Reinigung und Salbung selbst verantwortlich zu sein scheint. Die Reinigung ist hier Teil des Rituals der Festvorbereitungen, die die Vergangenheit ruhen lassen und das Ich für den (festlichen) Neuanfang eines Lebens auf der Insel vorbereiten soll. »*Morgen* rollen die Fässer [...] *morgen* am Strand.« (B 2,5;11) Typisch für Bachmanns Form des rituellen Schreibens ist auch der anaphorische Versanfang, der die Vorbereitungen für den Ritus des Festes auch auf formaler Ebene unterstreicht.

»Wenn du aufstehst / wenn ich aufersteh [...] (B 3,12-13): Parallel zu den ersten beiden Versen der ersten Strophe von Teil B (B 1,1-2) wird der Wunsch nach der Auferstehung von Ich und Du in der Teilnahme am Leben auf der Insel im Rahmen des Festes wiederholt. Das paradoxe Bild des ›gehängten Henkers‹ läßt – bedenkt man die Zeit der Entstehung des Gedichtzyklus' Anfang der fünfziger Jahre – auch den Schluß auf die Verarbeitung der Zeit des Nationalsozialismus zu, in Erinnerung an Berichte über den Terror und die Verfolgung ideologisch Andersdenkender. Das Bild von der ›Flucht in den Süden‹ stellt auf diese Weise deshalb gleichzeitig auf einer zweiten Textebene auch die geglückte Flucht des Ichs vor den Henkern der Gegenwart in ein für den Augenblick sicher geglaubtes Exil dar.[20] »[...] hängt der Henker am Tor, sinkt der Hammer ins Meer.« (B 3, 13-14) An diesem Vers wird die politische Haltung der Dichterin in den frühen fünfziger Jahren bis in die späten sechziger Jahre hinein deutlich. Ingeborg Bachmanns intensiver politischer Einsatz für die SPD zusammen mit Hans Werner Henze und Günter Grass im September des Jahres 1965 in Bayreuth war ein weiterer Ausdruck ihrer politischen und dennoch streng poetischen Haltung, die sie

---

20 Die Auseinandersetzung mit der nationalsozialistischen Vergangenheit der Deutschen und Österreicher findet sich im Gesamtwerk Ingeborg Bachmanns wieder. Vgl. hierzu Hans Ulrich Thamer: »Nationalsozialismus und Nachkriegsgesellschaft. Geschichtliche Erfahrung bei Ingeborg Bachmann und der öffentliche Umgang mit der NS-Zeit in Deutschland.« In: *Ingeborg Bachmann. Neue Beiträge zu ihrem Werk*. Hg. von Dirk Göttsche und Hubert Ohl. Internationales Symposion. Münster 1991. Würzburg 1993; Holger Gehle: *NS-Zeit und literarische Gegenwart bei Ingeborg Bachmann*. Wiesbaden 1995; Hans Höller: »Geschichtsbewußtsein und moderne Lyrik. Zu einigen Gedichten von Ingeborg Bachmann.« In: *Literatur und Kritik* 115 (1977). S. 291-308; ders.: »Geschichte ist etwas Unerläßliches. Zu einem Interview mit Ingeborg Bachmann in Polen 1973.« In: *Salz. Salzburger Literaturzeitung* 2 (1975). S. 6.

letztlich über alles Politische stellte.²¹ In einem Brief an Hans Werner Henze vom 8. August 1965 heißt es:

> [...] Ich habe leicht sagen, dieses Land mit dieser Schuld und Unbelehrbarkeit soll zur Hoelle gehen, aber ich schreibe in dieser Sprache und Du bist mir der kostbarste Mensch. Ich glaube, dass wir nicht nur auf der richtigen Seite sein muessen, in einem pragmatischen Sinn, den Grass verficht, [...]. Aber ich glaube doch, das unsere Ansprueche, Ideen und Forderungen sich ueber den Tag erheben muessen, wie eine Melodie – also ich bleibe unbelehrbar, und ich glaube, dass wir diesen Ideen, auch wenn sie niemand verlangt, treu bleiben muessen, weil man nicht existieren kann ohne den Absolutheitswahn, den Grass zum Beispiel mir vorwirft. [...] Alle meine Neigungen sind auf der Seite des Sozialismus, des Kommunismus, wenn man will, aber da ich seine Verirrungen, Verbrechen etc. kenne, kann ich nicht votieren. Ich kann nur hoffen [...], dass im Laufe der Zeit das Gesicht der einzigen Revolution dieser Zeit die menschlichen Zuege annehmen wird, die nie ein System annehmen wird. Es macht mir keinen Spass, diese Spaesse hier mitzumachen, auch die dort nicht. Ich bin danach ohnmächtig. [...] Es ist so leicht zu sagen, wir akzeptieren diesen oder [jenen] Kurs, aber die Welt, die erniedrigte, hat nur einen Kurs, der Hunger nur einen, die Unwissenheit nur einen, und wir schmoren in unseren kleinen Wirtschaftswundern und Kunstwundern, aber die Geschichte ist eine Dampfwalze, und wir sind stark, nicht, wenn wir »eingehen« auf das Gegebene, sondern wenn wir weiterdenken. Mein ganzes Bemuehen ist, weiterdenken. Und Dein ganzes Bemuehen kann nur sein, noch einen und noch einen Ton zu finden fuer die Freuden, die Verzweiflungen, die Richtungen vor allem. Ich glaube, wir haben nur die Richtung zu exekutieren, das ist es, sie anzuzeigen, wir haben ja nur ein kleines métier, ein sehr schoenes, freies, und man muss in seinem métier negieren und dann die Richtung geben. Der grosse Rest ist allerdings »Pragmatismus«, fuer den ich keine Verachtung habe, weiss Gott nicht, aber er gehört ins Geschaeft und in die Politik, und wir sind hier, um die Pragmatiker in die Schranken zu weisen und wenige wuerdige Dinge zu vertreten und verteidigen. Und die sind absolut, obwohl sie nur unseren Koepfen entsprungen sind, die Konzeptionen der Gerechtigkeit, der Wahrheit, der Freiheit. Davon geht nur wenig ein in die Parteiprogramme, und in die deutschen besonders wenig.²²

---

21 Andreas Rochholl (Hg.): *Ingeborg Bachmann – Hans Werner Henze.* Ausstellungskatalog. Ausstellung im Theater Basel, 17. März-8. April 1996. Basel 1996. S. 11. Der zitierte Brief ist meines Wissens nur an dieser Stelle veröffentlicht und ist daher in seiner ganzen Länge abgedruckt

22 Auszug aus einem unveröffentlichten Manuskript *Arbeitstagebuch zu den Bassariden* mit handschriftlichen Eintragungen von Hans Werner Henze. Der Auszug enthält u. a. einen Brief von Ingeborg Bachmann an Hans Werner Henze. In: Andreas Rochholl (Hg.): *Ingeborg Bachmann – Hans Werner Henze.* A.a.O. S. 10.

Dem geht im Jahr 1958 ihr öffentliches Auftreten gegen die Atombewaffnung der Bundeswehr voraus, eine Haltung, die die Dichterin durch den Beitritt zum »Komitee gegen die Atomrüstung« im folgenden noch unterstreicht und mit ihrem Engagement gegen den Vietnamkrieg im Jahr 1965 gemeinsam mit anderen Schriftstellern weiterführt. Wie eng bei Ingeborg Bachmann ihre künstlerische und politische Haltung in ihrer Arbeit und im alltäglichen Umgang mit Freunden verknüpft waren, wird in einem kurzen Brief an Klaus Geitel deutlich, der mit Hans Werner Henze und der Dichterin 1959 bereits an der Vertonung der Liederzyklen *Lieder von einer Insel* und *Lieder auf der Flucht*[23] arbeitete.

Meine Lieben, Klaus und Blackie,

vielen Dank für das liebe Telegramm! Wie hättet Ihr Euch amüsiert in Bonn, wo Euer Minister Blank mich für blind hielt und am Arm zu stützen und zu führen versuchte, weil doch der Preis »Kriegsblindenpreis« heisst. Nun ja, jedem Land seine Schilda.

Klaus, ich habe von Hans Deinen Liederzyklus-Vorschlag, der eine gute Basis ist; ich werde nun dem Hans einen leicht veränderten unterbreiten (Lieder von einer Insel bleiben unbedingt, nur die [...] Lieder auf der Flucht gefallen mir nicht ganz) und Du bist bitte so lieb und wirkst weiter mit Meinung, Gegenmeinung etc. hilfreich mit, ja?

Lebt wohl! Ich bin bis zum 25. Mai hier, gehe dann auf eine mehrwöchige Spanienreise und bin dann wieder hier in Uetikon. (Ein kleiner Ort am Zürichsee!). Eure Ingeborg[24]

»Einmal muß das Fest ja kommen!« heißt es in ihrem Gedichtzyklus *Lieder auf der Insel*. Wie groß die Hoffnungen und Erwartungen der Dichterin bei ihrer Übersiedlung nach Italien, in ihr »erstgeborenes Land«[25], gerade nach den entsetzlichen Erfahrungen des Zweiten Weltkrieges waren, läßt sich an mehreren, zur selben Zeit entstandenen Gedichten ablesen, die alle das Motiv der Hoffnung, des Aufbruchs und des Neubeginns enthalten. Gemeint sind die zum Teil schon angesprochenen Gedichte mit den Titeln *Wie soll ich mich nennen?*, *Ausfahrt*, *Die große Fracht*, *Herbstmanöver*, *Salz und*

---

23 Bachmann: *Lieder auf der Flucht*. In: GW. Bd. I. S. 138-147.
24 Brief von Ingeborg Bachmann vom 15. Mai 1959 an Klaus Geitel. Die am Anfang des Briefes erwähnte Anekdote bezieht sich auf die Verleihung des Hörspielpreises der Kriegsblinden an Ingeborg Bachmann im März 1959 für das Hörspiel *Der gute Gott von Manhattan*. In: *Ingeborg Bachmann – Hans Werner Henze*. A.a.O. S.51 f.
25 Vgl. hierzu das Gedicht *Das erstgeborene Land*. In: GW. Bd. I. S. 119 f. *Das erstgeborene Land* ist von allen Gedichten, die sie über den Süden geschrieben hat, wohl am bekanntesten geworden, wird aber im Rahmen des Zyklus erst an späterer Stelle interpretiert.

Brot, Tage in Weiß und *Das erstgeborene Land*.[26] Aus Gründen des Umfangs der Arbeit kann an dieser Stelle jedoch nur auf sie hingewiesen werden, eine genaue Analyse in diesem Zusammenhang erfolgt allein bei dem Gedicht *Das erstgeborene Land*. Exemplarisch soll an dieser Stelle jedoch zunächst weiter auf den Gedichtzyklus *Lieder von einer Insel* eingegangen werden.

Fährt man in der Betrachtung des Gedichtes fort, so fällt auf, daß das stellvertretende Leiden der Heiligen mit dem Beginn des Festes endlich vorüber ist. Ingeborg Bachmann wählt an dieser Stelle, möglicherweise aus Gründen der Authentizität, um den ursprünglichen heidnischen, dann christlichen Festcharakter zu betonen, anbetungsartige Beschwörungsformeln. »*Heiliger* Antonius, *der du gelitten hast,* / *heiliger* Leonhard, *der du gelitten hast,* / *heiliger* Vitus, *der du gelitten hast.*« (C 1,2-4) Die monotone Wiederholung des Betens wird in Form der Symploke hörbar. Die Verwendung des Partizip Perfekt des Verbstammes »leiden« zeigt deutlich, daß dieser Zustand gegenwärtig, zu Beginn des Festes, vorbei und wenigstens für den Moment aufgehoben ist. Endlich heißt es (anaphorisch): »*Platz* unseren Bitten, *Platz* den Betern, / *Platz* der Musik und der Freude!« (C 2,5-6) Nach der Darstellung der natürlichen Bilder von Schatten und nächtlichem Licht (A 1) fallen erste ›Schatten‹ auf das bis dahin noch positiv besetzte Italienbild von einem freieren und festlichen Inselleben und einzelne Töne beginnender Desillusionierung und erster Resignation werden laut (»Wir haben Einfalt gelernt [...]« C 2,7). Das lyrische Ich stimmt zum ersten Mal in den »Chor der Zikaden«[27] ein. Über die Bedeutung der »Zikaden« wird Ingeborg Bachmann aber erst in ihrem 1954 erscheinenden Hörspiel nähere Auskunft geben. Dort heißt es erklärend: »die Zikaden waren einmal Menschen« und sind auf der »Flucht in den Gesang [...] verzaubert, [...] verdammt [und] unmenschlich geworden sind.«[28] Liest man den Ausdruck »Flucht in den Gesang« als poetisches Bild für die extreme und ausschließliche Hinwendung zur Kunst in Form einer völligen Abkehr vor den Belangen der Welt und der menschlichen Bedürfnisse, handelt es sich vor diesem Hintergrund bei den »Zikaden« möglicherweise um eine Warnung an die Adresse des Künstlers, die ihm als Mensch auch in der Kunst durchaus gesetzten Grenzen nicht bis ins ›Unmenschliche‹ und Unendliche, bis zum völligen Exzeß hin zu überschreiten. Die »Flucht in den Gesang« als poetisches Bild für die extreme Hinwendung zur Kunst um den Preis des Verlustes der realen Erfahrungswelt sollte gerade in der verlockenden Schönheit der italienischen Kunstwelt, von der Ingeborg Bachmann auch in der Erzählung *Das dreißigste*

---

26 Die hier erwähnten Gedichte sind in der Reihenfolge ihrer Aufzählung zu finden in: Ingeborg Bachmann: GW. Bd. I. S. 20., S. 28, S. 34, S. 36, S. 57, S. 112 und S. 119 f.
27 Vgl. hierzu das 1954 entstandene Hörspiel von Ingeborg Bachmann *Die Zikaden*. In: GW. Bd. I. S. 217 ff. – Die Musik dazu schrieb Hans Werner Henze.
28 Dies.: *Die Zikaden*. In: GW. Bd. I. S. 268.

Jahr[29] berichtet, nicht bis ins letzte vollzogen werden. So könnte man jedenfalls diese Zeilen Bachmanns im Hinblick auf die entsprechende Aussage des Hörspiels deuten.

Zu diesem Zeitpunkt aber, in den *Lieder*[n] *von einer Insel*, sind die menschlichen Primärbedürfnisse noch erfüllt: Für Essen und Trinken und eine Hand zum Halten ist gesorgt (C 2, 9 u. 13). Allerdings ist es schon jetzt nur über die »Augen« möglich, eine Verbindung zum Du aufzunehmen; das damit verbundene Opfer kündigt sich einen Vers weiter bereits an. »[...] und ein ruhiges, mutiges Herz / opfert dir seine Wünsche.« (C 2,15-16)[30]

Zum Reinigungsritual, zur Befreiung von alter Schuld im Sinne einer ganzheitlichen ›Neuwerdung‹ (Bild der ›Auferstehung‹) des Ichs in Teil B des Zyklus, tritt jetzt das Opferritual hinzu, daß sich nicht nur auf die Zurückstellung eigener Wünsche zugunsten der Liebesbeziehung bezieht, sondern sich auch bereits in den beschwörenden, formelhaften Anrufungen für eine reiche ›Ernte‹, d. h. »Honig und Nüsse« für die Kinder, »volle Netze den Fischern« und in dem Wunsch nach »Fruchtbarkeit den Gärten, / Mond dem Vulkan, Mond dem Vulkan« ausdrückt (C 3,17-20). In der Repetitio des Ausrufes »Mond dem Vulkan« wird parallel zur ersten Strophe von Teil C, die ebenfalls wie die dritte und fünfte Strophe dieses Abschnitts aus vier Versen besteht, die Inszenierung des Festes weiter ausgestaltet und hebt die Zusammenkunft der Inselbewohner mit dem Ich außerhalb der Alltäglichkeit hervor. Diese innertextuelle Entwicklung entspricht ganz dem, was Braungart über die Darstellung von Fest und Feier als Wiedergabe eines rituellen, ästhetisch elaborierten Codes in der Literatur beschreibt:

Das ästhetische Erlebnis unterbricht den Alltag und gliedert ihn auf diese Weise. Es stellt dem Alltag das von ihm Unterschiedene entgegen und bleibt auf ihn bezogen [...]. [So haben] Jan und Aleida Assmann das ›kollektive Gedächtnis‹ in ein kulturelles und ein kommunikatives Ge-

---

29 Bachmann: *Das dreißigste Jahr*. In: GW. Bd. II. S. 118 f.
30 Ingeborg Bachmanns Person und Werk wurden in der Forschung lange Zeit in bezug auf die Opfer-Thematik diskutiert. Die Festlegung auf den Opferstatus wurde aber besonders von der feministischen Literaturwissenschaft seit den frühen siebziger Jahren problematisiert. In diesem Zusammenhang kommt dem kurzen Text [*Auf das Opfer darf sich keiner berufen*], wenn er auch nur ein Entwurf geblieben ist, besondere Bedeutung zu. Hier heißt es: »[...] deshalb darf es keine Opfer geben, weil der geopferte Mensch nichts ergibt. Es ist nicht wahr, daß die Opfer mahnen, bezeugen, Zeugenschaft für etwas ablegen, das ist eine der furchtbarsten und gedankenlosesten, schwächsten Positionierungen. Aber der Mensch, der nicht Opfer ist, ist im Zwielicht, er ist zwielichtige Existenz par excellence, auch der beinahe zum Opfer gewordene geht mit seinen Irrtümern weiter, stiftet neue Irrtümer, er ist nicht ›in der Wahrheit‹, er ist nicht bevorzugt. Auf das Opfer darf sich keiner berufen. Es ist Mißbrauch. Kein Land und keine Gruppe, keine Idee, darf sich auf ihre Toten berufen.« In: GW. Bd. IV. S. 335. (Wann der Text genau entstanden ist, läßt sich nicht eindeutig ermitteln.)

dächtnis unterschieden. Dem kulturellen Gedächtnis haben sie generell die Merkmale des Festlich-Feierlichen, des Heiligen zugesprochen und auf den förmlichen ritualisierten Kontext hingewiesen. Wie das Fest durch eine Dialektik von Zustimmung und Exzess bestimmt wird, von Affirmation und Auflösung, so auch der literarische Text selbst und so auch seine Inszenierung als Fest. Das Fest ist notwendig auf den Alltag bezogen, weil es ihn unterbricht und rhythmisiert und in ihn wieder übergeht. Es affirmiert den Alltag, indem es von ihm entlastet, seine kontrollierte Überschreitung ermöglicht und die Rückkehr zu ihm einschließt. [...] [Es erlaubt also] in zeitlich begrenztem und kontrollierten Rahmen den Exzess, die soziale Grenzüberschreitung, die verkehrte Welt. [...] Form und Rhythmus sind die zentralen Kategorien dieser dem Ritual verpflichteten, festlichen Ästhetik. [...] Formbewußtsein ist Festbewußtsein.[31]

Das Fest ist in der vierten Strophe von Teil C bereits in vollem Gange. Die Grenzüberschreitung, ausgedrückt im Bild einer Feuerwerksinszenierung am nächtlichen Strand, die ihrerseits symbolisch auf die menschliche Seite der Auflösung der Grenzen von Körper und Seele hinweist, ist mit der im Gedicht (C 4) dargestellten Verschiebung von Zeit und Raum vollzogen: »Unsere Funken setzten über die Grenzen, / über die Nacht schlugen Raketen / ein Rad, auf dunklen Flößen / entfernt sich die Prozession und räumt / der Vorwelt die Zeit ein [...]« (C 4,21-25). Das christliche Element, verkörpert im Bild der sich langsam ›entfernenden Prozession‹ der streng gläubigen Inselbewohner, die sich in einem Boot mit der Statue des Heiligen auf das Meer begeben [»dunkle Flöße«; (C 4,23)]; was allerdings nur angedeutet und nicht direkt erwähnt wird), wird von Bildern aus der Zeit der Frühgeschichte der Erde überlagert: »schleichende Echsen«, »schlemmende Pflanzen«, »fiebernde Fische«, »Orgien des Winds« und die »Lust des Bergs« (C 4,26-30) geben die ursprünglichen und elementaren Kräfte wieder, die einst bei der Entstehung der Erde, ihrer Tier- und Pflanzenwelt wirksam waren und jetzt im Rahmen des Festes wieder spürbar werden. Gleichzeitig sind es stellvertretende Bilder für den menschlichen Exzeß, der sich vor den Augen des Ichs, je weiter die Nacht im Verlauf des Festes vorrückt, abspielen könnte. Die Adjektive »schlemmen« und »fiebern« wie die von Bachmann verwendeten Substantive »Orgien« und »Lust« sprechen eher für ihre metaphorische Verwendung von exzessiven Naturbildern für außer Kontrolle geratene menschliche Bedürfnisse, die im Rahmen dieser alljährlichen Feierlichkeiten wohl weniger der Natur als menschlichen Festgewohnheiten entsprechen. Das Bild des »frommen Stern[s]«, der »sich verirrt« (C 4,30-32) und wie eine zur Erde gefallene Sternschnuppe am Berg zerschellt, könnte außer der poetischen Wiedergabe einer auf ihrem letzten Flug am nächtlichen Himmel

---

31 Braungart: *Ritual und Literatur*. A.a.O. S. 189 ff.

beobachteten Sternschnuppe auch ein Bild für das lyrische Ich selbst sein, das zu Beginn seines Aufenthaltes noch fremd auf der Insel, sich auf dem langsam entgleisenden Fest etwas verloren vorkommt, weil der Festverlauf den eigenen (»fromm[en]«) Moralvorstellungen möglicherweise zuwiderläuft. »Jetzt seid standhaft, törichte Heilige, / sagt dem Festland, das die Krater nicht ruhn!« (C 5,33-34) Umgehend ruft das Ich schon im nächsten Moment auch die Hilfe der »Heiligen« an, die sich angesichts des entgleisenden Festes stellvertretend für die exzessiv Feiernden »jetzt […] standhaft« zeigen sollen, obwohl sie selbst als »töricht« bezeichnet werden und daher nicht allzu viel Hoffnung auf Hilfe und Beistand in der Situation aufkommen lassen. Die in der Aufforderung an die »Heiligen« ausgesprochene Drohung, »sagt dem Festland, daß die Krater nicht ruhn!« (C 5,34) verweist wieder doppeldeutig auf den historischen Zusammenhang von Bachmanns Schreiben vor dem Hintergrund der Auseinandersetzung mit der nationalsozialistischen Geschichte. Unter diesem Gesichtspunkt könnte sich der Vers gegen eine mögliche Fehlinterpretation der ›Festlandbewohner‹ wenden, die das Ich durch seine Überfahrt auf die Insel zurückgelassen hat. Denn diese sollten nicht etwa auf die Idee kommen, mit der ›Flucht des Ichs auf die Insel‹ auch das Vergessen der in der Vergangenheit erlittenen Verletzungen persönlicher wie historisch-gesellschaftlicher Art zu verbinden. Die »Krater«, das Bild für die menschlichen Wunden, die die Geschichte in das Ich gerissen hat, sind nicht verheilt. Im Gegenteil, sie »ruhn nicht«, was heißt, daß das Ich, das seine Verletzungen in den rumorenden ›Kratern auf der Insel‹ widergespiegelt sieht, stellvertretend für viele andere den Rückzug auf die Insel angetreten hat, jedoch nicht nur in der Hoffnung auf einen glücklichen Neuanfang. Für das Insel-Ich ist dieser Neubeginn nur aus der sicheren Distanz zum »Festland« hin möglich, was aber nicht heißt, daß es vergessen wird, was auf dem Festland geschehen ist. Die Verarbeitung der Verbrechen, die eine Benennung voraussetzt, steht noch aus. »Heiliger Rochus, der du gelitten hast, / der du gelitten hast, heiliger Franz.« (C 5,35-36). Aber anstatt die Leiden(den) der Gegenwart beim Namen zu nennen, zieht sich das Ich auf die monotone Wiedergabe (hier in Form eines Chiasmus mit wörtlicher Wiederholung) des ritualisierten Gebetsrhythmus der Festteilnehmer zurück. Diese Teilnahme am Ritual des Festes bindet aber für den Moment erfahrenes Leid im Aussprechen allgemeiner Leidensformeln und läßt so die schmerzvolle Erfahrung mit der eigenen Geschichte etwas in den Hintergrund treten.

In Teil D des Gedichtzyklus, der nur aus einer Strophe mit siebzehn Versen besteht, tritt der symbolische Auszug noch einmal als rituelle Handlung in den Vordergrund des Geschehens. »Wenn einer fortgeht […] muß er […], er muß«. So lautet die Grundstruktur der Strophe, wobei das anaphorische »er muß« außer seiner einmaligen Umkehrung insgesamt viermal wiederholt wird. Im Kontext von mediterranen Bildmotiven aus der Natur (»Muscheln«, »Meer«, »Wellen«) und der südlichen Lebensart (»Wein«, »Fische«, »Brot«), die zugleich auch einen deutlich christlichen Symbolcharakter tragen (»Wein«, »Fisch«, »Brot«, »Blut« – zum Teil handelt es sich, außer im Bild des »Fisches« als Zeichen des Glaubens an die christliche Auferstehung von Körper und Seele, um rituelle Gegenstände, die zum Vollzug des heiligen Abendmahles notwendig sind), wird beschrieben, was derjenige, der auszieht, in der Fremde sein Glück zu suchen, zu tun hat. Die rituellen Handlungen und Gesten, die beim Auszug in die Fremde zu vollziehen sind, sind durch den verwendeten Imperativ vorgegeben. Allesamt sind es Bilder aus dem Bereich von Verlust und Verzicht – notwendige Voraussetzungen, um den Übergang von einer in eine andere Welt vollziehen zu können. »Wenn einer fortgeht, *muß er* den Hut mit den Muscheln [...] ins Meer werfen, [...] *er muß* den Tisch, den er seiner Liebe deckte, ins Meer stürzen, [...] *er muß* den Rest des Weins [...] ins Meer schütten, *er muß* den Fischen sein Brot geben und einen Tropfen Blut ins Meer mischen [...]« (D 1,1-9) Einige der Bildelemente sind nur anders zusammengesetzte, schon bekannte Motive des Aufbruchs in den Süden aus dem Gedicht *Ausfahrt* (»Muscheln«, »Meer«, »Blut«, »Fisch« – vgl. die vorangegangene Interpretation), die an dieser Stelle wieder auftauchen. Zum Teil sind es willkürliche, aggressive Handlungen, die die Kraft und Radikalität des Entschlusses, das Land oder den Ort zu wechseln, in ihrer Bedeutung noch einmal unterstreichen sollen, aber nur, um damit die baldige Rückkehr magisch zu beschwören: »er muß sein Messer gut in die Wellen treiben / und seinen Schuh versenken« (D 1,2-12). Sein Innerstes (»Herz«), seinen Halt (»Anker«) und sein Leben bis an die Grenzen des Todes (»Kreuz«) muß der ›Exilant‹, der in die Fremde aufbricht, aufzugeben bereit sein. »Dann wird er wiederkommen.« (D 15) Doch an eine Rückkehr an den Ort des Aufbruchs ist trotz des vollzogenen Rituals vorerst nicht zu denken (D 1,15-17).

Der letzte Teil des Zyklus (E) beschäftigt sich dem schöpferischen Element des Feuers. Das »Feuer«, das auf der Insel im Bild des »Vulkans« ständig gegenwärtig ist, wird ebenso variantenreich beschworen wie in der Strophe (D) zuvor der Aufbruch in die Fremde sprachmagisch betont wurde. So wiederholen sich in Teil E jeweils Strophe 1,1 und 2,3 (»Es ist ein Feuer unter der Erde«) wie 3,5 und 4,7 (»Es ist ein Strom unter der Erde«), wobei sie inhaltlich das Gleiche benennen, nämlich den Lavastrom, der sich bis in den Krater des Vulkans zieht und insofern auch als ›Lebensodem‹ oder ›Lebensfeuer‹ angesehen werden kann, vergleicht man die Interpretation mit dem Vers der ›Krater, die nicht ruhn‹ (C 5,34). In Abschnitt E 1,2 wird der *Reinigungsaspekt* des Feuers benannt und insofern das Reinigungsritual aus Teil B wieder aufgenommen (»und das Feuer ist rein«). In Strophe 2,4 wird der *Verwandlungsaspekt* des Feuers und damit auch im übertragenen Sinn der des Rituals benannt: »flüssiger Stein«. In Strophe 3,6 wird der *schöpferische*

Aspekt des Feuers benannt, der ebenfalls Teil des Rituals in seinem Vollzug ist: »Es ist ein Strom unter der Erde / *der strömt in uns ein.*« In Strophe 4,8 wird der *Aspekt der Bedrohung und des Todes*, der *grenzüberschreitende Aspekt* hervorgehoben, das verzehrende Feuer: »ein Strom, [...] der sengt das Gebein.« Es ist gleichzeitig der Preis, den der Vollzug des Rituals kosten kann (*Erfahrungsaspekt*). In Strophe 5 (E) werden das »Feuer« und der »Strom« in einer Strophe zusammengezogen und es klingt wie eine Warnung vor kommendem Unheil, wenn Bachmann schreibt: »Es kommt ein großes Feuer, / es kommt ein Strom über die Erde.« (E 5,9-10) Der anaphorische Beginn (»Es ist Feuer unter der Erde«) betont und vergrößert in seiner Variation (»Es ist ein Strom unter der Erde«) noch das Ausmaß und die Unausweichlichkeit, mit der die zerstörende Gefahr die Erde überspannen wird. Vielleicht handelt es sich auch nur um einen kleinen Ausbruch eines Vulkans auf der Insel, der hier jedoch von Bachmann ins Visionäre und Gigantische gesteigert wird.

»Wir werden Zeugen sein.« Dieser kurze, lapidare Satz, der den fünften Teil des Zyklus mit einem Vers abschließt, stellt die Position des Ichs als Teil der Gemeinschaft wieder her: »Wir werden [...].« Der weiche Gleichklang der Alliteration des Anlauts, der mit der Form des Futur inhaltlich und formal fest auf die Zukunft gerichtet ist, setzt eindeutige Zeichen: »[...] Zeugen sein.« (E 6) Die Strategie des Ichs als (re-)integrierter Teil der Gemeinschaft, wenn auch einer vormals ›fremden‹ Gemeinschaft, zeigt den sozialen wie den ästhetischen Aspekt des ›Rituals der Reise nach Italien‹ in einem Satz: In der Funktion des bezeugenden Ichs des Gedichts spiegelt sich das dichterische Selbstverständnis der Autorin wider. Der Vollzug des Rituals ist daher ein Teil auf dem Weg hin zu einer künstlerischen, in der Sprache und im Schreiben ›bezeugenden‹ Identität, die verschiedene Aspekte der Welterfahrung und Weltdeutung hier über die Anwendung eines Rituals in sich vereinen muß (siehe auch Teil D des Zyklus), soll es zu einer gelungenen Ganzheit im Kunstwerk wie im künstlerischen Selbst als Selbsterfahrung von schöpferischer Ganzheit kommen. Der Bewältigungsaspekt von Reiseerfahrung, Fremderfahrung und Welterfahrung (*Erfahrungsaspekt*) im Schreiben ist konstitutiver Bestandteil des Rituals der Italienreise. *Reinigungsaspekt, Verwandlungsaspekt, schöpferischer Aspekt*, der *Aspekt* der *Grenzüberschreitung*, d. h. der Aspekt der Begegnung mit Tod und Gefahr sowie der *Bewältigungsaspekt* der einzelnen Momente in der ästhetischen Verarbeitung bilden die grundsätzlichen Bestandteile des Rituals. Es handelt sich um einen rituellen Vollzug der (Lebens-)reise, wobei der Dichter hier die Position des »Zeugen« (E 6) einnimmt: Italiendichtung entsteht so im Prozeß des (Be-) Schreibens von Welt- und Ich-Erfahrung.

Die Phantasie von der Insel am anderen Ufer – ›Die Zikaden‹[32]

Die schöpferischen und grenzüberschreitenden Aspekte der künstlerischen Italienerfahrung werden auch in der Inselphantasie *Die Zikaden* behandelt, die noch im selben Jahr, 1954, als Hörspiel mit Musik von Hans Werner Henze entstanden ist.[33] Ingeborg Bachmann gestaltet hier ganz ähnliche Motive und Themen wie in dem Zyklus *Lieder von einer Insel*, indem sie mediterrane Inselphantasien[34] wiederaufnimmt, jedoch den Kontext, in dem sie stehen, etwas variiert. Klar gibt sie dem Hörer bzw. Leser über die Figur des Erzählers zu verstehen, daß es sich um eine Fiktion handelt. Und doch basiert die Fiktion auf einem Teil der Wirklichkeitserfahrung der Autorin. Wieder wird der Ort der Insel, der Ort im Süden, zum Exempel für die Welt:

> Die Insel und die Personen, von denen ich erzählte, gibt es nicht. Aber es gibt andere Inseln und viele Menschen, die versuchen, auf Inseln zu leben. Ich selbst war einer von ihnen, und ich erinnere mich, daß mir eines Tags, als ich zum Strand hinunterging, einer entgegenkam und wegsah. Ich verstand sogleich, weil ich selbst nicht gesehen werden wollte. Er mußte mit dieser »Geschichte« fertig werden – ich glaube, es war eine unangenehme und traurige Geschichte, die er mir so wenig erzählt hätte wie ich ihm die meine.[35]

Zunächst erinnert diese Stelle in bestimmter Hinsicht an Goethes Gründe für seinen plötzlichen Aufbruch aus Karlsbad. Die Reise nach Italien erfolgt auch hier, um zu vergessen, alte Schulden zu begleichen (*Reinigungsaspekt*),

---

32 Bachmann: *Die Zikaden*. In: GW. Bd. I. S. 217 ff.
33 Vgl. hierzu Wolfgang Hädecke: »Die Hörspiele der Ingeborg Bachmann«. In: *Kein objektives Urteil – nur ein lebendiges. Texte zum Werk von Ingeborg Bachmann*. Hg. von Christine Koschel und Inge von Weidenbaum. München 1989. S. 118-131. – Die Erstsendung des Hörspiels mit der Musik von Hans Werner Henze fand am 25. März 1955 im Nordwestdeutschen Rundfunk, Hamburg, statt.
34 Ingeborg Bachmanns Hörspiel *Die Zikaden* läßt sich in die Tradition der literarischen Robinsonaden einordnen. Die Robinsonade ist gekennzeichnet durch »das Motiv des exilartigen Aufenthalts in inselhafter Abgeschlossenheit. [...] In der realistischen Darstellung, wie der auf einer einsamen Insel Gestrandete sich einzurichten beginnt und ein neues Leben aufbaut, wiederholt sich [...] der gesamte Kulturgang der Menschheit [...]«. (Gero von Wilpert: »Robinsonade.« In: Ders.: *Sachwörterbuch der Literatur*. Stuttgart ⁶1979. S. 688-689, hier: S. 688.) Zwar handelt es sich bei Robinsonaden in den allermeisten Fällen um Romane bzw. Erzählungen. Durch die inselhafte Szenerie des Hörspiels und durch die explizite Nennung des Namens »Robinson« ist die Einordnung in den Kontext der literarischen Robinsonaden dennoch naheliegend.
35 Bachmann: *Die Zikaden*. In: GW. Bd. I. S. 267 u. S. 268. Vgl. zum Insel-Motiv in der deutschen Literatur Horst Brunner: *Die poetische Insel. Inseln und Inselvorstellungen in der deutschen Literatur*. Stuttgart 1968. Hier besonders Kapitel 3, S. 91 ff.

ein Stück gelebtes Leben hinter sich zu lassen – ein Aufbruch als Ausbruch aus alten Strukturen, Gegebenheiten, Mustern und Geschichten. Ein Ausbruch als Aufbruch in neue Geschichten, in neuen ›Gesang‹ – »die Zikaden« symbolisieren den hier negativ konnotierten *Verwandlungsaspekt* auf der Insel. Denn der Gesang, der ein poetisches Bild für die Kunst selbst darstellt, birgt auch eine große Gefahr in sich: das Vergessen des Mensch-Seins, des Materie-Seins, welches unweigerlich an die Koordinaten von Raum und Zeit gebunden ist. Der Gesang ist immateriell, ist aus der geistigen Auseinandersetzung mit der Welt entstanden, muß aber nun, will er zum aussagekräftigen und deutbaren ästhetischen Kunstwerk werden, in einem zyklischen Kreislauf wieder zu Materie, zu fixiertem und damit neu deutbarem Material werden.

Ingeborg Bachmann wendet sich in diesem Hörspiel explizit gegen das Vergessen der Vergangenheit und legt Gewicht auf die Erkenntnis des Gebunden-Seins an die körperliche Existenz gerade auch auf künstlerischem Gebiet: »Such nicht zu vergessen! Erinnere dich! Und der dürre Gesang deiner Sehnsucht wird Fleisch.«[36] Das, was die Dichterin hier ›Fleischwerdung‹ nennt, ist in übertragenem Sinn eine Umwandlung von ästhetisch unfixiertem in künstlerisch fixiertes Material auf der Basis der menschlichen Erfahrung, die in der Erinnerung gespeichert ist. Der ›Gesang‹ nimmt auf diese Weise Form an, wird Materie, wird Stoff, ist somit sichtbar, behandelbar, bearbeitbar, deutbar. Auf der Insel im Süden erhält die Erinnerung in der Distanz zum Festland den Raum, den sie benötigt, um gegen das Vergessen anzugehen und eine Vergangenheitsbewältigung möglich zu machen, in der Kunst wie im Leben. Der Lärm und die Gemeinschaft, so hat es Bachmann in ihrem Hörspiel *Die Zikaden* am Schluß beschrieben, stehen gegen die Stille und die Einsamkeit in der Welt.[37] Das Schreiben über die Insel wird so zum Schreiben gegen die Unmenschlichkeit der modernen Welt, aber auch ein künstlerischer Versuch, gegen den unmenschlichen Gesang der Zikaden aktiv zu werden, die hier den Ruf der toten Seelen, den Todesaspekt, symbolisieren.

> Denn die Zikaden waren einmal Menschen. Sie hörten auf zu essen, zu trinken und zu lieben, um immerfort singen zu können. Auf der Flucht in den Gesang wurden sie dürrer und kleiner, und nun singen sie, an ihre Sehnsucht verloren – verzaubert, aber auch verdammt, weil ihre Stimmen unmenschlich geworden sind.[38]

Während in den *Liedern von einer Insel* der Unterschied zwischen lyrischem Ich und den Zikaden noch eindeutig vorhanden ist – es wird zwar im »Chor

---

36 Bachmann: *Die Zikaden.* A.a.O. S. 267.
37 Ebd. S. 266.
38 Ebd. S. 268.

der Zikaden« mitgesungen[39], doch die Menschlichkeit bleibt in der Verbindung zum Du, in der Liebe zum Anderen, im Ausdruck und in der Akzeptanz der menschlichen Grundbedürfnisse wie dem »Essen und Trinken« erhalten und gewahrt – geht die Dichterin in ihrem Hörspiel bereits einen Schritt weiter: Die Flucht in den Gesang hat die Menschen in diesem Stück in Tiere verwandelt: sie haben eine Stimme (in der Kunst) gewonnen, aber ihre eigentliche Daseinsform um den Preis ihrer menschlichen Züge verloren. Sie sind »unmenschlich geworden«. Die »Flucht« in die Kunstform der Stimme hat ihnen nichts genützt. Im Gegenteil, sie haben ihre ursprüngliche Existenz aufs Spiel gesetzt und ruiniert. Die eigene Geschichte vergessen hieße folglich, die eigene Existenz aufs Spiel zu setzen. Kunst nur um der Kunst willen zu schaffen, hieße, nach Bachmann zu urteilen, in der reinen Ästhetisierung alles Lebendigen das Leben selbst zu verlieren. Daher sollten die sprachlichen Kunstwerke Bachmanns immer auch einen Ort in der Wirklichkeit haben.[40]

Schon vor ihrer Übersiedlung nach Italien im Sommer 1953 formulierte sie in dem noch im selben Jahr entstandenen Gedicht *Herbstmanöver*, das nach der ersten Italienreise mit ihrer Schwester Isolde auf die Insel Capri im September 1952 entstanden ist:

Ich sage nicht: das war gestern. [...] Und der Fluchtweg nach Süden kommt uns nicht, / wie den Vögeln, zustatten. Vorüber, am Abend, ziehen Fischkutter und Gondeln, und manchmal / trifft mich ein Splitter traumsatten Marmors, / wo ich verwundbar bin, durch Schönheit, im Aug. [...][41]

Bereits in dieser Frühphase ihres Schaffens wird zweierlei deutlich: Die Verwundbarkeit durch Schönheit birgt einerseits Gefahr, macht aber auch die Anziehungskraft des Südens für die Dichterin aus. Der »Fluchtweg in den Süden« diente für Ingeborg Bachmann nicht einfach dem »Überwintern« im Symbolischen, sondern offenbarte die eigene Verletzbarkeit im künstlerischen Sinn, die Verwundbarkeit durch die Anschauung der Schönheit in der Kunst.[42] Die Kunst gibt in der Anschauung und Auseinandersetzung mit ihr für Ingeborg Bachmann gleichzeitig den Weg frei für das Entdecken der eigenen Verletzbarkeit und Mangelhaftigkeit, für die Er-

---

39 Bachmann: *Lieder von einer Insel*. In: GW. Bd. I. S.122.
40 Vgl. meine Ausführungen über den Zusammenhang von Schreiben und Wirklichkeitserfahrung bei Ingeborg Bachmann in der Einleitung dieser Arbeit.
41 Dies.: *Herbstmanöver*. In: GW. Bd. I. S. 36.
42 Vgl. Joseph von Eichendorff: *Das Marmorbild*. Stuttgart 1988. S. 43-46. Vgl. auch Hanna H. Marks (Hg.): *Joseph von Eichendorff. Das Marmorbild. Erläuterungen und Dokumente*. Stuttgart 1984. Hier das Kapitel III über »Die historische Entwicklung des Stoffes« (Ebd. S. 40-50.) und »Die Statuenbelebung bei Eichendorff«. (Ebd. S. 53 ff.)

kenntnis der Reduziertheit, die jedoch ein Teil der Wesenhaftigkeit des Menschen ist und im Kunstwerk gestaltet und überschritten werden kann. Selbst die Dichterin, die unvergängliche Kunstwerke zu schaffen hofft, ist den Gesetzen der Sterblichkeit unterworfen.[43] Auch Ingeborg Bachmann war sich wie Goethe der Bedeutung des Satzes bewußt: »Et in Arcadia ego.« – Nur hat sie den Ausspruch in der ursprünglichen Bedeutung des Begriffes, »Selbst in Arkadien herrsche ich, der Tod« wiederaufgenommen. Panofsky zeigt den Bedeutungswandel dieses Satzes von einer Bildinschrift auf einem Gemälde des italienischen Malers Giovanni Francesco Guercino, das zwischen 1621 und 1623 in Rom entstanden ist, über seine Wiederaufnahme und Neudeutung als Grabinschrift eines arkadischen Bewohners in einem Bild von Nicolas Poussin bis zu Goethes positiver Verwendung als Motto der ersten beiden Teile der *Italienischen Reise* (»Auch ich [war] in Arcadien!«).[44] Dem schöpferischen Aspekt im Ritual der symbolischen Reise steht bei Bachmann daher so gut wie immer der Todesaspekt gegenüber. Mit ihm geht wiederum der Verwandlungsaspekt einher, der die Verbindung zwischen Erfahrung und künstlerischer Gestaltung herstellt. Denn gleichzeitig wird mit der Erkenntnis der ›Grenzen‹ von Raum und Zeit auch der Wunsch nach Überschreitung der menschlichen Begrenztheit in der Kunst laut. Im Künstlerischen wird für Ingeborg Bachmann die Überschreitung des eigenen begrenzten Selbst möglich, was einen wichtigen Teil ihrer in Kunst verwandel-

---

43 Siehe Bachmann: *Lieder auf der Flucht.* In: GW. Bd. I. S. 147.
44 Erwin Panofsky: »Et in Arcadia ego: Poussin und die elegische Tradition.« A.a.O. Vgl. dazu vor allem Dorothea Kuhn (Hg.): *Auch ich in Arkadien. Kunstreisen nach Italien 1600-1900.* Sonderausstellung des Schiller-Nationalmuseums. Katalog Nr. 16. Hg. unter Mitarbeit von Anneliese Hofmann und Anneliese Kunz. Marbach ³1986. »Arcadien – das bedeutet eine klare, vom Menschen gebändigte Landschaft mit Weiden, Ölbäumen und Weingärten, Herden und Bienenkörben, wo unter den wechselnden Gestirnen Menschen und Götter zu einem harmonischen Ganzen zusammenwirken. ›... Arcadier, dennoch, ihr Hirten, / Einzige Meister des Lieds, Arcadier, singet ihr spät noch / Hier im Gebirg ...‹, sagt der Gallus des Vergil zu Pan, dem Gott Arcadiens, der die Hirten gelehrt hat, das Schilfrohr zur Flöte zu binden. – All dies bezeichnet nicht etwa einen naiv-urtümlichen Zustand, sondern bereits ein Idealbild aus der Sicht des Stadtrömers, der mit kunstgewohnten und kunstgeübten Sinnen in der Spätzeit einer hohen Kultur diese unwirkliche Wirklichkeit als die zweite, die poetische Welt ansieht. Dieses merkwürdig anziehende Wechselspiel von natürlichem Leben und höchster Kultur in der Perspektive eines weiten geschichtlichen Raumes befreite die Menschen in doppeltem Sinn: [...] Fassung als geistiges Durchdringen und Ergreifen des Typischen – und Fassung als schmückendes und geschmücktes Darbieten [durch die Kunst].« In: Ebd. S. 5 f. Die Vorstellung Arkadiens befreite, bannte den Menschen aber auch in doppeltem Sinne: Die Phantasiewelt und die an sie geknüpften Hoffnungen sollten ihren Schmerz und darüber hinaus auch den Tod aus dem Leben verbannen, was, wie wir wissen, auch in der literarischen Phantasie nicht immer gelang. Vgl. Bachmann: *Das erstgeborene Land.* In: GW. Bd. I. S. 119-120. (Einfügung in eckigen Klammern durch die Verf.).

ten Italienerfahrung ausmacht. Kunst kann in Italien jeden Tag aufs Neue zu einer Art ›Zwischenreich‹ erklärt werden, bei dem zwischen den verschiedenen von mir genannten Aspekten des Rituals (Erfahrungsaspekt, Reinigungsaspekt, Todesaspekt, schöpferischer Aspekt, Verwandlungsaspekt, Bewältigungsaspekt) ein Weg gefunden werden muß, der zwischen der Kunst als Form der Fixierung und dem Leben als Form der ständigen Auflösung von Fixierungen vermittelt.»[...] es bleibt noch die Brücke zu schlagen über den Abgrund zwischen der Welt von gestern und der Welt von morgen.«[45] Sie ist angefüllt mit Zeichen und Nachrichten, die im Rahmen des Rituals der Reise und des Schreibens auf ihre Deutung warten – bei Bachmann sind es Hinterlassenschaften aus einer ›anderen Welt und einer anderen Zeit‹, die sie in Bildern der südlichen Welt wieder lebendig werden läßt. Im Ritual des Schreibens räumt Bachmann tatsächlich »der Vorwelt die Zeit ein«[46]. Phantasie, Traum, Utopie und Vision sind Mittel, derer sich die Künstlerin beim ›schreibenden Brückenbau‹ in und durch Zeit und Raum auch in Italien zur Neudeutung der Verwandlungen des Lebens und zur Auflösung der Statik des Todes bedient.

Erinnerung im ›Aufriß der Vertikale‹: Die Kunst der Verwandlung

Zu Beginn ihres Aufenthaltes in Italien hielten sich die Bilder der Hoffnung und die Bilder der Verzweiflung in den Gedichten Ingeborg Bachmanns noch die Waage. Es existierte auch in der Realität noch eine vage Balance zwischen dem ›Gestern‹, dem, was die Dichterin mit der Übersiedlung zurückgelassen hatte, und dem ›Heute‹, der möglichen Zukunft, die ein Leben in Italien für sie bot. Ihr Roman *Malina*[47], das Projekt der *Todesarten*, entstand erst gut zehn Jahre später, wenn auch diese Gedankenwelt in ihren Gedichten seit Beginn ihres Schreibens bereits angelegt war.[48] Die früheste

---

45 Bachmann: *Religiöses Behagen?* In: GW. Bd. IV. S. 311 f.
46 Dies.: *Lieder von einer Insel.* In: GW. Bd. I. S. 122.
47 Dies.: *Todesarten: Malina und unvollendete Romane.* In: GW. Bd. III. A.a.O. Der Roman *Malina* ist im Jahr 1971 zum ersten Mal veröffentlicht worden. Geplant war er jedoch schon viel früher, in den frühen sechziger Jahren.
48 Vgl. *Ingeborg Bachmann:* »*Todesarten«-Projekt. Kritische Ausgabe.* Bd. I-V. Unter der Leitung von Robert Pichl. Hg. von Monika Albrecht und Dirk Göttsche. A.a.O. – Diese umfangreiche kritische Ausgabe des *Todesarten*-Zyklus, die Ende 1995 in einer neuen, ausführlicheren Fassung erschienen ist, umfaßt außer den bekannten Texten wie *Ein Ort für Zufälle, Requiem für Fanny Goldmann, Das Buch Franza (Der Fall Franza), Malina* und den Erzählungen aus dem *Simultan*-Band, u. a. Texte der Vorgeschichte des *Todesarten*-Projekts, viele verschiedene Entwürfe, Vor- und Zwischenstufen und die späteren edierten Druckfassungen der einzelnen Textfassungen.

Erwähnung des *Todesarten*-Zyklus findet sich in einem Brief an den Verleger von Ingeborg Bachmann, Klaus Piper, vom 30. Oktober 1963.[49] In ihrem 1953 entstandenen Gedicht *Salz und Brot*, auf das ich zuvor schon im Rahmen des beschriebenen ›rituellen Neuanfangs‹ eingegangen bin, heißt es an einer anderen Stelle:

> Wir wissen,
> daß wir des Kontinents Gefangene bleiben
> und seinen Kränkungen wieder verfallen,
> und die Gezeiten der Wahrheit
> werden nicht seltener sein.
> [...]
> Wir teilen [...],
> ein Brot, eine Schuld und ein Haus.

Die Frage nach der Schuld, der Wahrheit und den Kränkungen des Lebens wird Ingeborg Bachmann nicht nur in dem verhaltenen Aufbruchsgedicht *Salz und Brot*[50], sondern durch ihr ganzes Werk hindurch bis an ihr Lebensende stellen. In dem Hörspiel *Die Zikaden* stellt sie jedoch zunächst ausführlich die Frage nach der freiwilligen oder unfreiwilligen Gefangenschaft im Leben: »Robinson«, der »Gestrandete«, und der geflohene »Gefangene« diskutieren die verschiedenen Möglichkeiten des Seins in der Welt. Für den einen bedeutet der erlittene Schiffbruch und das damit verbundene neue Leben auf der Insel zunächst eine ungewollte Verbannung, in der sich Robinson jedoch nach und nach eingerichtet hat; für den anderen symbolisiert sie *den* Schritt in die Freiheit: Das Leben auf der Insel ist das Resultat einer geglückten Flucht aus langjähriger Gefangenschaft. Zwei Denk- und Seinsweisen treffen aufeinander:

Zudem sind noch einige späte Erzählungen darin enthalten, die aber für die in dieser Arbeit vorliegende Fragestellung keinen entscheidenden weiteren Erkenntnisgewinn gegenüber der bisherigen Ausgabe der *Gesammelten Werke*, hg. von Koschel, Münster und von Weidenbaum aus dem Jahr 1978 (ebenfalls bei Piper in München erschienen), bringen. Vgl. auch die Rezensionen von Reinhard Baumgart: »Ich treibe Jenseitspolitik. Ausgegraben: Ingeborg Bachmanns legendäres *Todesarten*-Projekt. In: *Die Zeit*. Nr. 48. v. 24. November 1995. S. 73; Joachim Kaiser: »Text-Tollhaus für Bachmann-Süchtige. Das *Todesarten*-Projekt in fünfbändiger philologischer Aufbereitung.« In: *Literaturbeilage der Süddeutschen Zeitung*. Nr. 287. v. 13. Dezember 1995.
49 Siehe Bachmann: *Anmerkungen*. In: GW. Bd. III. S. 557 ff.
50 Bachmann: *Salz und Brot*. In: GW. Bd. I. S. 57 f. Vgl. Kapitel 4.10 meiner Arbeit.

ROBINSON Man muß sich fernhalten, einen Stein ansehen, ihn nicht bewegen, ihn wieder ansehen und liegen lassen.
DER GEFANGENE Aber dann muß man ihn aufheben, gegen etwas schleudern oder ihn lockern und weiterrollen.
ROBINSON Sie verstehen mich nicht.
DER GEFANGENE Ich will Sie gar nicht verstehen. Ich will Sie so gründlich mißverstehen, weil ich Jahre meines Lebens zurückgewinnen muß. […]
ROBINSON Sagen Sie schon, was Sie von mir wollen! Was wollen Sie von mir? Was soll ich tun?
DER GEFANGENE Mir eine Atempause geben und sich nicht um die Welt kümmern, um die sie sich sowieso nicht kümmern wollen. Also auch sich selbst eine Atempause gönnen. Und das andre ist zuviel, als daß man's verlangen könnte. Ich bin überreizt, gespannt, auf dem Sprung. Und ich habe zu lange mit niemand gesprochen. Lang allein sein macht so ungerecht. Der Fleck auf der Wand, der Nabel, der beschaut wird, die Stille im Innern, […] Welche Offenbarung! Stehst du still oder steht die Welt still? Vielleicht liegt hier das große Rätsel! Wissen Sie, wie dann das Gespräch zwischen uns begänne? – […]
›[…] Ich spreche von mir als einem, der ein anderer ist.‹[51]

In diesem Gespräch artikuliert sich nicht nur die fast an Verzweiflung grenzende Selbstentfremdung des »Gefangenen«, sondern darüber hinaus der Wunsch nach einer Umkehrung des ursprünglichen Subjekt-Objekt-Verhältnisses, der Teil des *Rituals der Verwandlung* ist. Unter Bezugnahme auf ein Zitat von Arthur Rimbaud, »Je est un autre«[52], läßt Bachmann den Gefangenen sagen: »*Ich spreche von mir als einem, der ein anderer ist.*« Das »Ich« setzt sich als Subjekt, macht sich damit aber gleichzeitig selbst zum Objekt. Das »Ich« wird zum Objekt seines eigenen Selbst, da es ein »anderer« ist. ›*Ich* bin ein anderer‹. Diese Erkenntnis bedeutet einerseits uneingeschränkte Freiheit zur Selbstdefinition, andererseits aber liegt in der ständigen Opposition des »Ich« als einem »anderen« auch die Gefahr der Selbstauflösung verborgen. Wieder steht die Fixierung im Rahmen des Rituals seiner Auflösung entgegen: Die Frage, »Wer bin Ich?« ist damit nicht geklärt,

51 Bachmann: *Die Zikaden*. In: GW. Bd. I. S. 239-241.
52 Diese Aussage Ingeborg Bachmanns bezieht sich auf Arthur Rimbauds berühmten Satz: »Je est un autre.« In: Arthur Rimbaud: *Œuvres complètes*. Par Antonin Adam. Paris 1972. S. 249 f. Vgl. auch Andrea Allerkamp: »Stationen der Reise durch Ich-Landschaften – Zwischen Arthur Rimbaud und Ingeborg Bachmann.« In: *Literarische Tradition heute. Deutschsprachige Gegenwartsliteratur in ihrem Verhältnis zur Tradition.* Hg. v. Gerd Labroisse und Gerhard P. Knapp. Amsterdamer Beiträge zur Germanistik. Bd. 24. Amsterdam 1988. S. 159-181, hier: S. 163: »Der von Rimbaud als Wortspiel eingesetzte Satz lieferte Jacques Lacan und seiner Analyse des imaginären Ichs entscheidende Anstöße, die Bachmann als zeitgenössische Theorie bekannt gewesen sein könnten.«

sondern nur über die Frage nach dem »Wer ist ›ein anderer‹?« zu beantworten. Wer ist also »der Gefangene« der Geschichte, und wer ist frei? »Ich« oder »der andere« oder »der andere« in mir?

Die Möglichkeit, sich zu verwandeln, auf der Insel ein »anderer« zu werden[53] und damit die Gefangenschaft abzulegen, ist verlockend, wird aber in dem Hörspiel *Die Zikaden* letztlich nicht als Befreiung angesehen. Es handelt sich vielmehr um eine Gefangenschaft in Freiheit. Wie Gregor Samsa in Franz Kafkas *Verwandlung* (»der schwarze Käfer, der sich totstellt auf der leichenblassen Wand!«[54]), hat auch Robinson den Moment der Rückkehr verpaßt.

»Und der hat's nicht besser, der sich schlafend stellt, denn er weiß ja: du hast das Schiff vorbeiziehen lassen, Robinson! Du hast das einzige Schiff nicht gesehen, hast nicht gewunken, kein Feuer gemacht! Du hast dich schlafend gestellt, mein Herz.«[55] Weder Schlaf, noch Tod noch versuchte Verwandlung können laut Ingeborg Bachmann eine Befreiung aus der (inneren) Verbannung herstellen. Eine tatsächliche Rettung für den, der sich schlafend oder totstellt, und nicht aktiv seine Veränderung im Sinne des Verwandlungsaspektes vorantreibt, gibt es nicht, auch nicht auf der »Trauminsel Orplid«[56]. Das oberste Ziel lautet auch hier auf der Insel, wach zu bleiben, um den Gesang der Zikaden zu hören[57] und die Warnung, die ihr Gesang vermitteln soll, zu verstehen. »Seht zu, daß ihr wachbleibt!«, schreibt Ingeborg Bachmann schon in ihrem 1953 erstmals veröffentlichten Gedicht *Holz und Späne*.[58] Gleich bei ihrer ersten Begegnung stellt sich der Gefangene Robinson als etwas weltfremde und einsame, letztlich aber paradiesische Dichter-Existenz vor.[59] Aber Robinson versteht ihn nicht und will ihn auch

---

53 Vgl. Klaus Luttringer: *Weit, Weit. Arkadien.* A.a.O. S. 132 ff.
54 Bachmann: *Die Zikaden.* In: GW. Bd. I. S. 243.
55 Ebd. S. 243-244.
56 Ebd. S. 228.
57 Während der Gefangene das »Glück in der Atempause«, ja sogar im »Schlaf« sieht, sieht Robinson die Gefahr, die von dieser sich betäubenden Haltung ausgeht. Wachsam sein in der Welt, ist seine Devise: »ROBINSON: Hier sagt man sogar, man solle nicht schlafen um diese Zeit. Es ist von Bedeutung. Ja, ich glaube, wir sollen nicht schlafen, damit wir die Zikaden hören können.« Ebd. S. 241.
58 Dies.: *Holz und Späne.* In: GW. Bd. I. S. 40.
59 »DER GEFANGENE [...] Es war einmal eine Insel, auf die verschlug's Robinson, und baute sich eine Hütte aus den Steinen, die eine gütige Natur verschwenderisch ausgesetzt hatte, verwarf die Mauern mit Schlamm und färbte die Wände mit der blassen Milch der Kokosnüsse; er wand sich ein tierdunstwarmes Fell um die Hüften, stach nach den Affen und briet die zutraulichen Haie, die er mit bloßen Händen gefangen hatte; er sprach mit Eidechs und Krabbe über Gott und die Welt, trachtete nach dem unbewegten Profil der Felsen und teilte die feierliche Einsamkeit seines Herzens mit Flut und Ebbe. Er sah ins Weite, und eine alte Schrift erschien am Himmel, quer auf der Kulisse der Unendlichkeit: Du bist Orplid, mein Land!«. Bachmann: *Die Zikaden.* In: GW. Bd. I. S. 227-228.

nicht verstehen. Robinson sieht nur die äußeren Dinge, gibt Impressionen wieder, Eindrücke vom Meer und vom Himmel, ist sonst wortkarg und mißtrauisch, ein Filter der Natur. Er ist gefangen in Äußerlichkeiten: Er kann sehen und hören, aber nicht wirklich verstehen.[60] Die Zeit zählt für ihn nicht mehr, und die Erzählerfigur spricht aus, was für alle auf der Insel gilt:

> ERZÄHLER Morgen wird jeder seinen Brief bekommen. Aber was heißt »morgen« auf den Inseln? Kommt doch ein Tag wie der andere, ein großes einmaliges Heute nach dem andern herauf. Langsam wird »morgen« der riesige Scheinwerfer, noch ehe er selbst sichtbar geworden ist, einen glänzenden Laufsteg vom Horizont zum Ufer hinüberwerfen. Wenn er höher steigt, verschleiert sich das Land; es wird dunstig und so hell, daß die Dinge ihre Gestalt aufgeben und konturenlos im Licht schwimmen. Mittags erreichen Stille und Hitze, von der Helle unterstützt, ihren Höhepunkt, und wenn die Helle ganz dünn und zerbrechlich geworden ist und die Insel unter ihrem Glasdach dampft, steht ein Mann mit einem Brief in der Hand unter dem Schilfrohrdach seiner Terrasse. Er läßt die Hand sinken und lehnt sich an die weißgetünchte Wand des kleinen Hauses, denn er kann jetzt nicht denken. Er erwartet angespannt den ersten Ton, den ersten schrillen Laut der ersten Zikade, eh tausend andre Töne über diesen Ton herfallen und ihn und die Stille zerreißen.[61]

Schon hier deuten sich erste negative Momente in der Darstellung Italiens bei Bachmann an. Die »Hitze, von der Helle unterstützt«, kann auch das Nachdenken verhindern und den Menschen zur Passivität verdammen. Das Leben unter der südlichen Sonne bringt zwar das Vergessen und den Schlaf mit sich und schafft insofern Distanz zu der Vergangenheit, der die Menschen auf der Insel zu entkommen dachten. Die Dinge geben jedoch dafür »auf dem Höhepunkt«, wenn die Sonne im Zenit steht, ihre Gestalt auf, werden konturlos und verschwimmen im Licht und können auf diese Weise auch die Kraft der Verwandlung hemmen. »Wir schlafen ja, sind Schläfer, aus Furcht, uns und unsere Welt wahrnehmen zu müssen«[62], schreibt Ingeborg Bachmann in ihren Frankfurter Poetik-Vorlesungen im Jahr 1960, nachdem sie bereits einige Jahre in Italien verbracht hat. Der Süden trägt, wie in dem Hörspiel *Die Zikaden* gezeigt, das Seinige dazu bei. Die Stille, die Hitze und die Helle lassen das Denken aufhören, betäuben den Gestrandeten auf seiner Flucht und läuten das zunächst erwünschte Vergessen der eigenen Identität, Herkunft und Geschichte ein. Doch steigt mit dem Ein-

---

60 Bachmann: *Die Zikaden*. In: GW Bd. I. S. 228.
61 Ebd. S. 224-225.
62 Dies.: »Fragen und Scheinfragen«. In: *Frankfurter Vorlesungen: Probleme zeitgenössischer Dichtung*. In: GW. Bd. IV. S. 198.

bruch der Dunkelheit[63] auf der Insel langsam die Spannung, bevor die gedankliche Zerreißprobe im Innern des »Gefangenen« beginnt: der Einbruch der Erinnerung in ein Dasein auf der Flucht vor der Vergangenheit. Die Kunst wird so gesehen zum Mittel, die Erinnerung an die (eigene) Geschichte im Vollzug des Ritual zu bannen (Bewältigungsaspekt). Der schrille Ton der Zikaden weckt den Schläfer, hält die Erinnerung an die Warnung der Zikaden wach. Die innerliche Zerreißprobe beginnt fernab der Hitze des Tages in der Nacht und mit ihr der Versuch, das Denken, das sich in der Kunst niederschlägt, in poetischen Bilder zu fixieren. Parallel zu den mediterranen Bildern einer festlichen Inselnacht im Gedichtzyklus *Lieder von einer Insel* beschreibt Bachmann auch in diesem Hörspiel eine ähnliche nächtliche, wenn auch nicht mehr feierliche Süderfahrung des »Gefangenen«:

> DER GEFANGENE Erbarmen! Wenn der Mond abstürzt im Tamariskengesträuch, ist die Inselnacht da. Das verfledderte Licht der Mondleiche sinkt in die Spalten des erloschenen Vulkans. Das bringt Unruhe, mein Herz. Und keiner wird schlafen können. Das Bett, in dem die Holzwürmer zu nagen beginnen, stöhnt, und die Luft streicht mit feuchten warmen Zungen über den Leib: O daß Regen käme mit einem großen Wortschwall, o daß die Nacht durchzecht werden könnte, daß die Gläser überflössen, daß der orangefarbene Wein das Laken fleckte! Denn das bringt Glück. Daß die Brust sich nicht abquälte und dürr würde innen und das Ohr, geweitet von Meldungen, die es nicht aufnehmen mag, nicht mit dem Finger spürte mit den kurzen und langen Zeichen aus einer unbegriffenen Vorwelt – das vor Hunger grollende Meer, schlürfenden Windschritt nah, und näher den bewegten Zitronenbaum, der mit gelbsüchtigen Früchten um sich wirft, Säure in Blatt und Stamm, und näher die flatternden Nachtschmetterlinge aus welken Greisenliedern. Dann das letzte: der schwarze Käfer, der sich totstellt auf der leichenblassen Wand![64]

Es sind ganz ähnliche Bilder des Flehens und Bittens wie in den *Lieder*[n] *von einer Insel*, die den Wunsch nach der Überschreitung der dem Gefangenen gesetzten Grenzen, nach der Verwandlung seiner selbst in einer warmen Inselnacht betonen. Wieder tauchen das »Mondlicht«, die »Inselnacht«, »der erloschene Vulkan«, die starke sinnliche Wahrnehmung der Außentemperatur in Bildern der körperlichen Erfahrungswelt, der Wunsch nach einer ›mit

---

63 Vgl. das Gedicht *Dunkles zu sagen*. In: GW. Bd. I. S. 32. Der Begriff des Dunklen steht bei Ingeborg Bachmann häufig im Zusammenhang mit dem Vorgang des Schreibens. Nach Bachmann ist es die Aufgabe des Dichters, Licht in das Dunkel zu bringen.
64 Dies.: *Die Zikaden*. In: GW. Bd. I. S. 243.

Wein durchzechten Nacht‹ auf: in der Dopplung der Apostrophe wird der Wunsch nach einem glücklichen Leben auf der Insel sprachmagisch beschworen. Doch die Situation des Gefangenen ist an dieser Stelle bereits eine andere. Das Fest ist vorüber bzw. hat erst gar nicht begonnen und kann höchstens in der Erinnerung an bessere Tage herbeigesehnt werden. Die Warnung der Zikaden wird erneut mit dem Adjektiv »dürr« aufgenommen. Der Wunsch nach der Verbannung quälender Gedanken über die Lage in der Welt (»Meldungen«) ist auch auf dem Zufluchtsort der Insel nicht gegeben. Die »Zeichen der Vorwelt« aus den *Liedern von einer Insel* tauchen wieder auf. Eine Flucht aus der Geschichte ist also auch auf der fernab gelegenen Insel nicht möglich. Fast deutet die angesprochene Maßeinheit der Zeichen von »kurz« oder »lang« auf ein Morsealphabet hin, das die Insel über Funk möglicherweise mit dem Festland verbindet, d. h. die Gegenwart der Insel an die Vergangenheit anschließt. Doch die »Vorwelt«, die Zeichen aus einer anderen Zeit und einem anderen Raum lassen sich nicht so einfach begreifen, ›übersetzen‹ und in die Gegenwart auf der Insel integrieren. Unvermittelt kommt Bewegung auf und archaische Mächte in Form der personifizierten Natur beleben die nächtliche Szenerie: das »grollende Meer«, der »schlürfende Windschritt«, der »bewegte Zitronenbaum, der mit gelbsüchtigen Früchten um sich wirft, Säure in Blatt und Stamm« wird genannt. Die südliche Natur scheint den Gefangenen in der Nacht eher zu bedrohen, als daß er sie genießen und sich in ihr regenerieren kann. Der »Zitronenbaum«, Inbegriff des traditionellen Italienbildes in der Literatur, trägt deutliche Zeichen von Krankheit (»gelbsüchtige Früchte«) und Fäulnis (»Säure in Blatt und Stamm«) in sich. Alles ist jetzt in Bewegung auf der Insel, aber es sind drohende Gebärden und Geräusche, die den Gefangenen in der Nacht nicht schlafen lassen. Selbst die Lieder, die die im Mondlicht flügelschlagenden Schmetterlinge mit sich tragen, sind in der Freiheit alt (»welk«) und mit der Zeit unwichtig geworden und haben nicht mehr dieselbe symbolische Kraft wie sie sie vielleicht früher für den Gefangenen hatten. Die Leichtigkeit und der freie Flug dieser nächtlichen Gestalten, die vielleicht noch eine Art Boten aus der Frühgeschichte der Erde (»Vorwelt«) darstellen und dem Himmel wie der Erde zugehörig sind, bedeuten für ihn nicht mehr dasselbe, jetzt, da er sich selbst in Freiheit befindet.

Die Freiheit des Südens, der Glaube an das unbeschwerte und befreiende Inselleben ist im zwanzigsten Jahrhundert trügerisch geworden: das ist die Erkenntnis, die Bachmann dem Leser über den Gefangenen in dieser einen schlaflosen Nacht mitteilt. Jetzt, da die Freiheit so greifbar für ihn geworden ist (»nah […] und näher […] und näher[…]«), stellt sich die auf der Insel angestrebte Metamorphose als Illusion heraus. Die erhoffte und herbeigesehnte menschliche Verwandlung gelingt nicht. Selbst der »schwarze Käfer«, bei Kafka Symbol der Außenseiterposition und der Kommunikationsunfähigkeit des Protagonisten Gregor Samsa, fungiert bei Bachmann nur mehr als ein Symbol des Todes. Der Käfer verharrt bis zum Schluß regungslos in seiner Totenstellung. Er ist zugleich das Symbol der passiven Nabelschau[65] der Insel betreibt. Infolge der ausbleibenden Verwandlung im Innern des Gefangenen ist sogar die Wand des Zimmers, in dem er die Nacht über zu ruhen versucht, »leichenblass« geworden. Nichts rührt sich im Haus. Die bewegende Veränderung trifft allein auf die südliche Natur zu, nicht aber auf den Menschen, der in ihr lebt. Der rituelle »Ausbruch«[66], die ›Flucht in den Süden‹, hat nicht das gewünschte Ergebnis in Form von innerer Freiheit gebracht. Die »kurzen und langen Zeichen aus [...] der Vorwelt« sind in dem Hörspiel letztlich als unverständlich (»unbegriffen«) bewertet worden. Es ist Bachmann daher nicht möglich, in ihrem Hörspiel eine endgültige Metamorphose der Inselbewohner darzustellen. Der Todesaspekt des Rituals hat den Bewältigungsaspekt wie den Verwandlungsaspekt in diesem Fall überlagert.

Zur Zeitlosigkeit der Inselbilder und zum Ritual ihrer Wiederauferstehung in der Sprache: die ›Kunst der Vertikale‹

Die Methode der ›Wiederbelebung‹ tradierter Zeichen im Ritual[67] des Schreibens ist prägend für das Verhältnis Ingeborg Bachmanns zur Sprache, die sie als Schriftstellerin bewußt und genau zu verwenden sucht. Das Ritual bedeutet ein Lesen tradierter Bilder als Zeichen (die Sprache ist ja als solche immer schon vorhanden), die Deutung wie die Neufixierung dieser Zeichen im Prozeß des Schreibens.

Auch in dem Hörspiel *Die Zikaden* hat Ingeborg Bachmann tradierte Naturbilder des Südens verwendet und sie für ihre Zeit und ihre Erfahrungen mit der italienischen Wirklichkeit wieder »lebendig« gemacht. Doch die mißglückte Verwandlung im Rahmen einer ›Kunst der Vertikale‹ ist schon zu Beginn des kurzen Zitats mit dem ›nächtlichen Absturz des Mondes‹ in den »Spalten des erloschenen Vulkans« angedeutet worden. Diese in vielen ihrer Gedichte wie auch in zahlreichen Prosatexten beschriebene Fallbewegung auf einer vertikalen Linie habe ich nach Bachmann die ›Kunst der Vertikale‹ genannt. Sie ist ein Teil des Rituals, eine Form der poetischen Verfahrensweise Bachmanns, die die in der tradierten Sprache und Schrift festgelegten Bilder der italienischen ›Zeichenwelt‹ im Prozeß des (Be-)Schreibens von Welt und Ich als imaginärem Erfahrungs- und Gestaltungsraum wieder in ›Bewegung‹ (vgl. »der *bewegte* Zitronenbaum«) bringen und für die heutige

---

65 Bachmann: *Die Zikaden*. In: GW. Bd. I. S. 240.
66 Ebd. S. 228 f.
67 Bachmann: *Frankfurter Vorlesungen. Probleme zeitgenössischer Dichtung*. In: GW. Bd. IV. S. 192 u. S. 195. (Kurs. Herv. v. d. Verf.).

Zeit und das Gegenwartsverständnis des Menschen neu deuten will. Der künstlerische Blick wird dabei durch den gesamten Raum und die verschiedenen Zeitschichten der Natur wie der Geschichte gelenkt, um die alten, tradierten Spuren neu zu lesen und zu beschreiben. Bei diesem von Bachmann verwendeten Verfahren ist es nicht, wie sonst für den menschlichen Blick und den körperlichen Erfahrungsraum üblich, bei der Betrachtung und Darstellung von Welt vor allem auf der horizontalen (Beschreibungs-) Linie vorzugehen. Um überhaupt über die künstlerische Gestaltung des sprachlichen Kunstwerkes hinaus einen »Fortschritt« in der dichterischen Aussage zu erzielen, muß diese nach Bachmann zwangsläufig in Abgrenzung oder Anlehnung an die Kunst und Sprache früherer Jahrhunderte ausgerichtet sein, auch wenn die Neufixierung der Zeichen die tradierten Zeichen bis zur Unkenntlichkeit entstellen kann.

Auch in dem Hörspiel *Die Zikaden* sind die Grenzen der Zeichen und ihre Verwandlungs- wie Aussagekraft hinsichtlich einer möglichen Veränderung von Welt und dem in ihr ›gefangenen Ich‹ mit der Einführung des Bildes vom »schwarzen Käfer auf der leichenblassen Wand« vorläufig im Rahmen dieses einen sprachlichen Kunstwerkes gezogen worden. Die für das Italienbild seit Goethe tradierte menschliche Metamorphose bleibt in den *Zikaden* aber vorerst aus. Auch wenn das Hörspiel also an vielen Stellen auf tradierten Bildern des Südens aufbaut, die Darstellung der menschlichen Wiedergeburt jedoch ausbleibt und nicht geschildert werden kann, so ist eine Verwandlung auf literarischer Ebene dennoch gelungen: die Bilder der südlichen Natur sind wieder in Bewegung geraten.

Erst die Verknüpfung von Erinnerung und Kunst, das »Aufreißen einer Vertikale« von der Vergangenheit der Zeichen bis in ihre Gegenwart und Zukunft hinein, stellt die Spannung wieder her, ermöglicht die Form, die Gestalt der Geschichte. Die Frage nach der Gefangenschaft im Leben wird hier im Hörspiel zur Frage nach der Freiheit im Denken und seiner Manifestation in der Kunst umformuliert. Nicht als ›Zikade‹, sondern als Mensch zu enden, wäre für Ingeborg Bachmann ein neuer Anfang. Ziel der Dichterin war es – im Bewußtsein, eingebunden zu sein in die Zeit und einen spezifischen Raum – sich mithilfe der Kunst in der »Anschauung« und im Schreiben einen neuen Standort zu verschaffen.[68] So läßt sich das Hörspiel auch als Standortbestimmung eines sich neu im Leben orientierenden Insel-Ichs lesen:

---

68 Vgl. auch Ingeborg Bachmanns Aussage über den Zusammenhang von Dichten und Zeitgeschichte: »Daß Dichten außerhalb der geschichtlichen Situation stattfindet, wird heute wohl niemand mehr glauben – daß es auch nur einen Dichter gibt, dessen Ausgangsposition nicht von den Zeitgegebenheiten bestimmt wäre. Gelingen kann ihm im glücklichsten Fall zweierlei: zu repräsentieren, seine Zeit zu repräsentieren, und etwas zu präsentieren, für das die Zeit noch nicht gekommen ist.« Bachmann: *Frankfurter Vorlesungen. Probleme zeitgenössischer Dichtung.* In: GW. Bd. IV. S. 196.

Nun? Hier ist eine Insel, und was willst du? Soll die Sonne das Messer ziehen und der Vulkan dir Asche auf dein Haupt tun? Willst du nicht aufstehen und sehen, ob diese Hände zu gebrauchen sind? Oder willst du dir die Welt erlassen und die stolze Gefangenschaft?[69]

Das »Messer« als Zeichen der im Leben erfahrenen Einschnitte, Verwundungen und Begrenzungen und der »Vulkan« als Symbol des ›Ausbruchs‹ und der möglichen Grenzüberschreitung sind seit den *Liedern von einer Insel* feste Bestandteile der mediterranen Welt in der Dichtung Bachmanns. Sie stehen sich fortan als zwei einander im Widerstreit stehende Faktoren gegenüber: der Todesaspekt als eine Form der Grenzerfahrung steht dem Bewältigungs- wie dem schöpferischen Aspekt als die Möglichkeit zur Grenzüberschreitung in der Kunst gegenüber. Die Frage nach der möglichen Auferstehung und der ersehnten Freiheit im Leben wird sich weiter durch das Werk der Dichterin ziehen wie der Todesaspekt des Rituals immer auch die Frage nach seiner Bewältigungsform im Schreiben aufwerfen wird.

Schon August Graf von Platen[70] – von Ingeborg Bachmann gern und viel gelesen – gestaltete in einem seiner in Italien entstandenen Epigramme das Thema der dichterischen Freiheit in ganz ähnlicher Weise. Er griff gleichfalls das Motiv der Zikaden und ihres Gesanges auf, um über den Unterschied zwischen dichterischer Freiheit und der Gefangenschaft im »Gesang«, also im Primat der Kunst, zu sprechen.

Die Zikaden

Kauft, rief einst mir ein Knabe, die anmutsvollen Zikaden
Hier in dem Körbchen, es sind Meister, o hört, im Gesang!
Sprachs, und ich setzte die kleinen gekauften Poeten in Freiheit,
Wissend, wie sehr Freiheit jeglichem Dichter behagt.[71]

69 Bachmann: *Die Zikaden*. In: GW. Bd. I. S. 267.
70 Laut Interview mit Hans Werner Henze vom 5. Juni 1993 in Marino bei Rom.
71 August Graf von Platen: *Oden, Eklogen und Idyllen. Festgesänge. Epigramme*. A.a.O. S. 76. Vgl. auch das Gedicht Goethes *An die Zikade*: »Nach dem Anakreon / Selig bist du, liebe Kleine, / Die du auf den Bäumen Zweigen, / Von geringem Trank begeistert, / Singend, wie ein König lebst! / Dir gehöret eigen alles, / Was du auf den Feldern siehest, / Alles, was die Stunden bringen; / Lebest unter Ackersleuten, / Ihre Freundin, unbeschädigt, / Du den Sterblichen Verehrte, / Süßen Frühlings süßer Bote! / Ja, dich lieben alle Musen, / Phöbus selber muß dich lieben, / Gaben dir die Silberstimme, / Dich ergreift nie das Alter, / Weise, Zarte, / Dichterfreundin, / Ohne Fleisch und Blut Geborene, / Leidenlose Erdentochter, / Fast den Göttern zu vergleichen.« In: Goethe: *Gedichte*. Gesammelte Werke. Weimarer Sophienausgabe. Weimar 1887 ff. S. 213. (Das Gedicht ist nach der Weimarer Ausgabe zitiert, da es nicht in der Hamburger Ausgabe vorhanden ist.). Die Zikade als Motiv in der Literatur, als »Freundin der Dichter«, Ausdruck der Ewigkeit und des kunstvollen Gesangs, als Verkörperung der Dichtkunst an sich, wäre eine eigene Untersuchung wert, was im Rahmen dieser Arbeit allerdings zu weit führen würde.

Ingeborg Bachmann hatte in dem Hörspiel *Die Zikaden* für sich formuliert, welchen »Preis«[72] die Reise in den Süden als künstlerische Weltflucht in Distanz zu einer Kunst, die mitten aus dem Leben entsteht, haben konnte. Die »Flucht in den Gesang«[73] ist hier gleichzusetzen mit der Frage nach den Vorteilen und Nachteilen eines Lebens für die Kunst in Abkehr zur Welt, welche die Dichterin jedoch mit der Warnung, die sie den Zikaden in den ›Mund‹ legte, ablehnte.

Ingeborg Bachmann war dennoch in Italien zur ›Kundschafterin‹ unter dem ›Gesetz der Kunst‹ geworden. »Ein Kundschafter ist ein Ortsfremder – er ist somit im Vorteil und im Nachteil«[74], sagte sie in ihrer Rede *Ein Ort für Zufälle* zur Verleihung des Georg-Büchner-Preises im Jahr 1964. Italien als Ort der Verwandlung, als Fluchtpunkt in einer sich in ständiger Auflösung und Neuordnung befindlichen Welt, kann als Chiffre für eine künstlerische Tradition verstanden werden, die in der Mitte des zwanzigsten Jahrhunderts selbst in langsamer Auflösung bzw. Umformung begriffen war, die von Ingeborg Bachmann aber im Schreiben neu initiiert wurde. Insofern schafft das Ritual der Italienreise eine fortwährende Tradition der Bilder, die sich fortsetzt, solange Schriftsteller reisen, auch wenn immer wieder neue Wege im Schreiben über den Wandel der tradierten Bilder begangen werden können.

Gegen Endes des Sommers heißt es in den *Zikaden* Abschied nehmen von der Insel oder einen neuen Anfang wagen, den Bachmann als Heimkehr in die »Geschichten«, in das Wort beschreibt:

> Ein andrer (sic!) wird in das kleine Haus ziehen […] Einige Fremde werden noch gehen; neue werden kommen. […] In der Sonne werden die blassen Gesichter gebrannt, und der Sand läuft durch die Hände, bis ein Schatten die Insel überflügelt und eine Feder fällt […] Such nicht zu vergessen! Erinnre dich! […] und eine Straße läuft vom Himmel übers Meer zur Erde zurück.[75]

Das ›Ritual der Reise nach Italien‹ besteht in der Kontinuität der in der Literatur dargestellten Verwandlung seiner Bilder. Das ›Kommen und Gehen‹[76] an diesem realen wie geistigen Ort ist exemplarisch für das Italienbild aller Zeiten. Es ist Vorbedingung der künstlerischen Auseinandersetzung des erfahrungsgebundenen Stranges der Italienreisen und ein Schritt auf dem Weg der künstlerischen Identitätsbildung in der wegweisenden Verarbeitung tradierter Bilder. »In der Sonne werden die blassen Gesichter gebrannt«, d. h.

---

72 Bachmann: *Die Zikaden.* In: GW. Bd. 1. S. 267.
73 Ebd. S. 229, S. 261 u. S. 286.
74 Dies.: *Ein Ort für Zufälle. Rede zur Verleihung des Georg-Büchner-Preises.* In: GW. Bd. IV. S. 279.
75 Bachmann: *Die Zikaden.* In: GW. Bd. I. S. 267.
76 Siehe auch dies.: *Zugegeben.* In: GW. Bd. I. S. 337.

das menschliche Gesicht des Neuankömmlings erhält unter dem Einfluß des Südens schärfere Züge und gewinnt unverwechselbare Konturen. Der Reisende erhält eine ihm gemäße Form wie der ›gebrannte‹ Ton; sein Gesicht kann aber auch »unter der Sonne« verglühen und zerstört werden – ein Bild, das Ingeborg Bachmann 1956 in der Hymne *An die Sonne* wieder aufnehmen wird.

Die ›Kunst der Vertikale‹, hier versteckt im Bild der »Straße«, die vom »Himmel übers Meer zur Erde zurück« verläuft, ist gleichzeitig auch ein Bild für die gelungene künstlerische Einbindung in die Tradition, die gerade in der Erinnerung an alte Bilder und nicht in einem alles verdrängenden Fortschrittsglauben begründet liegt. Und doch geht es Bachmann in ihrem literarischen Bild des Südens in erster Linie um den Übersetzungsprozeß, um die Konvertierung der Bilder aus der »Vorwelt« für die Welt der Gegenwart, ein Prozeß, der bis an die Grenze des Möglichen, an die der Utopie, in ihrem Werk vorangetrieben wird. Die Zeichen sollen im Schreiben auf einer Vertikale wieder sichtbar gemacht werden, die von der historischen Erinnerung an die Zeichen bis zur Neuschöpfung der Zeichen von Zeit, Raum und künstlerischem Ich in einer neuen Zusammensetzung reicht.

Diese Form der Auseinandersetzung mit dem künstlerischen Schaffensprozeß unter den eben genannten Aspekten von Ewigkeit und Tod bzw. parallel dazu von Erinnerung und Vergessen hat Ingeborg Bachmann bis zu ihrem Tod im Jahr 1973 in Rom stetig weiterverfolgt. Sie bezieht noch einmal sehr deutlich in ihrem Radio-Essay *Die Welt Marcel Prousts – Einblicke in ein Pandämonium*[77] Stellung zu den grundsätzlichen Problemen eines ausschließlich der Kunst gewidmeten Lebens. Hierin schreibt sie:

SPRECHER »Ich aber behaupte, das grausame Gesetz der Kunst besteht darin, daß die Wesen und daß wir selbst sterben und dabei alle Leiden bis auf den Grund ausschöpfen, damit das Gras nicht des Vergessens, sondern des ewigen Lebens sprießt, der derbe, harte Rasen fruchtbarer Werke, auf dem künftige Generationen heiter, ohne Sorge um die, die darunter schlafen, ihr ›Déjeuner sur l'herbe‹ abhalten werden.«[78]
AUTORIN Er meint, auf einem Gipfel zu hocken, und hinunterzuschauen in die Tiefe der Jahre, selbst gefährdet bei dem Versuch, sich mit aller Kraft festzuhalten, um nicht ins Gleiten zu kommen, und schließt sein Werk mit einem Satz, das dessen Anfang vorbereitet. Das Ende ist ein Beginn geworden. Das letzte Wort kommt vor dem ersten.[79]

77 Bachmann: *Die Welt Marcel Prousts – Einblicke in ein Pandämonium*. In: GW. Bd. IV. S. 156-180.
78 Marcel Proust: *Auf der Suche nach der verlorenen Zeit*. Frankfurt a. M. 1957. Bd. VII: *Die wiedergefundene Zeit*. S. 548 f.
79 Bachmann: *Die Welt Marcel Prousts – Einblicke in ein Pandämonium*. In: GW. Bd. IV. S. 177.

»Das Ende ist ein Beginn geworden. Das letze Wort kommt vor dem ersten«: In der ›Kunst der Vertikale‹, die die Tradition der Wörter, ihre Herkunft und frühere Verwendung im Blick hat und sie im Schreiben über die Gegenwart für die Zukunft neu fixieren und neu deuten will, ist die künstlerische Umkehrhaltung im kritischen, jedoch gefahrvollen Blick von ›oben‹ wie von ›unten‹ auf die Welt erforderlich. Italien symbolisierte für die Dichterin von Anfang an beides: einerseits die Verlockung zur Kunst, von der eine nicht zu unterschätzende Gefährdung im vertikalen Blick in die Abgründe des menschlichen Lebens ausging; andererseits bedeutete es die Vollendung ihres dichterischen Daseins. Die neue Heimat im Süden bot ihr die Möglichkeit, anders und vielleicht neu »über andere Dinge zu schreiben«. Der literarische Topos Italien ließ ihr die Freiheit, den Versuch der Umkehrung aller Sätze zu formulieren: »Dann ist es soweit, und ich bin verloren, mein Gott. Es ist meine eigene Verwandlung. Ich spreche von mir als einem, der ein anderer ist.«[80]

Zwischen dem Gefühl der eigenen Verlorenheit in der Welt und der Fähigkeit zur »Kunst der Verwandlung« im Prozeß des Schreibens bot das Leben in Italien Ingeborg Bachmann immer auch ein positives Gegengewicht an: Den Spaß, die Offenheit, den Lärm, das Denken und Bezeichnen von Welt unter einem freieren Himmel. In der Figur des »Benedikt«[81] konzentriert sich daher der Wunsch nach einem anderen, aber dennoch sehr normalen, zutiefst menschlichen und doch künstlerisch produktiven Leben:

> BENEDIKT Nach meinem Geschmack wäre es, über andere Dinge zu schreiben. Über unsere Späße zum Beispiel. [...] Wir müssen mit der Arbeit anfangen. Laß die Fenster nur offen, Antonio. Bald wird es still. Dann machen die Läden auf, und alle kommen aus den Häusern. Abends gehen wir zum Hafen oder ins Kino unter freiem Himmel, und wenn der Lärm am größten ist, ist es am schönsten.[82]

Bachmann beschrieb jedoch auch zu Anfang schon den »anderen Lärm«, die gefahrvolle Variante der Kunst als Selbstaufgabe, an deren Ende kein Gewinn für ein freieres, geborgeneres Selbst stand.[83] Diese Variante, den gefahrvollen und bedrohlichen Aspekt einer Flucht in die Welt der Kunst, aber auch dessen Bewältigungsstrategie, legt sie »Benedikt« in den Mund:

---

80 Bachmann: *Die Zikaden*. In: GW. Bd. I. S. 241.
81 Ebd. S. 220. Bachmann beschreibt die Figur des Benedikt folgendermaßen: »Nicht mehr jung, ein bißchen fröhlich, ein bißchen traurig, also weise und sehr menschlich. [...]«
82 Bachmann: *Die Zikaden*. In: GW. Bd. I. S. 266.
83 Siehe dies.: *Wir müssen wahre Sätze finden*. A.a.O. S. 59 u. S. 115.

BENEDIKT Dies ist ein anderer Lärm. Er kommt aus dem Gebüsch, aus den Bäumen oder aus der Erde, meint man. Aber es hat folgendes damit auf sich: die Zikaden waren einmal Menschen ... Ach Antonio, wo kämen wir hin mit unseren Geschichten! Fangen wir also an. Schreiben wir: Robinson kehrt heim ...[84]

»Fangen wir also an. Schreiben wir«: Ingeborg Bachmann hatte in den tradierten Bildern des Südens den Ausbruch wie den Aufbruch »zu neuen Ufern«[85] im Schreiben gewählt. Ihr Werk bewegte sich spätestens vom Zeitpunkt ihrer Übersiedlung nach Italien zwischen den »zeitlosen Bildern«[86] der Heimkehr und denen der »Ausfahrt«[87].

Der Traum vom Süden: Die Verlockung zur Kunst als Sehnsucht nach dem anderen Leben (›Ein Geschäft mit Träumen‹[88])

Schon in ihrem Hörspiel *Ein Geschäft mit Träumen* aus dem Jahr 1952 machte Ingeborg Bachmann auf diesen Zusammenhang aufmerksam, weshalb es hier noch kurz besprochen werden soll. Die Büroangestellte Anna hält an ihrem Traum vom Süden fest, während Laurenz, der im selben Büro wie Anna arbeitet, sie vor der Gefahr warnt, die von dieser Grenzüberschreitung ausgeht:

---

84 Bachmann: *Die Zikaden.* In: GW. Bd. I. S. 266.
85 Dies.: *Die Brücken.* In: GW. Bd. I. S. 51.
86 Dies.: *Frankfurter Vorlesungen. Probleme zeitgenössischer Dichtung.* In: GW. Bd. IV. S. 192.
87 Vgl. das gleichlautende Gedicht *Ausfahrt*, auf das ich am Anfang des Kapitels schon genauer eingegangen bin. Das »immerwiederkehrende Sonnenufer« symbolisiert hier das Land der Kunst, der Rettung, Italien. Siehe dazu auch das Gedicht *Herbstmanöver*, das das Motiv der Ausfahrt nach Italien in ganz konkreten Bildern beschreibt: »[...] Laßt uns eine Reise tun! Laßt uns unter Zypressen / oder auch unter Palmen oder in Orangenhainen / zu verbilligten Preisen Sonnenuntergänge sehen, / die nicht ihresgleichen haben! Laßt uns die / unbeantworteten Briefe an das Gestern vergessen! / Die Zeit tut Wunder. Kommt sie uns aber unrecht, / mit dem Pochen der Schuld: wir sind nicht zu Hause.[...]« In: Dies.: *Herbstmanöver.* In: GW. Bd. I. S. 36. In dieser Strophe wird vor allem der Zusammenhang zwischen dem Wunsch nach dem Vergessen der Vergangenheit, der Hoffnung auf Wunder bzw. auf Veränderungsmöglichkeiten in der Zukunft und dem Einbruch der Erinnerung in Form von Schuldgefühlen dargestellt. Siehe auch Andrea Stoll: *Erinnerung als ästhetische Kategorie des Widerstandes im Werk Ingeborg Bachmanns.* A.a.O. S. 74 ff.
88 Dies.: *Ein Geschäft mit Träumen.* In: GW. Bd. I. S. 177-216.

LAURENZ Anna, um wegzufahren, brauchst du einen Paß. Du kannst nicht ohne Papiere auf das Schiff. Anna, geh nicht, ohne mir »Lebewohl« zu sagen. Sieh mich, bitte, noch einmal an. Gib mir, bitte, noch einmal die Hand. Ich weiß nicht, warum du heute fahren willst. Die Wolken treiben so schnell, und am Horizont steht ein Streifen Dunkel. [...]

ANNA *durch Filter* Das Schiff ist schön, es ist weiß und groß, ich wollte immer auf weißen großen Schiffen fahren, die mit bunten fröhlichen Wimpeln besetzt sind.

LAURENZ Anna, ich verstehe dich nicht. Blick auf, blick in den Himmel, der voll von Gefahr ist. Hör auf mich. [...] Was ist geschehen, sag mir, was ist geschehen, seit den Tagen, da wir durch goldene Städte gingen, unter goldenen Dächern, und die Glocken über die Plätze unserer Liebe läuteten?

ANNA Ich liebe die großen weißen Schiffe, ich liebe Kleider aus silbernen Fischschuppen und Halsbänder aus Tang[89], ich liebe die Wellen, die an große weiße Schiffe schlagen, ich liebe die wunderbaren Lieder der Matrosen und die hohen Masten, in denen sich schneeige Wolken verfangen. Ich liebe das Heulen der Sirenen und die Ferne, auf die die großen weißen Schiffe Kurs nehmen, und ich liebe das Ufer der Sonne am Horizont, auf das mich der Wind mit seinen starken Armen heben wird, ich liebe die Unendlichkeit des Meeres.

LAURENZ Anna, du hast keinen Paß bei dir. Man wird dich nicht durch die Sperre lassen. Hörst du mich? Anna, du kannst nicht einfach auf das Schiff laufen. Du hast eine Menge Formalitäten zu erledigen. Anna!

ANNA Matrosen, macht mir den Weg frei, meldet mich dem Kapitän! Ich habe freie Fahrt und ein Visum für die Unendlichkeit.[90]

Anna gelingt es, das Schiff auch ohne gültigen Paß zu besteigen. Die Reise in den Süden ihrer Träume beginnt. Ihr Wunsch und ihr Begehren nach Freiheit und Überschreitung der ihr bis dahin gesetzten Grenzen sind stärker als die von Laurenz ausgesprochenen Warnungen. Doch es kommt ein Sturm auf, und das Schiff sinkt. Alle Matrosen und auch Anna ertrinken. Laurenz erwacht voller Schrecken aus diesem Traum im »Geschäft der Träume«, träumt aber danach einen Fortsetzungstraum, diesmal unter Wasser, bei den Toten. In diesem Traum rettet er durch seine große Liebe Anna – sie werden beide zu Wesen der Unterwasserwelt. »Aber du lebst, weil ich dich

---

89 An dieser Stelle klingt bereits das Undinen-Motiv an. Vgl. Ingeborg Bachmann: *Undine geht.* In: GW. Bd. II. S. 253-265. Siehe auch Ruth Fassbind-Eigenheer: *Undine, oder Die nasse Grenze zwischen mir und mir. Ursprung und literarische Bearbeitungen eines Wasserfrauenmythos. Von Paracelsus über Friedrich de la Motte Fouqué zu Ingeborg Bachmann.* Stuttgart 1994.
90 Bachmann: *Ein Geschäft mit Träumen.* In: GW. Bd. I. S. 205-206.

liebe, mein schönes Fischlein. Sieh, ich bring' dir Milch aus den Muscheln und die Früchte des Tangs, ich deck' dir den Tisch mit glänzenden Seesternen und Girlanden aus Algen.«[91] Dem Gesang der Zikaden im Hörspiel *Die Zikaden* entspricht hier der Gesang der Sirenen. Die Kunst der Verführung wie die Sehnsucht nach der Fremde werden als eine Lockung des Todes beschrieben und Anna und Laurenz finden erst im Totenreich der Unterwasserwelt wirklich zueinander. Aber auch das gelingt ihnen nur – wie bei den *Zikaden* – um den Preis des Verlustes ihrer menschlichen Gestalt.

Hier findet sich der in den *Todesarten* radikalisierte Kampf der Geschlechter bereits in seinen Anfängen angelegt wieder. Der Verwandlungsaspekt bezwingt hier aber noch den Todesaspekt. Zwar ist Anna kein Opfer der männlichen Vorherrschaft wie etwa die Figur Franza in *Der Fall Franza*[92], doch wird auch sie in ihrem Aufbruch in die große weite Welt gleich zu Anfang durch die Ängstlichkeit und den vehementen Widerstand von Laurenz, der sie als Frau nicht verlieren will, behindert. Und tatsächlich sinkt das

---

91 Bachmann S. 211. Eine ganz ähnliche Phantasie greift Rafael Alberti in seinem Gedicht *Gemüsemann unter Wasser* auf, wenn auch in einer etwas humorvolleren Weise. Da Ingeborg Bachmann die wichtigste italienische und spanischsprachige Lyrik ihres Jahrhunderts kannte, ist zu vermuten, das auch ihr das Gedicht von Alberti bekannt war. »Gemüsemann unter Wasser. – Wie gut daran ich wär, / meine Gärtnerin, mit dir, / in einem Garten im Meer! // Auf einem Wägelchen, das / ein Lachs zieht, böten wir dann, / unterm Salzwasser, wär das ein Spaß, / dein Grünzeug, Liebste, an. // – Tang, frisch aus dem Meer! / Tang! Tang!« In: Rafael Alberti: *Zu Lande zu Wasser*. Übersetzt von Erwin Walter Palm. Frankfurt a. M. 1960. S. 15.

92 Bachmann: *Der Fall Franza*. In: GW. Bd. III. S. 339-482. Hier heißt es, was die Beziehung der Geschlechter zueinander betrifft: »Die Geborgenheit und die Gefahr sind die Projektionen, die großen Einbildungen, die Verheerungen durch Einbildungen. Es gibt das alles nicht. [...] Das Wasser ist wichtig und die Erinnerung, daß dort etwas war, einige tausend Jahre lang, daß man selbst dort war, einige Tage lang.« Ingeborg Bachmann sucht auch im Bild der ägyptischen Wüste ähnliche, nur weitaus schärfer konturierte Problemfelder auf wie die, die sie in ihrem Italienbild verarbeitet. Dabei ist auch in Ägypten der Blick auf die Kontinuität und die Überlebensfähigkeit des Menschen trotz der sich historisch zum Teil wandelnden Formen der Bedrohung des menschlichen Lebens über die Jahrhunderte hinweg eines der zentralen Themen. Bachmann geht an dieser Stelle auch noch einmal auf den Zusammenhang zwischen Erfahrung, Lebensort und die Möglichkeit zur variierten Darstellung der grundlegenden menschlichen Themen und Konfliktfeldern in der Kunst ein. Ihre Aussagen legen nahe, daß die Themen, die in ihrem Italienbild bereits angesprochen wurden, in ihrem Prosawerk, besonders im *Todesarten*-Zyklus, nur noch viel genauer ausgefeilt dargestellt und fast ausschließlich auf das »Aufdecken von Verbrechen und Todesarten als gesellschaftlich vermittelter psychischer Prozesse« (Bartsch: *Ingeborg Bachmann*. A.a.O. S. 138.) angelegt sind. Ihre Auffassung vom Sinn des rituellen, sprachmagischen Schreibens ist auch nach Jahren die gleiche geblieben, wenn sich auch das Betrachtungsfeld mit Ägypten wandelt. »Ich habe gewußt, daß dies auch die Welt ist, [...] ich habe gewußt, daß die Zutaten, die magischen meiner Welt, von meinem Aberglauben bevorzugt waren, ich habe gewußt, daß man die Zutaten ändern kann, aber die Erfahrung der Variabilität war darum nichts weniger als eine Verkündigung.«

Schiff, auf dem sie ausfährt, auch im ersten Sturm, der sich ankündigt. Anna ist hier jedoch von ihrem Aufbruch in die Weite der Welt trotz der Gefahren, die auf sie in der Fremde warten könnten, überzeugt. »Soll ich immer so stehen, regungslos in unendlicher Bewegung?«[93], fragt sie sich, als Laurenz sie vor der Gefahr des Sturmes auf hoher See warnen will. Ihr Wunsch nach Veränderung und ihre Abenteuerlust sind größer als die Einsprüche, die Laurenz gegen ihre Ausbruchswünsche erhebt. Selbst als er sie ernsthaft bittet, kurz vor dem Sturm im Angesicht des möglichen Schiffbruchs das Boot zu verlassen, hat sie nichts als Spott und Gelächter für seine Warnungen übrig: »Matrosen, seht ihr den kleinen dicken Punkt am Ufer, diesen kleinen grauen Punkt, der wie eine Träne im Sand zittert? Die Träne will, daß ich abspringe und zurückkomme.«[94] In dem frühen Hörspiel *Ein Geschäft mit Träumen* ist es noch die Frau selbst, die den Aufbruch aus alten Strukturen wagt und offen zugibt: »Ich liebe die wundervollen Lieder der Matrosen, ich liebe das Meer und die Ferne, die Unendlichkeit und die Gefahr. [...] ich liebe den Tod.«[95] Insofern ist sie natürlich kein Opfer männlicher Wünsche, Zuschreibungen und Projektionen, wenn auch das Ergebnis für sie am Ende dasselbe ist und sie durch den Schiffbruch im Unterwasserreich letztendlich doch zu einer »Sirene« wird und Laurenz ihr aus Liebe in die Tiefe der See nachfolgt. Die beiden finden sich so gesehen zwar wieder und werden eins, aber nur um den Preis ihrer menschlichen Gestalt. Die Begrenzungen von Raum und Zeit sind aufgehoben. Unter Wasser sind die beiden keine Menschen mehr: »Ja, wir werden ewig jung sein und nie sterben [...]«[96]. Unter dem Gesang der Sirenen verwandeln sie sich und werden selbst ein Teil des Meeres, der Ewigkeit. Die im Hörspiel dargestellte Liebe zum Tod ist bei Bachmann hier noch als eine Kunstform zu verstehen, die menschliche Abhängigkeiten und Freiheitswünsche deutlicher hervortreten läßt. Das »Wir« von Anna und Laurenz wird zum »Wir« der Sirenen[97].

1. SIRENE *in einer Art Sprechgesang*
   Wir liegen umschlungen am Grund,
   die Wasser decken uns zu,
   wir sind ein einziger Mund
   und atmen Vergessen und Ruh.

---

93 Bachmann: *Ein Geschäft mit Träumen*. In: GW. Bd. I. S. 208.
94 Ebd.
95 Ebd. S. 209.
96 Ebd. S. 212.
97 Zum Motiv der Sirenen siehe Sabine Wedner: *Tradition und Wandel im allegorischen Verständnis des Sirenenmythos. Ein Beitrag zur Rezeptionsgeschichte Homers*. Frankfurt a. M. 1994; Irmgard Roebling (Hg.): *Sehnsucht und Sirene. Vierzehn Abhandlungen zu Wasserphantasien*. Pfaffenweiler 1992.

2. SIRENE
Über uns das schweigende Boot
trägt lächelnd die Erde nach Haus.
Eine Welle von warmem Rot
löscht die kühlere Sonne aus.
1. SIRENE
Wir schlafen und wissen nichts mehr
von verflogenen Stunden am Strand,
umschlungen, wie Muscheln im Meer,
von Perlen, von Traum und Sand.
[...]
LAURENZ Ich höre den Gesang der Sirenen und weiß, daß du mich liebst, ich sehe dein Schuppenkleid, deine Halsbänder aus Tang und weiß, daß du mich liebst. Und ich weiß, daß du schön bist und atmest und das Leben und die Welt bist, weil du mich liebst ...[98]

Laurenz ist gefangen in seinen Träumen, er und das »Geschäft der Träume« sind voll davon. Die Verwandlung findet im Traum, im Zwischenreich, in der Kunst statt. Anna ist in ihrer Schönheit und Waghalsigkeit am Ende doch zur ›Sirene‹ geworden und Laurenz ist ihrer neuen Gestalt konsequent aus Liebe in den Tod gefolgt.

Vielleicht war alles nur ein Traum. Das läßt Ingeborg Bachmann in ihrem Hörspiel offen. Im Traum vom Gesang der Sirenen spiegelt sich der Traum der Dichterin vom Absoluten wider: von der *einzigen* Liebe, der *reinen* Kunst und der *reinen* Schönheit.[99] Die Idee der absoluten Liebe, der absoluten Einheit in der Ewigkeit, die nicht mehr gebunden ist an Zeit und Raum, wird beschworen: der schöne Tod.[100]

Der Traum als das Bereich zwischen Schlafen und Wachen ist hier allein lebendig im Reich der Kunst. Voll sein von Träumen, gefangen sein in Träumen, Träume satt haben: Ein Wortspiel mit Begriffen, die Bachmann

---

98 Bachmann: *Ein Geschäft mit Träumen*. A.a.O. S. 212-213.
99 Siehe dies.: *Frankfurter Vorlesungen. Probleme zeitgenössischer Dichtung*. In: GW. Bd. IV. S. 155.
100 Vgl. hier auch den Aufsatz von Helmut Pfotenhauer: »Der schöne Tod. Über einige Schatten in Goethes Italienbild.« In: *Jahrbuch des Freien Deutschen Hochstifts 49 (1987)*. S. 134-157. Siehe zum Todesmotiv bei Ingeborg Bachmann die Arbeiten von Susanne Bothner: *Ingeborg Bachmann: Der janusköpfige Tod. Versuch einer literaturpsychologischen Deutung eines Grenzgebietes der Lyrik unter Einbeziehung des Nachlasses*. A.a.O.; Anna Maria Stuby: *Liebe, Tod und Wasserfrau. Mythen des Weiblichen in der Literatur*. Opladen 1992. – Vgl. auch Schillers Gedicht *Nänie*: »Auch das Schöne muß sterben! Das Menschen und Götter bezwinget, / [...] Daß das Schöne vergeht, daß das Vollkommene stirbt. / Auch ein Klagelied zu sein im Mund der Geliebten ist herrlich, denn das Gemeine geht klanglos zum Orkus hinab.« In: *Schillers Werke. Nationalausgabe. Gedichte 1799-1805*. Hg. von Norbert Oellers. Zweiter Band. Teil I. Weimar 1983. S. 326.

häufig benutzt, um das Zweischneidige der Sehnsucht nach dem Süden zu beschreiben. So heißt es an anderer Stelle: »Das ganze Leben ist [...] der Versuch, es zu behalten, und die Schönheit sein Widerspruch, weil sie den Tod sucht.«[101] Versteht die Autorin hier die Kunst als einen Ausdruck der Todessehnsucht des Menschen, als Widerspruch zum Leben, so daß der Gesang der Zikaden als südliche Variante des antiken Sirenengesanges gesehen werden kann?[102] »Träume kosten Zeit, manche sehr viel Zeit. Wir haben einen Traum – vielleicht darf ich ihn Ihnen zeigen –, für den wir ein Leben verlangen.«[103] Der Traum vom Süden ist in diesem Hörspiel *Ein Geschäft mit Träumen* der ausphantasierte Traum vom Leben nach dem Tod. Gleichzeitig stellt er die Auferstehung der tradierten Zeichen (»Sirenen«), nicht aber die der Menschen dar: Es ist der Traum vom Paradies auf Erden, das es nicht gibt, das aber alle suchen, die sich in den Süden aufmachen. »Du bist Orplid[104], mein Land«, sagt der Gefangene in dem Hörspiel *Die Zikaden*. »Ich bin dort gewesen. Es ist dies ein Ort der Erlösung.«[105]

101 Bachmann: *Die Zikaden*. In: GW. Bd. I. S. 249.
102 Vgl. hier noch einmal den dritten Abschnitt, Strophe vier (C 4,21-32) im Gedichtzyklus *Lieder von einer Insel*. Sobald sich die christliche Prozession in der Nacht verliert, ist der Weg der Phantasie frei für »die Zeit der Vorwelt«. Die »schleichenden Echsen«, die »schlemmenden Pflanzen«, der »fiebernde Fisch«, die »Orgien des Winds« und die »Lust des Berges« sind zwar Zeichen einer belebten Welt, doch hat der Mensch in ihr noch keinen Platz gefunden. Die Natur, der Wind und der Berg feiern ihr eigenes, orgiastisches Fest; die Natur ist beseelt und triebhaft, jedoch niemandem untertan. Der einzelne fromme Stern, der sich auf seinem Weg zur Erde verirrt hat, zerbricht (am Berg) und wird wieder zu Staub. Der »fromme Stern« bildet so einen Hinweis auf die Ankunft des Menschen und dessen tatsächliche Machtlosigkeit gegenüber den Launen der Natur. In seinen Verirrungen zerbrechlich und aus Erde gemacht, geht er nieder zur Erde und wird wieder zur Erde, zu Staub. Obwohl die biblische Metaphorik in diesem Abschnitt nur als Folie verwendet wird, endet die Strophe, wenn auch poetisch verbrämt, in einem Bild der Zerstörung und des Todes. Nicht zuletzt deshalb erfolgt in der nächsten Strophe ein erneuter Anruf an die Heiligen. Der Einbruch des Heidnischen in die christliche Welt ist mit Angst belegt und mit Gefährdungen verbunden, die Wunden heilen nicht, solange »die Krater nicht ruhn.« »Jetzt seid standhaft, törichte Heilige, / sagt dem Festland, daß die Krater nicht ruhn! / Heiliger Rochus, der du gelitten hast, / o der du gelitten hast, heiliger Franz.« Die Vorwelt reicht immer in die Welt des »Heute« hinein, so weit sie auch zurückliegen mag, die Geschichte in die Politik, die Erinnerung in die Gegenwart, die Kunst in das Leben, der Traum in das Wachen wie in den Schlaf. Dies.: *Lieder von einer Insel*. In GW. Bd. I. S. 122-123.
103 Bachmann: *Ein Geschäft mit Träumen*. In: GW. Bd. I. S. 213.
104 Vgl. Eduard Mörike: *Maler Nolten*. Novelle in zwei Teilen. Hg. v. Heide Eilert. Stuttgart 1987. S. 104 ff. Vgl. auch Horst Brunner: »Isola bella und Ischia im *Titan* [von Jean Paul].« In: Ders.: *Die poetische Insel*. A.a.O. S. 186-193; besonders S. 189. – Orplid war »seit den Berichten von Cook und Georg Forster sehr populär [...] und [hatte] in der Phantasie vieler Zeitgenossen wunschbildhafte Züge als eine ›Insel der Seligen‹ angenommen. (*Maler Nolten*. A.a.O. Anm. S. 458).
105 Bachmann: *Die Zikaden*. In: GW. Bd. I. S. 228.

In ihrem Gedicht *Dunkles zu sagen* greift sie das Thema der Verbindung von Leben und Tod in der Kunst und in der Schönheit am griechischen Vorbild des Sängers Orpheus auf. Auch Orpheus muß in das Zwischenreich hinabsteigen und das Reich der Unterwelt trotz aller Gefahren, die dort auf ihn warten, aufsuchen, um seine Liebe Eurydike und damit auch sich selbst von seinem Kummer zu befreien. Auch Orpheus wählt den Weg über den Gesang, über die Kunst.

Wie Orpheus spiel ich / auf den Saiten des Lebens den Tod / und in die Schönheit der Erde / [...] weiß ich nur Dunkles zu sagen. / [...] Aber wie Orpheus weiß ich / auf der Seite des Todes das Leben / und mir blaut / dein für immer geschlossenes Aug.[106]

In der Ambivalenz zwischen Leben und Tod, zwischen »blauenden«, sich öffnenden und für immer geschlossenen Augen als metaphorischer Ausdruck für die Verbindung von Welt und lyrischem Ich, ist in diesem Gedicht die Kunst angesiedelt, singt Orpheus seinen die Natur und die Menschen betörenden Gesang. Auch Ingeborg Bachmann begreift das Dichten als Spielraum zwischen Leben und Tod und lotet im Schreiben auf ihre Weise diesen Raum für sich aus. Das »Dunkle«, das nach Bachmann in die Schönheit der Erde gesagt werden muß (vgl. die ›Kunst der Vertikale‹), wird durch das Schreiben im übertragenen Sinne erhellt und tritt damit aus dem Dunkel hervor ins Licht. Übertragen findet die »Vorwelt« auf diese Weise ihren Eingang in die Welt (vgl. das ›Ritual des Schreibens‹). Das Unbewußte wird Teil des Bewußtseins; die Versatzstücke der individuellen Erinnerung und der tradierten Zeichen werden im Schreibprozeß Teil einer (fortlaufenden) Geschichte. Auf dieser imaginären Landkarte befindet sich Italien, das Land der Poesie und der schönen Künste, schon bei Goethe und vielen anderen Dichtern, angesiedelt im Zwischenraum – zwischen Himmel und Hölle, zwischen Ewigkeit und Endlichkeit, ein Land der Kunst jenseits von Raum und Zeit.

»Wer die Schönheit angeschaut mit Augen, ist dem Tode schon anheim gegeben«[107], heißt es bei August Graf von Platen. Der Aspekt des Todes, der

---

106 Bachmann: *Dunkles zu sagen*. In: GW. Bd. I. S. 32.
107 August Graf von Platen schrieb in seinem Gedicht *Tristan*: »Wer die Schönheit angeschaut mit Augen, / Ist dem Tode schon anheim gegeben, / Wird für keinen Dienst auf Erden taugen, / Und doch wird er vor dem Tode beben, / Wer die Schönheit angeschaut mit Augen. // Ewig währt für ihn der Schmerz der Liebe, / Denn ein Tor nur kann auf Erden hoffen, / Zu genügen einem solchen Triebe: / Wen der Pfeil des Schönen je getroffen, Ewig währt für ihn der Schmerz der Liebe! // Ach, er möchte wie ein Quell versiechen, / Jedem Hauch der Luft ein Gift entsaugen, / Und den Tod aus jeder Blume riechen: / Wer die Schönheit angeschaut mit Augen, / Ach, er möchte wie ein Quell versiechen!« In: Ders.: *Werke*. Bd. I. *Lyrik*. Hg. von Kurt Wölfel und Jürgen Link. A.a.O. S. 69. – Ingeborg Bachmann, die die Dichtung

das Ende von Erinnerung, Raum und Zeit bedeutet und die damit verbundene Sehnsucht nach dem ewigen Leben stellen die eine Seite des Bildes vom Süden dar. Klaus Luttringer dagegen betont in seinem Buch *Weit. Weit. Arkadien. Über die Sehnsucht nach dem anderen Leben* den lebenszugewandten Aspekt dieser südlichen Welt zwischen Phantasie und Realität und stellt dabei die kreative ›Netz-Arbeit‹ des künstlerischen Schaffens in den Vordergrund. Auch er betont einen ähnlichen Übersetzungsprozeß der Bilder wie Bachmann ihn in ihrem Schreiben über den Süden vornimmt. Kreativität und Klang stehen hier gegen Trauer und Erfahrungen des unvollkommenen Selbst und der Mangelhaftigkeit der existierenden Welt:

> Der Anblick derer, die im rötlichen Schein untergehender Sonnen auf der Hafenmole sitzen und an ihren Netzen basteln [...], ist nur der winzige Tropfen, der die Flut über die Dämme treibt; ist nur der Anlaß, um jene verwischt in den eigenen Lebensalltag eingewobene Trauer zu wecken, die da kommt aus der Ahnung, daß wir trotz allen Überflusses in einem seltsamen Mangel leben. [...] Die Bilder sind der ins Visuelle übersetzte Gesang der Sirenen. Und mehr noch als im Klang selbst liegt die Verlokkung in dem, was er verspricht. Beide – Klang und Versprechen – sind von einem silberhellen, zauberhaften Glanz. Die von den Bildern ausgehende Faszination mündet daher unweigerlich in den Impuls, innezuhalten, die Phantasie auf die Suche zu schicken und in den unkontrollierten Feldern eines durch die Anforderungen gesellschaftlicher Funktionstüchtigkeit fast vollständig zubetonierten Bewußtseins aufzuspüren, wie Leben zu sein habe, damit es von der ungekünstelten und seltsam schönen Art des Netzeflickers und des Hirten sei.[108]

Platens sehr schätzte (laut Interview mit Hans Werner Henze vom 5.9.93), kannte mit ziemlicher Sicherheit diese Verse und hat sich in ihrem Schreiben darauf bezogen. Siehe auch Theodor Schultz: *Platens Venedig-Erlebnis.* Berlin 1940. Und Gunnar Och (Hg.): *August Graf von Platen: 1796-1835.* »*Was er wünscht, das ist ihm nie geworden.*« Eine Ausstellung 200. Geburtstag des Dichters. 22. Mai-16. Juni 1996. Erlangen 1996. Vgl. Peter Bumm: *August Graf von Platen. Eine Biographie.* Paderborn 1990. Und Hans-Joachim Teuchert: *August Graf von Platen in Deutschland. Zur Rezeption eines umstrittenen Autors.* Bonn 1980.

108 Klaus Luttringer: *Weit. Weit. Arkadien. Über die Sehnsucht nach dem anderen Leben.* A.a.O. S. 16 u. S. 17. Zum Mythos Arkadien in der Literatur siehe Petra Maisack-Schäfer: *Arkadien: Genese und Typologie einer idyllischen Wunschwelt.* Frankfurt a. M. 1981; dies. (Hg.): *Landschaft des vergänglichen Glücks.* Frankfurt a. M./Leipzig 1992; Angelika Maass (Hg.): *Verlust und Ursprung. Festschrift für Werner Weber. Mit Beiträgen zum Thema »Et in Arcadia ego«.* Zürich 1989; und aus feministischer Sicht: Elaine H. Baruch (Hg.): *Weder Arkadien noch Metropolis: Frauen auf der Suche nach ihrer Utopie.* München 1986. – Vgl. Hanns Studniczka: *Saturnische Erde. Stätten, Männer und Mächte.* Frankfurt a. M. 1949. S. 271 ff. Das Buch spiegelt einen Teil der Faszination wider, die die österreichische und deutsche Nachkriegsgesellschaft für Italien empfunden hat. Eine kritische Analyse der Italienbilder in der Literatur während und kurz

So läßt sich das Schreiben am ›Stoff Italien‹ im übertragenen Sinn auch als eine Art künstlerisches »Netzeflicken«[109] verstehen. Das Formulieren von Geschichten führt zur Schaffung von *Netz-Werken*.[110] In und mit Hilfe der Kunst läßt sich also ein roter Faden durch die (eigene und fremde) Geschichte legen, und anstelle von »gesellschaftlicher Funktionstüchtigkeit« können sich möglicherweise individuelle Freiräume außerhalb der Grenzen früherer Seins- und Sichtweisen italienreisender Künstler bilden. Ob sich das Versprechen, das die tradierten Bilder vermitteln, allerdings immer und in jedem Fall einlösen läßt, bleibt mehr denn je fraglich und wird gerade in der zweiten Hälfte des zwanzigsten Jahrhunderts von den meisten italienreisenden Literaten kritisch hinterfragt.[111] Bleibt die Manifestation der Erinnerung im Schreiben als Anknüpfung an die alte Identität aus, endet die ›Flucht nach Italien‹ als Doppelbewegung unter Umständen in einer Sackgasse, welche jedoch ebenfalls literarisch umgesetzt werden kann. So leitet etwa Wolfgang Koeppen seinen Roman *Der Tod in Rom* mit den Worten ein[112]:

> Es war einmal eine Zeit, da hatten die Götter in der Stadt gewohnt. Jetzt liegt Raffael im Pantheon begraben, ein Halbgott noch, ein Glückskind Apolls, doch wie traurig [...] Wen schert ihr Leben? [...] Perseus wird nicht geboren. Die Meduse behält ihr Haupt und richtet sich bürgerlich ein. [...] Falsch klang die Musik, sie bewegte ihn nicht mehr [...].[113]

Die Verbindung von Mythologie, Schrift, Klang und Musik bildet auch bei Ingeborg Bachmann ein zentrales Motiv ihrer Kunst. In Italien verknüpft sich bei ihr jedoch zunächst noch die Vorstellung von der Schrift mit der blühenden, südlichen Natur. Die Schrift fließt »in Kaskaden« aus der Wand und »füllt die Becken«[114]: die Erfahrung von Sinnlichkeit und Natur erfüllen Körper und Seele; die künstlerische Kreativität wird angeregt und gefördert, so betont es Bachmann, das ›Dunkle der Vorwelt zutage‹[115] in einer Schrift, die unter dem Einfluß der italienischen Bildwelten immer neue Gestalten auf

---

nach der Zeit des Nationalsozialismus siehe Johannes Graf: *Die notwendige Reise.* A.a.O. Siehe auch Harald Siebenmorgen (Hg.): *Wenn bei Capri die rote Sonne ... Die Italiensehnsucht der Deutschen im 20. Jahrhundert.* A.a.O. S. 57 ff. u. S. 96 ff.
109 Siehe Bachmann: *Ausfahrt.* In: GW. Bd. I. S.28.
110 Vgl. dies.: *Wir müssen wahre Sätze finden. Gespräche und Interviews.* A.a.O. S. 114.
111 Siehe Gunter Grimm; Ursula Breymayer; Walter Erhart (Hg.): »Entzauberung eines Mythos? Zum Italienbild deutscher Gegenwartsliteratur.« In: Dies.: *Ein Gefühl von freierem Leben.* A.a.O. S. 183 ff.
112 Auch Koeppen stellt sich mit dem seinem Roman vorangestellten Motto aus Thomas Manns Erzählung *Der Tod in Venedig* bewußt in die literarische Tradition der deutschen Italienreisenden, die jedoch wie Thomas Mann den Verfalls- und Todesaspekt des Italienbildes höher bewerten als das schöpferische, lebenszugewandte Moment.
113 Wolfgang Koeppen: *Der Tod in Rom.* Stuttgart ¹1975. S. 7.
114 Bachmann: *Lieder auf der Flucht.* In: GW. Bd. I. S 147.
115 Siehe dies.: *Lieder von einer Insel.* In: GW. Bd. I. S. 122 f.

der Suche nach den schon bestehenden, tradierten Spuren annehmen kann. Helligkeit und Bewegung sind – als mögliche Indikatoren einer gelungenen Umsetzung – nun am Zug. Musik erklingt in dem 1956 entstandenen Gedichtzyklus *Lieder auf der Flucht* als Zeichen der Schaffenskraft und Lebensfreude: »[…] Erwart dir viel! / Silben im Oleander, / Wort im Akaziengrün / Kaskaden aus der Wand. // Die Becken füllt, / hell und bewegt, / Musik.«[116]

---

116 Dies.: *Lieder auf der Flucht*. In: GW. Bd. I. S. 147.

6. »Fluchtpunkte oder Schwerpunkte«[1] – ein lyrisches Ich im Süden

[...] Einsam sind alle Brücken,
und der Ruhm ist ihnen gefährlich
wie uns, vermeinen wir doch,
die Schritte der Sterne
auf unserer Schulter zu spüren.
Doch übers Gefälle des Vergänglichen
wölbt uns kein Traum.

Besser ist's, im Auftrag der Ufer
zu leben, von einem zum andern,
und tagsüber zu wachen,
daß das Band der Berufene trennt.
Denn er erreicht die Schere der Sonne
im Nebel, und wenn sie blendet,
umfängt ihn der Nebel im Fall.[2]

Ingeborg Bachmann blieb nur bis zum Spätherbst des Jahres 1953 in San Francesco, einem Ortsteil von Forio auf der Insel Ischia wohnen.[3] Für eine Übergangszeit läßt sie sich im folgenden Jahr im Palazzo Ossoli an der Piazza della Quercia N°1 in Rom nieder, um ihrer neuen Aufgabe als Rom-Korrespondentin für die in Essen ansässige *Westdeutsche Allgemeine Zeitung* nachzugehen. Bis 1955 veröffentlicht sie unter dem Pseudonym »Ruth Keller«, »R. K.« bzw. »Er.« fünf Artikel über die italienische Innenpolitik und die deutsch-italienischen Beziehungen der Jahre 1954 und 1955[4], bevor sie unter-

---

1 Bachmann: *Wir müssen wahre Sätze finden. Gespräche und Interviews.* A.a.O. S. 40.
2 Dies.: *Die Brücken.* In: GW. Bd. I. S. 50-51. Dieses nach Bachmanns erstem Italienaufenthalt im November 1952 veröffentlichte Gedicht nimmt hier in der als Motto zitierten letzten Strophe (6, 5-7) bereits das Bild der das lyrische Ich »blendenden Sonne«, d. h. der zerstörerischen Sonnenkraft auf. Dieses Bild wird später von Ingeborg Bachmann in der Hymne *An die Sonne* wieder aufgegriffen und näher ausgeführt. Es spielt im Kontext der ›Kunst der Vertikale‹ mit dem Begriff »Nebel« bereits auf Goethes Gedicht *Zueignung* an.
3 Siehe Hapkemeyer: *Ingeborg Bachmann. Bilder aus ihrem Leben. Mit Texten aus ihrem Werk.* A.a.O. S. 53.
4 Diese Artikel befinden sich alle im Institut für Zeitungsforschung in der Zeitungsausschnittsammlung der Stadt- und Landesbibliotheken der Stadt Dortmund, die Titel lauten: Ruth Keller: »Das politische Klima in Italien ist ungesund geworden. Kommunistischer Druck wächst, Regierungsmehrheit zu schmal.« In: *Westdeutsche Allgemeine.* Essen. N° 261 v. 9. November 1954; dies.: »Skandale in Rom: Die Italiener rufen nach einem eisernen Besen. Fall Sotgiu wirft ernste Probleme um das Schicksal

brochen durch ihren USA-Aufenthalt auf Einladung der Harvard-Universität in Cambridge, Massachussets, im Sommer 1955, die beiden nächsten Jahre, 1956 und 1957, in Neapel verbringt. Ihre Kunst bildete zunächst die ›Brücke‹ zu Italien und ebnete ihr im Gegenzug den Weg zu einer ersten, weitreichenden Anerkennung als Dichterin und zu erstem Ruhm im deutschsprachigen und internationalen Raum. Ihr Wunsch, »im Auftrag der Ufer zu leben«, ließ sich zudem auf dem italienischen Festland verwirklichen. Wenn auch der berühmt gewordene *Spiegel*-Artikel vom August 1954[5] in seinem Tenor der Lyrik und dem Auftreten Ingeborg Bachmanns gegenüber sehr kritisch gehalten ist und sich bisweilen fast wie eine Persiflage auf die damals junge Dichtergeneration der Nachkriegszeit liest[6], so hatte er doch zur Folge, daß das Schreiben der jungen Lyrikerin sofort in einen größeren Kontext gestellt wurde. »Rom brachte die – vielleicht nicht ganz unbewußt angestrebte – Wendung in ihrem lyrischen Schaffen«[7], heißt es in dem *Spiegel*-Artikel von 1954. Ingeborg Bachmann hatte sich der poetischen Tradition der italienreisenden Schriftsteller, Gelehrten und Philosophen mit ihrer Übersiedlung nach Itali-

---

der Demokratie auf.« In: *Westdeutsche Allgemeine*. Essen. N° 274 v. 25. November 1954; dies.: »Mendès-France wünscht Zustimmung Italiens zu Vierer-Gesprächen ... und zum Rüstungspool. – Grundsätzliche Übereinstimmung erwartet.« In: *Westdeutsche Allgemeine*. Essen. N° 9. V. 12. Januar 1955; R.[uth] K.[eller]: »Rom : Linksneigung.« In: *Westdeutsche Allgemeine*. Essen. N°. 101 v. 2. Mai 1955. – [Ruth Kell]Er.: »Rom blickt nach Bonn.« In: *Westdeutsche Allgemeine*. Essen. N° 221 v. 23. September 1955. Siehe hierzu auch dies.: *Römische Reportagen. Eine Wiederentdeckung*. Hg. u. m. einem Nachwort versehen v. Jörg-Dieter Kogel. München, Zürich 1998. Hier finden sich die einzelnen Artikel neuerdings abgedruckt.

5 »Bachmann: Stenogramm der Zeit.« In: *Der Spiegel* 34 (1954). Vgl. hierzu die ausführliche Arbeit zu der Darstellung Ingeborg Bachmanns in den Medien von Constanze Hotz: »Die Bachmann«. *Das Image der Dichterin Ingeborg Bachmann im journalistischen Diskurs*. A.a.O. Siehe auch Michael Matthias Schardt (Hg.): *Über Ingeborg Bachmann. Rezensionen Porträts Würdigungen (1952-1992). Rezeptionsdokumente aus vier Jahrzehnten*. In Zusammenarbeit mit Heike Kretschmer. Paderborn ¹1994.

6 »Die römische Droge wurde in der Neuzeit auch ganz planmäßig verpaßt.[...] Der Hang zur Südlandfahrt, die Hoffnung auf erprobte künstlerische Befreiung ist auch im deutschen Nachwuchs der Trümmer- und Beton-Generation nicht erstorben. Das Gedichtemachen aus dem Unbehaustsein und der Distanz ist der gesamten jungen Lyrik gemeinsam. Es ist das Kennzeichen der zwischen den beiden Weltkriegen Geborenen: Celan (1920), Höllerer (1922), Forestier (d. i. Karl E. Krämer; 1921), Piontek (1925), Ingeborg Bachmann (1926). [...] traurig schönen Bildern und Stimmungen gibt sich die junge deutsche Lyrik hin, in einer Stadt, wo das »Sterben in Schönheit« schon eine poetische Tradition hat – wo im Schatten der Aurelianischen Mauer an der Cestius-Pyramide seit mehr als hundert Jahren jene schönheitskranken Zuwanderer aus den nördlichen Ländern, meist Engländer und Deutsche, begraben werden, die den Geistern der geisterreichen Stadt zuviel Einlaß in ihr Gemüt gewährten.« Aus: *Bachmann: Stenogramm der Zeit*. A.a.O.

7 Ebd.

en angeschlossen und sich bereits zu Beginn ihres Aufenthalts in diese eingeschrieben.[8] Gleichzeitig hatte es die Rezeption willig und schnell verstanden, die Dichterin und ihr bis dahin schmales lyrisches Werk in diese Traditionslinie einzureihen. Allerdings wuchs damit auch die Mythenbildung um ihre Person[9], was dazu führte, daß in der Rezeption das Werk der Autorin über viele Jahre hinweg oftmals vom Mythos der Schriftstellerin zurückgedrängt wurde. Bestes Beispiel für diese Tatsache ist der Sprung von der »schüchternen Poetin aus Kärnten« zur »Diva der deutschsprachigen Lyrik«[10] gleich zu Beginn ihrer Karriere[11].

Obwohl das Schreiben Bachmanns in ihrer italienischen Anfangszeit von der Kritik häufig äußerst scharf unter die Lupe genommen und nicht nur positiv bewertet wurde[12], trug der Neuanfang in Italien doch beträchtlich zu ihrem wachsenden Ruhm als Dichterin bei. Wie sehr von diesem Zeitpunkt an jedoch Werk und Person für die Öffentlichkeit, aber auch für Freunde und Bekannte, zu einem durchaus verklärten Bild verschmolzen, läßt sich sehr gut an den *Erinnerungen* von Kuno Raeber ablesen, die zwei Monate nach Ingeborg Bachmanns Tod in Rom in der Kulturkritik des Bayerischen Rundfunks veröffentlicht wurden.

8 Vgl. hierzu: Grimm u. a. (Hg.): »*Ein Gefühl von freierem Leben*«. *Deutsche Dichter in Italien.* A.a.O. Das Buch bietet anhand einzelner Analysen zu Leben und Werk verschiedener deutschsprachiger Schriftsteller in Italien einen guten Überblick über die Italiensehnsucht der Deutschen und deren Umsetzung in der Literatur seit dem frühen Mittelalter. Siehe auch den grundlegenden Aufsatz zum selben Thema von Wilhelm Emrich: »Das Bild Italiens in der deutschen Dichtung.« In: Ders.: *Geist und Widergeist.* A.a.O. S. 258-286. Anzumerken ist, daß im gesamten Text trotz seiner in vielen Punkten großen Detailgenauigkeit und dem gesammelten Überblickswissen nicht eine einzige italienreisende Schriftstellerin Erwähnung findet. – Siehe ebenfalls Stefan Oswald: *Italienbilder. Beiträge zur Wandlung der deutschen Italienauffassung 1770-1840.* A.a.O. Und Giulia Cantarutti; Hans Schuhmacher (Hg.): *Germania – Romania. Studien zur Begegnung der deutschen und romanischen Kultur.* A.a.O.
9 Zum Werden des Mythos »Bachmann« durch die Presse vgl. Constanze Hotz: »*Die Bachmann«. Das Image der Dichterin Ingeborg Bachmann im journalistischen Diskurs.* A.a.O.
10 Vgl. dazu den *Spiegel* 31 (1961). Darin heißt es: »Die Männerwelt, in die sich die als schüchtern und zurückgezogene First Lady der jungen deutschsprachigen Dichtergeneration mit ihrem Prosaerstling begibt […].«
11 »Bachmann: Stenogramm der Zeit.« In: *Der Spiegel* 34 (1954).
12 Um ein Beispiel zu nennen: Zur letzten Strophe des Gedichtzyklus *Lieder von einer Insel* (»Es ist Feuer unter der Erde, / und das Feuer ist rein, / […] wir werden Zeugen sein.« In: Bachmann: *Lieder von einer Insel.* In: GW. Bd. I. S.123 u. S.124.) heißt es: »*Das ist Stenogramm der Zeit* im greifbar sinnlichen Bild. Die junge Bachmann hat das visuelle Erlebnis gehabt wie Generationen von Künstlern aus dem Norden vor ihr, und sie bei aller Tortur des Denkens in ihrem Gefühl einfältig genug geblieben, um im Angesicht Roms zum konkreten Bild zu kommen.« In: Ebd. (Herv. lt. Original).

Ich glaube, es war 1957 in St. Gallen, daß ich Ingeborg Bachmann zum ersten Mal sah. Aber sie war mir schon lange bekannt und gegenwärtig gewesen, als ein wunderbares Gerücht. Ihre Verse erregten meine Generation, sie hatte darin ihre Sprache gefunden. Doch in einem unvergeßlichen höheren Maße als bei anderen Dichtern war in diesen Versen immer unmittelbar die Person gegenwärtig. Ingeborg Bachmann erschien von Anfang an, sobald sie überhaupt ins Bewußtsein der Öffentlichkeit trat, selber als ein Gedicht, das vom geschriebenen Gedicht nicht abgetrennt werden konnte. Ich halte sonst nicht viel davon, Autoren persönlich zu kennen. Das Bedürfnis danach erscheint mir meist auf einem Mißverständnis zu beruhen. Die Person verstellt den Zugang zum Werk, das zufällig Biographische schiebt sich vor die Aussage, auf die es allein ankommt. Denn die Dichtung ist ja gerade die Überwindung des bloß Individuellen, seine Läuterung ins Allgemeine. Dichtung ist Verdichtung der Person zu einer allgemein gültigen Figur. Alles Biographische, soweit es Bedeutung hat, ist darin aufgehoben, davon aufgesogen. Die Beschäftigung damit schadet dem Verständnis der Dichtung mehr, als es ihr nützt. So sehe ich es im allgemeinen. Ingeborg Bachmann ist die große Ausnahme. [...] Sie erschien mir gleich von Anfang an, schon als sie erst eine Sage war, eine Märchenerzählung, die mir zuwehte nach Hamburg, wo ich damals wohnte. Sie erschien mir als die Seele des alten römisch-deutschen Reiches, das sich in ihr als Poesie wieder verkörpert hatte. In dieser Welt und nicht von dieser Welt, als eine Fremde und zugleich als eine Schwester.[...][13]

13 Kuno Raeber: *Erinnerungen an Ingeborg Bachmann.* Unveröffentlichtes Manuskript. Als Sendung des Bayerischen Rundfunks in der Sparte »Kulturkritik« gesendet am 24. Dezember 1973 zwischen 22.00-22.30 Uhr im zweiten Programm. Vgl. dazu den Aufsatz von Irmela von der Lühe: »›Ich ohne Gewähr‹: Ingeborg Bachmanns Frankfurter Vorlesungen zur Poetik.« In: *Entwürfe von Frauen in der Literatur des 20. Jahrhunderts. Neue Folge 5. Literatur im historischen Prozeß.* Hg. v. Irmela von der Lühe. [Argument-Sonderband 92]. A.a.O. S. 106-131. – Irmela von der Lühe versucht das Dilemma über den Zusammen- oder Nichtzusammenhang zwischen Biographie und Text über die »Ich-Gewißheit im Schreiben« zu lösen, die den Interpreten von dem Biographischen weg, wieder hin zum »Ich« im Text führen soll. In den meisten Besprechungen ist von Ingeborg Bachmann, wie schon in den Erinnerungen von Kuno Raeber, als einem »Mädchen« die Rede. Nicht der Inhalt und die Aussage ihrer Arbeiten, sondern vor allem ihre Erscheinung wurden von der Presse, wie auch in später an einzelnen Nachrufen auf ihren Tod von Freunden oder Bekannten zu sehen ist, besprochen. Siehe auch »Die unaufdringliche Stimme der jungen Dichterin, – ›ein schönes Mädchen, flirrend in der Bescheidenheit dessen, der noch nicht lange schreibt‹ (Wolfgang Weyrauch) – spricht darin seltsam abstrakt.« In: »Bachmann: Stenogramm der Zeit«. A.a.O. Auch Heinrich Böll betitelte seinen Nachruf auf Ingeborg Bachmann im Jahr 1973 mit der Überschrift: »Ich denke an sie wie an ein Mädchen«. In: *Ingeborg Bachmanns ›Malina‹.* Hg. von Andrea Stoll. A.a.O. S. 57-59. Vgl. Lühe: »›Ich ohne Gewähr‹: Ingeborg Bachmanns Frankfurter Vorlesungen zur Poetik.« A.a.O. S. 123.

War auch die Übersiedlung nach Italien in den frühen fünfziger Jahren offensichtlich erfolgreich für Ingeborg Bachmann verlaufen, so kündigte sich doch in dieser Zeit schon ein ernsthaftes Problem an: die beständige Vermischung von Person und Werk, die die Autorin von da an immer wieder dazu veranlassen sollte, von ihrer Person weg auf ihre Texte zu verweisen.[14]

Grenzerfahrungen zwischen Wasser und Land auf der Suche nach dem »immerwiederkehrenden Sonnenufer«[15]

In ihrem frühen, noch in Wien entstandenen Gedicht *Große Landschaft bei Wien*, für das Bachmann bei der Mainzer Tagung der Gruppe 47 im Mai den Preis des Jahres 1953 erhielt, schrieb sie:

Große Landschaft bei Wien

[…] und es will
mich noch anfallen trunkenes Limesgefühl;
unter den Pappeln am Römerstein grab ich
nach dem Schauplatz vielvölkriger Trauer,
nach dem Lächeln Ja und dem Lächeln Nein.

[…] Nur auf dem Platz im Mittagslicht, mit der Kette
am Säulenfuß und dem vergänglichsten Augenblick
geneigt und der Schönheit verfallen, sag ich mich los
von der Zeit, ein Geist unter Geistern, die kommen. […][16]

Ingeborg Bachmann hatte schon in jungen Jahren einen ersten Eindruck von Italien erhalten. Ihr Vater, der erst Lehrer und später Rektor an einer Hauptschule gewesen war, hatte Italienischunterricht gegeben, und auch die Hochzeitsreise führte die Eltern, wie eingangs schon erwähnt, über die Alpen nach Norditalien bis nach Venedig.[17] Sie lebte daher von ihrer Kindheit an in dem Bewußtsein, nahe an der italienischen Grenze aufgewachsen zu sein. Das

---

14 Bachmann: *Wir müssen wahre Sätze finden*. A.a.O. S. 66-67: »Die wirklichen Probleme hat man auf eine ganz andere Weise, sie sind nicht zu diskutieren auf Konferenzen, auf Kongressen. Und wenn es ein wirkliches Problem dieser Art gibt, dann ist es eben indiskutabel im besten Sinn. Und die einzige Antwort darauf ist die Arbeit, das Werk oder das Gelingen dieses Werkes.«
15 Dies.: *Ausfahrt*. In: GW. Bd. I. S. 29.
16 Dies.: *Große Landschaft bei Wien*. In: GW. Bd. I. S. 59 f.
17 Laut einem Interview der Verfasserin mit den Herausgeberinnen des Gesamtwerkes von Ingeborg Bachmann, Christine Koschel und Inge von Weidenbaum; Rom im Frühjahr 1992.

»trunkene Limesgefühl«, von dem sie in dem Gedicht *Große Landschaft bei Wien* schreibt, und die Suche »unter den Pappeln am Römerstein« nach den allgemeinmenschlichen Dingen, die alle Völker und Nationen verbinden, zeigen, wie intensiv sich die Autorin auch in ihrer Heimat schon mit den völkerverbindenden Aspekten beschäftigt hat, die für sie in der römischen Tradition, jedenfalls was das ›alte Europa‹ betraf, angelegt worden waren. Das Gedicht stellt ein weiteres Beispiel für die frühe Anwendung des poetischen Verfahrens der ›Kunst der Vertikale‹ dar, die sich in der ersten hier zitierten Strophe im abwärts gerichteten ›Graben‹ »nach dem Schauplatz vielvölkriger Trauer« ausdrückt. In der darauffolgenden Strophe erfolgt jedoch sofort eine aufwärts gerichtete Gegenbewegung, die den Abstand zu der betont starken Erdgebundenheit des menschlichen Daseins herstellen und die Befreiung aus dem als Gefangenschaft empfundenen Hang zur ausschließlich ästhetisierenden Anschauung der Welt schaffen soll. Die Absage an eine Weltsicht, die nur auf die den Dingen innewohnende Schönheit ausgerichtet ist, wird hier als Absage an die eigenen historischen Gegebenheiten formuliert: » […] sag ich mich los von der Zeit, ein Geist unter Geistern, die kommen.« Erst jetzt, als von den irdischen Bindungen unabhängiger »Geist«, ist der Aufbruch in einen neuen Lebens- und Zeitabschnitt möglich, doch noch ist »das Schiff […] leer«, wie es in der vorletzten Strophe des Gedichts heißt, und an eine symbolische Überfahrt zu neuen Ufern noch nicht zu denken.

Im Nachhinein betrachtet versuchte die Dichterin allerdings, je länger sie in Italien lebte, sich in verschiedenen Selbstaussagen betont von der ›üblichen‹ Italiensehnsucht der Deutschen, Österreicher und Engländer abzugrenzen.

Der Entschluß für mich nach Italien zu gehen, war nicht für mich ein Entschluß, wie es ihn für so viele andere gibt oder etwa der Zug nach Süden der Engländer, der Deutschen der Österreicher; denn ich komme schon von der italienischen Grenze, bin wenige Kilometer von der italienischen Grenze aufgewachsen, Italienisch war meine zweite Sprache; obwohl es natürlich erst im Verlauf der Jahre wirklich meine zweite Sprache geworden ist.[18]

Während einer Polenreise im Mai 1973, die sie vier Monate vor ihrem Tod[19] auf Einladung des Österreichischen Kulturinstituts nach Warschau unter-

---

18 Aus einem unveröffentlichten Statement im Zusammenhang mit Gerda Hallers Fernsehfilm »Ingeborg Bachmann in ihrem erstgeborenen Land«. In: Andreas Hapkemeyer: *Ingeborg Bachmann. Bilder aus ihrem Leben.* A.a.O. S. 53.
19 Um Ingeborg Bachmanns Tod ranken sich nach wie vor verschiedene unausrottbare Gerüchte. Den tatsächlichen Hergang der Todesumstände wird man letztlich wohl nie klären können. Die Anzeige gegen »Unbekannt auf Mordverdacht«, die verschiedene,

nahm, wurde sie von ihrer polnischen Interviewpartnerin nach ihrem Leben in Rom gefragt. Auch in diesem Interview gibt sie eine ähnliche Antwort:

> Ja, ich bin sehr früh nach meinem Studium in Wien und einem Aufenthalt in Paris nach Italien gegangen. Und das war für mich nicht die romantische Italiensehnsucht, die immer die nördlichen Völker gehabt haben, sondern ich bin schon an der Grenze aufgewachsen, drei oder vier Kilometer von der italienischen Grenze. [...] für mich ist Italien kein exotisches Land, wegen Palmen und Orangenbäumen, sondern etwas Selbstverständliches, und ich fühle mich dort nicht in einem anderen Land, sondern es ist für mich ein Zuhause.[20]

Italien war für Ingeborg Bachmann »etwas Selbstverständliches«, von Kindheit an Vertrautes. Sie hatte dem »Limesgefühl«, das sie in dem oben zitierten Gedicht *Große Landschaft bei Wien* beschreibt und immer wieder in ihrem Werk thematisiert, mit ihrem Wechsel nach Italien entsprochen. Sie selbst empfand sich im Schreiben als Grenzgängerin und Kundschafterin[21] und konnte auf diese Weise, wie sie betonte, mit der Zeit Ortskundige an vielen Orten zugleich werden.[22] Schon in Wien hatte die Autorin poetisch gestaltet, was es bedeutete, »unter den Pappeln am Römerstein [...] nach dem Schauplatz vielvölkriger Trauer«[23] zu graben und »im Mittagslicht, mit der Kette am Säulenfuß«[24] der Vergänglichkeit, dem »Augenblick [...] und der Schönheit verfallen«[25] zu sein. Diese innere Haltung, d. h. der Versuch, die eigenen,

---

    der Dichterin sehr nahestehende Freunde, unter anderem Hans Werner Henze, veranlaßt hatten, wurde nach eingehenden Untersuchungen von der italienischen Polizei fallengelassen. Von offizieller Seite hieß es von da an, Ingeborg Bachmann sei an den Folgen von Verbrennungen gestorben, die sie sich durch einen Unfall – sie sei mit brennender Zigarette im Bett eingeschlafen und ihr Nachthemd habe Feuer gefangen – zugezogen habe. Die Diskussion um die Todesursache wird in regelmäßigen Abständen von der Presse wie in Freundes- und Fachkreisen immer wieder diskutiert. Ein letztlich eindeutiges Ergebnis wird jedoch auch heute, dreiundzwanzig Jahre nach ihrem Tod, nicht zu erwarten sein. Vgl. dazu den Artikel »Schriftstellerinnen: Suche nach Seresta.« In: *Der Spiegel* 1/2 (1981).

20 Bachmann in einem Interview mit Alicja Walecka-Kowalska im Mai 1973 auf einer Polenreise. In: Ingeborg Bachmann: *Wir müssen wahre Sätze finden. Gespräche und Interviews*. A.a.O. S. 130.
21 Vgl. dies.: *Ein Ort für Zufälle. Rede zur Verleihung des Georg-Büchner-Preises*. In: GW. Bd. I. S. 279.
22 Vgl. das 1952 entstandene Gedicht von Ingeborg Bachmann: [*Die Welt ist weit*]. In: GW. Bd. I. S. 22: »*Die Welt ist weit und die Wege von Land zu Land, / und der Orte sind viele, ich habe alle gekannt, /* [...]« Das Gedicht gehört zum Zyklus *Ausfahrt*, wie eine Hörfunkaufnahme des NWDR Hamburg vom 27. Mai 1952 zeigt. Das Gedicht [*Die Welt ist weit*] wurde allerdings nicht in den Gedichtband *Die gestundete Zeit* von 1953 aufgenommen.
23 Bachmann: *Große Landschaft bei Wien*. In: GW. Bd. I. S. 60.
24 Ebd.
25 Ebd.

eingeschränkten Zeitläufte mithilfe der Dichtung zu überwinden[26] und sich in Italien, im Land der »abgöttischen Helle«[27], auf die Suche nach einem Ort paradiesischer Unvergänglichkeit (dem »immerwiederkehrenden Sonnenufer«[28]) zu machen, war nur die konsequente Weiterführung ihrer inneren Bildwelten seit Beginn ihres Schreibens in ihrer Jugendzeit. Betrachtet man in diesem Zusammenhang eine Auswahl der Jugendgedichte von Ingeborg Bachmann und den darin formulierten Wunsch, »nach grauen Tagen, Ketten zu brechen und Licht zu trinken«[29], wird einmal mehr deutlich, warum ihre Wahlheimat Italien heißen mußte. Auch in diesem Punkt steht die Autorin, wenn vielleicht auch nicht bewußt, in der Tradition Goethes, der seine Italienreise schon in seiner Kindheit angelegt sah und für den der lange Aufenthalt in Italien nur eine konsequente Weiterführung eines lang gehegten Jugendtraumes darstellte.[30] Auch Bachmann begriff ihre Jugendjahre als das Kapital der künstlerischen Arbeit, doch wollte sie in den frühen siebziger Jahren ihren Schwerpunkt im Schreiben vor allem auf Wien und ihre österreichische Heimat gelegt sehen. Ihre Hinwendung zum »Hause Österreich« ging in dieser Zeit bereits soweit, daß sie in einem Interview mit Veit Mölter im März 1971 behauptete, sie könne auf keinen Fall mehr über Italien und die dortigen Verhältnisse schreiben.

Die Jugendjahre sind, ohne daß ein Schriftsteller es anfangs weiß, sein wirkliches Kapital. Die ersten Begegnungen mit Menschen, einer Umwelt. Was später dazukommt, was man für viel interessanter hält, bringt seltsamerweise fast nichts ein. Nur daß man erst in späteren Jahren überhaupt zu begreifen anfängt, was man mit dem ersten Blick gesehen hat, den man vielleicht niemals oder nur manchmal wieder geschenkt bekommt. Es ist mir unmöglich, in einem Land wie Italien, in dem ich schon viel länger lebe als in Wien, alle Nuancen zu begreifen. Ich könnte nie über Italien oder die italienischen Verhältnisse schreiben.[31]

Es ist wahr, daß Ingeborg Bachmann seit ihrem Entschluß im Jahr 1966, keine Gedichte mehr zu schreiben, vorwiegend aus der Distanz zu Österreich heraus, die sie mit ihrem Leben in Italien gewonnen hatte, den Blick wieder gezielt auf ihre Heimat richten konnte. Denn:

26 Bachmann: *Große Landschaft bei Wien*. In: GW. Bd. I. S. 60.
27 Dies.: *Schwarzer Walzer*. In: GW. Bd. I. S. 131.
28 Dies.: *Ausfahrt*. In: GW. Bd. I. S. 29.
29 Dies.: *Nach grauen Tagen*. In: GW. Bd. I. S. 624.
30 Vgl. die Aussage Goethes: »Denn es geht, man darf wohl sagen, ein neues Leben an, wenn man das Ganze mit Augen sieht, das man teilweise in- und auswendig kennt. Alle Träume meiner Jugend seh' ich nun lebendig.« Goethe: *Italienische Reise*. A.a.O. S. 119.
31 Bachmann in einem Interview mit Veit Möller vom 23. März 1971. In: Ingeborg Bachmann. *Wir müssen wahre Sätze finden. Gespräche und Interviews*. A.a.O. S. 79.

[...] es bleibt noch die Brücke zu schlagen über den Abgrund zwischen der Welt von gestern und der Welt von morgen. Uns, die wir in der Mitte dieser im Bau befindlichen Brücke halten, ist jedes Behagen schon geschwunden. Ohne es zu verlieren, werden wir das Land der Kindheit nicht retten, und ohne das religiöse Behagen, das es uns schenkte, einem äußersten Zweifel zu unterwerfen, werden wir keinen Anspruch haben, den Glauben, der im Anfang steht, mitnehmen zu können in den, der am Ende ist.[32]

Wie sich zeigen läßt, tauchen auch in ihrem unvollendeten Romanzyklus *Todesarten*[33] Versatzstücke ihrer früheren italienischen Bildwelten auf und bilden darin eine, wenn auch sicherlich im Verhältnis zu ihrem lyrischen Werk und den Erzählungen geringe, aber dennoch stringente Weiterentwicklung der in ihren Gedichten angelegten Motivstrukturen und Themenkomplexe. Ingeborg Bachmanns Sprache war zu Beginn der siebziger Jahre härter geworden, direkter und unmißverständlicher. »Ich sammle nur die Geschichten, die nicht bekannt werden, und nur Geschichten mit letalem Ausgang.«[34]

Die Sehnsucht nach Schönheit als Kunstform, die in ihren Augen immer auch den Zug der Vergänglichkeit trüge, führte Ingeborg Bachmann in ihrer Dichtung über einen Umweg in den Süden, dorthin, »wo ich verwundbar bin, durch Schönheit, im Aug [...]«[35], bis hin zum Sammeln von »Geschichten mit letalem Ausgang«. Auf der Suche nach dem »ewigen Licht«[36], nach geistiger Freiheit und menschlicher Wahrheit, war sie dem ›Ruf der Zikaden‹, der künstlerischen Berufung, am Ende doch gefolgt.[37] Dieser innere Zwiespalt zwischen Süd und Nord[38], zwischen dem Begehren, »Eine einzige

---

32 Bachmann: *Religiöses Behagen?* In: GW. Bd. IV. S. 311 f.
33 Dies.: *Todesarten: Malina und unvollendete Romane*. In: GW. Bd. III.
34 Ebd. S. 544. Vgl. Bachmanns Aussage zur Vorgehensweise beim Schreiben von Prosa und Lyrik: »Diese erste Prosa kommt zum Teil noch aus dem Zustand des Gedichteschreibens. Es sind noch viele Versuche darin, den Satz so hochzutreiben, daß kein Erzählen mehr möglich ist... Um ein wirkliches Gedicht schreiben zu können, braucht man keine langjährigen Erfahrungen, keine Fähigkeit zu beobachten. Ein sehr reiner Zustand ist das, in dem nur die Sprache eine Rolle spielt. Wortauftritte sind der Anstoß für Gedichte.« In: Ingeborg Bachmann: *Wir müssen wahre Sätze finden. Gespräche und Interviews*. A.a.O. S. 78.
35 Dies.: *Herbstmanöver* In: GW. Bd. I. S. 36.
36 Vgl. die elfte Strophe des Gedichts *Große Landschaft bei Wien*. In: GW. Bd. I. S. 61: »Maria am Gestade – [...] wo bleibt / dein ewiges Licht? [...]«. Die Metapher des »ewigen Lichts« ist bei Bachmann eng verknüpft mit der Suche nach Wahrheit und Erkenntnis.
37 Siehe Kapitel 5. Abschn. »Die Phantasie von der Insel am anderen Ufer« ff. über das Hörspiel *Die Zikaden*.
38 Siehe auch das Gedicht *Nord und Süd*. In: GW. Bd. I. S. 129.

Stunde Licht [zu] schauen! Eine einzige Stunde frei [zu] sein«[39], und einem »Weg [...] ohne Erbarmen«[40], wie es in einem anderen Jugendgedicht mit dem Titel *Aufblickend* heißt, begleitete die Dichterin bis zu ihrem Tod.

Der Makrokosmos Welt im Mikrokosmos Dichtung

»Mit [...] scharfem Gehör für den Fall«[41] hatte Ingeborg Bachmann in einer Gegenbewegung im Schreiben über südliche Bildwelten versucht, Motive und Naturbilder aufzusuchen und diese als Material für ihre eigene Lyrik zu verwenden. Teilweise handelt es sich um eine Weiterführung der poetischen Bilder (z. B. »Licht«, »Meer«, »Freiheit«, »Fall«, »Ferne«, »Sonne«)[42], die schon von ihrer Jugend an zum festen Bestand ihrer Dichtung gehörten. Wenn diese mediterranen Elemente in ihrer Poesie auch überwiegend in Form von Sehnsuchtsphantasien und Wunschbildern auftauchen, konnten sie doch ein Gegengewicht zum »Sog [...] der Schwermut«[43] innerhalb der eigenen Person und der österreichischen Tradition[44] des Schreibens bilden. Darüber hinaus war es der Versuch, eine Dichtung zu schaffen, die bereits einen Teil der »eigenen Bewußtseinslage« darstellte, jedoch in ihrem Wesenskern der modernen, auch im Italien des 20. Jahrhunderts veränderten Welt entsprach. Ingeborg Bachmanns Werk war somit Teil einer poetischen Tradition und stellte doch deren Weiterentwicklung, ihre persönliche Schreib-

---

39 Siehe das in diesem Zusammenhang sehr aufschlußreiche Jugendgedicht von Ingeborg Bachmann: *Nach grauen Tagen*. In: GW. Bd. I. S. 624: »Eine einzige Stunde frei sein! / Frei, fern! / Wie Nachtlieder in den Sphären. / Und hoch fliegen über den Tagen / möchte ich / und das Vergessen suchen / über das dunkle Wasser gehen / nach weißen Rosen, / meiner Seele Flügel geben / und, oh Gott, nichts wissen mehr / von der Bitterkeit langer Nächte, / in denen die Augen groß werden / vor namenloser Not. / Tränen liegen auf meinen Wangen/ aus den Nächten des Irrsinns, / des Wahnes schöner Hoffnung, / den Wunsch, Ketten zu brechen / und Licht zu trinken – / Eine einzige Stunde Licht schauen! / Eine einzige Stunde frei sein!«. Bereits in diesem Jugendgedicht werden die Sehnsucht nach Ferne und Freiheit eng verknüpft mit der Befreiungs- und Ausbruchsphantasie. Vgl. Vers 1-3 der zehnten Strophe des Gedichts *Große Landschaft bei Wien*. In: GW. Bd. I. S. 60.
40 Dies.: *Aufblickend*. In: GW. Bd. I. S. 625. Die ersten drei Verse der zweiten Strophe des Gedichts gehören inhaltlich zusammen und heißen vollständig zitiert: »Mein Weg aber ist ohne Erbarmen./ Sein Fall drückt mich zum Meer. / Großes, herrliches Meer!« Der Weg des lyrischen Ichs, den es auf einer vertikalen Linie beschreitet, wird in diesem Jugendgedicht mit einem »Fall« zum »Meer« gleichgesetzt, eine ›Fallrichtung‹, die letzten Endes schon wieder, obwohl vertikal ausgerichtet, geographisch in den Süden weist.
41 Dies.: *Große Landschaft bei Wien*. In: GW. Bd. I. S. 61.
42 Siehe dies.: *Bewegung des Herzens*. In: GW. Bd. I. S. 624-628.
43 Ebd.
44 Siehe Hubertus Tellenbach: *Schwermut, Wahn und Fallsucht in der abendländischen Dichtung*. Hürtgenwald 1992.

und Sichtweise des Südens dar. Die Autorin war sich der alten Bilder bewußt, glaubte aber,

> [...] daß man die alten Bilder, wie sie etwa Mörike verwendet hat oder Goethe, nicht mehr verwenden kann, nicht mehr verwenden darf, weil sie sich in unserem Mund unwahr ausnehmen würden. Wir müssen wahre Sätze finden, die unserer eigenen Bewußtseinslage und dieser veränderten Welt entsprechen.[45]

Mit ihrer Dichtung wollte Ingeborg Bachmann ihre Zeit und das eigene Denken repräsentieren. Um diesem Anspruch gerecht zu werden, mußte sie aber in der Kenntnis der tradierten Bilder der Dichter früherer Jahrhunderte über diese hinausgehen und ebenso individuell geprägte Bilder für die Welt und sich finden. Und doch standen ihre lyrischen Ich-Figuren oft abseits, etwas weltfremd und in sich gekehrt »auf dem Platz im Mittagslicht, mit der Kette / am Säulenfuß und dem vergänglichsten Augenblick / geneigt und der Schönheit verfallen«[46]. Dann war ihre Dichtung auf einmal nicht mehr und nicht weniger als der Versuch, sich loszusagen »von der Zeit, ein Geist unter Geistern, die kommen.«[47] Oder wie es in Goethes *Faust* heißt:

> Faust: Du hörest ja, von Freud' ist nicht die Rede. / Dem Taumel weih' ich mich, dem schmerzlichsten Genuß, / Verliebtem Haß, erquickendem Verdruß. / Mein Busen, der vom Wissensdrang geheilt ist, / Soll keinen Schmerzen künftig sich verschließen, / Und was der ganzen Menschheit zugeteilt ist, / Will ich in meinem innern Selbst genießen, / Mit meinem Geist das Höchst' und Tiefste greifen, / Ihr Wohl und Weh auf meinen Busen häufen, / Und so mein eigen Selbst zu ihrem Selbst erweitern, / Und, wie sie selbst, am End' auch ich zerscheitern.[48]

Das Spannungsfeld zwischen dem Wunsch, von selbstquälerischen Gedanken erlöst, Befreiung in der Schönheit des Augenblicks zu finden, und dem sehr wohl angstbesetzten Verlangen, daran zugrunde zu gehen[49], findet sich schon in Goethes Faust in der Studierzimmer-Szene des ersten Teiles: »Werd' ich zum Augenblicke sagen: / Verweile doch! Du bist so schön! / Dann

---

45 Bachmann: *Wir müssen wahre Sätze finden. Gespräche und Interviews.* A.a.O. S. 19.
46 Dies.: *Große Landschaft bei Wien.* In: GW. Bd. I. S. 60.
47 Ebd.
48 Johann Wolfgang von Goethe: *Faust. Der Tragödie erster und zweiter Teil. Urfaust.* Hg. und kommentiert v. Erich Trunz. München 1982. S. 59. (Der Sonderausgabe liegt zugrunde: *Goethes Werke.* Hamburger Ausgabe. Bd. 3. Hg. v. Erich Trunz. München [10]1976.)
49 Siehe hier auch die Wette zwischen Faust und Mephistopheles: »Faust. [...] Kannst du mich schmeichelnd je belügen, / Daß ich mir selbst gefallen mag, / Kannst du mich mit Genuß betrügen, / Das sei für mich der letzte Tag! [...]« In: Goethe: *Faust. Der Tragödie erster und zweiter Teil. Urfaust.* A.a.O. S. 57.

magst du mich in Fesseln schlagen, / Dann will ich gern zugrunde gehen!«[50] In der Sprache Ingeborg Bachmanns gibt es für diesen Wunsch nach Befreiung durch den Augenblick, nach Befreiung durch die Anschauung reiner Schönheit in der Kunst, in der Natur oder in der absoluten Liebe mehrere Wendungen[51], mit denen sie ein zeitloses Bild in ihren eigenen, für ihr Empfinden zeitgemäßen Worten beschreibt.

In dem 1955 entstandenen Gedicht *Nach vielen Jahren* benutzt Ingeborg Bachmann dazu Naturbilder des Südens: die Zeit, die unter der starken Sonneneinstrahlung stillzustehen scheint, das hell schimmernde Sonnenlicht und dessen blitzende Strahlen als Metaphern des Augenblicks; das sich in der Sonne spiegelnde Meer, das in der dritten Strophe zwar als »verwöhnt und glanzerfahren« beschrieben wird, aber in dessen Schönheit sich doch bereits eine »Handvoll Blut«[52] als Zeichen der Verletzung und als erster Vorbote des Todes zeigt. Bilder der Ruhe und Erfüllung werden in diesem Gedicht im

---

50 Goethe: *Faust. Der Tragödie erster und zweiter Teil. Urfaust.* A.a.O. S. 57.
51 Siehe dazu das Gedicht *Große Landschaft bei Wien*. In. GW. Bd. I. S. 60 ff. – Siehe auch Bachmann: *Ein Geschäft mit Träumen*. In: GW. Bd. I. S. 209: »Anna: ›[…] Ich liebe die wundervollen Lieder der Matrosen, ich liebe das Meer und die Ferne, die Unendlichkeit und die Gefahr. […] ich liebe den Tod‹.«. – Vgl. dies.: *Die Zikaden*. In: GW. Bd. I. S. 249: »Das ganze Leben ist ja der Versuch, es zu behalten, und die Schönheit sein Widerspruch, weil sie den Tod sucht«. – Vgl. hierzu die Gedichte *An die Sonne*. In: GW. Bd. I. S. 137: »Blau der Fernen, der Zonen des Glücks mit den Wettern / für mein Gefühl, / Blauer Zufall am Horizont! Und meine begeisterten Augen / Weiten sich wieder und blinken und brennen sich wund« und *Böhmen liegt am Meer*. In: GW. Bd. I. S. 167: »Zugrund – das heißt zum Meer, […] / Zugrund gerichtet, wach ich ruhig auf. / Von Grund auf weiß ich jetzt, und ich bin unverloren.« – Deutlich ist wiederum der von Ingeborg Bachmann beschriebene Zusammenhang zwischen der Sehnsucht nach dem unbeschwerten Augenblick unter der südlichen Sonne, der darin liegenden Schönheit und dem Tod, der mit dem Zenit der Sonne bereits angekündigt wird, zu erkennen. Im äußersten Glück des Augenblicks liegen der Verlust, der Tod, das Dunkel schon verborgen.
52 Erwähnenswert ist an dieser Stelle auch die Parallele zur Art des Paktschlusses zwischen dem Teufel und Faust: »Mephistopheles: Nur eins! – Um Lebens oder Sterbens willen / Bitt' ich mir ein paar Zeilen aus. / Faust: Auch was Geschriebenes forderst du Pedant? / […] Was willst du böser Geist von mir? / Erz, Marmor, Pergament, Papier? / […] Mephistopheles: […] Ist doch ein jedes Blättchen gut. / Du *unterzeichnest* dich *mit einem Tröpfchen Blut*.« Goethe: *Faust. Der Tragödie erster und zweiter Teil. Urfaust.* A.a.O. S. 58. Die Spiegelung im grenzenlosen Augenblick des Genusses und der Schönheit, die zum Stillstand der Zeit und damit zum Vergessen von Qual und Schmerz führt, ist anscheinend in Goethes wie in Bachmanns Phantasie nur mit »Blut« zu besiegeln. Die Verbindung zur Kunst als ästhetische Kategorie, als letzte Instanz des Genusses und des Verweilens in der Anschauung, im Augenblick des Lichts, ist bei Goethe wie bei Bachmann höchstens mit der Erfahrung der reinen Liebe gleichzusetzen. Mephisto ist sich der Kraft der Poesie, die von der Phantasie des Dichters ausgeht, durchaus bewußt. »Mephistopheles: Doch nur vor einem ist mir bang: / Die Zeit ist kurz, die Kunst ist lang. / Ich dächt', Ihr ließet Euch belehren. / Assoziiert Euch mit einem Poeten, / Laßt den Herrn in Gedanken schweifen, / Und

Augenblick des Zenits festgehalten. Das Blühen der Agave kann, so wird sich zeigen, endlich »im Schutz der Felsen« stattfinden. Doch ähnlich wie bei der ›Königin der Nacht‹ ist die Zeit der Blüte schon wieder vom Verfall bedroht. Der Moment des Erblühens findet zwar im Augenblick der Ebbe statt, jedoch so kurz vor der nächsten Flut, daß die Agave mitsamt ihren Blüten vernichtet und dem geschützten Raum augenblicklich wieder entrissen werden könnte.[53] Das lyrische Du wird in der Spiegelung des Augenblicks, im Angesicht des Todes, selber zur Sonnenscheibe, die sich in Annäherung an den Augenblick, an die Sonne im Zenit und damit im übertragenen Sinne in der Annäherung an sich selbst der eigenen Vernichtung nähert.[54] Augenblick und Tod sind in diesem Gedicht Bündnispartner. Sie sind miteinander »verschworen«, so heißt es in dem Gedicht von Ingeborg Bachmann, wie Doktor Faust und der Teufel bei Goethe. Der Augenblick wird in diesem Gedicht zum »Teil des Teils, der anfangs alles war, / Ein Teil der Finsternis, die sich das Licht gebar, / Das stolze Licht, das nun der Mutter Nacht, / den alten Rang, den Raum ihr streitig macht.«[55] Das Gedicht *Nach vielen Jahren* soll nun im folgenden als ein erstes poetisches Resümee der Dichterin über ihre Erfahrungen im Süden gelesen und auf die verschiedenen Aspekte des künstlerischen Rituals hin untersucht werden.

    alle edlen Qualitäten / Auf Euren Ehrenscheitel häufen, / Des Löwen Mut, / Des Hirsches Schnelligkeit, / Des Italieners feurig Blut, / Des Nordens Dau'rbarkeit. / [...] Möchte selbst einen solchen Herren kennen, / Würd' ihn Herrn Mikrokosmus nennen.« Ebd. S. 59. Kunst wird hier als eine Möglichkeit beschrieben, den Faktor »Zeit« außer Kraft zu setzen und im kreativen Schaffen, den Genuß des Augenblicks in eine Form von Ewigkeit zu verwandeln. In dieser Hinsicht wäre der Mensch als Künstler von der Kunst des Mephisto unabhängig. Der Künstler hält sozusagen seine eigene Ewigkeit in Form von künstlerischem Schaffen in eigenen Händen. Dem Mikrokosmos der Kunst steht der Makrokosmos der Welt gegenüber. (Kursive Herv. v. d. Verf.). Siehe zum Aspekt der Zeiterfahrung in der Dichtung Bachmanns auch die Arbeit von Dagmar Kann-Coomann: »*... eine geheime langsame Feier*«. *Zeit und ästhetische Erfahrung im Werk Ingeborg Bachmanns*. A.a.O.

53 Auch in der zweiten Strophe werden im Bild des »Schattens, der die Azoren überfliegt« und dem »zitternden Granat, der über der menschlichen Brust« liegt, die Bilder von Vergänglichkeit und Leben im Genuß des Augenblicks gegenübergestellt. In der Bibel symbolisiert die Frucht des Granatbaumes gleichzeitig die Fruchtbarkeit des Landes Israel wie auch die menschliche Fruchtbarkeit und Liebe (Vgl. 4. Mose 13, 23; Hag 2, 19; Joel 1, 12). Im Hohelied Salomos diente der Granatapfel darüber hinaus als Bild des Lobes für die Schönheit der Geliebten (S. Hohelied 4,3. 13; 6,7) und der Freude über den Frühling (Hohelied 6, 11; 7,13). Siehe Kurt Hennig (Hg.): *Jerusalemer Bibellexikon*. Stuttgart 1990. S. 680. So gesehen könnten die von Bachmann hier verwendeten Naturbilder auch die rasche Vergänglichkeit der menschlichen Liebe betonen, die ›sonnengleich‹ erstrahlt und im nächsten Augenblick schon wieder erlöschen kann.

54 Diese Stelle läßt ebenfalls an die mythische Figur des Ikarus denken. Vgl. auch Bachmann: *Die blinden Passagiere*. In: GW. Bd. IV. S. 39.

55 Goethe: *Faust. Der Tragödie erster und zweiter Teil. Urfaust*. A.a.O. S. 47.

›Nach vielen Jahren‹ – eine erste poetische Bilanz

Nach vielen Jahren

Leicht ruht der Pfeil der Zeit im Sonnenbogen.
Wenn die Agave aus dem Felsen tritt,
wird über ihr dein Herz im Wind gewogen
und hält mit jedem Ziel der Stunde Schritt.

Schon überfliegt ein Schatten die Azoren
und deine Brust der zitternde Granat.
Ist auch der Tod dem Augenblick verschworen,
bist du die Scheibe, die ihm blendend naht.

Ist auch das Meer verwöhnt und glanzerfahren,
erhöht's den Spiegel für die Handvoll Blut,
und die Agave blüht nach vielen Jahren
im Schutz der Felsen vor der trunkenen Flut.[56]

Das vor 1955 in Italien entstandene Gedicht *Nach vielen Jahren*[57] stellt ein in sich genau strukturiertes und inhaltlich geschlossenes Gebilde vor, das im Bild der »Agave« (1,2) den (dichterischen) Reifungsprozeß unter dem Einfluß der südlichen Sonne veranschaulichen soll.[58]

Es handelt sich bei den drei Strophen à vier Versen um einen regelmäßigen Kreuzreim in jambischen Fünfhebern mit wechselnd weiblich und männlichem Ausgang. Im ersten Vers, der mit einer für die poetische Sprache

---

56 Bachmann: *Nach vielen Jahren*. In: GW. Bd. I. S.132.
57 Das Gedicht wurde zuerst in der Zeitschrift *Jahresring 55/56. Ein Querschnitt durch die deutsche Literatur und Kunst der Gegenwart*. Bd. 2. Stuttgart 1955. S. 39 unter dem Titel *Leicht ruht der Pfeil* abgedruckt. Vgl. dies.: *Anmerkungen*. GW. Bd. I. S. 655.
58 Ich möchte an dieser Stelle kurz auf die Frage der räumlichen Verortung des Gedichts eingehen: Mit der Nennung der »Azoren« ist eindeutig, so scheint es, ein Raum außerhalb Italiens angesprochen, das Gedicht könnte insofern strenggenommen nicht der eigentlichen Italien-Dichtung Bachmanns zugerechnet werden. Aus zwei Gründen werde ich es dennoch in diesen Kontext einordnen: Zum einen ist der Naturraum des Gedichts mit Attributen des Südens, der Wärme und des Lichts ausgestattet, die ihn zu einem Topos des Südens werden lassen, so daß er als Italien-Substitut verstanden werden kann. Zum anderen ist es überhaupt fraglich, ob das lyrische Du sich innerhalb des Gedichts auf den Azoren befindet – möglicherweise ist die Nennung der Azoren hier nur insofern von Bedeutung, als ein »Schatten« auf den Azoren auch zu einem Wetterumschwung in Mitteleuropa führt. In diesem Falle ist eine räumliche Verortung des Gedichts in Italien unproblematisch. Die Einordnung des Gedichts in die Italien-Dichtung Bachmanns liegt zudem besonders aufgrund der Entstehungszeit auf der Hand.

Ingeborg Bachmanns typischen Inversion beginnt, »Leicht ruht der Pfeil der Zeit im Sonnenbogen [...]«, begegnen wir im Bild des ›Zeitpfeiles im Sonnenbogen‹ – möglicherweise ein lyrisches Bild für eine Sonnenuhr[59] – den beiden griechischen Gottheiten Kronos und Helios, die als mythisches Brüderpaar schon im antiken Bewußtsein der Menschen das Koordinatensystem der belebten Natur mitbestimmt haben. Übertragen auf die ersten beiden Strophen des Gedichts, wäre es daher denkbar, daß das spitze, pfeilförmige Blatt der »Agave«, die im zweiten Vers der ersten Strophe noch im Schatten der Felsen steht und erst durch den sich verändernden Lichteinfall der Sonne im Laufe des Tages allmählich aus diesem heraustritt, eine Art natürliche Sonnenuhr darstellt. In diesem Zusammenhang stellt sich die Frage, was die Dichterin an diesem ausgewählten Ort tatsächlich bestimmen will. Ich gehe davon aus, wie ich in der weiteren Interpretation darlegen werde, daß es Ingeborg Bachmann in der Tat darum ging, hier eingekleidet in lyrische Bilder des Südens, eine Orts- und Zeitbestimmung für die eigene Person vorzunehmen. Dabei versuchte sie, ihren persönlichen, momentanen Standpunkt als Dichterin, die sich ihrer eigenen Verletzbarkeit und Sterblichkeit bewußt war, zu klären und sich in einer Welt, die – auch in Kunst und Literatur – noch mit der Verarbeitung der kurz zuvor erlebten Schrekken des Zweiten Weltkrieges befaßt war, neue poetische Standorte zu verschaffen. Gerade deswegen liegt es nahe, daß die Autorin in diesem Gedicht versucht hat, mithilfe der Kunst ein Stück gelebtes Leben, einen »Augenblick« (2,3), wie es in dem Gedicht heißt, zu bannen, um diesen – und damit sich selbst – wenigstens in Form von schriftlich fixierten Gedanken dem Tod zu entreißen. Das schreibende Ich versucht, in Form eines Gedichts eine erste poetische Lebensbilanz an einem neuen Lebens- und Schreibort zu ziehen. Dabei begreift es sich selbst als bewußten Teil der vergänglichen Welt und versucht in diesem Bewußtsein, die im traditionsreichen Süden *nach vielen Jahren* gemachten Erfahrungen lyrisch umzusetzen. Meiner Meinung nach handelt es sich bei dem vorliegenden Gedicht Bachmanns um ein künstlerisches Resümee ihrer ersten Jahre in Italien.

Während zu Beginn der *ersten Strophe* die ersten zwei Drittel des Satzes in ihrer Klangfarbe durch die Häufung der harten Verschlußlaute jeweils am Wortende des Adverbs »Leich*t*«, des konjugierten Verbums in der dritten

---

[59] Diesen Hinweis als eine mögliche Lesart des ersten Verses des Gedichts verdanke ich Herrn Prof. Dr. Achim Aurnhammer. Die Sonnenuhr stellt die älteste Vorrichtung zum Bestimmen der wahren Ortszeit aus der Lage des Schattens eines von der Sonne beschienenen Stabes oder Flächenstückes (Schattenuhr) oder eines durch ein Lichtloch tretenden Sonnenstrahls (Lichtuhr) dar. Der Schattenmesser (*Gnomon*) war ursprünglich ein auf ebener Fläche senkrecht aufgestellter Stab, dessen Schattenlänge die Stunden anzeigte. Die antike *Skaphe* dagegen war ein ausgehöhlter Halbkugelabschnitt, mit Zeitlinien, in dessen Zentrum eine schattenwerfende Spitze angebracht war.

Person, »ruht«, und des Substantivs »Zeit« bestimmt werden – demgegenüber jedoch durch die Assonanzen innerhalb der Wörter »Leicht, Pfeil, Zeit« ein fließender Rhythmus erzeugt wird – stehen auf der inhaltlichen Ebene das Adverb »Leicht« und das Substantiv »Sonnenbogen« der Härte der Klangfarbe ›t‹ entgegen und spannen sozusagen den fließenden ›Bogen‹, auf dem sich die Zeit bewegt. Möglicherweise spielt Ingeborg Bachmann hier auch auf das Bild eines Sonnenstrahles im spektralfarbenen Lichtkranz der Sonne an, wenn sich um diese ein sogenannter ›Hof‹ bildet. Dieser ›Sonnenhof‹ sagt meteorologisch gesehen einen bevorstehenden allgemeinen Wetterumschwung, wie ihn die zweite Strophe des Gedichts beschreibt, voraus.

Durch den Wechsel von Stimmlauten und Verschlußlauten wird im ersten Vers der ersten Strophe zudem ein ›pendelnder‹ Rhythmus erzeugt, der erst am Ende durch den weichen Klang der Vokalanhäufung *o* im Wort »Sonnenbogen« aufgehoben und entschärft wird. Der zweite Vers der ersten Strophe könnte sich theoretisch von seiner grammatikalischen Struktur her auch auf den ersten Vers beziehen, doch das Satzzeichen bestimmt die Zugehörigkeit des zweiten Verses als temporalen Nebensatz und ist dem dritten Vers zugeordnet. Wieder begegnen wir einer leichten Pendelbewegung, diesmal aber eindeutig auf der inhaltlichen Ebene der Textstruktur. In dem Moment, in dem die personifizierte Pflanze, die »Agave«, aus dem schützenden Steinmassiv hervortritt und das kann nach den Gesetzen der Natur nur durch eine optische Täuschung des beschreibenden Du geschehen, die durch das Spiel von Schatten und Licht hervorgerufen wird – wird das Herzstück des lyrischen Du, das indirekt präsent ist und sich in seiner Umgebung spiegelt, wie der »Pfeil der Zeit im *Sonnenbogen*« (1,1) im ersten Vers parallel dazu »im *Wind gewogen*« (1,3): ein lyrisches Bild, das die Assoziation an das Wiegen eines Kindes oder eines Menschen zur Tröstung in den Armen eines anderen weckt.

Das lyrische Du steht zu Beginn des Gedichts also noch im Einklang mit der es umgebenden Natur, wenn auch die spätere Aufhebung dieser an vorgeburtliche Harmonie und Geborgenheit erinnernden Verse in der formalen Spaltung des Reimes am Ende des Verses (vgl. 1,1 / 1,3) schon eine mögliche Vorwegnahme der Aufhebung dieses Einheitsempfindens darstellen kann. Wichtig ist in dem Gedicht durchgängig der Zeitaspekt bzw. das Maßnehmen und das Ausmessen der Umgebung durch das Du (1 Str. »Zeit«, »gewogen«, »Ziel«, »Stunde«, »Schritt«; 2 Str. »Augenblick«; 3 Str. »viele[n] Jahre[n]«). Dabei verringert sich die Maßeinheit der im Gedicht beschriebenen »Zeit« (1,1) in der ersten Strophe zunächst bis zur »Stunde« (1,4) und fällt in der zweiten Strophe zum »Augenblick« (2,3) zusammen. Erst in der dritten Strophe erfährt die wahrgenommene und beschriebene Zeit wieder eine Ausdehnung auf »Jahre« (3,3) hin. Dabei läßt sich die Passivkonstruktion »wird [...] gewogen« im dritten Vers der ersten Strophe auch als ein Messen des Herzens durch eine dem Menschen übergeordnete Instanz verstehen, der das menschliche Herz in dieser Situation jedoch gewachsen ist. Es hält, da es mit der Natur, mit dem Leben geht, »mit jedem Ziel der Stunde Schritt« (1,4). Es fühlt sich zu diesem Zeitpunkt noch eins mit der Natur, mit der ihm eigenen wie mit der fremden; ein Umstand, der ebenfalls durch die Alliterationen »Wenn [...], wird [...] Wind gewogen« betont wird. Die Grenzen zwischen Natur und Du sind zu dieser Zeit noch durchlässig. Dabei kommt dem Wiegen des Herzens über der »Agave« in diesem Kontext eine wichtige Bedeutung zu: Es ist der Zeitpunkt, an dem Licht in das Dunkel der Naturerscheinungen fällt, das lyrische Du schwebt mithilfe des Windes über den lanzettförmigen, mit Stacheln besetzten und daher möglicherweise verletzenden Blättern der tropischen Pflanze.[60] Die zu Anfang der ersten Strophe aufgebaute Leichtigkeit des momentanen Zustands im Lichtkranz der Sonne wird durch die Bewegungen des Windes aufrechterhalten, der das Herz trägt. Mit der Natur gewachsen und von ihr getragen, ist es zu diesem Zeitpunkt nun nicht mehr verletzbar wie vielleicht einst, zu Beginn seiner Zeit unter der Sonne. *Nach vielen Jahren* bringt die Sonne also endlich Licht in das Dunkel der (Um-)Welt und schafft bzw. beleuchtet das Leben zwischen den Felsen, dem Harten, Scharfen und Kantigen, das zuvor noch nicht sichtbar im Schatten lag und erst im Licht der Sonne im Zeitpunkt der Ruhe erkannt und damit auch gebannt werden kann. Die Bedrohung, die noch bei der Überfahrt, zu Beginn der *Ausfahrt* des lyrischen Du in das *erstgeborene Land*, Italien, existierte, ist in diesem Gedicht mithilfe des Sonnenlichts sichtbar geworden: Der Bewältigungs- und der Verwandlungsaspekt ver-

---

[60] Bachmanns Bild der Agave läßt sich auch unter botanischen Gesichtspunkten bestätigen: So bildet diese tatsächlich erst nach vielen Jahren Blüten aus und stirbt nach der Reife ihrer Früchte ab. Versteht man die »Agave« als Bild für den Dichter und den dichterischen Prozeß, mag hierin ein erster versteckter Hinweis auf die eigene Reifung der jungen Ingeborg Bachmann zur Dichterin unter dem Einfluß der südlichen Sonne liegen (s. a. das Urteil der Kritik: »Bachmann. Stenogramm der Zeit.« In: *Der Spiegel*. A.a.O.). Zugleich mag aber auch die Artikulation einer unbewußten Angst vor dem vorzeitigen Erlöschen der eigenen kreativen Ausdrucks- und Aussagekraft besonders in den Versen der zweiten Strophe mitschwingen. Auch Eberhard Wilhelm Schulz beurteilt den Symbolgehalt der »Agave« in diesem Gedicht entsprechend. Eberhard Wilhelm Schulz: »Deutsche Lyrik nach 1945 – Zur Phase II der Moderne.« In: Ders.: *Wort und Zeit. Aufsätze und Vorträge zur Literaturgeschichte*. Neumünster 1968. (Kieler Studien zur Deutschen Literaturgeschichte. Hrsg. v. Erich Trunz. Bd. 6). Auch seine kurzen Erläuterungen zum ›Zeitpfeil‹ (1,1) sind an dieser Stelle erwähnenswert: »Der Text enthält neben dem Bild der *Agave* noch einige Anspielungen, die dechiffriert sein wollen. So spielt die erste Zeile auf Zenons Argument vom fliegenden Pfeil an. Der Pfeil kann sich in jedem Jetzt nur an einem Ort befinden. Was sich an einem Ort befindet, ruht. Da nun der Pfeil auf seiner Flugbahn immer in einem Jetzt ist, ruht er während des ganzen Fluges.« Ebd. S. 212. Die knappe, aber aussagekräftige Interpretation Schulz' ist meines Wissens der einzige Forschungsbeitrag, der sich explizit auf das Gedicht *Nach vielen Jahren* bezieht.

drängen ›bei Licht besehen‹ hier letztendlich den Todesaspekt.⁶¹ Das Leben unter dem südlichen Licht hat – wie die »Agave« selbst – endlich Konturen erhalten. Fast wie im Schwebezustand eines Fötus im schützenden Raum der Gebärmutter ›wiegt‹ sich das lyrische Du und fühlt sich aufgehoben in der südlichen Natur. (1,3-4)

Doch kaum ist der ruhevolle Einklang von Natur und lyrischem Du in der ersten Strophe benannt – Zeitpunkt und Bewegungsrichtung stehen hier im übrigen auch rein formal im Einklang durch die häufige Benutzung von Alliterationen am Ende des dritten (»*Wind* ge*w*ogen«) und vierten (»*St*unde *Sch*ritt«) Verses – wird der Einbruch des Dunkels in die Welt der Helligkeit, Freundlichkeit und Geborgenheit durch die Inversion⁶² zu Beginn der zweiten Strophe betont: »Schon überfliegt ein Schatten die Azoren / und deine Brust der zitternde Granat /[…]« (2,1).

Der Beginn der *zweiten Strophe* setzt mit einem Luftbild ein. Mit dem Verb »überfliegen« bleibt zunächst noch die in der ersten Strophe evozierte Leichtigkeit der Szenerie gewahrt. Die Wärme, das Getragensein und das Einssein der ersten Strophe erfahren nun eine erste Bedrohung in Form eines noch nicht näher benannten »Schatten[s]«. An der Stelle des ›im Sonnenlicht vom Wind gewogenen Herzens‹ folgt der »Schatten«, der die Inselgruppe der »Azoren« überdeckt. Wenn auch bis dahin nicht bekannt war, wo das lyrische Du sich zum Zeitpunkt der Beschreibung aufhält, außer in einem von der Erde, der Materie losgelösten Bereich, unterhalb dessen eine »Agave« und »Felsen« zu sehen sind, wird jetzt mit der Nennung der »Azoren« die Inselmetapher in das Gedicht eingeführt. Der Aufenthaltsort des lyrischen Du ist also von Wasser umgeben. Das Du schwimmt sozusagen, bewegt vom

---

61 Vgl. an dieser Stelle auch Bachmanns Gedicht *Ausfahrt*. In: GW. Bd. I. S. 28 f. Hier siehe besonders die zweite, fünfte und sechste Strophe im Vergleich zur positiven Wendung der Schlußstrophe, in der, nachdem die angstbesetzte Überfahrt, der Aufbruch zu neuen Ufern, hin zu dem *immerwiederkehrenden Sonnenufer*, vorüber ist und ausführlich beschrieben wurde, man als Bild für Italien, die Überfahrt (vom Festland zur Insel) für den Übergang zwischen zwei Welten und Zeiten (Norden – Süden; Moderne – Antike …), den Ortswechsel (Österreich – Italien) als auch für die innere Grenzüberschreitung, deuten läßt. Siehe in diesem Zusammenhang auch das Gedicht *Das erstgeborene Land*, in dem das grelle Licht des Südens zunächst nur die Konturen des Todes und der Angst freilegt: »[…] Vom Staub in den Schlaf getreten / lag ich im Licht, / und vom ionischen Salz belaubt / hing ein Baumskelett über mir. // […] In meinem erstgeborenen Land, im Süden / sprang die Viper mich an / und das Grausen im Licht.« Hier zeigt sich das Paradies, der südliche Garten Eden (»Baumskelett«; »Viper«) der Dichterin noch verschlossen und auch die Quellen der dichterischen Kreativität sind hier nicht einfach zugänglich; selbst die poetische ›Blüte‹ der Natur, des »Rosmarins«, bleibt im Gegensatz zur späten Reifung der »Agave« (vgl. *Nach vielen Jahren*) vorerst aus (»Da blüht kein Rosmarin, / kein Vogel frischt / sein Lied in Quellen auf«. Bachmann: *Das erstgeborene Land*. In: GW. Bd. I. S. 119.).

62 vgl. das Bauprinzip der Strophenanfänge je mit einer Inversion: 1. *Leicht* […]; 2. *Schon* […]; 3. *Ist auch* […].

Wind, im Kosmos der Zeit und des Weltmeeres. Da die »Azoren« aus vulkanischem Urgestein bestehen, taucht, wenn auch nicht direkt genannt, implizit eine vulkanische Urlandschaft im Hintergrund mit auf: das lyrische Du befindet sich, so kann man daraus folgern, mitten im Zustand der elementaren (und gleichzeitig künstlerischen Selbst-)Schöpfung.

Denn wie bei der Insel Ischia, auf der Ingeborg Bachmann ihre erste Zeit in Italien verbrachte, handelt es sich auch bei den »Azoren« um eine Inselgruppe vulkanischen Ursprungs, deren felsige, steilabfallenden Küstensäume aus vulkanischen Laven und Tuffen verschiedenen tropischen und subtropischen Pflanzen (hier der »Agave«) Schutz- und Überlebensraum bieten und die schon im frühen Mittelalter bekannt war.

Das Azorenhoch, ein fast immer anzutreffendes, mehr oder weniger stark ausgebildetes Hochdruckgebiet, das für das Wetter in Europa von großer Bedeutung ist, führt auch hier, in der zweiten, mittleren Strophe des Gedichts, zu einer vorübergehenden Wendung des Geschehens, wie es am Lichtkranz, dem ›Hof‹ der Sonne in der ersten Strophe, bereits ablesbar war. Eine momentane Verschlechterung des Gesamtzustandes von Natur und Mensch tritt ein (Vgl. 2,2; 2,3). Der »Schatten« als Vorbote des Todes führt zur Verdunklung der gesamten Szenerie und läßt auch das lyrische Du nicht unbeeinflußt. Dieses tritt in der zweiten Strophe wieder in die Realzeit[63] ein, d. h. das in der ersten Strophe vorherrschende zeitlose Einheitsgefühl wird durch den Einbruch des Augenblicks als Vorbote des Todes aufgehoben und im dritten und vierten Vers der zweiten Strophe in Opposition zur Natur und den natürlichen Vorgängen wie dem Tod gesetzt. Gleichzeitig geht es jedoch im Bild der »Scheibe« (2,4) eine Symbiose mit einem der Dunkelheit, dem Schatten und dem Tod entgegengesetzten Naturelement ein; es bildet in Opposition zum Schatten eine Einheit mit der Sonne: Das lyrische Du *ist* »die Scheibe, die ihm [dem Schatten – A. H.] blendend naht« (2,4); ein Zusammenhang, der auch rein formal durch die Alliteration der beiden im Gedicht gewählten Begriffe von »*Sch*atten« und »*Sch*eibe« unterstützt wird. Nebenbei läßt sich so gesehen der Weg des »Pfeil[es]« (1,1) als Bild für den Sonnenstrahl aus der ersten Strophe bis zu seinem Herkunftsort, der »Scheibe« (2,4) als Bild für die Sonne in der zweiten Strophe, zurückverfolgen. Das Licht, das das lyrische Du in Einklang mit der Sonnenscheibe ausstrahlt, widersetzt sich damit dem »Schatten« der äußeren bzw. (den damit verknüpften Assoziationen von Dunkelheit und »Tod«) der inneren Realität.

---

63 Vgl. zum Zeitbegriff bei Ingeborg Bachmann auch die Studie von Dagmar Kann-Coomann: »*… eine geheime langsame Feier«. Zeit und ästhetische Erfahrung im Werk Ingeborg Bachmanns.* A.a.O. Allgemein zur verschiedenen Wahrnehmung von Zeit und Raum in der menschlichen Natur siehe Günter Dux: *Die Zeit in der Geschichte. Ihre Entwicklungslogik vom Mythos zur Weltzeit.* Frankfurt a. M. 1993. S. 223 ff. und S. 336 ff.

Das Bild des Schattens fungiert dabei als Symbol derjenigen dunklen Kräfte des Lebens, die ihren Ausdruck in der Betonung des Aspekts der Vergänglichkeit des Augenblicks finden (Todesaspekt des Rituals). Und doch bewegt sich das lyrische Du ihm – dem Tod als Widerpart menschlichen Lebens symbolisiert im Bild der Sonne als Pendant zum Schatten – gleichzeitig unaufhörlich und offensichtlich, »blendend« (2,4), entgegen, indem es selbst zur Sonnenscheibe wird. Einerseits überschreitet das lyrische Du also die ihm von der Natur gesetzten Grenzen (grenzüberschreitender Aspekt) und erlebt sich im Augenblick des herannahenden Todes selbst als Sonne, d. h. es erkennt die eigenen Lebens- und Kreativkräfte an (schöpferischer Aspekt). Es weiß sich zu verwandeln und die Kreativkräfte in der Forderung der Stunde sozusagen ›augenblicklich‹, im Angesicht des herannahenden, unausweichlichen und ›immerwiederkehrenden‹ Todes (als Gegenstück zum »immerwiederkehrenden Sonnenufer«[64] des Gedichts *Ausfahrt*) zu nutzen. Andererseits ist es, obwohl als Gegensatz zum Dunkel konzipiert, auch selbst den natürlichen Gesetzen, dargestellt im Bild des ›überfliegenden Schattens‹ (2,1), unterworfen. Dennoch versucht es in Allianz mit dem Leben (»Sonne«), die Gesetze der Dunkelheit zu überschreiten, sie zu transformieren und sich selbst im Spiegel der Natur in eine höhere Stufe des Daseins zu verwandeln, was sich vor allem in den letzten beiden Versen der dritten Strophe des Gedichts zeigen wird (Verwandlungsaspekt des Rituals). Dies geschieht zunächst, wenn auch fast unmerklich, indem das lyrische Du aus der zuvor noch als angenehm empfundenen Einheit und scheinbaren Ewigkeit des Augenblicks heraustritt, mit denen bis dahin ein tiefes Vertrauen in die Zukunft (»mit jedem Ziel der Stunde«; 1,4) als eines der wichtigsten Wesensmerkmale der von ihm empfundenen Einheit mit Zeit und Raum einherging. Die zunächst noch durch das Zeugma in den ersten beiden Versen der zweiten Strophe hergestellte Gemeinsamkeit von Natur (»Azoren«) und Mensch (»Brust«) mündet im dritten und vierten Vers in die Erkenntnis der natürlichen Begrenzung des lyrischen Du in Raum und Zeit. Wie die Zeit in der modernen Vorstellung unseres Jahrhunderts[65] als lineare Bewegung durch den Einschnitt des Moments, der Zäsur »Augenblick«, gegliedert und

---

64 Bachmann: *Ausfahrt*. In: GW. Bd. I. S. 29.
65 Zu der Entwicklung unseres modernen Zeitverständnisses siehe auch die Studie von Norbert Elias: *Über die Zeit. Arbeiten zur Wissenssoziologie II.* Hg. v. Michael Schröter. Frankfurt a. M. ¹1988. Elias arbeitet in diesem Buch sehr anschaulich heraus, welchen Stellenwert und Symbolcharakter der jeweilige Zeitbegriff einer Gesellschaft in bezug auf die darin lebenden Individuen haben kann. So heißt es: »Die Wahrnehmung von Zeit erfordert […] zentrierende Einheiten (Menschen), die sich ein mentales Bild zu machen vermögen, in dem die aufeinander folgenden Ereignisse A, B, C zusammen da sind und doch zugleich deutlich als nicht zusammen geschehen erkannt werden; sie erfordert Wesen mit einem spezifischen Potential zur Synthese, das durch Erfahrung aktiviert und strukturiert wird. Das Potential einer so beschaffenen Synthese ist

diesem unterworfen ist, so gilt dasselbe für die vom menschlichen Geist linear angeordnete Erfahrung des Lebens und dessen endgültiger Zäsur in Form des herannahenden »Tod[es]«, der im Gedicht als der Bündnispartner des »Augenblick[s]«, hier bekräftigt durch die Verwendung des Verbs »verschworen« (2,3), auftritt.

Bleiben wir jedoch zunächst innerhalb der Geburtsphantasie im südlichen Licht. Das lyrische Du, das in der ersten Strophe außer durch das Symbol des Herzens noch nicht materialisiert und damit näher bezeichnet wurde, wird durch den eintretenden »Schatten« an die den Naturgesetzen unterworfene Realität und damit an die erste und allumfassende Begrenztheit als Ausdruck der Vergänglichkeit der Welt und der in ihr existenten Dinge und Wesen, an den Tod erinnert.

Die Metapher »der zitternde Granat« (2,2) ist in diesem Zusammenhang schon etwas schwieriger zu deuten: Eigentlich versteht man unter »Granat« zweierlei, so daß beide der folgenden Lesarten möglich sind: Zum einen handelt es sich bei »Granat« um körnige, gesteinsbildende, weit verbreitete Minerale von wechselnder Zusammensetzung, die auch als Schmucksteine oder als Schleifmittel verwendet werden. Erinnert wird der Lesende zum anderen auch an den Granatapfel, an die schon in der antiken Mythologie eine Rolle spielende Frucht, deren Herkunftsbaum granatrote Blüten trägt und in subtropischen Zonen wie den »Azoren« zu finden ist. Vielleicht sind es vom Baum abgefallene Blüten, die vom Wind durch die Luft gewirbelt werden, die das lyrische Du und seine Brust ›zitternd überfliegen‹ (vgl. 2,1; 2,2). Vielleicht sind es auch winzige Gesteinssplitter oder Felsbruch, der vom Wind vorangetrieben wird und die Luft erfüllt (man denke, ordnet man das Gedicht der Nachkriegslyrik zu, auch an die Wortbedeutung »Granate« im kriegstechnischen Sinn), und es ist nicht der »Granat«, der erzittert, sondern das lyrische Ich im Bewußtsein einer Ahnung von im Leben erlittenen Verletzungen und Tod. Die Farbe ›Rot‹, die im Bild des Granats enthalten ist, läßt auch an »Blut« – das tatsächlich am Ende des zweiten Verses der dritten Strophe auftauchen wird – und an mögliche, durch die umherschwirrenden Gesteinssplitter entstandene körperliche Wunden denken. Doch im vierten Vers der zweiten Strophe stellt sich das lyrische Du dem hereinbrechenden Schatten, den dadurch ausgelösten, hier jedoch stark verschlüsselten lyrischen Bildern von Angst (»zitternder Granat«) und dem damit verbundenen Bewußtsein der eigenen körperlichen wie seelischen Verletz-

eine Eigentümlichkeit der Menschen; es ist charakteristisch für die Art, wie Menschen sich orientieren.« Ebd. S. I. Insofern stellt das Gedicht Ingeborg Bachmanns eine durch die Erfahrung des Südens aktivierte und strukturierte Syntheseleistung lyrischer Art dar, die den Prozeß der Orientierung des lyrischen Du in Zeit und Raum vermittels traditioneller Methoden früherer Generationen beschreibt, die sich noch auf einer sehr konkreten Stufe der Symbol- und Synthesebildung mithilfe von Naturbeobachtungen bewegten. (Vgl. ebd. S. 5).

barkeit [das lyrische Du wird durch »Herz« (1,3) und »Brust« (2,2) charakterisiert], dem Tod in Form einer blendenden Scheibe, der Sonne, als Verkörperung der lebensspendenden und das Dunkel durch die eigene Energie überwindenden Kraft, mutig entgegen. In diesem Kontext bildet daher vor allem die interessante Wendung des vierten Verses innerhalb der zweiten Strophe einen möglichen Schlüssel zum Gesamtkonzept des Gedichts: In der Aussage »Ist auch der Tod dem Augenblick verschworen, / bist du die Scheibe, die ihm blendend naht« fallen das lyrische Du und das Symbol des Lebens – ich deute, wie bereits vermerkt, das Wort »Scheibe« hier als verschlüsseltes Bild für die Sonne – in eins zusammen. Der Dichter wird an dieser Stelle zum Lichtbringer für das menschliche Dunkel in sich selbst wie in anderen, was gleichzeitig ein sehr traditionelles Dichtungsverständnis Ingeborg Bachmanns nahelegt. So wird das Schreiben als Kunstform letztlich zum wiederholten Versuch, dem Leben über die Vergänglichkeit des Augenblicks hinaus wenigstens auf dem Papier eine Dauerhaftigkeit abzutrotzen, die die Dinge in der Realität normalerweise nicht haben können. Die Realzeit wird über den Vorgang des Schreibens wieder in die Zeitlosigkeit überführt. So ließe sich der erste Vers der ersten Strophe rückwirkend auch als der Moment der dichterischen Eingebung verstehen, als der Augenblick, in dem Zeit und Raum aufgehoben sind und der »Pfeil der Zeit« (1,1) als Schreibgerät auf einer von Licht beschriebenen Fläche liegt, d. h. »im Sonnenbogen ruht« (1,1); eine poetische Beschreibung desjenigen Zustandes also, in der das Licht als Metapher der Erkenntnisfähigkeit des menschlichen Geistes und der Moment äußerster künstlerischer Kreativität in einer Linie stehen und miteinander übereinstimmen. Das hieße aber: Das ›Du‹ nimmt sich als mit sich selbst identisch wahr, ist gleichzeitig schreibendes ›Ich‹ wie beschriebenes ›Du‹. Und die zu Beginn des Gedichts formulierte Ruhe kann mit der erlebten Deckungsgleichheit in das sonstige Spannungsverhältnis von schreibendem Ich (Dichter) und künstlerischem Du (das lyrische Subjekt als vom Dichter in Gedanken erschaffene und im Text manifestierte Kunst-Figur) einkehren. Das Dichten würde so zum stets wiederholbaren Versuch, das innere Kräfteverhältnis von erlebter und beschriebener ›Realität‹ über den künstlerischen Schaffensprozeß auszugleichen und miteinander in Einklang zu bringen. Insofern kann man das Gedicht *Nach vielen Jahren* auch als Ausdruck des künstlerischen Selbstfindungsprozesses der Dichterin Ingeborg Bachmanns im Süden lesen.

Da sich Ingeborg Bachmann sehr gut in der griechischen wie römischen Mythologie auskannte[66], wird die mythologische Bedeutung des Bildes vom »Granat« an dieser Stelle noch einmal ausführlicher in die Interpretation des

---

66 Ingeborg Bachmann selbst war sehr bewandert in der griechischen und römischen Mythologie, was verschiedene frühe Fassungen und Themen einzelner Essays zeigen. Siehe zum Beispiel die frühe Fassung des Gedichts *Ausfahrt*. In: GW. Bd. I. S. 641-

Gedichts miteinbezogen. Sie spricht ebenfalls für die vorgeschlagene Lesart als Darstellung eines im Rahmen eines tradierten Rituals vollzogenen künstlerischen Reifungsprozesses unter dem Einfluß der südlichen Hemisphäre.[67] Die Früchte des Granatbaumes stellten schon in der Antike ein wichtiges Fruchtbarkeitssymbol dar. In diesem Baum befand sich nach Diodoros aus Agyrion gleichzeitig auch der Sitz der Nymphen, die laut Aischylos in verschiedenen mythologischen Geburtsszenen sowohl als Geburtshelferinnen wie als Ammen oder Wärterinnen von Götterkindern auftraten. In diesem Sinne könnte man das Bild des »Granat[s]« sogar als einen weiteren Hinweis auf die von mir als Geburts- und Reifungsprozeß dargestellte Szenerie einer Reifung zur anerkannten Dichterin unter südlichem Licht verstehen. Als Musen inspirierten diese Nymphen besonders Dichter und Sänger. Die Nymphen oder Musen des Granatbaumes wurden im übrigen schon in der römischen und griechischen Antike in freier Natur verehrt, vorzugsweise an Quellheiligtümern oder in nahe am Wasser gelegenen Höhlen, wie wir sie in der ersten und dritten Strophe des Gedichts im Standort der »Agave [...] im Schutz der Felsen« (3,4) vermuten können. Ein weiterer Aspekt legt die Deutung nahe, daß Ingeborg Bachmann einzelne Szenen des Nymphenkultes in ihrem Gedicht aufgreift, die für die Interpretation des Gedichts sehr aufschlußreich sind: Die Nymphen empfingen im Rahmen von kultischen Handlungen ihnen zu Ehren bzw. um sich ihrer Gunst zu versichern, blutige Opfer, was die Bedeutung der »Handvoll Blut« im zweiten Vers der dritten Strophe des Gedichts erklären würde. Um die Gunst der Musen zur Inspiration für die eigene Dichtung zu gewinnen, wurde also ein existentielles Opfer verlangt. Anders gesagt: Das Dichten – und Ingeborg Bachmann wies in ihrem Werk an verschiedenen Stellen immer wieder darauf hin[68] – hatte seinen Preis, eine Zeit der ›Blüte‹ ließ sich in der Kunst nur erreichen, um im Bild der »Agave« zu bleiben, wenn man stückweise mit einem Teil des Lebens bezahlte (vgl. 3,2). Und noch ein letzter Hinweis, der auch auf der biographischen Ebene den eben geschilderten Zusammenhang bestätigen würde: Diese weiblichen Elementargeister wurden in der Antike besonders auf der Insel Ischia in Form des eben beschriebenen Nymphenkultes verehrt, genau an dem Ort, an dem die Dichterin ihre ersten Jahre in Italien verbracht hatte.[69]

643. Oder Bachmanns Gedicht *Dunkles zu sagen.* In: GW. Bd. I. S. 32. Oder die moderne Fassung der Geschichte des Ikarus: *Die blinden Passagiere.* In: GW. Bd. IV. S. 35-44. Hier siehe besonders S. 39.

67 Ich beziehe mich im folgenden auf die beiden Artikel von Helmut Gams: »Granate« und Hans Herter: »Nymphai«. Beide in: *Der kleine Pauly. Lexikon der Antike in fünf Bänden.* A.a.O. Bd. 2. S. 866 f. und Bd. 4. S. 207 ff.

68 Siehe zum Beispiel Bachmann: *Fragen und Scheinfragen.* In: *Frankfurter Vorlesungen. Fragen zeitgenössischer Dichtung.* In: GW. Bd. IV. S. 190-198.

69 Hans Herter: »Nymphai«. In: *Der kleine Pauly. Lexikon der Antike in fünf Bänden.* A.a.O. Bd. 4. S. 207 ff.

So, wie sich also die Sonne dem Schatten nähert und nach unserem optischen Verständnis ›untergehen‹ muß, verlangt die Dichtkunst ihren eigenen Preis, nähert sich das Schreiben immer wieder seinem Ende im lyrischen Bild, das auf dem Papier vor den Augen der Dichterin entstanden ist. Der zyklische Vorgang des Dichtens wird in diesem Gedicht mit dem zyklischen Vorgang des Lebens gleichgesetzt, das nur durch den Tod unterbrochen werden kann, der im Augenblick symbolisiert wird. Doch der Tod kann im Bild der jeden Tag wiederkehrenden Sonne[70] als Kreativitätssymbol überwunden werden. Ähnlich verhält es sich nach dem Selbstverständnis Ingeborg Bachmanns auch mit dem Dichter, dem Vorgang des Dichtens und dem entstehenden Werk.[71] Wir begegnen in der zweiten Strophe also, wie bereits angesprochen, einer eher traditionellen Auffassung von der Dichtkunst, die wie die Sonne ›Licht‹ in den menschlichen Geist und in die Seele bringen soll und darüber hinaus die Möglichkeit bietet, in der Benennung derselben die menschlichen Abgründe im lyrischen Wort auszuleuchten, um so Licht in das vermeintliche Dunkel des Lebens zu bringen. Es handelt sich um eine Kunst, die im Gegenzug aber auch wieder in dieses Dunkel eingeht, ja sogar bewußt in die menschlichen Abgründe hinabsteigt[72] und sich aus diesen speist und deshalb genauso wie die Natur, deren wichtigstes Potential die Schöpfungskraft der Sonne darstellt, bestimmten Schaffensphasen und Schöpfungsperioden unterliegt.»[…] bist du die Scheibe, die ihm blendend naht« (2,4): Daraus erklärt sich auch die Ansprache des eigenen Ichs als »du«, wie wir sie im vierten Vers der zweiten Strophe vorfinden.

Die Geburt des lyrischen Du, sein Eintritt in die zeitbedingte Realität der Inselwelt, in der Schatten und Licht sich ablösen, ist zugleich ein Sinnbild für die Erkenntnis der eigenen schöpferischen Kräfte und Selbstbestimmtheit der Dichterin, steht aber auch für die Einsicht in die eigene Begrenztheit und das unausweichliche Unterworfensein unter die Gesetze der Natur und Welt, an deren Ende der Tod steht, der nur im (dichterischen) Wort überwunden werden kann[73]. Im Bild der »Agave« finden wir also zugleich ein Zeichen der Entgrenzung wie der Begrenzung des eigenen wie fremden Seins in der Welt.

---

70 Vgl. Kapitel 9 der Arbeit, die Interpretation über die Hymne *An die Sonne*.
71 Bachmann: *Die Wahrheit ist dem Menschen zumutbar. Rede zur Verleihung des Hörspielpreises der Kriegsblinden.* In: GW. Bd. IV. S. 267-277.
72 Diese Bewegung entspricht wiederum der ›Kunst der Vertikale‹ im Werk Bachmanns, die ich bereits erläutert habe.
73 Diese Auffassung entspricht Ingeborg Bachmanns poetischem Grundverständnis vom Dichten als die Kunst der Vermittlung von Zeit und Raum überdauerndem Wissen, Ideen und Erfahrungswerten, die sie auch in dem Gedichtzyklus *Lieder auf der Flucht* in Anlehnung an Petrarca formuliert:»Die Liebe hat einen Triumph und der Tod hat einen, / die Zeit und die Zeit danach. Wir haben keinen. Nur Sinken um uns von Gestirnen. Abglanz und / Schweigen. / Doch das Lied überm Staub danach / wird uns übersteigen. //« Dies.: *Lieder auf der Flucht*. In: GW. Bd. I. S. 147.

In der *dritten Strophe* wird die südliche Szenerie mit einem weiteren wichtigen Requisit ausgestattet: Im Bild des Meeres, das als (von der Sonne) »verwöhnt und glanzerfahren« (3,1) beschrieben wird – formal grammatikalisch mit dem dritten und vierten Vers der zweiten Strophe baugleich, d. h. mit einer Inversion eingeleitet [»Ist auch der Tod« (2,3) »Ist auch das Meer« (3,3)] – spiegelt sich die Sonnenscheibe, die in der vorigen Strophe noch ein Bild für die Dichterin selbst war, nun in der Unendlichkeit des Wassers. Die beiden Konzessivsätze fassen den Kern der Aussage des Gedichts noch einmal kurz zusammen: Was auch immer geschieht, die Agave wird den Prozeß ihrer Reifung bis zur vollen Entfaltung ihrer Blüte vollziehen – »Ist auch der Tod dem Augenblick verschworen, / [...] Ist auch das Meer verwöhnt und glanzerfahren«, ›blüht die Agave doch nach vielen Jahren‹. Das lyrische Du ist sich, spiegelbildlich gesehen, hier auch des glücklichen Vollzugs des eigenen Reifungsprozesses gewiß.

Doch muß den Geistern der Natur, wie oben schon kurz erwähnt, ein Opfer gebracht werden, um das gewünschte Ziel zu erreichen (vgl. 1,4): Das lyrische Bild des »Meer[es]«, dessen Wasserspiegel für eine »Handvoll Blut« (3,2) ansteigt, legt deshalb die Deutung als eine durch das Du vollzogene rituelle Handlung nahe und läßt sich als ein Opferritual zur Besänftigung des wilden, verschlingenden und daher angstbesetzten Ozeans lesen, läßt sich aber auch auf den zuvor erläuterten Kult zur Anrufung der weiblichen Elementargeister, der dichterischen Inspiration durch die Nymphen beziehen. Die Vermischung von Wasser und Blut ist ein Anzeichen dafür, daß die in der zweiten Strophe beschworene Trennung von Natur und Mensch, von Außen und Innen, von fremdem Element und eigenem, wieder aufgehoben wird und einer neuen Ganzheit entgegengeht, ohne jedoch in den Zustand der absoluten Einheit und Undifferenziertheit zurückzufallen: Das lyrische Du hat mit einer »Handvoll Blut« der Natur (dem »Meer« – 3,1) seinen Tribut gezollt. So »verwöhnt und glanzerfahren« wie das »Meer«, das an dieser Stelle eine eindeutige Spiegelfunktion übernimmt, auch sein mag [was ja eigentlich für eine menschliche Besetzung, eine weitere der vielen Personifikationen in diesem Gedicht Ingeborg Bachmanns spricht (vgl. die »Agave« 1,2; der »Granat« 2,2; die »Scheibe« 2,4; die »Flut« 3,4;)], so wirft es doch für die existentielle Gabe vom eigenen Blut des lyrischen Du dessen Bild in einer neuen Weise, in ›höherer Form‹ zurück. Der Meeresspiegel besitzt ebenso wie die Sonnenscheibe eine Spiegelfunktion, die als Zeichen der einsetzenden Reflexion des Du gedeutet werden kann. Das aber spricht das Gedicht nicht wörtlich aus, und doch bleibt es nicht offen, was im weiteren geschieht: Denn in der dritten Strophe taucht das Naturbild vom Anfang der ersten Strophe wieder auf. Die »Agave« ist im Verlauf des Gedichts nicht nur »aus dem Felsen« (1,2), d. h. aus seiner Ummantelung, aus seiner harten Schale, aus seinem Schutz herausgetreten; in der dritten und letzten Strophe blüht die »Agave« sogar auf. Sie hat ihre natürliche Bestimmung erfüllt und das lyrische Du, das im Bild der »Agave« immer mit angesprochen ist, seiner Bestimmung zugeführt. Beide haben auf ihre Weise das Ziel erreicht (vgl. 1,4): *Nach vielen Jahren,* so der sprechende Titel des Gedichts, fängt sie »im Schutz der Felsen« (3,4) der Steilküste endlich an zu blühen. Die Triebkraft Leben, d. h. der Sonne entgegenzugehen oder entgegenzuwachsen, hat über die frühere Existenzweise, im lichtlosen Dunkel nur zu überleben, gesiegt. Die »Agave« wird Früchte tragen, auch wenn das aufgewühlte Meer, die »trunkene Flut« – Wasser, welches nicht Herr über sich selbst ist und an dieser Stelle somit eine lebensspendende wie lebensbedrohende Elementarkraft darstellt – steigt. Die Felsen verbergen die Pflanze nun nicht mehr, sie ist ihnen entwachsen. Jetzt ist die rauhe Küstenlandschaft nur noch zu ihrem Schutz da. Die Natur hat ihre Bestimmung erfüllt. Und das lyrische Du hat, ebenfalls *nach vielen Jahren,* seine Bestimmung in der Kraft gefunden, die inneren wie äußeren Elementarkräfte, die den Augenblick ›Leben‹ bestimmen, in der Kunst zu fixieren und sich damit die Möglichkeit eröffnet, die eigene Kreativität und Lebenskraft in Form der Kunst, in der Dichtung, abzubilden und zu binden. Mittels der Poesie wurde dort Licht und innere Klarheit geschaffen, wo vorher noch Dunkelheit herrschte. Dies aber stellt, so meine ich, eine erste poetische Bilanz Ingeborg Bachmanns nach dem Ortswechsel, der *Ausfahrt* in den Süden, dar. An einem einzigen Gedicht wird so der Reifungsprozeß eines Menschen zur Dichterin auch *nach vielen Jahren* noch ablesbar.

Im Anschluß an die Interpretation möchte ich noch auf einen intertextuellen Bezug zu einem Gedicht von Gottfried Benn hinweisen, mit dem sich eine weitere Dimension der Verse Bachmanns erschließt.

Eberhard Wilhelm Schulz stellt in der Formulierung »trunkne Flut« (3,4) einen literarischen Bezug zu Gottfried Benn fest, den er – allerdings ohne Nennung der Fundstelle bei Benn – nur in aller Kürze erläutert: »In der Perspektive dieser Anspielung erscheint Benns Welt im Hintergrund des Gedichts. Es ist ein Thema Benns, daß Ruhm und Kunst in späten Tagen blühen werden, aber um den Preis einer Todesbereitschaft, die keinem Geschoß der Zeit ausweicht.«[74] – Gemeint ist das 1927 entstandene Gedicht Benns mit dem Titel *Trunkene Flut.*[75]

Auch in diesem Gedicht geht es um dichterisches Schöpfertum, das als »trunkene Flut«(1,1) bezeichnet wird. So lautet die erste Strophe des Gedichts: »Trunkene Flut, / trance- und traumgefleckt, / o Absolut, / das meine Stirne deckt, / um das ich ringe, / aus dem der Preis / der tiefen Dinge, / die die Seele weiß. //« (1,1-8) – Hier erfährt das lyrische Ich im Ringen mit der

---

74 Eberhard Wilhelm Schulz: »Deutsche Lyrik nach 1945 – Zur Phase II der Moderne.« A.a.O. S. 212.
75 Gottfried Benn: *Gesammelte Werke in vier Bänden.* Hg. v. Dieter Wellershoff. Bd. 3, *Gedichte.* Wiesbaden 1960/63. S. 60-61.

eigenen Seele ein »Sternenfieber« (2,1), das ebenfalls wie in Bachmanns Gedicht (Strophe 1) zu einer momentanen Raum- und Zeitauflösung führt, zu einer sogar noch den Tod übertreffenden Entgrenzungserfahrung, die erst im »Schöpfungsschrei« (2,6) des Gedichts beschrieben und somit künstlerisch überwunden werden kann. Bemerkenswerterweise taucht in der dritten Strophe »Demeter« (3,8) auf, die in diesem Gedicht als Muttergestalt auf der Suche nach der verlorenen Tochter Persephone als einzige den Mut hat, in das Dunkel, den Hades, »zu [den] Gräbern« (3,7) hinabzusteigen: »von Tränen alt, / aus Not und Gebrest / eine Schöpfergestalt, / die uns leben läßt. // die viel gelitten, die vieles sah, / immer in Schritten / dem Ufer nah / der trunkenen Flut, die die Seele deckt [...].« (4,5-8; 5,1-6) »Demeter« hält sich, wie die »Agave« in Bachmanns Gedicht, ebenfalls dicht am Ufer in der Nähe der »trunkenen Flut« auf. Während die bedrohliche, aber auch schöpferische Kreativität auslösende Elementarkraft des Wassers bei Benn die »Stirn« (1,3) und in der letzten Strophe die »Seele« (5,6) bedeckt und bedroht und nur in Gestalt der Fruchtbarkeitsgöttin »Demeter«, in Anlehnung an eine weibliche »Schöpfergestalt« zu überwinden ist, »blüht« (3,3) und gedeiht die »Agave« aus sich selbst heraus »nach vielen Jahren / im Schutz der Felsen vor der trunkenen Flut« (3,3; 3,4), d. h. der bedrohliche wie auch erregende Schöpfungsmoment (vgl. die zweite Strophe von Ingeborg Bachmanns Gedicht), an dem die Nymphen oder Musen im Bild des »zitternde[n] Granat[s]« (2,2) anwesend sind, wird im Einklang mit der Natur ebenfalls nur um die Gabe eines existentiellen Preises [der »Handvoll Blut« (3,2)] erreicht, allerdings hier in Anlehnung an Helios, den Sonnengott. Helios wurde bei den Griechen mit dem »unermüdlichen Auge« verbunden, »ein alles schauender und hörender Zeuge der menschlichen Taten, gleichsam ein über allem schwebendes höheres Gewissen, das zur Bezeugung der Wahrheit angerufen wurde«[76]: eine Vorstellung, die der Kunstauffassung Ingeborg Bachmanns, wie ich auch in der Interpretation der Schlußstrophe der *Lieder von einer Insel* gezeigt habe, sehr nahekommt.[77] Die dichterische ›Blüte‹ ist in ihrem Gedicht *Nach vielen Jahren* erst mithilfe der (in der griechischen Mythologie zumeist ›männlich‹ konnotierten) Kraft der Sonne »im Schutz der Felsen« (3,4), in Sicherheit vor der überströmenden »Flut« möglich, die ich hier als ungebändigte und daher für das lyrische Ich angstbesetzte Triebkräfte der (auch eigenen) Natur deute. Einen ersten Hinweis auf das in der dritten Strophe vollzogene existentielle Opfer der »Handvoll Blut« (3,2) findet sich in der

---

76 Karl Kerényi: *Die Mythologie der Griechen*. Bd. I: *Die Götter- und Menschheitsgeschichten*. München ⁹1987. S. 151.
77 Siehe Bachmann: *Die Wahrheit ist dem Menschen zumutbar*. In: GW. Bd. IV. S. 275-277, hier: S. 276. Wichtig ist der Hinweis auf das »unermüdliche Auge« des Sonnengottes Helios auch im Kontext der häufigen Verwendung des Motivs der Augen und des Sehens im Werk Ingeborg Bachmanns.

»zitternde[n]« Frucht (2,2) des Granatbaumes: Beide Verse weisen bereits frühzeitig auf den Preis der dichterischen Schöpferkraft hin. Der Granatbaum als Symbol für die Kraft der Schöpfung ist bei Pausanias[78] ebenfalls aus Blut erwachsen, was den »zitternden Granat« (2,2) symbolisch mit der »Handvoll Blut« (3,2) verknüpft. Beide Metaphern stehen außerdem an derselben Stelle innerhalb der jeweiligen Strophe, was die inhaltliche Verbindung auch rein formal unterstützt: In der griechischen Mythologie wurde durch die Berührung mit ihm die Mutter des Attis schwanger wie auch Persephone bekanntlich durch den Granatapfelgenuß dem Hades verfallen ist. Diese Verfallenheit dem Tod und der Schönheit gegenüber ist gleichzeitig eines der Wesenszüge der Südwahrnehmung im Werk Ingeborg Bachmanns. Die Frucht des Granatbaumes symbolisiert nach der griechischen Mythologie also gleichzeitig Leben wie Tod, in jedem Fall aber elementare und existentielle Schöpferkraft. Bei Bachmann steht das lyrische Du, wie die »Agave« parallel zur Demetergestalt Benns, am Ende des Schöpfungsmoments innerhalb des Gedichts für sich allein und im Einklang mit sich selbst. Nur findet bei Benn im Gegensatz zu Bachmann die Schöpfung in »großer Nacht« (3,2), in der Dunkelheit statt, und vollzieht sich nicht, wie in Bachmanns Gedicht, am Tag, im strahlenden Licht des »Sonnenbogen[s]« (1,1).

Bei der Analyse der Bilder, die Ingeborg Bachmann verwendet, um den Makrokosmos der Welt des Südens im Mikrokosmos ihrer Dichtung einzufangen, erübrigt sich die Frage nach dem biographischen Gehalt ihrer Lyrik und Prosa. Vielmehr geht es um den Stellenwert dieser Bilder in ihrem Gesamtwerk und im Bezug auf Dichter, die vor ihr kamen und die italienische Bildwelt in ihre eigene Dichtung aufnahmen und gestalteten. Bachmann relativierte zwar die alten Bilder, wie etwa die in Goethes *Italienischer Reise*[79], begriff sich aber dennoch in deren Tradition: sie versuchte, den zeitlosen Bildern, die sich in der südlichen Landschaft jedem Künstler auf seine Weise aufdrängen, eine neue, vielleicht der auch hier veränderten Welt entsprechende und somit zeitgemäßere Form zu geben. In jedem Fall handelte es sich um Bilder, die Ingeborg Bachmanns »eigener Bewußtseinslage«[80] auch nach kritischer Selbstreflexion entsprachen. Darauf kam es ihr an.

Wenn man – wie ich – der Bekenntnis- und Erlebnisdichtung mit etwas Mißtrauen gegenübersteht und glaubt, daß die ungegorene Subjektivität in der Lyrik eine Gefahr ist, spricht man darüber natürlich nicht gern.

---

78 Siehe Helmut Gams: »Granate.« In: *Der kleine Pauly. Lexikon der Antike in fünf Bänden.* Bd. 2. A.a.O. S. 866.
79 Siehe Bachmann: *Wir müssen wahre Sätze finden. Gespräche und Interviews.* A.a.O. S. 19.
80 Ebd.

Selbstverständlich würde man auch manches in meinen Arbeiten auf Biographisches zurückführen können. Begegnungen mit der Wirklichkeit, mit Orten, Ländern und Menschen sind oft wichtig gewesen und können in verwandelter Form nach Jahren wiederauftreten. Wichtig sind auch geistige Begegnungen, und mir war die wichtigste die mit dem Werk des Philosophen Ludwig Wittgenstein, der die Probleme der Philosophie auf die Probleme der Sprache zurückgeführt hat. [...] Denn wenn ich an die merkwürdige Beziehung zwischen zeitgebundenen Motiven, zeitgebundenen Sprachmitteln und dem absoluten Charakter eines Gedichts – sagen wir eines gelungenen Gedichts – denke, so scheint mir hier ein »Mysterium« zu liegen. Aber darum braucht sich jemand, der schreibt, nicht zu kümmern. Auch über eine ausgesprochene Ästhetik braucht er nicht zu verfügen; sie kann immanent bleiben. Wenn ich etwa überlege, warum bei Ihrem größten Dichter – Dante – die zeitgenössischen Themata eine überzeitliche Bedeutung gefunden haben, fällt mir auch nichts Besseres ein, als das Wunderbare festzustellen und es hinzunehmen, daß dem Besonderen das Exemplarische mitgegeben ist. [...] Der Grund ist, daß ja nur eine einzige Bemühung beim Schreiben sinnvoll ist: die um die Sprache. Gestern, heute und morgen liegen in ihr beschlossen. Wenn die Sprache eines Schriftstellers nicht standhält, hält auch, was er sagt, nicht stand.[81]

Ingeborg Bachmann hatte Italien als Schreib- und Lebensort gewählt. Sie sprach mit der Zeit fließend Italienisch, aber schrieb weiterhin in deutscher Sprache.[82] »Ich mit der deutschen Sprache / dieser Wolke um mich / die ich halte als Haus / treibe durch alle Sprachen«[83], formuliert sie ein Jahr später in ihrem Gedicht *Exil*, das im Jahr 1957 zuallererst in der italienischen Zeitschrift *Botteghe Oscure* in der deutschen Originalfassung erscheint. Der

---

81 Bachmann: *Wir müssen wahre Sätze finden.* A.a.O. S. 11. (Interview mit einem unbekannten italienischen Interviewpartner Anfang des Jahres 1955.)
82 Nur ein einziges ihrer Gedichte hatte sie selbst ins Italienische übersetzt, das Gedicht [*Verordnet diesem Geschlecht keinen Glauben*]. In: GW. Bd. I. S. 151. Lt. Interview der Verfasserin mit den Herausgeberinnen Christine Koschel und Inge von Weidenbaum vom Frühjahr 1992 in Rom. Ansonsten findet man im Werk Bachmanns meines Wissens nur wenige verstreute Zitate und Ausrufe in italienischer Sprache, die ich an gegebener Stelle, sofern sie inhaltlich wichtig sind, anführen werde. Hier siehe im Libretto zu *Der junge Lord*: »Per morire e per pagare c'è sempre tempo«. (Bachmann: *Der junge Lord*. In: GW. Bd. I. S. 400.). Interessant wiederum die Verbindung zur Todesmotivik in ihrer Dichtung. Laut Auskunft von Hans Werner Henze haben die beiden Künstler das Zitat bei einem gemeinsamen Ausflug an die amalfitanische Küste auf einem Keramikteller in einem der zahlreichen Kunsthandelsgeschäfte des kleinen Künstler- und Fischerortes Positano entdeckt. Ein Zitat, das auf fast »jedem dieser Keramikteller zu entdecken ist. Banal, aber lustig«, so Henze. (Interview der Verfasserin mit dem Komponisten vom 5.6.1993 in Marino bei Rom).
83 *Botteghe Oscure* 19 (1957). S. 447. Siehe auch Bachmann: *Exil*. In: GW. Bd. I. S. 153.

verfeinerte Ausbau der geistigen ›Heimat‹ im deutsch-österreichischen Sprachraum wurde, je länger sie in Italien lebte, immer wichtiger für ihre schriftstellerische Arbeit, so daß die Bilder des südlichen Lebensraumes noch stärker relativiert und auch inhaltlich weiter zurückgedrängt oder sogar in ihr Gegenteil verkehrt werden. Es findet eine Reduktion auf die elementaren Bestandteile ihres dichterischen Schaffens statt: »[…] mit nichts bedacht // Nur mit Wind mit Zeit mit Klang // der ich unter Menschen nicht leben kann […]«[84]. Die dichterische Freiheit, den eigenen künstlerischen Inspirationen in Ruhe nachgehen zu können und die Verbindung zur Musikalität in der Sprache überall dort aufzusuchen, wo es nur möglich war, stellen allerdings gleichzeitig die positiven Errungenschaften und Grundfesten ihrer gesamten in Italien entstandenen Dichtung dar. Ingeborg Bachmann »lebte« und ging gegen Ende der fünfziger Jahre im Gegensatz zu der Äußerung ihres lyrischen Ichs im *Exil* noch gerne unter Menschen: man traf sie auf Botschaftsbällen, in Restaurants mit deutschsprachigen Schriftstellerinnen und Schriftstellern, die sich auf der Durchreise in Rom befanden[85], und sah sie auf kulturellen Veranstaltungen der verschiedenen Kulturinstitute der Stadt Rom. Laut Aussage von Toni Kienlechner[86], einer mit der Dichterin befreundeten Journalistin, Übersetzerin und Buchautorin, hatte Ingeborg Bachmann sich zwar

---

84 Bachmann: *Exil.* GW. Bd. I. S. 159.
85 Aus einem Interview der Verfasserin mit Hans Werner Henze vom 5. Juni 1993 in Marino in der Nähe von Rom. (Hinzufügungen in eckigen Klammern v. d. Verf.). Hans Werner Henze: »Ingeborg Bachmann hatte viel Kontakt mit italienischen Dichtern, nur die Spitze. Elsa Morante, Alberto Moravia … [Natürlich auch mit den deutschsprachigen Schriftstellern wie etwa mit] Uwe Johnson. Das war alles schon post Frisch. Es gehörte zum guten Ton. Man konnte nicht nach Deutschland zurückkommen, ohne sich mit Ingeborg Bachmann, ›der Ingeborg‹, ›der Bachmann‹, wie es hieß, zu treffen. Sie war ein Kristallisationspunkt der deutschen Kolonie in Rom. [Nehmen wir zum Beispiel] Hans Magnus Enzensberger: Das war eine Spaghettata im Ristorante ›Othello‹ wert, aber nicht mehr als das. Für sie war das Problem der Sprache viel größer. Die deutsche Sprache war ihr Rüstzeug. Es ist für einen Schriftsteller viel schwerer, eine Fremdsprache zu adoptieren und zu integrieren in das eigene Denksystem als für einen Musiker. Für sie war das viel komplizierter. Wenn ein Schriftsteller ein ganzes Leben lang in ein anderes Land geht, wo die Sprache, mittels derer er oder sie eine Konzeption der Welt und der Begriffe, die diese Welt beinhaltet, gelernt hat, eine andere ist; für jedes Objekt muß ein anderes Wort gefunden werden, sogar für die Liebe, für den Baum, für den Stuhl, für den Tisch […] für alles, neue Begriffe, neue Zusammenhänge.« Für die deutsche Sprache, für eine deutschsprachige Schriftstellerin wie Ingeborg Bachmann stellte das Leben und Schreiben in Rom eine Art ›sprachlichem Inselleben‹ dar.
86 Vgl. das Interview der Verfasserin mit Toni Kienlechner vom 2. Juni 1993 in Bracciano in der Nähe von Rom. Toni Kienlechner war mit Ingeborg Bachmann seit dem Sommer 1955 bis zu deren Tod im Jahr 1973 gut befreundet. Sie hatte Bachmann in Rom zusammen mit dem Ehepaar Kaschnitz kennengelernt. Frau Kienlechner lebt heute am Lago di Bracciano in der Nähe von Rom und einen Teil des Jahres in

von Wien, dem Hauptgegenstand ihres späteren Schreibens, abgesondert, aber nicht, um alleine zu leben und nur zu schreiben, sondern um unter Leuten zu sein. – Die Leute haben ihr behagt, der Umgang mit der römischen Gesellschaft war ihr sehr lieb. Sie suchte den Umgang mit der besseren Gesellschaft, vor allem eine leichte, elegante, weltläufige Art von Freundschaft; auch wenn Fremdheiten blieben, die ihr im Grunde jedoch angenehm waren. Sie blieb fremd, aber ein geschätzter Mensch.[87]

Toni Kienlechner schließt mit der Bemerkung: »Manch' einer zieht sich in eine Zelle zurück, sie hat sich unter Leute abgesondert.«[88] Ingeborg Bachmann war zeit ihres Lebens viel auf Reisen gewesen, so in »Bayern, in England, der Schweiz, den USA, in Westberlin, in Frankreich, in Hessen, gelegentlich in Österreich«[89], ebenso in der damaligen Tschechoslowakei, in Ägypten, im Sudan und zuletzt auf einer Lesereise durch Polen im Frühjahr 1973 besuchte sie Auschwitz und Birkenau[90]. Und doch stellten diese Reisen in andere Länder nur Unterbrechungen ihres Lebens auf der italienischen Halbinsel dar. Die Wahlheimat Rom blieb der Ausgangspunkt ihrer Unternehmungen, an den sie auch nach vielen Jahren immer wieder zurückkehrte.

Murnau, Oberbayern. Von Beruf ist sie Journalistin und Buchautorin, arbeitet als Korrespondentin des Bayerischen Rundfunks für Politik und Kultur und hat außer zwei Erzählbänden (*Maremma* und *Ein, zwei Stunden am Nachmittag*, beide erschienen im Piper-Verlag) mehrere Bücher über Politik, Kunst, Kultur, Land und Menschen in Italien geschrieben. Sie ist außerdem als Übersetzerin von Carlo Emilio Gadda, Pier Paolo Pasolini, Giorgio Manganelli, Federico Fellini u. v. a. hervorgetreten.

87 Laut dem Interview der Verfasserin mit Toni Kienlechner vom 2.6.1993 in Bracciano bei Rom.
88 Ebd.
89 Uwe Johnson: *Eine Reise nach Klagenfurt*. Frankfurt a. M. ¹1974. S. 8.
90 In einem Interview vom Mai 1973 mit Alicja Walecka-Kowalska sagte sie: »Die Geschichte Polens ist mir sehr vertraut; es ist eine tragische Geschichte, und in meiner Bibliothek nimmt einen großen Raum die Dokumentation über Polen ein, und zwar […] von 1939 an, der allerschlimmsten Zeit Polens. Und ich habe gemeint, ich weiß alles, ich habe alles gelesen, alles gesehen, und ich wüßte es eben. Nun ist das schon am zweiten Tag anders geworden, […] ich war in Auschwitz und Birkenau. Nun hilft einem das alles nichts, wenn man das weiß, denn in dem Augenblick, wo man dort steht, ist alles ganz anders. […] Es wäre mir vorher möglich gewesen, darüber zu sprechen, aber seit ich es gesehen habe, kann ich das nicht mehr …« In: Ingeborg Bachmann: *Wir müssen wahre Sätze finden. Gespräche und Interviews*. A.a.O. S. 130-131.

Der Verlust einer Traumwelt im Schreiben

Nach der Trennung von Max Frisch geriet Ingeborg Bachmann laut den Aussagen aller befragten Freunde und Bekannten in eine so schwere Lebens- und Schaffenskrise[91], daß sie nicht einmal mehr Zuflucht im Schreiben, geschweige denn in ihrer einst »geistigen Heimatstadt« Rom finden konnte. Bis auf einige wenige, wenn auch in ihrer Bedeutung für das Verständnis ihres Gesamtwerkes sehr wichtige Gedichte[92], veröffentlichte die Dichterin danach keine Lyrik mehr. Statt dessen wandte sie sich mit der ganzen, ihr verbliebenen Kraft dem Schreiben von Prosa zu. Bereits 1963 hatte Ingeborg Bachmann mit der Konzeption ihres *Todesarten*-Projektes begonnen, als dessen Auftakt 1971 zunächst der Roman *Malina* erschien.[93] Der innere Wandel war auch an ihrem Bild von Rom abzulesen.

Während sie in einem Interview mit Gustav René Hocke vom 24. Januar 1957 noch auf die Frage, was Rom für sie bedeute, antwortete, Rom sei für sie die »letzte Großstadt unter den mir bekannten [...], wo man ein geistiges Heimatgefühl haben kann«[94], bot ihr die Stadt und das Leben in Italien

---

91 Toni Kienlechner spricht in dem Interview mit der Verfasserin vom 2.6.93 in Bracciano bei Rom davon, daß die Trennung von Max Frisch eine sehr schwere Lebenskrise, eine Krankheit bei Ingeborg Bachmann ausgelöst habe und die Dichterin daraufhin sogar nach Österreich zurückkehren wollte. Hans Werner Henze äußerte sich in diesem Zusammenhang weniger zurückhaltend: »Sie hat ja später mit [...] Frisch gelebt und das ging überhaupt nichtgut, weil sie beide Schriftsteller waren. Wenn er ihre Schreibmaschine klappern hörte, dachte er, es entsteht eine unschlagbare Sache, und wenn sie seine Maschine hörte, wußte sie schon von vornherein, es entsteht eine ›spießige Schweizer Geschichte‹. [...] Es war ja auch eine Katastrophe. Leider. [...] Irgendwann habe ich dann [...] in der Frisch-Phase eine ganze Nacht mit Frisch gesprochen, diskutiert, und er hat mir gesagt, wie schwierig das ist, daß sie beide Schriftsteller sind. Sie ging dann mehr und mehr zum Friseur, stundenlang, und las diese fürchterlichen Illustrierten und versuchte eine normale Schweizer Ehefrau zu werden. Und er merkte das. [...] Ich habe mich nie für sie gefreut in dieser Angelegenheit. [...] er ist auch ihr Unglück geworden, wie man weiß. Er traf eine neue Dame. Er traf die damalige Freundin von Tankred Dorst und damit begann das Ganze ...« (Interview vom 5.6.93 in Marino bei Rom.).
92 Dies sind die Gedichte: *Keine Delikatessen* (entstanden vermutlich 1963); *Wahrlich* (entstanden wohl gegen Ende 1964); *Böhmen liegt am Meer* (entstanden 1964); *Prag Jänner 64* (entstanden Januar 1964); *Eine Art Verlust* (Entstehungsdatum nicht genau bekannt; die einzige Veröffentlichung fand im Rahmen einer Hörfunkaufnahme der BBC London am 15. Juli 1967 statt) und *Enigma* (als Neufassung des Gedichtes *Auf der Reise nach Prag* vermutlich zwischen 1966 und 1967 entstanden.) Alle in: Bachmann: GW. Bd. I. S. 166-172.
93 Zur Entstehungsgeschichte des Romanzyklus *Todesarten* siehe dies.: *Anmerkungen.* In: GW. Bd. III. S. 557 ff.
94 Ingeborg Bachmann in einem Interview mit Gustav René Hocke vom 24. Januar 1957. In: Ingeborg Bachmann: *Wir müssen wahre Sätze finden. Gespräche und Interviews.* A.a.O. S. 23.

bereits Mitte der sechziger Jahre keinen wirklichen Halt mehr. Als Erich Fried Ingeborg Bachmann 1967, drei Jahre nach der Entstehung von *Böhmen liegt am Meer*, in einem Londoner Hotel traf, zeigte sie ihm nach einem persönlichen Gespräch das Manuskript dieses Gedichts. In einem Aufsatz schrieb Fried später (er zitiert dabei Verse dieses Gedichts):

> *Ich will nichts mehr für mich. Ich will zugrunde gehen.*

Dieses Zugrundegehen ist ein letzter Anfang, der Zusammenbruch die Vorbedingung des Weiterlebenkönnens, der Tod im Leben als Voraussetzung einer Wiedergeburt in diesem Leben, wenn auch vielleicht nur der Wiedergeburt in eine schon an Untergang grenzende Traumwelt. Die Dichterin muß zugrunde gegangen sein, um von Grund auf wissen zu können, um den Dingen auf den Grund gehen zu können, um sagen zu können, [...]

> *Zugrund gerichtet, wach ich ruhig auf.*
> *Von Grund auf weiß ich jetzt, und ich bin unverloren.*

Sie sprach damals von ihrem Gefühl des Verlorenseins in ihrem Hotel, überhaupt in England, [...] daß nicht einmal Italien als Gegengewicht gegen dieses Verlorenheitsgefühl mehr ausreiche. Andererseits sprach sie davon, daß alles Zerstörbare nun schon zerstört sei und daß alles, was übriggeblieben sei, unzerstörbar sei, so daß sie sich nicht verloren geben müsse. Sie verglich ihren Zustand mit dem der beiden Antihelden in Becketts WARTEN AUF GODOT, nur daß sie auf keinen Godot mehr warte. »Wenn man die Welt ohne sich sieht, sieht man sie wieder besser.« Ich glaube, das waren ziemlich genau ihre Worte, die sie zur Erklärung des Lebens- und Weltgefühls in ihrem Gedicht sagte.[95]

---

95 Erich Fried: »*Ich grenz noch an ein Wort und an ein andres Land*«. Über Ingeborg Bachmann – Erinnerungen, einige Anmerkungen zu ihrem Gedicht ›Böhmen liegt am Meer‹ und ein Nachruf. Berlin 1983. S. 5 und S. 7. Das Gedicht *Böhmen liegt am Meer* findet sich in: Bachmann: GW. Bd. I. S. 167. Der Titel bezieht sich auf ein Zitat von William Shakespeare aus der dritten Szene des dritten Akts aus dem Stück *Das Wintermärchen*. In: William Shakespeare. *Gesammelte Werke*. 3 Bde. Hg. von Friedmar Apel. Übersetzt v. Erich Fried. Berlin 7/1995. Hier Bd. 3. S. 529.
    Interessant der Bezug zum Titel der im Juli 1996 erschienen Autobiographie von Hans Werner Henze: *Reiselieder mit böhmischen Quinten. Autobiographische Mitteilungen. 1926-1995.* A.a.O. »Im Jubel des Eintritts in Italien läßt Henze sich tragen von Hofmannsthals Reiselied. Böhmische Quinten sind nach barocker und klassischer Vorschrift verbotene Intervallschritte, wie man sie von böhmischen Hornisten hörte.« (Klappentext). Der Komponist beschreibt seine »Überfahrt« nach Italien wie folgt: »Dieses Ausatmen, dieses Durchatmen, dieses Glücksgefühl! ›All meinen Unbill geb' ich preis‹, dachte ich nun und ließ, wie so viel Deutsche vor mir, die Italianità widerstandslos in mich hinein. Hinterm Steuerrad erfand ich Melodien zu Hofmannsthals jugendlichem *Reiselied* [...],

Das Leben Ingeborg Bachmanns in Italien stellte in gewisser Weise tatsächlich eine ›Neugeburt‹ in einer stets »an den Untergang grenzenden Traumwelt«[96] dar, eine Wiedergeburt in einer orphischen Unterwelt[97] im künstlerischen und menschlichen Sinn. Von daher gesehen steht sie in der typischen Tradition einer geglückten, wenn auch zeitweise ›dunklen‹ Italienfahrt, deren Lyrik ähnliche Ansätze und Motive aufweist, wie sie etwa in Goethes *Italienischer Reise* auftauchen. Doch mit der Zeit – die Autorin verbrachte, von ihren vielen Reisen und verschiedenen längeren Auslandsaufenthalten abgesehen, immerhin zwanzig Jahre in Italien – änderte sich das Bild, das sie von dem Land mit den »Silben im Oleander« und dem »Wort im Akaziengrün« hatte[98]. Bachmann war, wenn sie überhaupt eine geistige Heimat gefunden hatte, lange Zeit in der Sprache des lyrischen Schreibens beheimatet gewesen, einer Ausdrucksform, die sie bis zur Mitte der siebziger Jahre in allen Facetten und Wendungen ausgeschöpft hatte und zu deren Bilderreichtum das südliche, klassische Land mit seiner Fülle an Kunst, Licht und Schönheit für die Augen, mit seinen Anregungen durch die Kultur und seine Menschen nicht unwesentlich beigetragen hatte[99]. Nach 1967 erkun-

Wasser stürzt, uns zu verschlingen
Rollt der Fels, uns zu erschlagen,
Kommen schon auf starken Schwingen
Vögel her, uns fortzutragen.

Aber unten liegt ein Land,
Früchte spiegelnd ohne Ende
In den alterslosen Seen.

Marmorstirn und Brunnenrand
Steigt aus blumigem Gelände,
Und die leichten Winde wehn.

während sich meine Augen mit den landschaftlichen und architektonischen Schönheiten Venetiens füllten. [...] Ich war glücklich, daß ich es geschafft hatte, in diese andere, meiner Kultur entgegengesetzte Welt hineinzugehen, die mich mit solcher Vorfreude und Neugier erfüllte und mit eben diesem Glücksgefühl. [...] Das hatte auch gewiß mit dem unstillbaren Bedürfnis nach Alleinsein zu tun, nach Metamorphose.« Ebd. S. 147-148. Laut des Interviews mit Hans Werner Henze vom 5.6.93 waren der Begriff »Böhmen« und »böhmische Quinten« ein geflügeltes Wort zwischen Ingeborg Bachmann und dem Komponisten. So bezieht sich Henze mit Sicherheit in der Wahl seines Titels auch auf das Gedicht *Böhmen liegt am Meer*, das er zu Beginn seines achten Kapitels anzitiert. (Ebd. S. 286).

96 Vgl. Fried: »*Ich grenz noch an ein Wort und an ein andres Land*«. A.a.O. S. 5 und S. 7.
97 Vgl. hierzu das Gedicht von Ingeborg Bachmann: *Dunkles zu sagen*. In: GW. Bd. I. S. 32.
98 Die Zitate im Satz entstammen alle dem Gedichtzyklus: *Lieder auf der Flucht*. In: GW. Bd. I. S. 147.
99 Bachmann: *Wir müssen wahre Sätze finden. Gespräche und Interviews.* A.a.O. S. 12 f.

dete sie die Welt, ihre Welt, im Versuch des Aufspürens und Beschreibens der verschiedenen »Todesarten« im Sein.[100] »Doch übers Gefälle des Vergänglichen / wölbt uns kein Traum.«[101] Ingeborg Bachmann hatte zu dieser Zeit die lyrische Traumwelt bereits verlassen und war in der von ihr postulierten ›Kunst der Vertikale‹ in vermeintlich »hellere Zonen aufgestiegen«[102].

Von da an ging es ihr nicht mehr um das »Geschäft mit Träumen«, um die Beschreibung des Todes im Augenblick, oder, wie Erich Fried es formulierte, »um den Tod im Leben als Voraussetzung einer Wiedergeburt in diesem Leben«. Im langsamen Abwenden von der Lyrik hatte sie für sich den Zugang zu einer »Traumwelt« verschlossen, und auch ihr Blick auf das italienische Leben, das sie im ›Inselleben der eigenen Sprache‹ bis hin zur Sprachlosigkeit auslotete und dessen Bildwelten einen Teil ihrer dichterischen Traumwelten beherrscht hatte, wurde illusionsloser und getrübter. In dem Gedicht *Das erstgeborene Land*, das im folgenden analysiert wird, beschreibt Ingeborg Bachmann, was es bedeuten kann, in der Überwindung des Todes auf italienischem Boden »zum Schauen«[103], zu neuem Leben erwacht zu sein.

---

100 Vgl. Gudrun Kohn-Waechter: *Das Verschwinden in der Wand. Destruktive Moderne und Widerspruch eines weiblichen Ich in Ingeborg Bachmann: Malina.* Stuttgart 1992. Siehe auch Gabriele Bail: *Weibliche Identität. Ingeborg Bachmanns Malina.* Göttingen 1984. Und Heidi Barkan: *Ingeborg Bachmanns »Malina« eine Provokation? Rezeptions- und wirkungsästhetische Untersuchungen.* Würzburg 1994.
101 Bachmann: *Die Brücken.* In: GW. Bd. I. S. 50.
102 Dies.: *Exil.* In: GW. Bd. I. S. 153.
103 Dies.: *Das erstgeborene Land.* In: GW. Bd. I. S. 120.

7. Standorte und Blickwinkel
Da »war ich zum Schauen erwacht«[1] –
Ingeborg Bachmanns neuer Blick auf Italien
(›Das erstgeborene Land‹; ›Lieder auf der Flucht‹[2])

Die Augen spielen in der Lyrik Ingeborg Bachmanns und auch in Teilen ihrer späteren Prosa eine wichtige Rolle.[3] Sie sind Gradmesser von Erkenntnis, der Intensität von Erfahrungen, von Wahrheitsfähigkeit und Wahrheitsfindung des einzelnen im Bezug auf seine mittelbare und unmittelbare Umwelt; vor allem aber auch in bezug auf die eigene Person. Sie beinhalten die Fähigkeit zur Selbstschau, zur Selbstbespiegelung, zum Selbstbetrug. Dabei stellen sie dem einzelnen immer, und das ist für die Dichterin viel wichtiger, die Möglichkeit zur Selbsterkenntnis frei und bilden dabei neben der sprachlichen Kommunikation eine weitere, zum Teil intensivere Brücke zum Gegenüber.[4]

> Sehen heißt Konstruieren, und das Grüne im Gras ist ein Frosch. [...] Was immer das Resultat des Konstruierens ist, wir können uns von diesem Resultat ein Bild machen. [...] Ob wir das Ergebnis des Sehens »Abbild« nennen wollen oder nicht – es läßt sich als Abbild darstellen und kommunizieren. [...] Bewußtes Wahrnehmen, Aufmerksamkeit und Erkennen sind die entscheidenden Schritte, bevor im Gehirn ein Bild der Welt entsteht. Sehen heißt Konstruieren. [...] Langsam verändert sich dabei auch unser Bild vom Bild der Wirklichkeit. Nicht erst im Zeitalter der Computergraphik gilt: Wir können uns auf unsere Bilder nicht blind verlassen, wir haben sie selbst gemacht.[5]

---

1 Bachmann: *Mein erstgeborenes Land.* In: GW. Bd. I. S. 120.
2 Dies.: *Lieder auf der Flucht.* In: GW. Bd. I. S. 138-147.
3 Zum Motiv der Augen und der Bedeutung des Sehens in der späten Prosa Bachmanns siehe Barbara Agnese: »Mirandas glückliche Augen. Eine Erzählung in sechs Aufzügen.« In: Dies.: *Der Engel der Literatur. Zum philosophischen Vermächtnis Ingeborg Bachmanns.* Wien 1996. S. 167-178. Agnese untersucht die Erzählung *Ihr glücklichen Augen* (1969) besonders hinsichtlich des Motivs der Kurzsichtigkeit der Protagonistin Miranda: Die Kurzsichtigkeit wird bewußt eingesetzt, um der erschreckenden Außenwelt zu entfliehen und eine eigene innere Welt aufzubauen.
4 Siehe dazu Irvin Rock: *Wahrnehmung. Vom visuellen Reiz zum Sehen und Erkennen.* Heidelberg 1985.
5 Gero von Randow: »Der berechnende Blick. Sehen heißt Konstruieren, und das Grüne im Gras ist ein Frosch.«. In: *Die Zeit.* Nr. 33 vom 9. August 1996. S. 29. Siehe auch: Kunst-Ausstellungshalle der Bundesrepublik Deutschland (Hg.): *Sehsucht. Über die Veränderung der visuellen Wahrnehmung.* Red. Uta Brandes. Göttingen 1995.

Über die Vermittlung der Augen entsteht ein Bild im Gehirn. Jedes Bild, was wir im Kopf haben, stellt eine Syntheseleistung der verschiedensten Vorgänge in unserem Gehirn dar. Auch ohne die Augen können wir bekanntlich wahrnehmen, was wir nicht sehen können oder wollen. Bei Bachmann wird das Motiv der Augen erweitert, indem es über das eigentliche Sehen hinaus zum Instrument der Erkenntnis wird:

> Mir sind die Augen aufgegangen. Wir sagen das nicht, weil wir eine Sache oder einen Vorfall äußerlich wahrgenommen haben, sondern weil wir begreifen, was wir doch nicht sehen können. Und das sollte die Kunst zuwege bringen: daß uns, in diesem Sinne, die Augen aufgehen.[6]

In diesem Sinne waren auch die Bildwelten Ingeborg Bachmanns konstruierte Welten, ein nach außen gekehrtes Bild des Südens, das die Dichterin in der literarischen Verarbeitung ihrer Seherfahrungen noch einmal für sich verwendete, mit ihrem Blick und in ihren Augen verwandelte und – »nach innen« zog.

> Was kümmern uns der Mond und was die Sterne,
> uns, deren Stirnen dunkeln und erglühn!
> Beim Untergang des schönsten aller Länder
> sind wir's, die es im Traum nach innen ziehn.[7]

Der Vorgang des Sehens und Beschreibens, die lyrische Umwandlung von äußeren Bildern, die ›wie in einem Traum nach innen gezogen‹, d. h. aufgesogen und verinnerlicht werden, um daraufhin in einem Prozeß der intellektuellen und emotionalen Umarbeitung in Form einer sprachlichen Äußerung, im ›Abbild‹ des Gedichts, wieder nach außen zu treten, ist Teil der tradierten Konstruktion des Italienbildes durch die Jahrhunderte. Dieser Umarbeitungs- und Verwandlungsprozeß läuft zunächst über die Sinne, über die Augen, das Gehör, den Geruchssinn und mündet nach einer Phase der bewußten Verarbeitung schließlich in den Bildkörper.[8] Zuvor hat eine

---

6 Bachmann: *Die Wahrheit ist dem Menschen zumutbar. Rede zur Verleihung des Hörspielpreises der Kriegsblinden.* In: GW. Bd. IV. S. 275.
7 Dies.: *Von einem Land, einem Fluß und den Seen.* In: GW. Bd. I. S. 92.
8 Vorausgesetzt, der Künstler oder die Künstlerin hat das Land auch tatsächlich bereist. Daß beispielsweise Dichter wie Joseph von Eichendorff oder E.T.A. Hoffmann, die nie in Italien gewesen sind, dasselbe Bildmaterial verwenden, zeigt die literarische Weitervermittlung der tradierten Bilder und Wahrnehmungsweisen. Vgl. dazu die beiden Aufsätze von Silvia Cresti: »Das Italienbild in der Spätromantik: Exil, Fremde und Heimat in *Aus dem Leben eines Taugenichts* von Joseph von Eichendorff.«. Und Hans Schuhmacher: »Der Italiener als Doppelgänger des Deutschen (Zu E.T.A. Hoffmanns Italien-Mythos)«. Beide in: *Germania – Romania: Studien zur Begegnung der deutschen und romanischen Literatur.* Hg. v. Giulia Cantarutti und Hans Schuhmacher. A.a.O. S. 125-136 und S. 169-206.

Auseinandersetzung des Künstlers mit den überlieferten Bildern stattgefunden, deren Bildträger mündliche Überlieferungen, schriftliche Fixierungen in Form von Gedichten, fiktiver Prosa oder Reiseberichten, kompositorisches Klangmaterial genauso wie Bildmaterial aus der Malerei, der Photographie oder des Films sein können. Der Verwandlungsprozeß des eigenen Italienbildes der Künstlerin oder des Künstlers wird dann in die überlieferte Bildtradition eingearbeitet; in Abgrenzung oder Anlehnung daran eingebunden. Es handelt sich um einen Vorgang, der sich mit jeder Niederschrift der Bilder in der Literatur wiederholt, in bestimmten Punkten aber je nach Betrachter verändert. Der Schriftsteller wird selbst Teil des Bildes, das er schuf, und damit Teil einer Tradition, wie auch immer er zu ihr stand bzw. steht.[9] »Denn es sind immer die Schiffbrüchigen, die auf Inseln Zuflucht suchen.«[10] Die Halbinsel Italien wurde auf diese Weise zum Zufluchtsort für viele Künstlergenerationen bis auf den heutigen Tag.

»Da fiel kein Traum herab«[11] – ›Das erstgeborene Land‹

Ingeborg Bachmann prägte für Italien, das Land ihrer Wahl, den Begriff *Das erstgeborene Land*. Sie widmete der Halbinsel im Süden das gleichnamige Gedicht.

Das erstgeborene Land

In mein erstgeborenes Land, in den Süden
zog ich und fand, nackt und verarmt
und bis zum Gürtel im Meer,
Stadt und Kastell.

Vom Staub in den Schlaf getreten
lag ich im Licht,
und vom ionischen Salz belaubt
hing ein Baumskelett über mir.

---

9 Bestes Beispiel für die harsche Ablehnung und kritische Umarbeitung des Italienmythos stellt das Italien-Buch Rolf Dieter Brinkmanns dar. Rolf Dieter Brinkmann: *Rom, Blicke*. A.a.O. Brinkmann arbeitete als Stipendiat der Villa Massimo von 1972 bis 1973 in Rom und in Olevano, einem kleinen Bergdorf in der Nähe von Rom. Vgl. dazu Uwe Schweickert: »Sehen heißt heute erleben. Notizen bei der Lektüre von Rolf Dieter Brinkmann«. In: *Literaturmagazin*. Sonderheft. N° 36. Hg. von Maleen Brinkmann. Rowohlt. Reinbek bei Hamburg. Oktober 1995. S. 202.
10 Bachmann: *Die Zikaden*. In: GW. Bd. I. S. 222.
11 Dies.: *Das erstgeborene Land*. In: GW. Bd. I. S. 119. Erstveröffentlichung in: *Wort in der Zeit*. 1 (1956), S. 38.

Da fiel kein Traum herab.

Da blüht kein Rosmarin,
kein Vogel frischt
sein Lied in den Quellen auf.

In meinem erstgeborenen Land, im Süden
sprang die Viper mich an
und das Grausen im Licht.

O schließ
die Augen schließ!
Preß den Mund auf den Biß!

Und als ich mich selber trank
und mein erstgeborenes Land
die Erdbeben wiegten,
war ich zum Schauen erwacht.

Da fiel mir Leben zu.

Da ist der Stein nicht tot.
Der Docht schnellt auf,
wenn ihn ein Blick entzündet.[12]

Das Gedicht nimmt eine Schlüsselstellung in bezug auf Ingeborg Bachmanns Italienbild ein. Nicht der Traum vom Süden bewahrheitet sich, sondern die Blickrichtung, der Vorgang des Erwachens und des »Schauens« sind die zentralen Veränderungen, die das Ich im Süden erfährt. Der Schlangenbiß im Paradies des ›erstgeborenen Landes‹ und das »Grausen im Licht« (5,3) bringen nicht den gefürchteten Tod, sondern die erhoffte Erkenntnis mit sich. Vom berühmten Baum der Erkenntnis aus der biblischen Ikonographie ist durch das sich ablagernde Salz vom nahen Meer, als Sinnbild der Vergänglichkeit, nur noch ein Skelett, ein totes Bild vergangener Paradiesvorstellungen[13] übriggeblieben. »Da fiel kein Traum herab« (3). Die Erwartungen beim Übertritt in das ›gelobte Land‹ des Südens sind zunächst

---

12 Bachmann: *Das erstgeborene Land*. In: GW. Bd. I. S. 119 f.
13 Vgl. dazu Ortrud Gutjahr: »›... den Eingang ins Paradies finden‹. Inzest als Motiv und Struktur im Roman Robert Musils und Ingeborg Bachmanns«. In: Josef Strutz, Endre Kiss (Hg.): *Genauigkeit der Seele. Zur österreichischen Literatur seit dem Fin de siècle. Musil-Studien*. Bd. 18. München 1990. S. 139-157. Auch die Geschwister Agathe und Ulrich unternehmen eine »Reise ins Paradies«, sie fliehen nach Italien, »in eine paradiesische Gegenzeitwelt« (Ebd. S. 146), um ihre »andere Art« der Liebe, die

enttäuscht worden. Der Traum vom anderen Leben auf den »Inseln der Glückseligkeit«[14] kann erst gar nicht geträumt werden. Denn nicht das Leben, sondern Lebensbedrohung und Tod herrschen in Bachmanns ›erstgeborenem Land‹.[15]

Schon hier findet eine erste Negation der Bilder des Südens statt: Die Natur ist in der großen Hitze vertrocknet und bleibt in sich und damit auch für das Ich verschlossen. Der Rosmarin fängt nicht zu blühen an und nicht einmal den Gesang eines Vogels hört man mehr im ›gelobten Land‹ (4,1-3). Der »Vogel« kann »sein Lied in den Quellen« des ›erstgeborenen Landes‹ nicht »auffrischen« (4,2-3), wie es vielleicht zu erwarten gewesen wäre. Das aber bedeutet, versteht man den »Vogel« als Projektionsfigur des dichterischen Ichs, das Ausbleiben der eigentlich erhofften künstlerischen Inspiration und Kreativität. Ingeborg Bachmann, die 1956 in einem Gedicht mit dem Titel *Mein Vogel*[16] die Metamorphose vom (orts-)»gebundenen Baum« zum »freien Vogel« beschrieben hatte, formulierte schon in dem vier Jahre

---

inzestuöse Verbindung, leben zu können.« »Wir wollten den Eingang ins Paradies finden!« (Robert Musil: *Der Mann ohne Eigenschaften*. In: *Gesammelte Werke*. Bd. I. Hg. von Adolf Frisé. Reinbek bei Hamburg 1978. S. 1673.). Ebenso wie »die Geschwister mit dieser ganz säkularisierten Reise ins Paradies zwar einen ekstatischen, momenthaft der Welt enthobenen Zustand erreicht haben, [...]«, gelingt es auch dem lyrischen Ich im Gedicht nicht, »jenen uranfänglichen Zustand symbiotischer Einheit und Unschuld« (Ebd. S. 147) zu erreichen (Vgl. dazu auch Bachmanns Gedicht-Zyklus: *Lieder auf der Flucht XIII*, worin es heißt: »Erlöse mich! Ich kann nicht länger sterben. // Der Heilige hat anderes zu tun; [...] Ich bin noch schuldig. Heb mich auf. / Ich bin nicht schuldig. Heb mich auf. / [...] Ich bin es nicht. / Ich bin's.« Bachmann: *Lieder auf der Flucht*. In: GW. Bd. I. S. 146. Hier wird ein paradiesähnlicher Erlösungswunsch formuliert, der jedoch ebenfalls nicht in Erfüllung geht.

14 Wilhelm Heinse: *Ardinghello oder die glückseligen Inseln. Eine italienische Geschichte aus dem 16. Jahrhundert*. Lemgo 1787. Vgl. dazu Stefan Oswald.: »Wilhelm Heinse Tagebücher und Aufzeichnungen.« In: Ders.: *Italienbilder. Beiträge zur Wandlung der deutschen Italienauffassung 1770-1840*. A.a.O. S. 21-27.
15 Vgl. Erwin Panofsky: »Et in Arcadia ego. Poussin und die elegische Tradition«. A.a.o.O.
16 Gemeint ist hier Bachmann: *Wie soll ich mich nennen*. In: GW. Bd. I. S. 20. Bachmanns Dichtung bewegt sich in vielen Teilen ihres Werkes zwischen den beiden Extremen des menschlichen Daseins, dem gemäßigteren Gefühl der Gebundenheit bzw. der als Ballast empfundenen Gefangenschaft im Leben (siehe das Gedicht *Was wahr ist*: »[...] Du haftest in der Welt, beschwert von Ketten [...]« In: GW. Bd. I. S. 118.) und dem Wunsch nach Freiheit in der Welt (vgl. an dieser Stelle auch ihre Jugendgedichte *Nach grauen Tagen* und *Aufblickend*. Beide in: GW. Bd. I. S. 624 und S. 625.). Die angestrebte Selbsterkenntnis führt dabei immer über den Auszug in die Fremde und die Benennung von Welt und Ich in einer neuen, »anderen« Sprache: ein Prozeß von Welt- und Ich-Erkenntnis, für den im Schreiben beständig neue Begriffe gefunden werden müssen. Dabei wird das Ende der einen Welt(-sicht) über die Erneuerung und Neudeutung der alten Begriffe zum Beginn der neuen Welt; ein zyklischer Kreislauf, der sich im Bild der Lebensreise bis zum ›Tod‹ des literarischen Subjekts fortsetzt und sogar im ›Tod‹ durch die ›Unvergänglichkeit‹ der bleibenden geistigen/schriftlichen Erzeugnisse fortsetzt und überwunden werden kann.

zuvor entstandenen Gedicht [*Die Welt ist weit*] die Phantasie eines Blicks über die Grenzen der heimatlichen Welt hinaus und beschrieb darin die Utopie von der ›anderen‹ Welt, einer Welt »hinter der Welt«, die sie im Blick über die Grenze in Richtung Süden vielleicht zu finden geglaubt hatte: »Hinter der Welt wird ein Baum stehen / mit Blättern aus Wolken / und einer Krone aus Blau / [...] // Hinter der Welt wird ein Baum stehen, / eine Frucht in den Wipfeln, / mit einer Schale aus Gold. / Laß uns hinübersehen [...]«[17]. Im Blick über die Grenzen findet sich dieser »Baum« im Süden jedoch ebenso wie die abgestorbene Natur nur noch als »Baumskelett« (2,4) wieder. Die Utopie einer goldenen Welt, die sich hinter der sichtbaren Welt verbirgt, kann mit dem Aufbruch in das verheißene Land nach Italien, vergleicht man sie mit den vor Ort gewonnenen Eindrücken des lyrischen Ichs, zunächst als gescheitert erklärt werden.

Das aber wiederum hat Folgen für die poetische Darstellung des Topos der Wiedergeburt: Beim Eintritt in diese neue Welt, in das ›erstgeborene Land‹, erfährt das lyrische Ich nicht sich selbst »nackt und verarmt / und bis zum Gürtel im Meer« (1,2-3), wie ein Kind im Schoß der Mutter bei der Geburt, sondern die Wiedergeburtsvorstellung wird auf das Land selbst, auf die südliche »Stadt« (1,4) und das dort vorgefundene »Kastell« (1,4) übertragen. Betont wird nicht primär die Wiedergeburt des Dichters durch das Land Italien – wie bei Goethe –, sondern die Dichterin ›gebiert‹ bei Bachmann kraft ihres Blickes in der Begegnung mit dem Süden erst das Land und dann in einem zweiten Schritt darüber hinaus sich selbst neu. Es handelt sich bei dieser Italienerfahrung folglich um eine ›Erstgeburt‹ und nicht wie im traditionell üblichen Sinne um eine Wiedergeburt. Die Geburt wird als grundsätzlich neue Erfahrung an der Grenze zum Tod geschildert: traumlos (3), in verwüsteter Natur (4,1), utopielos (6,1-2). Kein Baum mit einer »Frucht in den Wipfeln, mit einer Schale aus Gold«[18] wartet, wie in früheren Gedichten, auf das lyrische Ich, keine Erfüllung lang gehegter Träume wie bei Goethe findet statt. Im Gegenteil: Im »Licht« wartet der Tod, im Staub die »Viper« (5,2-3), die bedrohliche Schlange der Erkenntnis. Der Schlaf im südlichen Licht und Staub wird auch in diesem Gedicht, wie in dem Hörspiel *Die Zikaden*, als tödlich geschildert, weil er das Erkennen der Welt, wie sie tatsächlich ist, verhindert. Deshalb gilt, gerade weil die Hitze und das grelle Licht des Südens das Denken zu hemmen scheinen, das Verbot des Schlafes unter dem Licht. So hieß es schon in dem Hörspiel *Die Zikaden*: »Hier sagt man sogar, man solle nicht schlafen um diese Zeit. Es ist von

---

17 Bachmann: [*Die Welt ist weit*]. In: GW. Bd. I. S. 23. Vgl. hier auch die Arbeit von Bodo Gatz: *Weltalter, goldene Zeit und sinnverwandte Vorstellungen*. Hildesheim 1967. Und von Elaine H. Baruch (Hg.): *Weder Arkadien noch Metropolis: Frauen auf der Suche nach ihrer Utopie*. München 1986.
18 Dies.: [*Die Welt ist weit*]. In: GW. Bd. I. S. 23.

Bedeutung.«[19] Es ist der wiederholte Aufruf der Dichterin, geistig wach und kritisch zu bleiben, wie sehr die äußeren Einflüsse auch dagegen sprechen mögen: In der Warnung, die Augen im Licht nicht zu schließen, auch wenn sich »das Grausen« (5,3), die Schattenseite der Welt, darin offenbart, liegt die Aufforderung, sich der Wahrheit, wie auch immer sie aussehen mag, zu stellen und den Realitäten der Welt in der kreativen Auseinandersetzung zu begegnen.[20] Doch erst in der Hymne *An die Sonne* wird das lyrische Ich dem Blick ins Licht nicht mehr ausweichen, auch wenn es dabei letztendlich sein Augenlicht verlieren wird. Im Gedicht *Das erstgeborene Land* heißt es als erste Reaktion auf die desillusionierende Erkenntnis von Welt noch: »O schließ / die Augen schließ!« (6,1-2) Der Schutzreflex des Ichs vor der erschreckenden Außenwelt scheint hier noch zu funktionieren. Und doch wird Ingeborg Bachmann in ihrer Rede *Die Wahrheit ist dem Menschen zumutbar* im Jahr 1959 die Aufgabe des Schriftstellers darin sehen, sich selbst wie anderen im Schreiben die Augen zu öffnen, der Täuschung und menschlichen Verblendung die Wahrheit entgegenzusetzen: Erst das grelle Licht des Südens macht für die Autorin die (Selbst-)Erkenntnis möglich und gibt den Blick auf die Unterwelt, das Dunkel, das Unbewußte im Schreiben frei.[21]

> So kann es auch nicht die Aufgabe des Schriftstellers sein, den Schmerz zu leugnen, seine Spuren zu verwischen, über ihn hinwegzutäuschen. Er muß ihn, im Gegenteil, wahrhaben und noch einmal, damit wir sehen können, wahrmachen. Denn wir wollen alle sehend werden. Und jener geheime Schmerz macht uns erst für die Erfahrung empfindlich und insbesondere für die Wahrheit. Wir sagen sehr einfach und richtig, wenn wir in diesen Zustand kommen, den hellen, wehen, in dem der Schmerz fruchtbar wird: Mir sind die Augen aufgegangen.[22]

---

19   Bachmann: *Die Zikaden*. Ein Hörspiel. In: GW. Bd. I. S. 241.
20   »Wie der Schriftsteller die anderen zur Wahrheit zu ermutigen versucht durch die Darstellung, so ermutigen ihn die anderen, wenn sie ihm [...] zu verstehen geben, daß sie die Wahrheit von ihm fordern und in den Stand kommen wollen, *wo ihnen die Augen aufgehen*. Die Wahrheit nämlich ist dem Menschen zumutbar. [...] Ich glaube, daß dem Menschen eine Art des Stolzes erlaubt ist – der Stolz dessen, der in der Dunkelhaft der Welt nicht aufhört, nach dem Rechten zu sehen.« Dies.: *Die Wahrheit ist dem Menschen zumutbar*.« In: GW. Bd. IV. S. 277. (Kurs. Herv. v. d. Verf.) Erneut spricht Bachmann von einem der »Unterwelt« ähnlichen Zustand, der »Dunkelhaft der Welt«, in der es die Aufgabe des Dichters ist, »Licht« zu bringen – zur Wahrheitsfindung und zum Erkenntnisgewinn der Menschen über das Mittel der Kunst einen Beitrag zu leisten. Insofern stellt ihre Auffassung vom Dichten einen Rückgriff auf aufklärerische Traditionen dar; die Dichterin bzw. der Dichter erscheint der Welt als »Lichtbringer«.
21   Siehe auch dies.: *Undine geht*. In: GW. Bd. II. S. 253-264. Und Bachmanns Vergleich der eigenen Dichtkunst mit dem Gesang des Orpheus in dem Gedicht *Dunkles zu sagen*. In: GW. Bd. I. S. 32. Siehe auch dies.: *Die Zikaden*. In: GW. Bd. I. S. 233-234.
22   Dies.: *Die Wahrheit ist dem Menschen zumutbar*.« In: GW. Bd. IV. S. 275.

»Wir wollen alle sehend werden«. Diese Aussage Bachmanns steht erkennbar in einer Linie mit den Bildern in *Das erstgeborene Land,* in dem der Prozeß dieses »Sehend-Werdens« über die Erfahrung des Schmerzes beschrieben wird: Erst im Moment der Erkenntnis und der Anerkennung des eigenen Schmerzes – hier in der Verwundung durch den Biß der »Viper«, ein Bild, das auch bei Ingeborg Bachmann für den Einfall des Bösen in das vermeintliche Paradies des Südens steht – wird sich das lyrische Ich der Wahrheit des eigenen Lebens, seines unabdingbaren Willens zum Überleben im ›erstgeborenen Land‹ bewußt. In Todesgefahr und unter Schmerzen, in der Begegnung und Auseinandersetzung mit der eigenen Sterblichkeit, sind ihm »die Augen aufgegangen«. Der überlebensnotwendige Erkenntnisprozeß, der in das Erkennen der eigenen wie fremden Realität im Unterschied zum illusionären Bild von sich selbst und dem Andersartigen, hier Italien, mündet, hat begonnen: Das lyrische Ich ist »zum Schauen erwacht.«[23] (7,4)

Dem Tode entronnen, neu geboren, indem es ›sich selbst trank‹, in der Einverleibung seiner Selbst und des ›erstgeborenen Landes‹[24], ist es mit sich selbst identisch geworden. »Zum Schauen erwacht« läßt sich hier in der Bedeutung von ›zum Leben erweckt‹ wie ›zur Wahrheit berufen‹ verstehen. Hier taucht das Bild vom Dichter als »Zeuge«, vom Bezeugenden wie Erzeuger der ›wahren Gestalt‹ der Welt aus den *Lieder*[n] *von einer Insel* wieder auf. Das lyrische Ich hat in der Einverleibung des eigenen Selbst in Kombination mit dem ›erstgeborenen Land‹ eine neue Identität gewonnen, die sich gleichsam im Wort zeugt und bezeugt, also Gebärender wie Geborener zugleich ist: eine Neuschöpfung des Selbst in Form der Dichtung.

23 So bemerkt Uta Maria Oelmann, was sich nicht nur an dem Gedicht *Das erstgeborene Land,* sondern vor allem an der Hymne *An die Sonne* zeigen läßt: »Auch die Erfahrung der Blendung ist Voraussetzung für wahres Sehen, so wie [...] die Erfahrung des Verstummens Voraussetzung für eine wahre Sprache ist.« In: Uta Maria Oelmann.: *Deutsche poetologische Lyrik nach 1945: Ingeborg Bachmann, Günter Eich, Paul Celan.* A.a.O. S. 12.
24 Man kann durch das Enjambement im zweiten und dritten Vers der siebten Strophe »Und als ich mich selber trank / und mein erstgeborenes Land / die Erdbeben wiegten, [...], den zweiten Vers »und mein erstgeborenes Land« innerhalb der siebten Strophe entweder zu dem ersten oder aber zum dritten Vers hinzuziehen. Im ersten Fall hieße es dann: »Und als ich mich selber trank / und mein erstgeborenes Land [...]«; im zweiten Fall würde es lauten: »[...] und [als] mein erstgeborenes Land / die Erdbeben wiegten / [...]«. Beide Lesarten sind an dieser Stelle möglich.

Das Italienbild als die Wiederherstellung einer verlorenen Ganzheit in der Kunst

Auf der Grundlage der Theorie von Thomas Auchter[25] kann man das Ritual der Italienreise auch als eine Suche nach der Wiederherstellung einer verlorenen Ganzheit begreifen. Auch in Bachmanns Gedicht *Das erstgeborene Land* beginnt das Erwachen des Ichs mit dem »Gewahrwerden der Realität«, mit einem Prozeß der Desillusionierung. »Da fiel kein Traum herab« (Str. 3). Die Vorstellung vom Einzug ins ›gelobte Land‹ Italien wird bitter enttäuscht, die Hoffnung, die mit der »unstillbaren Sehnsucht nach der Wiederherstellung der verlorenen Einheit« verbunden ist, muß zunächst fallengelassen werden, löst aber auch immer wieder den Suchvorgang, den Aufbruch nach »Arkadien«[26] und die (Lebens-)Reise aus. Durch den drohenden Tod, [»In meinem erstgeborenen Land, im Süden / sprang die Viper mich an / und das Grausen im Licht [...]« (5, 1-3)], in der Erkenntnis der eigenen Begrenzung der Lebenszeit, kommt es – als letzte Rettungsmaßnahme des lyrischen Ich – zur Einverleibung des eigenen Selbst [»Und als ich mich selber trank / und mein erstgeborenes Land / die Erdbeben wiegten, / war ich zum Schauen erwacht« (7, 1-4)]. Das lyrische Ich nimmt sich selbst zum Objekt, das Gift der Schlange, das sich bereits mit dem eigenen Blut vermischt hat, wird über die »Einverleibung« wieder ausgeschieden. In Anlehnung an die Thesen Auchters könnte man sagen, daß der südliche Kosmos fortan innen, das südliche Chaos aber als »draußen befindlich erlebt«[27] wird.

Im Schreiben über den Süden wird so auf immer neue Weise versucht, über die Bildung von Symbolen in der Schrift, die tradierte italienische Bildwelt, die Schönheit und Harmonie eines arkadischen Paradieses im schriftstellerischen Prozeß wiederherzustellen und damit selbst ein Teil dieser phantasierten Ganzheit zu werden. Im Werk von Ingeborg Bachmann findet der Prozeß der Realitätsgewinnung sehr anschaulich über die Objektbildung im Schreiben, über das Trauern, das fortwährende Beschreiben des ewigen Kreislaufs von »Stirb und werde!« statt.[28] In ihrem Werk, gerade auch was die italienische Bildwelt betrifft, fällt »der Prozeß des Trauerns« an vielen

---

25 Auchter: »Die Suche nach dem Vorgestern – Trauer und Kreativität«. In: *Psychoanalyse. Kunst und Kreativität heute: die Entwicklung der analytischen Kunstpsychologie seit Freud.* Hg. von Hartmut Kraft. A.a.O. S. 206-233.
26 Siehe in diesem Zusammenhang die kurze Erzählung von Bachmann: *Auch ich habe in Arkadien gelebt.* In: GW. Bd. II. S. 38-40. Hier wird das »Arkadien« der Phantasie bereits wieder auf den Ort der Herkunft, auf Österreich, zurückprojiziert.
27 Auchter: »Die Suche nach dem Vorgestern – Trauer und Kreativität.« A.a.O. S. 211.
28 Siehe auch Bachmann: *Lieder auf der Flucht.* In: GW. Bd. I. S. 140 ff.: » [...] Belebt den Sommer neu, / den Kreislauf neu, / Geburt, Blut, Kot und Auswurf, / Tod – hakt in die Striemen ein, / [...] mit der Gefahr vertraut, dem Zorn des Lavagotts, / dem Engel Rauch / und der verdammten Glut! // [...] VIII ... Erde, Meer und Himmel. / Von Küssen zerwühlt / die Erde, / das Meer und der Himmel. / Von meinen Worten

Stellen mit dem »kreativen Prozeß« zusammen. »Aus der Erfahrung von Zeit und Vergänglichkeit erwächst die Sehnsucht nach Unvergänglichkeit, die Suche nach dem Vorgestern, die lebenslang mit dem Bewußtsein des Todes in Konflikt liegt.«[29] So schreibt Ingeborg Bachmann auch in ihrem Essay *Was ich in Rom sah und hörte*, auf das ich im Anschluß noch ausführlicher eingehen werde: »In Rom habe ich in der Früh vom Protestantischen Friedhof zum Testaccio hinübergesehen und meinen Kummer dazugeworfen. Wer sich abmüht, die Erde aufzukratzen, findet den der anderen darunter.«[30] Das italienische bzw. hier römische Paradoxon besteht in der Tatsache, daß sich die gesuchte Unvergänglichkeit letztlich in der Vergänglichkeit befindet und bewahrheitet. Denn das Einzige, was ewig währt, ist der Tod. »Die Suche nach dem Vorgestern« in der römischen (bzw. italienischen) Trümmer- und Ruinenlandschaft verlangt angesichts der ständigen Anwesenheit des Todes in Form der versteinerten Geschichte, die Schaffung

»unzerstörbarer Objekte [...], die dem Zahn der Zeit widerstehen, [...]«, dem ›Verewigen‹ vergangener Erfahrungen und Erlebnisse. [...] Die Unzerstörbarkeit realer Objekte [wie die der Kunst – Anm. d. Verf.] wird als Möglichkeit dargestellt, mit den gewaltigen (inneren und äußeren) zerstörerischen Impulsen ins reine zu kommen. [...] Im schöpferischen Akt verbinden sich Regression und Progression in spannungsvoller Dynamik. Es ist der immer wieder zum Scheitern verurteilte Versuch, das Unheilbare zu heilen, die primärnarzistische Vollkommenheit«, [hier im Spiegel der italienischen (Bild-)Welt], »wiederherzustellen. Absolut und vollkommen ist jedoch nur der Tod.«[31]

Die Auferstehung ist auch im Gedicht *Das erstgeborene Land* letztlich nur über den Tod (im Leben), die Anerkennung von Schmerz und Verlust, möglich. Die Trauer über diese Tatsache wird über die Objektbildung im Schreiben im kreativen Prozeß in die Schrift, in das »sprachliche Kunstwerk«, umgewandelt: Auf diese Weise verewigt die Künstlerin bzw. der Künstler sein vergängliches Selbst in der »Schaffung von unzerstörbaren Objekten« in der Kunst und überbrückt so den eigenen, fortdauernden Tod im Leben in und durch die Kunst. In den Frankfurter Poetik-Vorlesungen

---

umklammert / die Erde, / von meinem letzten Wort noch umklammert / das Meer und der Himmel! // Heimgesucht von meinen Lauten / die Erde, / die schluchzend in meinen Zähnen / vor Anker ging // [...] untergegangen im Meer / und aufgegangen im Himmel / die Erde!//.« In diesen wenigen Versen verbinden sich sehr anschaulich die Zyklizität (inhaltlich wie formal) und die ›Kunst der Vertikale‹ (»untergegangen im Meer [...] aufgegangen im Himmel«) wie der Prozeß des Trauerns im Erfassen von Welt im Ritual des Schreibens über Italien.

29 Auchter: »Die Suche nach dem Vorgestern – Trauer und Kreativität.« A.a.O. S. 225.
30 Bachmann: *Was ich in Rom sah und hörte.* In: GW. Bd. I. S. 34.
31 Auchter: »Die Suche nach dem Vorgestern – Trauer und Kreativität.« A.a.O. S. 225. Vgl. dazu Bachmann: *Was wahr ist.* In: GW. Bd. I. S. 118.

bestätigt Bachmann diesen Zusammenhang mit den Worten: »Es ist das Wunder des Ich, daß es, wo immer es spricht, lebt; es kann nicht sterben – ob es geschlagen ist oder im Zweifel, ohne Glaubwürdigkeit und verstümmelt – dieses Ich ohne Gewähr!«[32]

Obwohl es sich bei der Geburt des lyrischen Ichs des ›erstgeborenen Landes‹, sinnbildlich verstanden, um einen »Zufall« von Leben handelt[33], handelt es sich doch auch um ein aktives Geburtserlebnis, eine ›Wiedergeburt‹ (hier Erstgeburt) als Selbstgeburt. Das lyrische Ich ist allein in dem Paradies der »nature morte«, kein »Du«, kein anderes menschliches Gegenüber wird vorgestellt, nur die Schlange (und damit der Tod) ist anwesend. Es kann sich daher nicht in einem lebendigen Gegenüber widerspiegeln, sondern allein in sich selbst und in seinem »erstgeborenen Land«, das »die Erdbeben wiegten«.[34] Auch wenn es im Moment der Verwundung durch den Schlangenbiß noch ausruft: »O schließ / die Augen schließ!« – eine Aufforderung, Schmerz und Tod im Paradies zu verneinen – ist es im Angesicht des Todes endlich fähig, zu handeln. »Preß den Mund auf den Biß!«[35] Der Überlebenswille, die Fähigkeit zur (schöpferischen) Selbstrettung treten in Kraft.[36] Erst jetzt, nach der Anerkennung des Schmerzes, der Verwundung und im Begriff der eigenen Sterblichkeit, ist es dem lyrischen Ich möglich, sich selbst anzunehmen, sich »mit eigenem Mund«[37], also in der Schaffung eines sprachlichen

---

32 Bachmann: *Das schreibende Ich*. In: GW. Bd. IV. S. 237.
33 Dies.: *Das erstgeborene Land*. In: GW. Bd. I. S. 120: »Da *fiel* mir Leben *zu.*« (Kurs. Herv. v. d. Verf.).
34 Auch der Begriff »wiegen« läßt an die Geburt und die Sorge um ein Kind denken. In diesem Sinne wäre der Süden, Italien, das »erstgeborene Land« der Mutter Erde und die Erdbeben ein Symbol des Geburtsvorgangs, der Mutter Erde Wehen.
35 Bachmann: *Das erstgeborene Land*. In: GW. Bd. I. S. 119. Die Begriffe »Pressen« und »Mund« entstammen ebenfalls dem Umfeld der Geburtsmetaphern. Gleichzeitig drückt die Verbindung der beiden Begriffe die Existentialität der Verwundung durch den Schlangenbiß und die damit verbundene ›grausame‹ Erkenntnis der Wahrheit aus. Im Verb »pressen« wird die Kraft betont, die es das lyrische Ich kostet, die Blutung, die geöffnete Grenze zur Welt in Form der Wunde, durch den »Mund« als Bild für das Werkzeug des Dichters, und damit über das Wort die Grenzen zur Welt, die derartig verletzend geöffnet als Wunde empfunden werden, zu schließen.
36 Die ganze Szenerie legt eine intertextuelle Verbindung zu dem Roman *Homo Faber* von Max Frisch nahe. Auch in dieser Erzählung löst ein Schlangenbiß das Unumgängliche aus, den Tod der Geliebten, die die eigene Tochter war. Die Erzählerfigur erhält auf diese Weise seine Erinnerung, seine Geschichte und damit seine Vergangenheit zurück. Auch sein Bewußtsein wird ein zweites Mal geboren. Max Frisch: *Homo Faber*. Frankfurt a. M. 1979. S. 127 ff. und S. 203.
37 Das Bild des Mundes läßt wiederum an den Bereich der Sprache und des Dichtens als Form der Selbstrettung durch Selbstäußerung denken. Vgl. dazu Bachmanns Gedicht *Rede und Nachrede*. In: GW. Bd. I. S.117: »Mein Wort, errette mich!« Oder dies.: [*Wie soll ich mich nennen.*] In: GW. Bd. I. S. 20.: »Ein Wort nur fehlt! Wie soll ich mich nennen, / ohne in anderer Sprache zu sein.« Hier wird die Frage nach der Namensnennung des lyrischen Ich verknüpft mit dem Sein in einer anderen Sprache, d. h. die

Kunstwerks in Gestalt seiner dichterischen Existenz, vor dem Tod zu retten, den »Zufall Leben« für sich anzunehmen und zu akzeptieren. Erst durch dieses existentielle Geschehen ist es fähig, die Augen zu öffnen, sich den Realitäten der Welt zu stellen und im Trauern um verlorene Illusionen (vgl. Auchter) seine Ganzheit im Wort für den Moment wenigstens wiederherzustellen. Das lyrische Ich ist so gesehen fähig, sich und die Welt neu zu begreifen, das Fremde als Teil seiner Selbst zu verstehen und zu integrieren und als dichterisches Ich diesen zyklischen Vorgang im Schreiben zu benennen. Auf diese Weise kann selbst die unbelebte Natur in einer Verkehrung der biologischen Naturgesetze als neu belebt empfunden werden: »Da ist der Stein nicht tot.« Der Stein ist wieder ins Rollen gekommen.[38]

Frage nach dem Namen wird zur Frage nach der Ich-Identität in der Sprache, im Wort. Das Wort, der Name, die Identität fehlt und kann erst mit dem Übertritt in eine andere Sprache, d. h. in einer anderen Welt, gefunden werden. »In Rom sah ich, daß alles einen Namen hat und man die Namen kennen muß. Selbst Dinge wollen gerufen werden. [...] Ich sah, daß wer ›Rom‹ sagt, noch die Welt nennt und der Schlüssel der Kraft vier Buchstaben sind. S.P.Q.R. Wer die Formel hat, kann die Bücher zuschlagen.« (Dies.: *Was ich in Rom sah und hörte.* In: GW. Bd. IV. S. 32. – Vgl. auch das Gedicht *Böhmen liegt am Meer.* In: GW. Bd. I. S. 168: »[...] Ich grenz noch an ein Wort und an ein anderes Land, / ich grenz, wie wenig auch, an alles immer mehr [...]«. Hier wird noch einmal der Zwiespalt innerhalb der Ich-Identität des lyrischen Ichs deutlich, die eine schwankende Selbstabgrenzung hin zur Welt beinhaltet.) Eine dieser möglichen Welten bildete bei Bachmann der Süden, Italien, Rom als Nabel der Welt, die Welt hinter der Welt, jenseits der Alpen, »mit diesen ineinandergeschlungenen Bildern vergangener Zeiten«, mit der Stadt Rom als Mittelpunkt, die »wirkt [...] durch die in seinem vielschichtigen Dasein bestehenden Möglichkeiten.« (Bachmann: *Wir müssen wahre Sätze finden. Gespräche und Interviews.* A.a.O. S. 23.) Das Sein der anderen Sprache, d.h. in der anderen Welt, bildet letztlich den Schlüssel zur Ich-Identität. (Vgl. das Gedicht *Von einem Land, einem Fluß und den Seen.* In: GW. Bd. I. S. 89: »Seit uns die Namen in die Dinge wiegen, / wir Zeichen geben und ein Zeichen kommt [...]«.). Vgl. zum Thema Identitätsbildung durch Sprache auch die folgenden Verse aus demselben Gedicht: »[...] Nach Unverwandtem trachten Mund und Augen. / Uns wird die *bleibende Figur* zuteil.« (Ebd. S. 92. [Herv. v. d. Verf.]) Hier dient die sprachliche Äußerung zur Selbstabgrenzung des lyrischen Ichs von der Welt, sozusagen als Vorbedingung zur Bildung einer in sich stabilen Identität. Vgl. hierzu wiederum die These von Thomas Auchter: »Das schöpferische Material ist der kreativen Formung und Verzerrung zugänglich, ohne daß es in seiner Eigenständigkeit und seinen Eigeninteressen berücksichtigt werden müßte. Eine Beziehung ohne Gegenseitigkeit ist aber keine objektale, sondern eine narzißtische. Vielleicht ist das mit ein Grund dafür, daß im Rahmen kreativer Prozesse auch immer nur eine zeitlich begrenzte Lösung des Grundkonflikts der Selbstwerdung möglich ist.« (In: Auchter: »Die Suche nach dem Vorgestern – Trauer und Kreativität.« A.a.O. S. 218.).

38 Das Bild des Steins stellt bei Bachmann wie auch bei dem mit der Dichterin über lange Zeit eng befreundeten Dichter Paul Celan einen äußerst wichtigen Bedeutungsträger innerhalb des lyrischen Sprechens dar. Wie das Motiv der Augen finden wir das Motiv des Steins an verschiedenen Stellen mit unterschiedlicher Bedeutung durchgängig im Werk wieder, vor allem in den Gedichten und Hörspielen Bachmanns. (So z. B. in dem Gedicht: *Große Landschaft bei Wien.* In: GW. Bd. I. S. 61: »[...] der Stein

Exkurs: ›Den Stein ins Rollen bringen.‹
Paul Celan und Ingeborg Bachmann – Ein literarischer Dialog

Corona

[...]
wir sehen uns an,
wir sagen uns Dunkles,
wir lieben einander wie Mohn und Gedächtnis,
wir schlafen wie Wein in den Muscheln,
wie das Meer im Blutstrahl des Mondes.

[...]

ist blind«. – *Von einem Land, einem Fluß und den Seen.* In: GW. Bd. I. S. 88: »Und niemand sag ich, was du mir bedeutest – / die sanfte Taube einem rauhen Stein!«; »Wo ist Gesetz, wo Ordnung? Wo erscheinen / uns ganz begreiflich Blatt und Baum und Stein? / Zugegen sind sie in der schönen Sprache, / im reinen Sein ...« (Ebd. S. 92); »Im Land der tiefen Seen und der Libellen, / den Mund erschöpft ans Urgestein gepreßt, / ruft einer nach dem Geist der ersten Helle, / eh er für immer dieses Land verläßt.« (Ebd. S. 93). – Auch in dieser Strophe wird das »erstgeborene Land« als Ruf nach dem »Geist der ersten Helle«, als Hoffnung auf einen neuen Tag, einen Neuanfang und in diesem Sinne eine Neugeburt, eine Wiedergeburt, herbeigesehnt. Wir befinden uns thematisch gesehen noch in der Zeit der »Ausfahrt« vor der Übersiedlung ins »gelobte Land«. In diesem Fall wird der Mund jedoch nicht zur Einverleibung, sondern zur Annäherung und zum Kontakt mit dem »Urgestein« benutzt. Wieder finden wir ein Bild zur Symbolisierung des Anfangs, des Urzustandes, einer Welt vor der Welt, den Rückbezug auf die Urzeit vor: Bachmann greift erneut die ›Vertikale in der Kunst‹ als Spezifikum und Richtung ihrer Kunstproduktion als Resultat ihres Kunstverständnisses auf. Siehe auch *Der Fall Franza*, als Franza auf ihrer Ägyptenreise den Tempel der Königin Hatschepsut in der Totenstadt besichtigt und feststellt: »[...] Hatschepsut, von der jedes Zeichen und Gesicht getilgt war auf den Wänden, durchgehend die Zerstörung, [...] zu ihrer Zeit oder nach ihrem Tod, [von] dem dritten Tuthmosis. [...] aber er hat vergessen, daß an der Stelle, wo er sie getilgt hat, doch etwas stehen geblieben ist. Sie ist abzulesen, weil da nichts ist, wo sie sein soll. [...] der Tempel der Hatschepsut stand da, ein Steinlicht in dieser Totenstadt, [...] Er hat sie nicht zerstören können. Für sie war das nicht Stein und nicht Geschichte, sondern, als wär kein Tag vergangen, etwas, das sie beschäftigte.« Bachmann: *Der Fall Franza.* In: GW. Bd. III. S. 436 f. – Im Gegensatz dazu ist das Bild des belebten Steins in der Dichtung Bachmanns immer auch ein Bild für die Liebe und das Elementare im Leben. »Ein Stein weiß einen andern zu erweichen!« Dies.: *Erklär mir, Liebe.* In: GW. Bd. I. S. 110. Vgl. auch die Diskussion in dem Hörspiel *Die Zikaden* zwischen Robinson und dem Gefangenen: In: Dies.: *Die Zikaden.* In: GW. Bd. I. S. 239. An dieser Stelle klingt ebenfalls in der künstlerischen Variation Bachmanns der Sysiphos-Mythos an. Siehe auch Kurt Oppens: »Gesang und Magie im Zeitalter des Steins. Zur Dichtung Ingeborg Bachmanns und Paul Celans«. In: *Merkur* 180 (1963). S. 175-193. – Und Marlies Janz: »Haltlosigkeiten. Paul Celan und Ingeborg Bachmann«. In: Jochen Hörisch; Hubert Winkels (Hg.): *Das schnelle Altern der neuesten Literatur.* Düsseldorf 1985. S. 31-39.

es ist Zeit, daß man weiß!
Es ist Zeit, daß der Stein sich zu blühen bequemt,
daß der Unrast ein Herz schlägt.
Es ist Zeit, daß es Zeit wird.

Es ist Zeit.³⁹

Was hier an manchen Stellen klingt wie ein Gedicht von Ingeborg Bachmann – »wir sagen uns Dunkles / […] wir schlafen wie Wein in den Muscheln / wie das Meer im Blutstrahl des Mondes / […]«, ist ein Gedicht von Paul Celan aus dessen erstem Gedichtband *Mohn und Gedächtnis* aus dem Jahr 1952. Ingeborg Bachmann hatte Paul Celan bereits 1947 kennengelernt, den jungen Dichter aus Czernowitz, »zu dem sie sich ganz stark hingezogen und mit dem sie sich zeitlebens eng verbunden fühlte. Die Wertschätzung dürfte auf Gegenseitigkeit beruht haben.«⁴⁰ Ingeborg Bachmann besuchte Paul Celan im Jahr 1950 in Paris und vermittelte den Dichter zwei Jahre später weiter an Hans Werner Richter, der ihn auf ihre Empfehlung hin noch im selben Jahr zur Lesung der Gruppe 47 einlud.⁴¹ »Es ist Zeit, daß der Stein sich zu blühen bequemt […]«, schreibt Paul Celan in seinem Gedicht *Corona*. Drei Jahre später, im Januar 1956, erscheint in der österreichischen Literaturzeitschrift *Wort in der Zeit* die Erstveröffentlichung von Bachmanns Gedicht *Das erstgeborene Land*⁴². Die letzten Verse dieser poetischen Erklärung lassen sich möglicherweise auch als eine verschlüsselte Antwort auf Paul Celans lyrische Aufforderung verstehen, »Es ist Zeit, daß der Stein sich zu blühen bequemt, / daß der Unrast ein Herz schlägt. / […] / Es ist Zeit.«⁴³

Da fiel mir Leben zu.

Da ist der Stein nicht tot.
Der Docht schnellt auf,
wenn ihn ein Blick entzündet.⁴⁴

---

39 Paul Celan: *Corona*. Gedichte in zwei Bänden. Bd. I. Frankfurt a. M. ¹⁰1991. S. 37.
40 Bartsch: *Ingeborg Bachmann*. A.a.O. S. 177 f.
41 Hans A. Neunzig (Hg.): »Hans Werner Richter: Wie entstand und was war die Gruppe '47?« In: *Hans Werner Richter und die Gruppe 47*. München 1979. S. 106. – Richter schreibt, Ingeborg Bachmann habe ihm damals »einen Freund aus Paris« empfohlen, »der sei sehr arm, unbekannt wie sie selbst, schreibe aber sehr gute Gedichte, bessere als sie selbst. […] Sein Name ist: Paul Celan.«
42 In: *Wort in der Zeit* 1 (1956). S. 38.
43 Paul Celan: *Corona*. A.a.O. S. 37.
44 Bachmann: *Das erstgeborene Land*. In: GW. Bd. I. S. 120.

In der Begegnung mit dem »erstgeborenen Land« und in äußerster Todesgefahr, alleingelassen in einem menschenleeren, ausgedörrten Paradies vergangener Zeiten und der unbarmherzigen Helligkeit eines »grausamen Lichtes« ausgesetzt, kommt Leben in den »Stein« – als Zeichen für das neu erwachte Leben des lyrischen Ichs. Der Zufall Leben, das Unvorhersehbare ist eingetreten und dem Tod in Arkadien zuvorgekommen[45]. Das Ich hat das »Schauen« erlernt und erkennt zur Nacht im Schein der Kerze, daß es doch nicht ganz allein ist im Paradies: »Der Docht schnellt auf, / wenn ihn ein Blick entzündet.« Das Ich wird wiedergeboren, ist »zum Schauen erwacht« in den Augen eines anderen Menschen.[46]

Das Italienbild Bachmanns ist – nach der Analyse des Gedichts *Das erstgeborene Land* zu urteilen – die ureigene Schöpfung der Dichterin: Ein Erstlingswerk, das die traditionellen Bilder zwar kennt, die Bildanteile verwendet und konvertiert, aber durch die eigene Anschauung diese in einem syntheseartigen schöpferischen Prozeß umwandelt und neu belegt, von

---

[45] Vgl. hierzu: Dorothea Kuhn (Hg.): *Auch ich in Arcadien. Kunstreisen nach Italien 1600-1900.* A.a.O. Die Verwendung der Begriffe *Schauen* und *Schaudern* liegen in der arkadischen Welt des ausgehenden neunzehnten und des zwanzigsten Jahrhunderts dicht beieinander. Vgl. Bachmann: *Das erstgeborene Land.* In: GW. Bd. I. S. 119 f. und Rainer Maria Rilke in seinem Gedicht *Landschaft*, aus einem Zyklus über Florenz – Viarregio al mare – vom 21. Mai 1898. In: Dorothea Kuhn (Hg.): *Auch ich in Arcadien. Kunstreisen nach Italien 1600-1900.* A.a.O. S. 268.

[46] Natürlich kann man den »aufschnellenden Docht« auch als einen Hinweis auf den katalytischen Effekt des Italienerlebens auf die Kunst und auf das Wiedererwachen der Sinnlichkeit verstehen. – Siehe in diesem Zusammenhang auch den Aufsatz von Peter Horst Neumann, der an einem anderen Beispiel auf die intertextuellen Bezüge zwischen dem Werk Ingeborg Bachmanns und der Lyrik von Paul Celan eingeht. Peter Horst Neumann: »Ingeborg Bachmanns Fragment *Das Gedicht an den Leser* – eine Antwort auf die ›Sprachgitter-Gedichte‹ Paul Celans«. In: *Celan-Jahrbuch 6* (1995). Hg. v. Hans-Michael Speier. Heidelberg 1995. S. 173-179. Hans Peter Neumann weist am Schluß seines Aufsatzes darauf hin, daß dem undatierten Typoskript des Fragmentes *Das Gedicht an den Leser* (Bachmann: *Das Gedicht an den Leser.* In: GW. Bd. IV. S. 307 f.) handschriftlich ein Schlußabschnitt angefügt ist, der lautet: »Du bist mein Ein und Alles. Was möchte ich nicht alles sein vor Dir! Nachgehen möchte ich dir, wenn du tot bist, mich umdrehen nach dir, auch wenn mir die *Versteinerung* droht, erklingen möchte ich, das verbleibende Getier [?] zu Tränen rühren und *den Stein zum Blühen* bringen, den Duft aus jedem Geäst [?] ziehen.« (Kurs. Herv. v. d. Verf.; die Fragezeichen in den eckigen Klammern weisen auf schwer zu entziffernde Wörter im handschriftlichen Text hin.). Auch Neumann weist, ohne dies näher auszuführen, zum Schluß noch in einem Satz auf den intertextuellen Bezug zu Celans Gedicht *Corona* hin und liefert den in diesem Zusammenhang interessanten Zusatz, daß Celan 1954 »über dieses Gedicht [...] in das für Ingeborg Bachmann geschenkte Exemplar des Bandes ›Mohn und Gedächtnis‹ geschrieben« hatte: »Für Dich«. Ebd. S. 179; was meine o. g. Vermutungen zum Zusammenhang zwischen den Schlußversen von *Das erstgeborene Land* (1956 erstveröffentlicht) als Antwort auf Celans Gedicht *Corona* bestätigt.

einem Paradies des Todes und der/s Toten hin zu einer Konzeption des Anderen, des Mitmenschen, hin zu einem Paradies des Lebens nach dem ›Überleben‹[47]. In dieser Hinsicht entspricht Ingeborg Bachmanns Italienbild dem Goethes. So schreibt Helmut Pfotenhauer in seinem Aufsatz *Der Schöne Tod. Über einige Schatten in Goethes Italienbild*:

> [...] nur dort, wo der Tod gebändigt ist, [ist] Beisichsein in Kunst und Leben wahrhaft möglich. [...] Goethe bedient sich in seiner Darstellung Italiens ganz charakteristischer Ästhetisierungsmodi und Strategien, das Häßliche zu entmachten. [...] Goethe vermeidet nicht eigentlich dieses Häßliche der italienischen Erfahrungswelt, sondern *sucht* es mitunter [...], freilich nur insofern es repräsentativ ist für die Möglichkeit der Verwandlung ins Anmutige. [...] Relevant ist ihm in diesem problematischen Felde nur die absolute Diesseitigkeit des Sinnes; nur das ist schön, nur das ist symbolisch sprechend, und diesem ästhetischen Code muß sich eben auch der Tod beugen. [...] Goethes symbolischer Blick macht die Natur, selbst da noch, wo sie das für uns Befremdlichste hervor kehrt, zum Kunstwerk.[48]

47 Ich denke an dieser Stelle auch an den historischen Hintergrund dieser Zeit: Der Zweite Weltkrieg war gerade überstanden. Es hatte ein Überlebensprozeß stattgefunden, aber die Aufarbeitung der Erfahrungen des Krieges stand noch aus. Italien bot in dieser Hinsicht einen vierfachen Rückzugsort: Die Anschauung der Schönheit in der Kunst als Trost und Betäubungsfunktion, das Leben im Augenblick im Vollgenuß der neu- und wiedergewonnenen Kräfte und die Möglichkeit der »Rückschau«, der Aufarbeitung der bis dahin gemachten Erfahrungen aus der Distanz und zu guter Letzt die Partizipation am ›gelobten‹ Land, an einem Stück Hoffnung und ›Ewigkeit‹ auf Erden. Vgl. dazu Hans Werner Henze (Interview vom 5.6.1993 in Marino bei Rom): »Es war eine unglaubliche Zeit. Es war in der Zeit, als wir zusammen gelebt haben und das Leben genossen, das Leben studiert, ergriffen, be- und ergriffen haben in Neapel.« »Wohin wir uns wenden im Gewitter der Rosen ist die Nacht von Dornen erhellt und der Donner des Laubs, der so leise war, folgt uns jetzt auf dem Fuß ... Quel idea!« Auf die Frage, »Das war Ihr Leben in der Zeit?«, antwortete Hans Werner Henze: »Der Donner des Laubs. Mein Gott! Der zweite Vierzeiler macht das Gedicht erst zu dem, was es ist. Das zu komponieren war so, als ob man jemanden körperlich liebt. Die italienische Erfahrung! Nicht, daß wir plötzlich angefangen hätten, die Italiener zu zitieren. Die Erfahrung des mediterranen Europas, des antifaschistischen, antixenophobischen Europas haben wir entdeckt und unsere Begeisterung für Kunst und für Kultur und für Menschen und für menschliche Gegebenheiten, menschliche Forderungen, menschliche Wünsche, Bedürfnisse und alles das ist dadurch überhaupt erst wach geworden. Wir kamen nicht nach Italien, wie es bei einem ihrer Gedichte heißt, »um zu billigen Preisen Sonnenuntergänge ... [zu sehen]«! »Wohin wir uns wenden im Gewitter der Rosen«, »Freies Geleit« waren eine Art Hoffnungsträger der europäischen Kultur.«
[Gemeint sind die Gedichte *Aria I* und *Freies Geleit (Aria II)*, beide in Bachmann: GW. Bd. I. S. 160 f. (Einfügung in den eckigen Klammern v. d. Verf.)]
48 Helmut Pfotenhauer: »Der schöne Tod. Über einige Schatten in Goethes Italienbild.« In: *Jahrbuch des Freien Deutschen Hochstifts* 49 (1987). S. 134-157. Hier S. 138; 141; 146; 148. – Vgl. allgemein zum Bereich der Verdrängung und Ästhetisierung des Todes um

Schreiben gegen den Tod: Die ›Kunst der Vertikale‹

Im Prozeß des Schreibens über den Süden verwandelt auch Ingeborg Bachmann auf diese Weise die Schrecken des Todes und der Dunkelheit in ein Überleben im Leben, im Licht. Andererseits jedoch wird der Umgang mit dem Tod nicht einfach ästhetisiert oder rein ins Symbolische verlagert. Ingeborg Bachmann beschreibt den umgekehrten Weg über die Annäherung an die Grenzbereiche des Dunkeln wie des Lichts; sie wählt den Weg durch das Schattenreich, die Unterwelt, den Meeresgrund oder über die wüste Landschaft heran an das »Grausen im Licht«. Die Annäherung an die verschiedenen Erfahrungsbereiche des Todes, die in den Grenzregionen des Lebens angesiedelt sind, setzen das Erleben von Verlust und Schmerz frei, machen aber im Gegenzug die Umwandlung dieser inneren, auf ihre Art radikalen Bildwelten erst möglich und verschaffen sich auf diese Weise ihren Ausdruck in der Kunst. Die ›Kunst der Vertikale‹[49] im Werk Ingeborg Bachmanns stellt die Beschreibung dieses Schaffensprozesses dar:

> [...] Vom Lot abwärts geführt,
> nicht in die Richtung des Himmels, fördern wir
> Dinge zutage, in denen Vernichtung wohnt und Kraft,
> uns zu zerstreuen. Dies alles ist ein Beweis
> zu nichts und von niemand verlangt. [...][50]

Zwar wird auch hier der Tod über die Anschauung in der Kunst und durch die Kunst in einem doppelten Prozeß – vom Lesen der Schrift alter Bilder[51] über die Anschauung, Umwandlung und Übersetzung hin zur Verschrift-

---

1800: Thomas Anz: »Der schöne und der häßliche Tod. Klassische und moderne Normen literarischer Diskurse über den Tod«. In: Karl Richter; Jörg Schönert (Hg.): *Klassik und Moderne. Die Weimarer Klassik als historisches Ereignis und Herausforderung im kulturgeschichtlichen Prozeß.* Walter Müller-Seidel zum 65. Geburtstag. Stuttgart 1983. S. 409 ff. – Siehe auch zur Geschichte des Todes allgemein: Philippe Ariès: *Die Geschichte des Todes.* Aus dem Französischen von Hans Horst Henschen. München 1995.

49 Bachmann: *Frankfurter Vorlesungen. Probleme zeitgenössischer Dichtung.* In: GW. Bd. IV. S. 195.

50 Dies.: *Beweis zu nichts.* In: GW. Bd. I. S. 25. Das Gedicht stand ursprünglich an der Stelle des Gedichts *Im Gewitter der Rosen* in der ersten Auflage von Bachmanns Gedichtband *Die gestundete Zeit,* erschienen 1953 in der Frankfurter Verlagsanstalt. Eigentlich ist es ein Gedicht aus der Fremde an die Heimat gerichtet, geschrieben an die Mutter am »heimischen Herd«.

51 Gemeint sind an dieser Stelle nicht nur die schriftlichen Zeugnisse vergangener Jahrhunderte über Italien und der damit verbundene Mythos und seine Bilder, sondern sämtliche ›lesbaren‹ Kunstwerke der verschiedenen Epochen der in Italien, besonders in Rom, im Süden des Landes und auf Sizilien übereinandergelagerten und nebeneinander existierenden Schichten von entzifferbarem interpretierbarem Material (Malerei, Architektur, Skulptur, Musik etc.).

lichung und Umsetzung in neue Bilder – am selben Ort zum selben Thema in einem immerwährenden Kreislauf der Kunst vergegenwärtigt und durch diesen gebändigt, doch ist die Blickrichtung der Kunst eine andere. Der Standort des schreibenden Subjekts wechselt ständig in der Beschreibung dieser Vertikale und läßt nicht aus, »was schwer zu sehen ist, was unter der Erde liegt: Wasserstätten und Todesstätten.«[52] Goethe dagegen unterließ es, die Stätten des Todes länger als irgend nötig, aufzusuchen.[53] Er setzte seine Reise am ›Horizont des Südens‹ fort und war höchstens bereit, eine »Vertikale« innerhalb der Geschichte und der Ästhetisierung der Kunst aufzumachen. Goethe strebte während seiner ganzen Reise ausschließlich der Welt des Lichts zu, und »gerade die Lichtwelt der *Italienischen Reise*, dieses dezidiert heitere Phantasma des späten Goethe, wird durch die anstrengende Verneinung aller Bestürzung in diesem Bereich vielsagend.«[54]

Die Kraft des ›Rituals der Italienreise‹ liegt darin begründet, sich in der Zerstreuung durch die Zeiten[55] und durch die verschiedenen Räume hindurch in der Kunst und durch die Schaffung von Kunst im individuell ganzheitlichen Sinne neu zu sammeln[56] und so wiederzubeleben, was künstlerisch und menschlich gesehen auf der Strecke geblieben ist. Die Anschauung spielt dabei für die Künstlerin bzw. den Künstler eine nicht unwesentliche Rolle, ist aber nicht Vorbedingung für diesen Prozeß. Die tradierten Bilder bieten in der Auseinandersetzung mit der Gegenwart des Schreibenden stets den Stoff für neue Interpretationen an: des Stoffes wie des Künstlers selbst.

Die Nacht kommt vor dem Tag, und der Brand wird in der Dämmerung gelegt.[...]
Wir meinen, wir kennen sie doch alle, die Sprache, wir gehen doch mit ihr um; nur der Schriftsteller nicht, er kann nicht mit ihr umgehen. Sie erschreckt ihn, ist ihm nicht selbstverständlich, sie ist ja auch vor der

---

52 Bachmann: *Was ich in Rom sah und hörte*. In: GW. Bd. IV. S. 33. Erstveröffentlichung in: *Akzente. Zeitschrift für Dichtung* 1 (1955). S. 39-43.
53 »Mit den zahlreichen Katakomben in Rom und anderswo ist es ähnlich: ›Roma sotterrana‹ mißbehagt Goethe; er läßt sich die Besichtigung entgehen und informiert sich erst vierzig Jahre später darüber, ohne ein Versäumnis zu erkennen. Die Katakomben vor Porta de'Ossuna in Palermo hingegen werden besucht und gewürdigt, aber nicht, um in sich zu gehen, sondern um im ›architektonischen Sinn‹ zu bewundern, mit dem sie – nach Goethe keineswegs mehr als Grabstätte benutzt – kunstvoll angelegt seien.« In: Pfotenhauer: »Der schöne Tod. Über einige Schatten in Goethes Italienbild.« A.a.O. S. 142f.
54 Ebd. S. 153.
55 Vgl. Goethe: »[...] denn wie man eine See immer tiefer findet, je weiter man hineingeht, so geht es auch mir in der Betrachtung dieser Stadt [Rom – Anm. d. Verf.]. Man kann das Gegenwärtige nicht ohne das Vergangene erkennen und die Vergleichung von beiden erfordert [...] Zeit und Ruhe«. In: Ders.: *Italienische Reise*. A.a.O. S. 155.
56 Siehe Goethe: *Italienische Reise*. A.a.O. S. 123-124.

Literatur da, bewegt und in einem Prozeß, zum Gebrauch bestimmt, von dem er keinen Gebrauch machen kann. Sie ist ja für ihn kein unerschöpflicher Materialvorrat, aus dem er sich nehmen kann, ist nicht das soziale Objekt, das ungeteilte Eigentum aller Menschen. Für das, was er will mit der Sprache, hat sie sich noch nicht bewährt; *er muß im Rahmen der ihm gezogene Grenzen ihre Zeichen fixieren und sie unter einem Ritual wieder lebendig machen, ihr eine Gangart geben, die sie nirgendwo sonst erhält außer im sprachlichen Kunstwerk.* Da mag sie uns freilich erlauben, auf ihre Schönheit zu achten, Schönheit zu empfinden, aber sie gehorcht einer Veränderung, die weder zuerst noch zuletzt ästhetische Befriedigung will, sondern eine neue Fassungskraft.[57]

Das Ritual[58] der Reise nach Italien besteht für Ingeborg Bachmann also in der zyklischen ›Verlebendigung der Zeichen der Zeit‹ in einem neuen Bild außerhalb der Zeit. Dieser Gedanke läßt sich jedoch noch einen Schritt weiter führen: Die Visualisierung der tradierten Bilder des Südens im sprachlichen Kunstwerk bieten nicht nur die Lösung an, die Dorothea Kuhn im doppelten Sinn des Begriffes »Fassung« vermutet: »Fassung als geistiges Durchdringen und Ergreifen des Typischen – und Fassung als schmückendes und geschmücktes Darbieten.«[59] Es geht um mehr und um Tieferes: Es geht, um es mit einem Begriff Ingeborg Bachmanns zu sagen, um die Wiedererlangung der persönlichen künstlerischen Fassungskraft des einzelnen Künstlers in seinem Kunstwerk; um das Füllen und Erfinden einer individuellen Fassung für ein überindividuelles Bildmaterial, mit dem sich Generationen von Künstlern und Wissenschaftlern schon Jahrzehnte und Jahrhunderte

---

57 Bachmann: *Frankfurter Vorlesungen. Probleme zeitgenössischer Dichtung.* In: GW. Ebd. Bd. IV. S. 192. (Kurs. Herv. v. d. Verf.).
58 Unter dem Begriff *Ritual* verstehe ich grundsätzlich das wiederholte, immer gleichbleibende regelmäßige Vorgehen nach einer festgelegten Ordnung. In der Soziologie wird der Begriff darüber hinaus für eine besonders ausdrucksvolle und standardisierte individuelle oder kollektive Verhaltensweise benutzt. So dienen Rituale in Angst- und Entscheidungssituationen auch oft der Verhaltensstabilisierung. Vor diesem Hintergrund unter Berücksichtigung des von Ingeborg Bachmann verwendeten Ritual-Begriffs für den Prozeß des Schreibens als ›Verlebendigung von fixierten Zeichen im sprachlichen Kunstwerk innerhalb bestimmter festgelegter Grenzen‹ verstehe ich die Italienreise als ein künstlerisches Ritual nach einer bestimmten festgelegten Ordnung (Reiseroute bzw. Aufenthaltsorte; Vgl. Attilo Brilli: *Reisen in Italien. Die Kulturgeschichte der klassischen Italienreise vom 16. bis 19. Jahrhundert.* Köln 1989.) mit einer bestimmten Erwartungshaltung auf der Basis tradierter Vergleichswerte von früheren Reisenden, die vor Ort als Katalysatoreffekt für die eigene künstlerische Produktion fungieren. Zur grundlegenden Herleitung des Ritualbegriffs für die Literatur siehe Braungart: *Ritual und Literatur.* A.a.O. S.41 ff.
59 Kuhn (Hg.): *Auch ich in Arcadien. Kunstreisen nach Italien 1600-1900.* A.a.O. S. 5.

zuvor beschäftigt haben. Es ist die Einverleibung der Bilder des Südens[60], wie ich sie im Rückgriff auf die Thesen Auchters am Beispiel der Interpretation des Gedichts *Das erstgeborene Land* gezeigt habe und das daraus resultierende, für den Moment wiederhergestellte Ganzheitsempfinden des Künstlers, das die Anschauung des Südens so wichtig für die künstlerische Identitätsbildung macht. Die Sammlung von Material für eine neue Kunst der Kunst, deren erklärtes Ziel nicht nur das Einschreiben in eine Tradition, sondern vor allem das Erlernen der Kunst des Lebens ist:

[...] ich tue nur die Augen auf und seh' und geh' und komme wieder, denn man kann sich nur in Rom auf Rom vorbereiten. [...] und dann ist man abends müde und erschöpft vom Schauen und Staunen.[...] Ich lebe nun hier mit einer Klarheit und Ruhe, von der ich lange kein Gefühl hatte. Meine Übung, alle Dinge, wie sie sind, zu sehen und abzulesen, meine Treue, das Auge licht sein zu lassen, meine völlige Entäußerung aller Prätention kommen mir einmal wieder recht zustatten und machen mich im stillen höchst glücklich. Alle Tage ein neuer, höchst merkwürdiger Gegenstand, täglich frische, große, seltsame Bilder und ein Ganzes, das man sich lange denkt und träumt, nie mit der Einbildungskraft erreicht. [...] Wer sich mit Ernst hier umsieht und Augen hat zu sehen, muß solid werden, er muß einen Begriff von Solidität fassen, der ihm nie so lebendig ward. [...] Und so laßt mich aufraffen, wie es kommen will, die Ordnung wird sich geben.[61]

Die Ordnung des Geistes ist bei Goethe wie bei Bachmann die Kunst, auch wenn sie das Chaos darstellt. Ihr Material sind die Bilder, die Bildfülle der italienischen Zeichenwelt, die in einem ständigen Umwandlungsprozeß die mit ihm klassisch gewordene Ruinen- und Trümmerlandschaft Italiens in der Kunst wiederauferstehen läßt und vom menschlichen Geist verlangt, ihre Zeichen in einem neuen Bild zusammenzufügen, um ihrer habhaft zu werden. Man muß sie zu deuten wissen, um sie zu verstehen.[62] Im Gegensatz

---

60 Vgl. Bachmann: *Das erstgeborene Land*. In: GW. Bd. I. S. 119-120. – Vgl. in diesem Zusammenhang, wie bereits gezeigt, die Anwendung der Theorie von Auchter: »Die Suche nach dem Vorgestern – Trauer und Kreativität.« A.a.O. Auf der Grundlage seiner Theorie läßt sich das Ritual der Italienreise als die Suche nach der Wiederherstellung einer verlorenen Ganzheit begreifen, die aber letztlich erst in der Schaffung eines Kunstwerks in der Aufnahme und Verarbeitung der (positiven) Bilder des Südens wiederhergestellt werden kann.
61 Goethe: *Italienische Reise*. A.a.O. S. 123 u. S. 127.
62 So schreibt der Maler Hans Thoma (1839-1924), der im Jahr 1874 zum ersten Mal nach Italien reiste, am 22. April desselben Jahres an seine in Deutschland verbliebene Mutter und Schwester: »Am 16. Mai geht dann das Landleben mit [dem Maler Emil] Lugo an; es soll sehr billig sein auf dem Lande; da werde ich fleissig arbeiten, damit ich auf lange Zeit irgendwo in Deutschland Stoff genug habe, um schöne Bilder zu malen ... Ein merkwürdiges Leben ist jetzt in der alten Stadt Rom, wo die armen

zum von Thomas Auchter[63] beschriebenen kreativen Prozeß – von dem es heißt: »Jeder schöpferische Prozeß beginnt mit einer Zerstörung. Eine alte Form, Struktur, Gestalt, ein alter Gedanke, eine alte Ordnung muß verlorengehen oder zerbrechen, ehe das Neue Platz greifen kann.«[64] – ist die Form in Italien bereits zerbrochen. Bruchstückhaft liegen Zeiten, Geschichte(n) und Raumstrukturen, geschaffen von Menschenhand und Natur, vor dem Betrachter ausgebreitet da. Gedeutet schon unzählige Male, verlangen sie von ihm, will er zum Kreis der italienreisenden Künstler gehören, was dem sozialen Aspekt des Rituals entspricht, beständig neue Deutungen, eine neue Form, eine neue Geschichte. Im Paradies des Bruchstückhaften findet jeder Betrachtende einen Teil des Spiegels vor, in dem er sein Selbst gespiegelt sieht oder sehen will. Bereits in der Kunst selbst liegt die Kraft zur Synthese der Bruchteile von Zeiten, Räumen, Gegenständen und menschlichen Ge-

> Leute wohnen, an den Sommerabenden. Mitten in alte Ruinen und heidnische Tempel sind Wohnungen hineingebaut; oft wie in Felslöchern wohnen sie. Schmiedewerkstätten sind darin; alles arbeitet und sitzt auf der Straße. Ganze Knäuel von halb und ganz nackten Kindern, die sich herumbalgen – Weiber, oft nur mit ein paar Lumpen bekleidet und doch meistens sehr schön. – Da sitzen ein paar Schneider und arbeiten; dort sitzt ein Schuhflicker zwischen den alten Marmorsäulen und flickt einem Bettler, der darauf wartet, den Schuh. Oben in den Tempelruinen wachsen Kaktus wild und über mannshoch, und Orangen glänzen aus kleinen Gärtchen, die oben angelegt sind. –
> Es ist ganz ergreifend, dies Menschenleben aus den Trümmern des alten, einst so herrlichen Roms. Noch stehen die Säulen, wahre Kunstwerke, verwittert da; die Mauern der Kaiserpaläste hat sich eine Bettlerwelt zur Wohnung gemacht!
> An keinem Ort wie in Rom begreift man besser die Psalmworte: »Tausend Jahre sind vor Dir wie der Tag, der gestern vergangen ist, und wie eine Nachtwache.«
> Zit. nach Kuhn (Hg.): *Auch ich in Arcadien. Kunstreisen nach Italien 1600-1900*. A.a.O. S. 267. – An diesem Briefzitat des Malers Hans Thoma sieht man sehr gut, wie die Bilder der schönen Ruinen- und Trümmerlandschaft vor dem künstlerischen Auge in der Beschreibung derselben wieder auferstehen. Eine Paradieslandschaft aus »alten Ruinen« und »heidnischen Tempeln« verbindet die Antike mit der christlichen Gegenwart, selbst die Nacktheit im »römischen Paradies« ist durch die Kinder und die nur halb bekleideten Frauen erhalten geblieben. Wildnis und gebändigte Natur stehen in Form der »Kakteen« und der »Orangengärtchen«, einander harmonisch gegenüber. Die Auflösung von Zeit und Raum werden durch das Zitieren des Psalmwortes noch stärker hervorgehoben. Die Beschreibung der Schönheit in seiner Vergänglichkeit und Wiederauferstehung, der künstlerische Prozeß selbst, ist nicht an den Ort gebunden, wird jedoch erfahren und begriffen in der Anschauung dieser »fremden« Welt, von der Teile in das eigene Bild montiert werden. Die »Einverleibung« der Bilder (vgl. Auchter: »Die Suche nach dem Vorgestern – Trauer und Kreativität.« A.a.O. S. 211.) setzt den schöpferischen Prozeß erst in Gang, die Auseinandersetzung mit der italienischen Bildwelt findet statt, in der Hoffnung, »auf lange Zeit irgendwo in Deutschland Stoff genug [zu haben], um schöne Bilder zu malen.«

63 Auchter: »Die Suche nach dem Vorgestern – Trauer und Kreativität«. A.a.O. S. 206-233.
64 Ebd. S. 216.

schichten verborgen. Erst im Zusammenfügen der Partikel ergibt sich ein Bild des Ganzen, das wiederum Stückwerk ist, gebunden an einen spezifischen Raum und eine bestimmte Zeit. »Die Zeit wird über den Räumen zusammengezogen.«[65] Und damit wird der oder die Künstlerin selbst schon wieder ein Teil des Bildes, das sie geschaffen haben und das geschaffen wurde als Integration der Bildanteile einer langen künstlerischen Tradition. Nichts gibt es in Rom, was nicht schon gewesen ist und was nicht hätte davor schon sein können. Die Zeit erhält eine Ewigkeit, die sie nicht hat und die beim genauen Hinsehen doch vorhanden ist.[66] Die Kunst repräsentiert das Prinzip des Unvergänglichen. Insofern überwindet sie den Tod.

›Lieder auf der Flucht‹: Die Sprache der Musik als Überwindung des ›Todes‹ in der Schrift

Wart meinen Tod ab und dann hör mich wieder,
es kippt der Schneekorb, und das Wasser singt,
in die Toledo münden alle Töne, es taut,
ein Wohlklang schmilzt das Eis. O großes Tauen!

Erwart dir viel!
Silben im Oleander,
Wort im Akaziengrün
Kaskaden aus der Wand.

Die Becken füllt,
hell und bewegt,
Musik.

XV

Die Liebe hat einen Triumph und der Tod hat einen,
die Zeit und die Zeit danach.
Wir haben keinen.

---

65 Bachmann: *Die blinden Passagiere*. In: GW. Bd. IV. S. 38.
66 Vgl. zur Relativität des historischen Zeitbegriffes Günther Dux: *Die Zeit in der Geschichte. Ihre Entwicklungslogik vom Mythos zur Weltzeit*. Frankfurt a. M. 1992. – Siehe auch Norbert Elias: *Über die Zeit. Arbeiten zur Wissenssoziologie II*. Hg. von Michael Schröter. Frankfurt a. M. [4]1992. – Vgl. hierzu auch Erik H. Erikson: *Identität und Lebenszyklus*. Frankfurt a. M. [15]1995. Dagmar Kann-Comann: *»... eine geheime langsame Feier«. Zeit und ästhetische Erfahrung im Werk Ingeborg Bachmanns*. A.a.O.

Nur Sinken um uns von Gestirnen. Abglanz und
Schweigen.
Doch das Lied überm Staub danach
wird uns übersteigen.⁶⁷

Wenn Ingeborg Bachmann in ihrem 1956 zum ersten Mal veröffentlichten
Gedichtzyklus *Lieder auf der Flucht* schreibt: »Erlöse mich! Ich kann nicht

---

67 Bachmann: *Lieder auf der Flucht*. In: GW. Bd. I. S. 147. – Siehe hierzu Hartmut Spiesecke: *Ein Wohlklang schmilzt das Eis: Ingeborg Bachmanns musikalische Poetik*. Berlin 1993. Dem Gedicht-Zyklus *Lieder auf der Flucht* ist als Motto ein Ausschnitt aus »Trionfo d'Amore III« von Francesco Petrarca vorangestellt: »Dura legge d'Amor! ma, ben che obliqua, / Servar convensi; però ch'ella aggiunge / Di cielo in terra, universale, antiqua.// Petrarca, ›I Trionfi‹.« In: GW. Bd. I. S. 138. Vgl. ebd. S. 634 (Der ursprüngliche Text findet sich mit einer etwas anderen Orthographie abgedruckt in: Francesco Petrarca: *Opere. Canzoniere – Trionfi – Familiarum Rerum Librum*. Firenze 1975. S. 203. Vers 148-150.). Auf die Verse von Petrarca bezieht sich vor allem Teil XV des Zyklus von Ingeborg Bachmann. – In den Texten Bachmanns finden sich ab und an versteckte Zitate von italienischen Dichtern, die alle herauszuarbeiten in dieser Arbeit jedoch zu weit führen würde. Es sei an dieser Stelle aber noch der Hinweis auf die italienische Dichterin Gaspara Stampa aus dem 16. Jahrhundert gegeben, deren Gedichte Ingeborg Bachmann gut kannte und von der sie in ihrem Roman *Malina* den Satz zitiert hat: »›Vivere ardendo e non sentire il male‹ – dieses Glühendleben und das Böse nicht fühlen.« In: GW. Bd. III. S. 214. (Übersetzung von Ingeborg Bachmann).Vgl. auch das Interview mit Ilse Heim vom 5. Mai 1971. In: Ingeborg Bachmann: *Wir müssen wahre Sätze finden. Gespräche und Interviews*. A.a.O. S. 110. Vgl. auch Ortrud Gutjahr: *Fragmente unwiderstehlicher Liebe. Zur Dialogstruktur literarischer Subjektentgrenzung in Ingeborg Bachmanns ›Der Fall Franza‹*. Würzburg 1988. S. 27. Ortrud Gutjahr hat in ihrer Arbeit außerdem herausgearbeitet, daß die Abfolge der einzelnen Kapitel in *Der Fall Franza* (GW. Bd. III. S. 341-428.) eine Umkehrung der Abfolge ›Inferno – Purgatorio – Paradiso‹ aus Dantes *Göttlicher Komödie* darstellt. Franzas Weg endet im Fegefeuer und beginnt mit der Vertreibung aus dem Paradies der Kindheit. (In: Gutjahr: *Fragmente unwiderstehlicher Liebe. Zur Dialogstruktur literarischer Subjektentgrenzung in Ingeborg Bachmanns ›Der Fall Franza‹*. A.a.O. S. 135-137.) Franzas Weg in das ›Fegefeuer‹ der Wüste stellt sozusagen zunächst eine umgekehrte Parallelkonstruktion zu Bachmanns Weg in den Süden dar. Während Bachmann in ihrer Lyrik noch den Weg zurück in das ›goldene Land der Kindheit‹ sucht (Vgl. Auchter: »Die Suche nach dem Vorgestern – Trauer und Kreativität«. A.a.O. S. 227. Anm. 8.), und ihr Schreiben an vielen Stellen den Versuch darstellt, das »Blau der Fernen, der Zonen des Glücks […]« und den blauen »Zufall am Horizont« zu erreichen (Bachmann: *An die Sonne*: GW. Bd. I. S. 136 f.), d. h. die verlorene Einheit durch die Gestaltung literarischer Phantasien wiederherzustellen, beginnt mit dem *Todesarten*-Zyklus der umgekehrte Weg Bachmanns in der ›Kunst der Vertikale‹ abwärts gerichtet, hinab über den Untergang im Element des Wassers (Vgl. *Malina*) zuletzt in das des Feuers der Hölle (Vgl. *Der Fall Franza*). Der Traum von einem anderen, glücklicheren Leben im Süden ist zu jenem Zeitpunkt, ablesbar an der literarischen Gestaltung der ›südlichen Phantasie‹, endgültig gescheitert. Der Weg auf den Spuren des imaginären Vaters führt jetzt direkt ins Verderben. Siehe dies.: *Malina*. In: GW. Bd. III. S. 180 f. (Siehe Kapitel 10 der Arbeit).

länger sterben. / [...] Ich bin es nicht. / Ich bin's.«[68], wird deutlich, daß das, was sie in diesem Gedicht formuliert, einerseits einen persönlichen, andererseits aber auch einen überpersönlichen Charakter, d. h. einen Anspruch auf Allgemeingültigkeit erhebt. »Wart meinen Tod ab und dann hör mich wieder«.[69] In diesem Gedichtzyklus ist der individuelle Tod, wenn er auch als fürchterlich empfunden wird, nicht ausschlaggebend. Die Verwandlung des »Schneekorbes« in eine andere elementare Form, in die des »Wassers«, löst dessen ursprünglichen Zustand zwar auf, stellt letztlich jedoch nur einen Übergang von der festen in die flüssige Form dar. Es handelt sich also um einen Verlust der Form, nicht aber um einen Verlust von Materie, um einen Verlust des Gehaltes. »Das Wasser singt«: das ist der künstlerische Prozeß in seiner vollen Verwandlungskraft. Auch hier wird die Natur wie »der Stein« in dem Gedicht *Das erstgeborene Land* als belebt empfunden und spiegelt den ›Gesang des Dichters‹ wider. »Alle Töne«, auch die Töne, die der in Wasser verwandelte Schnee erzeugt, werden aufgefangen in ein- und demselben Fluß, sie münden in »die Toledo«[70], die den Lebensfluß symbolisieren könnte. Der Gesang[71] als das Symbol höchster künstlerischer Kreativität und

68 Bachmann: *Lieder auf der Flucht.* In: GW. Bd. I. S. 146.
69 Ebd. S. 147.
70 Interessant ist der mögliche Hinweis auf den ›Fluß‹ namens »Toledo«, in den alle Kunst mündet. In der kastilianischen Stadt mit gleichem Namen befanden sich die sogenannten »Toledischen Tafeln«, die im 11. Jahrhundert zur Vorausberechnung von Planetenorten und Finsternissen im geozentrischen System zusammengestellt wurden und bis in das 16. Jahrhundert im Gebrauch waren. In Zusammenhang des Gedichts kann mit dem Namen »Toledo« der Ort des dichterischen Schaffens der Künstlerin gemeint sein, d.h. die eigene Kunst wird als zwischen den Sternen und der Finsternis stehend begriffen (vgl. hierzu auch die letzte Strophe »Nur Sinken um uns von Gestirnen. Abglanz und / Schweigen.« In: Bachmann: *Lieder auf der Flucht.* In: GW. Bd. I. S. 147.).
71 Parallel zum Bild des Orpheus findet sich in den *Metamorphosen* des Ovid eine weibliche Gegenfigur, eine Nymphe wieder, die als »Sängerin« bzw. Dichterin in die Geschichte einging und deren Mythos Ingeborg Bachmann mit in die *Lieder auf der Flucht* eingearbeitet haben könnte. Es handelt sich um eine Nymphe, die in Rom, »auf dem Palatinshügel Venilia dem Ioner Janus geboren haben soll. Als diese herangewachsen und ins heiratsfähige Alter gekommen war, wurde sie dem Latiner Picus vermählt [...]. Sie war von seltener Schönheit, doch von noch seltnerer (sic!) Art war ihre Sangeskunst, weshalb sie ›Sängerin‹ hieß. Wälder und Felsen zu rühren und wilde Tiere zu zähmen, den Lauf großer Ströme zu hemmen und schweifende Vögel zu bannen, war ihrem Mund ein leichtes.« Doch Picus, der König Latiums, ihr Gemahl, trifft auf der Jagd in den nahegelegenen Wäldern Roms auf Kirke, des »Sonnengottes Tochter«. Als Picus ihre zudringliche Werbung aus Treue zu seiner Frau, der Sängerin und Nymphe, abweist, verwandelt Kirke den König vor Zorn in einen Specht. Die ›Sängerin‹ »irrt außer sich durch Latiums Gefilde. Sechs Nächte und das ebensooft wiederkehrende Auge der Sonne sahen sie ohne Schlaf und ohne Speise über Berg und Tal ziehen, wohin der Zufall sie führte. Als letzter sah sie der Tiber, wie sie, von der kummervollen Wanderung erschöpft, an seinem Ufersaum hinsank. Dort sang sie

Ausdruckskraft mündet hier auch in veränderter Form nicht ins Leere, er ist aufgehoben, wie »alle Töne« im Fluß der Zeit, wenn »es taut«. »Ein Wohlklang schmilzt das Eis. / O großes Tauen!« – Dieser Vers enthält eine doppelte Bedeutung: Zu Klang wird das Eis, wenn es taut, aber der »Wohlklang schmilzt« auch »das Eis« im umgekehrten Sinn. Der Klang, der Gesang, die Kunst wird hier als stetiger Prozeß von Werden und Vergehen dargestellt, wobei keiner der »Tontropfen« in diesem Prozeß verloren geht, sondern in einem einzigen großen Ganzen zusammenfließt[72]: in der Kunst.

unter Tränen mit leiser Stimme und traurig eine Weise, gleich dem sterbenden Schwan, der seit jeher seinen eigenen Leichengesang anstimmt. Endlich verzehrte Betrübnis ihr zartes Herz, sie schwand dahin und verging allgemach in den leichten Lüften. Unvergeßlich bleibt der Ort, denn ›sangesreich‹ nannten ihn nach dem Namen der Nymphe zu Recht die betagten Camenen [Orthographie lt. Original].« Nach Ovid: *Metamorphosen. Das Buch der Mythen und Verwandlungen*. Neu übersetzt und herausgegeben von Gerhard Fink. Frankfurt a. M. 1993. S. 346-347 u. S. 349. Auch dieser mythischen Dichterin war es gegeben, die Natur mit ihrer Dichtung, ihrem »Gesang«, zum Leben zu erwecken und zu verwandeln. Hier sind verschiedene Bilder aus Bachmanns Italien-Dichtung, aus dem *erstgeborenen Land*, aus den *Liedern auf der Flucht* und aus der Hymne *An die Sonne* angelegt. Ob Bachmann diesen Mythos tatsächlich gekannt hat, ist zwar nicht mit letzter Sicherheit zu sagen, aber recht wahrscheinlich.

72 Vgl. Spiesecke: *Ein Wohlklang schmilzt das Eis*. A.a.O. – Zum Zusammenhang von Musik und Dichtung bei Ingeborg Bachmann siehe auch Bachmann: *Musik und Dichtung*. In: GW. Bd. IV. S. 59-62. – Auch hier findet sich der Zusammenhang von Tod und Kunst, Stimme und Leben wieder: »[…] Unser Bedürfnis nach Gesang ist da. Muß der Gesang zu Ende gehn? […] [Wir behalten] den Verdacht, daß eine Spur von der einen zur anderen Kunst führt. […] Miteinander , und voneinander begeistert, sind Musik und Wort ein Ärgernis, ein Aufruhr, eine Liebe, ein Eingeständnis. Sie halten die Toten wach und stören die Lebenden auf, sie gehen dem Verlangen nach Freiheit voraus und dem Ungehörigen noch nach bis in den Schlaf. Sie haben die stärkste Absicht zu wirken.« An dieser Stelle greift Bachmann wieder das Gedicht *Corona* von Paul Celan auf, sowie das Gespräch des »Gefangenen« mit »Robinson« aus dem (»Insel«-)Hörspiel *Die Zikaden*: »*So müßte man den Stein aufheben können* und in wilder Hoffnung halten, *bis er zu blühen beginnt*, wie die Musik ein Wort aufhebt und durchhellt mit Klangkraft. […] Denn *es ist Zeit*, ein Einsehn zu haben mit der Stimme des Menschen, dieser Stimme eines gefesselten Geschöpfs, das nicht ganz zu sagen fähig ist, was es leidet, nicht ganz zu singen, was es an Höhen und Tiefen auszumessen gibt. […] *Es ist Zeit*, dieser Stimme wieder Achtung zu erweisen, ihr unsere Worte, unsere Töne zu übertragen, ihr zu ermöglichen, zu den Wartenden und Abgewandten zu kommen mit der schönsten Bemühung. *Es ist Zeit*, sie nicht nur als ein Mittel zu begreifen, sondern als Platzhalter für den Zeitpunkt, an dem Dichtung und Musik den *Augenblick der Wahrheit* miteinander haben. *Auf diesem dunkelnden Stern*, den wir bewohnen, am Verstummen, im Zurückweichen vor zunehmendem Wahnsinn, beim Räumen von Herzländern, vor dem Abgang aus Gedanken und bei der Verabschiedung so vieler Gefühle, wer würde da – wenn sie noch einmal erklingt wenn sie für ihn erklingt! – nicht plötzlich inne, was das ist: *Eine menschliche Stimme*.« (Ebd. S. 61 f.) Bachmann nimmt hier die Struktur des Gedichts *Corona* von Paul Celan auf (»Es ist Zeit …« – In: Celan: *Corona*. Gedichte in zwei

»Sie war immer die Kunst, ach die Kunst, und sie war immer ein Mensch, immer die Ärmste, die Heimgesuchteste, die Traviata«[73] : die ›vom Weg Abgekommene‹, die ihren Weg jedoch in der Kunst gefunden hatte. Ingeborg Bachmann spricht hier über die berühmte italienische Operndiva Maria Callas und in gewissem Sinne doch auch wieder über sich selbst. In Dichtung und Musik[74] sollten die Kunst und das Leben zusammenfallen, im Zusammenklang zum »Augenblick der Wahrheit«[75] gelangen. Ingeborg Bachmann, die die italienische Sängerin über alles bewunderte, sah in Maria Callas ihre eigenen Vorstellungen von der Kunst verkörpert,

> [...] sie wird nie vergessen machen, daß es Ich und Du gibt, daß es Schmerz gibt, Freude, sie [ist] groß im Haß, in der Liebe, in der Zartheit, in der Brutalität, sie ist groß in jedem Augenblick, und wenn sie ihn verfehlt, was zweifellos nachprüfbar ist in manchen Fällen, ist sie immer noch gescheitert, aber nie klein gewesen. Sie kann einen Ausdruck verfehlen, weil [sie] weiß, was Ausdruck überhaupt ist. [...][76]

Auch die Musik versteht Ingeborg Bachmann als eine Sprache, die im Ritual des Schreibens fixiert und tradiert werden kann und im musikalischen Spiel der Instrumente wieder für den Menschen lebendig und im Moment ihres Erklingen neu deutbar wird, auch wenn der einzelne Ton nach Bachmann dabei sein ›Leben‹ aushaucht:

> Man könnte auch sagen: die Musik ist eine Sprache, der hier ein Schriftbild entsprechen will. Das Bild zeigt kleine Peitschen, breitgetretene Punkte, Schattenkringel und Striche, Stränge, an denen ein paar Punkte ziehen, und doppelt gesicherte Stränge, an denen viele Punkte, miteinander aufgehängt, zappeln.[...] Die Musik bleibt unwirklich als Bild und vergeht in der Zeit, in der sie wirklich erklingt. Aber sie kann auch die Zeichen nicht stellen, wenn sie nicht schon erklungen ist vor einem inneren Ohr.
> Sie tut einen lebendigen Sprung auf das Blatt, auf dem sie, festgehalten, zum Zeichen abstirbt, und sie tut einen tödlichen Sprung vom Papier ins Leben.[77]

Bänden. Bd. I. A.a.O. S. 37. – Kurs. Herv. v. d. Verf.) Auch finden wir in diesem Essay das Bild des »dunkelnden Sterns« wieder, eine ähnliche Darstellung des Zusammenhangs von Musik und Dichtung, wie wir sie in den Abschnitten XIV und XV des Gedichtzyklus *Lieder auf der Flucht* vorfinden. – Vgl. auch: Susanne Greuner: *Schmerzton: Musik in der Schreibweise von Ingeborg Bachmann und Anne Duden.* Argument-Sonderband AS 179. Literatur im historischen Prozeß. Bd. 24. A.a.O.
73 Bachmann: *Hommage an Maria Callas. Entwurf.* In: GW. Bd. IV. S. 343.
74 Vgl. den Essay von Bachmann: *Musik und Dichtung.* In: GW. Bd. IV. S. 59-62.
75 Ebd. S. 61.
76 Dies.: *Hommage à Maria Callas.* In: GW. Bd. IV. S. 342 f.
77 Dies.: *Die wunderliche Musik.* In: GW. Bd. IV. S. 52.

So wie sie Maria Callas in ihrem kurzen Text zum musikalischen Kunstwerk stilisierte, wurde auch Ingeborg Bachmann, je länger sie in Italien lebte und schrieb, in den Augen der Außenwelt zum ›poetischen Kunstwerk‹ stilisiert, bzw. stilisierte sich selbst zum Abbild einer ›Dichter-Diva‹. Die Autorin hatte den Kampf um den Nachruhm angetreten. Der Vers aus dem Zyklus *Lieder auf der Flucht*, »Ich bin es nicht. / Ich bin's.«, drückt einerseits noch die Zerrissenheit und Gespaltenheit innerhalb ihres Denkens aus und zeigt die Ambivalenz ihrer Haltung zur eigenen Dichtkunst, macht aber auch deutlich, welches Ziel sie vor Augen hatte: »Nur Sinken um uns von Gestirnen. Abglanz und / Schweigen. / Doch das Lied überm Staub danach / wird uns übersteigen.«[78] Die Autorin strebte an, was zu dieser Zeit tatsächlich noch ›in den Sternen stand‹ und von dem man einzig sagen konnte: »Ich bin es nicht. / Ich bin's. [...] Wart meinen Tod ab und dann hör mich wieder.«[79] Es ging ihr um ein Überleben ihrer Gedankenwelt in ihrem Werk, das zeitlich fixiert und gleichzeitig überzeitlich formuliert war. Sie hatte das ›Ritual der Reise nach Italien‹ vollzogen und die einzelnen Aspekte des Rituals im Schreiben zu einem neuen Bild des Südens geeint. Die ›Vertikale ihrer Kunst‹ war übergangen in die Form der Utopie.

Die italienische Zeichenwelt machte Bachmann zu dem, was sie war und werden wollte: Ihr Name war Sinnbild eines sprachlichen Kunstwerks geworden. Die Stadt Rom und das Land Italien erfüllten deshalb zunächst ihre Erwartungen von »Silben im Oleander, / Wort im Akaziengrün, / Kaskaden aus der Wand.« Sie hatte ihrer Heimat, dem *Nebelland*[80], der österreichischen Provinz, nicht nur äußerlich den Rücken gekehrt. Ihr Schritt bedeutete in gewisser Weise eine innerliche Abkehr für immer, auch wenn sie im Schreiben noch oft an den Ort ihrer Herkunft zurückkehrte und zu Anfang der siebziger Jahre sehr ernsthaft über eine Rückkehr nach Wien nachdachte.[81] So betonte Hans Werner Henze:

78 Bachmann: *Lieder auf der Flucht*. In: GW. Bd. I. S. 147.
79 Ebd. S. 147.
80 Vgl. die Gedichte *Nebelland* und *Heimweg* von Bachmann: In: GW. Bd. I. S. 103 ff.
81 »Nicht nur Ingeborg Bachmann hatte sich nach dem Bruch mit Max Frisch stark verändert, sondern auch das Leben in der Stadt Rom war Ende der sechziger, Anfang der siebziger Jahre anders, noch hektischer geworden, die Umweltverschmutzung durch den starken Verkehr in der Innenstadt nahm rapide zu. Für Ingeborg Bachmann, die in der Innenstadt wohnte, wurde Rom in dieser Zeit zum Gefängnis. Sie ging kaum mehr aus dem Haus und wenn, mit einem Taschentuch vor der Nase. Sie fühlte sich immer brüchiger innerhalb dieser ungesunden Umgebung. Sie führte inmitten von Rom immer mehr ein Einsiedlerleben. [...] In den letzten Jahren war sie eine Gefangene [ihrer Selbst] geworden. Man mußte zu ihr hingehen, um sie zu sehen. Sie machte keine Spaziergänge mehr und phantasierte viel. [...] Sie fing an, an der Schreiberei zu zweifeln und dachte daran, auch aus finanziellen Gründen, sich als Psychotherapeutin in Wien niederzulassen. Italien bot ihr keine Linderung mehr gegen das Verlorenheitsgefühl in der Welt.« Aus einem Interview der Verfasserin mit

Sie war nicht Provinz. Sie war die Callas. Sie wußte immer ganz genau, wer sie war. Für mich bleibt Ingeborg Bachmann der entscheidende ästhetisch-kulturelle, geistige, menschliche Bezugspunkt, auch Parameter genannt. Sie wußte immer, wer sie war. Sie wußte, daß sie das ist, was sie jetzt ist an Bedeutung für die Leser, die deutschsprachigen Leser, für die kulturellen, geistigen Forderungen und Anforderungen unserer Zivilisation.[82]

Was Ingeborg Bachmann in ihren *Frankfurter Poetik-Vorlesungen* über die literarischen Ich-Figuren des Italo Svevo und seine Behandlung des Faktors Zeit im Roman sagte, galt auch für ihr Verständnis der Beziehung des lyrischen Ich zur Vergangenheit und dessen Aufenthalt in Zeit und Raum. Ihr Bild vom schwierigen Verhältnis der Vergangenheit eines Menschen zu seiner Gegenwart drückt sie zunächst wieder in der Sprache der Musik aus, bevor sie über dieses Beziehungsgeflecht auf der literaturhistorischen Ebene reflektiert:

»Die Vergangenheit ist immer neu: Sie verändert sich dauernd, wie das Leben fortschreitet. Teile von ihr, die in Vergessenheit gesunken schienen, tauchen wieder auf, andere wiederum versinken, weil sie weniger wichtig sind. Die Gegenwart dirigiert die Vergangenheit wie die Mitglieder eines Orchesters. Sie benötigt gerade diese Töne und keine anderen. So erscheint die Vergangenheit bald lang, bald kurz. Bald klingt sie auf, bald verstummt sie. In die Gegenwart wirkt nur jener Teil des Vergangenen hinein, der dazu bestimmt war, sie zu erhellen oder zu verdunkeln.«

Darum meine ich auch, daß zwischen dem Ich des 19. Jahrhunderts (oder gar dem Ich des Goetheschen Werther, der ja einer der hervorragendsten Fälle von einem Ich war, einem Ich als einziger Instanz, die das Geschehen beleuchtet), zwischen dem alten Ich also und dem Ich in einem Buch wie der ›Coscienza di Zeno‹ (von Italo Svevo) Abgründe liegen. [...] Die erste Veränderung, die das Ich erfahren hat, daß es sich

---

Toni Kienlechner in Bracciano bei Rom vom 2.6.93. (Vgl. Erich Fried: »*Ich grenz noch an ein Wort und an ein andres Land*«. *Über Ingeborg Bachmann – Erinnerung, einige Anmerkungen zu ihrem Gedicht* Böhmen liegt am Meer *und ein Nachruf.* A.a.O. S. 5 und S. 7.) Vgl. dazu Hans Werner Henze über Ingeborg Bachmann, vom 5.6.93 in Marino bei Rom:»Wien ist ihr immer ein Dorn im Auge gewesen und doch wollte sie auch nach Wien zurück. Im Grunde genommen war sie auf dem Sprung, Möbel einzupacken ... *Ritornare* ist für einen Schriftsteller viel schwieriger. Die Sprache wird ja [beim Weggehen in ein anderes Land] auf einem gewissen Stand konserviert. Sie wollte die Sprache auffrischen, sie fragte sich: wie sprechen die Zwanzigjährigen in Wien? – Nur die Größe dieser Persönlichkeit erlaubt es auch, die Schwierigkeiten zu erzählen, die diese Größe herbeigeführt haben. Es muß am Schluß eine Panik gegeben haben. Eine Kapitulation.« (Einfügungen in den eckigen Klammern v. d. Verf.).

82 Interview der Verfasserin mit Hans Werner Henze am 5.6.93 in Marino bei Rom.

nicht mehr *in* der Geschichte aufhält, sondern daß sich neuerdings die Geschichte *im* Ich aufhält. Das heißt: nur so lange das Ich selber ungefragt blieb, solange man ihm zutraute, das es seine Geschichte zu erzählen verstünde, war auch die Geschichte von ihm garantiert und war es selbst als Person mitgarantiert. Seit das Ich aufgelöst wird, sind Ich und Geschichte, Ich und Erzählung nicht mehr. [...] Und doch ist, gerade darum, dem Ich plötzlich durch den Verlust an Sicherheit ein Gewinn zugewachsen.[83]

Der Gewinn, der sich aus der Beschreibung von Verlusterfahrungen ziehen läßt und der in der Fixierung der Auflösungen des Ichs und seiner Geschichte in einem am Ritual ausgerichteten Schreiben fortbesteht, ist am Werk Bachmanns selbst ablesbar. In ihrem Schreiben suchte sie auch in Italien, im ›ewigen Land der Kunst‹, den metaphorischen ›Tod‹ im Leben auf und versuchte ihn mit Hilfe eines Rituals im Schaffen von sprachlichen Kunstwerken zu bändigen und ihn dadurch für den Augenblick in der Schönheit, der Kunst »oder in jeder reinen Größe«[84] zu überwinden. Im Unterschied zu Goethe, der in der Überwindung des Todes seine Wiedergeburt in Rom in der Kunst und im Leben erlebte und sich von dieser Zeit an endgültig als schreibendes Ich in der Kunst – »*innerhalb* seiner Geschichten« – aufhielt, vollzog Ingeborg Bachmann ihre ›italienische Erst- und Neugeburt‹ nicht primär in der Kunstbetrachtung, sondern in der Variation der Wiederholung eines (Italien-)Bildes, das von den Beschreibungen menschlicher Verlusterfahrungen in der Liebe bis hin zum Schreiben über den Tod reichte. Ingeborg Bachmann schlug mit der Blickrichtung ihres künstlerischen Schaffens den Weg über die Kunst hin zu einem »Du« ein, auch wenn der Standpunkt der von ihr beschriebenen literarischen Subjekte auf einer vertikalen Linie wechseln konnte, bis hin zu der Beschreibung einer zunehmenden ›Ich‹-Auflösung in ihrem Spätwerk, ihrem Romanerstling *Malina*, der Ouvertüre zum *Todesarten*-Zyklus[85], den sie als ihre »geistige Autobiographie«[86] bezeichnete. Ihre Kunst war in der Beschreibung und Überwindung

---

83 Bachmann: *Frankfurter Vorlesungen. Probleme zeitgenössischer Dichtung.* In: GW. Bd. IV. S. 229 f.
84 Dies.: *Die Wahrheit ist dem Menschen zumutbar.* In: GW. Bd. IV. S. 276.
85 Siehe hierzu: Andrea Stoll (Hg.): *Ingeborg Bachmanns ›Malina‹. Materialien.* A.a.O. – Siehe auch: *Kein objektives Urteil – Nur ein lebendiges. Texte zum Werk von Ingeborg Bachmann.* Hg. von Christine Koschel und Inge von Weidenbaum. A.a.O. S. 132-138.
86 Dieser war »[...] niemals autobiographisch im herkömmlichen Sinn! [...] Wir erfahren niemals: Was hat Ivan früher gemacht, was wird er später machen, was wird überhaupt sein, wer ist dieser Mann? Wir erfahren auch über Ich und Malina nichts, was sonst in Autobiographien vorkommt oder vorzukommen hat, also keine Geschichten, keinen Lebenslauf. Eine Autobiographie würde ich es nur nennen, wenn man darin den geistigen Prozeß eines Ichs sieht, aber nicht das Erzählen von Lebensläufen, Privatgeschichten und ähnlichen Peinlichkeiten.« In: Bachmann: *Wir müssen wahre Sätze finden. Gespräche und Interviews.* A.a.O. S. 88.

auch der ›italienischen Todesarten‹ nur ein Mittel zum Zweck, gerichtet auf den Blick eines anderen, selbst wenn das Ich der andere war.[87]

Im folgenden Kapitel soll das Verhältnis von Ritual und Literatur am Beispiel ihres Essays *Was ich in Rom sah und hörte*, untersucht werden. Neben dem Motiv der Augen und des Sehens, das zentral für die Aneignung der Bilder des Südens auch in der Dichtung Ingeborg Bachmanns ist, werden die ›italienischen Todesarten‹ in den Blick genommen, die Bachmann schon in der Mitte der fünfziger Jahre thematisiert hatte und die ebenfalls eine zentrale Rolle in ihrer Rom-Betrachtung spielen. An diesem Beispiel läßt sich darüber hinaus zeigen, wie eng ihr früheres Werk thematisch bereits mit ihrem Spätwerk verknüpft ist. Gerade in Rom finden wir im Vergleich zu ihrem Spätwerk den immanenten Fortschritt in der ›Kunst der Vertikale‹ wieder, die sie hier im Schnitt durch die römische Geschichte anlegte.

---

87 Siehe Bachmann: *Die Zikaden*. In: GW. Bd. I. S. 241: »Es ist meine eigene Verwandlung. Ich spreche von mir als einem, der ein anderer ist.«

8. Was ich in Rom sah und hörte –
Zum Ritual einer künstlerischen Ausschweifung

> Ich sage, man muß *Seher* sein, muß sich sehend machen. Sehend macht sich der Dichter durch eine lange, unermeßliche und planmäßige *Ausschweifung aller Sinne.*
>
> Arthur Rimbaud, *Lettres du voyant*[1]

»In Rom *sah ich,* daß der Tiber nicht schön ist [...]« So beginnt Ingeborg Bachmanns poetischer Spaziergang durch ihre Wahlheimat Rom. Der in siebzehn[2] Abschnitte unterteilbare Kurzprosatext liest sich in weiten Teilen wie ein längeres Prosagedicht, wie wir es vor allem von Schriftstellern wie Baudelaire, Lautréamont oder Rimbaud aus der französischen Literatur, aber auch aus der Epoche des Expressionismus und vom Dadaismus her kennen. Der Begriff Prosagedicht wurde in den sechziger Jahren aus dem Französischen (poème en prose) übernommen, blieb aber »ein in der Literaturwissenschaft nicht unumstrittener Begriff für lyrische Aussagen, die in stark rhythmisierter Prosa künstlerisch überformt werden.«[3]

Gleichzeitig stellt der kurze Text vor allem aber eines der anschaulichsten Beispiele für die enge Beziehung zwischen lyrischem Sprechen und künstlerischem Ritual dar, ist ebenso wie die Hymne *An die Sonne* ein Paradebeispiel für ein formelhaftes, ästhetisch-rituelles Schreiben, wie es Wolfgang Braungart in seinem Buch *Ritual und Literatur*[4] grundlegend formuliert hat. Das Sprechen über Italien und besonders über Rom, den »Nabel der Welt« (»lapis niger«), läßt sich als rituelles Sprechen bzw. Schreiben über einen traditionellen Künstlerort verstehen, an dem sich seit Goethes *Italienischer Reise* im Wechselspiel zwischen tatsächlichem Erleben und literarischer Auseinandersetzung künstlerische Identität herausgebildet hat. Dabei läßt sich die »lange, unermeßliche und planmäßige Ausschweifung aller Sinne«[5], die Reise bzw. der Aufenthalt in Italien als konstitutiver Bestandteil eines künstlerischen Rituals verstehen, das erst im Schreiben über die vor Ort gemachten Erfah-

---

1 Arthur Rimbaud: *Seher-Briefe / Lettres du voyant.* Übersetzt und herausgegeben von Werner von Koppenfels. Mainz 1990. S. 25 f. (Kursive Hervorhebungen im Original).
2 Auch eine Unterteilung des Textes in sechzehn Abschnitte wäre denkbar: Der Abschnitt über die »Fontana di Trevi« bildet inhaltlich gesehen einen eigenen Abschnitt, es fehlt aber die formelhafte, an manchen Stellen variierte Wendung »In Rom sah ich«, die ansonsten den Text strukturiert. Durch die inhaltliche Geschlossenheit wird dieser hier aber als eigene, dreizehnte Sequenz gewertet.
3 Ivo Braak: *Poetik in Stichworten.* Literaturwissenschaftliche Grundbegriffe. Eine Einführung. Unterägeri [7]1990. S. 80.
4 Braungart: *Ritual und Literatur.* A.a.O.
5 Rimbaud: *Seher-Briefe / Lettres du voyant.* A.a.O. S. 25 f.

rungen vollzogen wird. Erst danach, über den materialisierten individuellen Erfahrungsbericht im Kunstwerk, ist die Einordnung in die lange Tradition der italienreisenden Schriftsteller und damit die vollgültige Aufnahme in die ›italienische supranationale Künstlergemeinde‹ erlaubt. Die Auffassung vom rituellen Charakter des Schreibens kommt dem künstlerischen Selbstverständnis Ingeborg Bachmanns sehr nahe. So hat sie in ihren *Frankfurter Poetik-Vorlesungen* über die *Probleme zeitgenössischer Dichtung* für den Schriftsteller und seinen Umgang mit der Sprache gefordert:

> [...] er muß im Rahmen der ihm gezogenen Grenzen ihre Zeichen [die der Sprache – A. H.] fixieren und sie unter einem Ritual wieder lebendig machen, ihr eine Gangart geben, die sie nirgendwo erhält außer im sprachlichen Kunstwerk. Da mag sie uns freilich erlauben, auf ihre Schönheit zu achten, Schönheit zu empfinden, aber sie gehorcht einer Veränderung, die weder zuerst noch zuletzt ästhetische Befriedigung will, sondern neue Fassungskraft [...] , eine Stoßkraft für ein Denken, das zuerst noch nicht um die Richtung besorgt ist, ein [...] Denken, das Erkenntnis will und mit der Sprache und durch die Sprache hindurch etwas erreichen will. Nennen wir es vorläufig: Realität. [...] Zeitlos sind freilich nur die Bilder. Das Denken, der Zeit verhaftet, verfällt auch wieder der Zeit. [...] [es gibt] eine verborgene Tradition auch für die Moderne. [...] In dem Wunsch, etwas Musterhaftes an einen Ursprung zurückzuverlegen, versteckt sich jedoch der Wunsch, etwas nach vorn aufzurichten, ein Ungemessenes mehr als ein Maß, das bei aller Annäherung nicht zu erreichen sein wird. [...] Die Griechen Goethes können als eine Chiffre verstanden werden.[6]

Jacob Burckhardt zitierend, schreibt sie weiter: »Das Schicksal der neuer[e]n Poesie überhaupt ist ein literaturgeschichtlich bewußtes Verhältnis zur Poesie aller Zeiten und Völker ...«[7]

Bei Ingeborg Bachmann fallen also literarisches Traditionsbewußtsein, gegenwärtiges Schreiben und utopisches Denken zusammen. Der Prozeß, der diesen Zusammenhang herstellt und deutlich macht, wird offensichtlich und darstellbar auch für andere im Akt des Schreibens, den sie selbst als Vollzug eines Rituals begreift: als Verlebendigung überlieferter sprachlicher Bilder und Zeichen früherer Generationen von Denkern und Schriftstellern. Erst durch die systematische, ästhetische Fixierung und Neuanordnung der überkommenen Zeichen und Bilderwelten im Prozeß des Schreibens ist es

---

6 Bachmann: *Frankfurter Vorlesungen. Probleme zeitgenössischer Dichtung*. In: GW. Bd. IV. S. 192 f.; S. 195; S. 211; S. 264 f.
7 Ebd. S. 265. Das Originalzitat stammt von Jacob Burckhardt: *Weltgeschichtliche Betrachtungen. Historische Fragmente aus dem Nachlaß*. In: *Gesammelte Werke*. Bd. VII. Stuttgart, Berlin und Leipzig 1929. S. 54.

dem Schriftsteller wieder möglich, die Gedanken und Bilder der alten Welt in eine gegenwärtige bzw. in eine zukünftige Welt einzubauen. So nimmt der Schriftsteller »alte Muster« bewußt auf, setzt diese für die Gegenwart in allgemein verständliche, sprachliche Bilder um, um darüber hinaus in Auseinandersetzung mit diesen Mustern wiederum neue, utopische Ideen zu entwickeln und darzulegen.

Insofern sind auch die Italientexte Bachmanns aus dem Vollzug eines künstlerischen Rituals entstanden. Ihr diesbezügliches Werk ist als ein aus einem ritualisierten Schreibprozeß entstandenes Kunstwerk zu verstehen, das alte Muster aufgenommen hat, um diese unter Verwendung alter Zeichen, Bilder und Orte neu zusammenzusetzen und diese, soweit möglich, im Hinblick auf eine neue Zukunft zu überschreit[b]en. Die Spuren der Ritualisierung und De-Ritualisierung von Zeichen und Bildern lassen sich an beinahe allen Italientexten von Ingeborg Bachmann ablesen, so auch an dem vorliegenden Kurzprosatext *Was ich in Rom sah und hörte*[8].

In diesem Text treffen individuelle Erfahrung und ästhetische Verarbeitung, Menschheitsgeschichte und Gegenwart, Ritualisierung und De-Ritualisierung zusammen. Ein neuer Text ist entstanden, der selbst Teil eines ästhetischen Rituals ist, das mit jedem neuen Lesen in gewisser Weise neu (nach-)vollzogen wird: Den Text *Was ich in Rom sah und hörte* kann man also so gesehen als Resümee eines vollzogenen Rituals, als Fortsetzung des traditionsreichen Schriftsteller-Rituals einer ›Italienfahrt‹ im 20. Jahrhundert lesen. Italien fungiert dabei als ›heiliger‹ Ort, an dem der Initiationsritus einer internationalen Künstlergemeinde vollzogen wird. Ob eine solche Initiation geglückt oder nicht geglückt ist oder erst gar nicht durchgängig ausgeführt wurde, läßt sich erst am Kunstwerk selbst ablesen.

Bachmann schreibt über das Verhältnis von Erfahrung und Vermittlung:

> Und doch ist ja die Erfahrung die einzige Lehrmeisterin. Wie gering sie auch sein mag – vielleicht wird sie nicht schlechter beraten als ein Wissen, das durch so viele Hände geht, gebraucht und mißbraucht oft, das sich oft verbraucht und leer läuft, von keiner Erfahrung aufgefrischt.[9]

Bachmann hat in diesem Text ihre persönliche Erfahrung mit dem Ort Rom »aufgefrischt«, künstlerisch umgesetzt und für die Leser ästhetisch umgewandelt. Sie hat die Stadt Rom in ihrem Facettenreichtum für sich persönlich wiederaufleben lassen und ihre Eindrücke schriftlich festgehalten, immer in dem Bewußtsein, daß der Schriftsteller »[...] im Rahmen der ihm gezogenen

---

8 Bachmann: *Was ich in Rom sah und hörte*. In: GW. Bd. IV. S. 29-34. Erstveröffentlichung in: *Akzente* 2 (1955). S. 39-42.
9 Dies.: *Frankfurter Vorlesungen. Probleme zeitgenössischer Dichtung*. GW. Bd. IV. S. 184.

Grenzen ihre Zeichen [die der Sprache] fixieren und sie unter einem Ritual wieder lebendig machen [muß], [ihnen] eine Gangart geben [kann], die sie nirgendwo erh[alten] außer im sprachlichen Kunstwerk.«

In ihrem Essay (so bezeichnete Bachmann selber ihren Text) über Rom, der im Februar 1955 in der Zeitschrift *Akzente*[10] zum ersten Mal veröffentlicht wurde, vermittelt Bachmann Eindrücke von einigen ausgewählten, wichtigen Orten der Stadt. Die meisten der siebzehn Abschnitte beginnen mit dem prägnanten Satz »In Rom sah ich«, einer Inversion, die an manchen Stellen des Textes durch kleine grammatikalische Veränderungen abgewandelt wird, so z. B. in Abschnitt 5 »Ich sah« oder in Abschnitt 6 »In einer römischen Bar sah und zählte ich«, bzw. im folgenden »In Rom habe ich [...] gesehen« oder in Abschnitt 9, der mit einer noch stärkeren Inversion beginnt, indem der Nebensatz in die Anfangsstellung gerückt wird und dadurch nicht gleich am Satzbeginn das zyklisch wiederkehrende »In Rom sah ich« erscheint, sondern: »Daß [...], habe ich oft gesehen [...]«.

Der Leser dieses rituellen Italien-Textes soll diesen, das machen die ständigen Wiederholungen (v. a. Anaphern und Parallelismen) deutlich, auf eine bestimmte Art lesen. Er soll Bachmanns Wahrnehmung von Rom auf der ästhetischen, und dadurch angeregt auch auf der inhaltlichen Ebene verfolgen können; die Betonung der Form, die rituellen Wiederholungen, die an manchen Stellen beinahe gebetsartig klingen, mögen das Leserlebnis intensivieren, den Vorgang des Lesens erleichtern und die Prägnanz des Textes erhöhen. Die wiederholten Inversionen geben die ›Optik‹ vor und erlauben dem Lesenden, das ästhetische Ritual im Hinblick auf einen gleichermaßen geschichtsträchtigen wie künstlerisch bedeutenden Ort wie Rom nachzuvollziehen.

Ein Auszug aus einem Text der Autorin über Proust, der auf das Verhältnis von Leser und Autor anspielt und zudem auf die stilistische Verwendung der Inversion eingeht, zeigt, daß diese Einbeziehung und Hineinnahme des Lesers in das Rom Bachmanns und damit direkt hinein in das ›Ritual einer Reise nach Italien‹ durchaus beabsichtigt ist. Bachmann, die, wie sich schon in der Analyse des Gedichts *Das erstgeborene Land* gezeigt hat, besonders häufig und gern die Augenmetaphorik zur Verdeutlichung bestimmter zentraler innerer Vorgänge und Sachverhalte benutzt – wir finden diese besondere Sprechweise und Bildersprache durchgängig in diesem Text wieder – läßt einen *Sprecher* in einem fingierten Interview mit einer (der?) *Autorin* zum Verhältnis von Form, Leser und Autor sagen:

In Wirklichkeit ist jeder Leser, wenn er liest, ein Leser nur seiner selbst. Das Werk des Schriftstellers ist dabei lediglich eine Art von optischem Instrument, das der Autor dem Leser reicht, damit er erkennen möge, was

---

10 Bachmann: *Was ich in Rom sah und hörte.* A.a.O.

er in sich selbst vielleicht sonst nicht hätte erschauen können. Daß der Leser das, was das Buch aussagt, in sich selber erkennt, ist der Beweis für die Wahrheit eben dieses Buches, und umgekehrt gilt das gleiche, wenigstens bis zu einem gewissen Grad, da die Differenz zwischen beiden Texten sehr oft nicht dem Autor, sondern dem Leser zur Last gelegt werden muß. Zudem kann das Buch unter Umständen zu gelehrt und dunkel für einen naiven Leser sein und ihm infolgedessen nur ein getrübtes Glas zur Verfügung stellen, durch welches er nicht zu lesen vermag. Aber auch andere Eigentümlichkeiten (wie die Inversion) bewirken möglicherweise, daß der Leser auf eine bestimmte Art lesen muß, wenn er recht lesen will; der Autor darf sich daran nicht stoßen, sondern muß dem Leser möglichst viel Freiheit lassen, indem er ihm sagt: »Sieh du selber zu, ob du besser mit diesem Glas, mit jenem oder einem anderen siehst.«[11]

In dem kurzen Prosatext *Was ich in Rom sah und hörte* ist die Optik, die Form der Lesebrille also von der Autorin selbst betont vorgegeben. »In Rom sah und hörte ich [...]«, so oder ähnlich lauten über weite Strecken des Textes die Anfänge der einzelnen Abschnitte.

Erst im vierzehnten Teil erfolgt eine tatsächlich einschneidende Änderung der einleitenden Sentenz. Dort heißt es: »Schwer zu sehen ist, was unter der Erde liegt [...]«. Hier wird das von der Autorin besichtigte Terrain buchstäblich ›dunkler‹, nicht mehr so einfach einsehbar. An dieser Stelle genau trifft sich das ›Ritual der Reise nach Italien‹ mit der ›Kunst der Vertikale‹ Bachmanns. Denn die Autorin legt auch in diesem zentralen Text, bildlich gesprochen, einen vertikalen optischen Schnitt durch die Welt an, den man an der Zweiteilung des Textes (I. die oberirdische Betrachtung; II. die unterirdische Betrachtung) erkennt und als Abbild ihrer Sichtweise auf die (römische) Welt festhalten kann.

Der nächste, der fünfzehnte Abschnitt klingt sogar noch einschränkender als der vorherige: Er beginnt mit dem Kausalsatz »Wenn mir Hören und Sehen verging in Rom« – eine Wendung, die eine deutliche Parallele zur Schlußzeile der Hymne *An die Sonne* darstellt und nicht nur einem ›Verlust der Augen‹[12], sondern auch noch zeitweilig einem Verlust des Gehörs gleichkommt und bei Bachmann sicherlich einen Teil der von ihr zunehmend auch in ihrer »geistigen Heimatstadt Rom« empfundenen künstlerisch-menschlichen Isolation darstellt[13]. Dabei erfolgt gegen Textende eine zunehmende Konkretisierung der Topographie Roms auch in den Anfangssentenzen der

---

11 Bachmann: *Die Welt Marcel Proust – Einblicke in ein Pandämonium*. In: GW. Bd. IV. S. 178 f. Das Binnenzitat am Schluß stammt von Marcel Proust: *Auf der Suche nach der verlorenen Zeit*. Frankfurt a. M. 1956. Bd. VII. *Die wiedergefundene Zeit*. S. 352.
12 Bachmann: *An die Sonne*. In: GW. Bd. I. S. 137.
13 Laut Interviewaussagen von Toni Kienlechner vom 2. Juni 1993 in Bracciano bei Rom.

einzelnen Abschnitte. Der fünfzehnte Abschnitt leitet wiederum zu einem im Vergleich zum Anfangssatz um eine genaue Ortsangabe ergänzten und in der konjugierten Form wiedergegebenen Beginn über: »In Rom habe ich in der Früh vom Protestantischen Friedhof zum Testaccio hinübergesehen […]« (16. Abschnitt). Der letzte, siebzehnte Abschnitt des Textes, der anstatt auf das Sehen auf das Hören eingeht, schließt mit der provokanten Schlußsequenz: »In Rom freilich habe ich gehört, daß mancher das Brot hat, aber nicht die Zähne […]. Ich hörte, daß es in der Welt mehr Zeit als Verstand gibt, aber daß uns die Augen zum Sehen gegeben sind.« Die Dimension des Sehens wird in der zunehmenden Distanzierung vom Objekt (s. Abschn. 15) und zugunsten des Hörens innerhalb des Textes immer mehr zurückgedrängt; dafür nimmt die rationale Auswertung und Deutung des in Rom Gesehenen und Gehörten (Rom-Erfahrung) einen immer größer werdenden Raum ein. Das schwerpunktmäßig ästhetische Sehen, der in Rom umherschweifende Blick zu Beginn des Essays, ist über die Konkretisierung der Einzelangaben im Textverlauf also der Genauigkeit eines inneren Erkenntnisprozesses gewichen.

Der von seiner Aussage her programmatische Schlußsatz, der wieder zum Sehen als Chiffre für die menschliche Fähigkeit zu und der Forderung nach einer illusionslosen, damit aber auch realitätsnahen Erkenntnis in Bezug auf die Welt zurückkehrt, und den Christa Wolf in ihrem Essay über Bachmann mit der Hymne *An die Sonne* verknüpft hat[14], ist gleichzeitig eine der tiefgreifenden Erkenntnisse, die die Autorin in Rom gewonnen hat; der

---

14 Christa Wolf: »Die zumutbare Wahrheit. Prosa der Ingeborg Bachmann«. In: *Lesen und Schreiben. Neue Sammlung. Essays, Aufsätze, Reden.* A.a.O. S. 172-185, hier S. 174. »Sehend werden, sehend machen: Ein Grundmotiv in den Werken der Ingeborg Bachmann. Das Gedicht *An die Sonne*, ihre Rede *Die Wahrheit ist dem Menschen zumutbar* und das Prosastück *Was ich in Rom sah und hörte* gehören zusammen. Man sieht, wie sie zu sehen beginnt; wie ihr die Augen aufgehen, wie ihr Hören und Sehen vergeht. Wie sie Stolz zieht aus dem, was sie sehen konnte (›der Stolz dessen, der in der Dunkelhaft der Welt nicht aufgibt und nicht aufhört, nach dem Rechten zu sehen‹) Beglückung (›Nichts Schöneres unter der Sonne als unter der Sonne zu sein …‹) und Einsicht: ›Ich hörte, daß es in der Welt mehr Zeit als Verstand gibt, aber daß uns die Augen zum Sehen gegeben sind‹.« Auch Christa Wolf weist auf die ›Heiligkeit‹ des dichterischen Wortes von Ingeborg Bachmann hin, die meiner Ansicht nach Teil des rituellen Charakters ihres Schreibens ist: »Mit dem ersten Satz [des Essays] ist die Tonhöhe angeschlagen. Heilige Nüchternheit. Pathos der innerlich angespannten Beschreibung. Vor sich hin gesprochene Sätze, wie sie aus großer äußerer Aufmerksamkeit und aus großer innerer Vorurteilslosigkeit kommen. Behutsamkeit des Zweifelnden und zupackende Genauigkeit dessen, der weiß. Sätze, die sich immer wieder auf Sachverhalte der Wirklichkeit beziehen, aber nie vorgeben, dieselbe Wirklichkeit zu wiederholen oder zu ersetzen. […] [D]ie neue Realität […] ist einem überraschenden Bezugssystem untergeordnet, die Hervorbringung eines ununterdrückbaren und unstillbaren Verlangens nach Durchdringung der natürlichen und gesellschaftlichen Umgebung mit menschlichen Maßstäben.« Ebd. S. 175. (Kurs. Herv. lt. Original).

Ausdruck eines auch bedeutsamen Wissens um die individuelle Auswirkung eines künstlerischen Rituals, bei dem Leben und Zeichen (Sprache / Schrift / Kunstwerk) sich gegenseitig bedingen: »Ich sah, daß wer ›Rom‹ sagt, noch die Welt nennt und der Schlüssel der Kraft vier Buchstaben sind. S.P.Q.R. Wer die Formel hat, kann die Bücher zuschlagen.«¹⁵

Die Zeichensprache der Stadt wird unter ihrer Federführung im ›Erwandern‹ und im deutenden Lesen derselben wieder lebendig; sie wird im Schreiben und auf der Suche nach alten Orten und Bildern wiedererweckt. Und, ›wer die Formel kennt‹, so Bachmann, hat ihrer Meinung nach den ›Schlüssel zur Kraft‹ einer an sich wandlungsfähigen Beständigkeit gefunden. Das traditionsreiche Ritual einer ›heiligen‹, aber weltlichen Schrift an einem durchaus auch für Nicht-Christen ›heiligen‹ Ort, kann im Schreiben, in der Kunst, aufs Neue wieder (und im Lesen immer neu nach-)vollzogen werden. Ein neuer Anfang in der Kette der poetischen Italienreisebeschreibungen ist gemacht. In einer ersten Betrachtung ließe sich der Text als Wiedergabe einer ritualisierten De-Ritualisierung lesen:

»In Rom sah ich, daß der Tiber nicht schön ist, (...).« Diese Aussage an eine so prominente Stelle einer Rombeschreibung zu setzen, ist provokativ und entspricht nicht der gängigen Erwartungshaltung des Lesers. Der negierende Einstieg stellt zunächst eine bewußte Abkehr von der typischen, rein auf die Ästhetik des Klassisch-Schönen ausgerichteten Romerwartung dar. Sie ist nur dem möglich, der eigentlich einmal von etwas anderem ausgegangen ist und sich nun betont davon absetzen möchte: Von der ›Schönheit des Tibers‹, allgemeiner formuliert von dem unhinterfragten, tradierten Bild der klassischen Schönheit Roms und damit von der Gültigkeit eines scheinbar unveränderlichen und unvergänglichen ästhetischen Bildes einer Stadt, das viele der vorangegangenen Literaten, Kunsthistoriker und Altertumsforscher entworfen und weitervermittelt haben. In einem Schlaglichter setzenden Text, der an vielen Stellen mit dem fotografischen Mittel der Momentaufnahme arbeitet und alte Bilder mit neuen, gegenwärtigen kontrastiert, wird der Leser im folgenden mit Bachmanns Rom bekannt gemacht. Dabei bedient sich Bachmann wiederholt des Stilmittels der Verdichtung durch sich häufende Parallelismen, Inversionen, Anaphern und Epiphrasen, wobei vor allem auch die vielen Passivkonstruktionen auffallen. Wir erleben über den Versuch, die Augen offen zu halten und hinter die ›schöne‹ Fassade Roms zu sehen, einen Wandel mit: weg von einem rein ästhetischen Sehen über den schwierigen Prozeß der Erkenntnis, der den Versuch, die Augen zu verschließen, nicht ausläßt, hin zu einem Gebrauch der Augen im verantwortlichen Austausch mit der Welt. Im Wissen, daß genaues Hinsehen alleine nicht genügt, um eine Welt wie Rom exemplarisch zu begreifen,

---

15 Bachmann: *Was ich in Rom sah und hörte.* In: GW. Bd. IV. S. 32.

schließt der Text mit dem (Hin-)Hören als Überschreitung eines Sehens, das ohne kritische Analyse nicht mehr auskommt: »Ich hörte, daß es in der Welt mehr Zeit als Verstand gibt, aber daß uns Augen zum Sehen gegeben sind.« Wir sind im Ritual des Lesens am Ausgangspunkt des rituellen Schreibens von Ingeborg Bachmanns zyklischer Konzeption dieses Essays angekommen und können also von vorn beginnen: »Was ich in Rom sah *und* hörte«: Der Vollzug eines künstlerischen Rituals in Form eines Spaziergangs durch Rom.

Rom – Oberirdisch

Rom oder Die Brücke zu einer anderen Welt
Der Tiber und seine Insel

Im ersten Abschnitt des literarischen Spaziergangs durch Rom führt uns die Autorin am Tiber, dem ursprünglichen Zentrum des antiken Roms entlang. Der Lesende besucht mit ihr dessen »unbekümmert[e] [...] Kais, aus denen Ufer treten, an die keiner Hand legt«.[16] Es herrscht Ruhe im Zentrum der Stadt. Hier tritt nicht das Wasser an die Ufer, sondern die Ufer treten aus dem Wasser des Flusses an Land. Es ist die Schöpfung selber, der Ingeborg Bachmann an diesem Fluß begegnet; eine Schöpfung, die über die Jahrhunderte von Menschenhand gemacht wurde und an deren Ufer doch »keiner Hand«[17] angelegt hat. Die Welt am Tiber scheint in der Hitze des Mittags stehengeblieben zu sein. Wo einmal Leben war, herrscht jetzt Stillstand und Verwesung. Weder Frachtgut noch Menschen überqueren den Fluß. Die erste Momentaufnahme gibt das Bild einer seltsamen Erstarrung wieder.

Die Skizze, die Ingeborg Bachmann im ersten Abschnitt von der römischen Welt entwirft, stellt zudem eine vollkommene Negation derjenigen Größe und Pracht dar, die die Hauptstadt des antiken Weltreiches einst ausmachte. Die Autorin beginnt ihren Rundgang also zunächst mit einer Ästhetik des Häßlichen, wie Baudelaire sie in *Les Fleurs du Mal*[18] formuliert hat. Das wird besonders an den vielen Negationen im ersten Abschnitt deutlich: »nicht (...), niemand (...), noch nie (...), nie (...)«, heißt es anfänglich in fast jedem Satz. Die Schiffe, in Bachmanns frühen Gedichten einst Sinnbilder für den Aufbruch in den Süden[19], sind vor Anker gegangen und es scheint, als würde sich die Natur ihren Teil der von Menschenhand

---

16 Bachmann: *Was ich in Rom sah und hörte.* In: GW. Bd. IV. S. 29.
17 Ebd. S. 29.
18 Zur Ästhetik des Häßlichen siehe Holger Funk: *Ästhetik des Häßlichen. Beiträge zum Verständnis negativer Ausdrucksformen im 19. Jahrhundert.* Berlin 1983. Und Karl Rosenkranz: *Ästhetik des Häßlichen.* Hg. v. Dieter Kliche. Leipzig 1990.
19 Vgl. Bachmann: *Ausfahrt* und *Die große Fracht.* In: GW. Bd. I. S. S. 28 f. u. S. 34.

bebauten Welt zurückholen. Das Gras wuchert wild, ist aber dafür mit Schmutz und Unrat von den dort lebenden Menschen überhäuft. Doch am Tag des Spaziergangs rührt sich nichts in dieser Hitze. Selbst die Arbeiter haben ihr Tagwerk aufgegeben und »schlafen (...) regungslos in der Mittagshitze.« Es bewegt sich nichts; es passiert aber auch nichts am Tiber. »Noch nie hat sich einer umgedreht. Nie ist einer hinuntergestürzt.« Ein gewisses Einvernehmen zwischen Mensch und Natur ist für Ingeborg Bachmann bei diesem Anblick der in der Sonne dösenden Arbeiter nicht von der Hand zu weisen, auch wenn sich der Mensch der Natur sehr wohl zu bedienen weiß. »Sie schlafen, wo die Platanen ihnen einen Schatten aufschlagen, und ziehen sich den Himmel über den Kopf.« Etwas gibt es allerdings doch bei diesem Anblick, was als »schön« zu bezeichnen ist: Das vom Licht beschienene »Wasser des Flusses, schlammgrün oder blond«. Die Ästhetik des Häßlichen mischt sich mit ersten poetischen Bildern der Schönheit der Stadt. Der eben genannte Satz beginnt auffälligerweise mit derselben Inversion wie die Hymne *An die Sonne*: »*Schön ist* aber das Wasser (...)«, so als ob die Autorin das Gegenteil der vorgefundenen Realität sucht und vorgeformte innere Bilder wiederfinden will und vorgegebene Wege zu begehen hat. »Den Tiber *soll man* entlanggehen und *nicht* von den Brücken *sehen*«, heißt es da gemäß dem inneren Stadtplan der Dichterin, einem offensichtlich vorgegebenen, schon verinnerlichten Reiseführer früherer Generationen folgend. Was man in Rom sehen und tun soll und was die Autorin tatsächlich sieht, das wird über weite Strecken des Textes zum literarischen Mittel der Spannungserzeugung. Denn Bachmann kontrastiert das tradierte Italienbild und die Erwartungshaltung des Lesers, die zunächst sicherlich auch ihre eigene war, permanent mit dem Rom(-bild), das sie an diesem Tag durch die eigene Anschauung gewinnt, durch das, was sie selbst erlebt, sieht und hört und genau das macht den Text so interessant, neu und außergewöhnlich. Wir gehen als Lesende mit Ingeborg Bachmanns Augen durch Rom und vergleichen vielleicht sogar selbst, was wir vom Hörensagen über die Stadt am Tiber wissen. So gesehen wird der Leser teilnehmender Beobachter des Vollzugs eines künstlerischen Rituals mit den Augen des Produzenten und wird zum rituellen Teilnehmer des Textes, zum Teilhaber am Ritual.

Wir sind mit der Autorin an der Tiber-Insel angelangt. Über diese Insel, die »Tiberina«, heißt es,

[daß] an der Stelle der heutigen Tiberinsel einst ein schwerbeladenes Schiff untergegangen [sei]. Diese Tradition förderte, daß früher in der Mitte der Insel ein Obelisk wie ein Mast aufragte. Eine andere Deutung schreibt die Entstehung der Insel der Schlammbildung durch Korn von den Feldern der tarquinischen Könige Endes des 6. vorchristlichen Jahrhunderts zu. Um 329. v. Chr. wurde hier der Kult des Heilgottes Äskulap und seiner Schlangen gepflegt, der auf einem Boot nach einer dritten

Überlieferung hier einst haltgemacht habe; dabei sei eine seiner Schlangen entschlüpft und habe unmißverständlich kundgetan, daß hier ein Heiligtum zu Ehren des Äskulap zu errichten sei. [Zudem] bot sich an dieser Stelle die bequemste Möglichkeit, Brücken über den Fluß zu schlagen. [...] Auf der Insel, die noch heute die Tradition des Heilgottes Äskulap mit dem Krankenhaus »Fatebenefratelli« weiterführt, steht die Kirche des heiligen Bartholomäus, die Ende des 10. Jahrhunderts [...] auf den Ruinen des Äskulap-Tempels errichtet und im Barock restauriert wurde.[20]

Ingeborg Bachmann kannte die geschichtlichen Hintergründe, Legenden und Erzählungen über einzelne Orte innerhalb und außerhalb Roms. Sie benutzt, wie man am Text deutlich ablesen kann, dieses Wissen als Fundus für ihre eigenen Beschreibungen und Reflexionen, deutet es aber neu, in dem sie sich selbst mit in die Geschichte der Stadt einbezieht, einschreibt:

> Die Tiberina bewohnen die Noiantri – *wir anderen*. Das ist so zu verstehen, daß sie, die Insel der Kranken und Toten seit alter Zeit, von *uns anderen* mitbewohnt werden will, mitbefahren, denn sie ist auch ein Schiff und treibt ganz langsam mit allen Beladenen, in einem Fluß, der sie nicht als Last empfindet.[21]

Das von Ingeborg Bachmann verwendete Personalpronomen »wir« zeigt, daß die Grenzen zwischen dem fremden und dem eigenem Dasein als schreibende Ausländerin in Rom verwischt, ja für den Moment des poetischen Spaziergangs aufgehoben sind. Die Grenze zwischen dem Ich und dem/den anderen verläuft, wenn überhaupt, zwischen denen, die krank oder bereits tot sind und dem/den gesunden Bewohner/n der Stadt, also zwischen den Inselbewohnern und den Festlandbewohnern[22], wobei das Ich des Kurzprosatextes zu den gesunden anderen, momentan also zu den ›Festlandangehörigen‹ zählt. Aber auch diese Grenze ist nur eine vage Einteilung zwischen dem Ich als Teil der anderen und den Kranken und Toten der Insel. Denn die Tiberinsel ist in der Phantasie der Autorin ein ›Schiff der Beladenen‹, ein Bild, das an das christliche Lebensschiff oder an die biblische Arche Noah denken läßt und eine derartige Grenzziehung zwischen den Kranken und gesunden Bewohnern Roms nicht duldet. Die Insel »[will] von uns anderen mitbewohnt, [...] mitbefahren werden«, denn alle Menschen, die Gesunden wie die Kranken, sind auf irgendeine Weise laut Aussage des Textes ›Beladene‹, und der Fluß trägt die ›Beladenen‹, wie gesund oder krank sie sich

---

20 Heinz-Joachim Fischer: *Rom. Zweieinhalb Jahrtausende Kunst und Kultur in der Ewigen Stadt.* Köln 51989. S. 329 f.
21 Bachmann: *Was ich in Rom sah und hörte.* In: GW. Bd. IV. S. 29.
22 Siehe auch den Gedichtzyklus *Lieder von einer Insel* und das Hörspiel *Die Zikaden,* bei denen dieselbe Aufteilung in Insel- und Festlandbewohner vorgenommen wird.

auch fühlen mögen. So jedenfalls urteilt die Autorin: Krankheit und Tod werden in Rom als ein Teil des menschlichen Lebens wahrgenommen, der jeden treffen kann, auch wenn die Perspektive des Spaziergängers an diesem Tag noch die des eher distanzierten Betrachters ist. Die Grenze zwischen dem »Ich« und »den anderen« ist also nur eine zeitweilige und vorübergehende Erscheinung, die in Rom auf Schritt und Tritt im Blick über die Ufer des Tibers hin zur Insel als solche erkannt und damit auch ›überbrückt‹ werden kann. Ein Beispiel, das Ingeborg Bachmann hier anführt, für die ›bequeme‹ römische Art, menschliche Brücken nicht nur im Kopf zu schlagen. Die alten Steinbrücken versinnbildlichen diese Verbindung von Mensch zu Mensch daher auf eine ›sagenhafte‹, sehr einfache und für jeden verständliche Weise. So wenigstens will es die Überlieferung bzw. der Blick aus den ›utopischen‹ Augen[23] der Dichterin auf Rom. Ingeborg Bachmann verknüpft also Legende, Historie und reale Gegenwart mit einem für ihr Denken und Schreiben utopischem Anspruch, indem sie die von ihr besuchten Orte wie eine verborgene, alte Zeichensprache deutet und im Schreiben über die Stadt auf neue Weise exemplarisch im Spiegel ihres Erzähler-Ichs festhält.

Rom: Das Maß aller Dinge – Auf dem Petersplatz

»In Rom sah ich, daß die Peterskirche kleiner erscheint, als ihre Maße und doch zu groß ist. Es heißt, Gott wollte seine Kirche auf einem Felsen und fest stehen haben.«

Wieder steht das Sehen, der Erkenntnisprozeß, wie die Welt in Rom ›aufgebaut‹ und zu verstehen ist und damit ein rituelles Schauen, das seinen Ausdruck im Symbolisierungsprozeß des Schreibens findet, (auch rein formal wieder ablesbar im Parallelismus der Inversion des Textanfangs[24]) am

---

23 Siehe auch Bachmann: *Malina*. In: GW. Bd. III. S. 121 f.
24 Die Formulierung »*In Rom sah ich*«, nimmt biblische Darstellungsweisen und Spruchformeln auf, so z. B. die Wendung: »Und Gott *sah* an alles, was er gemacht hatte, *und siehe*, es war gut.« (1. Mose 1.2., Vers 31.). Die Erkenntnis über die Augen als Erkenntnis über den Zustand der Welt, ist, wie in Bachmanns Text, dem rein verstandesmäßigen Wissen übergeordnet. In der Bibel allerdings erfolgt vor dem Vorgang des Sehens der des Sprechens, der Benennung. »Und Gott *sprach*: Es werde Licht! Und es ward Licht. Und Gott *sah*, daß das Licht gut war.« (1. Mose 1, 3-4). An diesem Beispiel sieht man sehr gut, wie eng rituelles Sprechen oder Schreiben sich an vormals religiöse Formulierungen anlehnt. Siehe hierzu auch die Erläuterungen von Wolfgang Braungart zum Zusammenhang von Literatur, Ritual und Religion, die ich als grundlegend für das Verständnis von Ingeborg Bachmanns Texten ansehe:
Es geht »nicht um die Frage nach einer christlichen, allgemeiner: einer religiösen Dichtung [...], auch nicht um literarische »Realisation« des Religiösen, auch nicht um das Ästhetische aus der Perspektive der Religion, sondern [...]: um Beziehungen zwischen Ritual und Literatur und damit um Analogien und Parallelen zwischen der symbolischen Bedeutungsordnung des Rituals und jener der Literatur. Die Frage nach

Beginn des zweiten Abschnitts. »Gott und seine Kirche« – ein wichtiges Thema im christlichen wie säkularen Rom. Ingeborg Bachmann nimmt im Schreiben über Rom Maß, Augenmaß, wie in vielen ihrer Gedichte über die Welt des Südens bei der literarischen Umsetzung des Gesehenen und Erlebten Versmaß, wenn sie auch in diesem rhythmisierten, mit Elementen des Lyrischen durchsetzten Prosatext vor allem mit dem Stilmittel der Wiederholung arbeitet. Die Häufung bestimmter Adverbien wie »doch, so, noch, schon« verbinden die einzelnen Sätze der Textpassage untereinander schon rein lautlich durch die Anhäufung des Vokals »o« und sorgen nachvollziehbar für die Wiedergabe desjenigen wiederkehrenden Rhythmus‹, der bei dem poetischen Spaziergang durch Rom im Innern der Autorin entstanden ist. ›Alpha et Omega‹: Das Ende des Textes bestimmt den Anfang und der

> dem Zusammenhang zwischen Ritual und Literatur stellt sich nicht primär als Folge des Säkularisierungsprozesses. Sie stellt sich in diesem Zusammenhang freilich drängender. Zurecht ist die Kategorie der Säkularisierung als Kategorie der Kritik der Moderne bis heute umstritten, weil die Neuzeit nicht nur eine parasitäre Erbin der christlichen Epoche ist und nicht nur aus dem lebt und das fortführt, was von jener übrigbleibt. [...] Wie gesagt: Das Problem von *Ritual* und *Literatur* läßt sich auch am Zusammenhang von *Religion* und *Ritual* entwickeln. Es würde nur verkürzt werden, beschränkte man sich allein auf diesen Zugang. Ein historischer Beleg, wie der Zusammenhang von Anthropologie und Literatur schon in der Poetik des 18. Jahrhunderts gesehen wurde [Diese Erläuterung aber läßt sich exakt auch auf die Italientexte und das Werk, den Zusammenhang von künstlerischen Selbstverständnis, Musikalität und Sprache von Ingeborg Bachmann übertragen – A. H]: Gottsched unterstellt in der ›Critischen Dichtkunst‹, daß die ersten Gedichte der Menschen gesungen worden seien, weil der Gesang dem Menschen ursprünglich eigen gewesen sei und, sozusagen, zu seiner anthropologischen Ausstattung gehöre: ›Lehret uns nicht die Natur, alle unsere Gemüthsbewegungen, durch einen gewissen Ton der Sprache auszudrücken? Was ist das Weinen der Kinder anders, als ein Klagelied, ein Ausdruck des Schmerzes, den ihnen eine unangenehme Empfindung verursachet?‹ ›Was ist das Lachen und Frohlocken anders, als eine Art freudiger Gesänge, die einen vergnügten Zustand des Gemüthes ausdrücken? Eine jede Leidenschaft hat ihren eigenen Ton, womit sie sich an den Tag leget.‹ (Ebd. S. 68) Die Frage, wie dann die ›ersten Oden mögen geklungen haben‹ (Ebd. S. 69), beantwortet Gottsched nun mit einem Verweis auf die rituellen Gesänge des religiösen Kultes. Dabei kündigt sich der ästhetische Paradigmenwechsel zur wilden Volkspoesie um 1760/70 im Zeichen Shakespeares und Ossians einerseits, zum psalmodierenden Gesang andererseits schon fast an: ›Alle Dinge sind anfänglich rauh und grob, oder doch voller Einfalt. [...] Ich stelle mir die neuerfundenen Lieder nicht anders vor als die Evangelien, das Vater Unser, und andre in ungebundener Rede abgefaßte Lieder, die man noch itzo an vielen Orten singt; nämlich die Litaney, den Lobgesang Mariä, die Collecten u.d.m. Sätze von ungleicher Größe, ohne eine regelmäßige Abwechslung langer und kurzer Sylben; ja sogar ohne alle Reime, waren bey den ersten Sängern schon eine Poesie.‹ (Ebd. S. 69 f.). Die rituellen Texte interessieren Gottsched hier also wegen ihrer ästhetischen Gestalt, nicht in ihrer religiösen Funktion. Ihre Einfachheit erinnert an die anfängliche Einfachheit der Poesie , die aus der Ästhetik des Rituals wieder rekonstruiert werden kann. Der rituelle Text wird damit prinzipiell für den ästhetischen Blick freigegeben.«
> Aus: Braungart: *Ritual und Literatur.* A.a.O. S. 142 f.

Anfang verweist bereits auf das Ende des rituellen Romspazierganges, so könnte eine erste Beschreibung der zyklischen Struktur des Essays zusammenfassend lauten. Im Hinblick auf Zeichen von Kontinuität und Ewigkeit in Rom, bei allem historischen Wandel die römische Struktur der Ewigkeit immer im Auge behaltend, ist das Rom auf der inneren Landkarte Ingeborg Bachmanns zunächst ein »göttliches« Rom, das den Leser im nun folgenden vertikalen Blick von oben nach unten lehren soll, »daß uns die Augen zum Sehen gegeben sind«.

Der Anfang des zweiten Satzes »Es heißt«, weist wieder auf die Folie hin, auf der dieser Rundgang stattfindet. Es sind Orte, die nicht erst seit Goethes *Italienischer Reise* eine lange Tradition des Beschreibens aufweisen, die typischen Orte wie der »Tiber«, »die Peterskirche« oder der »Campo de' Fiori«, die jeder Romreisende bei seinem ersten Besuch in der Stadt zunächst aufsuchen wird.

Der Leser bewegt sich mit Ingeborg Bachmann also erst einmal auf der horizontalen Ebene vom Tiber hin zur Peterskirche, vom »Fluß«, vom wandelbaren Element, das die Stadt durchzieht, hin zum »Felsen«, zum festen Element, auf das die Stadt gebaut ist. An zwei aufeinanderfolgenden Sätzen zeigt sich nun wieder das poetische Gestaltungsprinzip Bachmanns, das sich mit dem Begriff der ›Kunst der Vertikale‹[25] fassen läßt: Ihre Augen nehmen »Maß« an der realen Größe der »Peterskirche« und in Gedanken wandert sie zu »Gott«, himmelwärts, in den geistigen, den utopischen Raum, um gleich darauf hinabzusteigen in das Kircheninnere, hinab zum »Grab« des »Heiligen« Petrus, in den dunklen, den noch unerforschten Bereich, den »man« gerade, so schreibt sie lapidar, »freilegt«. Bemerkenswert ist auch die Alliteration der von Bachmann verwendeten Substantive »*G*ott / *G*rab« als deutlichster stilistischer Hinweis auf den engen Zusammenhang dieser beiden Begriffe im Sinne der ›poetischen Vertikale‹ der Dichterin, versteht man die beiden Begriffe als Sinnbilder des Lebens und verschiedener menschlicher Seinsformen (lebendig / tot; Geist / Materie; Himmel / Erde). In gewisser Weise handelt es sich bei Bachmanns Blick auf Rom um einen poetisch-archäologischen Blick, dessen Eindrücke sie nur in einer anderen, eben ihr zugehörigen poetischen, stark rhythmisierten, rituellen Sprache wiedergibt, so wie sie im Schreiben die verschiedene Schichten Roms an ihrem inneren Auge vorbeiziehen läßt und auf ihre Geschichte(n), auf ihre Zeichen hin untersucht, die sie mit sich tragen. Nach einer solchen Bestandsaufnahme

---

25 Ich möchte an dieser Stelle noch einmal auf das bereits eingangs zitierte Postulat Bachmanns verweisen, es gebe »in der Kunst keinen Fortschritt in der Horizontale, sondern nur das immer neue Aufreißen einer Vertikale. Nur die Mittel und Techniken in der Kunst machen den Eindruck, als handelte es sich um Fortschritt.« (Bachmann: *Frankfurter Poetik-Vorlesungen. Probleme zeitgenössischer Dichtung*. In: GW. Bd. IV. S. 195.)

um und im Heiligtum der katholischen Christenheit, von deren christlichem Glaubensinhalt und Gesamtkontext sich die Autorin aber durch Verwendung des Possessivpronomens »ihr[es] Heiligen« offenkundig distanziert, geht sie auf den Umgang der katholischen Kirche und ihrer/s »Heiligen« mit dem römischen Volk, vor allem mit den armen Bevölkerungsschichten ein. Indem sie auf das Grab des Heiligen Petrus Bezug nimmt, zielt sie implizit auch auf den Grundstein, das Innere des Kirchenstaates, den Vatikan, ab. Bachmann kritisiert, poetisch verkleidet, die Haltung der Kirche bzw. der Kirchenoberen selbst, die in ihren Augen auf der Suche nach dem Grab eines ihrer Heiligen an ihrem eigenen Fundament rütteln, dabei aber zu sehr auf sich selbst und ›ihre (Seine) Heiligkeit‹ fixiert bleiben. Über die Suche nach dem einstigen Fundament der Kirche sind die Menschen, so könnte eine Deutung dieser Zeilen lauten, zu sehr nur sich selbst zugewandt gewesen, blick[t]en aber nicht wirklich über die Kirchenmauern nach außen, hinaus in die Realität, um sich mit den Problemen einer Welt jenseits des Petersplatzes auseinanderzusetzen. Im Bild der archäologischen Grabung schaufeln sie mit dem Blick nach unten gerichtet, nach einer vergangenen Heiligkeit, symbolisch gesehen aber blicken sie für Ingeborg Bachmann nach innen und stehen daher dem Tod, dem Grab näher als dem Leben und bereiten so ihren eigenen Untergang vor. »So ist's der Heilige selbst, der sie in Gefahr bringt und schwächt.« Ob es sich bei diesem Heiligen um Petrus oder den Papst als ›Seine Heiligkeit‹, den Nachfolger Petri handelt, läßt Bachmann in dem eben genannten Satz allerdings offen. Und obwohl die Armut im Volk zunimmt, so stellt sie fest, wächst der Pomp der kirchlichen Selbstdarstellung für jeden sichtbar weiter an. Und trotz des ›freigelegten‹, maroden, ja offenbar abgestorbenen Fundaments der Kirche, »trotzdem«, sagt Bachmann, »treten die großen Feste noch laut auf, mit Balletten in Purpur unter Baldachinen, und in den Nischen ersetzt Gold das Wachs. Chiesa granne divozzione poca.« Formal ist dieser zuletzt zitierte Satz ein Beispiel für die häufige Verwendung von italienischen und aus dem Italienischen übersetzten Sprichwörtern[26]. Frei übersetzt heißt dieser in einem italienischen Dialekt notierte Satz: »Je größer die Kirche, desto weniger Frömmigkeit.«

Natürlich sind es nicht die »Feste«, die »laut auftreten« (eine der weiteren zahlreichen Personifikationen im Text), sondern gemeint sind hier beispielsweise die römischen ›Kirchen-Spektakel‹ des Osterfestes oder desjenigen Märtyrerzuges, an dem der Papst unter seinem roten Baldachin sitzend oder laufend wie ein Würdenträger aus den Zeiten des Mittelalters seinen Auftritt vor dem Volk hat und im Vollzug eines christlichen Rituals an die ersten Christenverfolgungen unter den römischen Kaisern erinnert und den Gläubigen, die wie in der Antike, je ärmer sie sind, um so lieber diesen modernen

---

26 Die in manchen Texten gehäufte Verwendung von italienischen Sprichwörtern ist nicht weiter verwunderlich, denn Ingeborg Bachmann sprach fließend Italienisch.

Varianten von ›Brot und Spielen‹ für das Volk beiwohnen, seinen Segen spendet. Eben diese armen Bewohner einer äußerlich reichen und prächtigen Stadt sind es, die, so Bachmann, sich am christlichen Glauben in der Hoffnung auf ein besseres Leben nach dem Tod durch ein modernes ›Ablaßwesen‹ einen Platz im Himmel hoffen erkaufen zu können. Sie spenden ihr weniges Geld der Kirche, anstatt es für sich zu verwenden. Insofern »ersetzt Gold das Wachs in den Nischen« der vielen Kirchen in Rom. Auch in dieser sozialkritischen Betrachtungsweise treffen wir auf den Versuch der Dichterin, im Blick auf die Beziehung zwischen Kirchenstaat und Kirchenvolk, einen vertikalen Schnitt anzulegen: ein sich durchziehendes Blick- und Schreibmuster Ingeborg Bachmanns auf der Suche nach »etwas Musterhaftem«, das, wenn es aufgespürt, erfaßt und beschrieben ist, je nachdem, als was es erkannt wurde, auf eine dem utopischen Denken verhaftete Besserung der jeweiligen Verhältnisse abzielt. Indem sie das Bild der Peterskirche im vergleichenden Blick nach oben zum eigentlichen Vorhaben »Gottes« (»Es heißt, [...]«) an ihren »Ursprung zurückverlegt hat«, und dabei als Ergebnis dieser Vorgehensweise einen Einblick in die Struktur der kirchlichen Fundamente gewonnen hat, zeigt sich, daß dieses ›ungemessene‹, um nicht zu sagen die vermessene Haltung und »Maßlosigkeit« kirchlicher Prunksucht in den Augen Bachmanns überschritten ist und nach Veränderung ruft. Die von Bachmann im Kunstwerk »fixierten Zeichen« zielen letztlich auf ein verändertes bzw. neues Denken beim Leser ab, der sich über den ästhetischen Genuß, den der Text dem Leser vielleicht vermitteln mag, – auf den der Text letzten Endes jedoch nach Bachmann nicht in seinem Endzweck ausgerichtet ist[27] – in das Kunstwerk hineinziehen läßt. Denn über die ästhetische Form des Textes (Rhythmus, Wiederholungen, Formelhaftigkeit, Sprachduktus, poetische Bilder etc.) wird die Teilnahme über das ritualisierte Sprechen bzw. Schreiben am im Text Geschilderten erleichtert, der Austausch zwischen Autor-Intention und Leser-Bedürfnis wenigstens für eine Zeit befriedigt. Der Lesende erhält so die Möglichkeit, über das Kunstwerk am Ritual der Autorin selbst teilzunehmen, es nachzuvollziehen und wird so selbst Teil des Vollzugs. Der Leser wiederholt für sich die Wege des poetischen Spazierganges durch Rom, indem er die Zeichen entziffert.

Zurück zum Text: Die Stellung der Adverbien »noch« und »schon« betont noch einmal die Grenzsituation zwischen oben und unten, zwischen reich und arm, zwischen der Kirche und ihren Gläubigen, macht gleichzeitig aber auch außer der zuvor erläuterten ›Unangemessenheit‹, dem Unmäßigen des menschlichen Verhaltens, die Vergänglichkeit kirchlicher Macht und vermeintlicher Heiligkeit bewußt: »Noch sorgen die Armen in ihrer Behutsam-

---

27 Bachmann: *Frankfurter Poetik-Vorlesungen. Probleme zeitgenössischer Dichtung.* In: GW. Bd. IV. S. 195.

keit dafür, daß die Kirche nicht fällt, und der sie gegründet hat, verläßt sich schon auf den Schritt der Engel.« Im künstlerischen vertikalen Blick Bachmanns ist der Fall der Kirche nahezu schon vorprogrammiert, denn der Kirchengründer ist bereits tot. Er kann sich nur noch auf die Hilfe des Himmels, auf »den Schritt der Engel«, verlassen. An diesem kurzen Beispiel, das sozusagen auf ein kirchliches ›Verfallsdatum‹ anspielt, läßt sich zeigen, wie die Autorin das von ihr auf ihrem Spaziergang vorgefundene alte Muster (es kann sich um einen Ort mit Tradition handeln, ein literarisches oder historisches Zitat oder ein Werk aus der bildenden Kunst etc.), je nachdem, ob es sich in ihren Augen als überholt erweist oder nicht, mit einem neuen Text, der auch den Leser zu einer Neudeutung auffordert, überschreibt. Der neu entstandene Text beinhaltet den alten jedoch noch und überschreitet diesen erst durch die neue Anordnung der Zeichen (Orte / Blickrichtungen / Bilder / Erzählungen etc.), vor allem, wenn er auf etwas Neues (eine Idee / eine mögliche Veränderung des Vorgefundenen) hin gerichtet ist. Insofern läßt sich auch die *Italienische Reise* Goethes als eine Art zu überschreibende »Chiffre« für die Autorin verstehen. Rom wird zum exemplarischen Ort der Beschreibung und Überschreibung, der ständig zur Überschreitung von etwas Mustergültigem auffordert und hier besonders aufgrund seiner Tradition als Künstlerort in der Kunst über das jeweilige Kunstwerk (Text / Bild / Skulptur / Bauwerk etc.) eines anderen, vorangegangenen Künstlers seinen Stoff bezieht. Ingeborg Bachmanns Wunsch, »etwas nach vorn aufzurichten, ein Ungemessenes mehr als ein Maß, das bei aller Annäherung nicht zu erreichen sein wird«, (so realistisch war die Autorin bei aller Utopie), ist jedoch bei einer derart ›mustergültigen‹ Stadt wie Rom, die sie vor allem seit Winckelmann und Goethe darstellt, immer neu einklagbar. Dieser Wunsch findet in der Metropole Rom als einem Konglomerat aus Kunst, Geschichte und realem menschlichen Leben seit Beginn des europäischen Denkens immer neue Nahrung und bildet auf diese Weise nicht nur bei Ingeborg Bachmann eine neue Kunst, sondern im Endeffekt den bzw. die Künstlerin selbst heran. Das ist es, was Ingeborg Bachmann als »verborgene Tradition auch für die Moderne« erkannt hat, und was sie im klaren Bewußtsein einer sich täglich politisch, historisch und aufgrund persönlicher Erfahrungen wandelnden, dafür im Angesicht eben jener zum Teil auch konservierten, »zeitlosen Bilder« einer bis auf den heutigen Tag alle Zeiten repräsentierenden Stadt formuliert hat. Rom ist sozusagen die künstlich geschaffene ›Muster-Stadt‹ menschlichen und künstlerischen Daseins.[28] Es gibt dort (fast) nichts, was nicht schon einmal dagewesen wäre.

---

28 Vgl. hier auch das moderne Sonett *Roma Aeterna* von Robert Gernhardt, das die Beispielhaftigkeit und Mustergültigkeit Roms hervorhebt. In: Robert Gernhardt: *Körper in Cafés. Gedichte.* Zürich 1987. S. 79.

Zugegeben, daß ich nicht mehr weiß, warum ich hier *lebe;* [...] *Zugegeben, daß* hier das *Leben* ist, *wie es überall ist*: eines Tages *wird jemand* heiraten, *jemand wird* einen Lehrstuhl bekommen, *jemand wird* sich erhängen, in eine Nervenklinik kommen; *es wird alles wie überall sein, kein* Kolosseum, *kein* Kapitol *helfen* darüber *hinweg,* und *was* also *hilft* einem *hier* dann zwar *nicht hinweg, aber doch zu leben?* Zugegeben, daß *die Leute hier* auch *nicht* besser sind *als anderswo,* aber fünf Minuten auf der Straße und ein kleiner Anflug von Wahnsinn, eine Versuchung, *das alles* aufzugeben, sind dann doch plötzlich abgewendet. *Zugegeben, die Leute* sind etwas *schöner* und sehr *freundlich,* aber man weiß ja, was dahinter steckt. *Weiß* man es aber *wirklich?* Man *weiß* doch gar nichts. Mir genügt es, daß *die Leute* nicht *unfreundlich* sind, sondern *freundlicher* sind. *Zugegeben, daß* man *hier* aufhört, die Dinge allzu ernst zu nehmen; *denn in 2500 Jahren ist viel Wasser den Tiber hinuntergelaufen, und das weiß hier wirklich jeder.* Vor das Leben ist das Wort Pazienza geschrieben, also *Geduld, Geduld. Hier* sind *Krisen, Staatskrisen,* private *Krisen* eher *Kinderkrankheiten. Die Leute wissen schon, daß man miteinander auskommen muß.* Zugegeben, ich habe hier erlernt, was es heißt, mit den anderen *auszukommen. Ich habe es wieder erlernt, aber ich gebe auch zu,* wenn die Tür zufällt zu dem Zimmer, in dem ich arbeite, dann gibt es keinen Zweifel: Denken ist solitär, Alleinsein eine gute Sache.[29]

Ich nehme diesen kurzen Essay von Ingeborg Bachmann mit in die Beschreibung des Textes *Was ich in Rom sah und hörte* hinein, da er als Essay zum selben Thema, allerdings mehrere Jahre später als der erstgenannte, nämlich im Jahr 1969, verfaßt wurde. Ursprünglich ist er unter dem Stichwort *Fazit Rom.* ›*Das literarische Profil von Rom*‹[30] im Jahr 1970 in einer Berliner Zeitschrift, dem *Literarischen Colloquium,* erschienen. Der Essay vermag eindrücklich zu illustrieren, wie sehr Ingeborg Bachmann ihre Haltung zu Rom und der italienischen Welt trotz vieler Relativierungen und Einschränkungen beibehalten hat, obwohl sie in ihrer Prosa zum Schreiben über Wien geistig in ihre einstige Heimat Österreich zurückkehrte und sich in ihrer fiktiven Prosa nur noch Versatzstücke poetischer Italienbilder finden. Eine frühere Fassung des Textes, die von den Herausgeberinnen Christine Koschel und Inge von Weidenbaum im Nachlaß der Autorin gefunden wurde, ist Marie-Luise (Leu*) Kaschnitz mit den Worten »Per Leu* – ricordando gli anni tra Via Bertoloni e Via Vittoria« gewidmet. Der kurze Text weist dieselben stilistischen Merkmale (Parallelismen, Anaphern, Alliterationen,

---

29 Bachmann. *Zugegeben.* In: GW. Bd. IV. S. 340 f. (Kurs. Herv. v. d. Verf.). Die kursiven Hervorhebungen dienen der Verdeutlichung des ritualisierten Sprechens.
30 Dies.: *Fazit Rom.* ›*Das literarische Profil von Rom*‹. In: Literarisches Colloquium. Berlin 1970. S. 79 f. (= LCB-Editionen 17).

Wort- und Satzteilwiederholungen mit Adjektiven in gesteigerter oder Verben in konjugierter Form) und einen Teil der poetischen Bilder (z. B. den Tiber, die römische Bar, die Begegnung mit antiken Stätten und den Umgang mit den italienischen Menschen) auf wie Bachmanns früher Essay über Rom und zeigt daher sehr anschaulich, wie Ingeborg Bachmann auch in ihrer zweiten Lebens- und Schaffensphase in Rom die Stadt und das dortige Lebensgefühl für sich grundsätzlich positiv wahr- und aufgenommen hat und wie eng bei ihr teilweise Realität und Fiktion miteinander im Schreiben verknüpft waren. Es handelt sich um eine künstlerische Fremdwahrnehmung, die über die Jahre zu einem Teil ihrer Eigenwahrnehmung wurde und die sich trotz vieler Rückschläge dennoch erhalten zu haben scheint. Ganz offensichtlich hat die Stadt und das Leben in Rom die Autorin auch in ihrer zweiten Lebenshälfte immer noch dazu angeregt, ihre dort persönlich gewonnenen Eindrücke und Erfahrungen in einen literarischen Text umzuwandeln.

Der Text zeigt außerdem noch einmal deutlich, wie stark sie die meistenteils mit lyrischen Formulierungen, poetischen Bildern und Wendungen versetzte Schreibweise in ihrer Prosa und Kurzprosa beibehalten hat, die gerade auch für ihre Texte über die italienische Welt so typisch ist und die ich im Rückgriff auf die Thesen Braungarts als eine Form des rituellen Schreibens in der modernen säkularen Welt verstehe. Auf der formalen Ebene zeigen das besonders die stark rhythmisierten Grundstrukturen des Textes, was die kursiv hervorgehobenen Wort- und Satzteilwiederholungen innerhalb des kurzen Ausschnittes aus dem Essay *Zugegeben* noch einmal veranschaulichen sollen. Nicht nur, daß die Autorin in ihrem Gesamtwerk oft auf biblische und religiöse Motive und Formulierungen zurückgegriffen hat, um heutige menschliche Problemfelder darzustellen, ihre Beziehung zu Musik und Gesang stand mit an erster Stelle ihres literarischen Schaffens.[31] Eindeutig wird die Italienerfahrung und in einem zweiten Schritt auch deren rituelle Verschriftlichung darüber hinaus als eine Art Lebenshilfe bezeichnet[32], was dem Bewältigungsaspekt des künstlerischen Rituals gleichkommt. Der Text stellt den Versuch einer Antwort Bachmanns auf die Frage nach der

---

31 Zu religiösen und biblischen Motiven siehe die Arbeit von Herbert Weber: *An der Grenze der Sprache. Religiöse Dimensionen der Sprache und biblisch-christlichen Metaphorik im Werk Ingeborg Bachmanns*. A.a.O. Zum Zusammenhang von Musik und Literatur siehe Susanne Greuner: *Schmerzton. Musik in der Schreibweise von Ingeborg Bachmann und Anne Duden*. A.a.O. Und: Hartmut Spiesecke: *Ein Wohlklang schmilzt das Eis. Ingeborg Bachmanns musikalische Poetik*. A.a.O.
32 Vgl. Braungart: A.a.O. S. 17. Hier heißt es: »Literatur weist in ihrer Produktion und Rezeption, in ihrer ästhetischen Form, ihrer Struktur, ihrer sozialen Einbindung, ihrer sozialen Inszenierung und ihrer sozialen Organisation Bezüge zum Ritual auf. Sie kann selbst als Ritual inszeniert und praktiziert werden. Form ist beim Ritual wie beim Kunstwerk Bewältigung.«

Andersartigkeit und doch der Beispielhaftigkeit der römischen Welt dar, die sich bei näherem Hinschauen nicht unbedingt als anders, jedoch als »etwas schöner und freundlicher«, eben mustergültiger darstellt: »[...] es wird alles sein wie überall, kein Kolosseum, kein Kapitol helfen darüber hinweg, und was also hilft einem dann hier zwar nicht hinweg, aber doch zu leben? [...] Zugegeben [...].«

Die Relationen, die Maßstäbe Roms werden von Ingeborg Bachmann zwar noch als etwas anderes, das normale Maß Übersteigende angesehen, so aber doch nicht mehr unbedingt als etwas Fremdes empfunden, eher als eine Welt, die sie mit der Zeit immer besser kennengelernt hatte und nun gänzlich einzuschätzen wußte.

Rom als Chiffre für eine mustergültige Welt beinhaltet nach Bachmann also die bekannte Welt und unterscheidet sich doch in der Überschreitung von ihr. »Zugegeben, die Leute sind etwas schöner [...]« und letzten Endes sogar »freundlicher« als anderswo. In ihrem Text *Fazit Rom* blickt Ingeborg Bachmann aus der Distanz vieler Jahre auf das eigene Leben in Rom zurück und aus diesem Lebensrückblick ist dieser Essay entstanden. Er erscheint tatsächlich als ›Zugabe‹ zu dem, was die Autorin bereits als Erkenntnis über das Leben in Italien formuliert hat, was sie »in Rom sah und hörte« und erschien zudem als Beilage in einem Dossier über ihre »geistige, imaginäre Autobiographie«[33] *Malina*. In beiden Rom-Texten, *Was ich in Rom sah und hörte* wie in *Zugegeben*, wird über die ästhetische Ebene ein individueller Lern- und Erkenntnisprozeß der Dichterin offengelegt. »Ich habe hier erlernt, [...] ich habe es wieder erlernt [...], aber ich gebe auch zu [...].« Diese letzte Erkenntnis wiederholt Ingeborg Bachmann im Gegensatz zu den übrigen Darlegungen des Textes nicht ein einziges Mal (was den Satz nachhaltig gerade doch hervorhebt und – an den Schluß des Textes gesetzt – über die anderen im Text formulierten Erkenntnisse stellt): »Denken ist solitär, Alleinsein ist eine gute Sache.«

»Zugegeben«, schreibt Ingeborg Bachmann und das soll uns in ihre Schilderung von Rom aus dem Jahr 1955 zurückführen, »daß man hier aufhört, die Dinge allzu ernst zu nehmen; denn in 2500 Jahren ist viel Wasser den Tiber hinuntergelaufen, und das weiß hier wirklich jeder.« Gerade diese Form der menschlichen ›Relativitätstheorie‹, die die enorme Zeitspanne menschlichen Zusammenlebens auf einen Punkt zusammenschrumpfen läßt und die man dazu noch auf engstem Raum an einem Ort der Welt studieren kann, scheint in Bachmanns Augen mit und in Rom gegeben zu sein und machte für die Dichterin die Anziehungskraft der Stadt am Tiber aus.

---

[33] Bachmann in einem Interview mit Veit Mölter über ihren Roman *Malina* vom 23. März 1971. In: Ingeborg Bachmann: *Wir müssen wahre Sätze finden. Gespräche und Interviews.* A.a.O. S. 73.

Vatermord im Palazzo Cenci

Im dritten Abschnitt des Essays bezieht sich Bachmann wieder auf eine historische Begebenheit, die im Palazzo Cenci stattfand, welcher im 16. Jahrhundert über dem verfallenen Circus Flaminius, der unter dem Censor Gaius Flaminius im Jahre 211 v. Chr. angelegt worden war, erbaut wurde. Es handelt sich um die Geschichte eines versuchten Kindsmordes, aus dem ein Vatermord hervorging, auf die Ingeborg Bachmann mit kurzen Hinweisen abhebt. Der Vater der namentlich genannten »unglücklichen Beatrice«, Francesco Cenci, ließ laut römischer Überlieferung 1575 eine Kapelle als Grabstätte für seine beiden Kinder Giacomo und Beatrice herrichten, weil er beschlossen hatte, sie zu töten. Wenn man heute auch nicht mehr weiß, aus welchem Grund er dies vorhatte, so löste sein offenes Vorgehen (verständlicherweise) derartige Angst bei seinen Kindern aus, daß diese ihm zuvorkamen und den Vater selbst töteten. Doch wie es das Schicksal bzw. die Gesetze an der Wende vom spätmittelalterlichen zum frühneuzeitlichen Rom es wollten, wurden seine beiden Kinder daraufhin am 11. September 1599 für den Mord an ihrem Vater an der Engelsbrücke geköpft. Francesco Cenci hatte am Ende also doch noch sein Ziel auf schrecklichen Umwegen erreicht: den Tod seiner eigenen Kinder, die in der vom Vater für sie errichteten Kapelle beigesetzt wurden.

Die Doppelbödigkeit dieser Geschichte eines Ermordeten, der durch den eigenen Tod zum Mörder seiner Kinder wurde, also noch im Tod sein eigentliches Ziel erreicht hatte, hat Ingeborg Bachmann bewegt und angeregt, darüber zu schreiben. Das Thema der menschlichen Todesarten und die Frage nach Schuld und Unschuld eines Menschen im Handeln seiner Geschichte hat sie auch in ihrem Spätwerk immer weiter verfolgt und ausgefeilt.[34] Noch heute feiert man im christlichen Rom am Jahrestag der Hinrichtung eine Messe für die Kinder.[35]

Bachmann scheint allgemein fasziniert von derartigen Volkslegenden gewesen zu sein, vergaß aber nicht, in ihrer Erwähnung der Geschichte darauf hinzuweisen, »daß dem Palazzo Cenci [...]« auch heute noch »viele Häuser gleichen«. Alles ist in den Augen der Schriftstellerin schon einmal dagewesen und kann wieder vorkommen, auch wenn sich die Zeiten ändern. Deshalb zieht sie auch einen allgemeingültigen, auf die Verbrechen der Vergangenheit zutreffenden wie auf die menschlichen Verfehlungen der Gegenwart und damit auf die Zukunft übertragbaren Schluß daraus: »Die Preise sind hoch

---

34 Siehe dazu die Neuausgabe des *Todesarten*-Zyklus von Ingeborg Bachmann: »*Todesarten*«-*Projekt. Kritische Ausgabe*. Unter der Leitung von Robert Pichl. Hrsg. v. Monika Albrecht u. Dirk Göttsche. A.a.O.
35 Fischer: *Rom. Zweieinhalb Jahrtausende Kunst und Kultur in der Ewigen Stadt*. A.a.O. S. 274.

und die Spuren der Barbarei überall.« Der Satz klingt prosaisch, fast wie ein Merksatz über Rom. Die Zeiten haben sich auch in Rom gewandelt, doch menschliche Ausbeutung und die daraus resultierenden Verbrechen an der Menschlichkeit ähneln sich strukturell, da die Menschen offenbar selbst die gleichen geblieben sind.[36] So transportiert Bachmanns Rombild in diesem Text stets auch ein bestimmtes Menschenbild mit. Wenn sie im folgenden schreibt: »Auf den Terrassen morschen die Oleanderkübel zugunsten der weißen und roten Blüten; die möchten fortfliegen, denn sie kommen gegen den Geruch von Unrat und Verwesung nicht auf, der die Vergangenheit lebendiger macht als Denkmäler«, sind wir mit einem Satz und einem Blick,

---

36 Vgl. auch die Vaterkonzeption in Bachmanns Roman *Malina* und das Konzept der Töchter mordenden Väter wie die Bruder-Schwester Konzeption, die in vielen ihrer Gedichte (Beispielsweise in *Das Spiel ist aus*. Oder: *Von einem Fluß, einem Land und den Seen*. In: Dies.: GW. Bd. I. S. 82 f. u. S. 84 ff.) schon in Bachmanns frühem Werk auftauchen. So spielt auch der Gaskammertraum und die Ermordung der Tochter durch den Vater in Italien, in Apulien. (Dies.: *Malina*: In: GW. Bd. III. S. 175 ff.) Auch die Zeitkonzeption zu Beginn des zweiten Kapitels, *Der dritte Mann*, entspricht der Zeiterfahrung, die die Dichterin immer wieder in Rom gemacht und in diesem Kontext beschrieben hat. Wiederum geht es Bachmann um das Maß bzw. das Unmaß, die Unzeit, die in alles menschliche Zusammensein hineinspielt: »Der Ort ist diesmal nicht Wien. Es ist ein Ort, der heißt Überall und Nirgends. Die Zeit ist nicht heute. Die Zeit ist überhaupt nicht mehr, denn es könnte gestern gewesen sein, lange her gewesen sein, es kann wieder sein, es kann immerzu sein, es wird einiges nie gewesen sein. Für die Einheiten in dieser Zeit, in die andere Zeiten einspringen, gibt es kein Maß, und es gibt kein Maß für die Unzeiten, in die, was niemals in der Zeit war, hineinspielt.« (Ebd. S. 174.). Weiterhin ist zu bemerken, daß Bachmann in diesem Teil ihrer Prosa gezielt auf lyrische Bilder bestimmter früher verfaßter Italiengedichte zurückgreift. Während der langsamen Ermordung durch den Vater verliert die Tochter wie in der Hymne *An die Sonne* ihre Sehfähigkeit, der Vater kratzt ihr die Augen aus, sie wird blind. Und wiederum taucht der vertikale Blick von oben nach unten bei der Beschreibung der Ermordung der Tochter durch den Vater auf. Bachmann zitiert direkt aus der Hymne *An die Sonne* (In: Dies.: GW. Bd. S. 137.): »Mein Blau, mein herrliches Blau, in dem die Pfauen spazieren, und mein Blau der Fernen, mein blauer Zufall am Horizont! Das Blau greift tiefer in mich hinein, in meinen Hals, und mein Vater hilft jetzt nach und reißt mir mein Herz und meine Gedärme aus dem Leib, aber ich kann noch gehen, […]« (Dies: *Malina*. A.a.O. S. 177.) bevor das Ich, die Tochter, vom Himmel in die Hölle, ins Erdinnere fällt und dort fast verbrennt. Der *Gegenzauber*, eine genaue Abfolge von hierarchischen Rufen nach der Mutter und der Schwester des Ichs, was wiederum auf den engen Bezug zwischen literarischen und ritualisierten Bewältigungsformen hinweist, rettet das Ich aus dem bösen Traum. Der wiederholt beschriebene *Fall* findet in der Lyrik wie in der Prosa von Ingeborg Bachmann und der Wechsel der Blickrichtung in Übereinstimmung mit der Beschreibungsrichtung eines Geschehens innerhalb eines Textes oder Gedichts von der Horizontale zur Vertikale, vom Himmel zur Hölle, wird an dieser Stelle noch einmal besonders deutlich. Es zeigt sich allerdings auch, wie sehr die beschriebene Fallrichtung eins mit dem Eintauchen in den kreativen Prozeß des Schreibens ist und mit dem Wechsel von einem Wach- in eine Art Traum bzw. traumatischen Zustand einhergeht und sich nach der ›Fall-Schilderung‹ wieder auflöst. (Siehe ebd. S. 178)

der die Jahrhunderte überbrückt, zwar wieder im Rom der Gegenwart angekommen und doch, so sieht es wenigstens die Autorin, von der Vergangenheit eingeholt worden. Den Geruch von »Unrat« und »Verwesung« liest sie im Vorübergehen als Zeichen der Erinnerung an die Vergangenheit, die, da sie in Rom noch sinnlich erfahrbar ist, für den, der sie erfahren will, präsenter, »lebendiger« erscheint, als die zu Stein gewordene Erinnerung. Der Geruch der Straßen läßt Ingeborg Bachmann beim bewußten Durchgang durch die Stadt das in Rom geschehene ›maßlose‹ Unrecht, die Geschichten verschiedener Mord- und Todesfälle über Jahrhunderte hinweg, die für die Phantasie der Autorin ein wahres ›Todesartenraritätenkabinett‹ darstellen mußten, nicht vergessen. Darüber können auch die farbigen Blüten und der Duft des Oleanders nicht hinwegtäuschen. Und wie der Petersdom auf einem Grab errichtet ist, dessen Fundament im übertragenen Sinn nicht auf den Heiligen Petrus, sondern auf einem toten Heiligen errichtet wurde, also letztlich auf dem Tod selbst gegründet ist; so ist auch das Fundament, der »Kübel«, aus dem die Blüten erwachsen, porös, durchlässig, marode geworden. Rom »morscht« gewissermaßen vor sich hin. Die schöne Fassade der Stadt und des Lebens in Rom ist brüchig geworden und damit auch durchlässiger für die dichterische Phantasie, die, wie es bei Bachmann der Fall war, beständig eine Welt hinter der Welt suchte.

Die Pracht der Blüten wie die des kirchlichen Pomps sind nur auf Kosten anderer und deren Zerstörung oder Ausbeutung zu erreichen, so könnte die Quintessenz der ersten drei Textabschnitte lauten. Bachmann vollzieht mit ihrem Spaziergang des Ichs durch die Stadt und die Geschichte Roms also eine äußerst kritische Bestandsaufnahme des römischen Lebens. Das Erzähler-Ich versucht bei allem, was es sieht oder hört, hinter die prächtigen Fassaden zu blicken, den oder die Gründe oder auch Abgründe zu erkennen, auf denen die Stadt aufgebaut ist. Die poetische ›Fassade‹ des Textes aber muß der ihr folgende Leser erst selbständig durchdringen, will er der Autorin mit ihrem kritischen Blick auch tatsächlich durch ›ihr Rom‹ folgen. Die ruhmreiche Vergangenheit, der bleibende Zeichen gesetzt sind, was sich an den vielen Denkmälern Roms äußert, steht eine »lebendige« Vergangenheit (der Phantasie) gegenüber, die man, so würde es Bachmann möglicherweise formulieren, am ›Leichengeruch‹ erkennt.

Ideologischer Mord als ritueller Mord:
ein Streifzug durch das römische Ghetto

Nicht von ungefähr wechselt Bachmann, die sich intensiv mit der Geschichte der Judenverfolgung und des Nationalsozialismus auseinandergesetzt hat, nun im vierten Abschnitt, der wiederum mit der Formel »In Rom sah ich […]« beginnt, bei dem Stichwort »lebendige Vergangenheit« zum jüdischen Ghetto in Rom über. Es »ist noch nicht aller Tage Abend« dort. Wiederum feiern die römischen Juden ein Fest zur Versöhnung, wie es die christlichen Römer zur Erinnerung an die Märtyrer der Vatermörder Beatrice und Giacomo Cenci aus dem 16. Jahrhundert tun. Zwar gab es viele überlebende Juden im römischen Ghetto, davon konnte sich Ingeborg Bachmann vor Ort überzeugen, denn die italienischen Faschisten waren nicht so gründlich und ›flächendeckend‹ am Werk gewesen wie die Deutschen bei der Ermordung der jüdischen Bevölkerung. Insofern glaubte Bachmann schreiben zu können, es sei »nicht aller Tage Abend« und es bestehe noch Hoffnung auf einen Neuanfang für die Überlebenden der Shoah nach dem Krieg. Gleichzeitig spricht diese Anspielung Bachmanns auf den Ausspruch des Titus Livius »Nondum omnium dierum occidisse«[37] eine deutliche Warnung an die Überlebenden beider Seiten aus, sich dennoch nicht vom Schein der langsam einkehrenden Normalität in Ghetto trügen zu lassen. Denn der Aufarbeitung der jüngsten Vergangenheit unter der nationalsozialistischen Herrschaft sei gerade einmal zehn Jahre nach Beendigung des Zweiten Weltkrieges noch lange nicht Genüge geleistet.[38] Auch hier im Ghetto von Rom ist also das letzte Wort über die Verbrechen der Nationalsozialisten an der jüdischen Bevölkerung noch nicht gesprochen. Im Gegenteil: Man könnte meinen, die Worte dafür müssen erst noch ge- bzw. erfunden werden, so daß das Lächeln der Großmutter und die Musik des Geigers nicht mehr dazu dienen, die Vergangenheit möglichst geschickt zu überspielen, sondern das Geschehene im Blick auf das gemeinsame Spiel der Enkel beider Konfessionen für die Zukunft in einen offenen, respektvollen und kritischen Dialog zu verwandeln. So könnten das »dicke, blonde Kind« und seine ›lächelnde Großmutter‹ auch für Vertreter der Täter-Generation stehen, die am Tag des Versöhnungsfestes im Ghetto anwesend sind, um gemeinsam mit den jüdischen Nachbarn die in den Augen Bachmanns vielleicht noch verfrühte »Versöhnung« nach dem Krieg zu feiern. Die Würfel sind im Ghetto von Rom noch nicht gefallen und es bleibt offen, wie die Geschichte der jüngsten Vergangenheit hier ihren (exemplarischen) Ausgang finden wird. Die zyklische Struktur der Wiederkehr aller Dinge in der Ewigen Stadt[39] mahnt bei aller Hoffnung und Gemeinsamkeit demnach zur Vorsicht.

37 Ingeborg Bachmann spielt mit der Einbeziehung des Sprichwortes ›es sei noch nicht aller Tage Abend‹ auf eine Stelle aus dem Geschichtswerk *Ab urbe condita* (XXXIX, 26, 9) des Titus Livius (59 v. Chr. - 17. n. Chr.) an, die dieser den mit den Römern im Krieg gegen die Ätoler verbündeten Makedonenkönig Philipp V. drohend ausrufen läßt: »Noch sei nicht die Sonne aller Tage untergegangen.«
38 Siehe auch Ingeborg Bachmann: *Wir müssen wahre Sätze finden*. A.a.O. S. 132 f. und S. 144.
39 Die gängige Bezeichnung Roms als »ewige Stadt« stammt von Tibull (54-19 v. Chr.) II, 5, 23, welcher Rom in seinem Geschichtswerk als erster »Urbs aeterna«, d. h. ›die ewige Stadt‹ genannt hat.

Sigrid Weigel hat in ihrem Artikel »Der Abend aller Tage«[40] außerdem darauf hingewiesen, daß die Zeile, »In Rom sah ich im Ghetto, daß noch nicht aller Tage Abend ist«, außerdem eine Antwort in einem Gedicht des jüdischen Gelehrten Gershom Scholem gefunden hat. Es handelt sich um ein Gedicht, das dieser am 4. Februar 1967 schrieb und Ingeborg Bachmann widmete, das aber zu Bachmanns und seinen Lebzeiten nie der Öffentlichkeit bekannt wurde. Sein Titel lautet: *An Ingeborg Bachmann nach ihrem Besuch im Ghetto von Rom*. Ich zitiere das gesamte Gedicht an dieser Stelle, weil es zeigt, wie der Austausch der zwangsweise oder freiwillig exilierten Elite auch über die verschiedenen Landesgrenzen hinweg nach dem Krieg wieder zunahm. Außerdem zeigt das Gedicht, wie nah Ingeborg Bachmann in ihrer politischen Haltung nicht nur den mit ihr persönlich befreundeten deutschsprachigen Dichtern jüdischer Herkunft wie Paul Celan oder Nelly Sachs stand, sondern was sie in ihrem Werk, und speziell in diesem kurzen Essay über Rom, auch mit den Vordenkern jüdischen Glaubens des 20. Jahrhunderts verband. Scholem schrieb an Bachmann folgende Verse, die sich sowohl im Nachlaß der Dichterin wie im Nachlaß Scholems in der Jewish National and University Library in Jerusalem finden:

> An Ingeborg Bachmann
> nach ihrem Besuch im Ghetto von Rom
>
> Im Ghetto sahst du, was nicht jeder sieht
> und was sich draußen allzu leicht vergisst:
> Dass nichts ganz voll erfüllt ist, was geschieht,
> dass noch nicht aller Tage Abend ist.
>
> Es ist die älteste von alten Kunden,
> von denen wir bei den Propheten lesen,
> Sie ist uns Juden niemals ganz entschwunden,
> doch ist der Preis dafür zu hoch gewesen.
>
> Wir lebten in den Ritzen der Geschichte:
> was nie sich ganz schließt, hat uns Schutz gewährt.
> Dem letzten Tage galten die Gesichte,
> von denen wir uns im Exil genährt.
>
> Denn alle Tage haben einen Abend.
> Doch sollte dereinst alles anders sein:
> Der letzte Abend, uns mit Trost erlabend,
> sammelt die Strahlen der Erlösung ein.

---

40 Sigrid Weigel. »Der Abend aller Tage«. In: *Die Zeit*. Nr. 26 v. 21. Juni 1996. S. 48.

> So sprach zu uns der Geist der Utopie,
> in der sich Trost und Unglück dunkel einen.
> Statt ihrer blieb uns nur Melancholie,
> und alles, was von Trost blieb, war das Weinen.
>
> Wir können niemals ganz nach Hause kommen.
> Die Boten Zions reden uns vom Glück.
> Doch haben wir's einmal vorweggenommen,
> der Ruf zur Heimkehr gibt es nicht zurück.
>
> Die Botschaft rief zur Heimkehr uns hinüber.
> Sie hat das Ghetto viel zu spät erreicht.
> Die Stunde der Erlösung ist vorüber,
> der Untergang am letzten Abend – leicht.
>
> 4. Februar 1967.
>
> Gershom Scholem

Dieses Gedicht Scholems spielt in vielen Bildern auf Bachmanns Menschenbild und Geschichtsverständnis an, das in manchen Zügen dem jüdischen verwandt ist. So zitiert Scholem Bachmann nicht nur direkt, »daß noch nicht aller Tage Abend ist«[41] und spricht von den ›zu hohen Preisen‹, die die jüdische Bevölkerung für die ›Barbarei der Nazis‹ zahlen mußte. Er spricht auch das Thema der »Ritzen der Geschichte« an, die gesellschaftliche Sonderstellung, die den Juden zeitweise Schutz gewährt, ihnen während der Shoah aber auch in Rom keine wirkliche Sicherheit mehr geboten hatte. Diese Verse Scholems können Ingeborg Bachmann wiederum zum Schlußbild ihres Romans *Malina* inspiriert haben, als das Ich im Beisein Malinas in einem Spalt in der Wand verschwindet, von dem es heißt:

> Und ich hätte noch einen Zettel schreiben müssen: Es war nicht Malina. Aber die Wand tut sich auf, ich bin in der Wand, und für Malina kann nur der Riß zu sehen sein [Vgl. »Riß bzw. Ritz« – A. H.], den wir schon lange gesehen haben. Er wird denken, daß ich aus dem Zimmer gegangen sei.

---

41 Bereits Weigel weist in ihrem Artikel daraufhin, daß Ingeborg Bachmann mit diesem Satz auf den römischen Gründungsmythos anspielen könnte: »[...] jenes *nondum omnium dierum solem occidisse* (›noch sei die Sonne aller Erdentage nicht untergegangen‹).« siehe Weigel: »Der Abend aller Tage«. A.a.O. S. 48. In bezug auf die Analyse des Gesamttextes ist es daher wahrscheinlich, daß Ingeborg Bachmann auf das alte Sprichwort in der Übersetzung ›Es ist noch nicht aller Tage Abend‹ anspielt, da der Text in fast jedem Abschnitt ein bekanntes oder weniger bekanntes Sprichwort aufweist. Der letzte Abschnitt des Essays ist sogar fast nur aus (italienischen) Sprichwörtern zusammengesetzt.

[...] es ist etwas in der Wand, es kann nicht mehr schreien, aber es schreit doch: [...] Malina sieht sich genau um, er sieht alles, aber er hört nicht mehr. [...] Kein Alarm, keine Sirenen. Es kommt niemand zur Hilfe. Der Rettungswagen nicht und nicht die Polizei. Es ist eine sehr alte, sehr starke Wand, aus der niemand fallen kann, die niemand aufbrechen kann, aus der nie mehr etwas laut werden kann.

Es war Mord.[42]

Dieses Bild vom Leben und Verschwinden in den Ritzen der Geschichte, im Riß in der Wand, vom Zusehen der anderen, die nicht direkte Täter waren, obwohl sie wie Malina dabei gewesen sind und die Schreie des Ich, wie die der für Außenstehende einfach von der Bildfläche verschwundenen Juden nicht hören wollte und auch keine Nachforschungen über deren Verbleib angestellt haben – »keiner schlug Alarm, es kam niemand zur Hilfe, der ›Rettungswagen nicht und nicht die Polizei‹« – ist ein weiteres Indiz für die Nähe des Geschichts- und Menschenbildes Scholems zu demjenigen von Ingeborg Bachmann. Es sind zwei Arten der Vergangenheitsbewältigung, die möglicherweise, wie sich an der Verarbeitung der Gedichtzeilen Scholems in Bachmanns *Malina* belegen läßt, aus einem Dialog über denselben Essay entstanden sind. Beide, der jüdische Gelehrte wie die österreichische Dichterin, zogen im vorgezogenen palästinensisch-israelischen (Scholem verließ Deutschland schon 1923) wie im selbstgewählten Exil in Italien schon kurz nach dem Krieg, als viele der im zweiten Weltkrieg verübten Verbrechen noch immer nicht als solche auch benannt und verfolgt wurden, wenn auch in zeitlicher Abfolge, denselben Schluß im Rückblick auf ein- und dasselbe historische Geschehen: »Es war Mord.«

So gesehen sind aus »dem Geist der Utopie, in der sich Trost und Unglück dunkel einen«, verschiedene Aufarbeitungen der Formen des Untergangs entstanden, wie sich an dem Dialog über das römische Ghetto bei Bachmann und Scholem zeigen läßt: literarische Auseinandersetzungen, die vielleicht nur in deutlicher Abkehr von der Heimat entstehen konnten. Insofern bildete Rom für Ingeborg Bachmann ebenfalls den »Ritz in der Geschichte«, den Schutz vor der Erinnerung an eine schreckliche Vergangenheit, die sich in der Stadt mit den vielen Vergangenheiten wirklich erst künstlerisch wie persönlich aufarbeiten und im Schreiben um eine neue Zukunft einordnen ließ. Das Verzeihen der Schuld im Rahmen des Versöhnungsfestes geschieht in Bachmanns Essay auf der Seite der überlebenden Opfer noch im voraus (»am Tag des Versöhnungsfestes wird für ein Jahr jedem im voraus verziehen«), die tatsächliche Benennung der Schuld schiebt sie, liest man den Schluß auf dem Hintergrund ihres Dialoges mit Scholem, mit ihrem Roman

---

42 Bachmann: *Malina*. A.a.O. S. 335 ff.

Malina hinterher. Insofern zeigt sich, wie man an Bachmanns Texten über Italien und Rom nicht nur einzelne Themen wie die Vergangenheitsbewältigung oder den Vatermord der Tochter angelegt sehen, sondern eine sich konsequent entwickelnde Haltung zur Welt im Schreiben der Dichterin vorfinden kann, die sie in ihrem Spätwerk nur noch genauer und vor allem im Hinblick auf ihre eigene Herkunft ausführen wird. So wird der Mikrokosmos Rom mit den Augen Ingeborg Bachmanns zum exemplarischen Beispiel und Übungsfeld für alle menschlichen Handlungsweisen. Die hier bereits angelegten Bilder ziehen sich weiter wie ein Netz durch ihr späteres Prosawerk.

Daß das Spiel, nicht nur das Kinderspiel, sondern das spielende Übertönen des Geschehenen mit Musik nach dem Krieg auch in Rom weitergegangen ist[43] und die Verbrechen der Vergangenheit auch weiterhin im Versuch, diese im wahrsten Sinne des Wortes zu ›überspielen‹, überdeckt wurden, arbeitet Bachmann in ihrer Sequenz über das Leben im römischen Ghetto ein Jahrzehnt nach Ende des zweiten Weltkrieges beispielhaft mit dem Einsatz einer ›Weiß-Rot-Gold‹-Farbsymbolik heraus. Das ›Schwarz‹ als Farbe für die Täter bleibt ausgespart, wird von den anderen Farben überdeckt. Ersetzt man die bleiche Gesichtsfarbe des jüdischen Geigers am Schluß des Abschnitts, der auf den Zuruf des »dicken, blonden Kindes«, »Spielt weiter!«, (das im übrigen eher an ein deutsches als an ein italienisches Kind jüdischer Herkunft erinnert), »ganz weiß« im Gesicht wird. Würde man in einem Gedankenspiel diese weiße Gesichtsfarbe durch die Farbe ›Schwarz‹ ersetzen, entstünde eine neues Farbmuster, das der bundesdeutschen Flagge als Symbol für die Enkelgeneration der nationalsozialistischen Nachkommenschaft entspräche. Die Abfolge »rot« (der Fische), »Gold« (Symbol für die Währung der getöteten Juden), »brennend rot« (das an die Ver*brenn*ungen in den Krematorien der Konzentrationslager denken läßt), läßt die Farbe »weiß« als Farbe der Unschuld für den jüdischen Geiger als Stellvertreter der Opfergeneration, aber auch als Farbe der Angst und des Todes schlüssig erscheinen, denn ihm ist vor Schreck in der Erinnerung an das »Spielt weiter!«[44] in den nationalsozialistischen Konzentrationslagern alles Blut aus

---

43 Siehe auch das Musizieren, »Aufspielen« der inhaftierten Musiker jüdischer Herkunft zur Ermordung des ›eigenen Volkes‹ in Theresienstadt und anderen Konzentrationslagern. In: Andrea Baaske; Jürgen Dittmar; Nanny Drechsler u. a. (Hg.): *Musik im Konzentrationslager*. Freiburg 1991. S. 7 ff.

44 Siehe hier auch Celans Gedicht *Todesfuge*, in der das Thema des ›Weiterspielens‹ im Angesicht des Grauens und des Todes ebenfalls im Bild des Geigers aufgegriffen wird, das gleichzeitig schon im Mittelalter ein Bild für den ›Meister Tod‹ war und von Paul Celan hier mit neuer, zeitkritischer Bedeutung belegt wird, wobei der Aspekt der historischen Kontinuitätserfahrung auch bei ihm ähnlich wie bei Bachmann in ihrer römischen Ghetto-Szene gestaltet wird: »[...] Ein Mann [...] / er befiehlt uns spielt auf nun zum Tanz / [...] Er ruft stecht tiefer ins Erdreich ihr einen ihr andern singet und spielt / [...] Er ruft spielt süßer den Tod der Tod ist ein Meister aus Deutschland

den Adern gewichen. Und doch bleibt in der Farbsymbolik angesichts des heraufbeschworenen Grauens eine Leerstelle offen: die der Farbe ›Schwarz‹ für die Asche, die Hoffnungslosigkeit in den Augen des Geigers oder für die Tätergeneration, das ›Schwarz‹ der SS-Uniformen, das sich zum ›Schwarz‹ der Flagge eines neuen Staates wandeln konnte, bei dem die Entnazifizierung nicht erfolgreich gelungen war. Gerade weil Bachmann sich sehr mit der nationalsozialistischen Vergangenheit beschäftigt hat und auch eindeutige Aussagen hierzu getroffen hat (ich erinnere hier nur an das Gedicht *Früher Mittag*[45]), ist es bei der starken Hervorhebung der Farben in diesem Abschnitt meiner Ansicht nach legitim, diese Leerstelle in der Abfolge ›rotgold‹ durch ›schwarz‹ zu ersetzen, da die Erwähnung der Täter im ›Exil‹ des römischen Ghettos augenscheinlich ausgespart bleiben. Sie ist auf direkter Ebene nicht mehr nötig, denn die Erinnerung an die Vergangenheit ist so präsent, daß nur ein kurzer Befehlssatz genügt und die Musik setzt von alleine aus.

Kein Wunder also, daß der Geiger angesichts des ›unschuldigen‹ Spieles der Kinder im Beisein ihrer Großeltern, die sich noch »ihrer Freunde erinnern, die mit Gold aufgewogen wurden«, in dem Wissen, daß trotz der Zahlung der Lösegeldsumme nach dem Abtransport aus dem Ghetto keiner zurückkehrte, »einen Takt lang« aufhört, zu spielen. Die Unterbrechung des Spiels läßt natürlich auch an einen Hoffnungsschimmer denken. Die Pause, die Leerstelle, kann neu, anders, mit Auseinandersetzung anstatt Befehlsgehorsam gefüllt werden. Der Totentanz der Nachkommen beider Seiten – der Enkelkinder in den »brennend roten Röcken« mit dem »dicken, blonden Kind« – ist noch lange nicht zu Ende.[46] So jedenfalls legt es Bachmanns Schilderung der Szene im römischen Ghetto nahe.

Auf dem Campo de' Fiori: Ketzertum und Widerstand – einst und heute

Der fünfte Abschnitt des Essays beschäftigt sich mit einer weiteren Variation im Umgang mit der Verfolgung Andersdenkender in Rom. Ingeborg Bachmann verläßt in ihrem poetischen Spaziergang, den man streckenweise auch

---

/ er ruft streicht dunkler die Geigen dann steigt ihr als Rauch in die Luft / dann habt ihr ein Grab in den Wolken da liegt man nicht eng. [...] In: Paul Celan: *Gedichte.* Bd. I. A.a.O. S. 41-42. Das Bild vom »Rauch in die Luft« findet sich wiederum in einem Gedichtzyklus von Nelly Sachs wieder, den sie mit dem Titel »Dein Leib im Rauch durch die Luft« überschrieben hat. In Nelly Sachs: *Fahrt ins Staublose.* Frankfurt a. M. ¹1988. S. 7. Dieser kleine Hinweis zeigt, wie eng die intertextuelle Verbindung und der poetisch-weltanschauliche Austausch über das dichterische Werk der genannten Autoren in der Nachkriegszeit gewesen war.

45 Bachmann: *Früher Mittag.* In: GW. Bd. I. S. 44-45.
46 Vgl. auch Marie-Luise Kaschnitz: *Das dicke Kind.* In: *Lange Schatten.* München ¹1964. S. 109 ff.

als Spaziergang der Grausamkeiten, als Vorstufe eines ›römischen Todesartenzyklus‹ auf kleinstem Raum bezeichnen könnte, das römische Ghetto und wendet sich stadteinwärts dem täglichen Markt auf dem Campo de' Fiori zu. Auch bei diesem, dem ersten Eindruck nach wunderschönen und malerischen Platz, versucht sie, hinter die Fassade der zahlreichen Obst-, Gemüse- und Fischstände zu blicken. Dabei konzentriert sich ihre Betrachtung auf die Mitte bzw. das Zentrum des Platzes, an welchem dem italienischen Theologen und Naturphilosophen Giordano Bruno im Jahr 1900 ein Denkmal errichtet wurde. Die Geschichte Giordano Brunos, der im Jahre 1600 der kirchlichen Inquisition zum Opfer fiel und auf dem »Campo de' Fiori« auf dem Scheiterhaufen verbrannt wurde, stellt die Beschreibung einer weiteren Todesart in Rom dar. Diesen rituellen Tod, der so typisch für das ausgehende Mittelalter und den Beginn der Neuzeit war, glaubt Bachmann nicht nur auf der inhaltlichen Ebene wiederholt zu sehen, sie unterstreicht die Kontinuität der menschlichen Grausamkeit auch auf der formalen Ebene: »*Ich sah* auf dem Campo de Fiori, *daß* Giordano Bruno *noch immer verbrannt* wird. [...] *Wieder* steigt *Rauch* auf, und die *Flammen* drehen sich in der Luft. Eine Frau *schreit,* und die anderen *schreien* mit. Weil die *Flammen farblos* sind in dem starken Licht, *sieht man nicht, wie weit* sie reichen und *wonach* sie schlagen. Aber der Mann auf dem Sockel *weiß* es und *widerruft dennoch nicht.*«[47] Über das Mittel der Wortwiederholungen und der Alliterationen läßt Ingeborg Bachmann die Zeichen der Vergangenheit wieder lebendig werden. Hier ist es wie im dritten Abschnitt der »Gestank von Fisch, Chlor und verfaultem Obst«, der Geruch eines Abfallhaufens, der unterhalb des Denkmals angezündet wird und die Erinnerung an frühere Zeiten heraufbeschwört. So leiten die harmlosen Flammen der Gegenwart zu den weit weniger harmlosen, ja tödlichen Verbrennungszeremonien der Vergangenheit über: Den Ketzerprozessen, dem Verbrennen von Menschen als Trägern von gesellschaftlich unerwünschten Ideen, hier nicht ›väterlich‹, nicht staatlich, sondern kirchlich angeordnet und legitimiert. Wieder verbindet Ingeborg Bachmann in wenigen Sätzen mit wenigen poetischen Bildern und formalen Mitteln die Vergangenheit mit der Gegenwart und läßt sogar das Denkmal Giordano Brunos wieder lebendig werden. Denn, und das mag sie als Warnung für die Zukunft geschrieben haben, die heutigen »Flammen sind farblos«, ›man sieht sie nicht, man hört sie nicht, man weiß nicht, wie weit sie reichen, man weiß nicht, wen oder was sie treffen sollen‹: So betont die Zyklizität des Textes im Sinne der ›Kunst der Vertikale‹ in jedem Abschnitt erneut die zyklische Wiederkehr bestimmter Verhaltensweisen und Konflikte menschlichen Zusammenlebens. Doch beendet Bachmann den Absatz mit einer kraftvollen, ja hoffnungsvollen Geste, (»Wieder steigt

---

47 Kurs. Herv. v. d. Verf.

Rauch auf, [...]. Aber [...]«), die in ihrem Duktus an eine Zeile aus dem Gedicht *Die gestundete Zeit* erinnert: »[...] Die auf Widerruf gestundete Zeit / wird sichtbar am Horizont [...]«, sowie an das Gedicht *Herbstmanöver*: »Ich sage nicht: Das war gestern. [...] Und der Fluchtweg nach Süden kommt uns nicht, / wie den Vögeln, zustatten [...].«[48] Die Dichterin scheint im Süden nicht in der Flucht, sondern in der Auseinandersetzung mit den dortigen Zeichen der Zeit schon 1955 um wenigstens eine Erkenntnis reicher bzw. in ihren Bildern vielleicht auch nur deutlicher geworden zu sein, mit dem, was sie »dem Mann auf dem Sockel«, dem *Denk*mal, zuschreibt: Es ist eine menschliche Haltung des Widerstehens und der inneren wie äußeren Stärke in einer Situation existentieller Bedrohung, die Bachmann benennt und im Angesicht der Vergangenheit einfordert: »Wieder steigt Rauch auf, und die Flammen drehen sich in der Luft. [...] in dem starken Licht sieht man nicht, wie weit sie reichen und wonach sie schlagen. Aber der Mann auf dem Sockel weiß es und widerruft dennoch nicht.«

Diese Passage über die Figur des italienischen Ketzers aus dem Spätmittelalter steht in einer konsequenten Linie zu früheren lyrischen Aussagen Bachmanns. Zum Vergleich möchte ich hier einen Ausschnitt aus dem Gedicht *Holz und Späne* von 1953 zitieren:

> [...] Blätterverschleiß, Spruchbänder,
> schwarze Plakate ... Bei Tag und bei Nacht
> bebt, unter diesen und jenen Sternen,
> *die Maschine des Glaubens.* Aber ins Holz,
> solang es noch grün ist, und mit der Galle,
> solang sie noch bitter ist, bin ich
> *zu schreiben gewillt, was im Anfang war!*
>
> Seht zu, daß ihr wachbleibt![49]

Insofern ist gerade das Schreiben über Rom und seine Geschichte eine Rückkehr zu den Anfängen der auch schriftlich oder bildlich fixierten Zeichen einer menschlichen Geschichte in ihrer wechselvollen Spannung und Widersprüchlichkeit.

---

48 Die beiden Gedichte Bachmanns, *Die gestundete Zeit* und *Herbstmanöver*, stammen aus dem Jahr 1952 und sind zitiert in: Bachmann: GW. Bd. I. S. 36 u. 37.
49 Bachmann: *Holz und Späne*. In: GW. Bd. I. S. 40. (Kurs. Herv. v. d. Verf.).

Zu Besuch in einer römischen Bar:
eine literarische Bestandsaufnahme

»In einer römischen Bar sah und zählte ich«: Nach den vielen Bildern von Gewalt, Tod und Verwesung erfolgt im nächsten Abschnitt nun der Rückzug auf ein kleineres, begrenzteres Gebiet, in eine der typischen Bars in Rom. Wie das erzählende Ich zuvor versucht hat, das, was es auf Roms Straßen und Plätzen gesehen und gehört hat, auf eine allgemeingültige, überzeitliche Formel zu bringen, geht es jetzt in seiner Beschreibung buchstäblich von den Toten zu den Lebenden über. Knapp und prägnant wird das skizziert, was in der Bar zu sehen ist. Das Ich *zählt* es auf: Es sind Momentaufnahmen des römischen Lebens, die mehr über die Personen und den Verfall von allem Lebendigen aussagen, als jede längere statistische Bestandsaufnahme. Gleichzeitig zeigen die Blicke der Autorin aber auch, worauf sie ihr eigentliches Augenmerk im Sinne der ›Kunst der Vertikale‹ gerichtet hat: auf den Verfall, auf das, was ›unten‹ zu sehen ist, was niemand beachtet: auf die Katze »mit den witzigen Ohren« und dem »fast nackten Gesicht«, die fast menschlich erscheint[50], und doch nur ein Beispiel für die vielen herrenlosen »Katzen« in Rom ist, die ihrer ›Kleidung‹ nach zu urteilen, auch schon bessere Zeiten gesehen hat. Bachmann weist in dem Text auf die abgeblätterten Farben (»die weißen Beinkleider« und die »honigfarbene Weste aus einer besseren Zeit«) hin, auf das Verschüttete und Zerbrochene an der menschlichen Existenz (der »Kellner, der den Kaffee verschüttete und die Gläser überschwappen ließ«), auf Kinderarbeit (der »kleine Junge mit vorgebundener Schürze, der die Tassen und Gläser wusch und nie vor Mitternacht zu Bett ging«) und zum Schluß auf die Gäste, die wiederum als Sinnbild des Zyklischen fungieren, als Zeichen der ewigen Wiederkehr der Geschehnisse in der Ewigen Stadt. Die »*Gäste*, die *kamen* und *gingen*«. Aber wer ist der »*Gast*, der *immer wieder kam* und von kleinen Schlucken Bitterkeit lebte«? Es sind profane und doch zugleich rituelle Handlungen, die Bachmann sieht und beschreibt, das Zeitlose, aber auch zugleich das Trostlose des menschlichen Daseins in einer angeblich ewigen, von Kontinuitäten und nicht von Brüchen gekennzeichneten Stadt, die trotz aller sichtbaren Zeichen der ewigen Wiederkehr bzw. der Umkehr der Zeichen keine tatsächliche innere Einkehr der Menschen und Umkehrung der Verhältnisse kennt. Bachmann entlarvt in der Beschreibung der Ewigkeitssymbole diese als falsch verstandene Utopie im Streben nach einer besseren Zukunft.

Ein oszillierender Wechsel zwischen der Position des Beobachters und seiner Rolle als Außenseiter der römischen Gesellschaft beggenet dem Leser

---

50 Möglicherweise handelt es sich bei dieser dem Verfall preisgegeben »Katze« um eine heruntergekommene Bardame – der Text läßt beide Lesarten zu.

in dem zuletzt genannten Gast der Bar. Ist der fremde Gast nun ein Römer oder ein Tourist oder sitzt er stellvertretend für die Autorin und ihr erzählerisches Ich am Tisch, ganz in Gedanken an den eben vollzogene Rundgang durch eine Stadt, die so viel Fassade hat, aber gleichzeitig so viele Brüche aufweist? Verständlich, daß der Gast, wer immer er auch sein mag, »von kleinen Schlucken Bitterkeit« lebt. Ist es vielleicht sogar der ›ewige Gast‹, der, verdammt dazu, alles nur zu betrachten, die Position des Dichters in der zu Bruch gegangenen Nachkriegsgesellschaft widerspiegelt, und der, eben weil er nur alles betrachten kann, sich außerstande fühlt, etwas gegen die fortschreitende Misere in einer Gesellschaft zu unternehmen, die nicht die seine ist, in einer sowieso zerbröckelnden, in ihre einzelnen Bestandteile zerfallenden Stadt? Vielleicht kann er deshalb weder in ihr heimisch, noch mit ihr und ihren Bewohnern vertraut werden. Oder ist es der sich durch den Alkoholkonsum in seine Bestandteile auflösende Blick eines einsamen Gastes, den Ingeborg Bachmann dem Leser hier vorführt? Wahrscheinlich ist es beides, der Blickwechsel zwischen Autorin, dem Gast und einer Stadt aus Stein: der Blick auf den menschlichen Ruin innerhalb einer Stadt, die auf den Trümmern der Geschichte aufgebaut ist.

Im Zentrum der Macht:
Vom Kapitol zum Forum Romanum

In Rom habe ich die großen Villen gesehen mit natürlichen Pinien und Zedern, auch Buchs, zu Phantasiegetier geschnitten. Auf dem Kapitol den Lorbeerbaum und das verräterische wilde Gras im Forum, und gehört habe ich, wenn das Gras über die verschlagenen Säulen und zerbrochenen Mauern in der Dämmerung herfiel, den Lärm der Stadt, täuschend fern und sanft das Gleiten der Autos.

Begleiten wir als Leser Ingeborg Bachmann noch ein Stück weiter auf ihrem Spaziergang durch Rom. Nach der Schilderung einer zweifelhaften Erfrischung in einer römischen Bar, die, abseits von den üblichen Touristenströmen in einer Seitengasse lag, gelangt der Leser im siebten Abschnitt mit dem Blick auf das erzählerische Ich gerichtet, nun in das ehemalige und gegenwärtige politische Machtzentrum des antiken wie modernen Roms, hinauf zum Kapitol. Die Größe der Stadt und ihr Reichtum zeigen sich nicht nur in den »großen Villen«, den seit der offiziellen Abschaffung der Adelsherrschaft zum größten Teil öffentlich zugänglichen Parkanlagen wie der Villa Borghese oder der Villa Sciarra, über die Bachmann hier schreibt. Eine langsame Wandlung der betrachteten Formen und Zeichen läßt sich schon am Eingangssatz feststellen. Diesmal heißt es: »In Rom habe ich [...] gesehen, [...].« Das Partizip Perfekt des Verbstamms ›sehen‹ betont, wie nah die Autorin noch am Geschehen ist, die konjugierte Verbform läßt die Distanz zwischen Betrachterin und Objekt kleiner erscheinen, weicher, so als ob die Stadt Ingeborg Bachmann trotz aller in ihr verborgenen Grausamkeiten dennoch in den Bann ziehen konnte. Der distanzierte Blick hinter die prunkvolle Fassade der Stadt auf die düsteren Kapitel der römischen Geschichte, der sich in immer derselben Inversion ausgedrückt hat, »In Rom sah ich, daß [...]«, scheint einem stärker identifikatorischen Blick der Autorin gewichen zu sein. Jedenfalls geht im folgenden zunächst die wilde Natur (»natürliche Pinien und Zedern«) mit der künstlich geschaffenen (»auch Buchs, zu Phantasiegetier geschnitten«– in Form einer Epiphrase) Hand in Hand. Doch die eben noch konstatierten statischen (Macht-)Verhältnisse kehren sich schon im nächsten Satz um. So stellt Ingeborg Bachmann die ›hohe‹ Politik der Bäume der Massenansammlung des ›niederen‹ Grases gegenüber: auch eine Möglichkeit, Auskunft über das wilde Treiben der römischen Politik zu geben. »Auf dem Kapitol der Lorbeerbaum und auf dem Forum das verräterische wilde Gras«: Das Satzfragment läßt in seiner lapidaren Art der Aufzählung des Beobachteten mehr von der Gewalt und Machtausübung ahnen, die an dieser Stelle einmal stattgefunden hat, als es eine Politikgeschichte in Form einer Aufzählung der historischen Fakten möglicherweise tun könnte. Die (römische) Natur (und nicht nur diese) überwuchert[e] mit den Jahren das künstlich Geschaffene, sei es ein künstliches Gebilde aus Stein oder ein künstlich geschaffenes politisches System, so stellt Ingeborg Bachmann hier fest. Über die Wahrnehmung des verfallenen Forums hinaus stehen die römische Politik der Antike, deren Machtkämpfe und Machenschaften in der Phantasie der Dichterin wieder auf und weisen gleichzeitig abermals auf die römische Politik der Gegenwart hin, die, eine Stufe höher angesiedelt, auf dem Kapitol gemacht wird, aber dennoch denselben Prinzipien zu folgen scheint. Der menschliche Fortschritt erscheint in der ›Kunst der Vertikale‹[51] Bachmanns – im ›immer neuen Aufreißen eines vertikalen Blicks‹ einer auch im übertragenen Sinne ›schichtenspezifischen‹ Wahrnehmung, die nach Bachmann eigentlich auf die Veränderung maroder Verhältnisse abzielt – als fragwürdig. Es sei denn, die Veränderung geschieht im Bewußtsein des Lesers, der das Ritual dieses Spaziergangs auch tatsächlich nachvollzogen hat.

Bachmann versieht die im Gegensatz zum ›unbelebten Zustand‹ der antiken Steine lebendige Natur (Bäume, Gras) wie auch die Architektur (vgl. »die verschlagenen Säulen« des Forums) mit menschlichen Attributen (»verräterisch«; »wild«). Nur einem derart phantasievollen, aber dennoch historisierenden Blick kann es gelingen, das Gras so »verräterisch« und »wild« erscheinen zu lassen, daß es sogar über die »zerbrochenen Mauern in der

---

51 Bachmann: *Frankfurter Poetik-Vorlesungen. Probleme zeitgenössischer Dichtung.* In: GW. Bd. IV S. 195.

Dämmerung [herfällt]«. Ingeborg Bachmann setzt im Schreiben über die Vergangenheit und Gegenwart Roms Zeichen, indem sie die römische Welt als Zeichensprache versteht und in einem Ritual neu deutet.

Im Zentrum der modernen Macht, oben auf dem Kapitol, steht kein »Lorbeerbaum«. Er war und ist nur für den zu sehen, der in Rom zum Dichter (»poeta laureatus«) gekrönt werden will[52]. Oder für den, der den Blick aus der Tiefe anhebt, weg vom Zentrum der Marktschreier, weg vom Ort der Massenansammlungen des römischen Volkes der Antike wie der neuzeitlichen Touristenschwärme, weg vom »verräterischen wilden Gras«, das auch heute noch, und nicht erst seit der Ermordung Cäsars, auf dem Forum Romanum wächst. Der vertikale Schnitt, den Bachmann auch in diesem poetischen Bild ansetzt, von oben nach unten und umgekehrt, findet sich diesmal auch in der römischen Realität wieder: Es liegen mehr als zwanzig Höhenmeter zwischen dem Erdboden des Kapitols und dem Grund des Forum Romanums. Vielleicht gelang Bachmann zudem hierin unbewußt ein verstecktes poetisches Bild für den steilen Anstieg, den auch sie selbst als österreichische Dichterin aus der Provinz hin zu einer auf dem römischen Kapitol bekannten Dichterin im Schreiben vollzogen hatte.

Geblieben sind von den Triumphbögen und Marmorhallen, von den heidnischen Tempeln der Götter und Kaiser nichts als Mauerreste, Abbilder der alten Fundamente, Tempelruinen und angedeutete Straßenkreuzungen. Für das Auge der Autorin war zunächst nicht mehr viel sichtbar, außer eben diese steinernen Reste und das Gras, das sie hier wachsen »gehört« hatte. Es ist das erste Mal, daß im Text vom Hören die Rede ist. Vor Beginn der Ausgrabungen im 18. Jahrhundert hieß das Forum Romanum noch *Campo Vaccino* (›Kuhweide‹) und diente als Steinbruch und Weide für die Tiere. Diese fast stenographische Kurzbeschreibung der verbliebenen Machtsymbole (Bachmann begibt sich mit ihrem Essay parallel dazu auf eine literarische Form der archäologischen Ausgrabung), die eine ständige Neudeutung der Zeichen eines ehemaligen Weltreiches zuläßt, kommt Ingeborg Bachmanns ritueller Form des Schreibens sehr entgegen. Die Zeichen der Vergangenheit werden erst im Vollzug des Lesens auch für den Leser wieder lebendig und geben der Autorin so die Möglichkeit, ihre in Rom gewonnene Einsicht mitzuteilen: daß jede Macht, und sei sie noch so groß, vergänglich ist.

Interessanterweise arbeitet sie in ihrer Schilderung von Kapitol und Forum Romanum wieder mit der Personifizierung, d. h. der ›Verlebendigung‹ von Stein und Natur, um die Vergangenheit im Blick auf die Gegenwart und Zukunft, versehen mit einer eigenen Aussage über ihr Verständnis der Welt,

---

52 Siehe zum Ritus der antiken Dichterkrönung (»poeta laureatus«) auf dem Kapitol: Gero von Wilpert: »Dichterkrönung«. In: *Sachwörterbuch der Literatur.* A.a.O. S. 174 f.

zielgerichtet wiederauferstehen zu lassen. Auf dem Forum ›kann man das Gras wachsen hören‹. Formal findet sich dieser Vorgang in der Inversion »[…] und gehört habe ich […]« wieder. Die Umkehr der Satzstellung deutet bereits auf eine mögliche Umkehr der Verhältnisse auch auf der inhaltlichen Ebene hin. Aber nach Bachmann lauert der Verrat der anthropomorphisierten Natur überall, nicht nur in der Dämmerung und bei fahlem Licht. An dieser Stelle wird die Dimension des Hörens wichtig: Denn den Verrat kann man wie die »farblosen Flammen« im fünften Abschnitt des Textes auf dem Campo de' Fiori nicht sehen. Man kann immer wieder nur ganz genau hinhören, so erklärt die Dichterin: am Campo de' Fiori auf die Schreie der Frauen im Hinblick auf das, was dort auch heute noch verbrannt wird, und am Forum Romanum, »wenn das Gras über die *verschlagenen* Säulen und *zerbrochenen* Mauern in der Dämmerung *herfiel*« (Kurs. Herv. v. d. Verf.). Doch die Vergangenheit und das zeigt Bachmann in ihrem Essay über Rom auch, wird stets von der Gegenwart wieder eingeholt. So stellt sie die Stille des Forums, an dem sie eben noch das Gras wachsen hören konnte – ein für die dichterische Phantasie und Kreativität äußerst anregender Ort, wie wir daraus schließen können – dem »Lärm der Stadt« und seinen Straßen gegenüber. Und der Leser kann es mit ihren Worten fast hören, wenn sie den psychischen Vorgang beschreibt, wie die Gegenwart sie, »täuschend fern«, langsam einholt und sie aus einem vergangenen Traum erwacht. Denn es ist keine Täuschung, was Bachmann in ihrem Essay über Rom beschrieben hat, wir sind im Ritual des Lesens mit ihr in der Mitte des 20. Jahrhunderts angekommen und können es mit ein wenig Phantasie vielleicht ebenfalls hören, das »sanfte Gleiten der Autos.«

Der Himmel über Rom –
Kontinuität und Wandel am Beispiel der römischen Peripherie

»Ich sah, wo Roms Straßen ausfallen, […]«: Ingeborg Bachmann hat auch im Leben – acht Jahre nach Ende des Zweiten Weltkriegs – den Ausfallschritt mit ihrer Übersiedlung nach Italien gewagt. Die Vergangenheit holte sie überall ein, das läßt sich an dem Text leicht ablesen. Wollte man aber zu jenem frühen Zeitpunkt, Mitte der fünfziger Jahre, eine bewußte Vergangenheitsbewältigung betreiben, war Rom für eine Dichterin mit kritischem Traditionsbewußtsein der geeignete Ort dafür. Bachmanns Lebensgefühl und ihr Schreiben darüber finden in diesem Essay über Rom als Formel für ihre bis dahin gesammelten Lebenserfahrungen zu einer bemerkenswerten Übereinstimmung. Bachmann reflektiert dies jedoch auf einer sehr allgemein gehaltenen Textebene, die zunächst auf jeden Bewohner Roms zutreffen kann.

Zunächst geht es im achten Abschnitt vom Kapitol und dem Forum Romanum stadtauswärts, über die römischen Ausfallstraßen, die das Umland mit dem ständig anwachsenden Rom verbinden. »Ich sah, wo Roms Straßen ausfallen, den triumphalen Himmel in die Stadt einziehen [...]«. Es sind die Wege zu den ärmeren Stadtteilen, zu den Slums und den trostlosen Vorstädten aus Beton, den ›borgate‹, deren Bewohner und ihre Probleme Pier Paolo Pasolini in seinem Film *Mamma Roma* und seinem Roman *Una Vita Violenta* geschildert hat[53]. Ingeborg Bachmann hatte laut Auskunft Hans Werner Henzes die sozialkritischen Filme Pasolinis mit großer Anteilnahme gesehen und war u. a. durch sie auf den Zustand in den römischen Vorstädten aufmerksam geworden.[54] Dennoch schreibt die Autorin in diesem kurzen Abschnitt über die Wege, die aus Rom hinausführen, dorthin, wo keine Fassade den Dreck der Straßen und die Armut der Bewohner verdeckt, sehr wenig. Den Blick richtet das Ich des Essays diesmal vor allem hinaus, nach oben, in die Weite, hinein in das Blau eines »triumphalen Himmels«, der über allem Leid und über aller Armut steht, diese überdeckt und im besten Fall vergessen läßt. Das Ich des Essays wird mit den Geschichten vom tiefen und gleichbleibenden Blau des Himmels, einer weiteren Kontinuität in der Beschreibung der Welt des Südens, durch einem Himmel, der, so Bachmann, über frühere Raubzüge vielleicht auch angesichts der gegenwärtigen nur lachen kann, hinausgetragen in eine abenteuerliche, ferne (Geschichts-)Landschaft, die von den Küsten Siziliens bis zu den gebirgigen Abruzzen landeinwärts hinter Rom und zu den Ausläufern der Apenninen reicht. Das Ich reist sehenden Auges mit dem blauen Himmel in eine glorreiche Vergangenheit hinein, kehrt aber ebenso mit dem Blau dieses im Text personifizierten »Himmel[s]«, der eher einem alten römischen Feldherrn gleicht, als der modernen Abgasglocke einer sich ständig weiter ausdehnenden Großstadt, in einem Triumphzug in die Stadt der schönen, aber bröckelnden Fassaden zurück: identischen Blicks mit ihm, »der sich unter kein Tor bückte und über die sieben Hügel verbreitete, blau nach den Raubzügen an den Küsten Siziliens und voll von den Inselfrüchten des Tyrrhenischen Meeres, unverwundet nach Überfällen ins Brigantenland der Abruzzen und schwarz von Schwalbentrauben, über den Apennin gerettet.« Das ist der Himmel der Dichter, der Himmel der Hymne *An die Sonne*, der ideale, von Bachman »gelobte Himmel«, aber nicht mehr der sozialkritische Blick auf Rom im Sinne einer zeitkritischen ›Kunst der Vertikale‹. Bachmann deutet das Elend nur an, das der Leser unter der poetischen Fassade des Textes bestenfalls erahnen kann.

Erst sind es die Gerüche und die Musik (Abschn. 1-4), dann die Geräusche (Abschn. 5-7), und nun die Farben (Abschn. 4 u. 8), die den Übergang von der gegenwärtigen in die vergangene Welt kennzeichnen. Im sich Einlassen

---

53   Pier Paolo Pasolini: *Mamma Roma*. Spielfilm. Italien 1962. Ders.: *Una Vita Violenta*. Roma 1959.
54   Laut Interview mit Hans Werner Henze vom 5. Juni 1993.

in einen grenzenlos blauen Himmel werden in der schriftstellerischen Phantasie auch die historischen und damit die Zeitgrenzen durch- und überschritten. Betrachtet man die Adjektive und Partizipien in der hier verwendeten Abfolge, »triumphal«, »blau«, »voll«, »unverwundet«, »schwarz«, »gerettet«, dann ist das der Ausdruck einer hergestellten Kontinuität eines zielgerichteten Blicks nach oben, auf einen Himmel, dessen »volle« Farbe sich nur einmal im Jahr verdunkelt und dann auch nur für kurze Zeit: durch die Vogelschwärme auf ihrem Weg nach Süden. Hier gilt erneut, und das macht die nächste Zeile deutlich, das oben schon erwähnte Zitat aus Bachmanns Gedicht Herbstmanöver, das eine inhaltliche, wenn auch stark verkürzte Parallele darstellt: »Und der Fluchtweg in den Süden kommt uns nicht, / wie den Vögeln, zustatten. [...]«[55]

Die Hierarchie der symbolträchtigen Farben, Adjektive und Partizipien spricht für sich: Was wie eine Läuterung fast religiöser Dimension wirkt, ist hier die im Ritual der Reise nach Italien säkularisierte, in eine ästhetische Form gebrachte und umgewandelte Aussage über eine ›himmlische‹ Erlösung: »[...] gerettet.« Es steht für die Verwandlung eines literarischen Ichs in den Worten einer Dichterin des 20. Jahrhunderts. Nach Bachmann, die Person und Werk Goethes als »Chiffre« begreift, läßt sich das Bild der ›himmlischen‹ Erlösung als ein Bild für eine metaphysische Wiedergeburt unter der Sonne Roms verstehen. Im Streben nach einer ›Kunst der Vertikale‹, die, was oben ist, nach unten kehrt, und was unten ist, ans Licht holt[56], an dieser Stelle im Blick jedoch relativ kritiklos einem »triumphalen Himmel« verhaftet, ist das Ich bereit, das Leben auf der Erde unter ›dessen himmlischer Herrschaft‹ zu vergessen. So tragen die zyklische Wiederkehr und Kontinuität des südlichen Daseins selbst grausame Züge, die zwar eine scheinbare Ewigkeit und trotz ihrer Brüche beim (fremden) Betrachter eine gewisse Beruhigung und Harmonie auslösen, die in der Realität aber auf Kosten des Lebensstandards weiter Bevölkerungsschichten gehen. Auch wenn das Ich ›geblendet‹ vom Einfluß des südlichen Lichts am römischen Himmel schließlich doch noch einen Bruch wahrnimmt, der sich als Bild für die deutliche gesellschaftliche Zweiteilung auffassen läßt: »*Ich sah den gelobten Himmel aus Hermelin und den armseligen Himmel aus Sackleinwand,*

---

55 Bachmann: *Herbstmanöver.* A.a.O. S. 37.
56 Vgl. noch einmal das Gedicht Ingeborg Bachmanns *Beweis zu nichts,* in dem das lyrische Ich an die Mutter über dessen Leben in der Fremde Auskunft gibt, und das, so ist hierin ausphantasiert, schildert, wie die ›Kinder‹ in der Fremde mit ihrem Leben zurecht kommen und was sie dort tun: Sie schreiben bzw. arbeiten, den Blick auf einer imaginären Vertikale abwärts gerichtet. Siehe dies.: *Beweis zu nichts.* In: GW. Bd. I. S. 25. In diesem Gedicht wird die imaginäre vertikale Linie der künstlerischen Arbeit, der methodische Ansatz der ›schreibenden Beweisführung‹ Bachmanns genau beschrieben.

und ich sah in seinen größten Momenten seine Hand gelassen den goldenen Schnitt über den Dächern ausführen.« (Kurs. Herv. v. d. Verf.)

Erst nach einem langen Ausflug in die Geschichte, die sich unter dem himmlischen Dach Roms abgespielt hat, erfolgt die knappe Gegenüberstellung des idealen, historisch tradierten Himmels und des ›realen‹ Himmels über der Stadt durch das erzählende Ich, das die Armut in der Millionenstadt offenbar doch wahrgenommen hat. An diesem Satz sieht man noch einmal besonders gut, wie sehr sich Ingeborg Bachmann in diesem Prosatext verschiedener lyrischer Stilmittel (beispielsweise der für den Text typischen Verwendung von Parallelismen, Wortwiederholungen, Antithesen [»gelobter Himmel aus Hermelin« – »armseliger Himmel aus Sackleinwand«], Alliterationen etc.; siehe auch kursive Hervorhebungen im Text) bedient und an religiöse Formeln und Riten angelehnte Bilder (»gelobter Himmel«, der Himmel wird personifiziert und zu einer Gottheit stilisiert) für ihre säkulare, so doch von poetischer ›Heiligkeit‹ durchdrungene Weltsicht verwendet. Es sind euphemistische Bildsequenzen für die zyklische Wiederkehr grausamer menschlicher Rituale und Verhaltensweisen, auf die Bachmann bei der Darstellung von menschlichem, nicht himmlischem Triumph, von Raub, Überfall, Verwundung, Mord und Totschlag und der Rettung in letzter Minute zurückgreift, um über das Leben und Sterben und den alltäglichen Daseinskampf in Rom Auskunft zu geben. Der utopische Himmel, den die Autorin hier zeichnet, erinnert gleichzeitig an eine antike, heidnische Himmelsgottheit (auch die Farbe läßt sich als ein Zeichen der königlich-göttlichen Herkunft deuten), die in ihrer Funktion maßlos überschätzt, dennoch aber wie Petrus in der Tiefe seines Grabes als ebenbürtiger himmlischer Stellvertreter Gottes auf Erden daherkommt, um »gelassen den goldenen Schnitt« über den Dächern einer paradiesischen Stadt auszuführen.

Die römische Welt scheint für Bachmann im Ritual des (Be-)Schreibens eine stellvertretende Funktion für die Welt selbst erhalten zu haben. Die Buchstabenfolge *Rom* nimmt bei Bachmann, etwas überspitzt gesagt, die Stelle eines jener letzten vermeintlichen Paradiese auf Erden ein, das auch nach dem menschlichen Sündenfall, der die ›Geschichte‹ in der Fiktion wie in der historischen Abfolge ins Rollen gebracht und die zeitlose Harmonie eines glücklichen und erfüllten Lebens im Garten Eden aufgelöst hat, dennoch in Form dieser Stadt als letztes Refugium erhalten geblieben ist. Eine Welt, die, so könnte man meinen, für Ingeborg Bachmann, trotz aller negativen Aspekte, dem Himmel auf Erden gleichkommt. Wenn auch die Autorin in diesem Abschnitt die vermeintliche Glorie Roms mit der bitteren Armut (»Sackleinwand«) letzten Endes doch noch in einem Satz kontrastiert.

Im achten Abschnitt überspielt nicht die Musik die historische Realität, wie es im römischen Ghetto der Fall war, sondern es ist die Farbe, das ›himmlische Blau‹, das hier den direkten Blick auf die gegenwärtige soziale Realität um das Ich herum verschleiert.

Die Verwandlung unter der römischen Sonne

Bachmanns Schilderung der römischen Welt, die sich bis dahin zwischen (Über-)Ästhetisierungen und kritischer Betrachtung einer beispielhaften Welt bewegte, bleibt zunächst auch weiterhin noch am wiederholten Spiel der Farben und der Auswirkungen des südlichen Lichts haften. In beinahe impressionistischer Weise werden mit malerischen Mittel »einsame Felder für Sonne und Schatten beschrieben«, ohne allerdings eine Einschränkung des gezeichneten Bildes vorauszuschicken, die euphemistisch die Enge der Häuserreihen der Armen, die in Pappkartons in den römischen Slums der Außenbezirke wohnen, überdeckt.

Im neunten Abschnitt, der die Rückkehr aus der Peripherie, aus den ›borgate‹, und damit aus der fast unbeachtet gebliebenen Dominanz des Betons und der Pappkartonbauten hin zu den antiken und mittelalterlichen Häusern im Zentrum der alten Stadt beschreibt, wird ein weiteres Kontinuum der römischen Außenwelt deutlich: das nicht schichtenspezifische, »zu jeder Verwandlung fähige[s] Braun« der Häuser. »Daß jeder sich sein Haus baut, wie es ihm gefällt[57] [...] und daß kein Plan besser eins ans andere fügt als Zufall und Geschmack der Einzelnen«, mag in den Augen Bachmanns, die, so scheint es, die Darstellung des schöpferischen Chaos' stellenweise der Beschreibung der durchgezogenen Linie vorzog, noch angehen; der poetische Euphemismus, »aber *kein* Geschmack reicht aus, die Abstände zu schaffen, einsame [antithetische – A. H.] Felder für *Sonne* und *Schatten*, und *kein* Zufall löst die Gleichung, in der die Schwere einer Mauer die Gewichtlosigkeit eines Turms ausdrückt«, verdeckt beim ersten Lesen einen klaren Einblick und Zugang zu der von ihr geschilderten Welt. Man kann diese Welt als Leser zunächst nur erahnen, mitgehen mit den von ihr im Schreiben heraufbeschworenen Gerüchen, Farben, Formen, Linien, die Formeln, den Lichteinfall berücksichtigend, der durch das Auge der Dichterin als ›Objektiv‹ angefertigten Schnappschüssen. Eindrücke, die, so zielgerichtet wie sie sich beim näheren Hinschauen und der anschließenden Analyse und Zerlegung der Textabschnitte in ihre Einzelteile, darstellen, doch in der Gesamtschau ein ganzes Bild der römischen Welt vermitteln sollen: einen literarischen ›Phototermin‹ in Rom, der einem Kaleidoskop der über die einzelnen Bilder und Ort transportierten Ideen und Anschauungen über die Welt gleicht.

---

57 Siehe hierzu das Kapitel: »Senat und Volk – Bauen und Wohnen in Rom«. In: Peter Kammerer u. Henning Klüver. *Rom.* Reinbek bei Hamburg 1984. S. 188 ff. – Ingeborg Bachmann spielt auf die römische Sitte des »Jedermannsrechtes« an, das besagt, wer ein vollständiges Haus über Nacht auf öffentlichem, städtischem Boden errichten kann, darf den bebauten Grund und Boden auch weiterhin mit seiner Familie bewohnen; ein Recht, das die Verwaltung der Stadt seit einiger Zeit wegen der enormen Ausdehnung der Stadtgrenzen einzuschränken bzw. aufzuheben versucht.

In der Negation der Bedeutung eines Wortes liegt schon wieder dessen Überschreitung: »Kein Plan [...], kein Geschmack [...], kein Zufall.« Wie die häufig verwendeten Inversionen, Parallelismen, Alliterationen und hier, dreifach verstärkt, die auffallenden Negationen im Text kein Zufall sind und die formalen Aufzählungen poetischer Bilder den (Satz-)Fragmenten einer in ihre Einzelteile zerlegten Welt gleichkommen, sucht der Leser nach der Gleichung, nach einem Angebot der Dichterin an den Leser, das die Verstreutheit der Eindrücke fürs erste wie in einem Brennglas bündelt und den Text auf einen Nenner bringt. Doch diese wird ihm vorerst verwehrt: Weder »Plan« noch »Zufall« lösen »die Gleichung, in der die Schwere einer Mauer die Gewichtlosigkeit eines Turms ausdrückt«[58]. Jedenfalls findet sich in diesem Bild eine gelungene ›poetisch-architektonische‹ Konstruktion einer Antithese wieder, die das Gewicht der Substanzen in Rom auf einen Nenner zu bringen versucht. Wie ein Gemälde aus längst vergangener Zeit betrachtet Ingeborg Bachmann die Häuser Roms, deren Farben von der starken Sonneneinstrahlung schon ganz verblichen und rissig geworden sind. Und doch scheint es, als ob die Autorin erst durch die helle Sonne die Brüche an den Wänden wahrnehmen kann, die im übertragenen Sinn auch zum eigenen Aufbruch mahnen und im positiven wie negativen Sinn die angestrebte »Verwandlung« einleiten können. Alles ist ›aufgebrochen‹ im Licht Roms. Vieles kann jetzt ins ›rechte Licht‹ gerückt werden, wie vieles leichter einsehbar wird im Blick auf die Stadt wie auf das eigene Selbst. Genau Hinsehen heißt in Rom immer auch Rückschau halten auf die Brüche und Kontinuitäten menschlichen Lebens und Wirkens. Das Fremde mit eigenen Augen wahrzunehmen, es zu entdecken und im Schreiben neu zu benennen, heißt also auch Farbe zu bekennen. Es bedeutet, die alte Patina und damit die verschiedenen (Farb-)Schichten der Vergangenheit in neuem Licht zu sehen.

58 Hans Höller weist in diesem Zusammenhang auf einen Erklärungsversuch von Peter V. Zima hin, der sich seinerseits auf die *Dialektik der Aufklärung* von Horkheimer und Adorno bezieht und schreibt: »jene mimetische Wahrnehmung stehe im ›Gegensatz zum begrifflichen Diskurs der Philosophie (der Aufklärung), der die Dinge definiert und klassifiziert, um sie beherrschen zu können‹; die ›gelungenen Werke‹ charakterisiere gerade die ›Rettung des Besonderen durch die mimetische Angleichung ans Objekt‹.« Peter V. Zima: *Kritik der Literatursoziologie*. Frankfurt a. M. 1978. S. 180 f. Hier zitiert nach Hans Höller: *Ingeborg Bachmann. Das Werk. Von den frühesten Gedichten bis zum »Todesarten«-Zyklus*. A.a.O. S. 336.– Diese »mimetische Angleichung ans Objekt« ist an dieser Stelle von Bachmanns Rom-Text meiner Meinung nach besonders deutlich. Man beachte zudem die gehäuft verwendeten Alliterationen in dieser Sequenz (»Schatten« – »Schwere«; »Geschmack« – »Gleichung« – »Gewichtlosigkeit«), sowie die starke Anhäufung der Verschlußlaute ›t‹ und ›d‹ in diesem Abschnitt (z. B. »*d*ie Gewich*t*losigkei*t* eines *T*urms«; »In al*t*er Leinwan*d* s*t*ecken *d*ie Häuser, ver*t*rockne*t* sind *d*ie Farben *d*arauf. [...]«, die rhythmussteigernd wirkt. So verweist Bachmann auch über die Klangfarbe der verwendeten Wörter auf die Brüchigkeit der Farbreste auf den Häuserwänden.

Im bewußten Gang durch die fremde Stadt wird diese dann auch ein Stück weit zur eigenen Stadt des Ichs. Der Moloch Rom wirkt nicht mehr so fremd, so gewaltig, sondern es werden in der Auseinandersetzung mit ihm eigene Bilder und Worte geschaffen, die eine Transformation vom Fremden ins Eigene möglich machen. Erst so wird sie mit jedem Schritt und Blick hinter die Kulissen der ›Leinwände‹ (der Begriff läßt nicht nur an Gemälde, sondern auch an das Rombild im Kino denken) Stück für Stück verständlicher. Fast physikalisch betrachtet das anonyme Ich die ›Verwandlungen‹, die unter der römischen Sonne mit den Dingen (und Menschen, mit dem Ich selbst) vonstatten gehen. Der Prozeß dieser Verwandlung, die Beschreibung, ist das Ziel des Rituals:

> In alter Leinwand stecken die Häuser; vertrocknet sind die Farben darauf. Erst wenn Licht in den porösen Stoff eindringt, erscheint die Farbe, die wir sehen; ein zu jeder Verwandlung fähiges Braun.
> In Rom sah ich, daß alles einen Namen hat und man die Namen kennen muß. [...] (S. 32).

Die »alte Leinwand der Häuser« läßt sich vor diesem Hintergrund auch als das alte Leben des beschreibenden Ichs deuten, das vergangen, »vertrocknet« ist und erst im Licht der Sonne zu einer neuen Farbigkeit gelangen kann, zu dem Ton, den es zu seiner eigenen Verwandlung benötigt. Erst jetzt kann das Ich zu der Erscheinung werden, die in seiner ›Farbigkeit‹, d. h. in seinem Charakter bereits angelegt war und erst im vollen Licht entfaltet werden kann.

Und doch geht es hier nicht um die Farbe, sondern um den Vorgang der *Verwandlung* unter dem Licht, um das, was »wir«, die Autorin und der Leser, das Ich und die anderen, nachher sehen werden.[59] Und das kann man zunächst nur am Text selbst ablesen. Das Aktiv Präsens des Seh- bzw. des immer implizierten Erkenntnisvorgangs, »wir sehen [...]«, findet sich so direkt (ohne adverbiale Ergänzung) nur ein einziges Mal im Text wieder und zwar an dieser Stelle, bei der es um die »Verwandlung«, um das Ziel des Rituals geht: um eine neue Sichtweise auf die Dinge, um die moderne ›Wiedergeburt‹ im klassischen Sinn. Wie sonst könnte Ingeborg Bachmann drei Abschnitte weiter einen Satz schreiben wie: »Das Klassische ist das Einfachste, und alte und neue Texte vertreten es gleich gut.« (S. 33)

---

59 Mit der Verwendung der ersten Person Plural, »wir«, zieht die Autorin den Leser aktiv mit hinein in das Ritual dieser Verwandlung.

Das Ritual der Benennung:
Zum Verhältnis von Zeichen und Bezeichnetem in Rom

Wenden wir uns im zehnten Abschnitt dem Thema der Benennung zu. »In Rom sah ich, daß alles einen Namen hat und man die Namen kennen muß. Selbst Dinge wollen gerufen werden.« (S. 32) Das ist auf den ersten Blick ein sehr unmißverständlicher Satz. Alle Dinge und Orte tragen Namen und damit eine über Jahrtausende gewachsene Geschichte mit sich, die den oder das Einzelne in Rom näher bezeichnet. Gleichzeitig wird mit den Namen römische Geschichte und römisches Leben konserviert und transportiert. Die Namen benennen die Dinge, sind stellvertretende Zeichen einer dahinter verborgenen Geschichte. Man kann diese Geschichte nachlesen, sie ist aber an vielen Stellen auch sichtbar, begehbar, erfahrbar. Dieselbe Eingangsinversion wie zu Beginn des Essays eröffnet auch diese Sequenz. Das Ich *sieht*, »daß alles einen Namen hat«. Es liest nicht die Namen, es sieht sie. Die sinnliche Wahrnehmung ist dem Vorgang des Lesens, des Entzifferns und des Be-Zeichnens und in seiner vorerst letzten Stufe, der Fixierung der Zeichen im Schreiben, vorangeschaltet. Nicht nur das Sehen ist von elementarer Bedeutung, es setzt auch das Wissen und die Kenntnis der ursprünglichen, tradierten Namen verbunden mit der ihnen zugehörigen Geschichte voraus. Doch die Beschäftigung mit den tradierten Zeichen allein ist nicht ausreichend. Bachmann schreibt: die »Dinge *wollen* gerufen werden« – jetzt, heute, in der Gegenwart des Bezeichnenden. Mit dieser Anweisung ist nicht nur ein deutlicher Bezug zur Gegenwart des Benennenden gegeben, sondern die Aufforderung zur Neuschöpfung der Dinge in der gegenwärtigen Sprache.

Nachdem Bachmann eingangs vom *Sollen* (1. Abschnitt, S. 29) in Rom, vom Rundgang nach einem inneren, tradierten Stadtplan gesprochen hat, geht es jetzt also um das *Wollen* der Dinge in Rom. Sie »*wollen gerufen werden*«. Das ist ein wichtiger Unterschied. Der darin ausgesprochene Wunsch, ge- und benannt zu werden, kommt einer unzweideutigen Aufforderung an das sehende Auge und die dahinter stehende Verarbeitungsinstanz gleich. Die Dinge ›wollen‹ nicht wie eingangs gesehen und im Vorbeigehen ›nur‹ mit altbekannten, tradierten Bildern verglichen werden: sie erfordern eine aktive Neubenennung und damit von jedem Ich, das die Stadt neu betritt, die Fähigkeit, neue, unverwechselbare Zeichen zu setzen. Während der Weg auf dem Stadtplan durch Rom traditionellerweise noch vorgeschrieben ist, ist die Benennung, die Bezeichnung der Dinge und Orte frei. Der Rundgänger ist aufgefordert, neue Namen und Bezeichnungen, neue Bilder und Beschreibungen für alte Orte und Dinge zu finden, um eine neue, der Gegenwart gemäße Ordnung der bezeichneten Dinge herzustellen.

Der Text reflektiert an dieser Stelle eine latent vorhandene, sehr relevante Ebene: die der Traditionsbildung in der Literatur zum Thema Italien. Die Autorin nimmt Stellung zu einem ungeschriebenen Gesetz Roms, dem Prinzip der Einordnung wie Neubezeichnung im Verhältnis von Zeichen und Bezeichnetem. Gleichzeitig vollzieht der Text selbst die Einordnung in diese Tradition in der Überschreibung und Überschreitung derselben. Die römische Welt, die eine exemplarische Welt ist, muß neu bezeichnet werden, um sie einordnen zu können. Das ist die Forderung, die Bachmann aufstellt und zugleich die Kunst(fertigkeit), die im Angesicht Roms verlangt wird. Es ist die Aufgabe, die dem sehenden und denkenden, künstlerischen Menschen zukommt: die Fortschreibung in der Überschreitung der alten Muster stellt die Kontinuität der Italienbeschreibungen erst her. Das ist der Schlüssel zum Text wie zum künstlerischen Selbstverständnis der Autorin in ihrer römischen Welt. Indem Rom durch einen Künstler neu bezeichnet wird, bezeichnet der Künstler nicht nur Rom, sondern über den Text hinaus vor allem sich selbst und seine spezifische Art der künstlerischen Wahrnehmungsfähigkeit und ästhetischen Umsetzungskraft. Der Künstler schreibt sich in diese Tradition einer kontinuierlichen und damit vergleichbaren Fremd- und Selbstbeschreibung selbst dann ein, wenn er von ihr abweicht. Der entstandene Text stimmt nun mit dem Ritual überein und vollzieht damit seine eigene Verwandlung, die auch eine »Verwandlung« der künstlerischen Identität sein kann. Es ist die als Chiffre zu verstehende Wiedergeburt der Dichtung, nicht unbedingt des Dichters – in Rom. Indem wir als Leser der Verwandlung des Textes beiwohnen, erhalten wir gleichzeitig Auskunft über den Grad der Verwandlung des dichterischen Ichs unter dem Einfluß Roms. So schreibt Ingeborg Bachmann in ihrer Erzählung *Das dreißigste Jahr*, die zwischen 1956 und 1957 entworfen wurde, vom Auf- und Ausbruch der Hauptfigur von Wien nach Rom:

> [...] Und eines Morgens wacht er auf, an einem Tag, den er vergessen wird, und liegt plötzlich da, ohne sich erheben zu können, getroffen von harten Lichtstrahlen[...]. Wenn er die Augen schließt, um sich zu schützen, sinkt er zurück und treibt ab in eine Ohnmacht, mitsamt jedem gelebten Augenblick. Er sinkt und sinkt, [...] und er stürzt hinunter ins Bodenlose, bis ihm die Sinne schwinden, bis alles aufgelöst, ausgelöscht und vernichtet ist, was er zu sein glaubte. Wenn er das Bewußtsein wieder gewinnt, sich zitternd besinnt und wieder zur Gestalt wird, zur Person, die in Kürze aufstehen muß und in den Tag hinaus muß, entdeckt er in sich aber eine wundersame neue Fähigkeit. Die Fähigkeit sich zu erinnern. [...] Er wirft das Netz Erinnerung aus, wirft es über sich und zieht sich selbst, Erbeuter und Beute in einem, über die Zeit- und die Ortsschwelle, um zu sehen, wer er war und wer er geworden ist. [...] Er muß nach Rom gehen, dorthin, wo er am freiesten war, wo er vor Jahren sein Erwachen, das Erwachen seiner Augen, seiner Freude, seiner Maßstäbe und seiner Moral erlebt hat.[60]

---

60 Bachmann: *Das dreißigste Jahr*. S. 94 u. S. 97. Erstveröffentlichung in der Zeitschrift *Botteghe Oscure* 23 (1959). S. 337-345. Vgl. an dieser Stelle auch noch einmal die ›Fall-Schilderung‹ in *Malina*: A.a.O. S. 178. (Anm. 37).

Der künstlerische Prozeß (hier wieder als ›Fall‹ dargestellt), Erinnerung und Erwachen gehören anscheinend eng zusammen bei der Darstellung der italienischen Welt. In Rom angekommen, heißt es (man vergleiche nicht nur die Parallelen zur dargestellten Verwandlung in Bachmanns Hörspiel *Die Zikaden*, sondern erinnere sich im folgenden Zitat auch an den ›ewigen Gast‹, den Bachmann im sechsten Abschnitt des Essays beschrieben hat):

> Er ging jetzt immer auf kleine Plätze, ins Ghetto oder in die Cafés der Kutscher in Trastevere, und trank dort langsam, Tag für Tag zur gleichen Stunde, seinen Campari. Er bekam Gewohnheiten, pflegte sie, auch die allerkleinsten. Diesen seinen Verknöcherungen sah er mit Wohlgefallen zu. Am Telefon sagte er oft: Meine Lieben, heute kann ich leider nicht. Vielleicht nächste Woche. – In der darauffolgenden Woche stellte er das Telefon ab. [...] Er kam in den Genuß der Zeit; ihr Geschmack war rein und gut.[61]

In der »Erinnerung an alte Bilder«, in der Beschreibung der zyklischen Wiederkehr bestimmter Vorgänge und Handlungsweisen, schafft das künstlerische Ich über die Auseinandersetzung mit ihnen schon wieder neue Bilder von sich und der Welt. Wieder treffen der künstlerisch gestaltete Fall aus der real meßbaren Zeit auf der ›Kunst der Vertikale‹ Bachmanns, hier »hinab ins Bodenlose«, und der damit eingeleitete und beschriebene Verwandlungsprozeß des Ichs in der Erinnerung an das Leben in Rom zusammen. Dabei muß in der Darstellung des Falls aus der Zeit als poetologisches Bild für den dichterischen Prozeß nicht nur die Zeit-, sondern auch die Ortsschwelle zur Identitätsbildung und Selbstfindung des Ichs überschritten werden. Erst dann kann der innere Prozeß im Schreiben in neue Zeichen verwandelt und nach außen gekehrt, für den Leser sichtbar gemacht werden. Die hier verglichenen Textstellen bilden dabei, verfolgt man die verschiedenen Aussagen der einzelnen Figuren über Rom, ein deutliches Netz von bestimmten, immer wiederkehrenden Motiven und Bildern im Werk von Ingeborg Bachmann.

So fallen die verschiedenen Zeitschichten, der fremde wie der eigene Blick zusammen und verzahnen sich ineinander, auf der Textebene wie auf dem realen historischen Boden der Stadt. Es ist die Kontinuität der Verwandlungen, denen das künstlerische Ich noch standhalten muß, während die Stadt ihnen längst standgehalten hat, ohne dabei ihren spezifischen ›Charakter‹ zu verlieren. Diesen Wandlungsprozeß kann der Künstler in seiner kontinuierlichen Veränderung oder besser gesagt in seiner Konzentration an einem Ort studieren, der die Benennung voraussetzt, um sich seiner würdig zu erweisen. Erst in der Folge der Benennungen entsteht die Kontinuität der

---

61 Bachmann: *Das dreißigste Jahr*. In: GW. Bd. II. S. 105.

Beschreibungen als Folge künstlerischer Einkehr zu sich selbst in Auseinandersetzung mit der Stadt, was wiederum eine Abfolge stetiger Wiederkehr Roms als Bildmotiv in der Kunst erzeugt. Kontinuität des Benennens schafft Wandel in der Beschreibung: so ließe sich das künstlerische Gebot der Stadt, das nicht dem *Sollen*, sondern dem *Wollen* verpflichtet ist, beschreiben. Das bzw. der einzelne ist im Vergleich zur Gesamtheit der Stadt nach Bachmann unbedeutend; erst in der Gesamtschau entsteht die Bedeutungsvielfalt und damit die Herausforderung für neu entstehende Kunst und den Künstler.[62] Und so läßt sich im Verlauf des zehnten Abschnittes in der Reflexion über den Vorgang der Neubenennung der altbekannten Dinge und Orte über die Beschreibung des sich vollziehenden sozialhistorischen Wandels in Rom gleichzeitig der innere, geistig-psychische Verwandlungs- und Reifungsprozeß eines künstlerischen Selbst nachvollziehen. Was von Bachmanns Rom ›stehengeblieben‹ ist, ist die flächendeckende Beschreibung eines Verfalls, der auf der Ebene der Zeichen ›Namengebung‹ und Neubenennung verlangt, ganz im Sinne von Bachmanns Postulat der ›Wiederbelebung der Zeichen innerhalb eines Rituals‹. Die Wiederbelebung der Zeichen bedeutet in diesem Zusammenhang auch die Auferstehung einer Welt vor dem geistigen Auge im Schreiben voranzutreiben, die nicht als erstes Ziel die bloße Konservierung menschlichen Lebens und Handelns in der Kunst beabsichtigt.

> Der Ludovisische Thron ist nicht mit dem letzten Gekrönten gefallen. Säulen sind vom Tempel der Venus stehen geblieben – von diesem und keinem anderen. Der Kopf der heiligen Agnes ist geschrumpft, aber nicht zu dem einer Lederpuppe geworden. Nach vielen Päpsten wird dieser Papst in der Sänfte getragen, und der Segen gilt urbi et orbi. Die Geschlechter heißen: Corsini und Pignatelli, Ruspoli und Odescalchi, Farnese und Barberini, Aldobrandini ... Sie heißen noch so, wenn in einem Campagnaschloß die Obdachlosen ihre Eisenbetten aufstellen und ihre Wasserbehälter auf den Sarkophagen stapeln. (S. 32)

Nicht von ungefähr nimmt die Autorin Bezug auf die Geburtssage der Aphrodite, der griechischen Göttin der weiblichen Schönheit und der Liebe. Der Ludovisische Thron wurde erst 1887 im Innern der Villa Ludovisi, dem Wohnsitz eines der berühmten Adelsgeschlechter von Rom im Zentrum des alten Rom gefunden und datiert aus der Zeit um 460 v. Chr. Man geht davon aus, daß das Relief die Geburt der Göttin Aphrodite aus dem Meer darstellt, wie sie von zwei Nymphen (oder Horai) aus den Wellen des Meeres nach oben an Land bzw. an die Luft gezogen wird. Der Moment dieser Geburt ist in seiner Zwischenstufe festgehalten, d. h. Kopf und Rumpf der

---

62 Siehe Bachmann: [*Ferragosto*]. Entwürfe. In: GW. Bd. IV. S. 337.

Göttin ragen schon aus dem Wasser, der Unterleib, von einem Tuch bedeckt, an dem die beiden Nymphen die Göttin aus dem Wasser ziehen, ist noch nicht zu sehen. Die Geburt der Göttin ist also noch nicht ganz vollzogen, obwohl helfende Arme schon nach ihr greifen.[63]

Daß Ingeborg Bachmann ausgerechnet mit diesem Kunstwerk ihre Reihung der heidnischen (»Ludovisischer Thron«; »Tempel der Venus«) wie christlichen Heiligtümer bzw. ›Heiligen‹ (»der Kopf der heiligen Agnes«; »der Papst«) beginnt, ist mit dem Blick auf die Ästhetik einer ›Kunst der Vertikale‹ nicht verwunderlich. Auch inhaltlich bewegt sich Bachmanns Kunst außer auf einer vertikalen Beschreibungsrichtung immer eng an den vielfältigen Formen des Rituals entlang, wenn auch oftmals in ihrer säkularisierten Form. Es handelt sich auch bei dem Ludovisischen Thron, so deuten es die dargestellten Figuren auf dem Relief an, um die Linienführung einer eindeutig vertikalen Bewegungsrichtung von unten nach oben, von den Tiefen des Meeres in Richtung des Himmels. Die Dynamik der Geburt vollzieht sich also nicht von innen nach außen, sondern von unten nach oben, aus dem Meer, dem Chaos heraus, hin zum Erdhaften und in seiner letzten Konsequenz zum Himmlischen hin. Darüber hinaus greift Ingeborg Bachmann mit diesem Bild eine Szene auf, die auf einen vorchristlichen Fruchtbarkeitskult zurückgeht, bei dem die Verehrung der göttlichen mediterranen Stammmutter Aphrodite, die je nach Überlieferung auch Artemis oder im Phrygischen Kubaba-Kybele genannt wurde, möglichst nah am Himmel stattfand, d. h. auf Bergen in sogenannten Höhenheiligtümern. Dieser Höhenkult fand seinen Ausdruck unter anderem im Anlegen von heiligen Hainen und Blumengehegen. Aphrodite galt als Nachfolgerin der »großen prähellenistischen Gottheit«, der eine omnipotente Wesenheit zugeschrieben wurde, die als »minoische Taubenherrin den Himmel über der Weite des Meeres umfaßte, als Schenkerin vegetativen und animalischen Lebens über die Tier- und Pflanzenwelt gebot, [...] als Fürstin des Labyrinths galt und gleichzeitig als sterbende Göttin in engster Beziehung zum chthonischen Bereich stand«. Ingeborg Bachman greift wieder ein Bild aus der »Vorwelt«[64] auf, immer im Blick, daß die »Kunst keinen Fortschritt in der Horizontale, sondern nur das immer neue Aufreißen einer Vertikale«[65] kennt.

Wie am Schicksal der Stadt Rom ein Großteil des Weltgeschehens abzulesen ist, gilt auch die Figur der Aphrodite als »mythische[r] Ausdruck [einer] urtümlichen Verknüpfung von Weltwerden und -schicksal«. Es wurde ihr sogar zugeschrieben, »bei ihrem Nahen über das Meer heiteren Himmel,

---

63 Eine Abbildung des Ludovisischen Throns findet sich in Anna Maria Reggiana Massarini: *Museo Nazionale Romano*. Roma 1989. S. 11.
64 Siehe Bachmann: *Lieder von einer Insel*. In: GW. Bd. I. S. 122.
65 Dies.: *Frankfurter Vorlesungen: Probleme zeitgenössischer Dichtung*. In: GW. Bd. IV. S. 195.

Sturmstille und sichere Fahrt mit[zu]bringen.« Die Aufspaltung der Gottheit in eine »erste und zweite Aphrodite, die Uranosentsprossene und die Zeustochter«, förderte noch die Vielzahl an Zuschreibungen und unterstützte so die Idee von der Göttin als »omnipotente Wesenheit«, die »Fruchtbarkeit und Grab in sich vereint [...] und als Synthese einer Liebes- und Todesgottheit gelten kann«, nicht zu vergessen die »frühzeitige hymnische Aufhöhung der griechischen Aphrodite zur Allgöttin in der tragischen Dichtung, etwa bei Aischylos oder Sophokles.«[66] Omnipotenz und der scheinbar gelöste Widerspruch zwischen Lebenslust und ewigem Verfall sind kennzeichnende Zuschreibungen der Stadt Rom wie die verschiedenen Darstellungsweisen von Liebe und Tod in ihrer zyklischen Wiederkehr zentrale Themen im Werk von Ingeborg Bachmann sind.[67] So überdauerten die Zeugnisse des Kultes um Aphrodite und die drei korinthischen Säulen des Tempels der Venus (gemeint ist hier der »Tempio Venus Genetrix«, der »Gebärerin Venus«, der am Rande des Forum Iulium stand) die Zeiten. Bachmann beschreibt hier unter Verwendung von Bildern aus Stein, aus vergangener, unbelebter Materie, das ›belebte‹, gegenwärtige Rom, das gleichzeitig als Wahrzeichen der Liebe und der Lebensfreude gilt. Sie zieht die Linie von der Antike bis zur Moderne: in der (Wieder-)Geburt eines Blicks, zusammengesetzt aus den Elementen der Göttinnen Aphrodite und Venus, deren Figurationen im übrigen auf denselben kultischen Ursprung zurückgehen[68]. Wieder steht das feste Element, das Unveränderliche, das ›Stillstehende‹ dem Wandelbaren und Veränderlichen gegenüber, die in ihrer zyklischen Abfolge Wachstum und Dauerhaftigkeit menschlichen Lebens symbolisieren. Doch nur in der Phantasie des beschreibenden Ichs ist die Verknüpfung von ›Venus-Aphrodite‹ von Bedeutung, denn natürlich sind auch die Säulen anderer Tempel »stehengeblieben« oder zumindest rekonstruiert worden.

66 Siehe Wolfgang Fauth: »Aphrodite.« In: Der Kleine Pauly. Hg. von Konrat Ziegler und Walther Sontheimer. Bd. 1. A.a.O. S. 425-431.
67 Siehe zum Beispiel den Gedichtzyklus *Lieder auf der Flucht*. In: GW. Bd. I. 142-147.
68 Die italisch-römische Göttin Venus wird spätestens seit dem 4. Jh. v. Chr. mit Aphrodite identifiziert, wurde in den römischen Staatskult aber erst 295 v. Chr. eingeführt. Venus galt als Stammutter der Gens Iulia und des römischen Volkes und wurde als die Schutzgottheit von Rom angesehen. Im Unterschied zu Aphrodite wurde sie schon vor dieser Zeit auch als Todes- und Bestattungsgöttin verehrt. Dieser Aspekt ihrer Göttlichkeit geht auf den »uralten, mythologischen Zusammenhang von Liebe und Tod« zurück. Deshalb ist der Todesaspekt den meisten Ursprungs- und Terra Mater-Gottheiten zugehörig. Sie wurde, außer im Tempio Venus Genetrix auf dem Forum Iulium in Rom, ebenfalls als Berggöttin in Form eines Höhenkultes und im größten römischen Tempelbau, dem Doppeltempel der Venus Felix und Roma Aeterna unter dem Kaiser Antoninus Pius verehrt, hier erstmals auch offiziell als »Venus Genetrix populi Romani«, als Ursprungsgöttin zusammen mit »Roma Aeterna« als Göttin der Gewähr für dauernden Bestand. Siehe Dietrich Wachsmuth: »Venus«. In: *Der Kleine Pauly*. Bd. 5. A.a.O. S. 1173 – 1179.

Ein selektiver Blick führt den Leser durch den Text, ein Blick, in dessen Brennpunkt vor allem Bilder von vergangener Herrlichkeit, von Tod, Verfall, Verbrennung und demgegenüber untrennbar verbunden, Bilder der Liebe, der Fruchtbarkeit und des Fortbestands, in Stein gehauene Zeichen der Erinnerung an bessere Zeiten stehen. Hier reiht sich auch der Hinweis auf den »Kopf der heiligen Agnes« ein, von deren Schicksal als frühchristlicher Märtyrerin im Rom des 4. Jahrhunderts n. Chr. zwei Legenden berichten. Zu ihrem Andenken baute man in der Stadt zwei Kirchen. Wieder läßt Ingeborg Bachmann eine zu Stein gewordene Erinnerung wieder aufleben.

Laut Legende wurde die heilige Agnes als tiefgläubiges, junges und schönes römisches Mädchen nackt einer ungläubigen Menge vorgeführt. Als sie vor die Schaulustigen trat, wurde sie wie durch ein Wunder von ihrem immer länger werdenden Haar eingehüllt. Im Anschluß an das Schauspiel mußte sie den Märtyrertod sterben. Eine andere Legende berichtet folgendes: Als gläubige Christin weigerte sie sich, den Sohn eines heidnischen Stadtpräfekten zu heiraten. Sie starb aufgrund ihrer Verweigerung den Märtyrertod.

Wieder findet sich ein versteckter Hinweis auf die Todesbedrohung des einzelnen, des Andersdenkenden durch die Masse der Gleichgesinnten, hier zudem die Bedrohung und Vernichtung des Weiblichen durch die männliche Vorherrschaft: ein Thema, das Ingeborg Bachmann in ihrem *Todesarten*-Zyklus im Spätwerk noch gezielt untersuchen wird.[69] Der tapfer durchgehaltene Widerstand ›heiligt‹ nach Bachmann zwar das Individuum in der römischen Geschichte, es mußte dafür aber oftmals mit dem Leben bezahlen. »Die Preise sind hoch und die Spuren der Barbarei überall.« (S. 30). Der Tod in seinen verschiedenen Variationen ist ein sich durchziehendes Motiv, eine ›Hauptansicht‹ Bachmanns von Rom.

Die rituelle Heiligsprechung, die sich in der in Stein gehauenen Erinnerung als Mahnung an die Nachkommen manifestiert, liegt in der Konservierung der relevanten Bestandteile der verschiedenen Lebensgeschichten und der aus dieser der Nachwelt hinterlassenen Zeichen. Das Tote, die Geschichte ist ›heilig‹ in Rom, das Leben scheinbar profan wie überall.

Aber in der Deutung Ingeborg Bachmanns gibt es selbst im Tod noch Bewegung zu verzeichnen: »Der Kopf der heiligen Agnes ist geschrumpft, aber nicht zu dem einer Lederpuppe geworden.« (S. 32) Wieder ist es das Moment der Kontinuität im Wandel, das die Autorin mit fast jedem Satz hervorhebt: »Der Ludovisische Thon ist *nicht* mit dem letzten Gekrönten *gefallen*. Säulen sind vom Tempel der Venus *stehengeblieben* […] und *der Segen gilt* urbi et orbi. *Die Geschlechter heißen*: Corsini und Pignatelli, Ruspoli und Odescalchi, Farnese und Barberini, Aldobrandini … *Sie heißen noch so*, […]« (S. 32). Die stilistischen Gestaltungsprinzipien wiederholen und unterstützen so ihrerseits den Charakter des Rituals.

---

69 Siehe Bartsch: *Ingeborg Bachmann*. A.a.O. S. 134 ff.

Neben dem hintergründig archäologischen Blick bleibt der sozialkritische Blick des sehenden Ichs – bis auf wenige Momente der Hingabe an einen über allem stehenden blauen Himmel (S. 31; Abschn. 8) – stets erhalten. Im zehnten Abschnitt werden die armen und reichen Schichten Roms noch einmal genauer unter die Lupe genommen. Hier hat eine gewisse Umkehrung der Verhältnisse stattgefunden. Die »Obdachlosen« der Stadt, die so viele »Dächer« aufzuweisen hat, bilden zwar das krasse Gegenteil zu den alten Adelsfamilien Roms, haben aber im Rom des 20. Jahrhunderts den Platz der ehemals Reichen eingenommen und bewohnen nun deren Lustschlösser auf dem Land. Die Obdachlosen sind in den zahlreichen leerstehenden Villen des alten Adels untergekommen, welcher die Stadt und ihre Umgebung längst verlassen hat oder einfach ausgestorben ist. Noch stehen die Obdachlosen eine Stufe über dem Tod. Doch das Trinkwasser, das ihnen das Leben garantiert, weist schon auf ihren möglichen Tod hin: die »Wasserbehälter [stapeln sich] auf den Sarkophagen.« (S. 32)

Auch bei den letzten ›blaublütigen Adligen‹, die die Stadt noch hat, dominiert die Farbe des Todes: Schwarz, wohin das Auge des erzählenden Ichs blickt. Bezeichnend ist es, wenn Bachmann über den letzten Überlebenden eines alten Sprosses schreibt, dessen »Zimmer mit *schwarzem* Brokat ausgeschlagen [sind]«, der »auf einem *schwarzen* Flügel *blaublütige* Chansons [spielt]«, (S. 32) ist ein Gefangener seiner eigenen Herkunft. Die kalten Farben, blau und schwarz, symbolisieren den Tod und machen ihn auch hier allgegenwärtig. Das blaue Blut fließt nicht mehr wirklich und ›lebendig‹ in den Adern des Nachkommen; der Adlige ist schon entmaterialisiert und steht dem Tod näher als dem Leben. Sein Gesang wird nur noch vom »Flügel« weitergetragen und für kommende Generationen in den Liedern über eine vergangene Welt aufbewahrt. Es ist eine ätherische, untergehende, kränkliche Welt, die das Ich hier beschreibt. Der blaublütige Adlige aus dem alten römischen Geschlecht ist deshalb wohl nicht zufällig der einzige, der nicht »gerufen werden« will (vgl. Abschn. 10. S. 32: »Selbst Dinge wollen gerufen werden.«) in Rom. »Wenn er seinen Namen hört«, d. h. die reale Außenwelt in die Abgeschiedenheit seiner letzten herrschaftlichen Stadtwohnung eindringt, »erschrickt er«, vielleicht die einzige Reaktion, zu der er nach der nahezu fast völligen Umkehr der Verhältnisse noch fähig ist. Deshalb gleicht dieser Bewohner der Ewigen Stadt im Gegensatz zum bunten Treiben der modernen, römischen Welt auch mehr einem lebendigen Toten, einem lebenden Fossil.

Dem konservativen Adligen als menschlichem Relikt aus früheren Zeiten, als Abbild und Warnung für den nicht wandlungsfähigen Menschen, der über die Jahrhunderte hinweg ›gleich‹ geblieben ist und daher in seiner Existenz zutiefst bedroht ist, setzt die Autorin das Tier gegenüber, das »anders war« als der Mensch. Wieder wird die römische Gegenwart mit der römischen Geschichte konfrontiert, das angeblich Höherwertige dem minderwertigen »Tier« gegenübergestellt. Doch das Tier des römischen Gründungsmythos, die »Wölfin«, hat entgegen ihrer Natur »*nicht* vom Fleisch genommen.« Bachmann deutet hiermit auf die Welt vor dem menschlichen Sündenfall hin. Das Tier hat statt dessen ›von seinem Fleisch und Blut‹ den Menschen der Welt etwas gegeben. Diese sprachliche Wendung verweist von der Antike zunächst auf den christlichen Bezugsrahmen der Stadt, auf das tradierte Gedankengebäude der frühen christlichen Tugenden wie dem Gebot der Nächstenliebe, der christlichen Tugend des Gebens anstatt des Nehmens, wenigstens innerhalb des Textes. Bachmann bedient sich dabei, entsprechend metaphorischer, an religiös-christliche Redeweisen erinnernde Schreibweisen. Nicht der Mensch, sondern das Tier war es, das »in seinem Fleisch die Nahrung für eine Geschichte erzeugte, der es voranging: die Wölfin.« (S. 32)

Hiermit klärt Bachmann noch einmal den symbolischen Stellenwert von Gegenwart und mythischer Geschichte in Gestalt von »Mensch« und »Tier« in Rom. Sie sieht den Menschen in seinen verschiedenen Entwicklungsstufen immer wieder als Urheber des Verfalls, »die Wölfin« dagegen, den Mythos aus der Vorwelt, als Garant für die Fortsetzung der Geschichte. Die Autorin beschreibt hier das Nebeneinander von säkularisierter Gegenwart und mythischer Vergangenheit und berichtet über diese Polaritäten hinaus vom Wert der Geschichte(n) als Kraft, der (menschlichen und substantiellen) Verfallstendenz entgegenzuwirken.

Rom: eine Formel für die Welt (der Buchstaben)

Ich sah, daß wer »Rom« sagt, noch die Welt nennt und der Schlüssel der Kraft vier Buchstaben sind. S.P.Q.R. Wer die Formel hat, kann die Bücher zuschlagen. Er kann sie ablesen von dem Wappenschild der vorüberfahrenden Autobusse, von der Platte eines Kanaleinstiegs. Sie ist der Ausweis der Brunnen und der besteuerten Getränke; das Zeichen der einzigen Hoheit, die ohne Unterbrechung die Stadt regierte. (S. 32)

Die »Formel«, die alle Eindrücke des beschreibenden Ichs von der Stadt in ihren verschiedenen Zeitschichten auf einen Nenner bringt, ist in der elften Sequenz des Essays endlich gefunden: »S.P.Q.R.« Diese vier Buchstaben sind der »Schlüssel zur Kraft«, dienen als »Ausweis« und symbolisieren das »Zeichen der einzigen Hoheit, die ohne Unterbrechung die Stadt regierte.« Das Alphabet, die Buchstaben, die Kurzformel steht für alles, was zu Rom gehört. »Senatus Populus Que Romanum«: [Im Namen des] Senat[s] und des Volk[es] von Rom – *ein Name* ist der Stempel zum Eintritt in eine andere Welt. Die Zeichen überdauern den Wandel Roms und seiner Bewohner, einer Stadt, die immer wieder verfällt und anders, neu aufgebaut werden muß. Insofern demonstrieren sie Stabilität und ungebrochenes Selbstbewußtsein einer Welt, die sich im Verfall immer wieder auf die eine feste Formel berufen kann. Die Zeichen sind deshalb der Garant für das Weiterleben auch nach Tod, Krieg, Krankheit und Zerstörung. Sie begegnen auch dem ›fremden‹ Ich überall: einmal *oberirdisch* auf »Autobussen«, an »Brunnen« und auf »Getränkeflaschen«; das andere Mal *unterirdisch* als Hinweiszeichen für den Einstieg zur ›Unterwelt‹ der römischen Kanalisation. Dort zieren sie jeden »Kanaldeckel«.

Während Senat und Volk des alten Rom schon längst der Vergangenheit angehören, sind ihre Zeichen noch da und für jeden lesbar. Schon deshalb trägt alles in Rom einen [einzigen] Namen. »Ich sah, daß wer ›Rom‹ sagt, noch die Welt nennt und der Schlüssel der Kraft vier Buchstaben sind. S.P.Q.R.« Die Formel ist das Zeichen für die Dauerhaftigkeit und die Überlebenskraft der menschlichen Spezies in einer in jeder Form vom Tod bedrohten Welt. Die Zeichen sind für ›Heiden‹ wie ›Christen‹ gleichermaßen das Symbol für die menschlichen Hoffnung auf Auferstehung, wenn auch in immer neuer und anderer Form. Insofern läßt sich das anschließende Fazit Bachmanns noch genauer fassen und erweitern: »[Nur] wer die Formel [verstanden] hat, kann die Bücher zuschlagen.« Die Formelhaftigkeit des Satzes unterstreicht noch dessen Wirkung und ausschließliche Gültigkeit. Es geht Bachmann, so möchte man meinen, nicht vordringlich um die Interpretation der Zeichen als Form der römischen Art der Inbesitznahme der Welt, es geht der Autorin vor allem um die menschlichen Fähigkeiten zum Verstehen des Anderen, des Fremden, um weiterführende Einsicht in das Andere und in sich selbst, um die Verknüpfung von Wissen und Kraft zur Umsetzung des Erfahrenen im Sinne einer besseren, menschlicheren Welt, allerdings mit einer Einschränkung: im Eingeständnis, daß die menschlichen Probleme sich in ihrer grundsätzlichen Art prinzipiell gleichgeblieben sind, trotz allem technischen und vermeintlich moralischen Fortschritt. Es ist eine Vorwegnahme der Lehre, die die Ich-Figur Bachmanns in dem Essay *Zugegeben* noch einmal ausführlich formulieren wird. Der beschriebene Lernprozeß ist gleichzeitig die Lehre, der Sinn des Rituals.[70] Was also wirklich zählt, ist die Verknüpfung des Wissens um die Zeichen mit der Fähigkeit, neue Zeichen im Hinblick auf eine menschlichere Zukunft zu setzen.

Während sich das Ich im zehnten Abschnitt noch einmal (inhaltlich) vom Thermenmuseum, der Aufbewahrungsstätte der konservierten, geschichtlichen Zeichen wegbewegt und zum Kapitol, dem Zentrum der gegenwärtigen, politisch und gesellschaftlich tatsächlich aussagekräftigen Zeichen aufgemacht hat, um dort die Geschichte des Gründungsmythos von Rom eingehender zu betrachten, erfolgt im elften Abschnitt in der Reflexion über

---

70 Siehe Braungart: *Ritual und Literatur*. A.a.O. S. 128 f.

die Aussagekraft der auf eine Kernbotschaft reduzierten Zeichen, der »Kraft von vier Buchstaben […] S.P.Q.R.«, eine Konzentration der Ausdehnung von Ich und römischer Welt auf ein Minimum an deutbarer Schrift. Der Leser ist unter der Führung der Autorin nun im modernen Zentrum der römischen Welt angekommen: Alle Wege führen auch im zwanzigsten Jahrhundert noch nach Rom – wenigstens am »Bahnhof Termini«.

Aufbruch und Abschied in Rom
als ewiger Kreislauf von Wiedergeburt und Tod

Auf dem Bahnhof Termini sah ich, daß in Rom die Abschiede leichter genommen werden als anderswo. Denn die fortfahren, lassen denen, die bleiben, einen Gepäckschein auf Sehnsucht zurück. An den Bahnhof grenzt ja ein Rest Diokletiansmauer, und gegen die neue schwebende Glaswand gestochen erscheinen drei Zypressen in einer unmißverständlichen Schrift. Das Klassische ist das Einfachste, und alte und neue Texte vertreten es gleich gut. (S. 32 f.)

»Das Kommen und Gehen und Wiederkommen – die Utopie in Permanenz, das geistige Heimatgefühl, das man hier empfindet, tritt an die Stelle des Gefühls von physischer Heimatlosigkeit, das in der Welt zunimmt.«[71] Diese »Utopie in Permanenz« sieht Bachmann am römischen Zentralbahnhof in dem Essay *Was ich in Rom sah und hörte* verwirklicht. »Leicht[er] – schwer«, »nehmen – lassen«, »fortfahren – bleiben«, »grenzen – schweben«, »Architektur – Natur«, »alt – neu«: das sind die Oppositionen, auf denen die zwölfte Textsequenz aufgebaut ist. Die Adverbien, Verben, Adjektive und Substantive sind gleichzeitig Ausdruck des Maßstabes, den die Autorin an ihr Rombild angelegt hat. Wie in einer Rasterfahndung schreitet das Ich alle in seinem Sinn wichtigen Orte und Plätze ab und gibt eine Beschreibung an den Leser weiter. Hier könnte sie lauten:
Am Bahnhof Termini gelangen alle Wege an ihr Ende, an das ersehnte Ziel (vgl. ital. »terminare«: zu deutsch: »beenden; zu Ende bringen« oder: ital. »termine«: zu deutsch: »Grenze, Schluß, Ende«). Die Grenzen verlaufen vor der Abreise oder von der Ankunft an etwas anders. Hier gibt es nicht mehr die Aufspaltung zwischen den einen oder den anderen, zwischen den Fremden und der einheimischen Bevölkerung Roms. An diesem Bahnhof gilt nur noch eine Art der Aufteilung der Welt: diejenigen, die Rom verlassen und diejenigen, die in Rom bleiben. Beherrscht scheinen alle hier Anwesenden von dem Gefühl der »Sehnsucht« zu sein. Die Sehnsucht nach Ferne wie die Sehnsucht nach Heimat ist es, die am Bahnhof Termini für das Ich spürbar wird, je nach Standort des Betrachters. Altes und Neues begegnen

---

71 Bachmann: [*Ferragosto*]. Entwürfe. In: GW. Bd. IV. S. 337.

sich auch hier. Die Grenzen der einzelnen Zeitalter sind mit fließenden Übergängen ausgestattet: »An *d*en *B*ahnho*f g*renz*t* ja ein *St*ü*ck d*er *D*iokletiansmauer, und *g*egen *d*ie neue schwe*b*en*d*e *G*laswan*d g*estochen erscheinen *d*rei *Z*y*p*ressen in einer unmißver*st*än*d*lichen *Sch*rif*t*.« (S. 33). Man beachte die Häufung der Verschlußlaute und der Alliterationen, die den Text rhythmisch und lautlich gliedern. Wieder geht es Ingeborg Bachmann um Zeichendeutung in Rom, ob es sich um den Flußlauf, verschiedene geschichtsträchtige Plätze und Häuser, Stadtviertel oder antike Kultgegenstände handelt. Fast eine Art ritueller Schriftlesung und Auslegung ist es, die sie hier im gedanklichen Rückgriff auf alte und neue ihr bekannte Orte und Texte betreibt. Fast nichts gibt es in Rom, was nicht wenigstens einmal in irgendeinem Text eines bekannten oder weniger bekannten Autors beschrieben oder zumindest erwähnt wurde. Im zwölften Abschnitt hat das Ich eine Art ›heiliger Dreifaltigkeit‹ in südlichem Gewand erblickt: […] »*drei* Zypressen *in einer* unmißverständlichen Schrift.« Eine Erklärung liefert der darauffolgende Satz: »Das Klassische ist das Einfachste und alte und neue Texte vertreten es gleich gut.« Der Leser trifft auf das klassische Italien(-bild) in modernem Gewand.

Es ist die Chiffrierung und Dechiffrierung der römischen Bilderwelt, die Bachmann nach einem mehr oder minder festgelegten Verfahren betreibt. Gleichzeitig beschreibt sie die Zeichenhaftigkeit einer Welt, die das eine Mal, fast gewichtlos und durchsichtig (»die neue *schwebende Glaswand*«), das andere Mal wieder undurchschaubar dicht und verwoben, und dabei fast immer fragmentarisch (»ein *Rest* der *Diokletiansmauer*«) erscheint. Die Übermacht der antiken Bausubstanz (Stein) scheint das neuere Material (Glas), das symbolisch für den Einzug der Moderne in Rom steht, fast zu erdrücken, und doch sind die unterschiedlichen Zeichen der verschiedenen Zeitschichten einander in ihrer Funktionstüchtigkeit gewachsen. Sie halten sich die ›Schwebe‹. (Vgl. Abschn. 9, »[…] in der die Schwere einer Mauer die Gewichtslosigkeit eines Turms ausdrückt.« S. 31 f.) »Diokletiansmauer« und »Glaswand« fungieren als Folie für die Sprache der Natur und sprechen doch – als Textbausteine verstanden – dieselbe Sprache. ›Klassisch‹ im umgangssprachlichen Sinn ist für das Italienbild des 20. Jahrhunderts an der Momentaufnahme vom Bahnhof Termini vor allem die südliche Natur: die »Zypressen«. Liest man die römische Objektwelt, wie Bachman durchgehend als Text aus verschiedenen Zeiten mit den unterschiedlichen Handschriften verschiedener ›Baumeister‹ und Künstler, so stimmt die Aussage des letzten Satzes des Abschnitts mit dem Schilderung des Gesamtbildes überein: »Das Klassische [»die drei Zypressen« = die südliche Natur] ist das Einfachste, und alte [»Rest der Diokletiansmauer«] und neue [»schwebende Glaswand«] Texte [Bausubstanzen = Architektur und alle künstlichen, von Menschenhand geschaffenen, künstlerischen Objekte im weitesten Sinn] vertreten es gleich gut.«

Und so steht auch dieser Abschnitt unter der Prämisse: »Rom – das Kommen und Gehen und Wiederkommen in Permanenz.« Rom, die Stadt, von der der namenlose Fremde in dem Entwurf *Ferragosto* zunächst fast im gleichen Wortlaut berichtet, warum er immer wieder nach Rom gekommen sei:

[…] um sehen und hören zu lernen. Daß er jenen, denen die Zeit nicht vergönnt ist, sagen möchte, was er erfahren hat. Die Faszination: Rom als offene Stadt, keine ihrer Schichten kann als abgeschlossen betrachtet werden, sie spielt alle Zeiten aus, gegeneinander, miteinander, das Alte kann morgen neu sein und das Neueste morgen schon alt. […] Die Unbedeutendheit des einzelnen, […] diese Stadt kommt so gut ohne irgend jemand Bestimmten aus und gibt grade [sic!] darum, weil sie die eigene Unwichtigkeit dauernd beweist, weil sie immer mit neuen Maßstäben zur Hand ist, vielleicht noch eine Arbeit [auf, macht] eine Lehre möglich, wie man sie nirgends sonst bekommen kann. Sie ist historisch nicht abgeschlossen, sie hat sich nicht in diesem oder jenem Jahrhundert ausschließlich manifestiert.[72]

So hat alles zwar seinen festen Platz in Rom, die »Botschaft«[73], die die Stadt ausstrahlt, kann jedoch variieren, je nach Blickwinkel des Betrachters. Deshalb können die römischen Zeichen auch immer neu und anders interpretiert werden. Die Botschaft Roms kann als nach vorne, auf die Zukunft hin, »offen«, ›unfixiert‹ verstanden werden und läßt so im Rückblick auf ihre alten »Schriftzüge« die Möglichkeit zu immer neuen Textvarianten offen.

Vom Kommen und Gehen am Bahnhof Termini angeregt, bewegen wir uns im Lesen auf den einzigen Ort in Rom zu, der im Nachvollzug des Rituals dem Initianten die glückliche und sichere Wiederkehr nach Rom verspricht: die rituelle (Geld-)Waschung im Wasser der Fontana di Trevi.

---

72 Bachmann: [*Ferragosto*]. Entwürfe. In: GW. Bd. IV. S. 336 f. Auch Marie Luise Kaschnitz betonte die Verbindung von Schaulust und Erkenntnis im Zusammenhang mit künstlerischer Selbstentfaltung und wachsendem Geschichtsbewußtsein als einer der großen ›Lehren Roms‹: »Rom hat mich gewiß auch künstlerisch beeinflußt. Man lernt dort Geschichte und lernt, sich gegen Geschichte zu wehren. Ich glaube, *daß man vor allem sehen lernt.* Man hat viele Impulse durch Augenfreuden, und weil sich das Leben zum großen Teil draußen, nicht in den Häusern abspielt, erfährt man auch viel von den Menschen, viel mehr als hier.« Aus: Horst Bienek:»Werkstattgespräch mit Marie Luise Kaschnitz«. In: Uwe Schweikert. *Marie Luise Kaschnitz.* A.a.O. S. 284. (Kurs. Herv. v. d. Verf.).

73 Dies.: [*Ferragosto*]. Entwürfe. In: GW. Bd. IV. S. 337. Bachmann betont in diesem Text vor allem auch den utopischen Charakter Roms: »Die Vitalität Roms als Faszination, die Utopie, ein messagio (sic!). Wie jede große Stadt, mehr noch als jede andre große Stadt utopisch, das Gefühl, daß der Bestand in Rom die geistig fühlbare Botschaft der Stadt, ihr utopischer Charakter [– – –].« An dieser Stelle bricht der Text ab.

Das rituelle Opfer:
Die Wiederkehr der alten Götter Roms an der Fontana di Trevi

Der einzige Abschnitt im Text, der weder mit dem Sehen, noch mit dem Hören beginnt – auch hier handelt es sich um die Wiedergabe eines altbekannten Brauches – verspricht ein spannendes Unterfangen zu werden. Die Rückkehr nach Rom hängt nicht allein von der Reiselust und Sinnenfreude des einzelnen ab, so jedenfalls berichtet es eine alte Volksweisheit. Die Gewähr für die Wiederkehr nach Rom verlangt schon im voraus ein eindeutiges und sichtbares, materielles Opfer: Kleingeld. Jeder, der das Ritual der Reise nach Rom jemals selbst vollzogen hat, weiß das und so widmet auch Ingeborg Bachmann dieser hier fast ›filmreif‹ dargestellten Szene einen ganzen Abschnitt. Wenn nicht die Spatzen auf den Dächern oder die »Jungen« es dem Reisenden ›zupfeifen‹ oder der imaginäre Leser es in einem der unzähligen Romführer gelesen hat, dann wird er von irgend jemandem aus der Nähe aufgefordert werden, diejenige Handlung nachzuvollziehen, die er an einem der größten Brunnenanlagen Roms tagtäglich beobachten kann:

Der Besucher, der sich wünscht, wiederzukommen, setzt sich im festen Wunsch, nach Rom eines Tages zurückzukehren, mit dem Rücken auf den Brunnenrand der Fontana di Trevi und wirft über seine linke Schulter mit geschlossenen Augen ein Geldstück seiner Wahl in das Wasser des Brunnens. Das sich täglich ansammelnde Geld gehört eigentlich der Gemeinde von Rom.[74] Doch auch hier gilt ein altes und ungeschriebenes Gesetz. Es ist der Obulus der Reichen an die Armen, eine kleine Opfergabe der Fremden an die einheimischen, ärmeren Schichten Roms.[75] Alles wiederholt sich in Rom. So auch das rituelle Bad, das den Höhepunkt der im dreizehnten Abschnitt geschilderten Versammlung der Straßenjungen von Rom darstellt. In den Augen der Schriftstellerin wird der Straßenjunge im Glanz des Mondlichts zu einem der jungen Götter Roms. Die Geschichte und der Mythos der Stadt überlagern wieder die Realität, die aber dennoch durch das Licht des Mondes in Gestalt der übrigen Straßenkinder in ihren »billigen Anzügen« durchschimmert. Die profane, längst in ihren Bezügen völlig säkularisierte Welt wird in ihrer Zweckorientierung hier an der Fontana die Trevi Nacht für Nacht wieder mit Sinn, besser gesagt, ›mit Geld‹ gefüllt. Die reichen Touristen ernähren mit ihrem Tribut an den Aberglauben die an der Realität orientierten armen Bettelkinder auch noch im Rom des 20. Jahrhunderts. Sie dürfen wiederkommen (sie glauben es jedenfalls), und die Kinder brauchen nicht zu hungern. Die römische Art der ausgleichenden Gerechtigkeit wird in diesem Abschnitt von der Autorin fast wie im Rahmen einer nächt-

---

74 Siehe Fischer: *Rom. Zweieinhalb Jahrtausende Kunst und Kultur in der Ewigen Stadt.* A.a.O. S. 234.
75 Ebd.

lichen Filmaufnahme inszeniert. Bachmann »belichtet« mit Worten wie der »Mond« die Szenerie. Und doch klingt es streckenweise wie eine Reminiszenz an alte Kirchenrituale und ihre biblischen Redeweisen, wenn die Autorin dem solchermaßen ›gläubigen‹ Reisenden, der Rom verlassen muß, eine schriftliche Absolution erteilt: »Aber er kann getrost sein.« (S. 33) Vielleicht wird er einmal wiederkommen. Ein Ritual löst auf diese Weise das nächste ab.

Nachts setzt sich ein Junge auf den Brunnenrand und pfeift, lockt die andern hervor. Wenn alle sich versammelt haben, legt der Junge die Kleider ab und steigt lässig ins Wasser. Mond belichtet die Szene, während er sich fröstelnd bückt und die Münzen einsammelt. Am Ende pfeift er wieder, und in seinen Händen verschmelzen alle Währungen zu Silber. Die Beute ist unteilbar unter dem Mond, denn der Junge hat das Aussehen eines Gottes gegenüber den andern, die ihre Gestalten billigen Anzügen verdanken. (S. 33)

Man kann den Text auch wie eine Regieanweisung lesen. Vielleicht wird auch dieser Text einmal einem (kopf-)reisenden Künstler späterer Generationen als Folie für den eigenen künstlerischen Spaziergang durch Rom dienen. Denn nicht nur »den Tiber soll man entlanggehen und nicht von den Brücken sehen« (S. 29) … Und nicht nur im Mondlicht »verschmilzt« die Phantasie der Dichterin mit der Realität der Dinge in Rom. »Die Beute ist unteilbar unter dem Mond, denn der Junge hat das Aussehen eines Gottes […]«. Der nackte Adonis, den der Junge vielleicht darstellen könnte – der Mythologie nach der göttliche Geliebte Aphrodites – hat nach dem rituellen Tauchbad für den Moment nichts mehr gemein mit den anderen Straßenjungen, deren Armut offensichtlich ist. Die nächtliche Filmkulisse Roms verdeckt abermals den niedrigen Lebensstandard weiter Bevölkerungsschichten. Dennoch scheint der ursprünglich hellenistische Mysterienkult auch im Rom des zwanzigsten Jahrhunderts fortzuleben. Der symbolische Tod des Adonis, der hier jede Nacht nach dem Tauchbad im Brunnen ein wenig ›reicher‹ wieder auftaucht und unter die Lebenden zurückkehrt, wurde schon in der Antike mit jährlich wiederkehrenden ekstatischen Trauerbräuchen rituell gefeiert; ebenso wie seine Rückkehr ins Leben im Frühling als Sinnbild für die jährlich sterbende und auferstehende Vegetation galt. Ganz so ekstatisch wird dieser ärmliche Adonis nach seinem Ab- und Wiederauftauchen nicht von seinen Kumpanen begrüßt. Ein »Pfeifen« muß den Umstehenden genügen. Und doch ist die Wiederkehr vom Zauber der alten Götter Roms an der Fontana di Trevi jede Nacht mit ein wenig Phantasie noch zu spüren, denn in den »Händen [des ›jungen Gottes‹] verschmelzen alle Währungen zu Silber.« Es ist vielleicht der einzige, von der Stadtverwaltung legitimierte »Raubzug« im modernen Rom (vgl. Abschn. 8, in die Autorin die Raubzüge der Antike schildert), den die jungen Römer hier an den Geldbeuteln der weitgereisten Fremden nachträglich ausführen. Wirklich sehen konnte man die alten Götter allerdings zu keiner Zeit. Deshalb ist dieser Abschnitt neben dem letzten vielleicht auch der einzige, der nicht mit dem Sehen beginnt, wenn er auch die nächtlichen »Gestalten« genau ins Visier nimmt und sich auf das »Aussehen« der Armut konzentriert.

Langsam wird es dunkler um das Ich, das seinen Spaziergang im Sinne der ›Kunst der Vertikale‹ nun unterirdisch fortzusetzen beginnt.

Rom – Unterirdisch

Unter Tage in Rom: Die »Flamme der Sinnbilder«

In der ›Kunst der Vertikale‹ erfolgt der abwärts gerichtete Blick des Ichs hinab in die entlegenen, unterirdisch gelegenen Gänge Roms. Schon von Anfang an wollte Ingeborg Bachmann im Schreiben sehen, »was unter der Erde liegt«[76]: Hier sind es die »Wasserstätten und Todesstätten« Roms, die ihre Aufmerksamkeit auf sich ziehen. Das Verb »sehen« taucht wieder auf, wenn auch der Raum, in dem die Betrachtung stattfindet, nicht mehr so einfach ›einzusehen‹ ist. Deshalb steigt das Ich im Prozeß des Schreibens unter Zuhilfenahme der kreativen Kraft des schöpferischen Feuers hinab in eine Welt unter der Welt, eine Art orphischer Unterwelt und bahnt sich weiter seinen Weg durch die »hellen«, jetzt »dunklen« Bilder des Südens. Der Weg hinab in die »Katakomben« stellt einen weiteren Versuch der Autorin dar, die alten Schriften des Südens und der Stadt Rom zu entziffern.

Treppen führen hinunter zu Zisternen, die der Wind ausgetrunken hat, zu Brunnenhäusern, von Kragstein umwölbt und in weichen Tuff gehöhlt, zu Blutstropfen, die Quellen auslösten. *Die Wege senken sich* in die Katakomben. *Ein Zündholz wird angeritzt. Seine Flamme dehnt sich nach den Sinnbildern.* Für einen Augenblick erscheinen: *Fisch, Pfau* und *Taube, Anker* und *Kreuz, Speise* und *Trank. Das Zündholz erlischt rasch*, und die vor dir gehen, drängen nach oben. In der Kurve bleibt einer stehen und fragt: *Woher weht der Wind?*[77]

Das Brunnenwasser, dem im vorherigen Abschnitt noch eine so wichtige Bedeutung zukam, scheint in den »Zisternen« und historischen »Brunnenhäusern« der römischen Unterwelt längst versiegt zu sein. Doch das dichte-

---

76 Siehe Bachmann: *Dem Abend gesagt*. In: GW. Bd. I. S. 17. Oder dies.: *Beweis zu nichts*. In: GW. Bd. I. S. 25.

77 Dies.: ›Ich sah, daß wer ›Rom‹ sagt, noch die Welt nennt und der Schlüssel der Kraft vier Buchstaben sind. S.P.Q.R. Wer die Formel hat, kann die Bücher zuschlagen.« Aus: *Was ich in Rom sah und hörte«* In: GW. Bd. I. S. 32 f. (Kursive Herv. v. d. Verf.).

rische Universum Ingeborg Bachmanns ist in der Tradition der italienischen Bildersprache schnell umrissen. Im Schreiben hat sie auch hier die alten Bilder in ein neues Bild der römischen Welt im Licht ihrer eigenen Kunst umgesetzt. Im Bild der »Flamme, die sich nach den Sinnbildern dehnt«, tritt dem Leser ihr Verständnis der Schrift entgegen. Auch »unter Tage« hatte die Dichterin im Schreiben versucht, sich »Licht zu verschaffen«, um zu sehen, »woher der Wind weht«, der das Feuer löscht. Es ist die Frage nach dem Weg, der einzuschlagen ist: Es ist die Frage nach der Richtung, aus der die Bedrohung für die Schöpfung kommt, für die Kunst wie für das Leben. Denn auch im römischen Schattenreich stehen Leben und Tod bei Ingeborg Bachmann nah beieinander. Die Flamme, die das Dunkel der Katakomben erhellt, ist genauso schnell erloschen, wie sie gezündet wurde. »Für einen Augenblick« sind die Sinnbilder der frühen Christen Roms erkennbar. Sie stellen gleichzeitig die Sinnbilder der Dichtung Ingeborg Bachmanns dar, sind, wenn auch nicht immer in ihrem ursprünglich christlichen Verständnis verwendet, bevorzugte Bildelemente der lyrischen Sprache der Dichterin, wie sich in den beiden Interpretationen der Gedichte *Ausfahrt* und *Lieder von einer Insel* gezeigt hat und in der Hymne *An die Sonne* im Bild des ›Pfaus‹ noch zeigen wird.[78]

»Fisch, Pfau, Taube, Anker und Kreuz, Speise und Trank« sind im Sinne der frühen Christen Roms ebenso elementar wie das Feuer, das die Zeichen für die Nachgeborenen im zwanzigsten Jahrhundert beleuchtet und ohne das der lange Weg aus den verwinkelten Gängen der Todesstätte von einst nicht zurückgefunden werden könnte. Während die anderen Katakombenbesucher schnellstens versuchen, das Dunkel der »Todesstätte« wieder zu verlassen (»die vor dir gehen, drängen nach oben«), ist es aus dem Text heraus nicht eindeutig ersichtlich, wo das Ich bleibt, als »das Zündholz erlischt«. Die Szene wird im Zwischenbereich, unter Tage, auf dem Weg nach oben in einer »Kurve« angehalten (siehe auch die Geburtsszene der Aphrodite auf dem Ludovisischen Thron, die ebenfalls in ihrer Zwischenstufe festgehalten ist). Die Frage, ›woher der Wind weht‹ ist existentiell für die Menschen in dieser Situation: ihre Beantwortung wird entscheiden, ob die Besucher der Katakombe aus dem Totenreich wieder ans Licht finden werden, weiterleben und in gewissem Sinne von den Toten wiederauferstehen können, oder ob auch das nächste Streichholz sofort wieder vom Wind ausgeblasen wird und damit die Hoffnung vernichtet, den richtigen Weg ans Licht wiederzufin-

---

78 Bachmann verwendet in vielen ihrer Gedichte fast ausschließlich Metaphern, die der Welt des Meeres und des Himmels zuzuordnen sind. Siehe auch Ulrich Thiem: *Die Bildsprache in der Lyrik Ingeborg Bachmanns.* Köln 1972. Als Beispiel siehe die Gedichte von Bachmann: *Verordnet diesem Geschlecht keinen Glauben.* In: GW. Bd. I. S. 151 u. *Die Häfen waren geöffnet.* In: GW. Bd. I. S. 21. Vgl. auch das Gedicht *Freies Geleit.* In: GW. Bd. I. S. 161.

den. Die kurze Sequenz verdeutlicht zudem auf einer zweiten Ebene den Erkenntnisvorgang, der den römischen ›Ansichten‹ Bachmanns immer vorgeschaltet ist (»In Rom sah ich« im Gegensatz zu »Schwer zu sehen ist«). Sie zeigt, wie schwierig es für das Ich des Essays ist, den Weg aus dem Dunkel der Unterwelt heraus ans Licht zu finden. Wenn man bei Bachmann die im Schreiben entstandenen ›Lichtbilder‹ mit dem Wunsch nach dem Erkennen von Welt, Ich- und Wahrheitsfindung gleichsetzt, so wird klar, daß der Weg in die Katakomben das Ringen um um die elementaren Erkenntnisse, um Sinn (»Sinnbilder«) in der Auseinandersetzung mit der Welt bedeuten könnte. Für einen kurzen Moment ist Sinn erkennbar, Zeichen, die die Überwindung des Todes verheißen (»Fisch«, [...] »Kreuz«), aber im nächsten Moment erscheint dem Ich schon wieder alles ›dunkel‹: Kein Weg[79] ist mehr erkennbar, der für kurze Zeit sicher geglaubte Sinn ist wieder verloren gegangen. Wie das »Zündholz«, so »erlischt« auch der schöpferische Umgang des Menschen in Zeiten der ›dunklen‹ und schweren Lebenserfahrungen (Tod / Leid) viel zu »rasch«, wie die Hoffnung, die mit der Frage, ›woher der Wind weht‹, verknüpft ist, keine Nahrung in Form einer Antwort findet. Bachmann läßt in der vierzehnten Sequenz des Essays offen, was mit den orphischen Besuchern der Katakomben geschehen wird. Die Frage nach der ›Windrichtung‹ scheint ungehört in den Gängen der Katakomben zu verhallen. Doch im fünfzehnten Abschnitt wird die die vierzehnte Sequenz abschließende Frage »Woher *weht* der *W*ind« beantwortet. Die Alliterationen betonen den luftigen und ungeklärten Zustand ein wenig. Die Dichterin verfolgt nun konsequent und in sich logisch in diesem Teil des Essays die Richtungen der römischen Winde, des »Schirokkos« und des »Adlerwinds«. Fast wie eine Naturwissenschaftlerin versucht Bachmann auch hier der südlichen Welt um sie herum im Schreiben beizukommen[80] und selbst der Schlaf, ein weiterer im Dunkeln liegender Bereich des nächtlichen Rom, wird von der Autorin im Schreiben durchleuchtet.

Schlaf und Vergessen in Rom:
›Wenn einem Hören und Sehen vergeht‹

Wenn mir Hören und Sehen verging in Rom kam der Schirokko. [...] Die Sonne trug dann ein Hemd und leuchtete in falschem Licht. Es ist die Zeit, in der die Unglücke zunehmen und ein liebloses Wort leicht gesprochen wird. (S. 33)

---

79 Siehe auch Bachmann: *Entfremdung.* In: GW. Bd. I. S. 13.
80 Vgl. die Abschnitte 6, 9 und 11 des Essays: »In einer römischen Bar sah und *zählte* ich: [...]. [...] kein Zufall *löst die Gleichung,* [...] In Rom sah ich, daß *alles einen Namen hat* und man *die Namen kennen muß.* [...] *Wer die Formel hat,* kann die Bücher zuschlagen. [...].« Bachmann: *Was ich in Rom sah und hörte.* In: GW. Bd. IV. S. 31 f. (Kurs. Herv. v. d. Verf.).

Tatsächlich ist es so, wie Ingeborg Bachmann es in der Doppelgestalt einer poetischen Naturwissenschaftlerin bzw. einer naturwissenschaftlich beschlagenen Künstlerin bei ihrer Untersuchung über die Spezifika von Rom herausgefunden hat: Aus den Bergen kommt ein starker *Fall*wind, der im Arabischen »scharkij«, ›Wind aus dem Osten‹ genannt wird.[81] Die Sonne verdunkelt sich, ›trägt dann ein Hemd‹, das helle Licht am Horizont färbt sich dunkelrot. Dieser sehr heiße, trockene und staubbeladene Wind entsteht in den Wüstengebieten Nordafrikas und das Ich erläutert diesen Zusammenhang auf seine Weise, wenn es erklärt, daß »der warme Wind [...] auf die Wüste« zurückgreife. Auch der andere Wind hat Kraft, der in diesem Fall dem weiter gereisten ›Wüstenwind‹ unterliegt. Bachmann bezeichnet ihn als »Adlerwind aus den Bergen« und die für den Text so typisch personifizierte Naturgewalt des Windes besitzt sogar eine nicht minder kräftige Komplizin in Gestalt der Sonne. Zwar schützt sich auch die Sonne gegen den ›fremden Eindringling‹, den Wind aus der Wüste, der alles mit Sand bedeckt, indem sie laut Bachmann ein »Hemd« überzieht, aber nicht genug: sie »leuchtet[e] [sogar] in falschem Licht.« Noch sind keine klaren Konturen für das Ich erkennbar. Deshalb lautet der Eingangssatz dieser Sequenz auch: »Wenn mir Hören und Sehen verging in Rom«. Wieder füllt eine römische Spruchweisheit die Lücke im Text: »Es ist die Zeit, in der die Unglücke zunehmen und ein liebloses Wort leicht gesprochen wird.« (S. 33) Die Autorin schafft auf diese Weise immer wieder den Übergang vom Spezifischen zum Exemplarischen in Rom. »*W*ort«, »*W*ind«, »*W*üste«, »*w*issen«: Der Text, an dieser Stelle voll von Alliterationen, überwältigt auch rein sprachlich gesehen, wortgewaltig wie Ingeborg Bachmann ist, »die erschlaffte Stadt und haucht sie an, daß sie besinnungslos wird.« (S. 33 f.) Der Schirokko wird als ›lebhafter‹ Wind, als heimtückisch, beschrieben. Er wird als ein gefährlicher Gegner der Stadt und ihrer Menschen angesehen, denn er läutet das ›Vergessen‹ ein: Er betäubt sie, indem er »roten Sand über die [...] Stadt streut«, und deckt alles mit einer roten, feinen Schicht aus Staub zu. Doch der Wind ist kein Todesbote, er bringt nach Bachmann nur Schlaf und Vergessen über die Menschen und das meistens über Nacht.[82]

---

81 Vgl. auch den »Wind« (der für die Kraft der künstlerischen Inspiration wie für die Bedrohung durch diese steht), der von den »Azoren« in dem Gedicht *Nach vielen Jahren* nach Italien hinüberweht. Bachmann scheint bei den Windrichtungen auch die horizontalen Linien bis zu ihrem Herkunftsort zurückzuverfolgen.
82 Siehe auch das Kapitel über das Hörspiel *Die Zikaden*. Hier wird vor dem Schlaf in südlichen Gefilden gewarnt, weil er die Erinnerung auslöscht und das wahre Erkennen von Welt und Ich verhindert. Bachmann: *Die Zikaden*. In: GW. Bd. I. S. 241. Vgl. auch die ›wüste Landschaft‹ in dies.: *Das erstgeborene Land*. In: GW. Bd. I. S. 119 f.

Der Leser ist mit dem Ich der Autorin schon im dreizehnten Abschnitt in das Dunkel der römischen Nacht (an der Fontana di Trevi) eingetaucht. Zuerst verlosch das Licht des Mondes und das Ich fand sich in der vierzehnten Sequenz unter Tage wieder, vorerst auf Besuch in den »Wasser- und Todesstätten« von Rom, in den Katakomben. Mit einem letzten Lichtstrahl, dem »Zündholz« bewaffnet, den der »Wind«, der sich ankündigende Schirokko aus dem fünfzehnten Teil einfach ausblies, trat der Leser mit der Autorin den vertikalen Weg aus der Dunkelheit heraus wieder nach oben an, ständig beschäftigt nur mit der einen Frage des Ichs: »Woher weht der Wind?« (S. 33) Wie ein feines Netz ist der Essay mit mediterranen, vorwiegend typisch römischen ›Sinnbildern‹ durchzogen, die von einem zum nächsten Abschnitt überleiten. Oft ist es gerade der Schlußsatz des einen Teils, wie hier der »Wind«, der inhaltlich den nächsten Abschnitt vorbereitet.

Ohne Bachmann eine politische Deutung unterschieben zu wollen, ist es so kurz nach dem Zweiten Weltkrieg doch nicht verwunderlich, wenn sie das Ich sagen läßt: »Wenn mir *Hören und Sehen verging* in Rom«, kam der Wind aus dem Osten, aus der Wüste. Wie ein Spion aus einem anderen Lager schleicht er sich in die Stadt ein und überfällt die Schlafenden. »Aber«, es bleibt nicht dabei, über die ästhetische Bewältigung in der ›Kunst der Vertikale‹ geht es auch hier wieder aufwärts und aus dem Dunkel der Nacht heraus. Als Zeichen der Hoffnung kündigt sich der Tag bereits früh, »gegen drei« Uhr morgens mit kleinen Wassertropfen an, die gegen den »roten« Staub aus der Wüste und damit gegen das Vergessen angehen: »[…] morgens, gegen drei, fällt Tau. Wer da wach liegen und sich die Lippen feuchten *könnte*!« (S. 34). Doch das Ich schläft zu dieser Zeit vermutlich noch tief und es ist allein die Hoffnung auf Linderung des Zustandes (ausgedrückt durch den Konjunktiv II), die das Ich am Morgen wieder wach werden läßt. Das Ich hält die Augen in diesem Abschnitt geschlossen, versucht aber dennoch hindurch zu sehen.

Was aber macht die Literatur für die Bewältigung solcher Übergangs- und Grenzsituationen geeignet? Das, was sie mit dem Ritual gemeinsam hat und von anderer Rede unterscheidet: daß sie in ihrer und wegen ihrer besonderen ästhetischen Form und Struktur als sinnhafte, herausgehobene und bestimmte Rede erscheint. Wenn uns zum Beispiel in einem Roman der erzählte Tod eines Menschen angeht und ergreift, wenn wir uns mit ihm identifizieren, dann beziehen wir in als symbolische Handlung auch auf uns. Wir sterben im Vollzug der Lektüre einen symbolischen Tod, dem Initianten im Initiationsritual, der einen symbolischen Tod stirbt, um neu wiedergeboren zu werden, nicht ganz unähnlich. Der literarische Tod ist als symbolischer Tod auch der eigene und ist es doch nicht.[83]

---

83 Braungart: *Literatur und Ritual.* A.a.O. S. 35.

Der symbolische Schlaf, den Bachmann in diesem Abschnitt anspricht und die hier eher in das Reich der Wünsche und Träume verlagerte Hoffnung auf eine Verbesserung des »besinnunglosen« Zustands, in dem sich der Menschen in einem die Gegenwart verdrängenden Schlafzustand als Flucht vor der Auseinandersetzung mit den Realitäten, den »Unglücken der Welt« befindet, läßt in Verbindung mit dem die Wirklichkeit überdeckenden »Sand« des »Schirokkos« den Hinweis auf das Gedicht *Wacht auf, denn eure Träume sind schlecht* von Günter Eich zu. Von seiner inhaltlichen Aussage läßt sich der fünfzehnte Abschnitt von Bachmanns Essay parallel zu diesen mahnenden Versen eines »Nach-Krieges« lesen:

WACHT AUF, DENN EURE TRÄUME SIND SCHLECHT!

Bleibt wach, weil das Entsetzliche näher kommt.

Auch zu dir kommt es, der weit entfernt wohnt von den Stätten, wo Blut vergossen wird,
[...]
Wenn es heute nicht kommt, kommt es morgen,
aber sei gewiß.
[...]
»Ah, du schläfst schon? Wache gut auf, mein Freund!«
[...]
Nein, schlaft nicht, während die Ordner der Welt geschäftig sind!
Seid mißtrauisch gegen ihre Macht, die sie vorgeben für euch erwerben zu müssen!
Wacht darüber, daß eure Herzen nicht leer sind, wenn mit der Leere eurer Herzen gerechnet wird!
Tut das Unütze, singt die Lieder, die man aus eurem Mund nicht erwartet!
Seid unbequem, seid Sand, nicht das Öl im Getriebe der Welt![84]

---

84 Günter Eich: *Wacht auf, denn Eure Träume sind schlecht!* In: *Gesammelte Werke*. Bd. I. *Die Gedichte. Die Maulwürfe*. Frankfurt a. M. ¹1973. S. 222 f. – Bachmann schreibt über die Gedichte Günter Eichs: »An einigen Stellen wird von Unbehagen über Schönheit, Unbehagen über Glück gesprochen, diese ganze Spannung Grauen – Schönheit [die man im übrigen anschaulich im Rombild Bachmanns wiederfinden kann – A.H.], die einander bedingt, der Kult des Schönen und der Kult des Grauens, ist einer anderen gewichen. Die Gedichte, so verschiedenartig, wollen nicht genießbar, aber erkenntnishaltig, als müßten sie in einer Zeit äußerster Sprachnot aus äußerster Kontaktlosigkeit etwas leisten, um die Not abzutragen. Aus dieser Leistung bezieht sie eine neue Würde, eine Würde, die sie nicht einmal anzustreben wagen. Außer sich geraten, mit dem Feuerhelm, verwunden sie die Nacht.« In: Bachmann: *Frankfurter Vorlesungen: Probleme zeitgenössischer Dichtung*. GW. Bd. IV. S. 215. Das, was Ingeborg Bachmann hier für die Dichtung Eichs und stellvertretend für die Schreibversuche vieler Nachkriegsdichter formuliert hat, spiegelt auch einen Großteil ihrer eigenen poetischen Haltung wider.

Eichs Gedicht spricht viel unmißverständlicher aus, was Bachmann im fünfzehnten Abschnitt auf die Stadt Rom bezogen beschreibt. »Das Entsetzliche«, bei Bachmann der »Sand« des Schirokkos, stellt hier die Reibungsfläche dar, die dem Menschen erst ein Eingreifen in das Weltgeschehen ermöglicht. »Auch zu dir kommt es, der weit entfernt wohnt von den Stätten, wo Blut vergossen wird«. Das Gedicht erscheint vor diesem Hintergrund fast wie eine Replik auf Bachmanns ›ichbezogenen, traumähnlichen Schlafzustand‹, der in ihrem Essay im Schutze antiker Herrlichkeit, wenn auch kritisiert, so doch zunächst als unabänderlich hingenommen wird. Der traumatische Zustand des Krieges mit allen Mitteln ist also doch noch nicht ganz vorüber.

Das Ich in seiner römischen Fluchtburg und die anderen Bewohner der Stadt können in dieser Situation nichts anderes tun, sie meinen es jedenfalls, als »vergeßlich [zu] schlafen«. Nur der Wunsch nach Veränderung und Linderung des angestauten Zustands ist in ihnen schon erwacht und konnte ins Bewußtsein der Schläfer dringen. Die Sätze über Rom stehen im Einklang mit den poetologischen Aussagen, die Bachmann in ihren *Frankfurter Vorlesungen* in bezug auf einen Satz Simone Weils getroffen hat:

›Das Volk braucht Poesie wie Brot.‹ – Dieses Brot müßte zwischen den Zähnen knirschen und den Hunger wiedererwecken, ehe es ihn stillt. Und diese Poesie wird scharf von Erkenntnis und bitter von Sehnsucht sein müssen, um an den Schlaf der Menschen rühren zu können. Wir schlafen ja, sind Schläfer, aus Furcht, uns und unsere Welt wahrnehmen zu müssen.

Unsere Existenz liegt heute im Schnittpunkt so vieler unverbundener Realitäten, die von widersprüchlichsten Werten besetzt sind.[85]

Rom verbindet zeitweise diese »unverbundenen Realitäten« für das Ich, steht seit Jahrtausenden, folgt man Bachmanns Aussagen, etwas unbeweglich, aber fest über allen gesellschaftspolitischen und historischen, aber auch rein menschlichen Veränderungen, indem die Stadt zum Abbild der Veränderungen selber geworden ist, ja, in ihrer Mannigfaltigkeit überhaupt nur aus ihnen heraus existieren kann. Die versuchte Integration der fortwährenden Veränderungen in das Bild der Stadt macht ihren besonderen Charakter aus und ist zum Kennzeichen Roms geworden. Rom war der ›lapis niger‹, der Dreh- und Angelpunkt für die Welt der Dichterin Ingeborg Bachmann über viele Jahre hinweg bis zu ihrem Tod. Sie fand in Rom eben den »Schnittpunkt« einer durch den Zweiten Weltkrieg zum Großteil zerstörten Welt wieder, der die unterbrochenen Linien wieder schloß: Die Dauerhaftigkeit

---

85 Bachmann: *Frankfurter Vorlesungen: Probleme zeitgenössischer Dichtung*. In: GW. Bd. IV. S. 197 f.

Roms konnte auch als Tröstung (Bewältigungsaspekt des Rituals) begriffen werden, als eine vorbildhafte Welt, die es verstand, die Widersprüche, die in ihr bestanden, auszuhalten und im Nebeneinander und Übereinander ihrer Schichten auch noch den Bruch der jüngsten Geschichte zu einen.[86] Insofern ist die Auseinandersetzung mit Roms Geschichte immer auch diejenige mit dem eigenen, gegenwärtigen historischen Standpunkt. Der Blick zurück wird in Rom zum Blick nach vorne.

Rom: Die Stadt der Toten aus der Sicht einer (Über-)Lebenden

In Rom habe ich in der Früh vom Protestantischen Friedhof zum Testaccio hinübergesehen und meinen Kummer dazugeworfen. Wer sich abmüht, die Erde aufzukratzen, findet den der anderen darunter. (S. 34)

Vom Vergessen in der Nacht ist nur noch ein kleiner Schritt zum Tod in der »Früh«. Hier schließt sich der Kreis der durchlaufenen Tages- und Nachtzeiten innerhalb des Essays fast wieder zu einem Ganzen: von der »Mittagshitze« (Abschn. 1) ausgehend, ist das Ich des Textes einen Tag (Abschn. 2-12)

---

86 Vgl. hier auch den ›Rom-Text‹ Sigmund Freuds, auf den Hans Höller seine Interpretation des Essays *Was ich in Rom sah und hörte*, den er mit Bachmanns Essay über Berlin, *Ein Ort für Zufälle,* vergleicht, bezieht. Höller sieht in dem Essay eine »sinnfällige künstlerische Vergegenständlichung des geschichtlichen Vorstellungsvermögens des Menschen, als konkrete literarische Utopie [verwirklicht].« Er führt seine Sichtweise folgendermaßen aus: »Dieses [...] Verständnis läßt sich [...] an einem Kontrast-Modell andeuten. Für Sigmund Freud wurde in einem späten kulturphilosophischen Essay, »Das Unbehagen in der Kultur«, die Stadt Rom zum Bezugspunkt für seine Darstellung der Gegenwärtigkeit des Vergangenen im menschlichen Psyche, für das Problem der »Erhaltung im Psychischen«. Freud vertritt in dem Essay die Ansicht, »daß im Seelenleben nichts, was einmal gebildet wurde, untergehen kann, daß alles irgendwie erhalten bleibt« und versucht, »durch einen Vergleich aus einem anderen Gebiet klarzumachen, was diese Annahme zum Inhalt hat.« Er greift auf das Beispiel der »Entwicklung der Ewigen Stadt« zurück, versucht die Wandlungen der Stadt zu verfolgen, sich zu vergegenwärtigen, was unter der Erde verschüttet ist und welche Bauphasen sich überlagern, und geht dann einen Schritt weiter zur »phantastische[n] Annahme, Rom sei nicht eine menschliche Wohnstätte, sondern ein psychisches Wesen von ähnlich langer und reichhaltiger Vergangenheit, in dem also nichts, was einmal zustandegekommen war, untergegangen ist, in dem neben der letzten Entwicklungsphase auch alle früheren noch fortbestehen.« Freud bricht diese Phantasie als unvorstellbar und absurd ab, weil sie nur zeigt, »wie weit wir davon entfernt sind, die Eigentümlichkeiten des seelischen Lebens durch anschauliche Darstellung zu bewältigen.« Ingeborg Bachmanns Essay *Was ich in Rom sah und hörte* geht eben von dieser »phantastischen Annahme« aus, indem Rom zum psychischen Wesen wird, wo nichts untergegangen ist und eine Totalität des menschlichen Gedächtnisses erfahrbar wird.« Hans Höller: *Ingeborg Bachmann. Das Werk. Von den frühesten Gedichten bis zum »Todesarten«-Zyklus.* A.a.O. S. 191 f. Die Binnenzitate stammen von Sigmund Freud: *Das Unbehagen in der Kultur.* In: Ders.: *Abriß der Psychoanalyse. Das Unbehagen in der Kultur. Mit einer Rede von Thomas Mann als Nachwort.* A.a.O. S. 68 ff.

und eine Nacht (Abschn. 13-15) lang durch Rom spaziert und hat ausgewählte historische Orte, Villen und Plätze aufgesucht, bis es wie alle anderen Bewohner Roms vom ›Schlaf des Vergessens‹ eingeholt wurde. Jetzt ist es am Morgen vielleicht ein letztes Mal erwacht, um seinen zyklischen Rundgang mit der etwas variierten, hier durch die Verwendung des Partizip Perfekt distanzierter wirkenden Eingangssequenz »In Rom habe ich [...] hinübergesehen«, zu beginnen. Ein letztes Mal kommt Ingeborg Bachmann innerhalb des Essays auf das Thema ›Tod‹ in Rom zu sprechen. Diesmal begegnet der Leser ihm dort, wo man ihn auch am ehesten vermuten würde: auf dem Friedhof. Doch die Autorin hat den Leser zu einem besonderen Friedhof geführt: zu dem ›nichtkatholischen Friedhof der Fremden‹, wie er eigentlich in Rom genannt wird. Er liegt, wie das Ich es beschreibt, »an der Aurelianischen Mauer« neben der Cestius-Pyramide, der Grabstätte des Prätors und Volkstribuns Gaius Cestius, der als Mitglied der Septemviri, für die religiösen Festbankette der Stadt zuständig war. In Rom liegen rituelle Feste und der Tod nah beisammen, das hat der Gang durch Bachmanns Rom bereits deutlich gemacht. Doch der festliche Charakter, der die Ankunft im Süden in den *Lieder*[n] *von einer Insel* so verheißungsvoll werden ließ, wird in der römischen Ghetto-Szene vom erzählenden Ich bereits als zutiefst fragwürdig erlebt und hier mit dem Volkstribun vorerst einmal symbolisch zu Grabe getragen: Gaius Cestius, einer der ungenannten Toten im Text, wurde bereits 12. v. Chr. in diesem, einer ägyptischen Pyramide nachgebauten Denkmal beerdigt. ›Rom‹ hat so gut wie jedem seiner bedeutenden Toten in der Stadt ein eigenes Denkmal gesetzt, das zugleich die Funktion eines Grabmales erfüllt. Die Autorin hat diese Sitte wortwörtlich genommen und in ihrem Essay eine besondere Form der *Denk*mal- und *Grab*mal-Pflege betrieben. Vom Nachdenken über die menschliche Geschichte ist das Ich zum Ausgraben der Geschichte übergegangen, vor allem an Stellen, an denen sie für das Auge nicht sofort sichtbar ist, obwohl die Metapher des Sehens im Text dominiert. Schicht für Schicht trägt das Ich auch auf dem römischen Friedhof der Fremden die »Erde« ab und es findet immer dasselbe menschliche Unglück vor: Kummer, Leid, Krankheit, Verfall und Tod in allen seinen Facetten. An jedem Ort in unterschiedlicher Variation (vgl. entsprechend die verschiedenen Textsequenzen als formale Varianten des Titels »Was ich in Rom *sah* und *hörte*« bzw. der Eingangssequenz des ersten Abschnittes) begegnet dem Ich im Spiegel von Rom eine eigene mögliche Fortführung seiner Lebensgeschichte wieder. Gleichbleibend sind die Tendenzen der methodischen Vorgehensweise Bachmanns in der systematischen Sichtung Roms: Erneut setzt sich das Ich auch im sechzehnten Abschnitt über den ›oberflächlichen‹, horizontalen Blick, »hinüber vom Protestantischen Friedhof zum Monte Testaccio« hinweg, um daraufhin mit allen Sinnen sein eigentliches Ziel zu verfolgen, die Analyse des Erfahrenen durch das Sieb eines vertikalen Rasters zu betrachten, um auf diese Weise eine allgemeine Aussage über die

Strukturen Roms treffen zu können: »Wer sich abmüht, die Erde aufzukratzen, findet den [Kummer] der andern (sic!) darunter.« Schicht für Schicht findet sich unter der Oberfläche der gegenwärtigen eine alte Welt wieder, die oft dieselben Strukturen wie die neue aufweist. »Scherben« und Tod sind die Stichwörter, unter denen sich die Autorin im Blick rückwärts auf die menschliche Geschichte vorwärts in die Tiefenstruktur der Dinge ›hineingräbt‹. Selbst der »Friedhof an der Aurelianischen Mauer sucht Schatten« und scheint sich vor der bestechenden Klarheit der Sonne Roms schützen zu wollen. Die in Rom gewonnene Erkenntnis kann schmerzhaft sein, so legt es der Text Bachmanns dem Leser nahe. Tröstlich und schmerzhaft zugleich, denn das Erkennen der sich wiederholenden menschlichen Grundstrukturen hebt die menschliche Isolation für das Ich wenigstens zeitweise auf und vergegenwärtigt dem einzelnen, daß nichts, was geschieht, nicht schon einmal dagewesen wäre, aber auch nichts davon nicht noch einmal vorkommen könnte. So ist der einzelne wie das Ich im Text in einer langen Reihe von Traditionen aufgehoben, im positiven wie negativen Sinn: »die Scherben auf dem Testaccio sind nicht gezählt« und doch im Blick auf die sich wiederholenden Grundstrukturen der menschlichen Geschichte »gering«. Der Monte Testaccio, auch »Scherbenhügel«[87] genannt, ist ein gutes Beispiel dafür. Es ist ein künstlich aufgeschütteter Hügel in der Nähe des Protestantischen Friedhofs. Entstanden ist er in der Zeit der Römischen Republik, indem man »Abfälle, vor allem Tonscherben aus den nahe gelegenen Lagerhäusern des Hafens am Tiber hier ablud.«[88] Schon in der Antike gab es am Testaccio »große Kaufhäuser mit der sog. Porticus Aemilia, einer 487 m langen Ladenstraße aus dem 2. Jahrhundert v. Chr.«[89] Alles ist schon einmal dagewesen, nichts ist ganz neu in Rom. In dieser Sequenz wird das Hören wieder eines der wichtigsten Sinneseindrücke, um sich in der römischen Welt auch im Angesicht des Todes noch orientieren zu können. Der Friedhof erinnert das Ich daran, daß die Menschen sterblich sind, auch es selbst. Die Wohnstätte der Toten, der Friedhof an der Aurelianischen Mauer dagegen lebt:

> Er hält sich eine große Wolke wie eine Muschel ans Ohr und hört nur mehr einen Ton. In den sind eingegangen: »One whose name was writ in water«, und neben Keats Versen eine Handvoll Verse von Shelley. Von Humboldts kleinem Sohn, der an Sumpffieber starb, kein Wort. Und von August von Goethe auch kein Wort. Von den stummen Malern Karstens und Marées sind einige Linien geblieben, ein Farbfleck, ein wissendes Blau. Von den anderen Stummen wußte man nie etwas. (S. 34)

---

87 Siehe das gleichnamige Gedicht von Bachmann: *Scherbenhügel*. In: GW. Bd. I. S 111.
88 Fischer: *Rom. Zweieinhalb Jahrtausende Kunst und Kultur in der Ewigen Stadt*. A.a.O. S. 335.
89 Ebd.

Alles konzentriert sich im Reich der Toten im Gegensatz zur Vielfältigkeit des römischen Lebens auf »nur mehr einen Ton«. Die übrigen Geräusche der Stadt sind in der Stille der Friedhofsmauern verstummt. Jetzt werden im Kopf des Ichs die Verse der Vorgänger laut: welche es sind, erfahren wir allerdings nicht. Daher bleibt dem Leser nur zu lesen übrig, was der Text verrät: die Grabinschrift des Dichters John Keats, »dessen Name aufs Wasser geschrieben war«. So müßte eigentlich der Grabspruch seines Freundes und Hausgenossen lauten, des englischen Poeten Percy Bysshe Shelley, die beide ein Haus an der Piazza di Spagna teilten, bevor sie starben. Doch sie sind nebeneinander auf dem Protestantischen Friedhof begraben. Shelley ertrank 1822 im Golf von La Spezia. Keats war zu der Zeit schon ein Jahr tot. Berühmte Namen sind es, die hier ihre letzte Ruhe fanden und die das Ich an sich vorbeiziehen läßt. Und doch ist von ihnen nicht viel mehr als ein Wort, besser gesagt ein Ton – oder nicht einmal das – geblieben. Im Angesicht des Todes tritt die Rolle der Musik bei der Beschreibung der römischen Welt (der Toten) wieder in den Vordergrund.

Von »Humboldts Sohn, *kein Wort*«; von Goethes Sohn, »auch *kein Wort*«, denn auf seinem Grabstein steht nicht »August von Goethe«, sondern nur ›Goethes Sohn‹. Hier auf dem Friedhof der Fremden in Rom hat die Zeit einige (fremde) Zeichen und Namen bereits getilgt. Die Reihung geht von der Grabinschrift des Dichters John Keats über »eine *Handvoll* Verse« von Shelley hin zum ›Nicht-Wort‹, (»*kein Wort*« – hier in Form einer Epipher; s. o.), und weiter über das Verschweigen der Namen der Kinder berühmter ausländischer Gäste und Geistesgrößen wie von Goethe oder Wilhelm von Humboldt bis hin zum völligen ›Verstummen‹, zu den »*stummen* Malern« Karstens und Marées, von denen nichts als ein paar »Linien« und Farben, und nicht einmal das, sondern nur ein »Farbfleck« geblieben ist. Nur das »wissende Blau«, eine wahrhaft kühne Metapher, die Ingeborg Bachman hier verwendet, ist noch ein kleines Hoffnungszeichen in einer ausradierten Welt. »Von den anderen Stummen wußte man nie etwas.« (S. 34)

Es ist ungewöhnlich, daß bei aller Sorge um den Erhalt der Namen für die Nachwelt in Rom ausgerechnet der »Nichtkatholische Friedhof der Fremden« eine Ausnahme bildet. Die Konservierung der Zeichen und der ihnen zugehörigen Geschichten scheint hier auf dem protestantischen Friedhof nicht wirklich gelungen bzw. angestrebt worden zu sein, so daß auch das Ritual der ›Verlebendigung der Zeichen‹ dem Ich sichtlich Mühe macht. Deshalb ist hier »kein Wort« möglich. Stummheit und Nicht-Wissen dominieren zuletzt den Eingang zur Welt der Toten. Insofern steht der vorletzte Abschnitt auch im Zeichen des langsamen Verstummens des erzählenden Ichs. Vielleicht hat das Fremde in Rom doch keinen richtigen Platz gefunden und wenn, so liegt dieser außerhalb, abgetrennt von den »anderen« in Rom [vgl. Abschn. 1, ›die Tiberinsel will mitbefahren, mitbewohnt werden‹ (S. 29); Abschn. 10, »In Rom sah ich, daß alles einen Namen hat und man die Namen kennen muß.« (S. 32)]. Die Grenze zwischen dem Ich und der römischen Welt, zwischen dem Ich und den anderen ist beim Anblick des Friedhofes der Fremden ins Wanken geraten. Die Identitätsversicherung, die dem Ich in Rom bis dahin noch möglich gewesen ist, ist fragwürdig geworden beim Anblick des allzu sorglosen Umgangs der Römer mit den Zeichensetzern, den Dichtern und Malern, die aus der Fremde kamen. Auch der Mythos von der ›Ewigkeit‹ in Rom hat seine Selektionsmechanismen, die zu hinterfragen sind, so könnte eine Deutung der Textstelle lauten, wovon das über allem schwebende Gesetz des Katholizismus, das Menschen anderen Glaubens oder anderer Konfessionen auf dem eigenen Boden längerfristig höchstens duldet, nur eine Variante der weltanschaulich begründeten Verdrängung und Auslöschung alles Nicht-Römischen ist. So gesehen bleibt die Integration in das »Ewige Rom« für die Fremden und damit ein Stück weit auch für das Ich des Textes fragwürdig. Die Sicherheit, in der ›Kunst der Vertikale‹ auf dem ewigen Grund der Dinge angekommen zu sein, verkehrt sich in Unsicherheit, wenn die Wiederkehr der Zeichen, ja die Zeichen selbst ausbleiben, weil die richtigen Namen erst gar nicht genannt werden. So bleibt dem Ich nur ein Fazit zu ziehen – das einzige, was sicher ist in Rom, ist der (eigene) Tod und das symbolische Weiterleben in der Kunst im Spiegel der Augen der anderen:

> Der Tod scheint in Rom eingebettet zu sein in die Abfolge der Generationen, das Wort von der »Ewigen« Stadt gewinnt – paradox genug – selbst auf den Friedhöfen eine Dimension in die Zukunft hinein, wo es doch meist nur von der Vergangenheit gilt. Groß ist in Rom die Sicherheit, daß nach uns anderes kommt.[90]

Der Augenblick der Erkenntnis

Was jetzt noch folgt, im siebzehnten und letzten Abschnitt des Essays, ist, bis auf die Eingangsinversion »In Rom habe ich freilich gehört, daß […]« und deren Kurzform »Ich hörte, daß […]«, nicht mehr die eigene Sprache des beobachtenden und berichtenden Ichs, das zuvor noch mit weit geöffneten Sinnen durch die römische Welt ging. In der Schlußsequenz scheint sich die Stimme des Ichs streckenweise aufzulösen: sie wird ersetzt. Es erfolgt nicht die eigenständige Benennung der Welt, sondern die Aufzählung, die scheinbar ungefilterte Wiedergabe verschiedener erlernter römischer Spruchweisheiten. Das Ich nimmt im *Hören* auf den Inhalt der Sprüche zunächst den nötigen Abstand zu der Welt, durch die es gerade gegangen ist, und damit auch im weiteren Sinne ein wenig Distanz zu dem angeblichen Ewigkeitsversprechen Roms ein. Die Dominanz der eigenen Anschauung der Dinge wird fast vollständig zurückgedrängt. Stattdessen spricht es die vom Hören-

---

90 Fischer: *Rom. Zweieinhalb Jahrtausende Kunst und Kultur in der Ewigen Stadt.* A.a.O. S. 24.

sagen aufgeschnappten Volksweisheiten nacheinander ohne eigenen Kommentar aus: »In Rom freilich habe ich gehört, daß mancher das Brot hat, aber nicht die Zähne, [...] daß die Fliegen auf die mageren Pferde gehen. Daß dem einen zuviel und dem anderen nichts geschenkt ist; daß, wer zuviel zieht, zerreißt und nur eine feste Säule das Haus hundert Jahre aufrecht hält. Ich hörte, daß es in der Welt mehr Zeit als Verstand gibt, aber daß uns die Augen zum Sehen gegeben sind.« (S. 34)

Inversion bedeutet Umstellung. Ingeborg Bachmann hat im Vollzug eines ästhetischen Rituals die römische Welt im (Be-)Schreiben einmal von oben und dann wieder von unten durchmessen, und diese Welt und deren Geschichte und Geschichten im Aufriß betrachtet, um sie zu durchschauen. Dabei hat sie, die ›Wahlrömerin‹, das gängige Rombild, auch für den Leser, nachhaltig auf den Kopf gestellt. So, wie die Zeichen S.P.Q.R. exemplarisch für Rom und Rom wiederum exemplarisch für die Welt steht, ist es der Essay *Was ich in Rom sah und hörte*, der für Ingeborg Bachmanns Sicht- und Schreibweise ihres Italienerlebens stellvertretend erörtert werden kann. Viele Spuren laufen hier zusammen: Ihr Denken über die Geschichte, über die Menschen, über die Kirche und den (religiösen) Kult, über die Natur und den Tod und nicht zuletzt über das Verhältnis von Lebenserfahrung und Kunst. Ihr Werk ist ein Netz voller Gedanken und Analysen der soziohistorischen und psychischen Verfassung der Menschheit. Und dieses Netz läßt sich auch an diesem Text in seinen verschiedenen Ausrichtungen verfolgen. Am besten aber läßt sich die künstlich geschaffene Welt Ingeborg Bachmanns auf der von ihr postulierten ›Kunst der Vertikale‹ im Blick abwärts gerichtet verstehen: »Schwer zu sehen ist, was unter der Erde liegt.« Der Leser dringt mit dieser Vorgehensweise schnell zu den der Dichterin wirklich wichtigen Themen vor: Liebe und Tod sind in Rom an »Wasserstätten und Todesstätten« zu finden.

> Man muß *Seher* sein, muß sich *sehend* machen. *Sehend* macht sich der Dichter durch eine lange, unermeßliche und planmäßige *Ausschweifung aller Sinne*.
>
> Arthur Rimbaud, *Lettres du voyant* [91]

Aufgrund der zyklischen Struktur des Textes möchte ich mit dem anfangs zitierten Gedanken Rimbauds schließen. Ingeborg Bachmann hat das Werk des französischen Dichters gerne und viel gelesen und kannte sehr wahrscheinlich auch dessen *Lettres du voyant*.[92] Und als Leser Bachmanns wissen wir spätestens jetzt, daß uns »die Augen« nicht nur »zum Sehen gegeben sind.«

91   Rimbaud: *Seher-Briefe / Lettres du voyant.* Übersetzt und herausgegeben von Werner von Koppenfels. A.a.O. S. 25 f. (Kursive Hervorhebungen im Original).
92   Siehe Andrea Allerkamp: »Stationen der Reise durch die Ich-Landschaften – Zwischen Arthur Rimbaud und Ingeborg Bachmann«. A.a.O.

9. An die Sonne – Berufung zur Kunst: Leben und Schreiben als rituelle Handlung

> Sonnenzeichen, Lebenszeichen.
> Das Symbol und die Sache sind eins.[1]

An die Sonne

Schöner als der beachtliche Mond und sein geadeltes Licht,
Schöner als die Sterne, die berühmten Orden der Nacht,
Viel schöner als der feurige Auftritt eines Kometen
Und zu weit Schönrem berufen als jedes andre Gestirn,
Weil dein und mein Leben jeden Tag an ihr hängt, ist die Sonne.

Schöne Sonne, die aufgeht, ihr Werk nicht vergessen hat
Und beendet, am schönsten im Sommer, wenn ein Tag
An den Küsten verdampft und ohne Kraft gespiegelt die Segel
Über dein Aug ziehn, bis du müde wirst und das letzte verkürzt.

Ohne die Sonne nimmt auch die Kunst wieder den Schleier,
Du erscheinst mir nicht mehr, und die See und der Sand,
Von Schatten gepeitscht, fliehen unter mein Lid.

Schönes Licht, das uns warm hält, bewahrt und wunderbar sorgt,
Daß ich wieder sehe und daß ich dich wiederseh!

Nichts Schönres unter der Sonne als unter der Sonne zu sein …

Nichts Schönres als den Stab im Wasser zu sehn und den Vogel oben,
Der seinen Flug überlegt, und unten die Fische im Schwarm,

Gefärbt, geformt, in die Welt gekommen mit einer Sendung von Licht,
Und den Umkreis zu sehn, das Geviert eines Felds, das Tausendeck meines Lands
Und das Kleid, das du angetan hast. Und dein Kleid, glockig und blau!

Schönes Blau, in dem die Pfauen spazieren und sich verneigen,
Blau der Fernen, der Zonen des Glücks mit den Wettern für mein Gefühl,
Blauer Zufall am Horizont! Und meine begeisterten Augen
Weiten sich wieder und blinken und brennen sich wund.

---

[1] Beide Zitate stammen aus: Bachmann: *Ein Ort für Zufälle* u. [*Georg Groddeck*]. In: GW. Bd. IV. S. 291 u. S. 352.

Schöne Sonne, der vom Staub noch die größte Bewunderung gebührt,
Drum werde ich nicht wegen dem Mond und den Sternen und nicht,
Weil die Nacht mit Kometen prahlt und in mir einen Narren sucht,
Sondern deinetwegen und bald endlos und wie um nichts sonst
Klage führen um den unabwendbaren Verlust meiner Augen.

Vorbemerkung

Die im Jahr 1956 entstandene Hymne *An die Sonne*[2] kommt einem Lobgesang gleich, der seinesgleichen in der modernen Lyrik des 20. Jahrhunderts sucht. Diese lyrische Anbetung, die die Sonne zum Objekt eines künstlerischen Rituals macht, wird in einer äußerst kraftvollen und metaphernreichen Sprache vorgetragen. Das Bild der Sonne wird in den ersten Strophen vor allem über Vergleiche und Abgrenzungen zu anderen Himmels- und Erdkörpern konstituiert. Dabei wird die Sonne in diesem Gedicht über alles andere noch existierende Himmlische und Irdische gestellt und tritt dem Leser im Ritual des Lesens wie in einer sprachlichen Erleuchtung voller Schönheit entgegen.

Das Gedicht besteht aus neun reimlosen Strophen, die um die fünfte Strophe herum symmetrisch angeordnet sind. Die erste Strophe besteht aus fünf Versen, die zweite aus vier, die dritte aus drei, die zweite aus zwei und die fünfte Strophe aus einem Vers. Die sechste Strophe besteht spiegelbildlich zur vierten wiederum aus zwei, die siebte aus drei, die achte aus vier und die letzte, die neunte Strophe aus fünf Versen. In der fünften Strophe, die aus einem einzigen Vers besteht, wird ein sowohl formaler als auch inhaltlicher Schnitt vollzogen. Wie die Sonne nach dem heliozentrischen Weltbild im Zentrum unseres Sonnensystems steht, so ›kreisen‹, inhaltlich gesehen, die übrigen acht Strophen um die zentrale fünfte Strophe herum. Diese Strophe formuliert eine absolute und allgemeingültige Aussage über die Sonne, die ich als Beschreibung des Lebensgefühls der Dichterin zu Beginn ihres Aufenthaltes in Italien deute:

»Nichts Schönres unter der Sonne als unter der Sonne zu / sein ...«[3]

Dieser Satz stellt, so kann man festhalten, das italienische Programm Ingeborg Bachmanns in ihren Anfangsjahren dar. Gleichzeitig finden wir in diesem Gedicht ein weiteres wichtiges Beispiel für den engen Zusammenhang zwischen Ritual und Literatur vor. Die Dichterin bedient sich auch in der Hymne *An die Sonne* einer Form des ›rituellen Schreibens‹, die sich,

---

2 Bachmann: *An die Sonne*. In: GW. Bd. I. S. 136-137. Erstveröffentlichung in: Merkur 6 (1956). S. 534 ff.
3 Dies.: *An die Sonne*. In: GW. Bd. I. S. 136.

ähnlich wie in ihrem Essay *Was ich in Rom sah und hörte,* auf formaler Ebene ein weiteres Mal in den vielen, das Gedicht strukturierenden Wiederholungen (Inversionen, Satz- und Wortvariationen, Parallelismen, Anaphern etc.) zeigt.[4] Hinzu kommt die Tatsache, daß sie sich in dieser Hymne auch inhaltlich an rituelle Sonnengesänge der vorchristlichen und christlichen Vergangenheit anschließt, ein Zusammenhang, der in der Forschung bereits von Barbara Ratecka in ihrem Aufsatz mit dem Titel »Ingeborg Bachmann ›An die Sonne‹ – Versuch einer Interpretation«[5] herausgearbeitet wurde. Offensichtlich ist das Gedicht also ein weiteres gutes Beispiel, »um [die] Beziehungen zwischen Ritual und Literatur und damit […] Analogien und Parallelen zwischen der symbolischen Bedeutungsanordnung des Rituals und jener der Literatur«[6] aufzuzeigen. Zur Verdeutlichung des genannten Zusammenhangs sei an dieser Stelle noch einmal darauf hingewiesen, daß:

Wiederholung und Variation bzw. Modifikation zugleich auf allen Ebenen der Literatur ein grundlegendes Muster des literaturhistorischen Prozesses [sind]. […] Wiederholung und Variation entsprechen strukturell dem Verhältnis von Ritual und Ritualkritik, von Affirmation und Auflösung. […] Literatur kann ähnliche Funktionen wie das Ritual, nicht nur das religiöse, übernehmen, weil beide durch ihre ästhetischen und semantischen Wiederholungsstrukturen dem menschlichen Bedürfnis von Bestätigung und Ordnungserfahrung entgegenkommen. […] Das Prinzip der Katharsis, des Aufruhrs und der Reinigung und Beschwichtigung der Affekte, das auch der religiöse Ritus kennt (in der Selbstanklage des Sündenbekenntnisses, Demutsäußerungen und Bußakten) und das sich als Reinigungsritual interpretieren läßt, wiederholt sich in jeder Tragödie nach demselben Muster und spricht den elementaren menschlichen Rhythmus von Anspannung und Entspannung an. […] Wo traditionale Rhythmen an Gültigkeit verlieren, werden neue Rhythmen geschaffen.

Solche Rhythmen gliedern die Zeit. Sie machen »die Zeit für uns begreifbar.« [1] Viele Riten und Rituale haben sich um zyklisch wiederkehrende Naturvorgänge entwickelt (Jahreszeiten, Sonne, Mond, Sterne, Zeiten des Regens, der Fruchtbarkeit usw.; Lebensalter). Der literarische Zyklus reflektiert darum die elementare anthropologische Erfahrung von Zyklizität, die auch eine Erfahrung von Ordnung und Zusammenhang ist

---

4 Braungart erwähnt die Hymne *An die Sonne* an einer Stelle seines Buches ebenfalls als ein Beispiel für die engen Beziehungen zwischen Literatur und Ritual, ohne darauf aber weiter einzugehen. Siehe ebd. S. 186.
5 Barbara Ratecka: »Ingeborg Bachmann *An die Sonne.* Versuch einer Interpretation«. In: Wolfgang Braungart (Hg.): *Über Grenzen. Polnisch-deutsche Beiträge zur deutschen Literatur nach 1945.* (Giessener Arbeiten zur neueren deutschen Literatur und Literaturwissenschaft. Bd. 10.). Frankfurt a. M., Bern, New York, Paris 1989. S. 166-178.
6 Braungart: *Ritual und Literatur.* A.a.O. S. 142.

und sich in der großen kultur- und literaturgeschichtlichen Bedeutung der Vorstellung des Kreises zeigt. Besonders Gedichte nehmen vielfach thematischen Bezug auf zyklisch wiederkehrende Lebensvorgänge und Erfahrungen. […] Sie ahmen […] »die Natur nach […] als einen zyklischen Vorgang« [2]. […] sie verdanken sich als ästhetische Rituale den zyklischen Naturprozessen, begleiten und deuten sie: »Ohne die Sonne nimmt auch die Kunst wieder den Schleier« [3].[7]

So gesehen ist es nicht verwunderlich, wenn Ingeborg Bachmann als Dichterin zur Identitätsvergewisserung und künstlerischen Neuorientierung nach dem Krieg auf ein traditionelles Künstler-Ritual zurückgriff und ein Leben in Italien, den ›Kunst-Raum‹ also, dem deutschsprachigen und von faschistischen Ideologien zersetzten Raum vorzog. Schon 1952 schrieb sie unter dem Stichwort »Biographisches«:

Ich habe meine Jugend in Kärnten verbracht, im Süden, an der Grenze, in einem Tal, das zwei Namen hat – einen deutschen und einen slowenischen. […]
Ich glaube, daß die Enge dieses Tales und das Bewußtsein der Grenze mir das Fernweh eingetragen haben. Als der Krieg zu Ende war, ging ich fort […] Es wurde wieder eine Heimat an der Grenze: zwischen Ost und West, zwischen einer großen Vergangenheit und einer dunklen Zukunft. […] Manchmal werde ich gefragt, wie ich, auf dem Land großgeworden, zur Literatur gefunden hätte. – Genau weiß ich es nicht zu sagen; ich weiß nur, daß ich in einem Alter, in dem man Grimms Märchen liest, zu schreiben anfing, daß ich gern am Bahndamm lag und meine Gedanken auf Reisen schickte, in fremde Städte und Länder und an das unbekannte Meer, das irgendwo mit dem Himmel den Erdkreis schließt. […] Gedichte zu schreiben, scheint mir das Schwerste zu sein, weil hier die Probleme des Formalen, des Themas und des Vokabulars in einem gelöst werden müssen, weil sie dem Rhythmus der Zeit gehorchen und dennoch die Fülle von alten und neuen Dingen auf unser Herz hinordnen sollen, in dem Vergangenheit, Gegenwart und Zukunft beschlossen sind.[8]

Diese Form der inneren wie äußeren Neuordnung im Beschreiben einer anderen, wenn man so will, »fremden« Welt, zeigt sich auch in dem Gedicht *An die Sonne*.

Die Sonne, die in diesem Gedicht als der lebensbejahende und kreativitätsfördernde Katalysator des menschlichen Seins in der Welt dargestellt

---

7 Braungart: *Ritual und Literatur*. A.a.O. S. 183-186. Die Binnenzitate [1 u. 2] stammen von Northrop Frye: *Analyse der Literaturkritik*. Stuttgart 1964. S. 109. Binnenzitat [3] stammt von Ingeborg Bachmann: *An die Sonne*. A.a.O.
8 Dies.: *Biographisches*. In: GW. Bd. IV. S. 301-302.

wird, kommt in der Hymne Bachmanns einer Göttin der dichterischen Inspiration gleich. Die Kunst ihrer Anbetung in der modernen, weitgehend säkularisierten Lyrik avanciert bei Bachmann zu einer schriftlich fixierten, lyrischen Form des rituellen Gesangs, bei dem das lyrische Ich die im Bild der Sonne enthaltene schöpferische Kraft als eine der, wenn nicht als *die* Grundvoraussetzung für das künstlerische Schaffen erfährt. »Ohne die Sonne nimmt auch die Kunst wieder den / Schleier, [...]« (3,1). Unter diesem Aspekt, der das Italienbild Ingeborg Bachmanns mit ihrer Auffassung von der Dichtkunst als einem rituellen Vorgang[9] vereint, soll das vorliegende Gedicht untersucht werden. Dabei wird im Anschluß an die Gedichtinterpretation ein intertextueller Vergleich zu Goethes Gedicht *Zueignung*[10] vorgenommen, um den hier dargelegten Zusammenhang von Schöpferkraft und dichterischer Inspiration im Bild der Sonne auf einer weiteren Ebene zu verdeutlichen.

Zur Forschung

Die Hymne *An die Sonne* findet in fast allen Darstellungen über die Lyrik Ingeborg Bachmanns Erwähnung, wird jedoch oft aufgrund ihrer Komplexität und formalen Eleganz in nur wenigen Zeilen abgehandelt.[11] Bewundernd hervorgehoben wird vor allem die Verbindung von Musikalität und gehobenem Sprachduktus, ein in der Mitte der fünfziger Jahre für die Lyrik Bachmanns typischer Charakterzug. So schreibt ihr damaliger Verleger Siegfried Unseld, der vor allem die Angleichung des dichterischen Wortes an die musikalische Form der Fuge hervorhebt:

> Da ist der »Hymnus an die Sonne«, das schönste Gedicht der Sammlung [gemeint ist die 1956 erschienene Gedichtsammlung *Anrufung des Großen Bären* – A. H.] und wohl eines der großen und bleibenden Gedichte der modernen Lyrik überhaupt. Die Gliederung der 29 Verszeilen entspricht einer auf den Grundton zu- und von ihm weglaufenden Tonfolge (fünf Verse, vier, drei, zwei, ein Vers, zwei, drei, vier, fünf Verse). Das Gedicht ist, mit Absicht gewagt, ja auf dieses Wagnis hin pointiert, ganz auf eine

---

9 Siehe Bachmann: *Frankfurter Vorlesungen. Probleme zeitgenössischer Dichtung.* In: GW. Bd. IV. S. 192 f.
10 Johann Wolfgang Goethe: *Zueignung.* In: *Goethes Werke.* Hamburger Ausgabe. Bd. 1. *Gedichte und Epen.* Hg. v. Erich Trunz. A.a.O. S. 149-152.
11 Als Beispiel siehe Siegfried Unseld: *Anrufung des großen Bären.* In: *Ingeborg Bachmann. Eine Einführung.* München 1963. S. 29-30. Kurt Bartsch: *Ingeborg Bachmann.* A.a.O. S. 67. Peter Beicken: *Ingeborg Bachmann.* A.a.O. S. 108. Vgl. auch: Uta Maria Oelmann: *Deutsche poetologische Lyrik nach 1945. Ingeborg Bachmann, Günter Eich, Paul Celan.* A.a.O. S. 11.

einzige Fugenzeile gebaut: »Nichts Schönres unter der Sonne als unter der Sonne zu sein ... « Die erstaunliche Einprägsamkeit dieser Verse, ihre Wirkung, beruht auf der suggestiven, evozierenden Macht des klanggebundenen Worts. Es ist diese hohe Musikalität, die die optische Intensität und die subtile Differenziertheit des Gefühls, die Eindruck und Ausdruck miteinander verschmelzen läßt.[12]

Während Kurt Bartsch 1988 noch betont, daß Ingeborg Bachmann in dem Gedicht vor allem »das elementare Dasein ohne Entfremdung und Unterdrückung als Utopie preist und sich [...] der Lichtmetapher bedient, um auf den integrierenden Anteil rationaler Erkenntnis im literarischen Kunstwerk zu verweisen«[13], spricht sich Peter Beicken 1992 in seiner Einführung dafür aus, das Licht der Sonne als »Metapher für den lebensgenerierenden Aspekt der im Menschen korrespondierenden Einsichten zu sehen. [...] So wie die Sonne Leben spendet, muß in der menschlichen Gemeinschaft die Humanität gefördert, der schöne Zustand einer friedlichen Welt verwirklicht werden, damit der Kreislauf der Zerstörung unterbrochen wird.«[14] Einzig Hans Höller hebt in einer 1982 herausgegebenen Studie[15] kritisch hervor, wie eng Licht- und Schattenseiten im Werk Ingeborg Bachmanns durchgängig, so auch in dieser Hymne, verknüpft sind. So weist Höller im Zusammenhang mit dem Titelgedicht des Zyklus *Anrufung des Großen Bären* darauf hin:

> Vor dem Wissen um diese Nachtseite der Welt, um den »finstergesprenkelten Weltgang« (Ernst Bloch), ist die großartige und zugleich bescheidene Verherrlichung der Wahrnehmung bei Ingeborg Bachmann zu sehen, sowohl als Thema des Gedichts – »Du wachst und siehst im Dunkeln nach dem Rechten, / dem unbekannten Ausgang zugewandt« [1] – wie als sprachlich realisiertes Weltverhalten, am augenfälligsten in *An die Sonne*. Menschliche Wahrnehmung, das ist Sehen, Umsicht, Nach-dem-Rechten-Sehen, die Haltung dessen, »der in der Dunkelhaft der Welt nicht aufgibt und nicht aufhört, nach dem Rechten zu sehen« [2]. Das Gedicht *Anrufung des Großen Bären* läßt sich, nicht anders als die Utopie einer menschlich wahrgenommenen Welt, vielleicht erst ganz aus der geheimen Spannung zu diesem anderen großen Anrufungsgedicht des zweiten Lyrikbandes verstehen, dem hymnischen *An die Sonne*. Die Schönheit einer Welt, die durchleuchtet ist von menschlichen Beziehungen [...] – diese Utopie muß auf dem Hintergrund der verantwortungslosen Gewalt-

---

12 Unseld: *Anrufung des großen Bären*. A.a.O. S. 29.
13 Bartsch: *Ingeborg Bachmann*. A.a.O. S. 67.
14 Beicken: *Ingeborg Bachmann*. A.a.O. S. 108.
15 Hans Höller (Hg.): *Der dunkle Schatten, dem ich schon seit Anfang folge: Ingeborg Bachmann – Vorschläge zu einer neuen Lektüre ihres Werkes. Mit der Erstveröffentlichung des Erzählfragments Gier von Ingeborg Bachmann. Aus dem literarischen Nachlaß hrsg. v. Robert Pichl*. A.a.O.

tätigkeit des Großen Bären gelesen werden, der wüsten Schrecken- und Nachtseite der Welt, die sich über die Menschen fremd hinwegsetzt, um zu begreifen, welcher Erfahrung dieses Weltverhältnis abgerungen ist, dieser Preis eines menschlichen Lebens mit der abschließenden unaussprechlichen Trauer über den »unabwendbaren Verlust« der Augen.[16]

Höller stellt in dieser kurzen Passage fest, daß in der Hymne *An die Sonne* ein Wechsel vom Blick in das Licht hin zur absoluten Dunkelheit, ausgelöst durch den ›Verlust der Augen‹, führt; es handelt sich um die Schilderung eines tiefgreifenden ›Sehverlustes‹, den ich im folgenden in seinen verschiedenen Facetten noch genauer verfolgen werde. Vorerst sei aber neben den bereits genannten Interpretationsansätzen noch auf zwei weitere, ausführlichere Interpretationen hingewiesen, die sich mit dem Gedicht *An die Sonne* jeweils aus einem meine Interpretation ergänzenden Blickwinkel genähert haben.

Barbara Ratecka betont in ihrem Aufsatz »Ingeborg Bachmann ›An die Sonne‹ – Versuch einer Interpretation«[17] nicht nur die Genese der Begriffsbezeichnung Hymnik, sondern ordnet das Gedicht in die klassische Tradition der Sonnenhymnen ein. Beginnend bei den Babyloniern und ihrem Sonnengott Schamasch führen sie ihre Erläuterungen über die Griechen und ihren Gott Apollon hin zu dem altägyptischen Sonnengott Ra und dem Kult Atons, der die schöpferische Kraft der Sonne und den Lebensquell der vorchristlichen Welt im damaligen Verständnis der Menschen repräsentierte und den schon der ägyptische Pharao Echnaton (um 1361 v. Chr.) in seiner Hymne als »lebende Sonne« besang.[18] Während in den alten Hochkulturen der Zyklus von Sonnenaufgang und Sonnenuntergang als Bild für die Vergänglichkeit der irdischen Existenz und menschlichen Glücks laut Ratecka noch weitgehend fehlte, erfolgt eine Erweiterung der Deutung des Sonnenzyklus hinsichtlich des Einbezugs der dunklen Elemente des menschlichen Daseins bereits im Alten Testament (z. B. in Prediger Salomo 11,7 ff.). Deutlich findet schon hier die Einführung der Augenmetaphorik als Zentrum der menschlichen Verbindung zur Sonne und zum Leben statt. Erst in christlicher Zeit rückte mit dem Sonnengesang des Franz von Assisi[19] die Sonne dem Menschen aus ihrer gottähnlichen Verehrung heraus etwas näher und

---

16 Höller, *Der dunkle Schatten*. A.a.O. S. 164. Die von Höller verwendeten Binnenzitate stammen aus [1] dem Gedicht Bachmanns *Was wahr ist*. In: GW. Bd. I. S. 118. Und [2] aus Bachmanns 1959 gehaltener Rede zur Verleihung des Hörspielpreises der Kriegsblinden *Die Wahrheit ist dem Menschen zumutbar*. In GW. Bd. IV. S. 277.
17 Ratecka: »Ingeborg Bachmann *An die Sonne*. Versuch einer Interpretation«. A.a.O. S. 166-178.
18 Ebd. S. 171.
19 Franz von Assisi: *Lobgesang*. In: *Lyrik des Abendlandes*. Ausgewählt von G. Britting u. a.. München 1978. S. 133. Hier wird die Sonne als »Schwester«, der Mond als »Bruder« besungen, beide dienen der Verherrlichung des einen Gottes in der Welt.

wird mit den übrigen Gestirnen zur »Schwester«[20] des Menschen, vereint in der Anbetung des *einen* Gottes. Einschränkend betont Ratecka, daß Bachmanns Sonnengesang der Haltung der vorchristlich-klassischen Zeit näher steht als der christlichen und erweitert dessen Bedeutung noch dahingehend, daß sich

> dieser archaisch-moderne Sonnengesang im Dienste des ›Klassisch-Gesunden‹ gegen die ›kranke‹ romantische Verherrlichung der Natur (vgl. Novalis: *Hymnen an die Nacht*), wohl auch gegen die moderne Nachfolge der romantischen, subjektiven ›verschleierten‹ Poesie der Weltschmerzlichkeit«, also etwa gegen die Naturdichtung von Oskar Loerke, Wilhelm Lehmann, Georg Britting oder Christina Busta[21]

richte, eine Beurteilung, der ich mich allerdings nur sehr eingeschränkt anschließen kann. Denn, wie im weiteren noch ausführlicher dargelegt wird, auch Bachmanns Hymne *An die Sonne* basiert spätestens ab dem letzten Vers der achten Strophe auf einer besonderen Erfahrung des Weltschmerzes, der auf einer nicht wiedergutzumachenden Verlusterfahrung beruht: dem ›Verlust der Augen‹ (Vers 9,5) als Verbindung zur Welt und daran gekoppelt der Verlust der Fähigkeit zur (Selbst-)Erkenntnis.

Interessant ist in diesem Zusammenhang wiederum der Essay von Christa Wolf mit dem Titel »Die zumutbare Wahrheit«, den auch Ratecka in ihre Gedichtinterpretation einbezieht, und der besonders auf die betont sinnliche Weltwahrnehmung Bachmanns seit ihrem Italienaufenthalt[22] eingeht. Wolf setzt die Metapher des Sehens zentral in Bachmanns Schreiben und bemerkt:

> Das Gedicht *An die Sonne*, ihre Rede *Die Wahrheit ist dem Menschen zumutbar* und das Prosastück *Was ich in Rom sah und hörte* gehören zusammen. Man sieht, wie sie zu sehen beginnt; wie ihr die Augen aufgehen, wie ihr Hören und Sehen vergeht. Wie sie Stolz zieht aus dem, was sie sehen konnte (›der Stolz dessen, der in der Dunkelhaft der Welt nicht aufgibt und nicht aufhört, nach dem Rechten zu sehen‹),

---

20 Vgl. hierzu Gerhard H. Lemke: *Sonne, Mond und Sterne in der deutschen Literatur seit dem Mittelalter. Ein Bildkomplex im Spannungsfeld gesellschaftlichen Wandels.* Bern 1981. Als reiche Informationsquelle zum Motiv der Sonne in der antiken Mythologie empfiehlt sich die Studie von Karl Kerényi: *Töchter der Sonne. Betrachtungen über griechische Gottheiten.* Zürich 1944. Sie vermittelt einen sehr guten Einblick in die Geschichte[n] um und über die »Sonnensippschaft« (Ebd. S. 183) in der griechischen wie kretischen Mythologie. Wer sich für das Symbol der Sonne von der Urzeit über die Antike bis hin zum Christentum interessiert, für den sei auf die zudem reich bebilderte Darstellung von H. Rudolf Engler: *Die Sonne als Symbol. Der Schlüssel zu den Mysterien.* Küsnacht, Zürich 1962 hingewiesen.
21 Ratecka: »Ingeborg Bachmann *An die Sonne*. Versuch einer Interpretation«. A.a.O. S. S. 173.
22 Vgl. »Ingeborg Bachmann: Stenogramm der Zeit«. In: *Der Spiegel* 34 (1954). S. 26-29.

Beglückung (›Nichts Schönres unter der Sonne als unter der Sonne zu sein ...‹) und Einsicht: ›Ich hörte, daß es in der Welt mehr Zeit als Verstand gibt, aber daß uns die Augen zum Sehen gegeben sind‹.[23]

Ratecka stellt mit Christa Wolf übereinstimmend fest, daß »Bachmanns Gedicht als eine Art von dichterischem Plädoyer verstanden werden [kann]: Ihre Lobverse an die Sonne sind eine große Absage an die Nacht, eine Absage an das falsche Wirklichkeitsverständnis nicht nur der Romantiker, sondern auch der zeitgenössischen Kunst.«[24] So gesehen ist die »Sonne im Gedicht von Ingeborg Bachmann ein Zeiger der Wahrheit.«[25] Die vor allem in der zweiten Gedichthälfte zunehmende Verwendung der Signalfarbe Blau versteht die Interpretin im Rückgriff auf die Romantik nicht nur als ein Symbol für »die Farbe des Himmels, [...] der Veränderungen des Lichtes; es bedeutete bei Novalis, Eichendorff und anderen Romantikern ›die Ferne, die Lockung der Fremde und die ewige Sehnsucht nach dem Unerreichbaren‹«.[26]

Mechtild Oberle[27] schlägt in ihrer Interpretation der Hymne *An die Sonne* dagegen einen etwas anderen Weg ein. Sie betont zunächst den »engen Zusammenhang des Sonnengedichts zu dem von Ingeborg Bachmann sehr geschätzten Platen-Zitat aus dem Gedicht ›Tristan‹: »Wer die Schönheit angeschaut mit Augen, ist dem Tode schon anheim gegeben«.«[28] Die zweite Strophe desselben Gedichts »Wen der Pfeil des Schönen je getroffen / Ewig währt für ihn der Schmerz der Liebe!«[29] begreift sie im Hinblick auf die Hymne dahingehend, daß der Vorgang des »Sehen[s] und [der] Liebeserfahrung unmittelbar aufeinander«[30] bezogen sind, was sicherlich zutrifft, aber doch eine sehr allgemeine Schlußfolgerung darstellt. Für Oberle sind darüber hinaus »Sonne und geliebtes Du so dicht miteinander [verbunden], daß Sonnenhymnus und Liebesgedicht bruchlos ineinander übergehen«[31], eine Feststellung, der ich mich in ihrer Ausschließlichkeit nicht ohne weiteres anschließen würde, da Selbst- und Fremderkenntnis in Bachmanns Gedicht

---

23 Christa Wolf: »Die zumutbare Wahrheit. Prosa der Ingeborg Bachmann«. A.a.O. S. 147. (Kurs. Herv. lt. Original). Vgl. auch Ratecka.»Ingeborg Bachmann *An die Sonne*. Versuch einer Interpretation«. A.a.O. S.177.
24 Ratecka.»Ingeborg Bachmann *An die Sonne*. Versuch einer Interpretation«. A.a.O. Ebd. S. 176.
25 Ebd.
26 Ebd. S. 175.
27 Mechtild Oberle: *Liebe als Sprache und Sprache als Liebe: die sprachutopische Poetologie der Liebeslyrik Ingeborg Bachmanns*. Zugl. Freiburg. Univ. Diss. 1989. Frankfurt a. M., Bern, New York, Paris 1990.
28 Ebd. S. 97.
29 August von Platen: *Werke in zwei Bänden*. Hg. v. Kurt Wölfel und Jürgen Link. Bd. 1. *Lyrik*. A.a.O. S. 69.
30 Oberle: *Liebe als Sprache und Sprache als Liebe*. A.a.O. S.97.
31 Ebd. S.98.

zwar vom Sonnenlicht abhängen, jedoch gerade nicht, wie sich am Ende der Hymne herausstellt, »bruchlos ineinander übergehen«. Im Gegenteil, am Schluß des Gedichts, an dem die Hymne zur Elegie wird, wird gerade der Bruch zwischen dem Licht der Sonne, dem lyrischen Ich und dem angesprochenen Du offensichtlich. Die Sonne als Fixstern am Firmament bleibt fest und strahlt weiter, trotz des Bruches zwischen Ich und Du. Die Sonne verdunkelt sich also nicht von Natur aus, sondern das Auge des Ichs verbrennt sich zunächst im ungeschützten Blick ins Licht, erblindet aber letztlich erst durch den Verlust des Du [»sondern deinetwegen« (9,4)]. Erst danach ist es nicht mehr zum Sehen, zur Selbstschau (Einsicht) wie zur Erkenntnis des Anderen (und damit zur Liebe) fähig. Wie es in einem anderen Gedicht Bachmanns mit dem Titel *Psalm* aus dem Jahr 1953 schon anklingt: »Löse die Versprechen ein / vor einem blinden Spiegel in der Luft, / vor einer verschlossenen Tür im Wind / [...] O Augen, an dem Sonnenspeicher Erde verbrannt, mit der Regenlast aller Augen beladen, und jetzt versponnen, verwebt / von den tragischen Spinnen / der Gegenwart ...«[32] In diesem Gedicht ist der ›Spiegel in der Luft‹ (als ein Bild für die menschliche Wahrnehmung der Sonne als Scheibe) zunächst blind, aber nicht aus dem Grund, weil er in sich zerbrochen ist, sondern weil das Ich die Fähigkeit zu sehen verloren hat. Es hat sich die Augen nicht an dem blinden Spiegel, sondern an dem »Sonnenspeicher Erde verbrannt« und ist in diesem Gedicht nicht in den Himmel, sondern in die Tiefe, in das Dunkel vorgedrungen.[33] Es ist gleichzeitig ein geschichtlicher Blick, der die Richtung des Sehens, die Wahrnehmung des Ichs prägt. Im Gegensatz zur Hymne *An die Sonne* handelt es sich um einen Blick nach unten. Zunächst richtet er sich in bezug auf die ›Erde‹ als begrenzenden Faktor abwärts. Dabei steht er im klaren Gegensatz zum richtungsweisenden Blick in die Sonne, in den unbegrenzten Himmel, der bei Bachmann immer auch für die Sehnsucht nach Ferne, Raum und Weite steht. Darüber hinaus dringt der Blick aber in die Tiefenschichten der historischen und menschlichen Vergangenheit vor und ist schon bald »versponnen, verwebt« im Netz der Erinnerungen. Dennoch aber ist er eingebunden in die Gegenwart und im Ringen mit der Schuld (›Regenlast‹) und den Verlusten der Vergangenheit bei sich angekommen. Es handelt sich um eines der vielen Bilder der Hoffnungslosigkeit, die die Lyrik Bachmanns vor ihrer Übersiedlung nach Italien und besonders im Zusammenhang mit den Erfahrungen des Zweiten Weltkrieges auszeichnete.[34] Erde und

---

32 Bachmann: *Psalm*. In: GW. Bd. I. S. 55.
33 Ein weiteres Beispiel für den ›Aufriß in der Kunst der Vertikale‹ aus dem poetologischen Blickwinkel Bachmanns. Vgl. dies.: *Frankfurter Vorlesungen. Probleme zeitgenössischer Dichtung.* In: GW. Bd. IV. S. 195.
34 Das Gedicht *Psalm* ist drei Jahre vor der Hymne *An die Sonne*, im Jahr 1953, entstanden und wurde zum ersten Mal veröffentlicht in: Merkur 10 (1953). S. 933 f.

Sonne und das lyrische Ich stehen schon in diesem Gedicht in einem engen Bezug zueinander, und schon hier hat das Ich seine Seh-(Erkenntnis-)fähigkeit, in diesem Fall noch etwas ›bodennäher‹ formuliert, im Blick auf den »Sonnenspeicher *Erde*« ein erstes Mal verloren.

Auch Oberle geht wie Ratecka in ihrer weiteren Interpretation kurz auf den Sonnengesang des Franz von Assisi ein[35], dabei beschäftigt sie sich vor allem mit der ästhetischen Komponente der Hymne und sieht in der Sonne verstärkt den Wirkungsaspekt als »Garant für Leben und Liebe«[36] in der Welt. Auch sie richtet ihre Aufmerksamkeit vor allem auf den positiven, lebensspendenden Akt des Sonnenlaufes und der Sonnenkraft. Darüber hinaus verfolgt sie durchgängig die Blickthematik bis hin zum Schluß des Gedichts, zum Abriß des Sehens im Licht und charakterisiert unter Bezugnahme auf Goethes Farbenlehre die Farbe Blau als Komplementärfarbe zum leuchtenden Gelb der Sonne.[37] »Am Blau weitet sich noch einmal der Horizont des Sehens«[38], bevor im Gedicht die sprichwörtliche Dunkelheit eintritt und der Sonnenkreislauf in die Nacht übergeht.

Interessant erscheint mir zur Weiterführung im Zusammenhang mit dem Italienbild Bachmanns und dem Kunstschaffen unter südlichem Licht daher in Oberles Deutungsversuch der in ihrer Interpretation nur kurz erwähnte intertextuelle Bezug zu Goethes Gedicht *Zueignung*[39]. Oberle schreibt in bezug auf den ersten Vers der dritten Strophe der Hymne *An die Sonne*,

»Ohne die Sonne nimmt auch die Kunst wieder den Schleier.« Ist der Glanz der blendenden Wahrheit in Goethes *Zueignung* nur im Schleier der Dichtung anschaubar, der Schleier also Bedingung der Kunst, entwirft Ingeborg Bachmann hier eine Dichtung, die »unter der Sonne« die Wahrheit unmittelbar ausspricht und unbegrenzt sehend macht. Indem sie den Schutz des Schleiers nicht gelten läßt, radikalisiert sie den klassischen Anspruch der Dichtung – als vollkommene Wahrheit und Schönheit aber ist sie gerade darin auch ›schon dem Tode anheimgegeben‹.[40]

Diese Aussage ist meiner Meinung nach nur teilweise zutreffend. Daher möchte ich auf die intertextuellen Querverbindungen zu Goethes Gedicht *Zueignung*[41], das wie Bachmanns Hymne *An die Sonne* für meine Begriffe eine Berufung zur Kunst im Einklang mit der Sonne auf ästhetischer Ebene

---

35   Oberle: *Liebe als Sprache und Sprache als Liebe.* A.a.O. S. 100.
36   Ebd. S. 101.
37   Ebd. S. 103 f.
38   Ebd. S. 104.
39   Ebd. S. 101. Oberle deutet einen solchen Bezug lediglich an, ich werde ihn in meiner Interpretation daher ausführlicher darlegen.
40   Ebd. S. 101.
41   Goethe: *Zueignung.* A.a.O. S. 149-152.

darstellt, im Anschluß an meine Interpretation etwas ausführlicher eingehen. Denn, so läßt sich nachweisen, die im Gedicht *An die Sonne* proklamierte Kunstauffassung Bachmanns steht sehr wohl in der Tradition eines »klassischen Anspruchs« (Oberle). Die Dichterin ergreift, umgesetzt in ihre lyrische Sprache, ebenso wie Goethe es vor ihr getan hat, »der Dichtung Schleier aus der Hand der Wahrheit«[42], nur formuliert sie dies auf einer etwas anderen, allgemeineren Ebene: Kunstproduktion und Sonnenzyklus hängen bei beiden Künstlern voneinander ab und bedingen sich gegenseitig in ihrer Wirkungsweise.

Vorgehensweise

Zunächst sollen die neun reimlosen Strophen der Hymne einzeln betrachtet werden, wobei an den entsprechenden Stellen jeweils die imagologischen, intertextuellen wie auch biographischen Bezüge zu Ingeborg Bachmanns Werk herangezogen werden. Dabei wird ein besonderer Augenmerk auf demjenigen Aspekt der Hymne liegen, den ich als wiederholte ästhetische Auseinandersetzung mit der eigenen künstlerischen Produktivität Bachmanns unter der inspirierenden Einflußnahme der bildenden wie zerstörerischen Kraft der Sonne verstehe. »Das Ritual ist selbst ›der Ort des Wissens‹ über das Ritual.«[43] Im ›Ritual der Reise nach Italien‹ vollzieht sich sozusagen *vor Ort* die »Wiederbelebung fixierter Zeichen«[44], d. h. die Wieder*holung* des Versuchs einer ästhetischen Umsetzung und Darstellung einer tradierten Erfahrungswelt, deren Zeichen (»Sonne«, »Sand« »Meer«, »Schiffe«, »Himmel«, »Rom«, Menschen, Kunstwerke etc.) jeder Künstler, will er zu der »Ritualgemeinschaft«[45] der ›deutschen Künstler in Italien‹ gehören, im Schreiben neu für sich deuten und für andere im Kunstwerk fixiert festhalten muß.

Wenn man daran festhält, daß die meisten Rituale ein Objekt der Verehrung in ihrem Zentrum haben, eine gemeinsame Überzeugung, daß sie einen Wert zum Ausdruck bringen, und wenn man darin auch ein zu unterscheidendes Kriterium zur Konvention sieht, dann sind Rituale grundsätzlich Vergegenwärtigungen in der Struktur der Wieder-Holung.[46]

---

42 Goethe: *Zueignung.* A.a.O. S. 152.
43 Braungart: *Ritual und Literatur.* A.a.O. S. 130. Das Binnenzitat stammt von Jan Assmann: *Das kulturelle Gedächtnis.* München 1992. S. 87.
44 Vgl. Bachmann: *Frankfurter Vorlesungen. Probleme zeitgenössischer Dichtung.* In: GW. Bd. IV. S. 192.
45 Braungart: *Ritual und Literatur.* A.a.O. S. 132 ff.
46 Ebd. S. 130. Großschreibung am Schluß des Zitats lt. Original.

Für das Schreiben über die Zeichenwelt Italiens gilt, was Goethe in seiner *Italienischen Reise* schon erkannt und formuliert hatte[47], und was Peter Handke in einem Gespräch, »Aber ich lebe nur von den Zwischenräumen«, über eine seiner Erzählungen mit dem Titel *Die Wiederholung* gesagt hat:

> Es ist das Tröstliche […], daß alles schon erkannt und gesagt wurde, daß man es nur wiederholt, aber in einer ein bißchen anderen Form. Aber grad (sic!) diese leicht veränderte Form, das ist eigentlich das Kunstwerk: das Wiederholen in einer leicht veränderten, in der Regel ja nur ganz wenig veränderten Form. […] Soll ich sagen, die Wieder*holung*, oder die *Wieder*holung.[48]

Die rituelle Anbetung oder die Kraft der Schönheit

Die erste aus fünf Versen bestehende reimlose Strophe stellt ein Paradigma der Anbetung an die Sonne dar. Die Sonne als Objekt der Verehrung wird in einer ästhetischen Inszenierung in hymnischer Sprache gefeiert. Sie ist schöner als alles andere, was am (Dichter-) Himmel existiert und je in der traditionellen Lyrik besungen wurde. Der Glanz der Sonne übertrifft den als »beachtlich« bezeichneten Mond und »sein geadeltes Licht« (1,1) bei weitem. Diese Metapher hebt den nächtlichen Himmelskörper auf diese Weise zunächst selbst in eine Sphäre der höchsten dichterischen Wertschätzung; ja im übertragenen Sinne versetzt die Dichterin ihn in den ›Adelsstand‹ und stellt ihn damit über alle anderen, noch existierenden Himmelskörper. Aber gleichzeitig beschränkt sie dessen Existenz wie auch die aller übrigen im folgenden noch auftauchenden *Körper* – ich benutze an dieser Stelle bewußt den allgemeineren Begriff *Körper*, da dieser ausgehend vom *Himmelskörper* im Verlauf des Gedichts ebenfalls auf den *menschlichen* und im übrigen auf den *Kunst-Körper* ausgedehnt wird – durch die Verwendung des Komparativs »schöner als« und ändert diese Form im Verlauf der ersten Strophe, wie wir im folgenden sehen werden, leicht ab.

Uta Maria Oelmann hat den formalen Charakter der Hymne kurz und prägnant benannt. Im Verlauf der Interpretation sollen die formalen Bestimmungen jedoch an den entsprechenden Stellen ergänzt werden:

> Den daktylisch schwingenden, in Parallelismen immer wieder zu neuer Klimax sich steigernden Preisungen ›Schöner als … Schöner als …Viel schöner als …‹, ›Schönes Licht … Nichts Schönres … Nichts Schönres … Schöne Sonne …‹ stehen die vier letzten Zeilen mit ihrer komplizierten, argumentierenden syntaktischen Struktur, die den begeisterten hymnischen Schwung lähmt, ›Drum … nicht wegen … und nicht, weil … und

---

[47] Goethe: *Italienische Reise*. A.a.O. S. 38 f.
[48] Peter Handke: *Aber ich lebe nur von den Zwischenräumen*. Frankfurt a. M. 1990. S. 190. Siehe auch Goethe: *Italienische Reise*. A.a.O. S. 44.

»... sondern ... und ... und wie ...‹ und die drei aufeinanderfolgenden, gegen den Rhythmus betonten Silben »unabwendbar« entgegen.[49]

Im zweiten Vers erfolgt der Vergleich der Sonne mit den Sternen, die Bachmann als »die berühmten Orden der Nacht« (1,2) bezeichnet hat. Ingeborg Bachmann greift in der ersten Strophe im übrigen auf ein sehr traditionelles Vokabular zurück, das dem Militärwesen bzw. der Welt des mittelalterlichen Ständewesens entnommen ist (»geadelt; Orden« 1,1; 1,2). Ein an sich für die zweite Hälfte des zwanzigsten Jahrhunderts etwas antiquierter Sprachgebrauch, dem wir in dieser Hymne begegnen und doch machen gerade diese Begrifflichkeiten den eigentümlich fernen und hohen Ton der Bachmannschen Lyrik hier im speziellen, aber auch in ihrem lyrischen Werk im allgemeinen aus.[50] In dem hier untersuchten Gedicht verstärkt sich der Sprachduktus Bachmanns in seinem Ton zudem entsprechend der gewählten lyrischen Form, der Hymne.

Im dritten Vers der ersten Strophe erfolgt nun eine erste Abwandlung des zuvor gewählten Komparativs. Es heißt nun »Viel schöner als« (1,3), was eine weitere Steigerung des Komparativs bewirkt und sich auch auf die inhaltliche Ebene auswirkt. »*Viel schöner als* der feurige Auftritt eines Kometen / *Und zu weit Schönrem berufen* als jedes andere Gestirn«, [ist die Sonne] (1,4;1,5). Im Wechsel zwischen Versabschluß und Enjambement, zwischen Fixierung und Auflösung der Fixierung, bewegt sich die textuelle Anbetung der »Sonne« in formelhaften, aber variationsreichen Sätzen von Strophe zu Strophe weiter bis zum Schluß, an dem es immerhin noch heißt: »Schöne Sonne, [...]«[51]

49 Oelmann: *Deutsche poetologische Lyrik nach 1945. Ingeborg Bachmann, Günter Eich, Paul Celan.* A.a.O. S. 11.
50 Siehe zu diesem Thema auch Andreas Hapkemeyer: *Die Sprachthematik in der Prosa Ingeborg Bachmanns. Todesarten und Sprachformen.* A.a.O.
51 Der Begriff »Schöne Sonne« findet sich schon bei Hölderlin in seinem Gedicht *Geh unter, schöne Sonne ...* In: Friedrich Hölderlin: *Gedichte 1798-1800. Sämtliche Werke.* Stuttgarter Ausgabe. Bd. 1. Hg. v. Friedrich Beissner. Stuttgart 1943. S. 314. In Hölderlins Gedicht *An Diotima* läßt sich eine durchgängige Verbindung von der Anbetung der Geliebten, der Sonne und der Schönheit feststellen. In dem 1797 entstanden Gedicht mit dem gleichnamigen Titel wird der Ausruf in der ersten Strophe »Schönes Leben!«(1,1) in der zweiten Strophe durch die »Sonne« (2,1) ersetzt, was auf eine ähnliche Konzeption wie in Bachmanns Gedicht *An die Sonne* verweist. Ob Ingeborg Bachmann allerdings bewußt in der Apostrophe »Schöne Sonne« (2,1) auf die Verse von Hölderlin zurückgegriffen hat, läßt sich nicht mit Sicherheit sagen. Siehe auch den Artikel von Peter von Matt: »Unersättliche Augen«. In: FAZ-Magazin, Nr. 141 v. 21.6.97 (o. Seite), der auf diesen Zusammenhang der Anrufung »Schöne Sonne« von Hölderlin und Bachmann bereits hingewiesen hat. Matt betont in seiner Kurzinterpretation auch noch einmal die auf die »Sonne« als heliozentrischer Mittelpunkt hin geordnete Text-Welt der Hymne, die als eine »spiegelbildliche Fügung« gesehen werden kann, bei der »jede Strophe einer Partnerstrophe gegenüber[steht], mit Echowörtern und Echobildern, so [daß] im Ganzen des Gedichts das Wort ›Auge‹ dem Wort ›Sonne‹ gegenüber[steht].«

(9,1). Dem ›crescendo‹ in der Musik vergleichbar, findet innerhalb der ersten Strophe eine Steigerung von Vers zu Vers statt. Das Gedicht schraubt sich sozusagen auf der Textebene, besonders betont durch die wiederholten Komparative und Inversionen unaufhaltsam weiter, hin ›ans Licht‹: von der Nacht zum Tag, von dem eher kühlen Licht des ›Mondes‹ zu dem ›feurigen‹ Licht »eines Kometen«, von den umliegenden Sternen zum zentralen Mittelpunkt der Sonne. Übertragen gesprochen nimmt die ›Lichtenergie‹ der Bachmannschen Vergleichswerte stetig zu: »der Mond« wird zum »geadelte[n] Licht«; »die Sterne« sind »die [...] Orden der Nacht«; zuletzt tritt der »feurige [...] Komet« (1,3) auf. Am Schluß der ersten Strophe, der einen ersten Höhepunkt und die Auflösung des Rätsels darstellt, wer denn nun »schöner ist als« alles andere, schließt die sich wiederholende Paraphrasierung mit der Benennung des Objektes der Anbetung, mit dem fehlenden Superlativ ab: das Schönste am Dichterhimmel Italiens ist und bleibt die »Sonne« (1,5). Sie ist der Stern, der für die Dichterin »zu weit Schönrem berufen [ist] als jedes andre Gestirn, / Weil dein und mein Leben jeden Tag an ihr hängt [...]« (1,4-5), so heißt es zur Erklärung in dem Gedicht. Die Sonne schenkt Leben, begrenzt dieses aber auch. Es ist also nicht nur deren Schönheit, die Bachmann in jedem Vers betont, sondern auch die Abhängigkeit des menschlichen Daseins von der Sonne, deren Kraft laut Bachmann eben auch für die Entstehung von Kunst notwendig ist (vgl. 3,1; 3,2).

Ingeborg Bachmann geht in Vers vier der ersten Strophe aber noch einen Schritt weiter: Sie spricht von der ›Berufung‹ der Sonne zu dieser weltumspannenden Aufgabe, die in der Schaffung von Schönheit und Leben besteht und einen weiteren Hinweis auf das magisch-mystische Weltverständnis der Dichterin, die auch ihre dichterische Berufung und künstlerische Inspiration vom Einfluß der südlichen Sonne Italiens abhängig machte. Da die Natur eigentlich keine Berufung haben kann außer im Bezug auf den menschlichen Betrachter ›Natur zu sein‹, also Erfüllung und Zweck in sich selbst zu besitzen, handelt es sich vielleicht bei der Wahl des Begriffes der ›Berufung‹ (vgl. 1,4) auch um einen ersten, noch versteckten Hinweis auf das dichterische Selbstverständnis Bachmanns, wobei hiermit zum ersten Mal die eigentliche, unter der reinen Beschreibung der »Sonne« liegende Aussageebene des Gedichts angesprochen wird: die der künstlerischen ›Berufung‹, der künstlerischen Produktivität, was für die in diesen Jahren auch international immer bekannter werdende Künstlerin sicherlich ein nicht unwichtiges Thema war.[52] Wie die Sonne das Zentrum des menschlichen Sonnensystems bildet, so steht, liest man das Gedicht als Liebesgedicht, das geliebte Du im Zentrum der Betrachtungen des lyrischen Ichs und, wie in diesem Fall als

---

52 Siehe Beicken: *Begründeter Ruhm (1953-1956)*. In: *Ingeborg Bachmann*. A.a.O. S. 78 ff. Und Bartsch: *Die Lyrik (1952-1961)*. In: *Ingeborg Bachmann*. A.a.O. S. 52 ff.

poetologische Aussage begriffen, die Kunst im Mittelpunkt für die künstlerische Ich.

Die Sonne wird also zum Symbol der Dichterin und ihrer Fähigkeit, in der Kunst über die stilisierte Sprache hinaus das künstliche Ebenbild des Himmelskörpers im Gedicht wiederauferstehen zu lassen. Das Ich tritt im Ritual des Beschreibens aus sich selbst heraus und versucht, abgeleitet von einem Vorgang aus der Natur, wie die Sonne in der poetischen Beschreibung derselben auch auf der Textebene sprachliche Schönheit und Klarheit (»Licht« – 1,1) zu schaffen.[53] Und das genau geschieht in dieser Hymne: Künstlerische Schöpfung und Weltschöpfung fallen in einem auch für den Leser sichtbaren Prozeß (Bild) zusammen.[54] Am Ende der ersten Strophe führt Ingeborg Bachmann nun nach dem Objekt der Anbetung einen zweiten, das Leben bestimmenden Faktor, das menschliche Du ein, das als Mitmensch und Gegenüber des lyrischen Ichs aber ebenfalls von der wärmenden Kraft der Sonne abhängt. Die Kraft der Schönheit der Sonne besteht also in ihrer Aufgabe, Leben zu schenken und zu erhalten, was sie von ihrer Funktion her damit in eine göttliche Sphäre rückt und das Ritual ihrer hymnischen Anbetung durch den Menschen legitimiert. Dabei strukturieren die vielen Wiederholungen bzw. Variationen das Gedicht auch in seiner Gesamtheit und schaffen ein Abbild einer ursprünglich zyklischen Ordnung, die sich im menschlichen Leben ebenso wie auf der Textebene wiederfindet.

---

53 An dieser Stelle des Gedichts offenbart sich bereits das dichterische Selbstverständnis Ingeborg Bachmanns, das ein traditionell-aufklärerisches ist: das Ich fühlt sich befähigt, überindividuelle, künstlerisch-menschliche Wahrheit über die dichterische Sprache in die Welt zu tragen. Vgl. Bachmann: *Die Wahrheit ist dem Menschen zumutbar.* In: GW. Bd. IV. S. 275-277.

54 Bleiben wir für einen Moment noch in dem Kontext des Schöpfungsgedankens, so läßt sich feststellen, daß auch die junge Dichterin in der ersten Hälfte der fünfziger Jahre, die sie fernab von der Heimat ihrer Sprache in Italien verbrachte, »geadelt, berühmt, mit Orden« (s. Strophe 1), d. h. einer Vielzahl von Preisen versehen wurde, wie eben die in dem Gedicht beschriebenen Gestirne (Himmelskörper). Auch die Vokabel in Zeile drei der ersten Strophe, der »Auftritt«, stammt eigentlich aus einem dem menschlichen Körper zugeordneten Bereich, dem der Schauspielkunst oder des Theaters. Es mögen versteckte Hinweise und Reaktionen auf die sich im Wechselspiel der Zuschreibungen von Seiten der Kritik entwickelnde ›Dichter-Diva‹ sein, zu der Ingeborg Bachmann, ob absichtlich oder nicht, im Italien der Nachkriegszeit avancierte. Das Bild der über allem stehenden Sonne wird möglicherweise auch zum eigenen (Wunsch-)Bild der Dichterin und ihrer Stellung in der Welt, das in dieser Hymne ihren Ausdruck findet. In jenen Jahren stand Ingeborg Bachmann bereits selbst im Mittelpunkt des öffentlichen kulturellen Interesses und wurde – wie die angeblich langsam merklichen Veränderungen ihrer Schreibweise unter der Einwirkung der italienischen Sonne – von den Medien aus ihrer österreichisch-deutschen Heimat argwöhnisch auf diesen Zusammenhang hin beäugt. Siehe hierzu Constanze Hotz: »*Die Bachmann*«. *Das Image der Dichterin im journalistischen Diskurs.* A.a.O.

Vom Werk der Sonne zum Kunstwerk

Die aus vier Versen bestehende, reimlose zweite Strophe, die aus nur einem Satz besteht, führt den Huldigungsgesang an die Sonne aus der ersten Strophe zunächst fort. Der formale Aufbau dieser Strophe ist charakteristisch für das gesamte Gedicht: Von den neun Strophen der Hymne bestehen alle, bis auf die siebte und achte, aus jeweils einem Satz (zum Großteil fragmentarischer Art – vgl. Str. 4 u. 5), der entweder durch Kommata unterteilt oder durch die Verwendung von Enjambements gebunden wird. Die sechste Strophe schließt als einzige mit einem Komma ab und ist über das Enjambement direkt, auch inhaltlich gesehen, an die nachfolgende siebte Strophe gebunden, weshalb sie hier als eine Strophe interpretiert werden. Nur die siebte und achte Strophe bestehen aus zwei, wenn auch fragmentarischen Sätzen, wobei die siebte mit einem Ausruf abschließt (»Und dein Kleid, glockig und blau!«; 7,3), während die achte mit einem Ausruf unterbricht (»Blauer Zufall am Horizont!«; 8,3) Diese Schreibweise erzeugt einen strömenden Rhythmus, der durch ein ständiges Weiterdrängen der Bewegung parallel zum Lauf der Sonne und entsprechend der Ausdehnung des Raumes gekennzeichnet ist, welcher im gesamten Gedicht tatsächlich auch inhaltlich durchschritten wird [Kosmos, Erde, Ozean, Ferne, auch ›Erdferne‹ und Erdinneres, Nähe (Menschlich-Seelisches), Himmel, Wassertiefe, Erdkreis, ›Landkreis‹ etc.]. Ebenfalls gemäß des strömenden Rhythmus finden wir einen gehobenen Ton in der feierlich-poetischen Ansprache *An die Sonne* durchgehend vor, die diese Hymne auch rein stilistisch kennzeichnet.[55]

Bachmann spannt wie schon ein Jahr zuvor in dem Gedicht *Nach vielen Jahren* erneut den poetischen »Sonnenbogen«[56], der für sie offenbar beständig am italienischen (Kunst-) Himmel zu sehen ist. Es folgt die Beschreibung eines Tages wie vieler anderer auch; gleichzeitig, so meine ich, handelt es sich um eine *Werk*beschreibung der Dichterin (2,1), die den Bogen von der Natur zur Kunst und zurück deutlich hervortreten läßt. So heißt es am Übergang von der zweiten zur dritten Strophe:

> Schöne Sonne, *die aufgeht, ihr Werk nicht vergessen hat / Und beendet*, am schönsten im Sommer, wenn ein Tag / An den Küsten verdampft und ohne Kraft gespiegelt die Segel / Über dein Aug ziehn, bist du müde wirst und das letzte verkürzt. // (2,1-4)

Die dritte Strophe schließlich beginnt mit dem für diesen Kontext zentralen Vers: »Ohne die Sonne nimmt auch die Kunst wieder den / Schleier […]«

---

55 Siehe Braak: *Poetik in Stichworten.* A.a.O. S. 90.
56 Bachmann: *Nach vielen Jahren.* In: GW. Bd. I. S. 132. (siehe 1.1).

(3,1). Das Werk der »Kunst« und das der »Sonne« stehen folglich in einem eindeutigen und für die Lyrikerin konsequenten Zusammenhang. Übertragen auf den dichterischen Prozeß unter dem Einfluß des Südens ließe sich folgende weiterreichende Deutung formulieren: So wie die Sonne fraglos ihr Werk jeden Tag aufs Neue verrichtet, ist auch in Italien die Kunst als Schaffenskraft für Ingeborg Bachmann nicht fragwürdig an sich, sondern spätestens von da an Teil ihrer Selbst, ihrer täglichen Aufgabe geworden. Und ebenso wie das Werk der Sonne, ist auch ihre Dichtung nur durch sich selbst und das Ergebnis ihres Kunstschaffens zu rechtfertigen. Das künstlerische Werk spricht also wie das der Sonne für sich selbst. Es hat die Kraft zu verwandeln und verwandelt den, der es schafft. Um die Kraft ihrer poetischen Möglichkeiten voll zu entfalten, ist die Kunst Bachmanns deshalb auf die anhaltende Kraft der Sonne, der Inspiration[57] angewiesen. Poetische Kraft wie die natürliche Energie der Sonne entfalten sich am besten, »[...] am schönsten im Sommer« (2,2), wenn der Kreis des Lebens sich täglich, und am klaren Himmel für jeden offensichtlich, neu formt. Zyklisch beschreibt sie das Werk der Sonne von Sonnenaufgang zum Zenit, vom Sonnenhöchststand am Mittag bis hinab in das Dunkel der Nacht und für das betrachtete Auge wieder hinauf zu einem neuen Morgen. Der Zyklus der Sonne schließt seinen Kreis also täglich neu im Bild des uns schon bekannten »Sonnenbogen[s]« aus Bachmanns Gedicht *Nach vielen Jahren*[58], der hier paraphrasiert wieder auftaucht.[59] Dabei spannt die Sonne nicht nur den Bogen des Tages hin zur Nacht, sondern in der Dichtung auch den der Kunst hin zum Leben und darüber hinaus, den der Kunst, Tag für Tag zu ›(über-)leben‹, die potentiellen Kreativkräfte zu nutzen und aus dem täglichen Wandel des Lebens ein Werk zu schaffen.[60] Das Dasein im Süden bedeutet also für das Leben den Weg hin zu einer Kunst, die Tagwerk heißt; Tagwerk aber wiederum ist nur das, was fortdauert und somit auf die Dauer gesehen zum Lebenswerk wird. Die Berufung der Sonne, Licht und Leben zu schaffen, beinhaltet die Aussage, Kunst als Berufung aufzufassen. Und genau hier ruht die Kraft, die die Sonne »schöner« (1,1; 1,2; 1,3) erscheinen läßt als alles andere, was am nächtlichen Himmel zu finden ist. Denn die Sonne, »zu weit Schönrem berufen als jedes andre Gestirn« (1,4), schafft den Tag wie die

---

57 Ich verstehe den Begriff ›Inspiration‹ hier ganz konkret der lateinischen Wortbedeutung entsprechend als ›Einhauchung‹, ›Erleuchtung‹, ›erhellende Idee‹.
58 Bachmann: *Nach vielen Jahren*. In: GW. Bd. I. S. 132.
59 Auch Bachmanns Essay *Was ich in Rom sah und hörte* ist, wie ich gezeigt habe, zyklisch gestaltet, entsprechend dem Verlauf eines Tages und einer Nacht und dem folgenden Morgen.
60 Vgl. die Aussage Bachmanns »Chi la tira la strappa: Allzu straff gespannter Bogen reißt!«. In: Ingeborg Bachmann: *Wir müssen wahre Sätze finden. Gespräche und Interviews*. A.a.O. S. 14.

Nacht (2,1-2), ist für den Wandel in der Welt verantwortlich und erzeugt damit auch bei dem, der dieser Kraft ausgesetzt ist, neues Leben. Die »Sonne« hat die Kraft, Unklarheiten zu beseitigen, läßt den ›Nebel an den Küsten‹, an den Grenzen zwischen Wasser und Land verschwinden (2,3), und spiegelt, ohne daß menschliches Zutun nötig wäre, das frische und neue Leben am Meer (2,3; 2,4), das im Bild der »Segel« und damit der Schiffe (hier auch in der Bedeutung ›Lebensschiff‹) vorbeizieht (2,4), auftaucht und vergeht, so lange bis der Tag verstrichen ist und Ruhe einkehrt; und – um im Kontext des Gedichts zu bleiben – das Dasein bestimmt, bis ›die letzten Segel gestrichen werden‹, d. h. der Schlaf das lyrische Du in seinen Bann zieht. Was aber ist das »letzte«, das im vierten Vers der zweiten Strophe »verkürzt« wird (2,4)? Und durch was wird es »verkürzt«?

Hier bietet das Gedicht mit dem Bild der Sonne wiederum mehrere Möglichkeiten an. Die Sonne weckt, wie man in der ersten Strophe und zu Beginn der zweiten (2,1; 2,2) sehen kann, das Leben. Gleichzeitig hat sie aber auch die Kraft, es zu verkürzen: den Tag zur Nacht zu machen (2,2; 2,3), den Wachenden zum Schlaf zu bringen (2,4), Leben in seiner letzten Konsequenz in den Zustand des Todes zu überführen (2,4). Durch die untergehende Sonne, durch die hereinbrechende Nacht, werden auch die Folgen der Kehrseite des Sonnenkreislaufs für das Leben deutlich: Unbeweglichkeit, Benommenheit, Schlaf, Dunkelheit, Tod. Sie besitzt die Kraft, Leben zu schaffen, hat aber auch die Kraft zu zerstören und das kann Zerstörung von Leben, hier in der Hymne aber auch Zerstörung von Kunst und Kreativität bedeuten (vgl. 3,1).

Erste Verdunklung

»Ohne die Sonne nimmt auch die Kunst wieder den Schleier, […]« (3,1): Wie die Sonne nach menschlichem Verständnis ihre Aufgabe in der Aussendung von Licht und als Konsequenz davon die Schaffung von Leben übernommen hat, sieht der Dichter, nach Bachmann (und Goethe) zu urteilen, seine Aufgabe in der Kunst, in der Vermittlung des Wortes begründet. Ingeborg Bachmann zielt darüber hinaus auf die individuelle wie gesellschaftliche Wahrheitsfindung ab.[61] Weder die bewußte Selbst- noch die bewußte Fremdwahrnehmung ist dem künstlerischen Ich nach Aussage des Gedichts »ohne die Sonne«, ohne diese Kraft zur poetischen Aussage, möglich. »Du erscheinst mir nicht mehr, und die See und der Sand, / Von Schatten gepeitscht, fliehen unter mein Lid. //« (3,2-3) Dabei kann das lyrische Du an dieser Stelle sowohl den Himmelskörper »Sonne« als auch ein menschliches

---

61 Vgl. Bachmanns berühmte Rede *Die Wahrheit ist dem Menschen zumutbar*. In: GW. Bd. IV. S. 275 ff.

»Du« bezeichnen, ist sprachlicher Stellvertreter des Mit-Menschen, mögliches Bild für den Geliebten.

Sobald die Sonne verschwindet, entsteht allerdings eine andere, gegenläufige Bewegung. Die klare Sicht auf die Dinge verschwindet, gewaltsame Vorgänge, ausgedrückt in der konjugierten Verbform »gepeitscht«, bahnen sich ihren Weg. Nicht mehr das fremde Auge ist von Bedeutung (s. 2,4), sondern die eigene Wahrnehmung wird durch das entstandene Dunkel nachhaltig beeinträchtigt: »Du erscheinst mir nicht mehr, und die See und der Sand / [...] / fliehen unter mein Lid.« (3,2-3). Hier werden erstmals im Gedicht verstärkt die zunehmenden Kehr- bzw. Schattenseiten ›unter der Sonne‹ thematisiert. Sobald die Sonne am Himmel nicht mehr scheint, zeichnen sich die ersten ›Schattenrisse‹ im Italienbild der Lyrikerin Ingeborg Bachmann ab. Das Bild sämtlicher Erscheinungen gerät durch die eintretende Verdunklung ins Wanken (vgl. 3,2-3).

Aber erst die Schlußverse der Hymne werden diejenige Klage anstimmen, die Bachmann im weiteren Verlauf ihres Werkes an verschiedenen Stellen wieder aufnehmen wird[62]: den Verlust der Liebe als Erkenntnisverlust, als unwiederbringlichen Verlust desjenigen Sinnes (»der Augen«; 9,5), der die eigene, individuelle und neue Sicht auf die Welt und den / das ›fremde‹ Andere (s. 9,4) erst ermöglicht hat.

(Selbst-)Erkenntnis unter der Sonne

Noch aber bestimmen in der vierten Strophe drei ›Akteure‹ das Geschehen am Meeresstrand (4, 1-2): Einmal die Sonne, die, wie für Ingeborg Bachmann typisch, an mehreren Stellen im Text mit menschlichen Attributen ausgestattet wird (so ist sie zum Beispiel mit Erinnerung und Gedächtnis versehen, denn sie kann »vergessen«; vgl. 2,1; an einer anderen Stelle des Gedichts »sorgt« die Sonne, »bewahrt« und »hält warm« wie eine Mutter; siehe 4,1). Als zweites folgt die Nennung des lyrischen Ichs. Und als drittes wird sein Gegenüber erwähnt, das in diesem Zusammenhang der Einfachheit halber als lyrisches Du bezeichnen wird. Das Zusammengehörigkeitsgefühl von Ich und Du, der anwesenden menschlichen Körper, wird zunächst von der Abhängigkeit zu dem über allem stehenden Himmelskörper, der »Sonne« (siehe 1,5), bestimmt. Das Motiv erinnert einerseits an das Verhältnis von einer Mutter zu ihren Kindern. Andererseits aber, (das legt der Rückbezug zu den letzten beiden Versen der ersten und zweiten Strophe nahe (1,5; 2,3-4), und tritt vor allem ab der dritten Strophe (3,2-3) offensichtlich hervor), handelt es sich bei den genannten Versen um die Beschreibung eines wichtigen Erkenntnisprozesses von zu- und wieder abnehmender Selbst- wie Fremderkenntnis im Verhältnis eines aufeinander bezogenen Liebespaares, dessen

---

62 Siehe auch Bachmann: *Lieder auf der Flucht.* In: GW. Bd. I. S. 139 f.

Erkenntnisfähigkeit von der südlichen Sonne abhängt und durch das Licht, das sie spendet, zunehmend in den Mittelpunkt des Geschehens gerückt wird. Denn erst im hellen Licht der Sonne ist es dem lyrischen Ich möglich, sein Gegenüber und in Abgrenzung zu diesem, sich selbst zu erkennen. So gesehen symbolisiert die Sonne nicht nur die Wiedererweckung der künstlerischen Kreativität (und die Kraft der Liebe), sie stellt ein traditionelles Bild für den Dichter und sein Werk im Prozeß dar. Gleichzeitig befähigt die Sonne zur Erkenntnis des Anderen und darüber hinaus, was wir in den folgenden Strophen noch genauer sehen werden, zur Erkenntnis der eigenen Liebesfähigkeit, läßt aber auch die Gefahr des Verlustes bewußt werden, dem sich das lyrische Ich am Schluß des Gedichts ausgesetzt sieht. Die »Sonne« schafft, bildlich gesprochen, Konturen, indem sie die Schatten des menschlichen Daseins ausleuchtet. Sie gibt dem lyrischen Ich damit aber auch die Möglichkeit zur Ich-Erkenntnis, zur Bildung unverwechselbarer, individueller Ich-Grenzen. Ebenso hat die »Sonne« die Kraft – sie steht, wie ich gezeigt habe, immer auch als Bild für die dichterischen Kreativ- und (Ver-) Wandlungskräfte – diese wieder verschwimmen bzw. verschwinden zu lassen. Genau dieser Vorgang aber schafft erst die nötige Voraussetzung zur Fremdwahrnehmung, befähigt zu einer Sichtweise des Anderen ›im richtigen Licht‹ und ist damit gleichzeitig ein wichtiger Faktor, um den oder das Fremde als Anderen anzuerkennen und anzunehmen. Erst durch die in diesem Gedicht angedeutete ›An*erkenn*ung‹, die noch eine Stufe über dem reinen Sehvorgang steht (»Daß ich wieder sehe und daß ich dich wiederseh!« 4,2), wird der bzw. das Andere zum sichtbaren Gegenüber, zum Mit-Menschen, kann als liebenswert betrachtet und darüber hinaus in den Augen des lyrischen Ich zum liebenden, ›geliebten‹ Menschen erhoben werden.

Wie sich feststellen läßt, hängen das Werk der Sonne und das der Kunst – wie im übertragenen Sinn damit verbunden die jeweilige Fremd- und Selbstwahrnehmung des lyrischen Ichs – eng zusammen, ja sie bedingen einander (3,1-2). Fehlt das eine, ist auch das andere nicht mehr sichtbar – und verhüllt sich. Besser gesagt, ohne die positive Wirkkraft der Sonne hüllt sich auch die Kunst in Schweigen. Die künstlerischen Kräfte verfehlen ihren Ausdruck im Wort oder kommen erst gar nicht ans ›Licht‹, an die Oberfläche des Bewußtseins. Dieser Umstand findet wiederum seine Entsprechung in dem von Ingeborg Bachmann häufiger zitierten Satz aus Wittgensteins ›tractatus‹: »Wovon man nicht sprechen kann, darüber muß man schweigen.«[63] Werfen wir in diesem Zusammenhang einen Blick auf Bachmanns kurzen Essay über den Sprachphilosophen Ludwig Wittgenstein, der bei der Entschlüsselung ihres poetischen Verständnisses von lyrischen Naturbildern weiterhelfen kann. Ingeborg Bachmann schreibt, Wittgenstein zitierend:

63 Bachmann: *Zu einem Kapitel der jüngsten Philosophiegeschichte*. In: GW. Bd. IV. S. 12-23.

Die Gesetzmäßigkeiten, die erforscht werden, sind [...] keine Erklärung. »Der ganzen modernen Weltanschauung liegt die Täuschung zugrunde, daß die sogenannten Naturgesetze die Erklärungen der Naturerscheinungen seien« (6.371). Geschieht doch in der Welt alles, wie es geschieht, und ist doch alles, wie es eben ist: »Nicht wie die Welt ist, ist das Mystische, sondern daß sie ist« (6.44). »Sinn«, der aus einer Erklärung kommen müßte, ist nicht in der Welt.

Von der Welt als der Gesamtheit aller Tatsachen machen wir uns Bilder, die wiederum den Tatsachen zuzurechnen sind. Zwischen dem Bild nun und der Wirklichkeit, die es abbildet, ist etwas Gemeinsames, das die Abbildung ermöglicht: die Form (räumliche Form der Abbildung von Räumlichem, farbige Form bei Abbildung von Farbigem und so weiter). Zudem ist jede Form, unter allen Umständen, logische Form, und jedes Bild ist daher auch ein logisches Bild. »Das logische Bild kann die Welt abbilden« (2.19). Mit anderen Worten: da das logische Bild der Gedanke ist, ist alles, was denkbar ist, auch möglich, und da die Sprache die Gesamtheit der Sätze ist, muß Philosophie notwendig Sprachkritik – logische Analyse der Sprache – sein. Denn: »Die Gesamtheit der wahren Sätze ist die gesamte Naturwissenschaft« (4.11). »Die Philosophie ist keine der Naturwissenschaften« (4.111) »Das Resultat der Philosophie sind nicht ›philosophische Sätze‹, sondern das Klarwerden von Sätzen« (4.112).

Von der klaren Darstellung des Sagbaren ausgehend, verweist Wittgenstein unvermutet darauf, daß die Philosophie damit das Unsagbare bedeute. Was ist nun dieses Unsagbare? Zuerst begegnet es uns als Unmöglichkeit, die Form selbst darzustellen. Diese zeigt sich. Sie spiegelt sich im Satz. Der Satz weist sie auf. Was sich zeigt, kann nicht gesagt werden; es ist das Mystische. Hier erfährt die Logik ihre Grenze, und da sie die Welt erfüllt, da die Welt in die Struktur der logischen Form eintritt, ist ihre Grenze die Grenze unserer Welt. So verstehen wir den Satz: »Die Grenzen meiner Sprache bedeuten die Grenzen meiner Welt« (5.6.).

Diesseits der »Grenzen« stehen wir, denken wir, sprechen wir. Das Gefühl der Welt als begrenztes Ganzes entsteht, weil wir selbst, als metaphysisches Subjekt, nicht mehr Teil der Welt, sondern »Grenze« sind. Der Weg über die Grenze ist uns jedoch verstellt. Es ist uns nicht möglich, uns außerhalb der Welt aufzustellen und Sätze über die Sätze der Welt zu sagen.[64]

Oder etwa doch? Ist nicht gerade das einzelne Gedicht der Beweis dafür, der Hinweis darauf, daß das in sich »logische Bild der Welt« als Abbild des

---

64 Bachmann: *Zu einem Kapitel der jüngsten Philosophiegeschichte.* In: GW. Bd. IV. S. 20-21.

Gedankens dennoch existiert? Ist nicht das Gedicht genau an *der Grenze* dessen angesiedelt, was die »*Tatsachen der Welt*« und die Gedanken-Welt in eine annähernde Deckungsgleichheit bringt? In der Form des Gedichts findet sich die Grenze der Sprache als Wiedergabe der Grenze des Ausdrucks der individuellen (Gedanken-)Welt des Dichters (wieder). »*Das Gefühl der Welt als begrenztes Ganzes entsteht*« – lyrisches Ich und Welt verschmelzen zu einer Einheit im Gedicht. Die Fremdwahrnehmung wird zur Weltwahrnehmung und diese wiederum zum unabdingbaren Bestandteil der Selbstwahrnehmung: »Schönes Licht, das uns warm hält, bewahrt und wunderbar sorgt, / Daß ich wieder sehe und daß ich dich wiederseh! // Nichts Schönres unter der Sonne als unter der Sonne zu sein ... //« (4,1-2; 5).

Erfüllung »unter der Sonne« oder im Zentrum der Kunst

Eigentlich könnte das Gedicht an seinem Höhepunkt, an der Stelle, »Nichts Schönres unter der Sonne als unter der Sonne zu sein ... //« (5) bereits enden, denn das wichtigste Ziel, die Beschreibung »der Welt als begrenztes Ganzes«, als Moment menschlicher Ganzheitserfahrung, ist vorerst erreicht: Die Deckungsgleichheit zwischen Bild und Abbild der Welt ist geschaffen, eine harmonische Einheit zwischen Sehen und Fühlen, zwischen Fremd- und Selbstwahrnehmung ist im Verlauf des dichterischen Prozesses in der Hymne *An die Sonne* hergestellt worden. Das Abbild der Welt fällt nun mit der individuellen Wahrnehmung des lyrischen Ichs zusammen. Innerhalb der (Lebens-)Welt ist die Grenze benannt, die in jedem neuen Schreib- und Dichtungsversuch mithilfe des komplexen und vielschichtigen Vehikels der Sprache erweitert und verschoben werden kann. Und doch bleibt Ingeborg Bachmann in ihrem Gedicht *An die Sonne* nicht an dem Punkt der vollkommenen Übereinstimmung von Welt-, also Fremdwahrnehmung und Selbstwahrnehmung stehen. Sie führt in den folgenden vier Strophen (Strophen 6-9) aus, was der ästhetische Höhepunkt »*unter der Sonne [...] zu sein*«, genau für sie bedeutet.

Luftbilder der Südens: der dichterische Prozeß als Abbild der Welt

Die sechste und siebte Strophe werden im folgenden aufgrund des Enjambements im zweiten Vers der sechsten Strophe in der Interpretation als eine Einheit betrachtet. Zudem handelt es sich bei der sechsten Strophe außer der zentralen fünften um die einzige, die nicht mit einem Punkt oder Ausrufungszeichen abschließt.

In der sechsten und siebten Strophe tauchen bestimmte Metaphern aus früheren Gedichten wieder auf, so der Vogelflug (bei den Etruskern, deren Gedankengebäude Ingeborg Bachmann in ihren italienischen Jahren kennengelernt hatte, eine Deutungsweise des menschlichen Schicksals in der

Welt, wie die Erzählung *Das dreißigste Jahr*[65] verrät), das »Tausendeck meines Lands«[66], wie auch die Farbmetapher »Blau«[67], die in der Folgestrophe (Str. 8) in ihren verschiedenen Bedeutungsvarianten noch genauer hervorgehoben wird. So setzt mit der sechsten Strophe, die den Ritus der Anbetung der vorigen Strophen noch weiter und genauer ausführt und den Beginn der fünften mit der Inversionsstellung des Komparativs »Nichts Schönres [...] als«, wiederholt, die Ebene der bewußten Reflexion ein, die den vorherigen ›Höhenflug‹ »unter der Sonne« (5) bis zum Ende des Gedichts (9, 4-5) merklich relativiert und im letzten Vers schließlich aufhebt. Dabei ist es wichtig zu wissen, daß jeder »Flugversuch«[68] bei Ingeborg Bachmann immer auch einen neuen Liebes- und Lebensversuch darstellt, eine Gratwanderung zwischen eher rational gesteuerten Freiheitswünschen auf der einen Seite, die sich im Bild des Vogelfluges wiederfinden (der »Vogel [...], / der seinen Flug *überlegt*, [...]«; 6, 1-2) und natur- und gefühlsmäßig bedingter, ›erdgebundener‹ Abhängigkeit auf der anderen Seite. Insofern läßt sich die sechste Strophe auch als Reflexion über das alte Dichterthema der Liebe und Lebenswege, der Lebensentscheidungen und Schicksalsfügungen verstehen.

»Nichts Schönres als den Stab im Wasser zu sehn und den Vogel oben, / Der seinen Flug überlegt, und unten die Fische im Schwarm, //« (6, 1-2). Das Wasser wird hier im wahrsten Sinne des Wortes zur ›Grenzlinie‹ zwischen dem Bereich des Himmels und der Erde bzw. dem Bereich unter der Wasser-

65 Bachmann: *Das dreißigste Jahr*. In: GW. Bd. II. S. 100. Vgl. auch die Bedeutung der Vogelmetapher als Bild für die Dichterin oder den Schreibgenossen in der Nacht beim Dichten. Siehe Bachmann: *Wie soll ich mich nennen?* In: GW. Bd. I. S. 20. Das Gedicht wurde zuerst in einer Sendung des NWDR-Hörfunkstudios Hamburg am 27. Mai 1952 verlesen und ist erst bei Erscheinen der GW Bachmanns 1982 zum ersten Mal schriftlich abgedruckt worden. Es ist kurz vor Bachmanns Übersiedlung nach Italien entstanden und schon hier ist die Frage nach der Identität des Ichs eng mit dem Bild des Vogels als Geburtsmetapher verknüpft, das wiederum mit der Möglichkeit der Freiheit, aber auch der Gefahr der Flucht assoziiert wird und zur Identitätsfindung den Übertritt in eine andere Sprache und damit in ein anderes Land thematisiert. Zur Vogelmetaphorik siehe auch das Gedicht Bachmanns: *Mein Vogel*. In: GW. Bd. I. S. 96.
66 Vgl. Bachmann: *Von einem Land, einem Fluß und den Seen*. In: GW. Bd. I. S. 84-94.
67 Vgl. dies.: *Dunkles zu sagen*. In: GW. Bd. I. S. 32. (letzte Strophe). Siehe auch das Gedicht *Große Landschaft bei Wien*. In: GW. Bd. I. S. 60. (Str. 7).
68 Siehe zum Beispiel die Reflexion über das Thema ›Leben; Lieben; Fliegen‹ in dies.: *Das dreißigste Jahr*. In: GW. Bd. II. S. 104. Die Erzählung spielt in weiten Teilen in Rom und betreibt eine Art nachkriegszeitlichen Bildersturm: »Gebt zu, daß es vorbei ist mit Griechenland und Buddhaland, mit Aufklärung und Alchimie. Gebt zu, [...] daß eure Ansichten nur gemietet sind, gepachtet die Bilder eurer Welt. Gebt zu, daß ihr, wo ihr wirklich bezahlt, mit eurem Leben, es nur jenseits der Sperre tut, wenn ihr Abschied genommen habt von allem, was euch so teuer ist – auf Landeplätzen, Flugbasen, und nur von dort aus euren eigenen Weg antretet, von imaginierter Station zu imaginierter Station, Weiterreisende, denen es um Ankommen nicht zu tun sein darf! Flugversuch! Neuer Liebesversuch!«

oberfläche. In der Luft, über allem schwebend, weiß sich der »Vogel« in Freiheit und über die Erdgebundenheit der übrigen Wesen zu erheben. Er weiß seinen Weg selbst zu wählen, zu entscheiden, wohin der Flug gehen soll (6,2). Die »Fische im Schwarm« (6,2), dagegen sind Teil einer Masse, sind entindividualisiert und reflektieren nur das Licht, das sie von der Sonne empfangen haben. Sie sind jedoch, jeder für sich gesehen, nicht fähig, einzeln für sich ihre Richtung, ihre Farbe und ihre Form zu bestimmen und werden unter Wasser, in einem dunklen Bereich ohne Sonneneinstrahlung, erst sichtbar, d. h. an*wesen*d durch einen äußeren Einfluß, in diesem Fall durch das Licht der Sonne. Ihre Identität ist also im Gegensatz zu der des Vogels abhängig von äußerlichen Einflüssen. Erst der Moment der ›Lichtwerdung‹, ein Bild aus dem biblischen Schöpfungsmythos[69], das Bachmann

69 Die siebte Strophe, wie auch andere Teile der Hymne lassen sich als Parallelstelle zum Schöpfungskapitel aus dem ersten Buch Mose (1, 1 ff. u. 2, 1 ff.) lesen, wobei Gott zum einen die Stelle der »Sonne«, zum anderen aber die Stelle des Dichters, der die Welt benennt und in der Kraft der Benennung noch über der Sonne steht, einnimmt. Gottes Geist ließe sich an dieser Stelle mit dem Flug des über allem schwebenden »Vogels« in der Hymne vergleichen: »Am Anfang schuf Gott *Himmel und Erde.* [...] und es war *finster aus der Tiefe*; und der *Geist Gottes schwebte auf dem Wasser.* Und Gott *sprach: Es werde Licht! Und es ward Licht.* Und *Gott sah, daß das Licht gut war.* Da *schied Gott* das Licht von der Finsternis und *nannte* das *Licht Tag* und die *Finsternis Nacht.* [...] / Und Gott *sprach:* Es werde *eine Feste zwischen den Wassern,* die da scheide zwischen den Wassern. Da machte Gott die Feste und schied das Wasser unter der Feste von dem Wasser über der Feste. [...] Und Gott *nannte* die *Feste Himmel.* [...] Und Gott *sprach:* Es werden *Lichter an der Feste des Himmels* [vgl. Str. 1 – A. H.], die da *scheiden Tag und Nacht* und *geben Zeichen, Zeiten, Tage und Jahre* [...] Und Gott machte *zwei große Lichter,* ein großes Licht, das den Tag regiere, und ein kleines Licht, das die Nacht regiere, dazu auch *die Sterne.* [...] Und Gott sprach: Es wimmle das *Wasser von lebendigem Getier,* und *Vögel sollen fliegen auf Erden unter der Feste des Himmels,* [...] ein *jedes nach seiner Art.* [...] Und Gott sprach: Lasset uns den Menschen machen, *ein Bild, das uns gleich sei,* die da herrschen *über die Fische im Meer* und *über die Vögel unter dem Himmel* [...] Und Gott *sah alles an, was er gemacht hatte* und siehe, es war sehr gut. [...] So wurden *vollendet* Himmel und Erde [..] Und *so vollendete Gott* [...] *seine Werke, die er machte* [...].« Doch nach dem Sündenfall und nach dem Brudermord heißt es: Mose 4,7 u. 26: »Warum senkst du deinen Blick? Ist's nicht also? Wenn du fromm bist, *so kannst du frei den Blick erheben.* Bist du aber nicht fromm, *so lauert die Sünde vor der Tür,* und nach dir hat sie verlangen; [...] *Zu der Zeit fing man an, den Namen des Herrn anzurufen.*« Auch das lyrische Ich, das Abbild Gottes im Menschen, hier aber des Dichters im Gedicht, ist in dem Satz, »[...] ein Bild, das uns gleich sei [...]«, enthalten. Dabei soll »ein jedes nach seiner Art sein«, was man als Hinweis auf die unverwechselbare Identität des Einzelnen lesen kann. So sind auch der *Werkbegriff* wie der *Blickwechsel* mit der »Sonne« / Gott enthalten und das Einsetzen der »Klage« nach der menschlichen Verlusterfahrung. Warum es zu dem Verlust kam, wird bei Bachmann außer durch den »Verlust der Augen«, d. h. der Fähigkeit zu sehen und zu erkennen, nicht näher ausgeführt. Doch wie in der Bibel wird die rituelle Klage um den hier symbolisch zu verstehenden Tod *des Anderen* geführt. Bei Bachmann führt der Erkenntnisverlust, nicht die Fähigkeit (diese wird der Hymne zugeordnet), dazu, die Sonne wie Gott in Form der Klage anzurufen.

hier verwendet, macht den Bereich unter Wasser sichtbar und damit für das Ich wie den Vogel erkennbar und gibt den entindividualisierten Lebewesen die ihnen zugehörige Farbe und Form: »Gefärbt, geformt, *in die Welt gekommen mit einer Sendung von Licht*, / [...]« (7,1). Wieder ist es das Bild der Geburt, der Schöpfung von Welt, das Bachmann mit den Sonnenstrahlen assoziiert. Das Werk der Sonne ist die Formgebung, die Schaffung von Konturen durch Lichtschattierungen, die Setzung von Lichtakzenten, die Schaffung von neuem Leben. Die Sonne erweckt Leben selbst im dunklen und kalten Bereich unter Wasser und macht das nicht sichtbare, das unverständliche, das fremde Leben, sozusagen die gesamte belebte wie unbelebte Außenwelt für das lyrische Ich erkennbar und gibt damit auch die Möglichkeit zum Verstehen des anderen, fremden Teils der Welt. Die Sonne eröffnet die Möglichkeit zur Einsicht in das Dasein außerhalb des Ichs. Sie stellt alles das dar, was ›Nicht-Ich‹ ist.

Wie es laut Bachmann die Berufung der Sonne ist, Leben zu schaffen, so ist es die Berufung des Dichters, Kunst zu schaffen, Konturen zu ziehen, Farben zu wählen, den Gedanken über die Sprache und damit der Welt eine Form zu geben; über die *Form*ung des Inhaltes Ordnung, d. h. Sinn in das Neben-, Über- und Hintereinander der Dinge und Geschehnisse zu bringen, wenn auch zunächst nur für das eigene Dasein.

Über das Ritual des Schreibens findet also Sinngebung statt. Das drückt auf formaler Ebene das Strukturmerkmal der Wiederholung aus, die auf diese Weise auch die Orientierung des Lesers im Text unterstützt.[70] Das literarische Kunstwerk, in diesem Fall die Hymne *An die Sonne*, kann rituelle Formen inszenieren oder re-inszenieren (wie zum Beispiel den Sonnengesang der Ägypter oder den des Franz von Assisi). Ästhetisch gesehen verfährt Bachmann in ihrer Anrufung wie auch in vielen ihrer anderen Gedichte »sprachmagisch: so, als ließe sich durch das besondere Sprechen eine bestimmte Wirkung erzielen. [...] Lebendig wird der Rhythmus [aber auch hier erst] durch [die] Variation.«[71] Der ›Werkcharakter‹, der der Sonne (2,1 ff.) wie dem dichterischen Schöpfungsprozeß zugrundeliegt, betont allerdings auch auf der inhaltlichen Ebene die Offenheit wie Unabgeschlossenheit des Vorgangs, das Wiederholbare, Unfertige, Veränderbare, Wandelbare, das je nach (Licht-)Einfall und Standort immer neu Sicht- und Interpretierbare, das ein gelungenes Kunstwerk ausmacht und dem Leben oft so nah erscheinen läßt. Gleichzeitig stellt es damit eine Aufforderung an den Leser dar, das künstlerische Ritual für sich im Geiste nachzuvollziehen und neu zu deuten.

---

70 Vgl. Braungart. *Ritual und Literatur*. A.a.O. S. 125.
71 Ebd. S. 176 ff.

Die Lehre als Sinn des Rituals[72]

Laut Ingeborg Bachmann ist die »Sendung von Licht« (7,2) also Vorbedingung von Weltschöpfung und von Erkenntnis. Darüber hinaus ist die schöpferische Frage nach Erkenntnis eine Grundbedingung des Kunstschaffens (siehe auch 3,1): »den Umkreis zu sehn, das Geviert eines Felds, das / Tausendeck meines Lands / […]« (7,3-4). Das lyrische Ich zieht seine Kreise *mit dem Licht*: seine Erkenntnisfähigkeit wächst und reicht vom Einblick in das direkte Umfeld bis zur Einsicht in die Strukturen des Herkunftslandes. Bemerkenswert ist an dieser Stelle auch die Staffelung der geometrischen Formen zur Bedeutungsgenerierung. Der poetische Blick reicht vom Kreis (»Umkreis«) zum Viereck (»Geviert«) bis zum Vieleck (»Tausendeck«) der beschriebenen Raumstrukturen und betont so die zunehmende Komplexität der Wahrnehmung. Das rituelle Schreiben versucht die Komplexität der Strukturen zu bündeln, indem es sie beschreibt. Doch nicht nur die Fremd- bzw. Weltwahrnehmung wird »unter der Sonne« als Symbol für die immense Schöpferkraft der Natur erweitert, auch die Selbstwahrnehmung unterliegt denselben Kriterien, ist Teil desselben schöpferischen Prozesses. Es ist nicht ganz eindeutig feststellbar, ob im letzten Vers der siebten Strophe möglicherweise in einer Art Selbstinszenierung von dem lyrischen Ich oder von einem menschlichen Gegenüber die Rede ist, wenn Ingeborg Bachmann schreibt: »Und das Kleid, das du angetan hast. Und dein Kleid, glockig und blau!« (7,3) Denkbar ist auch, das ›glockig[e] und blaue Kleid‹ als eine Beschreibung des Himmels über dem Heimatland (ob Italien oder Österreich gemeint sind, läßt sich aus diesen wenigen Versen nicht erkennen) zu lesen, was allerdings der ersten Deutung dieser Verse als poetische Art und Weise der Selbstbeschreibung zuwiderlaufen würde. Dennoch ist es sehr wahrscheinlich, daß mit dem Terminus »[…] glockig und blau« (7,3) vor allem aber die Beschreibung des Himmels gemeint ist, besonders wenn man die nächste Strophe (Str.8) hinzuzieht. »Schönes Blau, […] Blau der Fernen, […] Blauer Zufall am Horizont!« (8, 1-3)

Nach der genauen Aufzählung, was alles durch die Einwirkung des Lichts sichtbar und damit auch für die Dichterin in der Kunst beschreibbar, benennbar wird – die Dimension und Ausbreitung der Lichtkraft als Erfahrung der Erkenntniserweiterung wird hier hervorgehoben durch die dreimalige Verwendung des Bindewortes *und* (7,2; 7,3) – schließt die siebte Strophe mit der Nennung der Komplementärfarbe zum kräftigen Gelb des Sonnenlichts ab und führt nun endgültig das kalte Element zur poetischen Spannungserzeugung ein, hier symbolisiert durch die Farbmetapher *Blau* (7,3).

---

72 Vgl. Braungart. Ritual und Literatur. A.a.O. S. 128 ff.

Vom gefährlichen Blick über die Grenzen der Welt:
Vom paradiesischen Sehen zur Hölle der Erkenntnis

Stellvertretend für die Farbe der beiden Elemente Luft und Wasser, des Himmels und des Meeres, ist auch das Kleid, das der Himmel bzw. das lyrische Ich trägt, von derselben Farbe. »Schönes Blau, in dem die Pfauen spazieren und sich verneigen, / Blau der Fernen, der Zonen des Glücks mit den Wettern für mein Gefühl, / Blauer Zufall am Horizont! Und meine begeisterten Augen / Weiten sich wieder und blinken und brennen sich wund.« (8,1-4)

Ingeborg Bachmann erläutert in dieser Strophe eingehend, welche Bedeutungsvielfalt sich hinter dem »Blau« des von der Sonne erleuchteten Himmels verbirgt. Die achte Strophe stellt deshalb einen zweiten Höhepunkt der Hymne auf das paradiesische Leben unter der südlichen Sonne dar. Während vorher noch die Schönheit und Kraft des Himmelskörpers selbst beschrieben wurde (siehe im besonderen Strophe 5), wird in der achten Strophe nach der eingehenden Beschreibung der Licht- und Leuchtkraft der Sonne der vorhergehenden Strophen nun besonders die Auswirkung dieser kraftvollen Farbe auf die Welt / des Himmels an sich und damit verbunden auf die Selbstwahrnehmung des lyrischen Ichs hervorgehoben.

Das Geheimnis des Rituals der Sonnenanbetung wird Strophe für Strophe gelüftet, indem seine Auswirkungen auf die Welt und das Ich beschrieben werden. Schon im ersten Vers der achten Strophe erscheint der Paradiesvogel auf der poetischen Bühne, der »Pfau«. Der Pfau galt bereits im alten Griechenland als heiliges Tier und im antiken Rom darüber hinaus als Inbegriff des Luxus und als Symbol dafür, den Himmel auf Erden erreicht zu haben. Wichtig in diesem Zusammenhang ist auch das Farbenspiel der Federn, dessen hinterste, verbreitete und flache Enden im Lateinischen seit Aristoteles ›gemmae‹, d. h. »Augen« genannt werden[73] und insofern in engem Zusammenhang mit den durchgängig im Gedicht auftretenden Sehmetaphern, Augen und Lichtspielen stehen (siehe 2,4; 3,2 ff.; 4,3; 6,1; 7,1 f.; 8,3-4; 9,5), die im Nachhinein den fortschreitenden Erkenntnisprozeß des lyrischen Ichs unter dem Einfluß der südlichen Hemisphäre nachvollziehen lassen. Das »Blau der Fernen«[74] (8,2) als romantische Sehnsuchtsmetapher geht einher mit der Nennung des »Glück[s]« als weiterer Hinweis auf den paradiesähnlichen Zustand, in dem sich das Ich »unter der Sonne« (5) befindet. Die

---

73 Vgl. auch den Artikel »Pfau« von Will Richter: In: *Der Kleine Pauly*. Bd. 4. A.a.O. S. 680 f.
74 Die Formulierung »Blau der Fernen« läßt natürlich auch an die »blaue Blume«, das Symbol der romantischen Sehnsucht, in Novalis' Roman *Heinrich von Ofterdingen* denken. Oberle betont zudem, Blau sei bei Gottfried Benn »das Südwort schlechthin«. Oberle: *Liebe als Sprache und Sprache als Liebe*. A.a.O. S. 101.

momentane Gefühlslage in diesem Paradies wird treffend mit einer Art persönlichem ›Wetterbericht‹ beschrieben, ein Hochgefühl, das die Farbe Blau, hier auch als Bild für die fortschreitende Entgrenzung, bei dem lyrischen Ich erzeugt. So drückt der Begriff der sog. »Wetter[n] für mein Gefühl« (8,2), einerseits natürlich auch das Wechselhafte des momentanen Zustands aus, andererseits läßt dieser Ausdruck aber gleichzeitig das immense Glücksgefühl als eine Form von Naturgewalt erscheinen, das die blauen »Zonen des Glücks« (8,2) bei dem erzeugen, der unter dem positiven Einfluß des Südens steht. Gleichzeitig steht die Farbe »Blau« auch als Sinnbild für die Tiefenwirkung, die die Sonne (wie das Meer; siehe 6,2) haben kann, deren Lichtstrahlen als Helligkeit, als Farbeindruck über die Augen selbst in die tieferen Schichten der Persönlichkeit eindringen können.

Und doch spricht Bachmann auf ihrem poetischen Höhenflug zur Sonne, zum Licht, nur vom »Blaue[n] Zufall am Horizont!«[75] (8,3). Die Dichterin relativiert also schon im nächsten Vers die Allumfassenheit der Sonnenkraft, die hier, wie bereits gezeigt wurde, in engem Zusammenhang zu den erzeugten künstlerischen Kreativkräften gesehen werden kann (vgl. 3,1). Die emphatische Heftigkeit, mit der das Ritual der hymnischen Anbetung sprachlich vollzogen wird, bleibt auch hier bestehen. Während Begriffe wie »Ferne«, »Zone«, »Wetter«, »Horizont« (8,2 ff.) den Aspekt der Unbegrenztheit, ja grenzenlosen Variationsmöglichkeit und Wiederholbarkeit des (natürlichen wie künstlerischen) Schöpfungsprozesses betonen, bringt der Begriff »Zufall« (8,3) wieder den Augenblickscharakter, die Begrenzung auf den Moment, das nicht Planbare der Schöpfung, des Dichtens wie des Lebens ins Spiel. Wie in dem Gedicht *Nach vielen Jahren* bereits angelegt, stellt der »Zufall am Horizont« im übertragenen Sinn wiederholt den Bachmannschen »Zeitpfeil im Sonnenbogen«[76] dar, die Zäsur, den nicht vorhersehbaren Einschnitt, den ›Sonnenstrahl‹, der auch ein Bild für die geistige Inspiration des Dichters symbolisiert und eine Grundlage der künstlerischen Schöpfung ist. Gleichzeitig stellt er in seiner zyklischen, jedoch nicht vorhersehbaren Wiederkehr auch ein Zeichen für den stetigen Wandel und die Veränderbarkeit des Schaffensprozesses dar, der seinen immer neuen Ausdruck in der Dichtung findet. Hier wird eindeutig wieder der Werkcharakter des Schöpfungsmoments hervorgehoben, das Unfertige und daher stetig Wandlungsfähige der Kunst wie der Natur.

So bedeutet auch die Erweiterung des Gesichtskreises, die durch das im Fremden / vom Anderen empfangene Glück und die ausgelöste Freude (Ingeborg Bachmann verwendet an dieser Stelle sogar das Wort ›Begeisterung‹;

---

75 Der ›Zufall Leben‹, als der diese Metapher auch gelesen werden kann, findet sich schon in Bachmanns Gedicht *Das erstgeborene Land*. Siehe Bachmann: *Das erstgeborene Land*. In: GW. Bd. I. S. 120.
76 Siehe dies.: *Nach vielen Jahren*. In: GW. Bd. I. S. 132.

8,3) durch die neu hinzu gewonnenen Erfahrungen in der Fremde, eine im Gegenzug erfahrbare Bereicherung des Selbst. »Und meine begeisterten Augen / Weiten sich wieder und blinken und brennen sich wund.« (8,3-4). Die punktuelle, auch formal ausgedrückte wiederholte Erfahrung der Erweiterung des Horizontes, der mit Fremderfahrung und Selbsterkenntnis im Verstehensprozeß der natürlichen Schöpfung »unter der Sonne« einhergeht, ist in seiner Darstellung und Abbildung im Gedicht als Grenze der subjektiv verstandenen Welt in der Sprache der Dichterin geglückt. Der Ausruf, »Nichts Schönres unter der Sonne als unter der Sonne / zu sein ...« (5), wird so zum Inbegriff des Glücks wie des Zufalls.

Doch derselbe Moment dieses höchsten Glücksgefühles, der größten erfahrbaren Erweiterung und Selbst-Entgrenzung, in der das Ich mit dem Anderen / Fremden für einen Moment identisch wird (es kann sich in dem anderen um die Natur, die Kunst oder einen Menschen handeln), birgt schon wieder die Gefahr der Selbstauflösung und Ver*wund*ung in sich. Bachmann bleibt hier im Bild der Sonne und der Augen: Die durch den starken Lichteinfall vergrößerten Pupillen »blinken und brennen sich wund« (8,4). Das Licht und die im übertragenen Sinne im Schreiben gewonnene Erkenntnis schmerzen das lyrische Ich. Die Augen als Metapher für die durchlässige Grenze hin zur Welt – das Medium, das außer der Haut und den übrigen Sinnesorganen, zuständig ist für die Wahrnehmung des Fremden / Anderen – lassen sich nicht mehr schließen: Sie »brennen sich wund«, verbrennen.

Die Eigenwahrnehmung als Wunde hin zur Welt ist ein poetisches Bild für die hochsensible, gesteigerte Art der Wahrnehmung während des dichterischen Prozesses, in dem das Dichten über den Vorgang des Schreibens hinaus zum ganzheitlichen Erkenntnismedium für das dichterische Selbst in bezug zur Welt wird. Der ›Wetterumschwung‹, dem wir schon in der zweiten Strophe des Gedichts *Nach vielen Jahren* begegnet sind, findet in dieser Hymne erst am Ende der achten Strophe statt. Aus der Hymne über die *Wunder* der Welt wird eine Elegie, ein Klagegesang über die Zerstörung, die *w/Wunde* Welt. Beklagt wird in der letzten Strophe der ›Verlust der Augen‹ (9,5)[77], die Grenzüberschreitung, die im Verlust der Fähigkeit zur Erkenntnis des Anderen endet.

77 Vgl. Bachmanns Erzählung *Ihr glücklichen Augen*. In: GW. Bd. II. S. 354-372. In dieser Erzählung sieht die *Grenzgängerin* Miranda aufgrund eines starken Sehfehlers alles viel genauer und deutlicher als die übrigen Menschen. »Der Nahpunkt beim Sehen ist also abnorm nah gerückt, der Fernpunkt auch näher.« (Ebd. S. 354) Auch hier wird das Sehen der Welt als äußerst schmerzhaft empfunden, als Wunde im Dasein. Miranda trägt deshalb eine Zerstreuungsbrille, ohne die sie nicht existieren kann. Alles hängt davon ab, »ob sie grade [sic!] ihre Brille gefunden hat oder nicht, und dann hängt es noch davon ab, ob sie sie auch aufsetzt.« (Ebd. S. 367) Das genaue Sehen der Welt wird als schwere Belastung erfahren, »sie denkt unbehaglich an eine

Der rituelle Klagegesang

Die in der neunten Strophe angestimmte Klage gilt nicht in erster Linie der zerstörerischen Kraft der Sonne, sondern der als tragisch erfahrenen Grenzüberschreitung hin zum Du, die, ausgedrückt im Verlust der Augen, in einer Art Welt- und Selbstverlust endet. Es ist gleichzeitig der befürchtete Verlust von Liebe, der seinen Ausdruck nur noch in der Abgrenzung zur Hymne finden kann: »Drum werde ich […] deinetwegen und bald endlos und wie um nichts sonst / Klage führen über den unabwendbaren Verlust meiner Augen« (9,5). In der neunten Strophe kulminiert das Gedicht noch einmal im Bild der Sonne (stellvertretend für das Andere / Fremde / Gegenüber) wie im Bild der Augen (lyrisches Ich / dichterisches Selbst / Organ zur Selbsterkenntnis wie zur Fremdwahrnehmung).

Die Kraft der Sonne wird ein letztes Mal im Sinne des Rituals angerufen. Noch im »Staub« (9, 1) – als Bild für den eintretenden Tod der Beziehung des Ichs zur Welt und zum Du – hält die Sonne die Verbindung zur Kraft des Lebens (und des Schreibens) aufrecht. Sie steht für die Bejahung eines Daseins im Licht und in der Klarheit, was gleichbedeutend ist mit dem Wunsch und dem Willen nach Erkenntnis des Anderen / Fremden, selbst bis in den Tod hinein. Zudem ist sie für das Ich der Ausdruck einer existentiell notwendigen Suche nach Wahrheit, nach ›illusionsloser Realität‹, die über

Möglichkeit von ›immerzu sehen‹« (vgl. der fehlende Schutzreflex beim Blick in die Sonne, der in der Hymne zum Verlust des Augenlichts führt) und es wäre ihr »lieber, daß dieses genaue Sehen ihr erspart bleibt und ihr Gefühl dadurch nicht beeinträchtigt und geschwächt werden kann. Sie merkt sowieso augenblicklich – weil sie Mitteilungen auf andren Wellen empfängt …« (Ebd. S. 355). Diese Erzählung schildert denselben Fortgang des Gedichts auf eine andere, prosaische Weise und auch in dieser Erzählung zerbricht die Hauptperson, Miranda, am ›Verlust der Augen‹: Sie, die alles sieht, vergißt bei einem Café-Besuch einmal ihre Zerstreuungs-Brille und übersieht eine Glastür: »Glastüren sind feindlicher als Menschen, denn nie hört Miranda zu hoffen auf, daß die Menschen auf sie aufpassen werden, wie Josef es tut. (…) und sie sieht noch die Flügeltür und sieht nur nicht, daß die Flügel nicht mit ihr herumwollen, sondern ein Flügel der Tür gegen sie schwingt, un sie denkt zuletzt, während es sie hinschleudert unter einem Hagel aus Glasscherben, und während ihr noch wärmer wird vom Aufschlagen und dem Blut, das ihr aus dem Mund und aus der Nase schießt: Immer das Gute im Auge behalten.« (Ebd. S. 357 u. S. 371 f.). Auch hier verliert Miranda im Verlauf der Erzählung den einzigen Menschen, Josef, der auf sie, die »Grenzgängerin« (Ebd. S. 359), aufgepaßt hat (er wendet sich »unbehelligt« einer anderen Frau zu) und zerbricht daran, zersplittert wie das Glas der Tür, als ihr im wahrsten Sinne des Wortes die Augen über den Betrug Josefs an ihr aufgehen. Viele der zentralen Einsichten und Begebenheiten im Werk von Ingeborg Bachmann werden über das Motiv der Augen und des Sehens ausgedrückt. Im Bild des Auges konzentriert sich die jeweils beschriebene Persönlichkeit und deren Welterfahrung. Die Augen symbolisieren den Grenzverlauf zwischen Ich und Welt und drücken die unterschiedlichen Zugangsweisen des Ichs zum Weltgeschehen aus. (Kurs. Herv. v. d. Verf.).

den nächtlichen Traumbildern und Illusionen, über allem Irdischen und Kosmischen, hier angedeutet in der Wiederaufnahme der Bildmotive der ersten Strophe: »Mond«, »Sterne«, »Kometen« (9,2-3) steht. Letztlich jedoch wird in der Hymne *An die Sonne* die poetische Klage nicht um verloren geglaubte Traumbilder der Nacht geführt (9,2-3), sondern um den unwiederbringlichen Verlust der Liebe, der Helligkeit und des »(Augen-)Lichts« (9,4-5).

Und doch bildet dieser Verlust die Vorbedingung zum Erwerb einer weitaus wichtigeren Fähigkeit: die zur Erkenntnis der Wahrheit ohne Illusionen. Das aber ist, kehrt man zur Aussage der dritten Strophe des Gedichts zurück, nur in den Werken der Natur oder in denen der Kunst möglich: illusionslose Erkenntnis des Anderen wie des Selbst. »Ohne die Sonne nimmt auch die Kunst wieder den Schleier, / Du erscheinst mir nicht mehr, und die See und der Sand, / Von Schatten gepeitscht, fliehen unter mein Lid« (3, 1-3).

So gesehen stellt die Hymne *An die Sonne* die Berufung zum Leben als Berufung zur Kunst dar und impliziert als Vorbedingung die schonungslose Erkenntnis der Realität bzw. der menschlichen Wahrheit[78]. Eine Flucht in den Süden als Flucht in die Illusion der reinen Schönheit, wie Ingeborg Bachmann dies Werk bezeichnet hat,[79] war insofern nicht intendiert, aber

---

78 Siehe Bachmann: *Die Wahrheit ist dem Menschen zumutbar.* In: GW. Bd. IV. S. 275 ff.
79 Bachmann schreibt in der Erzählung *Das dreißigste Jahr* über einen Venedig-Besuch der Hauptfigur: »Er hatte sich noch nicht von der raschen Rettung erholt, da war er schon auf der Rückreise. Er ging über Venedig. Dort kam er spät abends vor dem Markusplatz an, […]. Die Bühne war leer. Die Zuschauer waren von den Sitzen geschwemmt. Das Meer hatte den Himmel überstiegen, die Lagunen waren voll von Geflacker, da die Leuchter und Laternen ihr Licht nach unten ins Wasser geworfen hatten. [siehe die ›Kunst der Vertikale‹ – A. H.]
Licht, lichtes Leuchten, fern vom Gelichter. Er geisterte durch. Von Anfang an hatte es ihn getrieben, Schutz in der Schönheit zu suchen, im Anschauen, und wenn er darin ruhte, sagte er sich: Wie schön! Das ist schön, schön, es ist schön. Laß es immer so schön sein und mich meinetwegen verderben für das Schöne und was ich meine damit, für Schönheit, für dieses »Mehr als …«, für dieses Gelungensein. Ich wüßte kein Paradies, in das ich, nach dem, was war, hinein möchte. Aber da ist mein Paradies, wo das Schöne ist.
Ich verspreche, mich damit nicht aufzuhalten, denn die Schönheit ist anrüchig, kein Schutz mehr, und die Schmerzen verlaufen schon wieder anders.« Auch in diesem Textausschnitt fallen die Anbetung der Schönheit und die plötzliche Abkehr von ihr in einem Bild zusammen. In: GW. Bd. II. S. 117 f. Vgl. auch Bachmann: *Das Unglück und die Gottesliebe – Der Weg Simone Weils.* In: GW. Bd. IV. S. 155. Dieses »Mehr als …«, das »Gelungensein« der Schönheit der Zeichen der Welt in der Dichtung trotz der Tragik des [dichterischen] Lebens hat Ingeborg Bachmann in der Hymne *An die Sonne* ›besungen‹ (um dieses Wort für ihre Art des rituellen Schreibens zu verwenden), in dem sie ein traditionelles künstlerisches Ritual auf ästhetischer wie lebenspraktischer Ebene wieder aufgenommen und für sich und ihr Schreiben fruchtbar gemacht hat.

auch im Vollzug des Rituals der ›Reise nach Italien‹ auf der realen Handlungsebene nicht (mehr) nötig. Die Grenze zur Fremde im Leben Bachmanns, war (bewußt und oft) überschritten worden, im Schreiben war sie aber noch um ein vielfaches überschreit(b)bar.

Die Sonne als Symbol der Dichtkunst bei Goethe und Bachmann

Zum Schluß der Interpretation möchte ich nun einem möglichen intertextuellen Bezug zu Goethes Gedicht *Zueignung*[80] nachgehen. Das von Goethe 1784 verfaßte Gedicht – eine aus vierzehn Strophen bestehende Stanze mit der typischen Strophenform a b a b a b c c, die in jambischen Fünfhebern mit wechselnd weiblichem und männlichem Ausgang gehalten ist – weist inhaltlich gesehen, auch wenn die Sprache Goethes eine ganz andere ist, eine enge thematische Nähe zu Bachmanns Hymne *An die Sonne* auf. Im Gegensatz zu Bachmanns Sonnengesang steht bei Goethe das lyrische Ich von Anfang an betont im Mittelpunkt, d. h. anstelle der Anbetung der Sonne wird in Goethes *Zueignung* das Ich zentral gesetzt. Aber auch in diesem Gedicht wird das lyrische Ich vom Glanz der Sonne geblendet (3,8), ebenso spielt die fast durchgängige Augenmetaphorik eine wichtige Rolle für den Fortgang des Gedichts. Noch ganz geblendet vom ›Glanz‹ ihrer Schönheit [die Sonne wird bei Goethe mit einem »göttlich Weib« (4,6) verglichen], versucht das heldenhafte Ich ihr mutig ins ›Gesicht‹ zu schauen. Ähnlich wie bei Bachmanns »Und meine begeisterten Augen / Weiten sich wieder und blinken und brennen sich wund« (Str. 8,3), steht auch in Goethes Gedicht das lyrische Ich inmitten eines Flammenmeeres, das ich als Bild für die Kraft der künstlerischen Inspiration verstehe: »Bald machte mich, die Augen aufzuschlagen, […] Ich konnt es nur mit schnellen Blicken wagen, / Denn alles schien zu brennen und zu glühn« (4, 1-4). Hervorzuheben ist auch die parallele Bauart der fünften Strophe zu Goethes Italien-Gedicht *Mignon*[81], die hier sogar für das Zwiegespräch mit der Sonne verwendet wird: »›*Kennst du mich nicht?*‹ sprach sie mit einem Munde, / […] *Erkennst du mich*, die ich in manche Wunde / des Lebens dir den reinsten Balsam goß? *Du kennst mich wohl*, an die zu ew'gem Bunde / Dein strebend Herz sich fest und fester schloß. / Sah ich dich nicht mit heißen Herzenstränen / als Knabe schon nach mir dich eifrig sehnen?« (Str. 5). Die Sehnsucht nach der heilenden und inspirierenden Kraft der Sonne und der langersehnte Jugendtraum, das Land

---

80 Goethe: *Zueignung*. A.a.O. S. 149-152. (Die Zahlen in Klammern innerhalb des Textes nach einem Zitat aus dem Gedicht geben die betreffende Strophe und Zeilenzahl an, aus der zitiert wurde. Kurs. Herv. v. der Verf.)
81 Ders.: *Mignon*. A.a.O. S. 145.

Italien mit eigenen Augen zu sehen, fallen in einem Vergleich dieser poetischen Bilder zusammen. Nicht nur in Bachmanns Hymne *An die Sonne* (2, 3-4) hat die Sonne die Kraft, die Nebel der Natur und im übertragenen Sinn den »Schleier« des menschlichen Dunkels der Verzweiflung und Unkenntnis zu lüften; wie in Goethes Gedicht *Zueignung* taucht auch in seinem Gedicht *Mignon* der bedrohliche »Wolkensteg« (3,1) auf, der Weg also, der in der dichterischen Phantasie auf der Suche nach dem Land des Glücks durchquert werden muß und an dessen Ende erst die langerhoffte Sehnsucht gestillt und unter dem Einfluß der Sonne (geistige) Klarheit geschaffen und letztlich im Beschreiben dieses Vorgangs künstlerische Identität gewonnen werden kann. (Vgl. Bachmann *An die Sonne*: Str. 3-5; Goethe *Zueignung*: Str. 2-5, *Mignon*: Str. 3). Goethe nimmt in Strophe 7 seiner *Zueignung* bereits vorweg, was das lyrische Ich am Ende der Hymne *An die Sonne* erfahren wird: Vielleicht liegt gerade in der Aussparung der direkten Benennung der Kraft, die ›Leben schafft wie auch zerstört‹[82], der Unterschied zu Bachmanns Schlußversen, in denen die Hymne durch den ›Verlust der Augen‹ und der Liebe zur Elegie wird. Das lyrische Ich in Goethes *Zueignung* weiß um die zerstörerischen Kräfte der Sonne, die laut Goethe mit Sein (Leben) und Wahrheit gleichzusetzen sind. Doch das lyrische Ich Goethes weiß die Gefahr zu überwinden, in dem es sich im Unterschied zu Bachmanns lyrischem Ich vor den verzehrenden Strahlen der Sonne, der allzu illusionslosen Erkenntnis der (eigenen wie fremden) Wahrheit der Welt, schützt:

---

82 Vgl. hierzu auch die Aussage Fausts, der im ersten Teil in der Szene »Vor dem Tor« vom Aufbruch in ferne Länder träumt und die Dualität des menschlichen Daseins mit folgenden Worten beschreibt: »*Zwei Seelen wohnen, ach! In meiner Brust,* / *Die eine will sich von der andern trennen;* / *Die eine hält, in derber Liebeslust,* / *Sich an der Welt mit klammernden Organen;* / *Die andre hebt gewaltsam sich vom Dust* / *Zu den Gefilden hoher Ahnen.* / *O gibt es Geister in der Luft,* / *Die zwischen Erd' und Himmel herrschend weben,* / *So steiget nieder aus dem goldnen Duft* / *Und führt mich weg, zu neuem, bunten Leben!* / *Ja, wäre nur ein Zaubermantel mein* / *Und trüg' er mich in fremde Länder!* Mir sollt' er um die köstlichsten Gewänder, / Nicht feil um einen Königsmantel sein.« In: Goethe: *Faust. Der Tragödie erster Teil.* A.a.O. S. 41. Auch in diesem Passus wird noch einmal die Kraft des Geistes, der dichterischen Phantasie beschworen, die mit den Himmelssphären und dem Blick nach oben verknüpft wird und Erfüllung, Freiheit und Lebensfreude, d. h. ein Stück Ewigkeit verspricht. Auch hier steht dieses Bestreben nach Befreiung aus den irdischen Banden mit Hilfe des freien Laufs der Phantasie in Richtung (Kunst-)Himmel im Gegensatz zu der dunklen Kraft der Erdschwere, der Triebgebundenheit Fausts, die nur momentane Befriedigung im vergänglichen Liebesglück verheißt. In diesem Zitat findet sich eine ganz ähnliche Konstruktion wie in Bachmanns Hymne *An die Sonne* wieder. Der Goethe-Bezug Ingeborg Bachmanns hatte sich ja bereits in der Titelgebung des frühen Gedichts *Zwei Seelen wohnen, ach! In meiner Brust*, das schon 1942 entstanden ist, gezeigt. Bartsch: *Ingeborg Bachmann.* A.a.O. S. 337. (Kurs. Herv. v. d. Verf.)

Dich nenn ich nicht. Zwar hör ich dich von vielen
gar oft genannt, und jeder heißt dich *sein,*
Ein jedes Auge glaubt auf dich zu zielen,
Fast jedem Auge wird dein Strahl zur Pein.
Ach, da ich irrte, hatt ich viel Gespielen,
Da ich dich kenne, bin ich fast allein;
Ich muß mein Glück nur mit mir selbst genießen,
Dein holdes Licht verdecken und verschließen. (Str. 7)

Während Goethe mit seiner Kunst tatsächlich auf ›Sein‹ und ›Wahrheit‹ als Einheit und Identität stiftende Idee abzielt, ist Bachmann bestrebt, mit der Kunst auf der Suche nach einer »reinen Sprache«[83] die Wahrheit immer bis an die Grenze der Sprache zu benennen. Für beide liegt im ›Werk‹ (*An die Sonne*; 2,1) der Sonne die Berufung zur Dichtkunst und damit zur (Selbst- und Fremd-)Erkenntnis verborgen. Was Bachmann distanziert, ja negativ formuliert: »Ohne die Sonne nimmt auch die Kunst wieder den Schleier [...]« (3,1-2), erläutert Goethe in Strophe 9 der *Zueignung* ausführlich:

»Verzeih mir«, rief ich aus, »ich meint es gut;
Soll ich umsonst die Augen offen haben?
Ein froher Wille lebt in meinem Blut,
Ich kenne ganz den Wert von deinen *Gaben!*
Für andre wächst in mir das edle Gut,
Ich kann und will das Pfund nicht mehr vergraben!
Warum sucht ich den Weg so sehnsuchtsvoll,
Wenn ich ihn nicht den Brüdern zeigen soll? (Str.9)

[...]
Ich konnte mich in ihrem Auge lesen,
Was ich verfehlt und was ich recht getan.
Sie lächelte, da war ich schon genesen,
Zu neuen Freuden stieg mein Geist heran; (10, 3-6)
[...]

Wie in dem Gedicht *An die Sonne* wird die Geburt der Dichtung aus der Phantasie in den mütterlich-weiblichen ›Augen der Sonne‹ mit einem schweifenden Blick in die (eigene wie fremde) Ferne hinein abgeschlossen: »[...] *Gefärbt, geformt, in die Welt gekommen mit einer Sendung von Licht,* /

---

83 Bachmann: *Ludwig Wittgenstein – Zu einem Kapitel der jüngsten Philosophiegeschichte.* In: GW. Bd. IV. S. 12 ff. Siehe auch dies.: *Frankfurter Vorlesungen. Literatur als Utopie.* In: GW. Bd. IV. S. 268.

Und den Umkreis zu sehn, das Geviert eines Felds, das Tausendeck meines Lands / Und das Kleid, das du angetan hast. Und dein Kleid, glockig und blau! // [...] *Blau der Fernen, der Zonen des Glücks* mit den Wettern für mein Gefühl [...]« (7, 1-3; 8,2). So heißt dasselbe Geschehen bei Goethe, nur stärker noch anthropomorphisiert im Bild der Sonne:

> *Da reckte sie die Hand aus in die Streifen*
> *Der leichten Wolken und des Dufts umher;*
> *Wie sie ihn faßte, ließ er sich ergreifen,*
> *Er ließ sich ziehn, es war kein Nebel mehr.*
> Mein Auge konnt im Tale wieder schweifen,
> Gen Himmel blickte ich, er war hell und hehr.
> Nur *sah ich sie den reinsten Schleier halten,*
> *Er floß um sie und schwoll in tausend Falten.* (Str. 11)

In beiden Gedichten wird der Phantasie im Bild der dichterischen Inspirationskraft der Sonne der Lorbeerkranz überreicht. Der »Schleier« stellt den Lorbeerkranz (vgl. ›Sonnenkranz‹), die Auszeichnung zum Dichter, die Berufung zur Kunst und damit eine Möglichkeit zur persönlichen Wahrheitsfindung auf einer überindividuellen Ebene dar. Die Betonung dieses künstlerischen Sendungsbewußtseins und Selbstheilungsprozesses über die eigene Phantasie und künstlerische Gestaltungskraft liegt bei Goethe eher auf dem »(Da-)Sein«(7,2) als Dichtung *und* Wahrheit, bei Bachmann dagegen stärker auf dem Streben *nach* Wahrheit.

> [...]
> Empfange hier, was ich dir lang' bestimmt,
> Dem Glücklichen kann es an nichts gebrechen,
> Der dies Geschenk mit stiller Seele nimmt:
> *Der Dichtung Schleier aus der Hand der Wahrheit.* (12, 4-8)

Goethe gibt im Gegensatz zu Bachmann sogar noch mit den Worten der Sonne eine Anleitung zur Dichtkunst. Unter der Frage, wie man die Kraft des »Schleiers« als Inspirationskraft für das eigene Leben benutzt, erhält das Ich folgende Antwort: mit der Kraft der dichterischen Phantasie.

> Und wenn es dir und deinen Freunden schwüle
> Am Mittag wird, *so wirf ihn in die Luft*!
> Sogleich umsäuselt Abendwindeskühle,
> Umhaucht euch Blumenwürzgeruch und Duft.
> Es schweigt das Wehen banger Erdgefühle,
> Zum Wolkenbette wandelt sich die Gruft,
> Besänftigt wird jede Lebenswelle,
> Der Tag wird lieblich, und die Nacht wird helle. (Str. 13)

Doch wo bei Goethe für das lyrische Ich ewiges Glück winkt und der (Sonnen-)Schleier die Kraft der Verzauberung auch im weiteren Verlauf des Gedichts nicht einbüßt, ist die »Sonne« Bachmanns stets der Gefährdung durch Nacht und Tod ausgesetzt. In der Angst um den Verlust der Kraft, den/das Andere/n zu erkennen, verliert sich in den Schlußversen auch der klare und eindeutige Blick auf das Selbst und es bleibt nur die Dichtung in der Klage um den »unabwendbaren Verlust der Augen« (9,5) bestehen. Bei Bachmann wird der verdunkelnde »Schleier«[84] als Bild für die Schattenseiten des Lebens unter der Sonne zwar gelüftet, doch das lyrische Ich ist danach schutzlos dessen zerstörerischer Kraft und der damit verbundenen Erkenntnis ausgesetzt, bis es am Schluß erblindet.

Dem lyrischen Ich des Dichters Goethe reicht die Spiegelung in den Augen der Sonne, um seine weitere (letztlich als glücklich empfundene) Daseinsberechtigung allein aus dieser poetischen Spiegelung abzuleiten (vgl. die Schlußstrophe), und zwar unabhängig von den ihn umgebenden Menschen: »Dem Glücklichen kann es an nichts gebrechen, / Der dies Geschenk mit stiller Seele nimmt: / Aus Morgenduft gewebt und *Sonnenklarheit*, / Der Dichtung Schleier *aus der Hand der Wahrheit*.« (12, 5-8) Das lyrische Ich Bachmanns verliert dagegen seine Identität, sofern es das ihm zugehörige menschliche Gegenüber aus den Augen verliert, auch wenn noch im Tod (»vom Staub«; 9, 1) die Anbetung an die Kraft der Sonne nicht aufhört (9,1). Dieser Verlust des Anderen kommt dem Verlust der eigenen Augen gleich und führt, unabhängig von der Inspirationskraft der Sonne, zu einer Dichtung aus dem Schmerz heraus, d. h. die Verlustklage wird fortwährender Angelpunkt der daraus entstehenden Poesie. Zieht man die dritte Strophe und die Schlußverse der letzten Strophe zusammen, so verschiebt sich die Bedeutung der Abhängigkeiten für das lyrische Ich im Verlauf des ›Sonnengesangs‹ bei Bachmann. Die Sonne und deren Schönheit, ihr Glanz, bleiben die konstanten Faktoren im Text. Aber der ›Schleier‹ der Kunst, den die Sonne zunächst lüften konnte, um dem lyrischen Ich damit einen freieren Blick auf die Welt und das Andere zu eröffnen, ist im Moment des Verlusts des Anderen gefallen. Nicht so die Kunst. Aber sie erwächst von diesem Zeitpunkt an aus einer anderen Richtung, aus dem Dunkel (vgl. Bachmanns

---

84 Zum Begriff des »Schleiers« und der »Feder« als Metaphern für das Dichten siehe auch Bachmanns Gedicht: *Mein Vogel.* In: GW. Bd. I. S. 96 f. Dort heißt es: »[…] Was auch geschieht: du weißt deine Zeit, / mein Vogel, nimmst deinen Schleier / und fliegst durch den Nebel zu mir. // […] Mein eisgrauer Schultergenoß, meine Waffe, / mit jener Feder besteckt, meiner einzigen Waffe! / Mein einziger Schmuck: Schleier und Feder von dir.[…]« Hier bringt der ›Symbolvogel‹ Bachmanns, die Eule, Schleier und Feder der dichterischen Inspiration zum lyrischen Ich. Erst im Beisein des Vogels ist in der Nacht der Geist des Ichs »befeuert«. »[…] und ich schlage Funken aus mir.«

Auffassung vom Fortschritt in der Kunst über das Mittel der ›Kunst der Vertikale‹). Das Ich hat im Blick auf die Sonne seine Augen und damit sein Inneres, letztlich nicht über sich selbst hinaus, wie es etwa bei Goethe der Fall ist, anheben können, da die für die eigene Identitätsbildung so wichtige Spiegelung nicht in den konstanten Augen der Sonne, sondern in den inkonstanten menschlichen Augen stattgefunden hat. Die Transzendenzerfahrung, die ihren geistigen Ausdruck in der Dichtung findet, ist insofern eine andere. Folglich kommt im Gedicht Bachmanns der menschliche Verlust des Anderen fast einem Selbstverlust gleich.

Es findet außerdem im Verlauf der Hymne eine Verschiebung des Schwerpunktes statt: Der kultische Gesang an die Sonne wird von der rituellen Todesklage um einen menschlichen Verlust abgelöst. Denn in der Schlußstrophe heißt es: »Drum werde ich nicht wegen dem Mond und den Sternen und nicht, / weil die Nacht mit Kometen prahlt und in mir einen Narren sucht, / Sondern deinetwegen und bald endlos und wie um nichts sonst / Klage führen über den unabwendbaren Verlust meiner Augen.« (Str. 9, 2-5) Das Ich wird auf sich selbst zurückgeworfen und bleibt blind zurück, obwohl die Sonne am Himmel unverändert scheint. Das Licht der Sonne als Metapher für die Erkenntnis von Welt und Ich ist im Moment der unwiederbringlichen menschlichen Verlusterfahrung nicht verloschen, aber der Kontakt von Ich und Sonnenlicht als Symbol für das Leben, die Liebesfähigkeit und die Dichtkunst als Mittel zur Transzendierung des erdgebundenen Daseins ist schmerzhaft unterbrochen. Das Lid als Bindegewebe zwischen Welt und Ich ist geschlossen. Die Grenze ist (vorerst) gezogen. Während in Goethes Gedicht *Zueignung* das Ich gemeinsam mit Freunden und Familie trotz schwerer Tage unter der Sonne dem Glück entgegengeht (»So kommt denn, Freunde, wenn auf euren Wegen / Des Lebens Bürde schwer und schwerer drückt, (…) Wir gehen vereint dem nächsten Tag entgegen! / So leben wir, so wandeln wir beglückt. / Und dann auch soll, wenn Enkel um uns trauern, / Zu ihrer Lust noch unsre Liebe dauern.« Str. 14, 5-8), bleibt das lyrische Ich in *An die Sonne* allein in innerer Dunkelheit und Abgeschiedenheit zurück. Obwohl beide Dichter die Ursprünge ihrer Dichtkunst hier auf dieselbe Kraft, die der Sonne, zurückführen, ist der Ausgang so unterschiedlich. Beide Künstler erklärten, für eine äußerst wichtige Zeit ihres Lebens, Italien zu ihrer Wahlheimat, verabeiteten die Motive und Bilder aber sehr unterschiedlich. Und doch wird genau in diesem Punkt die Nähe von Goethes und Bachmanns künstlerischem Italienbild deutlich: »Verdeckt mir doch nicht die Sonne höherer Kunst und reiner Menschheit«,[85] fordert Goethe, während Bachmann konstatiert: »Ohne die Sonne nimmt auch die Kunst wieder den Schleier.« (3,1) Kunstproduktion, die sinnliche Wahrneh-

---

[85] Goethe: *Italienische Reise*. A.a.O. S. 147.

mung des Fremden wie des eigenen Selbst und die Stärke der Lichtintensität unter einem für den Moment ›freier und blauer‹ erscheinenden Himmel[86] im Süden hängen innerhalb des Rituals der ›Reise nach Italien‹ eng zusammen und machen ›Lichteinfälle‹ im doppelten Sinn auch innerhalb des eigenen künstlerischen Schaffens verstärkt möglich.

Gestaltete Ingeborg Bachmann in den fünfziger Jahren noch zentral italientypische Motive und Bildwelten, veränderte sich der Schwerpunkt ihrer künstlerischen Betrachtungen, je länger sie in Italien lebte und arbeitete, zusehends. In der Mitte der sechziger Jahre wechselte sie nicht nur die Gattung und ging von der Lyrik zum Schreiben von Prosa über; sie verlagerte den Schwerpunkt ihrer Betrachtungen endgültig wieder nach Wien zurück. Die südlichen Metaphern, die im Zentrum ihres Italienbildes standen, werden im *Todesarten*-Zyklus zugunsten einer ganz spezifischen Vergangenheitsbewältigung zurückgedrängt: »Die *Todesarten*-Prosa handelt vom Problem der Identität im Geschlechterkampf, vom Krieg in den zwischenmenschlichen Beziehungen, vom Faschismus zwischen Mann und Frau.«[87] Es sollte eine »große Studie aller möglichen Todesarten« und »kein Roman«, sondern »ein einziges langes Buch« sein.[88] »Zugleich«, sagte Ingeborg Bachmann in einem Interview im Jahr 1969, »stelle ich mir vor, daß es das Bild der letzten zwanzig Jahre geben könnte, immer mit dem Schauplatz Wien und Österreich.«[89]

86 Siehe Goethe: *Italienische Reise*. A.a.O. S. 44.
87 Beicken: *Ingeborg Bachmann*. A.a.O. S. 191.
88 Bachmann: *Wir müssen wahre Sätze finden. Gespräche und Interviews*. A.a.O. S. 66.
89 Ebd.

10. Jenseits der Grenze: Der Blick zurück auf die Heimat im Norden – Österreich

> Man hat mich so oft gefragt, warum ich nach Rom gegangen bin, und ich habe es nie gut erklären können. Denn Rom ist für mich eine selbstverständliche Stadt, man pilgert heute nicht mehr nach Italien. Ich habe kein Italienerlebnis, nichts dergleichen, ich lebe sehr gerne hier. Und hinzu kommt ja noch, daß ich an der italienischen Grenze aufgewachsen bin und daß ich zu Haus italienisch sprechen gehört hab'. Das schwer Erklärliche ist aber, daß ich zwar in Rom lebe, aber ein Doppelleben führe, denn in dem Augenblick, in dem ich in mein Arbeitszimmer gehe, bin ich in Wien und nicht in Rom. Das ist natürlich eine etwas anstrengende und schizophrene Art zu leben. Aber ich bin besser in Wien, weil ich in Rom bin, denn ohne diese Distanz könnte ich es mir nicht für die Arbeit vorstellen. Und ich fahre dann hin und wieder nach Wien, um zu sehen, wie es sich verändert hat, inwieweit es nicht mehr übereinstimmt mit dem Wien vor fünf Jahren oder vor zehn Jahren. Meine römischen Freunde machen sich alle lustig über meine Wohnung, weil sie sagen, daß es mir gelungen ist, mitten in Rom eine wienerische Wohnung zu haben und ostinamente daran festzuhalten.[1]

Ingeborg Bachmann hatte kein Italienerlebnis; sie lebte in Italien. Zwanzig Jahre lang war sie in Italien zu Hause gewesen, erst auf der Insel Ischia, dann eine Zeitlang zusammen mit Hans Werner Henze in Neapel, und danach – von einigen kürzeren oder längeren Unterbrechungen abgesehen – verbrachte sie ab 1965 ihr weiteres Leben in Rom, wo sie bis zu ihrem Tod im Oktober 1973 bleiben sollte. In ihrem Werk finden sich in unterschiedlichen Variationen die Spuren der italienischen Bildwelten wieder, die sie ihr Leben hindurch umgeben haben.

Auch ich habe in Arkadien gelebt, so lautet der Titel einer ihrer frühen Erzählungen aus dem Jahre 1952. Mit diesem Titel nimmt Bachmann das Motto von Goethes *Italienischer Reise* auf.[2] In dieser Erzählung nimmt sie den Abschied aus dem ›gelobten Land‹ vorweg. Doch erstaunlicherweise liegt das ›Arkadien‹ Ingeborg Bachmanns nicht dort, wo es traditionellerweise liegt – im Süden. Das Arkadien Ingeborg Bachmanns hatte die Dichterin laut Aussage des Textes in den Bergen – in Österreich – zurückgelassen. Es ist ein an sich typisches Bild für die arkadische Landschaft, das im Blick zurück

---

1 Bachmann: *Wir müssen wahre Sätze finden. Gespräche und Interviews.* A.a.O. S. 65.
2 Dies.: *Auch ich habe in Arkadien gelebt.* In: GW. Bd. II. S. 38-40.

auf die eigene Herkunft entstanden ist. Der kurze Text gibt die Erinnerung an die Bäche mit den felsigen Ufern, an die Graswiesen mit den weißen Schafen, deren Glocken die Tonspur des Gedächtnisses an die ›arkadische Heimat‹ mit sich tragen, die Erinnerung an den »locus amoenus« der österreichischen Dichterin – die Hütte am Bach[3] – sehr gut wieder. Nur der Hirte fehlt. Dafür ist hin und wieder der Ton einer Flöte zu hören; wer sie spielt, weiß man nicht, es ist »eine vom Wind zerrissene Melodie, ein von großer Entfernung geschwächter Ruf«. Dem Ich erscheint es, »als käme er von den herbstlichen Hügeln, die ans Blau eines makellosen, frühen Himmels grenzen.« Der Ton erreicht das Ich an Tagen, »in Augenblicken«, in denen es »keine Zeit« hat.

Arkadien[4] war schon tot, als Ingeborg Bachmann das »erstgeborene Land« zum ersten Mal betrat. Es war die Vorwegnahme eines Abschieds, der eigentlich mit einer Ankunft hätte beginnen können. Eine verkehrte Welt, die zwar folgerichtig mit dem Abschied aus der Heimat begann und mit der Ankunft in der Fremde endete, aber die Zuordnungen zu den Orten vertauschte: Die österreichische Heimat wird zum »Arkadien« erklärt, Italien zum »erstgeborenen Land«. So läßt Ingeborg Bachmann ihre Erzählung mit dem provokativen Satz beginnen:

> Auch ich habe in Arkadien gelebt, ... aber eines Tages war meine Zeit um, und ich nahm Abschied. Es war spät im Herbst. Aus den Büschen fielen faule Beeren, und die Schafe kamen die Hügel herunter, frierend und hungrig, denn über Nacht hatte der Wind das Gras aus den Bergwiesen gespült und an die felsigen Ufer geworfen. Auf silbernen Geleisen – zwei letzten Sonnenstrahlen – trug mich der Zug fort. In der Nacht erreichte ich die Grenze. Die Zollbeamten beschlagnahmten mein Gepäck, und als ich mein Geld umwechseln wollte, bedeutete man mir, daß hier eine andere Währung galt.[5]

Der Anklang an die bukolische Hirtendichtung des 17. Jahrhunderts findet hier nur noch seinen Platz im Zitieren seiner bildlichen Versatzstücke. Das arkadische Leben geht in dieser Erzählung bereits am Anfang der Ausreise

---

3   Siehe Bachmann: »Brief vom 25. Mai 1945.« In: *Briefe an Felician.* München, Zürich 1991. S. 13 ff.
4   Arkadien bezeichnete ursprünglich eine gebirgige Landschaft auf dem Peloponnes; erst nach und nach avancierte es zur literarischen Ideallandschaft und wurde in der Literatur häufig mit Italien gleichgesetzt. Zum Motiv ›Arkadiens‹ in der Literatur siehe die Arbeit von Petra Schäfer-Maisak: *Arkadien: Genese und Typologie einer idyllischen Wunschwelt.* A.a.O. Und dies.: (Hg.).: *Landschaft des vergänglichen Glücks.* A.a.O.
5   Bachmann: *Auch ich habe in Arkadien gelebt.* In: GW. Bd. II. S. 38. (Punkte im Text lt. Original).

seinem Ende entgegen, die »Beeren der Büsche« sind verfault, die Schafe »hungern und frieren«, die Hirten haben das Feld schon geräumt. »Es war spät im Herbst.« Weder Frühling noch Sommer herrschen, wie eigentlich in Arkadien üblich, im Land jenseits von Zeit und Raum. Im Aufbruch dieser erzählerischen Ich-Figur kündigen sich der kommende Winter, Stillstand und Tod innerhalb des Textes bereits an: Themen, die im Beschreiben der *Ausfahrt*[6] jedoch zunächst von Bildern des Südens und des ›Sonnenufers‹ überdeckt und erst an späterer Stelle im Werk, wie etwa in dem Gedicht *Enigma*, wieder aufgenommen wurden.[7]

Das in der zweiten Hälfte der sechziger Jahre entstandene Gedicht *Enigma* schließt den lyrischen Zyklus des einst hoffnungsvollen Aufbruchs in das Land unter der Sonne ab. *Enigma* nimmt in Form einer Antwort auf früher verwendete poetische Bilder die Bilder des Südens bis zu deren völliger Negation ein letztes Mal im lyrischen Werk Bachmanns auf, so daß sich der Kreis zu den frühen Italientexten schließt.

Die »Augen an dem Sonnenspeicher Erde verbrannt«[8] – Der Tod in Arkadien (Enigma)

Enigma

Für Hans Werner Henze aus der Zeit der Ariosi

Nichts mehr wird kommen.

Frühling wird nicht mehr werden.
Tausendjährige Kalender sagen es jedem voraus.

Aber auch Sommer und weiterhin, was so gute Namen
wie »sommerlich« hat –
es wird nichts mehr kommen.

Du sollst ja nicht weinen,
sagt eine Musik.

---

6 Bachmann: *Ausfahrt*. In: GW. Bd. I. S. 28-29. – Vgl. auch das Gedicht *Landnahme*: »[…] Um dieses Land mit Klängen / ganz zu erfüllen / stieß ich ins Horn / willens im kommenden Wind / und unter den wehenden Halmen / jeder Herkunft zu leben.« Ebd. S. 98. (Kurs. Herv. v. d. Verf.). Siehe hierzu den Aufsatz von Wolfram Mauser: »Ingeborg Bachmanns ›Landnahme‹. Zur Metaphernkunst der Dichterin«. In: *Sprachkunst* 3 (1970). S. 191-206.
7 Siehe Bachmann: *Brief in zwei Fassungen*. Und: *Lieder auf der Flucht*. Beide in: GW. Bd. I. S. 126-127. Und S. 138-147.
8 Dies.: *Psalm*. In: GW. Bd. I. S. 55.

Sonst
sagt
niemand
etwas.⁹

Das Gedicht, das Ingeborg Bachmann ihrem langjährigen und engen Freund mit den Zeilen »für Hans Werner Henze aus der Zeit der Ariosi, Maravigliosi fior del vostro mare … deh, vien morte …« widmete[10], bezieht sich zunächst auf ein sinfonisches Werk des Komponisten mit dem Titel *Ariosi per soprano, violino e orchestra*, das dieser nach Dichtungen von Torquato Tasso[11] komponiert hatte und dessen Neufassung am 23. August 1964 in Edinburgh zur Uraufführung gelangte.[12] Der erste Vers des vorliegenden Gedichts, »Nichts mehr wird kommen«, stellt eine Variation einer Zeile aus den Peter-Altenberg-Liedern von Alban Berg dar, während der achte Vers, »Du sollst ja nicht weinen«, sich auf eine Zeile des Frauenchores im fünften und letzten Satz der dritten Symphonie[13] von Gustav Mahler bezieht. Was in dem Gedichtzyklus *Lieder von einer Insel* in der Schrift der italienischen Zeichenwelt noch so hoffnungsvoll begonnen hatte: »Einmal muß das Fest ja kommen! [...] Platz unseren Bitten, Platz den Betern, / Platz der Musik und der Freude!«[14], findet seine Antwort in der endgültigen Absage an die sprachmagischen Bilder des Südens in dem Gedicht *Enigma*. Der Spannungsbogen, der mit den Hoffnungen und Erwartungen des literarischen Subjekts in der »Ausfahrt« und mit dem »Fest des Lebens« im »erstgeborenen Land« Italien verbunden gewesen war, schließt sich an dieser Stelle. Bachmann räumt der Desillusionierung und Enttäuschung ihren vorrangigen Platz im Schreiben ein: »Nichts mehr wird kommen. // Frühling wird nicht

---

9   Bachmann: *Enigma*. In: GW. Bd. I. S. 171. Dieses zwischen 1966 und 1967 entstandene Gedicht, dessen Erstfassung auf Varianten des 1964 verfaßten Gedichtes *Auf der Reise nach Prag* zurückgeht, wurde erstmals in einer Hörfunk-Aufnahme des BBC London am 15. Juli 1967 veröffentlicht.
10 Siehe *Ingeborg Bachmann Hans Werner Henze*. Ausstellungskatalog anläßlich des Henze-Festivals zum 70. Geburtstag des Komponisten. Theater Basel. 17. März - 8. April 1996. Konzeption: Andreas Rochholl. Basel 1996. S. 13.
11 Hans Werner Henze bezog sich in seiner Komposition auf folgende Gedichte: *Qual rugiada. Compianto. Maraviglioso fior del vostro mare. Estro. Deh, vien, morte soave*. Vgl. Bachmann: *Anmerkungen*. GW. Bd. I. S. 660. Siehe Torquato Tasso: *Werke und Briefe*. Übersetzt und eingeleitet von Emil Staiger. München 1978.
12 Henze: *Reiselieder mit böhmischen Quinten. Autobiographische Mitteilungen 1926-1995*. A.a.O. S. 233.
13 Siehe auch Susanne Bothner: *Ingeborg Bachmann: Der janusköpfige Tod. Versuch einer literaturpsychologischen Deutung eines Grenzgebiets der Lyrik unter Einbeziehung des Nachlasses*. A.a.O. S. 318.
14 Bachmann: *Lieder von einer Insel*. In: GW. Bd. I. S. 122.

mehr werden. / [...] Aber auch Sommer und weiterhin, was so gute Namen / wie »sommerlich« hat – / nichts mehr wird kommen. // Du sollst ja nicht weinen, / sagt eine Musik. // Sonst / sagt / niemand / etwas. //« Die Hoffnung auf die Auferstehung im »gelobten Land« des Südens wird auf der symbolischen Bedeutungsebene als gescheitert betrachtet; die Übersiedlung im Namen einer Utopie, geleitet von der Vorstellung eines besseren Lebens in einer neuen Welt voller ›Licht, Liebe, Glanz und Geborgenheit‹, ist offensichtlich der Desillusionierung und Hoffnungslosigkeit gewichen. Das in dieser Weise fragwürdig gewordene ›Italienerlebnis‹ war im Erleben Bachmanns zur Selbstverständlichkeit geworden und mitunter, zumindest was das Schreiben betraf, zugunsten der Hinwendung zu den literarischen Schauplätzen Österreich und Wien und der Beschreibung der in dieser Gesellschaft stattfindenden »Todesarten« ganz in den Hintergrund gedrängt worden. Manchmal wurde es sogar zu dem, was sie in ihrem Gedicht *Das erstgeborene Land* als das »Grausen im Licht«[15] bezeichnet hatte. Ingeborg Bachmann hatte im Schreiben ein symbolisches Netz[16] zwischen dem im Süden sichtbar und spürbar gewordenen »vulkanischen Erdinnern und dem

15 Bachmann: *Das erstgeborene Land.* In: GW. Bd. I. S. 119.
16 Vgl. Klaus Luttringer: *Weit, weit ... Arkadien. Über die Sehnsucht nach dem anderen Leben.* A.a.O. S. 16-17. Überträgt man die Aussagen Klaus Luttringers auf den künstlerischen Akt, läßt sich der Prozeß des Schreibens auch als eine Art ›arkadisches Netzeflicken‹ am eigenen unvollkommenen Dasein verstehen. Bei Luttringer ist »Arkadien [...] der urbildhafte Inhalt eines kollektiven Metabewußtseins, das seine faszinierende Kraft über alle Geschichte hinweg und durch alle Geschichte hindurch erhalten kann, weil es in seiner aus Bildern, Klängen und Farben bestehenden Sprache die Antworten aufbewahrt, zu denen unsere [...] Vernunft so vergebens sich drängt. Das gerade macht Arkadiens Reiz, seine greifbare Nähe; das schafft den verlockenden Eindruck des Wiederholbaren, des Nachahmbaren; [...] Arkadien ist nicht die Gewißheit eines bessern Morgen, eines endzeitlich glücklichen Lebens, das den Weg ins Freie gefunden hätte, sondern die Verewigung der Sehnsucht nach dem anderen Leben, die nicht den Hauch einer Chance auf Erfüllung je hatte. Nicht einmal an seinen besten Tagen, in seinen gelungensten Augenblicken vermag Arkadien die Wunden zu heilen, die Geschichte dem Leben geschlagen hat. [...] Deswegen ist Arkadien nicht als Utopie entworfen [...] – sondern als Traum, als poetisches Nirgendwo und Überall, als phantastisches Immer und Niemals, das wohl alle geschichtlichen Erfahrungen weit hinter sich läßt, aber nicht die Negation von Geschichte überhaupt sein kann. ›Denn [...] das Paradies ist – laut Kleist – verriegelt [...]; wir müssen die Reise um die Welt machen, und sehen, ob es vielleicht von hinten wieder irgendwo offen ist.‹« A.a.O. S. 128 ff. Ingeborg Bachmanns »Reise um die Welt« führte die Dichterin zunächst aus dem ›österreichischen Arkadien‹ heraus, das sich im Leben wie im Schreiben für sie als unlebbare Illusion entpuppte. Sie begab sich daher auf eine neue Suche nach dem ›Arkadien des Südens‹ auf den Spuren ihres Vaters: in das Land, dessen ›Heilsversprechen‹ sich aber ebenfalls nicht erfüllte. Übrig blieb der, wenn auch in vielen Punkten illusionslose, so aber doch ›unbesetzte‹ Raum der Fremd- und Selbstdarstellung in der Kunst, in der Phantasie, der den individuellen

Blau eines freieren und reineren Himmels«[17] gespannt, hatte aber auf der ›Vertikale ihrer Kunst‹ den »Himmel« auf diese Weise letztlich nicht erreicht. »Schweigt mit mir, wie alle Glocken schweigen! [...] Unbegangen sind die Wege auf der Steilwand des Himmels.«[18] In ihrer Sprache war das lyrische Ich bereits auf dem Weg dorthin ›geblendet‹ worden, durch das, was aus der Distanz heraus im Blick zurück auf die eigene Herkunft – im Beschreiben der *Todesarten* – immer deutlicher sichtbar und erkennbar wurde. Die Feststellung, daß »die Gesellschaft [...] der allergrößte Mordschauplatz«[19] ist, konnte auch die Erfahrung des Südens nicht überdecken.

> In der Nachgeburt der Schrecken
> sucht das Geschmeiß nach neuer Nahrung.
> Zur Ansicht hängt karfreitags eine Hand
> am Firmament, zwei Finger fehlen ihr,
> sie kann nicht schwören, daß alles,
> alles nichts gewesen sei und nichts
> sein wird. Sie taucht ins Wolkenrot,
> entrückt die neuen Mörder
> und geht frei.[20]

wie kollektiven Alptraum genauso ausdrücken konnte wie die utopischen Züge des Denkens und Fühlens der Dichterin. Vielleicht erklären sich hieraus am ehesten die programmatischen Sätze Bachmanns aus *Malina*: »Ein Tag wird kommen, an dem die Menschen schwarzgoldene Augen haben, sie werden die Schönheit sehen, sie werden vom Schmutz befreit sein und von jeder Last, sie werden sich in die Lüfte heben, sie werden unter Wasser gehen, sie werden ihre Schwielen und Nöte vergessen. Ein Tag wird kommen, sie werden frei sein, es werden alle Menschen frei sein, auch von der Freiheit, die sie gemeint haben. Es wird eine größere Freiheit sein, sie wird über alle Maßen sein, sie wird für ein Leben sein ... [...] es wird der Anfang sein, es wird der Anfang sein für ein ganzes Leben...« In: GW. Bd. III. S. 121 f. Diese Gedanken markieren deutlich den Anbruch des ›goldenen Zeitalters‹ in der Kunst Ingeborg Bachmanns. Vgl. Bodo Gatz: *Weltalter, goldene Zeit und sinnverwandte Vorstellungen.* A.a.O.

17 Siehe Bachmann: *Lieder auf der Flucht.* In: GW. Bd. I. S. 138 ff.
18 Dies.: *Psalm.* In: GW. Bd. I. S. 54 f. Vgl. den erneuten Hinweis der Dichterin auf das Motiv der »Glocken« als Symbol der Erinnerung und Sehnsucht nach dem Ort der eigenen Herkunft in dem Kurztext *Auch ich habe in Arkadien gelebt.* Hier symbolisieren die »Glocken« die wehmütige Erinnerung an die alte Heimat in den Bergen »Arkadiens«: »[...] ein von großer Entfernung geschwächter Ruf, und mir ist, als käme er von den herbstlichen Hügeln, [...]. Oder ist es der Ton der Glocken, mit denen die weißen Lämmer ans Gebüsch streifen, wenn sie den Weg ins Tal nehmen? [...] Oder ist es der Ton einer Glocke, die ich in trage, wenn meine Sehnsucht an die Büsche streift, um die roten, reifen Früchte des letzten Jahres zu ernten? [...]« In: GW. Bd. II. S. 39 f.
19 Dies.: *Malina*. In: GW. Bd. III. S. 276.
20 Ebd. S. 54. Ingeborg Bachmann spielt hier auf die Täter des Zweiten Weltkriegs an. Die schleppende Auseinandersetzung der Länder Deutschland und Österreich mit

Unter dem Eindruck der Verbrechen des Zweiten Weltkrieges, derer sich die Weltöffentlichkeit der fünfziger und sechziger Jahre nur langsam bewußt wurde und deren Aufarbeitung im Nachkriegsdeutschland wie auch im Nachbarland Österreich nur äußerst schleppend vorangetrieben wurde, schrieb Ingeborg Bachmann viele ihrer Gedichte und Erzählungen.[21] Der Krieg ›mit allen Mitteln‹ blieb für die Dichterin zeit ihres Lebens eine Schreckensvision.[22] Die Schuld des einzelnen wie der Völker, die mit dem Zweiten Weltkrieg verbunden war, bestand für sie in der Erkenntnis fort, daß die Menschen dieselben geblieben waren und sich die Verhältnisse in dieser kurzen Zeitspanne nicht grundsätzlich verändert hatten, auch wenn der offensichtliche Krieg, der Krieg der Nationen, vorbei war.[23] »Die Massaker sind zwar vorbei, die Mörder noch unter uns [...].«[24] Niemand, auch nicht die »Heiligen Italiens«[25], die in einigen ihrer Gedichte um Hilfe an-

    dem faschistischen Unrechtsrégime war ein Grund gewesen, warum die Dichterin ein Leben in Italien vorzog. Das Leben in der Distanz zur Heimat ermöglichte ihr in vielerlei Hinsicht erst die Beobachtung und Beschreibung der menschlichen und politischen Strukturen, die sie später in ihrem Werk wiederholt anprangerte. Vgl. die Erzählungen *Unter Mördern und Irren*. In. GW. Bd. II. S. 159-186. Und: *Ein Wildermuth*. In: GW. Bd. II. S. 214-252. Siehe auch Hans Ulrich Thamer: »Nationalsozialismus und Nachkriegsgesellschaft. Geschichtliche Erfahrung bei Ingeborg Bachmann und der öffentliche Umgang mit der NS-Zeit in Deutschland.« Und: Gerhard Botz: Historische Brüche und Kontinuitäten als Herausforderungen – Ingeborg Bachmann und post-katastrophische Geschichtsmentalitäten in Österreich.« Beide in: Dirk Göttsche; Hubert Ohl (Hg.): *Ingeborg Bachmann – Neue Beiträge zu ihrem Werk*. Internationales Symposion. Münster 1991. A.a.O. S. 215-224 und S. 199-214. Siehe auch Holger Gehle: *NS-Zeit und literarische Gegenwart bei Ingeborg Bachmann*. A.a.O.
21 Vgl. hier beispielsweise die Gedichte *Früher Mittag, Alle Tage* und *Einem Feldherrn*. Alle in: GW. Bd. I. S. 44 ff.
22 Siehe hierzu den Aufsatz von Irene Heidelberger-Leonhard: »Ingeborg Bachmanns Todesarten-Zyklus und das Thema Auschwitz«. In: Robert Pichl; Alexander Stillmark (Hg.): *Kritische Wege der Landnahme. Ingeborg Bachmann im Blickfeld der neunziger Jahre*. Londoner Symposion 1993. Zum 20. Todestag der Dichterin. (Sonderpublikationen der Grillparzer-Gesellschaft. Hg. v. Robert Pichl. Bd. 2.). Wien 1994. S. 113-125.
23 Ingeborg Bachmann: »Die Gesellschaft ist der allergrößte Mordschauplatz. In der leichtesten Art sind seit jeher die Keime zu den unglaublichsten Verbrechen gelegt worden, die den Gerichten dieser Welt für immer unbekannt bleiben. [...] Die weltweit weltbekannten, auch die stadtbekannten Verbrechen erscheinen mir daneben so einfach, brutal, geheimnislos, sie sind etwas für Massenpsychologen, für die Psychiater, die sie auch nicht eindämmen werden, sie geben den allzu Fleißigen und Kundigen nur plumpe Rätsel auf, ihrer grandiosen Primitivität wegen. Was sich hingegen hier abgespielt hat und noch abspielt, ist nie primitiv gewesen. Erinnerst du dich [...]? Es gibt Worte, es gibt Blicke, die töten können, niemand bemerkt es, alle halten sich an die Fassade, eine gefärbte Darstellung.[...] aber ich höre ja schon auf ...« Dies.: *Malina*. In: GW. Bd. III. S. 276.
24 Dies.: *Der Fall Franza*. (Vorrede). Entwurf. In: GW. Bd. III. S. 341.
25 Siehe dies.: *Lieder von einer Insel* und *Lieder auf der Flucht*. Beide in: GW. Bd. I. S. 121-124 und S. 138-147.

gerufen werden, konnten auf der symbolischen Ebene die Mitschuld innerhalb der eigenen wie der kollektiven Geschichte aufheben.[26] Die Erkenntnis, daß das Leben in Rom ebenso seinen Gang geht wie überall in der Welt[27], verstärkte noch die künstlerische Hinwendung zu den *Todesarten* der modernen Gesellschaft und die Rückwendung zu Bildern der österreichischen Welt. Die Negation der Bilder des Südens wird bis zu deren vollständigen Auslöschung im Spätwerk Bachmanns von der Autorin vorangetrieben.

Dieser Prozeß läßt sich auch an der Erzählung *Das dreißigste Jahr* verdeutlichen: Der Protagonist der Erzählung, der nach Rom gegangen war, »dorthin zurück, wo er am freiesten war, wo er vor Jahren sein Erwachen, das Erwachen seiner Augen, seiner Freude, seiner Maßstäbe und seiner Moral erlebt«[28] hatte, hatte das kleine Bild von Puvis de Chavannes mit dem Titel *L'espérance* weggeworfen, »auf dem die Hoffnung, keusch und eckig, mit einem zaghaft grünenden Zweig in der Hand, auf einem weißen Tuch sitzt.«[29] Denn er, der in Rom »zum Schauen erwacht« war, hatte das genaue Hinsehen erlernt:

> Im Hintergrund hingetupft – einige schwarze Kreuze; in der Ferne – fest und plastisch, eine Ruine; über der Hoffnung – ein rosig verdämmernder Streif Himmel, denn es ist Abend, es ist spät, und die Nacht zieht sich zusammen. Obwohl die Nacht nicht auf dem Bild ist – sie wird kommen! Über das Bild der Hoffnung und die kindliche Hoffnung selbst wird sie hereinbrechen und sie wird diesen Zweig schwärzen und verdorren machen.
> Aber das ist nur ein Bild. Er wirft es weg.[30]

Die Metapher des Sehens spielt auch hier eine zentrale Rolle, doch die Figur des Erzählers ist fast gänzlich den Bildern des Grauens und nicht mehr dem der Schönheiten der Welt ausgeliefert.[31] So wird auch die italienische Bildwelt in der Erzählung *Das dreißigste Jahr* in ihr Gegenteil verkehrt: Wo für

---

26 Vgl. auch die Erzählung *Unter Mördern und Irren*. In: Bachmann: GW. Bd. II. S. 159-186. »Damals, nach 45, habe auch ich gedacht, die Welt sei geschieden, und für immer, in Gut und Böse, aber die Welt scheidet sich jetzt schon wieder und wieder anders. Es war kaum zu begreifen, es ging ja so unmerklich vor sich, jetzt sind wir wieder vermischt, damit es sich anders scheiden kann. Wieder die Geister und die Taten von anderen Geistern, anderen Taten. Verstehst du? Es ist schon [wieder] so weit, auch wenn wir es nicht einsehen wollen« Ebd. S. 173. (Einfügung in der eckigen Klammer v. d. Verf.).
27 Siehe dies.: *Zugegeben*. In: GW. Bd. IV. S. 340.
28 Dies.: *Das dreißigste Jahr*. In: GW. Bd. II. S. 97 f.
29 Ebd.
30 Ebd.
31 Siehe Agnese: *Ingeborg Bachmann. Der Engel der Literatur. Zum philosophischen Vermächtnis Ingeborg Bachmanns*. A.a.O.

den Protagonisten einmal die Freiheit und Hoffnung auf einen Neuanfang in der Stadt der unbegrenzten Möglichkeiten, in Rom, bestanden hatte, überwiegen nun anstatt der Bilder der »Sonne« und der Helligkeit die Bilder der hereinbrechenden Nacht, des Dunkels, der Trostlosigkeit und der Unfreiheit. Mit derselben Gewißheit, mit der das lyrische Ich in den *Lieder*[n] *von einer Insel* noch ausgerufen hat: »Einmal muß das Fest ja kommen!«[32] heißt es nun: »[...] die Nacht – sie wird kommen.«[33] Die erhoffte Verwandlung im Rahmen des ›Rituals der Reise nach Italien‹ ist ausgeblieben und scheint in der Erkenntnis der ›wahren Gestalt der Welt‹ für immer zunichte gemacht: »Man läßt ihm keine Freiheit, weil er sich erlaubt hat, früher und als er jünger war, hier [in Rom] anders gewesen zu sein. Er wird sich nie und nirgends mehr befreien können, von vorn beginnen können. So nicht.«[34] Das Ritual der Verwandlung ist zugunsten der Auseinandersetzung mit dem Tod in seinen verschiedenen Variationen im Werk Bachmanns zurückgetreten.

Die Ausdehnung in der Schrift: Aufbruch zu neuen Horizonten

Das lyrische Ich hatte sich die »Augen [...] an dem Sonnenspeicher Erde verbrannt«, als es in seinem ›erstgeborenen Land zum Schauen erwacht war‹. Die Erzähler-Figuren in der Prosa Ingeborg Bachmanns waren, was ihre Erkenntnisfähigkeit betraf, in der Anwendung der ›Kunst der Vertikale‹ einen Schritt weiter gekommen: Sie hatten »wachen Auges« gesehen, gehört und begriffen.[35] Sie hatten in der Distanz zur Heimat erkannt, was in der Gesellschaft geschah und was noch geschehen könnte. Die leise, spürbare

---

32 Bachmann: *Lieder von einer Insel.* In: GW. Bd. I. S. 122.
33 Vgl. hier die Nachdichtung einer neapolitanischen Volksweise aus dem 17. Jahrhundert durch Hans Werner Henze, deren anonymen Text er der Vertonung des ersten seiner fünf neapolitanischen Lieder zugrundegelegt hat: »Ich habe gehört, der Tod wird kommen. All' die Schönen kommt er sich holen. Du, die Du schön bist, bedenke Dich. Wem willst Du Deine Schönheit lassen? Laß' sie einem, der Dich liebt – sollte ich es sein, nun, ich hasse Dich nicht. – Eher lasse ich sie dem Tode, der Erde [...]« Ingeborg Bachmann bezieht sich in ihrer Lyrik und in ihrer Prosa »in verschiedenen Variationen auf diesen kurzen Text. Siehe auch die bekannte Stelle »Ein Tag wird kommen ...« In dies.: *Malina.* In: GW. Bd. III. S.121-122. Und »Nichts mehr wird kommen« in Bachmanns Gedicht: *Enigma.* In: GW. Bd. I. S. 171. S. a. Hans Werner Henze: *Cinque canzoni napoletane / Fünf neapolitanische Lieder (Canzoni' e copp' 'o tammurro)* »auf anonyme Texte des 17. Jahrhunderts« für Bariton und Kammerorchester 1956. (Studienpartitur ED 4766 bei Schott, Mainz).
34 Bachmann: *Das dreißigste Jahr.* In: GW. Bd. II . S. 98 f.
35 Dies.: *Das dreißigste Jahr.* A.a.O. S. 99. Und dies.: *Was ich in Rom sah und hörte.* A.a.O.

Ahnung von einer Welt »hinter der Welt«[36], die Bachmann in ihrer Lyrik in allen Facetten beschrieb, war der illusionslosen Erkenntnis der Erzählungen und dem Anspruch des Projekts der *Todesarten* gewichen:

> [...] denn die Diktatur meiner Augen und meiner Zärtlichkeiten ist gemildert. [...] Ich höre immerzu eine Musik: Und träum hinaus in sel'ge Weiten ..., ich bin in Venedig, ich denke an Wien, ich schaue über das Wasser und schaue ins Wasser, in die dunklen Geschichten, durch die ich treibe.[37]

Auf der Suche nach dem ›goldenen Land‹ der Kindheit, Italien, auf den Spuren des Vaters, zunächst des leiblichen, später im schriftstellerischen Prozeß auf denen eines imaginären[38] wie in dem Roman *Malina* – erst im »Einklang« mit dem Weg eines Freundes und Freunden, dann auf den Spuren eines inneren Weges, vor allem auf sich selbst hörend und auf sich selbst gestellt – war Ingeborg Bachmann an die Grenzen der Welt, der Sprache, des Denkens, des Schreibens und des Lebens vorgedrungen, was sie ebenfalls in der Erzählung *Das dreißigste Jahr* in der Haltung ihres Protagonisten zur Welt thematisiert[39]. Sie hatte sich im Schreiben, im Versuch, ›eine Vertikale aufzureißen in der Kunst‹, auch eine Perspektive in der Horizontale erschaffen: die Ausdehnung in der Schrift. In ihrer Kunst bewegte sie sich – von einigen Umwegen abgesehen – vom Ort zum Nicht-Ort: von der Heimat in die Fremde, vom »Tausendeck«[40] ihres vielgeliebten und ebenso kritisch betrachteten Herkunftslandes Österreich im Norden hin zu der südlichen Halbinsel Italien, vom Abschied von Arkadien über den »Tod in Arkadien« hin zum »erstgeborenen Land«; vom Schreiben zum Schweigen, von der Lyrik zur Prosa. Ihr Schreiben verlief im Versuch von der Beschreitung einer ›Steilwand‹[41] eines nicht erreichbaren Himmels hinab zur Beschreibung der menschlichen Hölle:

> Der Anlaß älterer Todeserklärungen war die Leiche; der Anlaß moderner Todeserklärungen sind wir selbst. Darum ist auch das Dogma der Unsterblichkeit gefallen [...] Der Abschied von der Unsterblichkeit hat uns nicht zuletzt von den Toten befreit. [...] Wir wissen nicht, worüber wir sprechen, wenn wir vom Tod sprechen. Das sprachliche Zeichen »Tod« verbirgt das Bezeichnete. Die Frage verbirgt das Erfragte und offenbart keinerlei Referenz, sondern nur unsere Ohnmacht, den Tod in der Sprache heimisch zu machen. Der Tod verharrt indes als das Unheimliche,

---

36 Vgl. dies.: [*Die Welt ist weit*]. In: GW. Bd. I. S. 22 f.
37 Dies.: *Malina*. In: GW. Bd. III. S. 130.
38 Vgl. das Kapitel »Der dritte Mann«. In: Dies.: *Malina*. In: GW. Bd. III. S. 174 ff.
39 Dies.: *Das dreißigste Jahr*. A.a.O. S. 129.
40 Dies.: *An die Sonne*. In: GW. Bd. I. S. 137.
41 Dies.: *Psalm*. In: GW. Bd. I. S. 55.

ohne sprachlichen Sinn; und seine Erhebung zur transzendentalen Voraussetzung aller Bedeutung und jeglichen Verstehens gelingt bloß so lange, als wir uns selbst an die Stelle des Todes plazieren können. Der Tod ist die Grenze des Sinns und der Bedeutung; er ist eine *Metapher*, und er wird mit *Metaphern* angefüllt. [...] Worüber sprechen wir, wenn wir vom Tod sprechen? – Wir sprechen vom Zusammenbruch des sozialen Körpers, wir sprechen von der Grenzerfahrung. Wir sprechen vom Blick auf das Jenseits, der manchen Abschied begleitet, ohne genauerhin zu wissen, ob wir – als Wölfe – den Tod erfahren oder bloß die Rückenansicht unserer eigenen, vertrauten und gewohnten Welt. Wir sehen im Sterben allein den Kommunikationsabbruch; [...] Als Desorganisation von Raum und Zeit, als Trennung von Körper und Identität, als Negation aller diskursiven und sozialen Regeln.[42]

Die Metapher der letzten Grenze: »Todesarten« (›Der Fall Franza‹)

Wenn die Beschreibung des Todes eine Metapher der letzten Grenze, eines letzten Sinnes darstellt, so hatte Ingeborg Bachmann diese Grenze im Beschreiben der *Todesarten* erreicht. Sie hatte jedoch nicht vom »Dogma der Unsterblichkeit«, wie Macho es formuliert, Abstand genommen. Im Gegenteil: Im Versuch, den Tod und damit den Sinn des Daseins bis an seine letzte Grenze zu verfolgen und ihn auf diese Weise in der Sprache und im eigenen Bewußtsein heimisch zu machen, hatte sie im ›Ritual der Verlebendigung der Zeichen‹ einer tradierten, der italienischen Bildwelt, auf die Unsterblichkeit in der Schrift hingewiesen.[43] Ihr Schreiben gründete sich in der Erfahrung, daß, wie Jan Assman es formuliert,

---

42 Thomas Macho: *Todesmetaphern. Zur Logik der Grenzerfahrung.* Frankfurt a. M. 1987. S. 408-412. – Auch bei der Betrachtung des Todes aus soziologischer Perspektive spielen die Augen eine wichtige Rolle: »Die Leiche ist eine verschlossene, eine negative Synthesis zwischen Identität und Differenz, Nähe und Entfernung, Einheit und Trennung, *etwas* und *nichts*. Die Synthesis ist anwesend, aber nicht als Versöhnung eines dialektischen Widerspruchs. Sie erscheint, um sich zu verbergen – ganz wie die Gottheit der Neuzeit: mortuus absconditus. Die Verhüllung offenbart sich durch die Augen. [...] An den Augen erleben wir, ob wir zu einem anderen Menschen Kontakt bekommen oder nicht; [...] An den Augen entscheidet sich, welche sozialen Beziehungen zwischen verschiedenen Menschen bestehen oder aufgenommen werden können. [...] Man sagt, daß den Sterbenden die Augen brechen, weniger um die spätere Zerstörung des Augenlichts zu antizipieren, als um den Moment festzuhalten, in welchem der Augenkontakt mit dem Sterbenden abreißt. Brechen kann nur eine Verbindung, ein Zusammenhang. Und zu den ersten Handlungen, die am gestorbenen Menschen verrichtet werden, zählt, daß ihm die Augen zugedrückt werden.«
43 Siehe Bachmann: *Lieder auf der Flucht.* In: GW. Bd. I. S. 147.

[...] die ursprünglichste Form, gewissermaßen die Ur-Erfahrung jenes Bruchs zwischen Gestern und Heute, in der sich die Entscheidung zwischen Verschwinden und Bewahren stellt, [...] der Tod [ist]. Erst mit seinem Ende, mit seiner radikalen Unfortsetzbarkeit, gewinnt das Leben die Form der Vergangenheit, auf der eine Erinnerungskultur aufbauen kann. [...] In Wirklichkeit handelt es sich aber um den Akt der Belebung, den der Tote dem entschlossenen Willen der Gruppe verdankt, ihn nicht dem Verschwinden preiszugeben, sondern kraft der Erinnerung als Mitglied der Gemeinschaft festzuhalten und in die fortschreitende Gegenwart mitzunehmen. [...] der Begriff »Tradition« verschleiert den Bruch, der zum Entstehen von Vergangenheit führt, und rückt den Aspekt der Kontinuität, das Fortschreiben und Fortsetzen, in den Vordergrund. [...][44]

Ingeborg Bachmann schloß sich deshalb insofern mit ihrem Leben und Schreiben in Italien einer künstlerischen Tradition mit einem Anspruch auf Unsterblichkeit an, als sie einerseits den Aspekt der Kontinuität, des Fortschreibens und Fortsetzens der Kunst im ›Aufriß einer Vertikale‹ durch Zeit und Raum auch in ihrer Beschreibung des Südens in den Vordergrund stellte und die ›Verlebendigung der Zeichen der Zeit‹ im schriftstellerischen Prozeß besonders für die Zeichenwelt des Südens einforderte. Andererseits aber ging sie weit über die Grenzen dieser Tradition hinaus, indem sie vor allem die Schnitt- und Bruchstellen innerhalb einer Tradition beschrieb, die nicht nur für die italienische, sondern für jede Gesellschaft von Bedeutung war und ist und die zum Entstehen einer wie auch immer deutbaren Vergangenheit, je nach Standpunkt des Beobachters, führen kann. Von der Beschreibung des Todes in Arkadien, des Todes der Schönheit, der reinen Anschauung und des Lichts im ›erstgeborenen Land‹ wechselte sie auf eine am individuellen Beispiel vorgeführte[45], doch für die gesamte moderne Gesellschaft zutreffende Beschreibung derjenigen ›Todesarten‹ über, die nach ihrer Ansicht die Menschen des zwanzigsten Jahrhunderts prägten.

Wenn Ingeborg Bachmann im Kapitel »Die ägyptische Finsternis« aus ihrem unvollendeten Roman *Der Fall Franza*, den sie 1966 das erste Mal im Rahmen einer Lesereise durch Norddeutschland der Öffentlichkeit vorstellte, ihre Hauptfigur Franza sagen läßt, »Sire, ich werde ankommen. Ich bin in

---

44 Jan Assmann: »Totengedenken als kulturelles Gedächtnis«. In: *Das kulturelle Gedächtnis. Schrift, Erinnerung und politische Identität in den frühen Hochkulturen*. München ²1997. S. 33-34.
45 Ingeborg Bachmann sagte in einem Interview mit Volker Zielke im Oktober 1972: »[...] Zu sagen, was neben uns jeden Tag passiert, wie Menschen, auf welche Weise sie ermordet werden von den andern, das muß man zuerst einmal beschreiben, damit man überhaupt versteht, warum es zu den großen Morden kommen kann.« In: Dies.: *Wir müssen wahre Sätze finden. Gespräche und Interviews*. A.a.O. S. 116.

der großen Gummizelle aus Himmel, Licht und Sand«,[46] so hatte sie sich im Schreiben bereits weit von Europa und Italien entfernt. Gedanklich gesehen befand sie sich schon mitten in der Wüste, an ihrem persönlichen Nicht-Ort[47]: Ihre utopischen Vorstellungen von der Welt hatten sich ein weiteres Mal in Richtung Süden verschoben:

Ein anderer Versuch fing an, und den würde sie an sich selber vornehmen. [...] Da Europa zuende war, alles zuende [...] [war, hatte Franza] Hunger, Durst, wiederentdeckt, die Gefahr, wiederentdeckt, die Ohren, die Augen geschärft und auf die Außenwelt gerichtet, das Ziel wiedergewußt. Ein Dach über dem Kopf, ein Nachtlager, Schatten, ein wenig Schatten. [...] Die Augen und die Wüste fanden zueinander, die Wüste legte sich über die Netzhaut, lief davon, wellte sich näher heran, lag wieder im Aug, stundenlang, tagelang. Immer leerer werden die Augen, immer aufmerksamer, größer, in der einzigen Landschaft[48], für die Augen gemacht sind.

46 Bachmann: *Der Fall Franza*. Unvollendeter Roman. In: GW. Bd. III. S. 416. Vgl. zu *Der Fall Franza* auch die Arbeit von Ortrud Gutjahr: *Fragmente unwiderstehlicher Liebe. Zur Dialogstruktur literarischer Subjektentgrenzung in Ingeborg Bachmanns »Der Fall Franza«.* A.a.O.
47 In *Der Fall Franza* nimmt Ingeborg Bachmann auch intertextuell gesehen Bezug auf Leben und Werk des Dichters Arthur Rimbaud, dessen Dichtung sie, wie bereits bemerkt, sehr verehrte. Siehe dazu den aufschlußreichen Aufsatz von Andrea Allerkamp: »Stationen der Reise durch Ich-Landschaften – Zwischen Arthur Rimbaud und Ingeborg Bachmann«. In: *Literarische Tradition heute. Deutschsprachige Gegenwartsliteratur in ihrem Verhältnis zur Tradition.* Hg. von Gerd Labroisse und Gerhard P. Knapp. (Amsterdamer Beiträge zur neueren Germanistik. Bd. 24.) Amsterdam 1988. S. 159-179. Allerkamp weist darauf hin, daß »in der einsamen Landschaft [...] psychische Verwüstungen entdeckt, Mythen und Utopien rekonstruiert werden [können], um sie in demselben Moment wieder zu zerstören. Bachmanns Figur, die in der Wüste stirbt, zerbricht an ihren Leiden und verkörpert durch ihren Tod ein Symbol, das entsymbolisiert werden muß. [...] Die Identifikation mit dem Subjekt oder mit dem Abbild des Unbewußten, der Wüste, führt in eine Sackgasse, die den Blick für den Aufbruch zu den unbekannteren Ufern versperrt. [...] Obwohl sie an einem außereuropäischen Ort die Illusion der Flucht leben kann, verfällt Franza nicht in exotische Egalisierungen, sondern bleibt sich ihrer eigenen deutsch/österreichischen Geschichte bewußt.[...] Die ›primitiven Ordnungen‹ werden durch eine sprachliche Ordnung ersetzt. Symbole des Todes (der Wolf, die Weißen) stehen bei Rimbaud und Bachmann den Symbolen des Lebens (Wüste, Ewigkeit) gegenüber, sie schließen sich aber nicht aus, sondern verhalten sich im reziproken Austausch zueinander. [...] Töten und Getötet-Werden sind Prozesse innerhalb des Ichs und können auf Stationen der inneren Reise entdeckt werden. In der Erinnerungsarbeit finden die Todesarten eine Sprache.« Ebd. S. 175 u. S. 178 f.
48 Vgl. zum Landschaftserleben im Werk Ingeborg Bachmanns allgemein: Malgorzata Swiderska: »Ingeborg Bachmanns Schwanken zwischen dem Süden und dem Norden. (Zum Landschaftserlebnis bei Ingeborg Bachmann)«. In: *Acta Universitatis Lodziensis. Folia Litteraria.* Vol. 6. Lódz 1982. S. 271-281. Malgorzata Swiderska stellt in ihrem Aufsatz fest, daß »die »erhabene Natur« [...] einen recht geringen Platz in ihrem Schaffen einnimmt, obwohl man bei Ingeborg Bachmann eine fast romantische

[...] *Enigma*. In einer Nacht am Nil, in der ich nie sein werde, in einer Nacht am Nil, wenn nicht die Dorflampen, sondern alle Sterne angezündet sein werden. (Am Nil, am obersten Nil, weit weg von den Schattenjahren, in denen kein Stern mir in den Mund hing.) [...] Sie lernte die Zeichen lesen.[49]

Franza hatte die Zeichen lesen gelernt, es waren Zeichen des Todes, ähnlich wie in Rom: *Denk*mäler, *Grab*mäler der fremden, *Schand*male der eigenen Kultur. Erneut findet sich die Protagonistin – wie das lyrische Ich im Gedicht *Das erstgeborene Land* – in einer ›nature morte‹ wieder und wieder erwacht die Hauptperson in Einklang mit den Bildern der ausgetrockneten, grenzenlosen Landschaft zum Schauen und wird über diesen Prozeß zu ganz neuen Erkenntnissen fähig. Franza erfährt in der ›Leere‹ der ägyptischen Landschaft innere Fülle. Das Motiv der Augen taucht auch hier an zentraler Stelle wiederholt auf. Das Rätsel, *Enigma*, zitiert chiffriert das »Nichts mehr wird kommen« aus dem gleichnamigen Gedicht, als Franza in der Wüste »todkrank« wird. Erneut hat die Protagonistin Bachmanns ein Ende der Welt aufgesucht, um in der Überschreitung des Todesmoments einen neuen Anfang zu wagen; und wieder ist es eine tradierte Schrift, die Franza zu entziffern und neu zu deuten sucht:

> Franza sagte: sie haben die Gräber geschändet. [...] Sie lassen nicht einmal die Toten liegen. Die Archäologen. Sie haben die Toten weggeschleppt. Sie starrte in das Tutanchamon-Grab und sagte, es ist eine Schande, das alles ist eine große Schande. Verstehst du mich nicht. So sind sie. Ich kann das gar nicht ansehen. Die ganze Schande kommt in mir zusammen, weil sie sonst niemand spürt. [...] Unter den geschlossenen Lidern lief ein Zeichenband, mit schwarzweißen Ornamenten bedeckt, es lief und lief, und die Hieroglyphen walzten über ihre Augen, unter ihren Augendeckeln. Die Augen wieder offen, blitzschnell geöffnet, trotz des Drucks, damit diese unentzifferbare Schrift ins Stocken kam. Versicherung, daß alles noch da war, wieder das Zimmer. Ein schaler, warmer Geruch vom Nil. Ein Ende mit der Schrift. Ein andrer Anfang. [...] Die Augen müssen noch einmal –. Einmal müssen die Augen aufgehen. Ich will wieder fliegen, ich will ankommen, Sire, ich will ankommen.[50]

Sensibilität gegenüber den Naturphänomenen entdecken kann.« Ebd. S. 275. Ansonsten weist der recht allgemein gehaltene Aufsatz vor allem aber auf die Tatsache hin, »[...] daß es bei Ingeborg Bachmann um eine Landschaft geht, die über jede reale erhoben wird, um eine innere, um ›le paysage moral‹, [...] ein System von Spannungen [...] das ständig aus der Ruhelage herausdrängt auf etwas zu, auf ein Anderes, sei es ein vages Anderswo oder ein Ziel.« (Ebd. S. 279).

49 Bachmann: *Der Fall Franza*. Unvollendeter Roman. In: GW. Bd. III. S. 421, S. 423, S. 424 u. S. 435. (Kurs. Herv. u. Einfügung in d. Klammer v. d. Verf.).
50 Dies.: *Der Fall Franza*. Unvollendeter Roman. In: GW. Bd. III. S. 436, S. 443 u. S. 444.

Das in der Wüste beschriebene Ende, der Tod Franzas, stellt auf der symbolischen Ebene des Rituals, das Bachmann auch hier im Schreiben vollzieht, einen neuen Anfang dar. Ein weiteres Mal versuchte die Autorin im Schreiben über die Fremde bei sich selbst »an[zu]kommen«[51], sich über die Grenzen der Welt im Nachdenken über den Tod in der Schrift zu erheben. Doch die Ankunft im Leben erweist sich ein weiteres Mal als Utopie. In der Erkenntnis, daß das Paradies der Schönheit als solches außerhalb des eigenen Denkens nicht ungebrochen existiert, nicht existieren kann, bleibt allein der Verweis auf den Verlust zurück: »[...] denn die Schönheit ist anrüchig, kein Schutz mehr, und die Schmerzen verlaufen schon wieder anders.«[52] Das Leben in der Kunst im Land der Kunst, Italien, und der Versuch, über die Schaffung »unzerstörbarer Objekte« im künstlerischen Prozeß die »Ewigkeit« des eigenen Selbst in bezug zur Welt über den Moment hinaus festzuhalten[53], schützte natürlich auch Ingeborg Bachmann im Schreiben nicht vor der Erkenntnis und der Anerkennung des ›eigenen Todes‹. Im Gegenteil: Ihr Schreiben setzte diese Erkenntnis voraus. »Einmal müssen die Augen aufgehen, [...] damit diese unentzifferbare Schrift ins Stocken kommt.«[54] Nur auf diese Weise wird die »unentzifferbare Schrift« des Lebens in der Kunst entzifferbar: in der Dokumentation eines stetig voranschreitenden Prozesses der im Leben stattfindenden Desillusionierung als eine mögliche Form der Realitätsgewinnung im Prozeß des Schreibens.[55]

So sind die Schauplätze der Literatur[56] in der ›Vertikale der Kunst‹ Bachmanns immer auch Schauplätze der Erkenntnisse des Lebens, und Orte wie

---

51 Siehe auch Bachmann: *Das dreißigste Jahr*. In: GW. Bd. II. S. 120. »Mein Vorhaben: Ankommen!« Das Motiv der Ankunft kann bei Bachmann als Aufbruchsmetapher verstanden werden, da sich auch das Ziel der Ankunft immer wieder verschiebt (z. B. Italien, Ägypten, Polen, ein Nicht-Ort wie die Wüste etc.) und daher ein »Ankommen« im eigentlichen Sinn des Wortes ausschließt. Ankunft kann daher vor allem als Einkehr zu sich selbst und als innerer Vorgang begriffen werden, der, sofern die zum Leben erforderliche Selbsterkenntnis nicht gegeben ist, einen sich stets wiederholenden Aufbruch in fremde Gebiete, Gedanken oder Gestalten voraussetzt, der im künstlerischen Ritual des Schreibens jedoch gegeben ist.
52 Ebd. S. 118.
53 Siehe Auchter: »Die Suche nach dem Vorgestern – Trauer und Kreativität«. A.a.O. S. 225.
54 Bachmann: *Der Fall Franza*. A.a.O. S. 443 f. In dieser formelhaften Wendung wird noch einmal auf den verheißungsvollen Satz »Einmal muß das Fest ja kommen« aus dem Gedicht-Zyklus *Lieder von einer Insel* Bezug genommen. Bachmann: *Lieder von einer Insel*. In: GW. Bd. I. S. 122.
55 Vgl. Auchter: »Die Suche nach dem Vorgestern – Trauer und Kreativität«. A.a.O. S. 209 ff.
56 Vgl. Ingeborg Bachmann: »Die wirklichen Schauplätze, die inwendigen, von den äußeren mühsam überdeckt, finden woanders statt [sic!]. Einmal in dem Denken, das zum Verbrechen führt, und einmal in dem, das zum Sterben führt.« In: *Der Fall Franza*. In: GW. Bd. III. S. 342.

Italien oder Ägypten vertreten sie in ihrem Werk, wenn auch mit unterschiedlichen Schwerpunktsetzungen, gleich gut. »So weit im Leben und so nah am Tod [...]«[57], schreibt Bachmann in ihrem 1957 entstandenen Gedicht *Strömung*. In diesem Koordinatensystem bewegte sich ihr Schreiben von der ersten bis zur letzten Stunde. Ingeborg Bachmann zielte im fortgesetzten Beschreiben von Welt im gleichzeitig tieferen Vordringen in den Raum des Südens auf eine umfassende Neudeutung tradierter Zeichen und von der Geschichte überlassener Symbole ab. In der fingierten Ansprache Franzas an die geraubten Toten im Tal der Könige wird Bachmanns Prinzip des rituellen Schreibens in einer Art ›Überblendung‹ von Gegenwart und Vergangenheit noch einmal besonders deutlich. Hier heißt es:

Ihr Toten zwischen 9 und 12 und von 4 bis 6. Hier [...] ist einer, der will euch nicht zu Staub verfallen lassen, der will euch das Leinen wieder überziehen, euch die goldenen Masken überstülpen, euch in die bemalten Schreine zurücklegen, sie schließen, eure Sarkophage zurückbringen, euch in die Felsen einfahren, euch dem Dunkel zurückerstatten, damit ihr wieder regiert und eure Schriften bleiben, Lebenszeichen, Wasserzeichen, die geflügelte Sonne, die Lotosblume. Ihr habt euch gut beschrieben. Sollen die Lebenden die Lebenden beschreiben. Dies ist eine Rückgabe. Dies ist eine Wiederherstellung.[58]

»Die Wiederherstellung« der alten Schriften als ›Lebenszeichen, Wasserzeichen, Sonnenzeichen‹ ist das Prinzip, das sich hinter dem Schreiben von Ingeborg Bachmann verbirgt. Im Schreiben über die Welt wollte sie symbolische Zeichen setzen, die bleiben würden, wie die Zeichen vergangener, untergegangener Kulturen (ob diese nun römischen oder ägyptischen Ursprungs waren), selbst wenn das schreibende Ich schon längst ausgelöscht war. Die Neudeutung der tradierten Zeichen entspricht im Schreiben die Neubelebung der Vergangenheit, ist aber bei Bachmann auf die Zukunft gerichtet.

---

57 Bachmann: *Strömung*. In: GW. Bd. I. S. 156. Dieses Zitat übernimmt Bachmann in etwas veränderter Form aus Friedrich Hebbels Gedicht *Sommerbild*: »Ich sah des Sommers letzte Rose stehn, / Sie war, als ob sie bluten könne, rot: / Da sprach ich schaudernd im Vorübergehn: / *So weit im Leben ist zu nah am Tod!* [...]« In: Friedrich Hebbel: *Werke*. Bd. 3. Hg. von Gerhard Fricke u. a.. Darmstadt 1965. S. 49. (Kurs. Herv. v. d. Verf.).
58 Bachmann: Der Fall Franza. In: GW. Bd. III. S. 448.

Das Rätsel der Auferstehung:
Die Vertreibung aus dem Paradies

Zwischen der Hoffnung auf Auferstehung im »erstgeborenen Land«[59] und der Erkenntnis, daß es die Auferstehung im Leben nicht gibt, und wenn überhaupt, nur im Tod, in der Übermittlung der Zeichen der Zeit in der tradierten Form der Schrift, hatte Ingeborg Bachmann das ›goldene Land ihrer Kindheit‹[60] auf ihrer Reise um die Welt »im verzweiflungsvollen Unterwegssein zur Sprache«[61] auf den Spuren des realen und später in der Schrift im Zeichen eines imaginären »Vaters«, dem in *Malina* – Wort für Wort verlassen. Eine bisher unveröffentlichte und daher in der Forschung noch weitgehend unberücksichtigt[62] gebliebene Fassung des Gedichts *Enigma* hebt diesen Aspekt ihres Werkes noch einmal besonders hervor. Sie soll an dieser Stelle zum besseren Verständnis kurz zitiert werden:

Enigma

Nichts mehr wird kommen, das Geheul
der gierigen Winterwölfe ist leiser geworden.
Die Wölfe verlassen das Land.

Nichts mehr wird kommen. Aber auch Frühling nicht,
tausendjährige Kalender sagen es jedem voraus.
????? gehn die Tage aus dem Land.

Aber auch Sommer und weiterhin etwas mit Namen
wird nicht mehr kommen, ein menschliches Gesicht
mimt dazu Klärung und Heiterkeit.
Verharren in Heiterkeit.

Du sollst ja nicht weinen,
sagt die Musik, sonst sagt
niemand etwas in Tränen.

---

59 Siehe Bachmann: *Lieder von einer Insel*. In: GW. Bd. I. S. 121.
60 Vgl. dies.: *Religiöses Behagen?* In: GW. Bd. IV. S. 312.
61 Dies.: *Frankfurter Vorlesungen. Probleme zeitgenössischer Dichtung*. In: GW. Bd. IV. S. 268.
62 Susanne Bothner hat sich aufgrund ihrer Beschäftigung mit dem Nachlaß von Ingeborg Bachmann bereits mit den verschiedenen Fassungen des Gedichts *Enigma* beschäftigt. Siehe Susanne Bothner: *Der janusköpfige Tod*. A.a.O. S. 318 ff.

Du sollst ja nicht weinen,
sagt das vergessene Kind
an bestimmten Tagen,
wenn sein Vater
es wieder vermisst.
Zu seinem Vater,
der es nie vermisst,
sagt das Kind,
sagt, du sollst ja nicht
an mich denken, es gibt mich nicht.[63]

Im Prozeß des Schreibens wird bei Ingeborg Bachmann die Auslöschung der (eigenen) Kindheit beschrieben und parallel dazu der allmähliche Prozeß des Absterbens der Vergangenheit. Aber gerade im Schreiben wird dem Prozeß des gegenseitigen Vergessens, dem Verlust von Erinnerung an die »[...] eigene, vertraute und gewohnte Welt«[64] des Vaters, der Herkunft, der Heimat Österreich, Einhalt geboten. Der Blick auf den Tod aus dem Leben heraus konnte unter diesen Umständen nur aus der Perspektive der größtmöglichen Distanz stattfinden, die mit einem traditionsreichen Künstler-Ort wie Rom für viele Künstler, so auch für Ingeborg Bachmann, im Hinblick auf die Heimat bzw. über die Grenzen hinaus in eine neue fremde Welt wie Ägypten gegeben war.

In der Frühfassung des Gedichts *Enigma* sind die »Wölfe«[65] bereits wieder dabei, das Land zu »verlassen«. Ein neuer Aufbruch wird thematisiert. Dem

---

63 Die hier zitierte frühe Fassung des Gedichts *Enigma* stammt aus dem Nachlaß der Dichterin (Nachlaß-Nr. 425), der sich in der Österreichischen Nationalbibliothek Wien befindet.
64 Macho: *Todesmetaphern. Zur Logik der Grenzerfahrung.* A.a.O. S. 410.
65 Vgl. Bachmann: »Ich glaube, das ist es! Man vereitelt den anderen, man lähmt ihn, man zwingt ihm sein Wesen ab, dann seine Gedanken, dann seine Gefühle, dann bringt man ihn um den Rest von Instinkt, von Selbsterhaltungstrieb, dann gibt man ihm einen Tritt, wenn er erledigt ist. Kein Vieh tut das, die Wölfe töten den sich demütigenden Gegner nicht, er kann ihn nicht töten, [...] er ist nicht fähig ihm die Kehle durchzubeißen, wenn man sie ihm hinhält. Wie weise, wie schön. Und die Menschen, mit den stärksten Waffen, das stärkste Raubtier, sie haben diese Hemmung nicht. Ich kann mich mit den Wölfen versöhnen, mit den Menschen nicht.« In: *Der Fall Franza.* GW. Bd. III. S. 410. Siehe auch den Stellenwert, den Bachmann dem Wahrzeichen Roms, der »kapitolinischen Wölfin« einräumt: »Anders war das Tier, das nicht vom Fleisch nahm, sondern in seinem Fleisch die Nahrung für eine Geschichte erzeugte, der es voranging: die Wölfin.« Aus: *Was ich in Rom sah und hörte.* In: GW. Bd. IV. S. 32. Das Bild der Geschichte(n) erzeugenden Wölfin, die von ihrem Fleisch die Geschichte Roms, eines Mythos nährte und ihr voranging, ist zugleich ein Bild für die Dichterin und ihr in Rom entstandenes, im Leben ›gezeugtes‹ Werk. Dichten war für Ingeborg Bachmann immer auch eine Form der »Zeugenschaft« in der Welt. Vgl. *Die Wahrheit ist dem Menschen zumutbar.* In: GW. Bd. IV. S. S. 275 ff.

lyrischen Du droht keine wirkliche Gefahr mehr, wie sie Bachmann zum Beispiel mit dem Biß der »Viper« in dem Gedicht *Das erstgeborene Land* gestaltet hatte; in diesem Gedicht existiert aber auch keine Hoffnung auf eine Besserung des Zustandes mehr, auf eine Änderung der ›Zeit‹, hier dargestellt im ausbleibenden Wechsel der Jahreszeiten (»Frühling nicht«, »Sommer [...] wird nicht mehr kommen«). Die einzig' existierende Bedrohung bleibt die in den Gedanken, die in den Träumen und in der Erinnerung an die negative Vatergestalt der Kindheit (der »Vater, / der es nie vermisst« im Gegensatz zu dem »Vater, / [der] es wieder vermisst«).[66] »Du sollst ja nicht weinen«, heißt es schon hier, wie auch in der letzten, veröffent-

---

66 Vgl. Bachmann: *Der Fall Franza*: »[...] Früher habe ich nie geachtet auf die Träume, und sie waren vielleicht auch nicht viel mehr, bevölkert und bewandert eben und gefärbt manchmal, aber jetzt, wie quälend, weil es nichts Fremdes ist, es gehört eben zu mir, ich bin zu meinen eigenen Träumen gekommen, meine Tagrätsel sind größer als meine Traumrätsel, du merkst dann, daß es keine Traumrätsel gibt, sondern nur Rätsel [vgl. *Enigma!* – Anm. d. Verf.] , Tagrätsel, unverlautbare chaotische Wirklichkeit, die sich im Traum zu artikulieren versucht, die dir manchmal genial zeigt, in einer Komposition, was mit dir ist, denn anders würdest du nie begreifen, und dann pfuscht dein Träumen, dann dilettiert es, dann kommt es mit nichts zurecht, ein schlechter Dramatiker, dem die Akte auseinanderbrechen, die Motive sich verwirren, dem der Held zu früh stirbt, der die Personen aus einer früheren Szene mit einer späteren verwechselt, plötzlich aber nimmt sich dein Traum zusammen und tut den großen Wurf, [vgl. das Gedicht *Freude der Schiffbrüche* von Giuseppe Ungaretti: »Und plötzlich nimmst du / die Fahrt wieder auf / wie / nach dem Schiffbruch / ein überlebender / Seebär //« In: Ders.: *Gedichte*. Italienisch und deutsch. Übertragung und Nachwort von Ingeborg Bachmann. Frankfurt a. M. 1961. S. 67.] »ein Shakespeare hat ihm die Hand geliehen, ein Goya ihm die Bühnenbilder gemalt, er hebt sich aus den Niederungen deiner Banalität und zeigt dir ein großes Drama, deinen Vater und einen Gesellen, [...] die Alten sind immer dabei, deine Mutter, an die du nie denkst, lehnt an jeder Wand, deine flottierende Angst, für die du keinen Grund weißt, spielt dir eine Geschichte vor, daß dir Hören und Sehen vergeht, jetzt erst weißt du, warum du dich ängstigst, und so sah ich auf einen Friedhof, beim Sonnenuntergang, und in dem Traum hieß es: das ist der Friedhof der Töchter. Und ich sah auf mein eigenes Grab hinunter, denn ich gehörte zu den Töchtern und mein Vater war nicht da. Aber ich war seinetwegen gestorben und hier begraben. Weißt du vielleicht in diesen wachen Zuständen etwas von einem Friedhof der Kinder und an wem du stirbst? [...] er ist das Exemplar, das heute regiert, das heute Erfolg hat, das von heutiger Grausamkeit [ist], [...] man könne ihn einfassen wie einen Stein, er würde das glänzend repräsentieren, das Raubtier dieser Jahre, das Rudel Wölfe dieser Jahre, da gibt es keinen Prozeß, und das hab ich begriffen [...].« In: GW. Bd. III. S. 411-413. Für Ingeborg Bachmann gab es, nach dieser Textstelle zu urteilen, im Laufe ihres Lebens nur einen ›Prozeß‹ und zwar den des Schreibens. In diesem Zitat finden sich die verschiedenen Entwicklungsstufen der wichtigsten Motive des Schreibens der Dichterin in einem wieder: »Der Traum, das Rätsel, das Fremde, das Eigene, die Komposition, der große Wurf, das Drama, der Vater, die unterirdischen Querverbindungen, die Mutter, die Wand, die Angst, der Grund, die Geschichte, Hören, Sehen, der Friedhof bei Sonnenuntergang, der Friedhof der Töchter, das (eigene) Grab, der abwesende Vater, der Stein, der Wolf, der Prozeß.«

lichten Fassung des Gedichts. Der Prozeß des Trauerns auf der symbolischen Ebene des Textes ist jedoch bereits in vollem Gange. Der Trost durch die Musik, die Erinnerung an den ›guten‹ und die Trauer über den ›bösen‹ Vater bleiben dem »Kind« bei dem Auszug aus der Kindheit erhalten. In dem Gedicht gerät nicht etwa die Kindheit, sondern das Kind selbst in ›Vergessenheit‹. Doch im Schreiben wird dem Prozeß des Vergessens Einhalt geboten: es wird an das Kind erinnert. Dem ›vergessenen Kind‹ wird auch hier ein schriftlich fixiertes Denkmal gesetzt, das dem Totengedenken in *Der Fall Franza* nahekommt. Der Prozeß der totalen Desillusionierung (»Nichts mehr wird kommen«) und des Vergessens, die Tilgung der Vergangenheit, reicht bis zur Auslöschung der Person des Kindes in der Erinnerung eines Anderen, des Vaters: »[...] du sollst ja nicht / an mich denken, es gibt mich nicht.« Das an den Vater gerichtete Verbot der Erinnerung, das parallel zu dem Vers in der vierten Strophe »Du sollst ja nicht weinen« aus der zweiten Symphonie von Gustav Mahler konstruiert ist, ist in dieser frühen Fassung des Gedichts eng verknüpft mit dem Aufbruch in die Fremde und der Negation der Bilder des Südens von Wärme, Geborgenheit und Freude. Die »Heiterkeit« in der dritten Strophe ist nur gespielt und stellt eine Maske dar, hinter der sich Unmenschlichkeit und Grausamkeit verbirgt. Die jeweils zweifach wiederholte Grundstruktur der Negation: »Nichts mehr wird kommen [...] Nichts mehr wird kommen. [...] Aber auch Frühling nicht, [...] Aber auch Sommer und weiterhin etwas mit Namen / wird nicht mehr kommen [...] Du sollst ja nicht weinen, sagt die Musik [...] Du sollst ja nicht weinen, sagt das vergessene Kind [...] du sollst ja nicht / an mich denken, es gibt mich nicht«, wird nur im letzten Vers der fünften Strophe gebrochen, in der Auflösung der Figur des Kindes. Diese frühe Fassung des Gedichts stellt also gleichzeitig den Aufbruch[67] wie den ›Einbruch‹ in die Erinnerung an die Kindheit dar. Der Zyklus der lyrischen Bilder der Ausfahrt in den Süden ist hiermit zu einem ersten Ende gekommen und hat mit dem stellvertretenden Aufbruch der »Wölfe« doch von neuem begonnen. Wohin ihr Weg sie führen wird, wird jedoch nicht gesagt. An dieser Stelle treffen eine äußere, horizontale Bewegung (»Die Wölfe verlassen das Land«) und eine innere, vertikale Bewegung auf der zeitlichen Ebene (die in der Erinnerung an die »vergessene« Kindheit besteht) im sprachlichen Kunstwerk Bachmanns zusammen. Das sprachmagische Ritual wird so gesehen auch in der völligen Negation der Bilder des Südens fortgeführt, indem

---

67 Selbst die »Wölfe« als Raubtiere »verlassen das Land« und suchen eine neue Heimat. Was müssen die »Wölfe«, die bei Bachmann wegen ihres ausgereiften Sozialverhaltens oft höher bewertet werden als der ›soziale‹ Mensch, in dem Land zu fürchten haben; und wieviel mehr erst das dem Vater schutzlos ausgelieferte Kind, das sich laut des Gedichts nicht wehren kann, so stellt sich die Frage. Siehe Bachmann: *Der Fall Franza*. GW. Bd. III. S. 410.

entgegen dem im Gedicht thematisierten Prozeß des Vergessens und der Verdrängung schreibend die Erinnerung auch für künftige Generationen festgehalten und zur Neudeutung dieser tradierten Zeichen aufgefordert wird. Insofern setzt auch der Leser und Interpret den Zyklus des Rituals fort. Wie sich zeigen ließ, konnte Ingeborg Bachmann sich im italienischen ›Exil‹ weitgehend ungestört von den ›Tagesgeschäften der Heimat‹ der »memoria« in der Schrift widmen.[68] Nicht nur in *Der Fall Franza*, auch in den Gedichten und Erzählungen findet sich an vielen Stellen ein ›Totengedenken‹ der besonderen Art an die Lebenden der Vergangenheit in der Erinnerung im Schreiben wieder. Erst in der Nennung der richtigen Namen kann der Prozeß des Trauerns und mit ihm der des Schreibens vonstatten gehen. Sein Produkt ist das ›lebendige‹ Zeichen, die Schrift: als Mahnung an den eigenen Tod, als Denkmal für die Ewigkeit.[69]

Die Imperative der ägyptischen Ethik, durch Aneinander-Denken das soziale Netz nicht zerreißen zu lassen, werden ergänzt durch den Appell »Gedenket!«, den die ägyptischen Grabmonumente zehntausendfach an das kommemorative Gedächtnis richten. Aber es sind nicht notwendiger-

---

68 Vgl. Ingeborg Bachmann in einem Interview mit Karol Sauerland vom Mai 1973: »SAUERLAND Ihre Gestalten besuchen öfters Wien, und sehr gern als fremde Stadt, als eine Stadt, in der sie sich nicht wohl fühlen können. Ist das Ihr ambivalentes Verhältnis zu Wien, oder ist es literarische Fiktion? BACHMANN Ja, ich werde wohl auch schuld daran sein. Es ist diese Haßliebe. Ich bin daher sehr früh weggezogen, und da war es nur Haß, dann habe ich beim Schreiben bemerkt, daß ich ja immer wieder über Wien schreibe und immer wieder über Österreich, und wenn ich noch so lange in Italien lebe, daß ich nicht über Italien schreiben kann. Ich höre ja nun in jedem Tonfall, wie ein Österreicher ist; was ein österreichischer Hausmeister, ein österreichischer Arbeiter, ein österreichischer Intellektueller, ein Dame aus der österreichischen Gesellschaft sagt, das weiß ich eben wirklich. Das Andere also habe ich auch zu begreifen versucht und vielleicht auch begriffen, aber ich kann es nicht darstellen. Wenn ich über Wien schreibe, da bin ich ganz sicher. Nur dann. Über Wien oder die österreichische Provinz. Und jetzt wird diese Haßliebe immer geringer, denn plötzlich glaube ich, daß ich sogar gern nach Wien zurückgehe.« In: Dies.: *Wir müssen wahre Sätze finden. Gespräche und Interviews.* A.a.O. S. 140 f. – Mit dem Entschluß im Jahr 1967, keine Gedichte mehr zu schreiben (das Gedicht *Enigma* stellt laut Aussage der Herausgeberinnen vermutlich das letzte, bis jetzt veröffentlichte Gedicht der Autorin dar – vgl. dies: *Anmerkungen*. In: GW. Bd. I. S. 660.) und der zunehmenden Hinwendung zu österreichischen Themen nehmen die Aussagen Ingeborg Bachmanns zu, sie könne gar nicht über Italien schreiben, da sie sich nur bei der Beschreibung Wiens und der österreichischen Gegebenheiten letztlich sicher fühle. Diese Aussage ist nur insofern zutreffend, als die Autorin den Schwerpunkt ihres letzten Projekts, dem der *Todesarten* – vor allem in dem Roman *Malina* und in den Entwürfen für den Roman *Requiem für Fanny Goldmann* – auf Wien legte und der Schauplatz Italien in ihrer späten Prosa daher nur noch vereinzelt auftaucht.
69 Dies.: *Was ich in Rom sah und hörte*. In: GW. Bd. IV. S. 32. Und *Lieder auf der Flucht*: In: GW. Bd. I. S. 147.

weise nur materielle Monumente, es kann auch der bloße Laut der Stimme, sein, in dem ein Name weiterlebt. »Ein Mann lebt, wenn sein Name genannt wird«, heißt ein ägyptisches Sprichwort. In mehr oder weniger abgeschwächter Form ist das Prinzip der »memoria« in den beiden Dimensionen der Erinnerung einfordernden Leistung und der sich erinnernden Pietät in allen Gesellschaften wirksam. Die Hoffnung, im Andenken einer Gruppe weiterzuleben, die Vorstellung, seine Toten in eine fortschreitende Gegenwart hinein mitnehmen zu können, gehört wohl zu den universalen Grundstrukturen der menschlichen Existenz. Totengedenken ist in paradigmatischer Weise ein Gedächtnis, »das Gemeinschaft stiftet«. In der erinnernden Rückbindung an die Toten vergewissert sich eine Gemeinschaft ihrer Identität. In der Verpflichtung auf bestimmte Namen steckt immer auch das Bekenntnis zu einer soziopolitischen Identität.[70]

In Rom hatte die Schriftstellerin gelernt, daß »alles einen Namen hat und man die Namen kennen muß. Selbst Dinge wollen gerufen werden.«[71] Auch Bachmann hatte sich im Schreiben über ›zu Stein und zu Geschichte‹ Gewordenes ihrer eigenen Identität und Herkunft vergewissert. 1962 schrieb sie in der Erzählung *Ein Schritt nach Gomorrha*:

> Immer hatte sie davon geträumt, die Welt überliefern zu können, und hatte sich geduckt, wenn man sie ihr überlieferte, hatte verbissen geschwiegen dazu, wenn man ihr etwas hatte weismachen wollen, und an die Zeit gedacht, in der sie ein Mädchen gewesen war und noch gewußt hatte, wie man sich ein Herz faßt und daß man nichts zu fürchten hatte und vorangehen konnte mit einem dünnen hellen Schrei, dem auch zu folgen war.[72]

Wie in ihrem Kurztext *Auch ich habe in Arkadien gelebt* beschrieben, hatte sich die Dichterin auf der Suche nach dem »dünnen hellen Schrei« ihrer Kindheit im Land am Meer, im Süden, eine Stimme verschafft, einen ›Namen‹ gemacht und ihren »Platz unter der Sonne« gefunden.[73] Doch die Namen der Dinge zu kennen und sie im Schreiben beim richtigen Namen zu nennen, reichte für eine Rückkehr aus dem »erstgeborenen Land« in die verlorene Heimat ›Arkadien‹ nicht aus.

---

70 Assmann: »Totengedenken als kulturelles Gedächtnis«. In: *Das kulturelle Gedächtnis. Schrift, Erinnerung und politische Identität in den frühen Hochkulturen*. A.a.O. S. 61 ff.
71 Bachmann: *Was ich in Rom sah und hörte*. Ebd. S. 32.
72 Dies.: *Ein Schritt nach Gomorrha*. In: GW. Bd. II. S. 205.
73 Dies.: *Auch ich habe in Arkadien gelebt*. In: GW. Bd. II. S. 39.

Im Schreiben über den Tod hatte sich Ingeborg Bachmann im Leben ihrer Identität als Schriftstellerin und Mensch bis hin zur Beschreibung der letzten Grenzen des Ichs, der Ich-Auflösung – wie zum Beispiel in der Frühfassung des Gedichts *Enigma* oder innerhalb ihrer imaginären Autobiographie *Malina* in der Beschreibung vom Verschwinden des Ichs in der Wand[74] – vergewissert. Sie hatte der Welt, in der sie lebte und gelebt hatte, ein kritisches Denkmal gesetzt und es in sehr existentieller und kunstvoller Weise verstanden, die tradierten Zeichen ihrer Zeit im schriftstellerischen Prozeß wieder lebendig werden zu lassen, auch wenn sie zuletzt am ›Point of no return‹ angekommen war. Auf der Kunst der Vertikale lagen die Beschreibungen von Helle und Hölle schon in ihrem Frühwerk sehr dicht beieinander.[75]

Von der Helle zur Hölle –
Auf der Suche nach dem Ursprung der Dinge (›Malina‹)

[…] es gibt keinen Grund zur Beunruhigung, beruhigen Sie sich, das Ultimatum an Serbien ist schon längst abgelaufen, es hat nur ein paar Jahrhunderte von einer auch fragwürdigen Welt verändert und sie zum Ruin gebracht, man ist ja längst zu den Tagesordnungen der neuen Welt übergegangen. *Daß es unter der Sonne nichts Neues gibt*, nein, das würde ich niemals sagen, das Neue gibt es, das gibt es, verlassen Sie sich darauf, nur, Herr Mühlbauer, von hier aus gesehen, wo nichts mehr geschieht, und das ist auch gut so, muß man die Vergangenheit ganz ableiden, Ihre und meine ist es ja nicht, aber wer fragt danach, man muß die Dinge ableiden, die anderen haben ja keine Zeit dazu […].[76]

Ingeborg Bachmann zitiert sich in diesen beiden Textstellen selbst, greift Elemente der in ihrer Hymne *An die Sonne* noch positiv konnotierten südlichen Bildwelt zu einem späteren Zeitpunkt ihres Schreibens in der Prosa wieder auf. Sie stellt die tradierten Bilder des Südens ein zweites Mal in einen neuen Kontext und gibt ihnen damit ein weiteres Mal eine neue Bedeutung in Zeit und Raum:

Mein Blau, mein herrliches Blau, in dem die Pfauen spazieren, und mein Blau der Fernen, mein blauer Zufall am Horizont! Das Blau greift tiefer in mich hinein, in meinen Hals, und *mein Vater hilft jetzt nach und reißt mir*

---

74 Vgl. hierzu auch Gudrun Kohn-Waechter: *Das Verschwinden in der Wand. Destruktive Moderne und Widerspruch eines weiblichen Ich in Ingeborg Bachmanns »Malina«.* A.a.O.

75 Bemerkenswert ist, daß im Mittelhochdeutschen unter dem Begriff *helle* sowohl die *Helligkeit* als auch die *Hölle*, die »verborgene Unterwelt«, verstanden werden konnte, unabhängig davon, daß sie von verschiedenen Wortstämmen abgeleitet wurden.

76 Dies.: *Malina.* In: GW. Bd. III. S. 97. (Kurs. Herv. v. d. Verf.)

mein Herz und meine Gedärme aus dem Leib, aber ich kann noch gehen, ich komme ins erste matschige Eis, bevor ich ins ewige Eis komme, und in mir hallt es: Ist denn kein Mensch mehr, ist hier kein Mensch mehr, auf dieser ganzen Welt, ist da kein Mensch und unter Brüdern, ist einer denn nichts wert, und unter Brüdern! Was von mir da ist, erstarrt im Eis, ist ein Klumpen, *und ich sehe hinauf, wo sie, die anderen, in der warmen Welt wohnen*, und der Große Siegfried ruft mich, erst leise, und dann doch laut, ungeduldig hör ich seine Stimme: *Was suchst du, was für ein Buch suchst du? Und ich bin ohne Stimme.* Was will der Große Siegfried? Er ruft von oben immer deutlicher: Was für ein Buch wird das sein, was wird denn dein Buch sein?

Plötzlich kann ich, auf der Spitze des Poles, von der es keine Wiederkehr gibt, schreien: *Ein Buch über die Hölle. Ein Buch über die Hölle!*

Das Eis bricht, *ich sinke* unter dem Pol weg, *ins Erdinnere. Ich bin in der Hölle.* Die feinen gelben Flammen ringeln sich, die Locken hängen mir feurig bis zu den Füßen, ich spucke Feuer aus, schlucke Feuer hinunter.

Bitte befreien Sie mich! Befreien Sie mich von dieser Stunde![77] Ich rede mit meiner Stimme aus der *Schulzeit*, doch ich denke, mit einer *hohen Bewußtheit*, es ist mir bewußt, wie ernst es schon geworden ist, und ich lasse mich auf den qualmenden Boden fallen, *weiterdenkend*, liege ich auf dem Boden und denke, ich muß die Menschen noch rufen können, und *mit ganzer Stimme, die mich retten können. Ich rufe meine Mutter und meine Schwester [...], ich halte die Reihenfolge genau ein [...]. Meine ganze Kraft nehme ich zusammen, nachdem ich vom Eis ins Feuer gekommen bin und darin vergehe, mit einem schmelzenden Schädel, daß ich rufen muß in der hierarchischen Reihenfolge, denn die Folge ist der Gegenzauber.*

Es ist der Weltuntergang, *ein katastrophales Fallen ins Nichts*, die Welt, in der ich wahnsinnig bin, *ist zu Ende [...]*.[78]

Das ›Ritual der Reise nach Italien‹ bestand für Ingeborg Bachmann im ›Aufreißen einer Vertikale‹ in der Kunst, die in diesem Zitat sehr eindrücklich als Fall aus dem Paradies des Südens (»mein herrliches Blau, [...] mein Blau der Fernen, mein blauer Zufall am Horizont«), als schöpferischer Prozeß bei der Entstehung eines Buches beschrieben wird. Das geschieht, gerade was den Anfang des Zitats betrifft, zunächst anhand von Bildern, die die Autorin wörtlich schon einmal in der Hymne *An die Sonne* verwendet hatte. Das »Blau« des südlichen Himmels, in der Hymne ein Bild für die

---

77 Siehe auch das Jugendgedicht von Ingeborg Bachmann: *Bewegung des Herzens*. In: GW. Bd. I. S. 624. Das Gedicht beginnt mit einer Umkehrung dieser Befreiungsphantasie und beschwört geradezu den Aufbruch in die Fremde hin zur »Sonne«: »Eine einzige Stunde frei sein! / Frei, fern! [...] Eine einzige Stunde frei sein! Eine einzige Stunde Licht schauen!«

78 Dies.: *Malina*. In: GW. Bd. III. S. 177 u. S. 178. (Kurs. Herv. v. d. Verf.)

grenzenlos schweifende Phantasie des lyrischen Ichs, eine Sehnsuchtsmetapher, die für Wärme, Liebe und für die Hoffnung auf ein glücklicheres Leben stand, verwandelt sich hier kurzerhand in den symbolischen »Vater«, der dem Ich in *Malina* seine Mitte (»Herz«) und seine Lebensfähigkeit (»Gedärme«) zerstört. Das Ich fällt sozusagen aus dem wärmenden Paradies des Südens heraus in das kalte Element des Nordens, ins ewige Eis, und von dort aus direkt in die Hölle. Der Prozeß dieses tiefen Falls wird jedoch als ›Suche nach dem Buch‹ beschrieben. Indem das Ich den Titel des gesuchten Buches gefunden hat, kehrt auch seine durch den Sturz verlorene Stimme zu ihm zurück. Jetzt kann es endlich aufbegehren und schreien, was ein Zeichen für die innere Befreiung darstellt, aber auch den nächsten Sturz auslöst. »Das Eis bricht, ich sinke unter dem Pol weg, ins Erdinnere. Ich bin in der Hölle.« Das angestrebte Kunstwerk, ein »Buch über die Hölle« zu schreiben, und die Identität des Ichs werden inhaltlich als deckungsgleich erfahren. Das Ich erlebt sich selbst in der Hölle; das »Ich« wird zur »Hölle«: »Die feinen gelben Flammen ringeln sich, die Locken hängen mir feurig bis zu den Füßen, ich spucke Feuer aus, schlucke Feuer hinunter.« Der Ruf nach Befreiung aus diesen (schöpferischen) Qualen – man kann die Flammen auch als Sinnbild für die verzehrenden schöpferischen Kräfte des Ichs lesen – führt auf der ›Kunst der Vertikale‹ das Ich innerlich zurück in seine Kindheit: Die »Stimme« des Kindes ist wieder hörbar geworden, doch das dahinter stehende Gedankenkonzept ist das eines Erwachsenen (Bachmann spricht, wie gesagt, von einer »hohen Bewußtheit, es ist mir bewußt, wie ernst es schon geworden ist«). In größter Not, auf dem ›Boden liegend und denkend‹, erfolgt der Ruf nach der Mutter und dann nach der Schwester, den weiblichen Figuren, »mit ganzer Stimme, die mich retten können«. Dabei ist nicht nur die Kraft der Stimme, sondern vor allem die Reihenfolge der Rufe wichtig, die als »Gegenzauber« zum »Fall ins Nichts« verstanden wird. Dieser symbolische »Fall ins Nichts« stellt gleichzeitig den »Weltuntergang« wie das ›Weltende‹ dar, an dem das Ich nach seinen verschiedenen Aus- und Überfahrten im Verlauf des Fallens endlich angekommen ist. Auch das schöpferische Ritual ist an seinem Höhepunkt angelangt: Die Sprachmagie, die strikte Einhaltung der Wortreihenfolge wird als Rettung aus dem als »Hölle« empfundenen schöpferischen Prozeß angesehen. Die Suche nach dem »Buch über die Hölle« ist zur inneren Hölle für das schöpferische Ich (das als mit einer »hohen Bewußtheit« ausgestattet und ständig »weiterdenkend« beschrieben wird) geworden. Doch im Einlassen auf den Prozeß des Fallens, den ich hier im Sinne der ›Kunst der Vertikale‹ als dichterischen Prozeß verstehe, ist in der Beschreibung dieses »Falls« selbst das Ende der Welt erreichbar geworden. Die »Ankunft«, von der die verschiedenen Erzähler-Figuren Ingeborg Bachmanns so oft geträumt haben, ist im Innern dieses Ichs in *Malina* gelungen. Die Ankunft im Innern des Ichs, das sich dem verzehrenden schöpferischen Prozeß hilflos ausgeliefert sieht (siehe das Kapitel über das Hörspiel *Die Zikaden*), bewirkt gleichzeitig den Untergang der Bilder des Südens: die »Insel«, das »Schiff«, die »Oleanderbüsche«, der »Vulkan«, sie alle versinken vor den Augen des Ichs und der Welt. Die Verbindung von Ich und Welt scheint unwiederbringlich verloren. Die Ankunft wird in Bachmanns Roman *Malina* tatsächlich als Ende geschildert, der Zyklus der (Lebens-)Reise ist auf das Ritual des Schreibens übertragen, unterbrochen worden. Es existiert keine »Insel« und damit auch keine Hoffnung mehr für das Ich. Das aber stellt nicht nur die Negation der Bilder des Südens, sondern die Negation *der Welt* dar. Und wie schon in der frühen Fassung des Gedichts *Enigma* folgt auch am Schluß des Romans *Malina* konsequenterweise die Auflösung der Ich-Figur. Der Fixierung der Zeichen im Ritual ist nun die De-Ritualisierung gefolgt: Die Zeichen-Setzung als schriftstellerischer Prozeß ist beendet, die Ich-Figur ist aufgelöst (worden). Insofern läßt sich die Auflösung der Ich-Figur über die Auflösung der Zeichen am Ende des Buches aus der Sicht einer Autorin, die ihr Schreiben als rituellen Prozeß verstanden hat, auch als »Mord«[79] bezeichnen.

Mitten in der Nacht wimmert das Telefon leise, [...]. Es ist finster, es knistert um mich herum, ich bin auf einem See, in dem das Eis zu tauen anfängt, [...] und ich hänge jetzt mit der Telefonschnur im Wasser, nur an diesem Kabel noch, das mich verbindet. Hallo! Ich weiß schon, daß es mein Vater ist, der mich anruft. Der See ist vielleicht bald ganz offen, *doch bin ich auf einer Insel hier*, die weit draußen im Wasser liegt, *sie ist abgeschnitten, es gibt auch kein Schiff mehr*. Ich möchte ins Telefon schreien: [...] aber am anderen Ende kann nur mein Vater sein, ich friere so sehr und warte mit dem Telefon, untergehend, auftauchend, [...] im Wasser kann man noch übers Wasser telefonieren. Ich sage schnell, gurgelnd, Wasser schluckend: Wann kommst du, hier bin ich, ja hier. Du weißt ja, *wie fürchterlich es ist, es gibt keine Verbindung mehr*, ich bin abgeschnitten, ich bin allein, nein, *kein Schiff mehr!* Und während ich auf Antwort warte, *sehe ich, wie verdüstert die Sonneninsel ist, die Oleanderbüsche sind umgesunken, der Vulkan hat Eiskristalle angesetzt, auch er ist erfroren, es ist das alte Klima nicht mehr.* Mein Vater lacht ins Telefon. Ich sage: *Ich bin abgeschnitten*, komm doch, wann kommst du? Er lacht und lacht, er lacht wie auf dem Theater, er muß es dort erlernt haben, so grausig zu lachen. [...] Hör auf damit. Mein Vater hört aber nicht auf, dümmlich zu lachen. [...] *Die Insel geht unter, man kann es von jedem Kontinent aus sehen*, während weitergelacht wird.[80]

79 Bachmann: *Malina*. In: GW. Bd. III. S. 337.
80 Ebd. S. 180 f. (Kursive Herv. v. d. Verf.). In diesem Zitat aus *Malina* finden sich verschiedene, zum Teil geringfügig veränderte Selbstzitationen wieder, so vor allem aus dem Hörspiel *Die Zikaden* aus dem Jahr 1954 und aus den Gedichten *Salz und Brot, Lieder auf der Flucht* und *Was ich in Rom sah und hörte*.

Der beschriebene Fall des Ichs und damit der schöpferische Prozeß im Ich der Autorin sind zu einem (ersten) Ende in der Schrift gekommen. Das »Ich« ist verschwunden, es ist eingegangen in eine »sehr alte, sehr starke Wand, aus der *niemand mehr fallen* kann, [...] aus der *nie mehr etwas laut* werden kann.«[81]

Für Ingeborg Bachmann war mit der Übersiedlung nach Italien der Auftakt zu einer Lebensreise auf den Spuren des »Vaters« eng mit dem schriftstellerischen Prozeß verknüpft. Dieser Weg führte sie im Ritual der inneren Reise zunächst auf der ›Steilwand des Himmels‹ hin zur »Sonne«, dann im Beschreiben des ›Verlusts der Augen‹ als Trauer- oder Desillusionierungsprozeß (siehe Auchter) hinunter in das vulkanische Innere der Erde (›Hölle‹), hin zum Beginn, zu den Zeichen der »Vorwelt«. Das Ich befand sich hierbei immer auf der Suche nach der eigenen Stimme, nach dem Ursprung der Dinge, der im sprachmagischen Schreiben auch in *Malina* noch eng mit dem Ruf nach der ›Mutter‹ bzw. den weiblichen Figuren (›Schwester‹) im Text verbunden ist.[82] Der Versuch, ›den unsicheren Boden‹ des ›Vulkans‹ der schöpferischen Kräfte der (eigenen) Natur in der Erinnerung an die Vergangenheit im Gestalten von sprachlichen Kunstwerken zu begehen, entwickelte sich bei Ingeborg Bachmann zum Projekt der *Todesarten*: dem Bezwingen der Hölle des Lebens im fortwährenden Prozeß des Schreibens. Das *erstgeborene Land* war versunken bzw. hatte sich endgültig als Traum entpuppt – wie schon seine großen literarischen Vorgänger *Atlantis* und *Orplid*.[83]

---

[81] Bachmann, *Malina*. In: GW Bd. III. S. 337. Siehe auch den Schluß des Gedichts *An einen Feldherrn*, in dem ebenfalls der Fall des lyrischen Ichs auf der ›Kunst der Vertikale‹ vom »Berg ins Tal, [...] in die Schluchten, in die Samen der Erde, [...] in die tiefen Bezirke des Vergessens, [...] und in die Bergwerke des Traums. Zuletzt aber in das Feuer« beschrieben wird. Dort erst findet dann die Krönung zum Dichter statt: »Dort reicht dir der Lorbeer ein Blatt«. In: Bachmann: *An einen Feldherrn*. In: GW. Bd. I. S. 48.
[82] Siehe Bachmann: *Beweis zu nichts*. In: GW. Bd. I. S. 25.
[83] Siehe dies.: *Die Zikaden*. In: GW. Bd. I. S. 228. u. [*Zur Entstehung des Titels »In Apulien«*]. In: GW. Bd. IV. S. 305.

11. Zusammenfassung

Die vorliegende Arbeit hatte sich zum Ziel gesetzt, das ›Ritual einer Reise nach Italien‹ am Beispiel ausgewählter Texte unterschiedlicher Gattungen (Lyrik, Prosa, Hörspiel) aus dem Werk von Ingeborg Bachmann zu beschreiben und auf Motive und Strukturen ihres Italienbildes hin zu analysieren.

Bachmann selbst hatte ihr Schreiben als »Ritual« begriffen, als Versuch, die tradierten Zeichen vergangener Zeiten (literarische Bilder, Kunstwerke, Bauten, Orte, menschliche, aber auch historisch-politische Geschichte(n), geistiges Gedankengut) für die Gegenwart neu zu lesen, zu deuten und diese im Prozeß der Auseinandersetzung mit der Wirklichkeit gewonnenen Erkenntnisse ästhetisch innerhalb eines »sprachlichen Kunstwerkes« zu gestalten, zu verarbeiten und auf eine veränderte, d. h. verbesserte Zukunft hin zu überschreiben.

Unter Berücksichtigung der Thesen von Wolfgang Braungart, der den engen Zusammenhang der symbolischen Bedeutungsanordnungen von rituellem und literarischen Sprechen bzw. Schreiben betont, läßt sich festhalten, daß Bachmann sehr wohl in der Traditionslinie dieses seit Goethes Italienreise gesellschaftlich fest verankerten Künstler-Rituals steht. Die meisten für das Italienbild typischen Motive tauchen auch in ihrem Werk auf und werden literarisch zunächst auf den Spuren innerer, vorgegebener Italienwege analysiert, verglichen und dann zu einem individuellen Italienbild verarbeitet, das die Auseinandersetzung mit früheren strukturellen und motivgeschichtlichen Elementen noch erkennen läßt. Dabei sind im Vollzug des Rituals rein formal gesehen, gerade bei der Verarbeitung der besonders italientypischen Bildwelten (so bei dem Motiv der »Sonne«, des »blauen Himmels«, des Aufenthalts in »Rom« etc.) streng geordnete Text-Welten entstanden, die sich besonders durch den Aspekt der stilistischen wie motivischen Wiederholung auszeichnen und zugleich im literarischen Kunstwerk säkularisierte rituelle Formen (Feierlichkeit des poetischen Sprechens; starke Rhythmisierung der Texte durch häufige Verwendung von Wort- und Satzteilwiederholungen; Häufung von Parallelismen, Anaphern, Alliterationen, Inversionen etc.) inszenieren wie zum Teil im Textverlauf oder durch die Neuanordnung der Bilder brechen. Diese rituellen Formen lassen mitunter das für Bachmann typische hymnische Sprechen an vielen Stellen zur Elegie, zum Klage- oder Trauergesang werden.

Der symbolische Tod (Sprachverlust, Weltverlust, Erkenntnisverlust, Liebesverlust etc.), den Bachmann im Schreiben so oft gestaltete, läßt sich als Motiv auch in den frühen Italientexten schon durchgängig, wenn auch zum Teil durch positive, dem Leben zugewandte Bildwelten (Sonne, Wärme, Licht, Farbigkeit, Musikalität der Welt etc.) überlagert oder gemildert, nachweisen. Bachmann überschreitet im Prozeß des Schreibens diese in der

Tradition im allgemeinen positiv konnotierte Bilderwelt des Südens und geht auch hier, was die literarhistorische Tradition betrifft, den Bildern der italienischen Welt auf den Grund: Das beschreibende Subjekt ihrer Texte versucht, die erfahrene Wirklichkeit systematisch auf einer vertikalen Beschreibungslinie zu erfassen. Auf den magischen wie kritischen Blick nach oben in einen ›unverwundet blauen Himmel‹ (*Was ich in Rom sah und hörte*) als feststehendes Zeichen menschlicher Hoffnungen folgt unweigerlich der Blick nach unten, hinab in die verschiedenen übereinandergelagerten Raum- und Zeitschichten Roms, um die vorgefundene Welt auf ihren Wirklichkeitsgehalt und auf die den Dingen innewohnende Wahrheit zu prüfen.

Bachmann befindet sich mit diesem poetischen Beschreibungsverfahren, das ich in Anlehnung an ihre Ausführungen in den *Frankfurter Vorlesungen* ›Kunst der Vertikale‹[1] genannt habe, dabei immer auf der Suche nach der »Formel« für die (italienische) Welt, auf die sie die facettenartige, immer nur einen Teil der Welt erfassende, menschliche Wahrnehmung bringen möchte. So vergleicht sie im Schreiben über Italien gegenwärtige menschliche Erfahrungen mit denen vergangener Zeiten, aber immer mit dem Ziel, diese im Rahmen ihrer Möglichkeiten als Gegenwartsschriftstellerin auf eine bessere Zukunft hin zu überschreit(b)en. Dabei versucht Bachmann, der Utopie von einer besseren Welt im Schreiben stückweise Realität abzugewinnen, auch wenn sie im Prozeß des Schreibens selbst noch utopisch erscheinen mag. »In hellere Zonen trägt dann sie [die Sprache – A. H.] den Toten hinauf«, formuliert sie 1957 beispielsweise in dem Gedicht *Exil*[2] über ihren Umgang mit der Sprache.

Dabei hat Bachmann, wie ich gezeigt habe, die *Italienische Reise* Johann Wolfgang von Goethes, dessen Italienreise biographisch wie ästhetisch gesehen für viele zum Modell wurde und dessen Wiedergeburtsphantasie häufig als Raster für das Italienerlebnis nachfolgender Künstlergenerationen diente, als »Chiffre«, als Folie verstanden, die sie im eigenen, vor allem sinnlichen Erleben (besonders über die »Augen« und das »Sehen«) und nicht zuletzt im künstlerischen Erschreiben der italienischen Bildwelten um des »Fortschritts in der Kunst«[3] willen überschreiten wollte.

Aus diesem Grund habe ich mich in einem ersten Schritt vor allem auf die Herausarbeitung der Parallelen und Unterschiede in der Metaphorik der Italienbilder von Johann Wolfgang von Goethe und Ingeborg Bachmann konzentriert, wobei auch einige Parallelen biographischer Art festgestellt werden konnten (Reise auf den Spuren des Vaters; ›Flucht‹ aus chaotisch

---

1   Bachmann: *Frankfurter Vorlesungen. Probleme zeitgenössischer Dichtung.* A.a. O. S. 195.
2   Dies.: *Exil.* In: GW. Bd. I. S. 153. Erstveröffentlichung in Botteghe Oscure XIX (1957). S. 447.
3   Dies.: *Frankfurter Vorlesungen. Probleme zeitgenössischer Dichtung.* In: GW. Bd. IV. S. 195.

empfundenen Lebensverhältnissen in die Fremde und Versuch eines Neuanfangs; sinnliche und künstlerische Entfaltung; das ›Neue Sehen‹ bzw. der neue Blick auf Kunst und Geschichte Italiens als ordnendes Prinzip; Italien als Ort der Menschwerdung, der ›Selbstwerdung‹ und Selbstheilung). Während bei Goethe auch lange nach seinem Italienaufenthalt noch die Bilder des Lebens und der Erfüllung im gelobten Land des Südens dominieren, findet im Werk Ingeborg Bachmanns dagegen im Laufe ihres Lebens und Schreibens in Italien eine Verschiebung statt: Von der Hoffnung auf Erlösung unter der südlichen Sonne nimmt sie, je mehr sie den Bereich der Lyrik verläßt, Abstand, bis die Bilder des Todes ihr Werk gänzlich dominieren und das anfangs ausgewogene Italienbild überlagern, das zuvor zwar durchaus Bilder des symbolischen Todes oder der Verlusterfahrung enthielt, jedoch nicht allein aus diesen zusammengesetzt war. Den südlichen Metaphern wird im Spätwerk, dem *Todesarten*-Zyklus, immer weniger Raum zugestanden, auch wenn sich einzelne Versatzstücke aus früheren Italiengedichten im Roman *Malina* oder in *Der Fall Franza* nachweisen lassen. Diese werden von der Autorin in der Form der Selbstzitation aufgenommen, ihr ursprünglich positiv konnotierter Inhalt aber in Bilder des Todes verkehrt.

Während es sich bei Goethes *Italienischer Reise* um die bis ins Detail entfaltete Schilderung seines Wiedergeburtserlebnisses unter dem südlichen Himmel der Kunst handelt, stellt das Italienbild Ingeborg Bachmanns eine »Erstgeburt«, eine Neuschöpfung durch Überschreibung der tradierten Bilder dar. Nicht das künstlerische Selbst, sondern das Land Italien wird zunächst vor ihren Augen über die kreative Umsetzung im Prozeß des Schreibens »geboren«. Erst danach fällt dem lyrischen Ich durch das Öffnen der Augen, das Gewahrwerden und die Einsicht in das eigene Selbst im Gegenzug Erkenntnis und »Leben zu«: Das »erstgeborene Land« stellt daher zunächst eine kritisch betrachtete Eigenschöpfung auf den Spuren tradierter Bilder und erst im zweiten Schritt eine Selbst-Schöpfung, eine künstlerische wie seelische ›Neugeburt‹ dar. Beide Formen von Schöpfung finden sich schließlich im Gedicht *Das erstgeborene Land* vereint.

Das ›Ritual der Reise nach Italien‹ wird so im Schreiben von der Dichterin wiederholt vollzogen und doch mit neuem, individuell erfahrenem oder phantasiertem Inhalt in einem kritischen Vergleich in eine angemessene Form gebracht. Die Spiegelung des eigenen Selbst in der Natur (südliche Landschaften, Wasser, Feuer etc.), in der Schönheit der Dinge, zu denen auch die Menschen des Landes und die italienische Mentalität gehören, ist für Bachmann wichtiger gewesen als die ausschließliche Beschäftigung mit der italienischen Kunstwelt. Die Rezeption der Antike nimmt einen weitaus geringeren Stellenwert als bei Goethe ein, auch wenn sie in den *Frankfurter Vorlesungen*, Goethe zitierend, schreibt: »[...] im Bedürfnis von etwas Musterhaften müssen wir immer zu den alten Griechen zurückgehen, in deren Werken stets der schöne Mensch dargestellt ist. Alles übrige müssen wir nur historisch betrachten und das Gute, soweit es gehen will, uns daraus aneignen«.[4] Bachmann verstand das klassische Italienbild Goethes, wie bereits gesagt, als »Chiffre«, die im Ringen um eine neue, der eigenen Zeit gemäßen Kunst, überschrieben werden mußte. Sie hatte, ebenso wie vor ihr Goethe, versucht, Italien und seine aufeinanderfolgenden, für das Auge nebeneinander sichtbaren, historischen Schichten zu betrachten, zu systematisieren und mit einem durchaus sozialkritischen Blick auf die römische Gegenwart zu verknüpfen, was sich an Strukturen, Themen und Motiven ihres Essays über Rom zeigen ließ. Gleichzeitig wird bei dem historischen Blick die Zielrichtung von Bachmanns Schreiben im Sinne der ›Kunst der Vertikale‹ schon früh, in den ersten Jahren ihres Italienaufenthaltes, deutlich: Ihr Augenmerk liegt schon zu dieser Zeit, 1955, nachweisbar auf den historischen ›Todesarten‹ der römischen Gesellschaft, die sie im ›Aufriß‹ von der Antike bis zur Gegenwart für den Leser nachvollziehbar und als auf die Gegenwart übertragbar darstellt. Das ist der künstlerische Schnitt, zu dem die Autorin bei der Beschreibung der Welt Roms ansetzt – ein Thema, dem sie sich in ihrem Spätwerk fast ausschließlich widmen wird.

Dem Tod in Arkadien, den Ingeborg Bachmann schon in der bereits 1952 entstandenen kurzen Erzählung *Auch ich habe in Arkadien gelebt* nach Österreich zurückverlegt, wird die Gefährdung des eigenen Selbst durch den Tod im »erstgeborenen Land«, den Tod der Anschauung unter dem grellen Licht der südlichen Sonne, gegenübergestellt. Bei Goethe bleibt die Utopie eines besseren, glücklicheren und sorgloseren Lebens unter einem »freieren Himmel« auch nach seiner Rückkehr in die Heimat bestehen. Bei Bachmann hingegen findet ein an ihrem Schreiben ablesbarer zunehmender Desillusionierungsprozeß statt, der sich über das poetische Stilmittel des ›Aufreißens einer Vertikale in der Kunst‹ durch Zeit und Raum zeigen und nachvollziehen läßt: Von der »abgöttischen Helle« und dem ›Blau eines freieren Himmels‹ führt die Entwicklung zum Fall in das anziehende, aber tödliche Innere des Vulkans oder der (menschlichen) Hölle (vgl. die Ausführungen zu ihrem Roman *Malina*). Dieser rituelle Prozeß schließt im Schreiben eine spezielle Form der Symbolisierung, die »Verlebendigung tradierter Zeichen« für die eigene Zeit ein, auch wenn er zuletzt zu einer vollständigen Abkehr von positiv konnotierten südlichen Metaphern führt. Das Einschreiben der eigenen Bilder in eine tradierte Bildwelt, das der (De-)Konstruktion eines persönlichen, zeitgebundenen, wenn auch sehr kritisch beleuchteten Italien-

・

---

4   Bachmann: IV: »Der Umgang mit Namen«. In: *Frankfurter Vorlesungen. Probleme zeitgenössischer Dichtung*. In: GW. Bd. IV. S. 264 f. [Das Binnenzitat stammt von Johann Wolfgang Goethe: *Gedenkausgabe der Werke. Briefe und Gespräche*. Bd. 24. 1948. S. 229. (Johann Peter Eckermann: *Gespräch mit Goethe*. Gespräch vom 31. Januar 1827.)]

mythos gleichkommt, also über den Vollzug des Rituals gleichzeitig Ritualkritik übt, läßt zwei Hoffnungen wahr werden, die Ingeborg Bachmann bereits in *Auch ich habe in Arkadien gelebt* geäußert hat: die Hoffnung, den eigenen Namen in eine literarische Tradition einschreiben zu können, und die Hoffnung auf die »Unsterblichkeit im Wort« (siehe der Gedichtzyklus *Lieder auf der Flucht*), d. h. der Wunsch, die eigene Dichtung möge über den eigenen Tod hinaus im gedruckten Wort bestehen bleiben.

Des weiteren fand in der späteren, vor allem für die Prosa gültigen Hinwendung zur inneren Heimat, dem Herkunftsland Österreich, gleichzeitig eine Hinwendung zu den ›Todesarten‹ der modernen Gesellschaft statt. Diese Verschiebung hin zu einer kritischen Betrachtung mit dem Hauptaugenmerk auf den privaten und gesellschaftlichen Verbrechen des 20. Jahrhunderts läßt sich als konsequente Folge einer schriftstellerischen Entwicklung lesen, die in der Auseinandersetzung mit Rom und den historischen ›Todesarten‹ begonnen hatte. Berücksichtigt man dabei die theoretischen Überlegungen Auchters[5], so läßt sich feststellen, daß der Prozeß des Trauerns in den kreativen Prozeß einfließt, d. h. Realität wird im schriftstellerischen Prozeß im Beschreiben der »Trauer um verlorene Illusionen« und dessen Umsetzung in künstlerische, d. h. »ewig währende Bilder«[6] gewonnen, die in eindeutigem Gegensatz zu der Erkenntnis der Begrenztheit des eigenen Lebens stehen, was sich an der nachhaltigen Veränderung des Italienbildes der Dichterin zeigen läßt. So stellt Italien als »erstgeborenes Land« im Schreiben Ingeborg Bachmanns zunächst die Hoffnung auf das Wiederfinden einer nicht zuletzt durch den Zweiten Weltkrieg verlorenen Ganzheitserfahrung dar: ein selbstgewählter »Flucht- und Schwerpunkt«, eine »geistige Heimat«, über die sich laut Aussage Bachmanns nicht »rechten« läßt.[7] Doch die erhoffte »Sehnsucht nach der Wiederherstellung einer verloren geglaubten Einheit« (Auchter) im Land der Sonne, der Sinnlichkeit und des freieren südlichen Lebens erweist sich bei der Autorin, am Werk ablesbar, als Illusion. Hierbei spielen verschiedene persönliche, politische, gesellschaftliche und rein künstlerische Gründe zusammen. »So weit im Leben und [doch] so nah am Tod […]«[8]: Über diese in ihrem Werk wiederholt thematisierte Haltung zur Welt findet bei Ingeborg Bachmann dennoch in der

---

5 Auchter: »Die Suche nach dem Vorgestern – Trauer und Kreativität«. A.a.O.
6 Vgl. Dies.: *Lieder auf der Flucht.* In: GW. Bd. I. S. 147. »Wart meinen Tod ab und dann hör mich wieder, / […] Die Liebe hat einen Triumph und der Tod hat einen, / die Zeit und die Zeit danach. / Wir haben keinen. // Nur Sinken um uns von Gestirnen. Abglanz und Schweigen. / Doch das Lied überm Staub danach / wird uns übersteigen.«
7 Aus einem Interview mit Kuno Raeber im Januar 1963. In: Ingeborg Bachmann: *Wir müssen wahre Sätze finden. Gespräche und Interviews.* A.a.O. S. 39 f.
8 Dies.: *Strömung.* In: GW. Bd. I. S. 156.

kreativen Beschreibung und Schilderung der an der Gesellschaft beobachtbaren und am eigenen Leib erfahrenen Verluste ein Identitätsgewinn über den Prozeß des Schreibens statt. In Anlehnung an die Thesen Thomas Auchters[9] läßt sich am Italienbild Bachmanns – und nicht zuletzt an den darin beschriebenen Fallbewegungen als Bild für den dichterischen Prozeß[10] im Sinne einer ›Kunst der Vertikale‹ – zeigen, wie sich »im Werden des Selbst der Verlust der Selbstvollkommenheit und das Trauern darüber« vollzieht. Die Phantasie des »erstgeborenen Landes« wird nach und nach im Schreiben zerstört, bis die Beschreibung des Todes keinen Gegenpol oder Trostpunkt mehr in der Beschreibung des Lebens und der Schönheit in der Kunst findet. Während bei Goethe Italien als das verheißene Land der Kunst, der Schönheit und Glückseligkeit, als das ›goldene Land seiner Kindheit‹, grundsätzlich in der Dichtung bestehen bleibt, betrauert Ingeborg Bachmann den allmählichen Verlust des ›goldene[n] Land[es] ihrer Kinderträume‹[11] im Schreiben nachhaltig. Sie gewinnt in der Betrachtung und Beschreibung des Landes eine realistischere Perspektive, verschiebt aber gleichzeitig die utopischen Bildinhalte auf andere Länder und Orte wie beispielsweise auf »die Wüste Ägyptens« in *Der Fall Franza* oder auf Polen[12], den Ort ihrer letzten Reise. Letztlich, erkennt sie, läßt sich keine dieser Utopien halten.

In vielen ihrer Gedichte (wie auch in Teilen ihrer späten Prosa) läßt sich eine aufsteigende, bzw. absteigende Bewegung oder Blickrichtung im Schrei-

---

9   Auchter: »Die Suche nach dem Vorgestern – Trauer und Kreativität«. A.a.O. S. 211 ff.
10 Siehe als Beispiel die letzte Strophe von Bachmanns Gedicht: *Einem Feldherrn*. In: GW. Bd. I. S. 48.
11 Vgl. dazu dies.: *Religiöses Behagen?* In: GW. Bd. IV. S. 312.
12 Dies.: *Wir müssen wahre Sätze finden*. A.a.O. S. 132. Hier heißt es: »[...] erst, wenn man hier steht, weiß man, was das überhaupt bedeutet, daß hier nichts mehr gestanden ist. Und das habe ich in noch keinem Land gesehen. Mit Polen läßt sich das alles überhaupt nicht vergleichen, denn niemals habe ich das empfunden, was ich hier empfunden habe. Hier wird nichts übertrieben, im Gegenteil, es wundert mich noch, daß sie mit so viel Mut auf diesen Trümmern und [...] nach dieser Katastrophe ... wie sie weiterleben.« Bachmann kommt mehr und mehr von den antiken Trümmern Italiens weg auf die Trümmer der jüngsten Gegenwart zu sprechen. In einem ihrer letzten Interviews, hier mit Karol Sauerland vom Mai 1973, heißt es: »Ja, es sind nur so wenige Tage, und trotzdem so viele Eindrücke, daß ich gar nicht damit fertig werde. Die unglaubliche Freundlichkeit dieses Volkes.[...] Ich komme aus einem katholischen Land, und ich lebe in einem katholischen Land. Ich wohne ein paar Schritte vom Papst entfernt. Italiener sind Heiden, Österreicher sind gleichgültig, Polen sind anders. Und ich war ganz fassungslos ...[...] Ihre Offenheit, das ist so etwas Seltenes und Schönes [...].« Bachmann verschiebt die Komponenten der Auseinandersetzung mit den Trümmern der Geschichte, auf denen ein freundliches Volk lebt und zu überleben weiß, von Italien nach Polen. In verschiedenen Interviews über ihr Leben und die Menschen in Italien hat sie ähnliche Äußerungen verlauten lassen. Siehe dies.: *Wir müssen wahre Sätze finden*. A.a.O. S. 143 u. S. 146. Und dies.: *Zugegeben*. In: GW. Bd. IV. S. 340 f.

ben feststellen, was ihrem Postulat vom Fortschritt der ›Kunst in der Vertikale‹ von Zeit und Raum entspricht. Auch Italien, seine Kunst, Natur und Menschen und die in der Auseinandersetzung und Spiegelung mit ihrer Umgebung im Schreiben entstandenen Ich- oder Seelen-Landschaften werden innerhalb dieses Koordinatensystems mithilfe der Sinneserfahrungen ›geortet‹, dann im dichterischen Prozeß zu einer Textwelt geordnet und zu einem neuen Bild von Ich und Welt zusammengesetzt. Dabei steht jedes sprachliche Zeichen letzten Endes für sich selbst und läßt natürlich keine direkte Übertragung in mimetischer Funktion zu der jeweils vorgefundenen Realität zu, ist aber doch, zumindest was das Italienbild betrifft, einmal Teil einer ehemaligen Wirklichkeit und einer persönlichen Wahrheit der Dichterin gewesen. Ingeborg Bachmann wollte im Schreiben »Formeln finden« für das, was sie sah, hörte, erlebte, dachte und wollte. Diese Formelhaftigkeit, die Teil ihrer ganz persönlichen, poetischen Sprachmagie und zugleich ein Zeichen ihrer rituellen Schreibweise war, versuchte ich anhand exemplarischer Interpretationen im Werk der Dichterin festzumachen. Die Hymne *An die Sonne* und der Essay *Was ich in Rom sah und hörte* sind besonders einprägsame Beispiele für den engen Zusammenhang zwischen Literatur und Ritual, wie Braungart ihn in seinem Buch beschrieben hat. Sie sind darüber hinaus eingängige poetische Fixierungen einer sich aus seinen Sinnzusammenhängen immer stärker herauslösenden Welt am Übergang zu einer neuen Zeit, in der die Grenzen der einzelnen Länder angesichts der Probleme der Weltgemeinschaft immer fragwürdiger werden; ein Prozeß, der im zwanzigsten Jahrhundert auch vor Italien keinen Halt mehr macht und daher mehr denn je vom schreibenden Ich einfordert, im Rückgriff auf betont formelhafte Textwelten mittels eines tradierten Rituals im sprachlichen Kunstwerk eine neue sinnstiftende Ordnung von (geistiger) Welt herzustellen, wie Ingeborg Bachmann es mit ihrem Schreiben über Italien versucht hat[13]:

> Ich glaube, daß, wer Gedichte schreibt, Formeln in ein Gedächtnis legt, wunderbare alte Worte für einen Stein und ein Blatt, verbunden oder gesprengt durch neue Worte, neue Zeichen für die Wirklichkeit, und ich glaube, daß wer die Formeln prägt, auch in sie entrückt mit seinem Atem, den er als unverlangten Beweis für die Wahrheit dieser Formeln gibt.
> Wie lange ist es her, daß man uns sagte: bilde ein Wort, bilde einen Satz! Man quälte uns mit Gedichten; die Kerben schmerzen noch im Gedächtnis. Eines dieser Gedichte begann: ›Ich stand an meines Landes Grenzen …‹ Von welchem Ich war die Rede und von welchem Land? Was die Grenzen bedeuteten, ergab sich freilich aus dem Zusammenhang. Denn wer die Regeln gutheißt und in das Spiel eintritt, wirft den Ball

---

13 Siehe Bachmann: *Wir müssen wahre Sätze finden.* A.a.O. S. 143-146.

nicht über das Spielfeld hinaus. Das Spielfeld ist die Sprache, und seine Grenzen sind die Grenzen der fraglos geschauten, der enthüllt und genau gedachten, der im Schmerz erfahrenen und im Glück gelobten und gerühmten Welt.[14]
[...] klassische Italienwege führen nicht dorthin.
Natürlich war ich in Apulien; aber ›In Apulien‹ ist etwas andres, löst das Land auf in Landschaft, und führt zurück auf das Land, das gemeint ist. Es gibt wunderschöne Namen für die Ursprungsländer, die versunkenen und die erträumten, Atlantis und Orplid. »Apulien« ist ein wunderschöner Name – ich glaube nicht, daß sich jemand entschließen könnte, Le Puglie zu sagen, das italienische Wort trifft es nicht, es ist geographisch. Was ist das überhaupt für eine merkwürdige Redeweise [...]. Ich bin nicht sicher, ob es noch in Apulien oder schon in Lukanien war, als ich aus dem Zugfenster sah, in einen Olivenhain, auf einen riesigen Mohnteppich, [der] bis an den Horizont lief. In einem solchen Moment zündet man sich eine Zigarette an, oder man drückt sich an die Wagonwand, weil einer vorbei will; vielleicht war es aber nicht dieser unbedachte Moment, sondern der, an dem geschrieben wurde »In Apulien«. Der Prozeß [besteht] aus vielen Faktoren, aus Schreiben, Denken mit einer fortschreitenden Konzentration, die wieder ins Schreiben mündet. Das Wasser, mit dem ein Fluß mündet, erinnert sich nicht an die Quellen, die Zuflüsse, die Ufer, die es berührt, an das Gras, über das es schäumte, und die Wurzeln und Stämme, die es mitriß.
Es gibt viele genaue Bilder für Produktion, die sich aufdrängen, für den Weg vom Prozeß zur Formel, aber nur ein genaues Bild für Prozeß und Formel, das fällt mit dem Gedicht selbst zusammen. [...][15]
Die Dinge brauchen uns Heimatlose, um irgendwo zuhause zu sein.[16]

Klassische Italienwege führen tatsächlich nicht jeden Künstler seiner oder ihrer eigenen Form zu, aber viele Wege führten Künstler nach Rom. So ist es auch Ingeborg Bachmann in einem Leben vor Ort gelungen, den Prozeß der

---

14 Bachmann: [*Wozu Gedichte*]. In: GW. S. 303 f.
15 Dies.: [*Zur Entstehung des Titels ›In Apulien‹*]. Entwurf. In: GW. Bd. IV. S. 305 f.
16 Dies.: *Porträt von Anna Maria*. In: GW. Bd. II S. 53. Der Baum am Ende der Welt (vgl. [*Die Welt ist weit*]. In: GW. Bd. I. S. 23.) ist gefunden: »[...] in unserem Haus, das sehr klein ist und trotzdem eine Dependance hat, ein Gartenhaus nennen wir es, steht zwischen den Mauern ein Kirschbaum. Einen schöneren habe ich nie gesehen. Die Kirschbaum hält im Frühling seine schaumigen Äste über beide Häuschen, und dann scheint es, als wären die beiden Gebäude unter ihnen hineingebaut worden. Und sowie ich an ihn denke, legt er mit seiner Fracht, seiner unauslöschbaren Helle, in mir an, wo immer ich auch bin. Denn ich bin sein Land; die Dinge brauchen uns Heimatlose, um irgendwo zuhause zu sein.« (Ebd.; vgl. auch das Gedicht: *Die große Fracht*. In: GW. Bd. I. S. 34.)

Formung von Welt im Schreiben über den klassischen Weg hinaus zu finden, in Gang zu halten und zu einer vorläufigen Ganzheit im dichterischen Bild zu gelangen. Italien ist eines der poetischen »Ursprungsländer«, das die Dichterin im Traum wie in der Realität »nach innen gezogen«[17] und darüber hinaus im Schreiben zu einem neuen, utopischen Land jenseits der Grenzen von Zeit und Raum verwandelt hat. Mit dieser Verwandlung ging auch eine Verwandlung ihrer selbst und ihrer Dichtung einher, die man »als unverlangten Beweis für die Wahrheit dieser Formeln« sehen kann. So haben stellvertretend für die Welt die »Dinge« in Rom in den tradierten Zeichen der Zeit in der Dichtung Ingeborg Bachmanns einen neuen, ihren eigenen Ort gefunden.

17 Bachmann: *Von einem Land, dem Fluß und den Seen.* In: GW. Bd. I. S. 92.

12. Literaturverzeichnis

Primärliteratur

Alberti, Rafael: Zu Lande zu Wasser. Übersetzt von Erwin Walter Palm. Frankfurt am Main 1960.
Andersch, Alfred: Aus einem römischen Winter. Reisebilder. Olten / Freiburg 1966.
Assisi, Franz von: Lobgesang. In: Lyrik des Abendlandes. Ausgewählt von G. Britting u. a. München 1978. S. 133.
Bachmann, Ingeborg: Werke. Bd. I-IV. Hg. von Christine Koschel, Inge von Weidenbaum und Clemens Münster. München, Zürich 1978. Sonderausgabe 1982.
Dies.: Mein erstgeborenes Land. Gedichte und Prosa aus Italien. Hg. von Gloria Keetmann-Maier. München, Zürich 1978. Neuausgabe August 1992.
Dies.: Wir müssen wahre Sätze finden. Gespräche und Interviews. Hg. von Christine Koschel und Inge von Weidenbaum. München, Zürich 1983. Neuausgabe 1991.
Dies.: Briefe an Felician. Mit acht Kupferaquatinta-Radierungen von Peter Bischof. München, Zürich 1991.
Dies.: »Todesarten«-Projekt. Kritische Ausgabe. 5 Bde. Unter Leitung von Robert Pichl. Hg. v. Monika Albrecht und Dirk Göttsche. München, Zürich 1995.
Keller, Ruth (Pseud.): »Das politische Klima in Italien ist ungesund geworden. Kommunistischer Druck wächst, Regierungsmehrheit zu schmal«. In: Westdeutsche Allgemeine. Essen. N° 261 v. 9. November 1954.
Dies.: »Skandale in Rom: Die Italiener rufen nach einem eisernen Besen. Fall Sotgiu wirft ernste Probleme um das Schicksal der Demokratie auf«. In: Westdeutsche Allgemeine. Essen. N° 274 v. 25. November 1954.
Dies.: »Mendès-France wünscht Zustimmung Italiens zu Vierer-Gesprächen … und zum Rüstungspool. – Grundsätzliche Übereinstimmung erwartet«. In: Westdeutsche Allgemeine. Essen. N° 9. V. 12. Januar 1955.
R.[uth] K.[eller]: »Rom: Linksneigung«. In: Westdeutsche Allgemeine. Essen. N°. 101 v. 2. Mai 1995.
[Ruth Kell]Er.: »Rom blickt nach Bonn«. In: Westdeutsche Allgemeine. Essen. N° 221 v. 23. September 1955.
Dies.: Botteghe Oscure XIX (1957). S. 447.
Dies.: Ingeborg Bachmann. Römische Reportagen. Eine Wiederentdeckung. Hg. und mit einem Nachwort versehen v. Jörg-Dieter Kogel. München, Zürich 1998.
Dies.: Letzte, unveröffentlichte Gedichte, Entwürfe und Fassungen. Edition und Kommentar von Hans Höller. Frankfurt a. M. 1998.

Bellay du, Joachim: Die römischen Sonette. Hrsg., übers. u. eingel. von Ernst Deger. München 1976.
Benn, Gottfried: Gesammelte Werke in vier Bänden. Hg. v. Dieter Wellershoff. Bd. 3. Gedichte. Wiesbaden 1960/63. S. 60-61.
Brinkmann, Rolf-Dieter: Rom, Blicke. Hamburg 1979.
Brun, Friederike: Tagebuch über Rom. Zürich 1800.
Dies.: Gedichte. Hg. v. Friedrich Matthisson. Zürich 1803.
Dies.: Briefe aus Rom, geschrieben in den Jahren 1808, 1809 und 1810. Dresden 1816.
Dies.: Sitten- und Landschaftsstudien von Neapel und seinen Umgebungen in Briefen und Zuschriften entworfen in den Jahren 1809-1810 nebst späteren Zusätzen von Friederike Brun geb. Münter. Leipzig 1818.
Dies.: Römisches Leben. Erster und zweither Teil. Leipzig 1833.
Burckhardt, Jacob: Weltgeschichtliche Betrachtungen. Historische Fragmente aus dem Nachlaß. In: Gesammelte Werke. Bd. VII. Stuttgart, Berlin und Leipzig 1929.
Carossa, Hans: Italienische Aufzeichnungen. In: Sämtliche Werke. Bd. 1. Frankfurt 1962.
Celan, Paul: Gedichte in zwei Bänden. Bd. I/II. Frankfurt a. M. ^{10}1991.
Eich, Günter: »Wacht auf, denn Eure Träume sind schlecht!« In: Gesammelte Werke. Bd. I. Die Gedichte. Die Maulwürfe. Frankfurt a. M. ^{1}1973. S. 222 f.
Eichendorff, Joseph von: Das Marmorbild. Stuttgart 1988.
Ferber, Johann Jakob: Briefe aus Wälschland über natürliche Merkwürdigkeiten dieses Landes an den Herausgeber derselben Ignaz von Born. Prag 1773.
Fontane, Theodor: »Reisen in Italien«. In: Aufsätze zur bildenden Kunst. Zweiter Teil. Ges. von Kurt Schreinert und Wilhelm Vogt. Fortgef. u. hg. von Rainer Bachmann und Edgar Gross. München 1970.
Frisch, Max: Homo faber. Frankfurt a. M. 61979.
Ders.: Montauk. Frankfurt a. M. 1975.
Gernhardt, Robert: Die Toscana-Therapie. Schauspiel in 19 Bildern. Frankfurt a. M. 1986.
Ders.: Körper in Cafés. Gedichte. Zürich 1987.
Goethe, Johann Caspar: Viaggio in Italia. 2 vol. Roma 1932-33.
Goethe, Johann Wolfgang von: Italienische Reise. In: Goethes Werke. Hamburger Ausgabe. Hg. v. Herbert v. Einem. Bd. XI. München ^{8}1974.
Ders.: Briefe aus Italien 1786-1788. Hg. und erläutert von Peter Goldammer. München 1983.
Ders.: Tagebuch der italienischen Reise 1786. Notizen und Briefe aus Italien. Mit Skizzen und Zeichnungen des Autors. Hg. und erläutert von Christoph Michel. Frankfurt a. M. 1982.
Ders.: Gedichte und Epen. In: Goethes Werke. Hamburger Ausgabe. Hg. v. Erich Trunz. Bd. I. München ^{11}1978.
Ders.: Faust. Der Tragödie erster und zweiter Teil. Urfaust. Hg. und kommentiert v. Erich Trunz. Sonderausgabe. München 1982. (Der Sonderausgabe

liegt folgende Ausgabe zugrunde: Goethes Werke. Hamburger Ausgabe. Bd. III. Hg. v. Erich Trunz. München ^{10}1979.).

Ders.: Wilhelm Meisters Lehrjahre. In: Goethes Werke. Hamburger Ausgabe. Bd. II. Hg. v. Erich Trunz. München ^{9}1977.

Ders.: An die Zikade. In: Gedichte. Gesammelte Werke. Weimarer Sophienausgabe. Weimar 1887 ff. S. 213.

Gregorovius, Ferdinand: Wanderjahre in Italien. Hg. von Wilhelm Dreecken. 1. Auflage Leipzig 1874. Freiburg i. Breisgau 1950.

Grillparzer, Franz: Tagebuch auf der Reise nach Italien. In: Sämtliche Werke. Bd. 4. Hg. von Peter Frank und Karl Pörnbacher. München 1960.

Grimm, Gunter (Hg.): Italien-Dichtung. Erzählungen und Gedichte. 2 Bde. Stuttgart 1988.

Hacquet, Belsazer: Physikalisch-politische Reise auf die Dinarischen, Julischen, Kärtner, Rätischen und Nordischen Alpen. o. O. 1785.

Handke, Peter: Aber ich lebe nur von den Zwischenräumen. Frankfurt a. M. 1990.

Hauptmann, Gerhart: Italienische Reise 1897. Tagebuchaufzeichnungen. Hg. von Martin Machatzke. Berlin 1976.

Hebbel, Friedrich: Gesammelte Werke. Bd. 3. Hg. v. Gerhard Fricke u. a. Darmstadt 1965.

Heine, Heinrich: Italien 1828. Mit farbigen Illustrationen von Paul Scheurich. Frankfurt a. M. 1988.

Ders.: Sämtliche Schriften in sechs Bänden. Hg. von Klaus Briegleb. München 1968 – 1976. Bd. II. Die Reisebilder. München 1969.

Heinse, Wilhelm: Ardinghello oder die glückseligen Inseln. Eine italienische Geschichte aus dem 16. Jahrhundert. Lemgo 1787.

Ders.: Ardinghello oder die glückseligen Inseln. Kritische Studienausgabe. Hg. von Max L. Baeumer. Stuttgart 1975.

Henze, Hans Werner: Reiselieder mit böhmischen Quinten. Autobiographische Mitteilungen. 1926-1995. Frankfurt a. M. 1996.

Herder, Johann Gottfried: Italienische Reise. Briefe und Tagebuchauszüge 1788-1789. Hg. v. Albert Meier und Heide Vollmer. München 1988.

Ders.: Briefe zu Beförderung der Humanität. In: Werke in zwei Bänden. Bd. 2. München 1953.

Hesse, Hermann: Italien. Schilderungen, Tagebücher, Gedichte, Aufsätze, Buchbesprechungen und Erzählungen. Hg. von Volker Michels. Frankfurt 1983.

Hölderlin, Friedrich: Sämtliche Werke. Stuttgarter Ausgabe. Bd. 1. Gedichte 1798-1800. Hg. v. Friedrich Beissner. Stuttgart 1943.

Hofmannsthal, Hugo von: Gesammelte Werke in Einzelausgaben. Hg. von Herbert Steiner. Gedichte. Dramen. Bd. 1. 1891-1898. Frankfurt a. M. 1979.

Johnson, Uwe: Eine Reise nach Klagenfurt. Frankfurt a. M. ^{1}1974.

Kaschnitz, Marie-Luise: Engelsbrücke. Römische Betrachtungen. München ^{6}1985.

Dies.: Gesammelte Werke. Hg. von Christian Bütrich und Norbert Miller. 7 Bände. Frankfurt a. M. 1981-1989.
Dies.: Meine acht römischen Wohnungen. In: Westermanns Monatshefte 104 (1963). S. 67-79.
Koeppen, Wolfgang: Der Tod in Rom. Stuttgart ¹1975.
Kurz, Isolde: Deutsche und Italiener. Ein Vortrag von Isolde Kurz. Stuttgart und Berlin 1919.
Dies.: Gesammelte Werke. Bde. 1-6. Tübingen 1935.
Dies.: Italienische Erzählungen. Stuttgart 1947.
Dies.: Die Pilgerfahrt nach dem Unerreichlichen. Eine Lebensrückschau. o. O. o. J.
Dies.: Florentiner Novellen. Stuttgart, Berlin 1890.
Lessing, Gotthold Ephraim: Sämtliche Schriften. Tagebuch der italienischen Reise. Bd. 16 (1902) Hg. von Karl Lachmann. Leipzig ³1886 – 1924.
Lewald, Fanny: Ein Winter in Rom. Berlin 1869.
Dies.: Italienisches Bilderbuch. Hg. von Thomas Erler. Berlin 1874. Neuauflage Berlin 1973.
Dies.: Meine Lebensgeschichte. Frankfurt a. M. 1980.
Dies.: Römisches Tagebuch 1845-1846. Hg. von Heinrich Spiero. Leipzig 1927.
Malkowski, Rainer: Zu Gast. Gedichte. Frankfurt a. M. 1983.
Mann, Thomas: Der Tod in Venedig. Frankfurt a. M. 1984.
Mendelssohn, Fanny: Italienisches Tagebuch. Hg. von Eva Weissweiler. Hamburg, Zürich 1993.
Mendelssohn-Bartholdy, Felix: Briefe einer Reise durch Deutschland, Italien und die Schweiz. Hg. von Peter Sutermeister. Zürich 1958.
Mörike, Eduard: Maler Nolten. Novelle in zwei Teilen. Hg. v. Heide Eilert. Stuttgart 1987.
Moritz, Karl Philipp: Reisen eines Deutschen in Italien in den Jahren 1786-1788. 3 Bde. Berlin 1792/93.
Ders.: Italien und Deutschland. In Rücksicht auf Sitten, Gebräuche, Literatur und Kunst. Hg. von Karl Philipp Moritz und Aloys Hirt. 6 Hefte. Berlin 1789-93.
Nietzsche, Friedrich: Werke. Kritische Studienausgabe in 14 Bänden. Hg. von Giorgio Colli und Mazzino Montinari. München 1988.
Novalis: Neue Fragmente. Nr. 146. In: Werke und Briefe. München 1962.
Ovid: Metamorphosen. Das Buch der Mythen und Verwandlungen. Neu übersetzt und herausgegeben von Gerhard Fink. Frankfurt a. M. 1993.
Palladio, Andrea: Die vier Bücher zur Architektur. Nach der Ausgabe Venedig 1570. I quattro Libri dell' Architettura. Aus dem Italienischen übertragen und herausgegeben von Andreas Beyer und Ulrich Schütte. Zürich, München ³1988.
Pasolini, Pier Paolo: Mamma Roma. Spielfilm. Italien 1962.
Ders.: Una Vita Violenta. Roma 1959.
Petrarca, Francesco: Opere. Canzoniere – Trionfi – Familiarum Rerum Librum. Firenze 1975.

Platen, August Graf von: Sämtliche Werke in zwölf Bänden. Historisch-kritische Ausgabe mit Einschluß des handschriftlichen Nachlasses. Hg. von Max Koch und Erich Petzert. Leipzig 1910. Nachdruck Hildesheim/New York 1969.

Ders.: Werke. Bd. 1. Lyrik. Hg. von Kurt Wölfel und Jürgen Link. München 1982.

Ders.: Oden. Eklogen und Idyllen. Festgesänge. Epigramme. Auswahl. Söcking MCMXLVIII.

Proust, Marcel: Auf der Suche nach der verlorenen Zeit. Übersetzt v. Eva Rechel-Mertens. Bd. VII. Die wiedergefundene Zeit. Frankfurt a. M. 1957.

Raeber, Kuno: Erinnerungen an Ingeborg Bachmann. Unveröffentlichtes Manuskript. [Als Sendung des Bayerischen Rundfunks in der Sparte »Kulturkritik« gesendet am 24. Dezember 1973 zwischen 22.00-22.30 Uhr im zweiten Programm.]

Recke, Elisa von der: Tagebuch einer Reise durch einen Theil Deutschlands und durch Italien in den Jahren 1804-1806. Von Elisa von der Recke, geborene Reichsgräfin von Medem. Hg. von Hofrath Böttiger. Bd. 1-4. Berlin 1815.

Riedesel, Johann Hermann von: Reise durch Sizilien und Großgriechenland. Einführung und Anmerkungen von Arthur Schulz. Berlin 1965.

Rimbaud, Arthur: Œuvres complètes. Par Antonin Adam. Paris 1972.

Ders.: Seher-Briefe / Lettres du voyant. Übersetzt und herausgegeben von Werner von Koppenfels. Mainz 1990.

Schiller, Friedrich: Werke. Nationalausgabe. Gedichte 1799-1805. Hg. von Norbert Oellers. Zweiter Band. Teil I. Weimar 1983.

Seidler, Louise: Erinnerungen und Leben der Malerin Louise Seidler, bearbeitet von Hermann Uhde. Berlin 1875.

Seume, Johann Gottfried: Spaziergang nach Syrakus im Jahre 1802. Vollständige Ausgabe. Nach der 2. verbesserten Auflage. Braunschweig und Leipzig 1805. Hg., kommentiert. u. mit einem Nachwort versehen von Albert Meier. München ²1991.

Shakespeare, William: Gesammelte Werke. 3 Bde. Hg. von Friedmar Apel. Übersetzt v. Erich Fried. Berlin ⁷1995.

Tasso, Torquato: Werke und Briefe. Übersetzt und eingeleitet von Emil Staiger. München 1978.

Ungaretti, Giuseppe: Gedichte. Italienisch und Deutsch. Übertragung und Nachwort von Ingeborg Bachmann. Frankfurt a. M. 1961.

Volkmann, Johann Jakob: Historisch-kritische Nachrichten von Italien, welche eine genaue Beschreibung dieses Landes, der Sitten und Gebräuche, der Regierungsform, Handlung, Oekonomie, des Zustandes der Wissenschaften, und insonderheit der Werke der Kunst nebst einer Beurtheilung derselben enthalten. Aus den neuesten französischen und englischen Reisebeschreibungen und aus eignen Anmerkungen zusammengetragen. 3 Bde. Leipzig 1770/1771.

Winckelmann, Johann Joachim: Geschichte der Kunst des Altertums nebst einer Auswahl seiner kleineren Schriften. Mit einer Biographie Winckelmanns und einer Einleitung versehen von Julius Lessing. Berlin 1870.
Wolfskehl, Karl: Gesammelte Werke. Bd. 1 und 2. Hg. von Margot Ruben und Klaus Victor Bock. Hamburg 1960.

Sekundärliteratur

»Ingeborg Bachmann. Das Lächeln der Sphinx.« In: du 9 (1994).
»Schriftstellerinnen: Suche nach Seresta.« In: Der Spiegel 1/2 (1981).
»Stenogramm der Zeit.« In: Der Spiegel 34 (1954). S. 26-29.
Adam, Wolfgang: »Arkadien als Vorhölle. Die Destruktion des traditionellen Italienbildes in Rolf Dieter Brinkmanns Rom, Blicke«. In: Euphorion 83 (1989). S. 226-245.
Adorno, Theodor W.; Horkheimer, Max: Dialektik der Aufklärung. Philosophische Fragmente. Frankfurt a. M. 1992.
Agnese, Barbara: Der Engel der Literatur. Zum philosophischen Vermächtnis Ingeborg Bachmanns. Wien 1996.
Ahn-Lee, Yeon-Hee: Diskurs der Poesie. Sprachproblematik bei Ingeborg Bachmann unter Berücksichtigung der Wandlung des Problembewußtseins im gesamten Schreibprozeß. Frankfurt a. M., Bern, New York 1991. (Europäische Hochschulschriften. Reihe I. Bd. 1264).
Albrecht, Monika: »Die andere Seite«. Untersuchungen zu Werk und Person von Max Frisch in Ingeborg Bachmanns »Todesarten«. Würzburg 1989.
Allerkamp, Andrea: »Stationen der Reise durch die Ich-Landschaften – Zwischen Arthur Rimbaud und Ingeborg Bachmann«. In: Literarische Tradition heute. Deutschsprachige Gegenwartsliteratur in ihrem Verhältnis zur Tradition. Hg. von Gerhard Labroisse und Gerhard P. Knapp. Amsterdamer Beiträge zur neueren Germanistik. Bd. 24. Amsterdam 1988. S. 159-179.
Altgeld, Wolfgang: Das politische Italienbild der Deutschen zwischen Aufklärung und europäischer Revolution von 1848. Tübingen 1984. (Bibliothek des Deutschen Historischen Instituts in Rom. Bd. 59).
Ara, Angelo; Lill, Rudolf (Hg.): Deutsche Italienbilder und italienische Deutschlandbilder in der Zeit der nationalen Bewegungen (1830-1870). Jahrbuch des Deutschen Historischen Instituts in Triest. Beiträge 4. Bologna, Berlin 1991.
Ariès, Philippe: Die Geschichte des Todes. Aus dem Französischen von Hans Horst Henschen. München ¹1995.
Arnold, Heinz Ludwig (Hg.): Text + Kritik. Sonderband Ingeborg Bachmann. Gastredaktion: Sigrid Weigel. München 1984.
Assmann, Jan: Das kulturelle Gedächtnis. Schrift, Erinnerung und politische Identität in den frühen Hochkulturen. München 1992.

Auchter, Thomas: »Die Suche nach dem Vorgestern – Trauer und Kreativität«. In: Psychoanalyse. Kunst und Kreativität heute: die Entwicklung der analytischen Kunstpsychologie seit Freud. Hg. von Hartmut Kraft. Köln 1984. S. 206-233.

Aurnhammer, Achim (Hg.): Torquato Tasso in Deutschland. Seine Wirkung in Literatur, Kunst und Musik sei der Mitte des 18. Jahrhunderts. Berlin, New York 1995.

Baasner, Frank (Hg.): Literaturgeschichtsschreibung in Italien und Deutschland. Traditionen und aktuelle Probleme. Tübingen 1989. (Reihe der Villa Vigoni. Bd. 2).

Bachelard, Gaston: Poetik des Raumes. Frankfurt a. M. 1987.

Ders.: Psychoanalyse des Feuers. Frankfurt a. M. 1990.

Bail, Gabriele: Weibliche Identität. Ingeborg Bachmanns »Malina«. Göttingen 1984.

Barkan, Heidi: Ingeborg Bachmanns »Malina« eine Provokation? Rezeptions- und wirkungsästhetische Untersuchungen. Würzburg 1994.

Barta, Susanne: »Die Welt in Rot. Heimat als Utopie in Ingeborg Bachmanns »Ein Schritt nach Gomorrha««. In: Sprachkunst XVII (1987). S. 38-50.

Bartsch, Kurt: Ingeborg Bachmann. Stuttgart 1988.

Baruch, Elaine H. (Hg.): Weder Arkadien noch Metropolis: Frauen auf der Suche nach ihrer Utopie. München 1986.

Baaske, Andrea; Dittmar, Jürgen; Drechsler, Nanny u. a. (Hg.): Musik im Konzentrationslager. Freiburg 1991.

Battafarano, Italo Michele (Hg.): Italienische Reise. Reisen nach Italien. Luigi Reverdito editore. Gardolo di Trento. (Apollo. Studi e testi di germanistica e comp. 2.). Trento 1991. (Dip. di Storia. Testi e Ricerche 8).

Baumgart, Reinhard: »›Ich treibe Jenseitspolitik‹. Ausgegraben: Ingeborg Bachmanns legendäres ›TodesartenProjekt‹«. In: Die Zeit. Nr. 48. v. 24. November 1995. S. 73.

Bausinger, Hermann u. a. (Hg.): Reisekultur 1648-1848. München 1991.

Behrmann, Alfred: Das Tramontane oder Die Reise nach dem gelobten Lande. Deutsche Schriftsteller in Italien 1755-1808. Heidelberg 1996.

Beicken, Peter: Ingeborg Bachmann. München ²1992.

Beyrer, Klaus (Hg.): Zeit der Postkutschen. Drei Jahrhunderte Reisen 1600 bis 1900. Karlsruhe 1992.

Blau, Anna Britta: Stil und Abweichungen. Einige syntaktisch-stilistische Merkmale in den Dichtungen D. v. Liliencrons, G. Trakls und I. Bachmanns. Uppsala 1978.

Blumenberg, Hans: Arbeit am Mythos. Frankfurt a. M. ⁴1986.

Boerner, Peter: »Italienische Reise (1816-29).« In: Goethes Erzählwerk. Interpretationen. Hg. von Paul Michael Lützeler und James E. McLeod. Stuttgart 1985. S. 345-361.

Böschenstein, Bernhard: »Exterritorial. Anmerkungen zu Ingeborg Bachmanns deutschem Ungaretti. Mit einem Anhang über Paul Celans Übertragung des

Spätwerks.« In: Zur Geschichtlichkeit der Moderne. Der Begriff der literarischen Moderne in Theorie und Deutung. Ulrich Fülleborn zum 60. Geburtstag. Hg. v. Theo Elm und Gerd Hemmerich. München 1982. S. 307-322. Ders.; Weigel, Sigrid (Hg.): Ingeborg Bachmann und Paul Celan. Poetische Korrespondenzen. Frankfurt a. M. 1997.

Böttcher, Kurt; Berger, Karl Heinz; Krolop, Kurt; Zimmermann, Christa (Hg.): Geflügelte Worte. Zitate, Sentenzen und Begriffe in ihrem geschichtlichen Zusammenhang. Leipzig ¹1981.

Bogdal, Klaus-Michael (Hg.): Neue Literaturtheorien. Eine Einführung. Opladen 1990.

Bohrer, Karl-Heinz (Hg.): Mythos und Moderne. Begriff und Bild einer Rekonstruktion. Frankfurt am Main ¹1983.

Ders.: Der Mythos vom Norden. Studien zur romantischen Geschichtsprophetie. Univ. Diss. Köln 1961.

Ders.: Der romantische Brief. Die Entstehung ästhetischer Subjektivität. München ¹1989.

Ders.: Die gefährdete Phantasie, oder Surrealismus und Terror. München 1970.

Ders.: Plötzlichkeit. Zum Augenblick ästhetischen Scheins. Frankfurt a. M. ¹1981.

Bolz, Norbert: Eine kurze Geschichte des Scheins. München 1991.

Bongaerts-Schomer, Ursula; Scheurmann, Konrad (Hg.): »… endlich in dieser Hauptstadt angelangt!« Goethe in Rom. Bd. 1: Essays. Bd. 2: Katalog. Mainz 1997.

Bothner, Susanne: Ingeborg Bachmann: Der janusköpfige Tod. Versuch der literaturpsychologischen Deutung eines Grenzgebietes der Lyrik unter Einbeziehung des Nachlasses. Frankfurt a. M. u. a. 1986.

Braak, Ivo: Poetik in Stichworten. Literaturwissenschaftliche Grundbegriffe. Eine Einführung. Unterägeri ⁷1990.

Braungart, Wolfgang: Ritual und Literatur. Tübingen 1996.

Bremmer, Jan; Horsfall, N. M. (Hg.): Roman Myth and Mythography. Bulletin Supplement 52. London 1987.

Brenner, Peter J.: Der Reisebericht. Die Entwicklung einer Gattung in der deutschen Literatur. Frankfurt a. M. 1989.

Ders.: Der Reisebericht in der deutschen Literatur. Ein Forschungsüberblick als Vorstudie zu einer Gattungsgeschichte. Tübingen 1990.

Brilli, Attilo: Reisen in Italien. Die Kulturgeschichte der klassischen Italienreise vom 16. bis 19. Jahrhundert. Köln 1989.

Brokoph-Mauch, Gudrun; Daigger, Annette (Hg.): Ingeborg Bachmann. Neueste Richtungen in der Forschung? Internationales Kolloquium Saranac Lake, 6.-9. Juni 1991. St. Ingbert 1995. (Beiträge zur Robert-Musil-Forschung und zur neueren österreichischen Literatur, Bd. 8).

Brunner, Horst: Die poetische Insel. Inseln und Inselvorstellungen in der deutschen Literatur. Stuttgart 1968.

Bumm, Peter: August Graf von Platen. Eine Biographie. Paderborn 1990.

Büchmann, Georg: Geflügelte Worte. Der Zitatenschatz des deutschen Volkes. Berlin ²1919.

Bürger, Christa: Leben Schreiben. Die Klassik, die Romantik und der Ort der Frauen. Stuttgart 1990.

Caetani, Marguerite (Hg.) unter Mitarbeit v. Giogio Bassani:[ohne Titel] In: Le Botteghe Oscure 19 (1957). S. 445-448.

Cantarutti, Giulia; Schuhmacher, Hans (Hg.): Germania – Romania. Studien zur Begegnung der deutschen und romanischen Kultur. Frankfurt a. M., Bern, New York, Paris 1990. (Berliner Beiträge zur neueren deutschen Literaturgeschichte. Bd. 14).

Domin, Hilde: Das Gedicht als Augenblick von Freiheit. Frankfurter Poetik-Vorlesungen. München 1988.

Drossel-Brown, Cordula: Zeit und Zeiterfahrung in der deutschsprachigen Lyrik der fünfziger Jahre. Marie Luise Kaschnitz, Ingeborg Bachmann und Christine Lavant. New York 1995.

Duchhardt, Heinz: Deutsche Verfassungsgeschichte 1495-1806. Stuttgart, Berlin, Köln 1991.

Dux, Günther: Die Logik der Weltbilder. Sinnstrukturen im Wandel der Geschichte. Frankfurt a. M. 31990.

Eissler, Kurt Robert: Goethe. Eine psychoanalytische Studie. 1775-1786. In Verbindung mit Wolfram Mauser und Johannes Cremerius. Hg. von Rüdiger Scholz. Basel, Frankfurt a. M. Bd. 1. 1983. (übersetzt von Peter Fischer). Bd. 2. 1985. (übersetzt v. Rüdiger Scholz).

Elias, Norbert: Über die Zeit. Arbeiten zur Wissenssoziologie II. Hg. von Michael Schröter. Frankfurt a. M. ⁴1992.

Emrich, Walter: »Das Bild Italiens in der deutschen Dichtung.« In: Ders.: Geist und Widergeist. Wahrheit und Lüge in der Literatur. Frankfurt a. M. 1965. S. 258-285.

Engelmann, Peter (Hg.): Ethik und Unendliches. Gespräche mit Emmanuel Lévinas. Deutsche Erstausgabe. Graz, Wien 1986.

Engler, H. Rudolf: Die Sonne als Symbol. Der Schlüssel zu den Mysterien. Küsnacht, Zürich 1962.

Erikson, Erik H.: Identität und Lebenszyklus. Frankfurt a. M. ¹⁵1995.

Ders.: Ghandis Wahrheit. Frankfurt a. M. 1971.

Fassbind-Eigenheer, Ruth: Undine, oder Die nasse Grenze zwischen mir und mir Ursprung und literarische Bearbeitungen eines Wasserfrauenmythos. Von Paracelsus über Friedrich de la Motte Fouqué zu Ingeborg Bachmann. Stuttgart 1994.

Fehl, Peter : Sprachskepsis und Sprachhoffnung im Werk Ingeborg Bachmanns. Mainz 1970.

Felden, Tamara: Frauen reisen. Zur literarischen Repräsentation weiblicher Geschlechtsrollenerfahrung im 19. Jh. New York u. a. 1993.

Finke, Heinrich (Hg.): Briefwechsel Friedrich und Dorothea Schlegels 1818-20 während Dorotheas Aufenthalt in Rom. Kempten 1923.

Fischer, Heinz-Joachim: Rom. Zweieinhalb Jahrtausende Kunst und Kultur in der Ewigen Stadt. Köln ⁵1989.
Foerst-Crato, Ilse (Hg.): Frauen zur Goethezeit. Ein Briefwechsel. Caroline von Humboldt. Friederike Brun. Briefe aus dem Reichsarchiv Kopenhagen und dem Archiv Schloß Tegel, Berlin. Düsseldorf 1975.
Frederiksen, Elke: Der Blick in die Ferne. Zur Reiseliteratur von Frauen. In: Gnüg, Hiltrud; Möhrmann, Renate (Hg.): Schreibende Frauen. Frauen-Literatur-Geschichte. Frankfurt a. M. 1989. S. 104-122.
Frenzel, Elisabeth: »Arkadien«. In: Dies.: Motive der Weltliteratur. Ein Lexikon dichtungsgeschichtlicher Längsschnitte. Stuttgart 1980. S. 2737.
Freud, Sigmund: »Zeitgemäßes über Krieg und Tod«. In: Ders.: Gesammelte Werke. Bd. 10. (1915) Werke aus den Jahren 1913-17. London 1946.
Ders.: Abriß der Psychoanalyse. Das Unbehagen in der Kultur. Frankfurt a. M. 1974.
Freye, Northrop: Analyse der Ritualkritik. Stuttgart 1964.
Fried, Erich: »Ich grenz noch an ein Wort und an ein andres Land«. Über Ingeborg Bachmann – Erinnerung, einige Anmerkungen zu ihrem Gedicht ›Böhmen liegt am Meer‹ und ein Nachruf. Berlin 1983.
Friedenthal, Richard: Goethe. Sein Leben und seine Zeit. München, Zürich ¹⁹1995.
Fuchs, Anne (Hg.): Reisen im Diskurs. Modelle der literarischen Fremderfahrung von den Pilgerfahrten bis zur Postmoderne. Heidelberg 1995.
Fuhrmann, Manfred (Hg.): Terror und Spiel. Probleme der Mythenrezeption. München 1971.
Funk, Holger: Ästhetik des Häßlichen. Beiträge zum Verständnis negativer Ausdrucksformen im 19. Jahrhundert. Berlin 1983.
Gallwitz, Klaus (Hg.): Die Nazarener in Rom. Ein deutscher Künstlerbund der Romantik. Ausstellung in der Galleria Nazionale d'Arte Moderna, Roma 22.1.-22.3.1981. München 1981.
Gatz, Bodo: Weltalter, goldene Zeit und sinnverwandte Vorstellungen. Hildesheim 1967.
Gehle, Holger: NS-Zeit und literarische Gegenwart bei Ingeborg Bachmann. Wiesbaden 1995.
Geography and Literature. GeoJournal 38 (1996) Vol. 1.
Göres, Jörn (Hg.): Goethe in Italien. Eine Ausstellung des Goethe-Museums in Düsseldorf. Anton- und Katharina-Kippenberg-Stiftung. Mainz 1986.
Göttsche, Dirk; Ohl, Hubert (Hg.): Ingeborg Bachmann. Neue Beiträge zu ihrem Werk. Internationales Symposion Münster 1991. Würzburg 1993.
Golisch, Stefanie: Ingeborg Bachmann zur Einführung. Hamburg 1997.
Dies.: »Fremdheit als Herausforderung. Ingeborg Bachmann in Italien«. In: Studi Italo-Tedeschi 18 (1998). S. 375-489.
Graf, Fritz: Griechische Mythologie. Eine Einführung. Artemis Bd. 16. München, Zürich 1985.

Graf, Johannes: Die notwendige Reise. Reisen und Reiseliteratur junger Autoren während des Nationalsozialismus. Stuttgart 1995.
Grass, Günter: »Todesarten«. In: Die Zeit. Nr. 43 vom 26.10.1973. S. 31.
Greuner, Susanne: Schmerzton: Musik in der Schreibweise von Ingeborg Bachmann und Anne Duden. (Argument-Sonderband AS 179. Literatur im historischen Prozeß. Bd. 24.) Hamburg, Berlin 1990.
Griep, Wolfgang (Hg.): Sehen und Beschreiben. Europäische Reisen im 18. und frühen 19. Jahrhundert. Heide in Holstein 1991.
Ders.; Jäger, Hans-Wolf (Hg.): Reise und soziale Realität am Ende des 18. Jahrhunderts. Heidelberg 1983.
Ders.: Reisen im 18. Jahrhunderts. Neue Untersuchungen. Heidelberg 1986.
Ders.; Pelz, Annegret (Hg.): Frauen reisen. Ein bibliographisches Verzeichnis deutschsprachiger Frauenreisen. 1700 bis 1810. Bremen 1995.
Grimm, Gunter E.; Breymayer, Ursula; Erhart, Walter (Hg.): »Ein Gefühl von freierem Leben«. Deutsche Dichter in Italien. Stuttgart 1990.
Gröning, Gert; Herlyn, Ulfert (Hg.): Landschaftswahrnehmung und Landschaftserfahrung. Texte zur Konstitution und Rezeption von Natur als Landschaft. München 1990.
Gürtler, Christa: Schreiben Frauen anders? Untersuchungen zu Ingeborg Bachmann und Barbara Frischmuth. Stuttgart 1983. (Stuttgarter Arbeiten zur Germanistik. Hg. von Ulrich Müller, Franz Hundsnurscher und Cornelius Sommer. Nr. 134).
Gutjahr, Ortrud: »... den Eingang ins Paradies finden«. Inzest als Motiv und Struktur im Roman Robert Musils und Ingeborg Bachmanns«. In: Josef Strutz, Endre Kiss (Hg.): Genauigkeit der Seele – zur österreichischen Literatur seit dem Fin de siècle; Musil-Studien. Bd. 18. München 1990. S. 139-157.
Dies.: Fragmente unwiderstehlicher Liebe. Zur Dialogstruktur literarischer Subjektentgrenzung in Ingeborg Bachmanns »Der Fall Franza«. Würzburg 1988.
Habbel, Marie-Luise: »Diese Wüste hat sich einer vorbehalten«. Biblischchristliche Motive, Figuren und Sprachstrukturen im literarischen Werk Ingeborg Bachmanns. Altenberge 1992.
Hahn, Karl Heinz (Hg.): »Goethe in Italien. Erfahrung und Wirkung.« Weimarer wissenschaftliche Konferenz der Goethe-Gesellschaft 1987. In: Goethe-Jahrbuch 105 (1988). S. 391-409.
Hapkemeyer, Andreas: »Ingeborg Bachmann. Die Grenzthematik und die Funktion des slawischen Elements in ihrem Werk«. In: Acta Neophilologica. Ljubljana Universität. 17 (1984). S. 45-49.
Ders.: Ingeborg Bachmann. Entwicklungstendenzen in Leben und Werk. Wien 1990.
Ders.: Ingeborg Bachmann. Bilder aus ihrem Leben. Mit Texten aus ihrem Werk. München. Neuausgabe 1987.
Härtel, Susanne (Hg.): Die Reisen der Frauen. Lebensgeschichten von Frauen aus drei Jahrhunderten. Weinheim u. a. 1994.

Haufe, Eberhard (Hg.): Deutsche Briefe aus Italien. Von Winckelmann bis Gregorovius. München 1987.
Heilmann, Christoph (Hg.): »In uns selbst liegt Italien«: Die Kunst der Deutsch-Römer. Katalog zur Ausstellung im Haus der Kunst in München vom 12. Dezember 1987 – 21. Februar 1988. München 1987.
Hennig, Kurt (Hg.): Jerusalemer Bibellexikon. Stuttgart 1990.
Höller Hans (Hg.): »Der dunkle Schatten, dem ich schon seit Anfang folge«. Ingeborg Bachmann – Vorschläge zu einer neuen Lektüre des Werks. München, Wien 1982.
Ders.: Ingeborg Bachmann. Das Werk. Von den frühesten Gedichten bis zum Todesarten-Zyklus. Frankfurt a. M. 1987.
Ders.: »Geschichtsbewußtsein und moderne Lyrik. Zu einigen Gedichten von Ingeborg Bachmann.« In: Literatur und Kritik 115 (1977). S. 291-308.
Ders.: »Geschichte ist etwas Unerläßliches. Zu einem Interview mit Ingeborg Bachmann in Polen 1973.« In: Salz. Salzburger Literaturzeitung 2 (1975). S. 6.
Hohlschuh, Albrecht: Utopismus im Werk Ingeborg Bachmanns. Eine thematische Untersuchung. Princeton 1964.
Hotz, Constance: »Die Bachmann«. Das Image der Dichterin Ingeborg Bachmann im journalistischen Diskurs. Konstanz 1990.
Il Gruppo La Luna (Hg.): Letture di Ingeborg Bachmann. Torino 1986.
Jakubowicsz-Pisarek, Marta: Stand der Forschung zum Werk von Ingeborg Bachmann. Frankfurt am Main, Bern, New York 1984. (Europäische Hochschulschriften. Reihe I. Bd. 753).
Janz, Marlies: »Haltlosigkeiten: Paul Celan und Ingeborg Bachmann«. In: Jochen Hörisch, Hubert Winkels (Hg.). Das schnelle Altern der neuesten Literatur. Düsseldorf 1985. S. 31-39.
Jechle, Thomas: Kommunikatives Schreiben. Prozess und Entwicklung aus der Sicht der kommunikativen Schreibforschung. Tübingen 1992. (Script Oralia. 41).
Jedamski, Doris (Hg.): »Und tät das Reisen wählen!« Frauenreisen – Reisefrauen. Zürich 1994.
Joeres, Ruth Ellen B.; Maynes, Mary Jo (Hg.): German women in the eighteenth and nineteenth centuries. Minnesota 1986.
Jost, Dominik: Deutsche Klassik: Goethes Römische Elegien. München. New York. London. Paris. 21978.
Jürgensen, Manfred: »Das Bild Österreichs in den Werken Ingeborg Bachmanns, Thomas Bernhards und Peter Handkes«. In: Für und wider eine österreichische Literatur. Hg. von Kurt Bartsch. Königstein 1982. S. 152-174.
Ders.: Manfred Jurgensen. Ingeborg Bachmann. Die neue Sprache. Bern, Frankfurt a. M., New York 1981.
Kaiser, Gerhard: »Wandrer und Idylle: Ein Zugang zu zyklischen Ordnung der ›Römischen Elegien‹«. In: Archiv für das Studium der neueren Sprachen und Literaturen 202 (1965). S. 1-27.

Kaiser, Joachim: »Text-Tollhaus für Bachmann-Süchtige. Das »Todesarten«-Projekt in fünfbändiger philologischer Aufbereitung.« In: Literaturbeilage der Süddeutschen Zeitung. Nr. 287. v. 13. Dezember 1995.

Kammerer, Peter; Klüver, Henning: Rom. Reinbek bei Hamburg 1984.

Kann-Coomann, Dagmar: »...eine geheime langsame Feier«. Zeit und ästhetische Erfahrung im Werk Ingeborg Bachmanns. Frankfurt a. M. 1988.

Keay, Julia: Mehr Mut als Kleider im Gepäck. Frauen reisen im 19. Jahrhundert durch die Welt. Geschichten von weiblicher Entdeckerfreude und Abenteuerlust jenseits aller Konventionen. Bern u. a. 1991.

Kerènyi, Karl: Die Mythologie der Griechen. Bd. I. Die Götter- und Menschheitsgeschichten. München ^{9}1987.

Ders.: Töchter der Sonne. Betrachtungen über griechische Gottheiten. Zürich 1944.

Kiefer, Klaus H.: Wiedergeburt und Neues Leben. Aspekte des Strukturwandels in Goethes Italienischer Reise. Bonn 1978.

Kienlechner, Sabine: »Über Archäologie und Grundbesitz. Beobachtungen zum topographischen Schreiben bei Marie Luise Kaschnitz.« In: Uwe Schweikert (Hg.): Marie Luise Kaschnitz. Frankfurt a. M. 1984. S. 43-57.

Kirschbaum, Engelbert (Hg.): Lexikon der christlichen Ikonographie. Bd. 4. Freiburg 1972.

Kleinspehn, Thomas: Der flüchtige Blick. Sehen und Identität in der Kultur der Neuzeit. Reinbek bei Hamburg 1989

Klemperer, Victor: LTI. – Lingua Tertii Imperii -. Notizbuch eines Philologen. Leipzig ^{14}1996.

Kohn-Waechter, Gudrun: Das Verschwinden in der Wand. Destruktive Moderne und Widerspruch eines weiblichen Ich in Ingeborg Bachmann: »Malina«. Stuttgart 1992.

König-Warthausen, Gabriele Freiin von: Deutsche Frauen in Italien. Briefe und Bekenntnisse aus drei Jahrhunderten. Wien 1942.

Koopmann, Helmut (Hg.): Mythos und Mythologie in der Literatur des 19. Jahrhunderts. Frankfurt a. M. 1979. (Studien zur Philosophie und Literatur des neunzehnten Jahrhunderts. Bd. 36).

Koppen, Erwin: »Kritische Marginalien. Der italienische Reisebericht des Kaiserlichen Rats Johann Caspar Goethe – und was aus ihm wurde«. In: arcadia 24 (1989). S. 191-198.

Koschel, Christine; Weidenbaum, Inge von (Hg.): Kein objektives Urteil – nur ein lebendiges. Texte zum Werk von Ingeborg Bachmann. München 1989.

Krasnobaev, Boris J.; Robel, Gert; Zeman, Herbert (Hg.): Reisen und Reisebeschreibungen im 18. und 19. Jahrhundert als Quellen der Kulturbeziehungsforschung. Berlin 1980.

Kristeva, Julia: Fremde sind wir uns selbst. Frankfurt a. M. 1990.

Krusche, Dieter: Literatur und Fremde. Zur Hermeneutik kulturräumlicher Distanz. München 1985.

Ders.: Reisen. Verabredung mit der Fremde. München 1994.

Kuhn, Dorothea (Hg.): Auch ich in Arcadien. Kunstreisen nach Italien 1600-1900. Sonderausstellung des Schiller-Nationalmuseums Nr. 16. Stuttgart 1966.

Kunst- Ausstellungshalle der Bundesrepublik Deutschland (Hg.): Sehsucht. Über die Veränderung der visuellen Wahrnehmung. Red. Uta Brandes. Göttingen 1995.

Lachmann, Renate: »Thesen zu einer weiblichen Ästhetik«. In: Claudia Opitz (Hg.): Weiblichkeit oder Feminismus. Weingarten 1984. S.181-194.

Landsberg, Hans (Hg.): Henriette Herz. Ihr Leben und ihre Zeit. Weimar 1913.

Lange, Sigrid: »Italienreisen«. In: Spiegelgeschichten. Geschlechter und Poetiken in der Frauenliteratur um 1800. Frankfurt a. M. 1995. S. 21-41.

Leed, Eric J.: Die Erfahrung der Ferne. Reisen von Gilgamesch bis zum Tourismus unserer Tage. Frankfurt a. M. 1993.

Lemke, Gerhard H.: Sonne, Mond und Sterne in der deutschen Literatur seit dem Mittelalter. Ein Bildkomplex im Spannungsfeld gesellschaftlichen Wandels. Bern 1981.

Lennox, Sara: »The Feminist Reception of Ingeborg Bachmann.« In: Women in German 8 (1993). S. 73-111.

Lévinas, Emmanuel: Die Spur des Anderen. Untersuchungen zur Phänomenologie und Sozialphilosophie. Freiburg, München ³1992.

Ders.: Die Zeit und das Andere. Hamburg 21989.

Ders.: Totalität und Unendlichkeit. Versuch über die Exteriorität. Freiburg, München 1987.

Lexer, Matthias: Mittelhochdeutsches Taschenwörterbuch. Stuttgart ³²1966.

Lindemann, Klaus (Hg.): europaLyrik 1775-heute. Gedichte und Interpretationen. Paderborn, München, Wien, Zürich 1982. (Modellanalysen Literatur. Bd. 5).

Lobsien, Eckhard: Landschaft in Texten. Zur Geschichte und Phänomenologie der literarischen Beschreibung. Stuttgart 1991.

Luck, Georg: »Goethes ›Römische Elegien‹ und die augusteische Liebeselegie«. In: arcadia 2 (1967). S. 173-195.

Lühe, Irmela von der: »Ich ohne Gewähr.« Ingeborg Bachmanns Frankfurter Vorlesungen zur Poetik. In: Literatur im historischen Prozeß. Neue Folge 5. Entwürfe von Frauen in der Literatur des 20. Jahrhunderts. Hg. von Irmela von der Lühe. Berlin 1982. S. 107-131. (Argument-Sonderband 92).

Dies.: »Schreiben und Leben. Der Fall Ingeborg Bachmann.« In: Literatur im historischen Prozeß. Neue Folge 11. Feministische Literaturwissenschaft. Dokumentation der Tagung in Hamburg vom Mai 1983. Hg. von Inge Stephan und Sigrid Weigel. Berlin 1984. S. 43-53. (Argument-Sonderband 120).

Luttringer, Klaus: Weit, Weit ... Arkadien. Über die Sehnsucht nach dem anderen Leben. Düsseldorf, Bensheim ¹1992.

Lützeler, Paul Michael (Hg.): Europa: Analysen und Visionen der Romantiker. Frankfurt a. M. ¹1982.

Ders.: Plädoyers für Europa: Stellungnahmen deutschsprachiger Schriftsteller 1915-1949. Frankfurt a. M. 1987.

Maass, Angelika (Hg.): Verlust und Ursprung. Festschrift für Werner Weber. Mit Beiträgen zum Thema »Et in Arcadia ego«. Zürich 1989.

Macherey, Pierre: Zur Theorie der literarischen Produktion. Darmstadt, Neuwied 1974.

Macho, Thomas: Todesmetaphern. Zur Logik der Grenzerfahrung. Frankfurt a. M. 1987.

Magris, Claudio; Citati, Pietro; Koppen, Erwin; Fancelli Caciagli, Maria: Goethe und Italien. Vorträge anläßlich des deutsch-italienischen Symposiums am 22. November 1982, gehalten in der Rheinischen Friedrich-Wilhelms-Universität. Bonn 1983.

Mahr, Johannes (Hg.): ROM – die Gelobte Stadt. Texte aus fünf Jahrhunderten. Stuttgart 1996.

Maisack-Schäfer, Petra: Arkadien: Genese und Typologie einer idyllischen Wunschwelt. Frankfurt a. M. 1981.

Dies. (Hg.): Landschaft des vergänglichen Glücks. Frankfurt a. M., Leipzig 1992.

Manthey, Jürgen: Wenn Blicke zeugen könnten. Eine psychohistorische Studie über das Sehen in Literatur und Philosophie. München 1983.

Marks, Hanna H. (Hg.): Joseph von Eichendorff. Das Marmorbild. Erläuterungen und Dokumente. Stuttgart 1984.

Massarini, Anna Maria Reggiana: Museo Nazionale Romano. Roma 1989.

Matt, Peter von: »Unersättliche Augen«. In: FAZ-Magazin, Nr. 141 v. 21.6.97 (o. Seite).

Mattenklott, Gert: »Die Wandlung des Reisenden«. In: Ders. (Hg.): Der übersinnliche Leib. Beitrage zur Metaphysik des Körpers. Reinbek bei Hamburg 1982. S. 163-187.

Maurer, Arnold E.; Maurer, Doris: Literarischer Führer durch Italien. Frankfurt a. M. 1988.

Maurer, Karl: Goethe und die romanische Welt. Studien zur Goethezeit und ihrer europäischen Vorgeschichte. Paderborn, München, Wien, Zürich 1997.

Mauser, Wolfram: »Ingeborg Bachmanns ›Landnahme‹. Zur Metaphernkunst der Dichterin«. In: Sprachkunst 3 (1970). S. 191-206.

Mechtenberg, Theo: Utopie als ästhetische Kategorie. Eine Untersuchung der Lyrik Ingeborg Bachmanns. Stuttgart 1978.

Meier, Albert (Hg.): Un paese indicibilmente bello. Il viaggio di Goethe e il mito della Sicilia / Ein unsäglich schönes Land. Goethes Italienische Reise und der Mythos Siziliens. Palermo 1987.

Menapace, Werner: Die Ungaretti-Übertragungen Ingeborg Bachmanns und Paul Celans. Innsbruck 1980.

Miggelbrink, Judith: »Reiseliteratur als Landschaftsbeschreibung. Eine Untersuchung zur Bewertung von Reiseliteratur durch die Geographie im späten 19. und frühen 20. Jh.« In: Europa Regional 3 (1995). S. 3746.

Morrien, Rita: Weibliches Textbegehren bei Marlen Haushofer, Ingeborg Bachmann und Unica Zürn. Würzburg 1996.

Mouchard, Christel: Es drängte sie, die Welt zu sehen. Reisende Frauen im 19. Jahrhundert. Düsseldorf 1995.

Neumann, Horst-Peter: »Ingeborg Bachmanns Fragment ›Das Gedicht an den Leser‹ eine Antwort auf die ›Sprachgitter-Gedichte‹ Paul Celans«. In: Celan-Jahrbuch 6 (1995). S. 173-179.

Neunzig, Hans A. (Hg.): »Hans Werner Richter: Wie entstand und was war die Gruppe '47?« In: Hans Werner Richter und die Gruppe 47. München 1979.

Oberle, Mechthild: Liebe als Sprache und Sprache als Liebe: die sprachutopische Poetologie der Liebeslyrik Ingeborg Bachmanns. Zugl. Freiburg. Univ. Diss. 1989. Frankfurt a. M., Bern, New York, Paris 1990.

Oelmann, Uta Maria: Deutsche poetologische Lyrik nach 1945: Ingeborg Bachmann, Günter Eich, Paul Celan. Stuttgart 1980.

Oestreich, Gerhard: Verfassungsgeschichte vom Ende des Mittelalters bis zum Ende des alten Reiches. München ⁷1990.

Oettinger, Klaus: »Verrucht, aber schön ... Zum Skandal um Goethes ›Römische Elegien‹«. In: Der Deutschunterricht 35 (1989). S. 18-30.

Ohle, Karlheinz: Das Ich und das Andere. Stuttgart 1978.

Ohnesorg, Stefanie: Mit Kompass, Kutsche und Kamel. (Rück-) Einbindung der Frau in die Geschichte des Reisens und der Reiseliteratur. St. Ingbert 1996.

Ónodi, Marion: Leben und Prosawerk als Ausdruck zeitgenössischer und menschlich-individueller Situation von der Mitte des 19. bis zur Mitte des 20. Jahrhunderts. Frankfurt a. M., Bern, New York, Paris 1989.

Oppens, Kurt: »Gesang und Magie im Zeitalter des Steins. Zur Dichtung Ingeborg Bachmanns und Paul Celans.« In: Merkur 180 (1963). S. 175-193.

Oswald, Stefan: Italienbilder. Beiträge zur Wandlung der deutschen Italienauffassung 1770-1840. Heidelberg 1985. (Germanisch-Romanische Monatsschrift. Hg. von Conrad Wiedemann. Beiheft 6).

Ott, Ulrich; Pfäfflin, Friedrich (Hg.): »Fremde Nähe«. Celan als Übersetzer. Eine Ausstellung des Deutschen Literaturarchivs Marbach in Verbindung mit dem Präsidialdepartement der Stadt Zürich. Marbach am Neckar 1997.

Panofsky, Erwin: »Et in Arcadia ego. Poussin und die Tradition des Elegischen.« In: Sinn und Deutung in der bildenden Kunst. Köln 1978. S. 351-377.

Passmann, Uwe: Orte fern, das Leben. Die Fremde als Fluchtpunkt des Denkens. Deutsch-europäische Literatur bis 1820. Würzburg 1989.

Paul, Ingwer: Rituelle Kommunikation. Sprachliche Verfahren zur Konstitution ritueller Bedeutung und zur Organisation des Rituals. Tübingen 1990.

Pelz, Annegret: Reisen Frauen anders? Von Entdeckerinnen und reisenden Frauenzimmern. In: Dies.: »Die Welt ist heutzutage auch Frauen aufgetan«. Frauenreisen im 18. und 19. Jahrhundert. In: Praxis Geschichte 3 (1991), S. 24-29.

Dies.: Reisen durch die eigene Fremde. Reiseliteratur von Frauen als autogeographische Schriften. Köln u. a. 1993.

Pfotenhauer, Helmut: »Der schöne Tod. Über einige Schatten in Goethes Italienbild.« In: Jahrbuch des Freien Deutschen Hochstifts 49 (1987). S. 134157.

Pichl, Robert: »Flucht, Grenzüberschreitung und Landnahme als Schlüsselmotive in Ingeborg Bachmanns später Prosa«. In: Sprachkunst XVI (1985). S. 221-230.

Ders., Stillmark, Alexander (Hg.): Kritische Wege der Landnahme. Ingeborg Bachmann im Blickfeld der neunziger Jahre. Londoner Symposion 1993. Zum 20. Todestag der Dichterin (17.10.1973). Sonderpublikation der Grillparzer-Gesellschaft. Bd. 2. Wien 1994.

Piechotta, Hans Joachim (Hg.): Reise und Utopie. Zur Literatur der Spätaufklärung. Frankfurt a. M. 1976.

Popp, Helmut (Hg.): In der Kutsche durch Europa. Von der Lust und Last des Reisens im 18. und 19. Jahrhundert. Nördlingen 1989.

Potts, Lydia (Hg.): Aufbruch und Abenteuer. Frauen-Reisen um die Welt ab 1785. Frankfurt a. M. 1995.

Pytlik, Anna (Hg.): Die schöne Fremde – Frauen entdecken die Welt. Stuttgart 1991.

Rabensteiner, Konrad: Das Italienerlebnis in der Dichtung von Ingeborg Bachmann. Università degli Studi di Padova. Facoltà di Lettere e Filosofia. Corso di Laurea in Lettere. Anno Acadmico 1975-76. Biblioteca Universitaria Padova.

Randow, Gero von: »Der berechnende Blick. Sehen heißt Konstruieren, und das Grüne im Gras ist ein Frosch. [...]«. In: Die Zeit. Nr. 33 vom 9. August 1996. S. 29.

Ratecka, Barbara: »Ingeborg Bachmann An die Sonne. Versuch einer Interpretation«. In: Wolfgang Braungart (Hg.): Über Grenzen. Polnisch-deutsche Beiträge zur deutschen Literatur nach 1945. (Giessener Arbeiten zur neueren deutschen Literatur und Literaturwissenschaft. Bd. 10.). Frankfurt a. M., Bern, New York, Paris 1989. S. 166-178.

Reich-Ranicki, Marcel: »Anmerkungen zur Lyrik und Prosa der Ingeborg Bachmann.« In: Ders.: Deutsche Literatur in West und Ost. Prosa seit 1945. München ²1966. S. 185-199.

Ders.: »Am liebsten beim Friseur. Ingeborg Bachmanns neuer Erzählungsband ›Simultan‹.« In: Die Zeit vom 29.9.1972. Beilage. S. 8.

Renner, Nanette: Fanny Mendelssohn-Bartholdy – Komponistin im Schatten des berühmten Bruders. Freiburg: PH Wiss. Arb. 1995.

Requadt, Paul: Die Bildersprache der deutschen Italiendichtung. Bern, München 1962.

Rheinberg, Brigitte van: Fanny Lewald. Geschichte einer Emazipation. Frankfurt a. M., New York 1990.

Ricaldone, Luisa: Italienisches Wien. München, Wien 1986.

Richter, Karl; Schönert, Jörg (Hg.): Klassik und Moderne. Die Weimarer Klassik als historisches Ereignis und Herausforderung im kulturgeschichtlichen Prozeß. Walter Müller-Seidel zum 65. Geburtstag. Stuttgart 1983.

Ritter, Alexander (Hg.): Landschaft und Raum in der Erzählkunst. Darmstadt 1975.

Ritter, Joachim: Landschaft. Zur Funktion des Ästhetischen in der modernen Gesellschaft. Frankfurt a. M. 1968.

Ders.: Subjektivität. Sechs Aufsätze. Frankfurt a. M. 1974.

Rochholl, Andreas (Konzeption): Ingeborg Bachmann – Hans Werner Henze. Ausstellungskatalog. Theater Basel. 17. März – 8. April 1996. Basel 1996.

Rock, Irvin: Wahrnehmung. Vom visuellen Reiz zum Sehen und Erkennen. Heidelberg 1985.

Roebling, Irmgard (Hg.): Sehnsucht und Sirene. Vierzehn Abhandlungen zu Wasserphantasien. Pfaffenweiler 1992.

Rosenkranz, Karl: Ästhetik des Häßlichen. Hg. v. Dieter Kliche. Leipzig 1990.

Ross, Werner (Hg.): Goethe und Manzoni. Deutsch-italienische Beziehungen um 1800. Tübingen 1989. (Reihe der Villa Vigoni. Bd.1).

Ders.: »Liebeserfüllung. Goethe, die Römerin Faustina und Wielands Horaz«. In: arcadia 24 (1989). S. 148-156.

Rüdiger, Horst: »Goethes ›Römische Elegien‹ und die antike Tradition. In: Goethe-Jahrbuch 95 (1978). S. 174-198.

Ders.: Literarisches Klischee und lebendige Erfahrung. Über das Bild der Deutschen in der italienischen Literatur und des Italieners in der deutschen Literatur. Düsseldorf 1970.

Rüetz, Michael (Hg.): Goethes Italienische Reise. Auch ich in Arkadien. München 1985.

Rusam, Anne Margret: Literarische Landschaft. Naturbeschreibung zwischen Aufklärung und Moderne. Wilhelmsfeld 1992.

Sauthoff, Stephan: Die Transformation (auto)biographischer Elemente im Prosawerk Ingeborg Bachmanns. Frankfurt a. M. 1992.

Schardt, Michael Matthias (Hg.): Über Ingeborg Bachmann. Rezensionen. Porträts. Würdigungen (1952-1992). Rezeptionsdokumente aus vier Jahrzehnten. In Zusammenarbeit mit Heike Kretschmer. Paderborn [1]1994.

Schindler, Herbert: Nazarener. Romantischer Geist und christliche Kunst im 19. Jahrhundert. Regensburg 1982.

Schmitz, Rainer (Hg.): Henriette Herz in Erinnerungen, Briefen und Zeugnissen. Leipzig, Weimar 1984.

Schudt, Ludwig: Italienreisen im 17. und 18. Jahrhundert. Wien, München 1959.

Schulz, Beate A.: Struktur- und Motivanalyse ausgewählter Prosa von Ingeborg Bachmann. Univ. of Maryland 1979.

Schulz, Eberhard Wilhelm: Wort und Zeit. Aufsätze und Vorträge zur Literaturgeschichte. Neumünster 1968. (Kieler Studien zur Deutschen Literaturgeschichte. Hrsg. v. Erich Trunz. Bd. 6).

Schultz, Theodor: Platens Venedig-Erlebnis. Berlin 1940.

Schweickert, Uwe: »Sehen heißt heute erleben. Notizen bei der Lektüre von Rolf Dieter Brinkmann«. In: Literaturmagazin 36 (1995). S. 198-207.

Shimada, Yoichiro: »Ich bin nicht G.‹ Herders Italienreise als Pendant zu Goethes ›Italienischer Reise‹«. In: Eijirō Iwasaki (Hg.): Begegnung mit dem »Fremden«. Grenzen – Traditionen – Vergleiche. (Akten des VIII. Internationalen Germanisten-Kongresses. Tokyo 1990). München 1991. S. 43-49.

Siebenmorgen, Harald (Hg.): »Wenn bei Capri die rote Sonne ...«. Die Italiensehnsucht der Deutschen im 20. Jahrhundert. [Ausstellung des Badischen Landesmuseums, Karlsruhe, v. 31. Mai bis 14. September 1997.]. Karlsruhe 1997.

Spiegel, Yorick: Der Prozeß des Trauerns. München 1973.

Spiesecke, Hartmut: Ein Wohlklang schmilzt das Eis. Ingeborg Bachmanns musikalische Poetik. Berlin 1993.

Steiger, Robert: Malina. Versuch einer Interpretation des Romans von Ingeborg Bachmann. Heidelberg 1978.

Stern, Carola: »Ich möchte mir Flügel wünschen«. Das Leben der Dorothea Schlegel. Reinbek bei Hamburg 1993.

Stewart, William E.: Die Reisebeschreibung und ihre Theorie im Deutschland des 18. Jh. Bonn 1978.

Stix, Gottfried: »Kreis, Ellipse und Quadrat. Begegnung österreichischer Dichter mit Rom«. In: Literatur als Dialog. Festschrift zum 50. Geburtstag von Karl Tober. Hg. von Reingard Nethersole. Johannesburg 1979. S. 379-394.

Stoll, Andrea: Erinnerung als ästhetische Kategorie des Widerstandes im Werk Ingeborg Bachmanns. Frankfurt am Main, Bern, New York 1991. (Studien zur deutschen Literatur des 19. und 20. Jahrhunderts. Bd. 16).

Dies. (Hg.): Ingeborg Bachmanns »Malina«. Frankfurt a. M. ¹1992.

Struck, Karin: Lieben. Frankfurt a. M. 1977.

Stuby, Anna Maria: Liebe, Tod und Wasserfrau. Mythen des Weiblichen in der Literatur. Opladen 1992.

Studniczka, Hanns: Saturnische Erde. Stätten, Männer und Mächte. Frankfurt a. M. 1949.

Summerfield, Ellen: Die Auflösung der Figur in Ingeborg Bachmanns Roman Malina. Univ. of Connecticut 1975.

Swiderska, Malgorzata: »Ingeborg Bachmanns Schwanken zwischen dem Süden und dem Norden. (Zum Landschaftserlebnis bei Ingeborg Bachmann)«. In: Acta Universitatis Lodziensis. Folia Litteraria 6 (1982). S. 271-281.

Tellenbach, Hubertus: Schwermut, Wahn und Fallsucht in der abendländischen Dichtung. Hürtgenwald 1992.

Teuchert, Hans-Joachim: August Graf von Platen in Deutschland. Zur Rezeption eines umstrittenen Autors. Bonn 1980.

Thau, Bärbel: Gesellschaftsbild und Utopie im Spätwerk Ingeborg Bachmanns. Untersuchungen zum Todesarten-Zyklus und zu Simultan. Frankfurt a. M. 1986.

Thiem, Ulrich: Die Bildsprache in der Lyrik Ingeborg Bachmanns. Univ. Diss. Köln 1972.
Tillard, Françoise: Die verkannte Schwester. Die späte Entdeckung der Komponistin Fanny Mendelssohn-Bartholdy. Aus dem Französischen von Ralf Stamm. München 1994.
Todorov, Tzvetan: Die Eroberung Amerikas. Das Problem des Anderen. Frankfurt a. M. 1985.
Treder, Uta (Hg.): Die Liebesreise oder der Mythos des süssen Wassers. Reisen und Schreiben. Ausländerinnen im Italien des 19. Jahrhunderts. Bremen 1988.
Unseld, Siegfried: Anrufung des großen Bären. In: Ingeborg Bachmann. Eine Einführung. München 1963. S. 29-30.
Voigt, Klaus: Zuflucht auf Widerruf. Exil in Italien 1933-1945. Bd. 1. Stuttgart 1989.
Waenerberg, Annika: Urpflanze und Ornament: pflanzenmorphologische Anregungen in der Kunsttheorie und Kunst von Goethe bis zum Jugendstil. Helsinki 1992.
Weber, Hermann: An der Grenze der Sprache: Religiöse Dimension der Sprache und biblisch-christliche Metaphorik im Werk Ingeborg Bachmanns. Essen 1986.
Wedner, Sabine: Tradition und Wandel im allegorischen Verständnis des Sirenenmythos. Ein Beitrag zur Rezeptionsgeschichte Homers. Frankfurt a. M. 1994.
Wehinger, Brunhilde: Reisen und Schreiben. Weibliche Grenzüberschreitungen in Reiseberichten des 19. Jahrhunderts. In: Romanische Zeitschrift für Literaturgeschichte 3/4 (1986), S. 360-380.
Weigel, Sigrid: »Der Abend aller Tage«. In: Die Zeit. Nr. 26 v. 21. 6. 1996. S. 48.
Weimann, Robert (Hg.): Tradition in der Literaturgeschichte. Berlin 1972.
Wiedemann, Conrad (Hg.): Rom – Paris – London. Erfahrung und Selbsterfahrung deutscher Schriftsteller und Künstler in den fremden Metropolen. Ein Symposion. Stuttgart 1988.
Wieder, Joachim: Vom deutschen Italienerlebnis. Ein Beitrag zur Kulturgeschichte der Italienreisen. In: Leonhard, M. (Hg.): Nisus in librorum ... Festschrift für Walter Goebel zum 65. Geburtstag. München 1980. S. 132-172.
Wieser, Theodor: »Aufregung als Lebenselexier«. In: »Italia bella. Ein Jahrestagebuch«. DU 6 (1995). S. 19 ff.
Winckelmann, Johann Joachim: Geschichte der Kunst des Altertums nebst einer Auswahl seiner kleineren Schriften. Mit einer Biographie Winckelmanns und einer Einleitung versehen von Julius Lessing. Berlin 1870.
Winnicott, Donald W.: Vom Spiel zur Kreativität. Stuttgart 1973.
Wolf, Christa : »Die zumutbare Wahrheit. Prosa der Ingeborg Bachmann«. In: Lesen und Schreiben. Neue Sammlung. Essays, Aufsätze, Reden. Neuwied 1972. S. 172-185.

Wunderlich, Heinke (Hg.): »Landschaft« und Landschaften im 18. Jh. Tagung der deutschen Gesellschaft für die Erforschung des 18. Jh. Heidelberg 1995.

Wuthenow, Ralph-Rainer: Die erfahrene Welt. Europäische Reiseliteratur im Zeitalter der Aufklärung. Frankfurt a. M. 1980.

Zapperi, Roberto: »Hier traf ich die Römerin. Alles erfunden? Welche Osteria und welche Frau Goethe zu den Elegien inspirierten«. In: Frankfurter Allgemeine Zeitung. Nr. 42 v. 19.2.94.

Danksagung

Die Arbeit wäre ohne die Mithilfe und den Zuspruch vieler Freunde und ›Weggefährten‹ nicht entstanden bzw. so geworden, wie sie jetzt ist. Meine Freunde haben mich auf diesem Weg begleitet und dafür möchte ich Ihnen sehr danken, insbesondere Christiane Küchler und unseren gemeinsamen langjährigen Freunden. Auch Prof. Dr. Irmgard Roebling, von der ich viel gelernt und mit der ich viele Jahre eng und gerne zusammengearbeitet habe, in guten wie härteren Zeiten, gilt mein ganz persönlicher Dank. Prof. Dr. Achim Aurnhammer danke ich für seine Betreuung bei der Zweitkorrektur. Desgleichen möchte ich meinen Eltern, Marita und Gerhard Huml danken, die auf Ihre Weise immer zur Stelle waren, wenn ich Ihren Rat oder Zuspruch brauchte. Besonderen Dank möchte ich an dieser Stelle aber Martina Ölke aussprechen, die mir über viele Jahre mit Rat und Tat in jeder Lebenslage beigestanden ist und mich sehr unterstützt hat.

Anja und Martin Loew hatten immer ein offenes Ohr für meine Belange und haben nicht zuletzt durch ihre beiden Kinder, Clara und Benno, mir in der Zeit des Schreibens viel Freude bereitet, wie auch Martina Brehm und ihr Sohn Janek.

Nun noch ein Wort über die Grenzen hinaus nach Rom. Bedanken möchte ich mich bei folgenden Gesprächspartnern für die wirklich sehr freundliche und zuvorkommende Aufnahme und die in dieser Zeit entstandenen Gespräche:

Bei Hans Werner Henze, der mir auf seine ganz besondere Weise die Welt Ingeborg Bachmanns im Gespräch erschlossen hat und dem ich einen unvergeßlichen Tag auf dem Land in Marino bei Rom verdanke. Bei Frau Toni und Dr. Sabina Kienlechner, die mich ebenfalls sehr freundlich aufgenommen haben und mir im Gespräch Ihre ganz persönliche Sichtweise Ingeborg Bachmanns nahegebracht haben. Den Herausgeberinnen Christine Koschel und Inge von Weidenbaum, die jede auf Ihre Weise geduldig meine vielen Fragen beantwortet haben und Anna Winterberg, die mich überhaupt erst nach Rom eingeladen hat, sei an dieser Stelle herzlich gedankt. Besonderen Dank auch meinen römischen Freunden, darunter Silvia Cavallo und Lisa Schlanstein, die mir die Stadt schnell haben heimisch werden lassen und last but not least an Dr. Christiane Esche-Ramshorn, Angelika Heth und Renate Riedel, die jeweils zur richtigen Zeit am richtigen Ort war. Zu guter Letzt gilt mein Dank dem Verleger Herrn Thedel von Wallmoden und seinen Mitarbeitern Julia Braun, Andreas Haller und Andrea Knigge, die das Ganze auf den richtigen Weg gebracht haben – und Johann Sebastian Bach für die Erfindung seiner Violinkonzerte. Jede/r von ihnen hat mich auf ihre bzw. seine Weise beim Zustandekommen dieser Arbeit unterstützt.

Freiburg i. Br., im März 1999

Diese Promotion wurde von der Friedrich-Naumann-Stiftung
mit Mitteln des Ministeriums für Bildung, Wissenschaft,
Forschung und Technologie gefördert.

Die Deutsche Bibliothek – CIP-Einheitsaufnahme

Huml, Ariane:
Silben im Oleander, Wort im Akaziengrün:
zum literarischen Italienbild Ingeborg Bachmanns /Ariane Huml. –
Göttingen: Wallstein-Verl. 1999
ISBN 3-89244-330-0

© Wallstein Verlag 1999
Umschlaggestaltung: Basta Werbeagentur, Alexandra Ritterbach
Druck: Hubert & Co, Göttingen
ISBN 3-89244-330-0